Zeitgeschichte

Zeitgeschichte
Ullstein Buch Nr. 33030
im Verlag Ullstein GmbH,
Frankfurt/M – Berlin – Wien

Ungekürzte Ausgabe (1966)

Umschlagentwurf:
Hansbernd Lindemann
Photo: Ullstein Bilderdienst

Printed in Germany 1983
Druck und Verarbeitung:
Hanseatische Druckanstalt GmbH,
Hamburg
ISBN 3 548 33030 4

Mai 1983

CIP-Kurztitelaufnahme
der Deutschen Bibliothek

Wulf, Joseph:
Die bildenden Künste im Dritten Reich: e.
Dokumentation / Joseph Wulf. – Unge-
kürzte Ausg. – Frankfurt/M ; Berlin ;
Wien: Ullstein, 1983.
(Ullstein-Buch ; Nr. 33030 : Zeit-
geschichte)
ISBN 3-548-33030-4
NE: GT

Joseph Wulf

Die bildenden Künste im Dritten Reich

Eine Dokumentation

Zeitgeschichte

Joseph Wulf

Presse und Funk im Dritten Reich (Ullstein Buch 33028)
Literatur und Dichtung im Dritten Reich (Ullstein Buch 33029)
Theater und Film im Dritten Reich (Ullstein Buch 33031)
Musik im Dritten Reich (Ullstein Buch 33032)

Seitenverweise beziehen sich auf die obengenannten Ausgaben

Inhalt

Kapitel I Das Jahr 1933

Kapitel II Gesteuerte Kunst

Kapitel III Arteigene Kunst

Kapitel IV Artfremde Kunst

Kapitel V Raub und Plünderung

Einleitung

Objektivität auf diesem Felde der Erkenntnis heißt ganz gewiß disziplinierte Wahrheitssuche, Ausschaltung von Vorurteilen soweit möglich, aber nicht Neutralität in Fragen, die uns wesenhaft betreffen und in menschliche Entscheidungen hineinführen. Hans Rothfels: *Zeitgeschichtliche Betrachtungen*

Die in diesem Buche zusammengestellten Dokumente vermitteln eine Übersicht über den zwölfjährigen sinnlosen, widerspruchsvollen Kampf für eine angebliche arteigene und gegen die anscheinend artfremde Kunst.

Der ganze Kampf stand unter dem Zeichen der Vernunftsfeindschaft; in Erwartung späterer Begründung begnügte man sich mit vorläufiger Anerkennung verschiedener Aussagen als Wahrheit; so wurde auch die Kunst erfunden, über Probleme zu diskutieren, ohne sie lösen zu wollen, und Behauptungen sind mit dem Hinweis bewahrheitet worden, sie seien allgemein angenommen.

Eigentlich war das Verhältnis des Dritten Reiches zur bildenden Kunst genauso degeneriert wie seine Beziehungen zum Menschen; es existierten lediglich schlankblonde Figuren oder Untermenschen; deshalb sollte die sogenannte entartete Kunst ebenfalls ausgerottet werden. Ästhetische oder räumliche Begriffe spielten dabei weniger eine Rolle als rassische Vorurteile. So kam es zu einem innigen Zusammengehen verderbter Politik mit der Kunst im Staate.

Kein kulturelles Gebiet im Dritten Reich ist jedoch so barbarisch mißhandelt worden wie gerade das der Bildenden Künste. Hitler, ein Bildungsphilister, um mit Nietzsche zu sprechen, der sich für einige Jahre mit Deutschland identifizierte, bestimmte und glaubte sich auch berufen. Sah er sich doch als Künstler!

Das bezieht sich aber nicht nur auf die Zeit, als Hitler im Wiener Obdachlosenasyl von Meidling dem Landstreicher Reinhold Hanich leidenschaftlich eifernd erklärte: «Ich bin ein Maler.» Objektive Erkenntnis oder Postulate richtigen Denkens waren nie seine Stärke. Bedeutsamer ist da der unheilvolle Tag im Jahre 1907, an dem er die Wiener Akademie nach der Prüfung mit dem Prädikat «Ungenügend» verließ. «Den maßgebenden Männern der Akademie», grollte er noch 1942 bei einem Tischgespräch, «fehlten meist Einsicht und Urteilsvermögen.»

Adolf Hitler war der Magie der Kunst sein Leben lang verfallen. So sind Mietverträge des Jahres 1929 mit dem «Kunstmaler und Schriftsteller Adolf Hitler» abgeschlossen worden. Zehn Jahre später, einige Tage vor Ausbruch des Zweiten Weltkriegs, erklärte er dem englischen Botschafter Henderson, er sei Künstler von Natur. Wenn die polnische Frage bereinigt würde, wolle er sein Leben als Künstler und nicht als Kriegsmacher beschließen.

Das alles ist nicht ironisch gemeint, sondern soll beweisen, wie Hitlers jugendlicher Überschwang keine Grenzen kannte. «Wenn Deutschland nicht den Krieg verloren hätte», bedeutete der Führer Großdeutschlands seinem Generalkonsul in San Francisco, Fritz Wiedemann, «wäre ich nicht Politiker, sondern ein großer Architekt wie etwa Michelangelo geworden.» Ob das «etwa» ein Diminutiv darstellen sollte, ist heute schwer zu sagen.

War das alles nur ebenso Pose wie das stundenlange Anstarren von Bildern durch die zum Teleskop geformte Hand, von dem Hitlers Sekretärinnen berichten? Oder handelte es sich um pausenlose, hartnäckige Besessenheit – für Hitler ja typisch – und somit um eine Sache der Psychopathologie?

Wer Hitlers Persönlichkeit gründlich studierte, kann sich sehr gut vorstellen, wie er am 19. Juli 1937 in der Ausstellung «Entartete Kunst» auftrat. Sicherlich vermittelten ihm die mit Absicht willkürlich über- und nebeneinander aufgehängten Bilder denselben Genuß wie der Film von Menschen am Fleischerhaken in Plötzensee, den er nach dem 20. Juli 1944 mit wahrer Wollust betrachtete. Ob entweihte Kunstwerke oder geschändete Menschen, beides gehörte zu seinem Stil, zu seinen Vorstellungen.

Es ist Tatsache, und absolut kein Witz, daß ein Maler während des Dritten Reiches zu einem Komponisten sehr treffend sagte: «Sie können von Glück reden, daß der Führer in seiner Jugend nicht Pianist sein wollte.»

Übrigens schreckte auch Hitlers Chefideologe Alfred Rosenberg 1943 nicht davor zurück, eigene Herbstlandschaften in seinen Büchern zu reproduzieren. «Einem solchen Gebrechen», meinte Kant zum Mangel an Urteilsvermögen, über die Dummheit, «ist gar nicht abzuhelfen.»

Diese Liste ließe sich beliebig fortsetzen bis zu Julius Streicher, dessen Liebhaberei ebenfalls das Malen war. Von Reichsmarschall Göring, dem deklarierten Freund der bildenden Kunst – Rosenbergs Bezeichnung! – ganz zu schweigen. Wenn solche Zuneigung ihren Ausdruck vornehmlich im Erbeuten geplünderter Gemälde namhafter Meister fand, so ist das nur ein bezeichnendes Attribut des Hitlerstaates.

Die entsprechende Entwicklung war unter derartigen Bedingungen und in dieser Atmosphäre unvermeidlich. Die Bildenden Künste mußten unweigerlich von Spießersinn und Banausengemüt dirigiert werden.

Jedoch dürfte das ein Phänomen jedes totalitären Staates – nicht zu verwechseln mit einem Land, in dem der Diktator nur herrscht – sein.

«Entwicklung», sagte Friedrich Überweg schlicht, «ist die sukzessive Realisierung des Wesens in einer Stufenfolge von Erscheinungen.» Bei der Kunst im totalitären Staat sind diese Stufen Vereinfachung und Verflachung, Unverständnis und schöpferische Apathie, letztlich Rückstand. Man vergleiche nur das vom sozialistischen Realismus Erzeugte mit dem, was der nationalsozialistischen Vorstellung von Volkstum entsprang, und man wird Zwillinge erblicken, die zwar keinesfalls von der gleichen Mutter stammen, aber denselben Nährboden haben.

Totalitäre Herrscher sind Meister in der Erfindung einer neospekulativen Ästhetik. Sie wollen nicht wahrhaben, daß Philosophen und Kunstwissenschaftler inzwischen erkenntnistheoretische Auffassungen dieser Begriffe entwickelten. Sie kehren vielmehr allmählich zur Steinzeit des Begriffs zurück und bedienen sich dabei des Wortes Weltanschauung. In ihrem Munde übrigens die Blasphemie des Begriffs, der Ideen und Vorstellungen einer sich weiterentwickelnden Menschheit.

Zeitgeschichte bewegt sich selbstverständlich in anderen Dimensionen als klassische Historiographie; Mittel und Rüstzeug sind sozusagen noch unmündig, Reflexionen eingeengter und die Deutung beschränkter. Deshalb aber auch die Aufklärungsmöglichkeiten hinsichtlich der kausalen Zusammenhänge begrenzter.

Einen, wenn auch sehr undankbaren, *Überfluß* weist aber die Zeitgeschichte, diese Erfahrungswissenschaft, immerhin auf: *Namen!* Wirklich ein embarras de richesses! Es besteht jedoch bei Urteil und Wertung keine Möglichkeit, Einmaliges oder Einzigartiges festzulegen, wie der «rückwärts gekehrte Prophet» dies kann.

Einerseits handelt es sich um Namen, deren Träger oft noch leben und recht eindrucksvoll weiterwirken; andererseits sind es häufig Dilettanten, die einzig und allein im totalitären Ungeist zu Blendwerk werden konnten.

Wer aber sollte oder dürfte hier die gültige Auslese treffen? Bei solcher Zwangslage gerät man in Versuchung, mit dem heiligen Augustinus zu sprechen: «O Gott, könnte ich doch wissen, wer ich bin und wer du bist!»

Im Prinzip gehören jedoch beide zum integralen Bestand der Dokumentation im Stadium der Zeitgeschichte. Wie vermöchte sich sonst der spätere Historiker je ein Bild von Furcht und Zwangsvorstellungen im totalitären Staat zu verschaffen?

Dilemmas dieser Art sind nun einmal peinlich. Besonders natürlich dann, wenn jemand so oft wie der Schreiber dieser Zeilen mit ihnen konfrontiert wird. Sie beeindrucken um so mehr, falls man, wie bei diesem Buch, sogar überzeugt ist, daß manche Autoren damals etwas geschrieben haben, was ihrer tatsächlichen Einstellung gar nicht entsprach und nicht zu ihnen paßte.

Wen sollte man da ruhigen Gewissens verschweigen? Und warum?

Wer Zeitgeschichte darstellt, kann sich nicht von Gefühlen, Affekten oder Handlungen beeinflussen lassen. Aber er sollte dabei nie den Satz eines ostjüdischen Rabbis vergessen: «Ich fürchte, ich könnte klüger sein als frommer.»

In diesem Ausmaße hätte ich meine Arbeit niemals bewältigen können ohne das hilfsbereite Verständnis, die ständige, keine Mühe scheuende Unterstützung und vor allem die monatelange, meinen Wünschen entgegengebrachte unendliche Geduld der nachstehend Genannten, denen ich hiermit von ganzem Herzen danke.

In Berlin: Dr. James S. Beddie (Document Center), Dr. Walther Huder (Akademie der Künste), Direktor Dr. Stephan Waetzold und Dr. Johannes Meuser (Kunstbibliothek);

in Dortmund: Dr. Kurt Koszyk (Westfäl.-Niederrheinisches Institut für Zeitungsforschung);

in London: C. C. Aronsfeld (The Wiener Library).

Für die mir zuteil gewordene liebenswürdige Unterstützung und oft bewiesene Hilfsbereitschaft danke ich auch

in Berlin: Fräulein Karin Fratzscher, Fräulein Grete Hesse (Amerika-Gedenk-Bibliothek), Frau Roswitha Kohler (Senatsbibliothek), Dr. Annelore Lippe, Fräulein Margot Schwager (Telegraf-Archiv), Frau Ingeborg Wichmann und Herrn Otto Kühling (Bibliothek der Freien Universität Berlin) sowie den Herren: Regisseur Dr. Falk Harnack, Dr. Eberhard Mannack (Germanisches Seminar);

in Köln: Kurt Weinhold (Archiv des Kölner Stadt-Anzeigers);

in München: Dr. Heinz Starkulla (Institut für Zeitungswissenschaft);

in Paris: Dr. M. Mazor, Lucien Steinberg (Centre de Documentation Juive Contemporaine);

in New York: P. Shwarz, E. Lifschutz (Yivo Institute for Jewish Research).

Auch den folgenden Institutionen fühle ich mich freundlicher Unterstützung wegen zu Dank verpflichtet:

In Amsterdam: Rijksinstituut voor Oorlogsdocumentatie;

in Berlin: Hauptarchiv – Ehemaliges Preußisches Staatsarchiv – Hochschule für bildende Künste, Hochschule für Politik, Institut für Ethnologie und Sozialpsychologie, Institut für Politische Wissenschaften, Institut für Publizistik, Max-Planck-Institut;

in Bonn: Stadtarchiv und wissenschaftliche Stadtbibliothek (Frau Archivrätin Prof. Dr. Ennen);

in Essen: Stadtarchiv (Herrn Archivdirektor Dr. Schröter);

in Frankfurt a. M.: Archiv der Industrie- und Handelskammer (Herrn

Kratz), Stadtarchiv (Herrn Direktor Dr. Andernach), Zentralarchiv der Frankfurter Societäts Druckerei (Herrn H. Breustedt);
in Göttingen: Niedersächsische Staats- und Universitätsbibliothek;
in Hamburg: Staatsarchiv (Herrn Röper);
in Köln: Historisches Archiv (Herrn Archivrat Dr. Stehkämper);
in Koblenz: Bundesarchiv;
in Leipzig: Stadtarchiv (Herrn Dr. Manfred Unger);
in München: Stadtarchiv (Herrn Oberarchivrat Dr. Vogel);
in Nürnberg: Stadtbibliothek (Herrn R. Herold);
in Saarbrücken: Stadtarchiv (Herrn Stadtarchivar Dr. H. Klein);
in Tübingen: Stadtarchiv (Herrn Rau);
in Würzburg: Stadtarchiv.
Am Ende möchte ich meiner langjährigen Mitarbeiterin Frau Iris von Stryk für ihre Hilfe danken.

Hinweise und Bemerkungen

Dokumente ohne Quellenangabe stammen aus dem Document Center in West-Berlin. Sie sind größtenteils bisher noch nicht veröffentlicht worden.

Die Dokumente aus der Preußischen Akademie der Künste befinden sich im Archiv der Akademie der Künste in West-Berlin. Auch dieses Material ist bislang kaum veröffentlicht.

Dokumente aus dem Archiv des Internationalen Militärgerichtshofes in Nürnberg weisen eine Verbindung von Buchstaben mit Zahlen auf, wie etwa PS – 1015 oder NG – 408.

Dokumente aus dem Centre de Documentation Juive Contemporaine in Paris sind mit der Kennziffer des Instituts versehen, d. h. mit einer römischen Zahl, die durch eine arabische vervollständigt wird, z. B. XXII – 360.

Biographisches ist nur dort angegeben, wo es Text oder Ereignisse verständlicher macht. Bei sich wiederholenden Namen ist die Biographie zum erstenmal angegeben. Falls der Text es verlangt, kann eine Biographie auch einmal später erst gegeben werden, wenn dort näher auf den Betreffenden eingegangen wird.

Die biographischen Angaben sind folgenden Quellen entnommen: Allgemeines Lexikon der bildenden Künstler von der Antike bis zur Gegenwart, Band 1–36, Leipzig 1907–1947; das Deutsche Führer-Lexikon, Berlin 1933–34; Der Große Brockhaus, Band 1–21, Berlin 1928–1935; Dresslers Kunsthandbuch, Band 2 (Bildende Künste), Berlin 1930; Encyclopedia Judaica, Berlin 1928–1934, Band 1–10; Jüdisches Lexikon, Berlin 1927, Band 1–5; Kürschners Deutscher Gelehrten-Kalender, Berlin 1935, 1941 und 1954; Léon Poliakov und Joseph Wulf: Das Dritte Reich und seine Denker, Berlin 1959; Hans Vollmer: Künstler-Lexikon, Leipzig 1953–1961, Band 1–5; Wer ist's?, Berlin 1935 (10. Ausgabe); Wer ist wer?, Berlin 1955 (12. Ausgabe); Hans Wagner, Taschenwörterbuch des Nationalsozialismus, Leipzig o. J.

Die grammatischen oder orthographischen Fehler in den einzelnen Dokumenten sind so wiedergegeben, wie sie im Original vorhanden sind.

Kapitel I

DAS JAHR 1933

Vorwort

Wie Hitler sich den Staat mit seinem «Monopol der Gewaltsamkeit» (Max Weber) vorstellte, erklärte er Hermann Rauschning einmal mit den Worten: «Die Vorsehung hat mich zu dem größten Befreier der Menschheit vorbestimmt. Ich befreie den Menschen von dem Zwange eines Selbstzweck gewordenen Geistes, von den schmutzigen und erniedrigenden Selbstpeinigungen einer Gewissen und Moral genannten Chimäre und von den Ansprüchen einer Freiheit und persönlichen Selbständigkeit, denen immer nur ganz wenige gewachsen sein können.»

1933 bemühten sich viele an den anerkannten Kunstschulen, dem achtbaren Preußischen Ministerium für Wissenschaft, Erziehung und Volksbildung oder der ehrwürdigen Preußischen Akademie der Künste gemeinsam mit ein paar Studienräten, Parteifunktionären oder Denunzianten der Straße, Hitlers Postulate zu verwirklichen.

Darüber berichten die folgenden Dokumente ausführlich.

Am 17. Februar 1933

NS-Studenten randalieren in der Staatlichen Kunstschule

In: *Berliner Lokal-Anzeiger* vom 18. 2. 1933, Morgenausgabe; der zweite Absatz stammt aus der Sonntagsausgabe vom 19. 2. 1933.

Selbstverständlich handelt es sich hier um das offizielle Kommuniqué. Es gab jedoch damals in Deutschland noch Zeitungen, die wahrheitsgemäß berichteten. Beispielsweise schrieb die im Februar 1933 noch geduldete Zeitschrift *Das Tagebuch* vom 25. 2. 1933 u. a.: «Am 17. Februar 1933, nachmittags, verübte ein Detachement uniformierter Braunhemden einen Überfall auf die Staatliche Kunstschule in Berlin-Schöneberg, sprengte ein gerade im Gang befindliches Examen, setzte 4 ‹jüdische› und ‹marxistische› Prüfungsprofessoren auf die Straße und verprügelte weniger examensfeindliche Studenten, die ihre Lehrer schützen wollten. Die Polizei erschien zu spät, konnte von den Tätern nichts mehr entdecken und blieb sich über den Fall überhaupt so im Unklaren, daß der amtliche Bericht vom selben 17. 2. abends hervorhob, noch stehe nicht einmal fest, ob das ‹Überfall-Kommando› wirklich aus Nationalsozialisten bestanden habe.»

Ein aufsehenerregender Zwischenfall spielte sich gestern nachmittag in der Staatlichen Kunstschule in der Grunewaldstraße ab. Kurz nach vier Uhr, während gerade eine Fachprüfung stattfand, erschienen dort etwa 15 Personen, die nach Berichten von Augenzeugen NSDAP-Uniformen trugen, drangen in den Raum ein, in dem die Prüfung abgehalten wurde, und entfernten gewaltsam die examinierenden Professoren. Darauf flüchteten die Eindringlinge, worauf die Prüfung fortgesetzt wurde.

Zu den Vorgängen an der Staatlichen Kunstschule in Berlin erfahren wir, daß der Reichskommissar für das preußische Ministerium des Innern, Reichsminister Göring, den Führer des Nationalsozialistischen Studentenbundes Berlin, Hippler [1], empfangen hat. Dieser gab für seine

1 cand. phil. Fritz Hippler, * 1909, war Leiter des Nationalsozialistischen Deutschen Studenten-Bundes (NSDSTB), Kreis 10 (Brandenburg); einer der Hauptorganisatoren der Verbrennung ‹undeutschen› Schrifttums am 10. 5. 1933 auf dem Opernplatz in Berlin, ausführlich darüber in: *Neuköllner Tageblatt* vom 12. 5. 1933; im Juli 1933 organisierte allerdings Hippler mit dem

Organisation die Erklärung ab, daß er die Vorgänge an der Staatlichen Kunstschule zwar nicht decken könne, sie aber durch die Erregung verstehe, die das Anstoß erregende Verhalten gewisser Lehrkräfte an der Kunstschule hervorgerufen habe. An den Reichsminister Göring wurde die Bitte um Einleitung einer Untersuchung gerichtet. Dieser Bitte wird der Reichsminister entsprechen.

Der bekannte Vorfall

An	Der Preußische Minister für
Herrn Universitätskurator	Wissenschaft, Kunst und Volksbildung
Dr. Dr. Klingelhöfer	Berlin, den 23. Febr. 1933
hier	W 8, Unter den Linden 4
	UIM Nr. 60 587

Ich beauftrage Sie mit der Untersuchung der Vorgänge, die zu dem bekannten Vorfall in der hiesigen staatlichen Kunstschule am 17. Februar d. Js. geführt haben. Ich ersuche Sie, eine möglichst restlose Klärung der gesamten hierbei zur Erörterung stehenden Verhältnisse an der staatlichen Kunstschule herbeizuführen. Die Untersuchung bitte ich sofort zu beginnen und mit größter Beschleunigung durchzuführen.

Der Kommissar des Reichs
B. Rust[1]

Maler Otto Andreas Schreiber, auch einem Nationalsozialisten, die Studenten zum «Bekenntnis der Jugend zur deutschen Kunst», wobei er *für* die später verfemten ‹entarteten› Künstler eintrat; der spätere Dr. Fritz Hippler, mit der SS-Nr. 284 122 im Jahre 1938 zum SS-Hauptsturmführer befördert, wurde Reichsfilmintendant, Ministerialdirigent und Leiter der Abteilung Film im Reichsministerium für Volksaufklärung und Propaganda; Verfasser des 1940 gedrehten Films *Der ewige Jude;* ausführlich darüber in: *Theater und Film im Dritten Reich* (Ullstein Buch 33031).

1 Bernhard Rust, 1883–1944; seit 1922 in der ‹völkischen› Bewegung tätig; ab März 1925 Gauleiter der NSDAP Hannover-Braunschweig; wurde am 4. 2. 1933 zum kommissarischen Preußischen Kultusminister ernannt; am 22. 4. 1934 als Minister bestätigt; am 30. 4. 1934 außerdem zum Reichsminister für Wissenschaft, Erziehung und Volksbildung bestimmt.

Dr. Klingelhöfers Antwort

An
den Herrn Reichskommissar im
Ministerium für Wissenschaft,
Kunst und Volksbildung
hier

Stempel:
Preuß. Ministerium f. Wissenschaft,
Kunst u. Volksbildung
Eing.: 20. März 1933
Berlin, den 20. März 1933

Unter Rückgabe meines Auftrages vom 23. Februar 1933 – UIM 60 587 – lege ich ganz ergebenst Ur- und Abschrift der am 18. März 1933 abgeschlossenen Untersuchung in Sachen der Staatlichen Kunstschule in Berlin sowie ein Beiheft mit Eingaben von jetzigen und früheren Schülern der Anstalt zu Gunsten der Professoren Tappert[1], Hasler[2] und Lahs[3] vor. Weiter füge ich 7 Aktbilder, die in der Gesamtausstellung der Staatlichen Kunstschule im Frühjahr 1932 von früheren Schülerinnen ausgestellt worden sind, bei; diese haben gebeten, die Bilder nach gemachtem Gebrauch an die Staatliche Kunstschule zwecks Rückgabe an sie zurückzusenden.

Endlich füge ich eine bereits früher vorgenommene Vernehmung in Sachen der Staatlichen Kunstschule sowie die beiden Eingaben UI 60 606 und 60 681 bei.

Klingelhöfer

handschriftlich:
am 9. 5. 33 an
Herrn v. Kursell zurückgegeben.
(3 Hefte)

Aussage des Studienrates Knispel

Auszug:
Vorgeladen erscheint Herr Studienrat Knispel von der Kirschner-Schule in Berlin NW und erklärt auf die Fragen zu den Vorgängen in der Staatlichen Kunstschule folgendes:

Ich bin Schüler der Staatlichen Kunstschule in den Jahren 1919, 1920 und 1921 und 1925 gewesen und habe im übrigen bis jetzt in ständiger Fühlung mit ihr gestanden, da ich seit 1928 Fachberater für den Zeichenunterricht für die Provinz Sachsen und auch seit 2 Jahren Mitglied

1 Prof. Georg Tappert, Maler und Graphiker, 1880–1957; ab 1909 Prof. an der Staatlichen Kunstschule Berlin; 1933 entlassen.

2 Prof. Bernhard Hasler, Maler und Graphiker, * 1884.

3 Prof. Kurt Lahs, Maler und Pastellzeichner, * 1893; bis 1929 Leiter der Academia de Pintura in Medellin/Kolumbien; ab 1929 Prof. an der Staatlichen Kunstschule Berlin; 1933 entlassen.

des Prüfungsausschusses für das künstlerische Lehramt bin. Ich habe nie etwas davon gemerkt, daß in der Schule irgendwelche politische Tendenzen, insbesondere kommunistische, geherrscht haben. Ich bin seinerzeit Schüler von Prof. Hasler gewesen. Hasler ist nach meiner Überzeugung eine ungemein lebendige, vor allem auch pädagogisch sehr begabte Persönlichkeit, die in selbstloser Weise alle Schüler zu fördern suchte und aus dessen Klassen viele unserer besten Zeichenlehrer und Maler hervorgegangen sind. Ich habe nie bemerkt, daß er Schüler in politischer Hinsicht beeinflußt hat, vielmehr hat er immer versucht, die Schüler sowohl künstlerisch als menschlich auf sich selbst zu stellen. Auch Prof. Tappert ist nach meiner Meinung ein vortrefflicher Lehrer. Ich habe auch von ihm nie gehört, daß er politische Beeinflussungsversuche unternommen hat.

Ich habe nie etwas davon gehört, daß diese beiden Lehrer sich in moralischer Beziehung, insbesondere im Verhältnis zu ihren Schülerinnen, etwas haben zu Schulden kommen lassen.

Berlin, den 20. Februar 1933 Knispel
Studienrat

Eine zweite Aussage

handschriftlich: Rust Kunstschule
Otto Reinhold Bober, Berlin W 57
Bln.-Halensee, den 21. 2. 33
Joachim Friedrichstr. 24

Sehr geehrter Herr Hinkel [1],
In einer Angelegenheit der Staatl. Kunstschule wende ich mich als Nationalsozialist und ehemaliger Kunstschüler an Sie, den Leiter des Kampfbundes für Deutsche Kultur. Meine Eingabe betrifft die Person des Prof. an der Staatl. Kunstschule Bernhard Hasler. Im Zusammenhang mit den Geschehnissen an der fraglichen Anstalt sind auch Vorwürfe gegen diesen Mann erhoben worden, die ich mich vor meinem Ge-

1 Hans Hinkel, 1901–1960; 1920–23 im Freikorps Oberland; ab 4. 10. 1921 in der NSDAP, Nr. 287; ab 1930 in der Schriftleitung des *Völkischen Beobachters*; ab 30. 1. 1933 Staatskommissar im Preußischen Ministerium für Wissenschaft, Kunst und Volksbildung, Präsident der *Gesellschaft für Deutsche Kultur*; einen Monat später, am 18. 3. 1933, schreibt der Maler Oskar Schlemmer an F. C. Valentin: «Ich hörte ihn [Hinkel] kürzlich nebenan sprechen und kann nur sagen: es war furchtbar. Ein Feldwebel sprach zu seiner Kompanie.» Oskar Schlemmer: *Brief und Tagebücher*, München 1958, S. 306–307. Hinkel war Blutordenträger; 1935 SS-Sturmbannführer; 1943 SS-Gruppenführer. Porträt s. Abb. 11.

wissen verpflichtet halte zu entkräften. Als ehemaliger Hasler-Schüler kenne ich diesen Kunstlehrer länger und genauer als viele andere Kunstschüler und weiß, daß man in ihm einen Mann angreift, dessen Wesen und Gesinnung ehrlich und offen von Grund auf deutsch ist.

Hasler entstammt einem alten erzgebirgischen Bauerngeschlecht. Er hat den Krieg an der Front als Kanonier mitgemacht und wurde schwer verletzt. Die Art seines Unterrichts war weder marxistisch noch sonst in einer Weise internationalistisch. Die Gemeinschaft aller im Dienste einer großen Sache (im Unterrichtsfall: der Malerei), Ausschaltung allen Klassenkampfes und -geistes erstrebte er. Oft hat Hasler uns Schülern erzählt, wie ihm im Kriege das Gefühl der Gemeinschaft durch die gemeinsame Schicksalsverbundenheit und das Freiwerden von engherzigen und erlebnislos übernommenen (also toten) Formen und Anschauungen zum Erlebnis wurde. Diese positiven Werte im Kriegserlebnis zu finden, entspricht aber nicht marxistischen Anschauungen.

Mit Wort und Beispiel suchte er in uns den Geist zu wecken, den Moeller van den Bruck in seinem Buche «Der preußische Stil» den preußischen nennt. In keiner Weise wollte er uns Schülern «internationale» Kunst vorsetzen. Gerade im Schüleratelier von Hasler habe ich zum erstenmale von den grundverschiedenen beiden Denkarten des nordischen Menschen und des Südländers gehört und von der rassischen und landschaftlichen Bedingtheit dieser Verschiedenheit.

Zur Wirkung von Haslers Persönlichkeit auf die Schüler ist zu sagen, daß wohl alle direkten Schüler ihn schätzen und verehren. Die Eigenschaften, die ihn auszeichnen, forderte er von seinen Schülern. Liebe und Eifer für die Malerei, für die Hasler ganz aufgeht, Lauterkeit der Gesinnung und des Charakters. Die Vielseitigkeit in seinem Fache und sein Einfühlungsvermögen in die Denkart anderer ließen ihn zu fast jedem seiner Schüler ein Verhältnis finden.

Hasler lebt nur seiner Arbeit und lehnt es ab, sich mit Politik zu beschäftigen. Er bevorzugte durchaus nicht Marxisten. Obgleich Hasler weiß, daß ich Nationalsozialist bin, hat er mich in jeder Weise künstlerisch gefördert. Wie viele andere seiner ehemaligen Schüler besuche ich ihn noch jetzt mitunter mit Arbeiten, und immer werde ich Anteilnahme und Förderung finden.

Als vor einiger Zeit Kunstschüler, Mitglieder der Antifaschistischen Aktion, mehr redeten als arbeiteten, wurden sie scharf von Hasler zur Arbeit angewiesen. Später schieden die Betreffenden aus dem Atelier Haslers aus. Als von Kunstschülern auf das angebliche Kunstparadies Moskau hingewiesen wurde, wurde diesen Leuten von Hasler der Star gestochen.

Zusammenfassend möchte ich nochmals sagen, daß meinem Lehrer Hasler meine Hochachtung und mein Dank gehört und daß ich mich anheischig mache, diese Darstellung von anderen Hasler-Schülern bezeugen zu lassen, obgleich die ehemaligen Hasler-Schüler vielfach über Preußen verstreut sind. Einen Menschen kann ich aber sofort namhaft machen, der wie ich seit Jahren seine Hoffnung auf Deutschland und unseren Führer Adolf Hitler setzt und der sich sofort im gleichen Sinne für Hasler einsetzen wird, den Stud.-Ass. W. Kaulen, Havelberg, Parteimitglied und Mitglied des N. S. L. B.[1]

Ich versichere eidesstattlich, daß ich zu diesem Brief weder von Herrn Hasler noch von sonst jemanden veranlaßt worden bin und daß ich ihn aus eigenem Bedürfnis heraus geschrieben habe.

Ich weiß, sehr geehrter Herr Hinkel, daß Ihre Zeit knapp bemessen ist und daß viel Säuberungsarbeit auf Sie wartet. Aber mein Rechtsgefühl und meine Dankbarkeit zwingen mich vor meinem Gewissen, mich für Hasler einzusetzen. Ich bitte Sie darum dennoch herzlich, diese Eingabe, die mich und viele andere tief berührt, zur Kenntnis zu nehmen.

Mit vorzüglicher Hochachtung
Hans-Joachim Bober, Stud.-Ass.
ergebenst
(Mitglied d. N.S.L.B.)
Bln.-Halensee
Joachim Friedrichstr. 24

Auch Paul Hermann sagt aus

Herrn
Kultusminister Rust
Berlin W
Stempel: Preuß. Min. f.
Wissenschaft, Kunst
u. Volksbildung
Eing.: 21. Febr. 1933
handschriftlich:
KI Val 71 Hu MR
Dr. Klingelhöfer z. erl. 21/II.

Stempel: UI 60 606
Paul Hermann
Inseraten-Annahme
Zeitungs- und Zeitschriftenvertrieb
Lotterielose-Verkauf
Berlin-Schöneberg, Grunewaldstr. 90
Anruf: C 1 Stephan 4404
den 20. Februar 1933

Hochgeehrter Herr Minister und Pg.!
In Sachen *Kunstschule* stehe ich, ohne ihre Selbsthilfe zu billigen, dennoch auf Seiten der revoltierenden SA-Studenten!

Die Zustände in diesem Kunstinstitut meiner unmittelbaren Nachbarschaft schreien seit Jahren zum Himmel, in moralischer sowohl, als auch in privatwirtschaftlicher Beziehung.

1 N. S. L. B. = Nationalsozialistischer Lehrerbund.

Als altes Mitglied des Verbandes der Gast- und Schankwirte für Berlin und die Provinz Brandenburg, Berlin C 2, Stralauerstr. 3–6, sah ich mich schon 1931 und 1932 genötigt, dem Verband mitzuteilen, daß in der Kunstschule regelmäßig *jährlich Kostümfeste abgehalten werden, die dem conzessionierten Gastwirt entzogen worden sind und dem Staat und der Kommune um die Steuerabgaben gebracht haben.*

Der schwer um seine Existenz ringende Gastwirt bezw. Mittelstand hat ein Recht, daß der Staat seine Existenz schützt und nicht wie zur Regel geworden, seine *Räume zu Schankkontraventionen mißbrauchen läßt.*

Ferner, die unserer Bewegung nahestehende *Frau Münch, Grunewaldstr. 100^{II}* hierselbst, deren 12-jähriger Sohn unserer Hitlerjugend angehört, wurde von so einem marxistischen Studenten der ihr gegenüberliegenden Kunstschule aufgesucht und bedroht, ihre Hakenkreuzfahne einzuziehen, *«da ihr sonst was passieren würde».*

Als allein stehende Frau hatte sie sich dieser Drohung unterworfen und die Fahne eingezogen, auch diesen Terror bitte ich zur Kenntnis zu nehmen.

Mit deutschem Gruß!
Paul Hermann

Gleichschaltung

«Nach Rücksprache mit Herrn Professor Kutschmann»

Prof. Max Kutschmann, Wandmaler und Denkmalspfleger, 1871–1943; 1922–23 aufmerksamer Zuhörer bei Hitler-Reden; 1927 NSDAP-Mitglied; ab 10. 4. 1933 kommissarischer Direktor der Vereinigten Staatsschulen für freie und angewandte Kunst.

Herrn
Ministerialdirektor Hinckel
i. Redaktion des «Angriff»
Berlin SW 68
Wilhelmstr. 106

Reichsverband
Bildender Künstler Deutschlands
Gau Berlin E. V.
W 62, Lutherstr. 46
B/A. 29. März 1933

Sehr geehrter Herr Ministerialdirektor Hinckel!
Nach Rücksprache mit Herrn Prof. Kutschmann und im Einvernehmen mit ihm richte ich an Sie folgende Mitteilungen und Bitten:

Nach den anfänglichen Erfolgen auf dem Gebiete der Künstlerorganisation (Wahl im Reichsverband bild. Künstler Gau Berlin und bei anderen kleinen Verbänden) ist ein Zusammenballen derjenigen Kreise zu bemerken, die sich selber als «auch national» und als «auch regierungstreu» bezeichnen, die aber im Grunde genommen zur Opposition zu rechnen sind. Ich bitte unter den obwaltenden Umständen *dringendst* um zweierlei:

Entweder: um einen Erlaß des Herrn Ministers für Wissenschaft, Kunst und Volksbildung Dr. Rust mit ungefähr dem Inhalt des hier beigefügten Entwurfes (Anlage 1), oder: um eine Anerkennung der bereits vollzogenen Tatsachen durch den Herrn amtlichen Vertreter des Herrn Ministers, also wohl durch Sie, und um eine Marschroute für alle Künstlerverbände unter leise anklingender Warnung für diejenigen, die keines guten Willens sind und ihre Plätze nicht räumen wollen.

Einen Entwurf habe ich auch hierfür beigefügt (Anlage 2), damit Sie zustimmendenfalls nur Ihre Unterschrift, bzw. die des Herrn Ministers darunter zu setzen brauchen.

Ich bitte mir diese weitgehenden Vorschläge nicht zu verübeln, sie sind ausschließlich im Interesse der Sache gemacht.

Schließlich bitte ich erneut um eine Unterredung oder doch um die Erlaubnis, weitergehende Anregungen schriftlich vorlegen zu dürfen.

Da ich meinen Kollegen, den 1. Schriftführer z. Zt. nicht erreichen kann, unterschreibe ich den vorliegenden Brief persönlich nur allein, er bringt aber die Anschauung des bis jetzt bestehenden Vorstandes des Reichsverbandes bild. Künstler, Gau Berlin, voll zum Ausdruck.

Mit ausgezeichneter Hochachtung
und Hitler-Heil
Ihr sehr ergebener
Hanns Bastanier
Mtgl. d. Kampfb. f. d. Kultur

2 Anlagen

Prof. M. Kutschmann: Nationalsozialistische Kunst

In: *Deutsche Kultur-Wacht, Blätter des Kampfbundes für deutsche Kultur,* 1933, Heft 1, S. 5–6, gekürzt.

Immer lauter und immer häufiger ergehen von den verschiedensten Seiten die dringlichsten Warnungen vor einer nationalsozialistischen Kunst. Das berührt seltsam, denn bislang haben sich kaum Ansätze zu solcher Kunstrichtung gezeigt. Einige mehr oder weniger gute oder schlechte Hitler-Bildnisse oder Büsten und ein paar Bilder, auf denen SA-Männer dargestellt werden, können ebensowenig wie einige dichterische Erzeugnisse den Anlaß zu so nachdrücklichen Mahnungen gegeben haben. Und trotzdem diese inbrünstigen Beschwörungen. Woher stammen sie? Fließen sie aus einer gemeinsamen Quelle, oder sind sie der Ausdruck aufrichtiger Besorgnis ehrlicher Künstler vor einem Abgleiten der Künste in die Unsauberkeiten des politischen Kampfes? Wahrscheinlich war zuerst das Letztere der Fall. Aber dieser aus bester Absicht ergangene Warnungsruf wurde sofort in vielfachem Echo von der feindlichen Front zurückgeworfen. Man weiß dort nur zu gut, welche starken werbenden Kräfte den Künsten innewohnen.

Nationalsozialismus ist Weltanschauung. Die Nationalsozialistische Deutsche Arbeiterpartei will die Trägerin und Vorkampferin dieser geistigen Bewegung in Deutschland sein. Einerseits sind freilich in ihren eigenen Reihen noch vielfach verschwommene Unklarheiten über die Tragweite dieser Gedanken zu finden, während andererseits sich die Ideen schon weit über die Parteigrenzen hinaus, ja selbst in den feindlichen Reihen nachdrücklich auswirken.

Aber er ist, wie gesagt, eine Weltanschauung, deren Gültigkeit nicht nur auf das deutsche Volk beschränkt ist. Seine Aufgabe ist es ja, in der ganzen Welt den volksfeindlichen, geistig so armseligen Marxismus und den mit diesem eng verbundenen und menschenfressenden Mammonismus zu bekämpfen und zu überwinden und den Völkern ihr blutgebundenes Eigenleben zu erhalten; denn erst, wenn die ihm zugrunde liegenden Gedankengänge überall in der Welt einen starken Widerhall gefunden haben, ist sein endgültiger und nachhaltiger Sieg auch in Deutschland sicher. Die Partei ist nur das Sammelbecken für die Bekehrten und die Ausgangsstelle für den Werbedienst im eigenen Volk. Die politische Macht erstrebt sie, um das gesamte Volk schnell und nachdrücklich in einer wahrhaften Volksgemeinschaft zusammenschließen zu können.

Weltanschauungen haben sich von jeher und überall auch auf die Künste ausgewirkt, die ihrerseits dann wieder durch die verklärende Gestaltung der Ideen zu den erfolgreichsten Werbern für ebendiese Vorstellungen wurden. Alle religiösen Bekenntnisse vor allem haben sich die Künste stets im weitesten Umfange dienstbar gemacht. Nun denkt jedermann zum Beispiel bei christlicher Kunst zuerst an Michelangelos Sixtinische Kapelle, an Raphaels Madonna, an Grünewalds Altarbilder oder sonst irgendwelche gewaltigen Leistungen künstlerischer Schöpferkraft und vergißt in unserem Zeitalter des Verkehrs, der Photographie und der vervielfältigenden Künste nur zu leicht, wie wenigen diese Meisterwerke zur Zeit ihrer Entstehung zugänglich waren, wie eng begrenzt deshalb ihre Werbekraft nur sein konnte. Die breiteste und drastischste Wirkung ging von Dingen aus, die wir heute, ästhetisch verbildet und verkorkst, wie wir nun einmal sind, nur mit verächtlichem oder höhnischem Lächeln als Geschmacklosigkeiten abtun, weil wir sie nur als kuriose Museumsstücke und aus dem flutenden Leben herausgerissen betrachten. Es sei nur an die Kreussener Zwölf-Apostel-Krüge erinnert, mit denen zu ihrer Zeit ganz Deutschland versorgt wurde. Aus oft wunderhübsch geschnitzten Kuchenformen drückte man zu den entsprechenden Festtagen Heilige, ja selbst das Gotteslamm, und gab dieses Backwerk in ungezählte Kinderhände, ohne darin eine Entwürdigung oder Ehrfurchtsverletzung zu sehen. Die werbende Kraft solcher Art von Bearbeitung der Kinderherzen kann gar nicht überschätzt werden. Der Glaube an die Wesenhaftigkeit der betreffenden Heiligen wurde dadurch schon in der allerfrühesten Jugend zu einer später nicht mehr zu erschütternden Selbstverständlichkeit. Stets haben auch die in Massen hergestellten Weihnachtskrippen, selbst in künstlerisch dürftigster und kümmerlichster Gestalt, viel breitere Wirkung getan, als das herrlichste Altarbild in irgendeiner Kirche, das ja doch nur verhältnismäßig wenigen zu Gesicht kam. Sogar altgermanische religiöse Vorstellungen leben in manchen Gegenden Deutschlands im Feiertagsgebäck noch heute symbolisch und bildhaft weiter, obgleich die Vorstellungen, die sie verkörpern sollen, längst aus unserm Geistesgut geschwunden sind.

Und nun der sogenannte geschmacklose Mißbrauch von Bildnissen bedeutender Männer. Ist es der Würde oder der Ehre Friedrichs des Großen abträglich gewesen, daß sein Bildnis auf ungezählten Schnupftabaksdosen oder Porzellantassen angebracht wurde? Tausende und aber Tausende wurden aber auf diese Weise täglich an ihn erinnert. Hat es Blüchers Ansehen oder seiner Volkstümlichkeit geschadet, daß man sein Bild auf Tausende von Pfeifenköpfen gemalt hat? Gab es je einen tiefgründigeren, aufpeitschenderen Ausdruck des verachtenden Hasses gegen Napoleon als die Wiedergabe seines Bildnisses auf dem Boden von Nachtgeschirren? Gewiß sind das für uns mehr oder weniger grobe Geschmacklosigkeiten, die auch nicht etwa zur Nachahmung empfohlen werden sollen; aber welche ungeheure werbende Kraft ging von allen diesen Dingen aus. Sollen wir wirklich auf ähnlich wirkungsvolle Mittel aus Scheu vor dem drohend emporgestreckten Zeigefinger blutloser ästhetischer Schwächlinge verzichten? Wenn wir das Volk haben wollen, so müssen wir uns einer ihm verständlichen Sprache bedienen.

Ist es wirklich Hitler und seiner Idee abträglich, wenn er mit seinen SA-Leuten als Zinnfiguren in die Hände Tausender von spielenden Kindern gerät. Muß ein Hitler-Bild wirklich immer allen hochgespannten künstlerischen Anforderungen genügen? Ist es nicht viel wichtiger, daß es, ganz gleich wie häßlich bunt für einen geläuterten Geschmack, überhaupt in der Arbeiter- oder Bauernstube hängt? Machen wir uns doch von der lächerlichen Idee frei, daß es unsere Pflicht sei, das Volk zum hohen Kunstverständnis zu erziehen. Wenn wir der SA ein textlich und gesanglich gutes, mitreißendes Marschlied schenken und dadurch einen seichten oder gemeinen Schlager aus ihren Reihen verdrängen, haben wir tausendmal mehr für die deutsche Kunst getan, als wenn wir versuchen, einer naturgemäß kleinen Anzahl von SA-Leuten das Violinkonzert von Beethoven nahezubringen. Die blödesten und albernsten Bildungsphilister sind meist die nachdrücklichsten Prediger über die Würde der deutschen Kunst, von der sie selbst meist keinen Hauch verspürt haben. Durch nichts könnten die Künste mehr gefördert werden als – wenn das möglich wäre – durch ein Verbot des Wortes Kunst für 10 Jahre.

Alle Kunst, die bescheidenste und die höchste, wächst am kräftigsten und üppigsten auf dem Boden einer lebendigen, hochgemuten Weltanschauung. Sollte eine solche Weltanschauung, die so zahlreiche, bis zum äußersten opferwillige Märtyrer hervorgebracht hat, wirklich nicht auch ihren Ausdruck in den Künsten suchen dürfen? Ich bin sicher, daß ein überzeugter nationalsozialistischer Künstler diesen Geist ungewollt auch immer in seinen Werken zum Ausdruck bringen muß.

Der innerlich tief überzeugte nationalsozialistische Künstler muß zwangsläufig eben jede Aufgabe, sei es immer, welche es wolle, vom einfachsten Blumenstrauß bis zum jüngsten Gericht, aus den stickigen Miasmen der ästhetischen Niederungen in die reine, klare Luft des hingebenden Dienstes an seinem Volke emporheben. Dadurch wird er, ohne seinen besonderen Willen, mit jedem seiner Werke zum Werber für seine Weltanschauung, die, so verklärt, reiner in die Erscheinung tritt als auf dem Kampffeld des harten und notgedrungen oft groben Streites der Tagespolitik. Lassen wir uns daher nicht durch wohlgemeinte oder hinterhältige Warnungen einschüchtern. Wir müssen vorwärts; denn entweder wird es eine nationalsozialistische Kunst geben oder der Nationalsozialismus wird, seiner stärksten und wirksamsten Waffe beraubt, ins Wesenlose zurücksinken.[1]

Zusammenschluß der bildenden Künstler

In: *Kunst und Wirtschaft;* offizielles Organ des Reichskartells der bildenden Künste, 1. 7. 1933.

Pg. Prof. Max Kutschmann, kommissarischer Direktor der Vereinigten Staatsschulen (Hochschule für freie und angewandte Kunst), Vorsitzender der Deutschen Kunstgemeinschaft, Fachleiter in der Kulturabteilung des SS-Rasse- und Siedlungsamtes und Obmann der Gruppe bildende Kunst im Kampfbund für Deutsche Kultur e. V., ist bevollmächtigt durch den Leiter des Verbindungsstabes der NSDAP und in Verbindung mit dem Leiter des Amtes für ständischen Aufbau, die Gleichschaltung der deutschen Künstler- und Kunstvereine herbeizuführen und sie als Vorbereitung für die kommende Eingliederung aller freien Berufe in den ständischen Aufbau im Reichskartell der bildenden Künste, Berlin C 2, Schloß (Schlüterhof), zusammenzufassen. Das Reichskartell der bildenden Künste ist die einzige von der Reichsleitung der NSDAP anerkannte Dachorganisation der bildenden Künste.

In Verfolg der ihm übertragenen Aufgabe hat Herr Professor Max Kutschmann, der Präsident des Reichskartells der bildenden Künste, das Amt des 1. Vorsitzenden des RVbK übernommen.

Sämtliche für den RVbK bestimmten Schriftstücke sind künftig an die Geschäftsstelle des Reichskartells, Berlin C 2, Schloß, zu richten.

1 Siehe: *Berliner Illustrirte Zeitung* vom 28. 5. 1933. Hier finden sich Fotos von Kindertrompeten mit Hitlerbildern und der Aufschrift: «Nicht stark», ferner künstliche Schneeglöckchen mit Hakenkreuz, Papierbecher mit Hitlerbildern, Mützen für das Bockbierfest und Haarnadeln mit dem Hakenkreuz verziert sowie Hakenkreuzfähnchen mit einer Fahnenstange aus Lakritze oder Zucker. Auch eine Hakenkreuzzigarre mit einem Hakenkreuzaschenbecher ist abgebildet. Siehe hierzu auch: *Berliner Lokal-Anzeiger* vom 24. 6. 1933 über «Hitler-Kopf in Bonbon», «Bleistifte mit dem Horst-Wessel-Lied» usw.

Professor Rudolf Bosselt[1] gehört dem Vorstande des Reichskartells an und behält die Leitung der Zeitschrift, deren Aufgaben eine wesentliche Erweiterung erfahren werden.

Innere Kämpfe und Intrigen

Fachgruppe Bildende Kunst
S/H.
den 7. 11. 33

An
Herrn Reichsminister
für Volksaufklärung und Propaganda
Dr. Goebbels
Berlin W 8 Wilhelmplatz 8–9
Persönlich!

Sehr verehrter Herr Reichsminister Pg. Dr. Goebbels!
In der von der deutschen bildenden Künstlerschaft erwarteten endgültigen Entscheidung über die personelle Zusammensetzung ihrer Künstler-Kammer, haben wir zu unserem Führer und unseren Ministern das Vertrauen auf eine gerechte Lösung.

Sofern in einzelnen Fällen rücksichtslose Ellenbogenbetätigung, die wir als Nationalsozialisten im alten System jahrelang schärfstens bekämpft haben, entschieden hat, so wissen wir, daß solche Fehlbesetzungen revidiert werden.

Prof. Kutschmann, der derzeitige Präsident des Reichskartells der bildenden Künste ist uns nicht würdig genug und besitzt nicht die Verdienste um die Bewegung, die die Voraussetzung eines Präsidenten der deutschen bildenden Künstlerschaft sein müssen. Die Handlungsweise und das bisherige Vorgehen von Prof. Kutschmann und seiner Mitarbeiter im derzeitigen Reichskartell empfinden wir als einen Verrat am Kampfbund für Deutsche Kultur, an der Fachgruppe Bildende Kunst des K.f.D.K.[2], die die nationalsozialistische Urzelle der bildenden Künstler ist und an den ersten Vorkämpfern der nationalsozialistischen Bewegung in der bildenden Künstlerschaft in Berlin, die als Nationalsozialisten noch immer dort stehen, wo sie einst hinberufen waren.

Prof. Kutschmann und die Leitung des Reichskartells besitzen nicht das Vertrauen der nationalsozialistischen und deutschen bildenden Künstlerschaft.

1 Prof. Rudolf Bosselt, Bildhauer und Medailleur, war Herausgeber der Zeitschrift *Kunst und Wirtschaft.*

2 K. f. D. K., der Kampfbund für Deutsche Kultur, wurde 1928 von Rosenberg in München gegründet, um «gegen die kulturzersetzenden Bestrebungen des Liberalismus» etc. zu kämpfen. Im Mai 1933 ist der Kampfbund als Kulturorganisation der NSDAP anerkannt worden. Ihr Leiter wurde Hans Hinkel, ihr Sitz das Berliner Schloß.

Wir sehen in der praktischen Betätigung der derzeitigen Leitung des Reichskartells auch nicht die Anwendung und Durchführung wirklich nationalsozialistischer Kulturgrundsätze und Ideen.

Die größeren Verdienste für unsere Bewegung in der bildenden Künstlerschaft in Berlin liegen *nicht* im derzeitigen Reichskartell, sondern nach wie vor in der Fachgruppe Bildende Kunst des K.f.D.K., *der* nationalsozialistischen Urzelle der bildenden Künstler in Berlin, deren Leitung noch immer von dem ihr freiwillig gegebenen Vertrauen der bildenden Künstlerschaft getragen wird.

Die Fachgruppe Bildende Kunst im K.f.D.K. umfaßt 600 Mitglieder.

Es entspricht nationalsozialistischer Gerechtigkeit, daß die Reichskammer der bildenden Künste auf dieser nationalsozialistischen Urzelle sachlich und personell aufgebaut wird.

Die wachsende Erbitterung der bildenden Künstlerschaft über das Reichskartell veranlaßt uns, Sie, sehr verehrter Herr Reichsminister Dr. Goebbels, zu bitten, Prof. Kutschmann und die derzeitige Leitung des Reichskartells der bildenden Künste ihrer Ämter zu entheben und an ihre Stelle im besonderen im Aufbau der Reichskammern, Männer und Künstler zu stellen, die größere Verdienste um unsere Bewegung haben und die das Vertrauen der nationalsozialistischen und deutschen bildenden Künstlerschaft besitzen.

Die Fachgruppe Bildende Kunst des K.f.D.K. erlaubt sich, Ihnen, Herr Reichsminister, als Präsidenten der Reichskammer der bildenden Künste vorzuschlagen:

Pg. Prof. Otto von Kursell, Maler,
Referent im Preuß. Ministerium für
Wissenschaft, Kunst und Volksbildung,
Lehrer an den Vereinigten Staatsschulen
für freie und angewandte Kunst, Charlottenburg,
Fachleiter der Fachgruppe Bildende Kunst
des K.f.D.K.
Landesgruppe Berlin-Brandenburg, Grenzmark.

Heil Hitler!
Fachgruppe Bildende Kunst
gez.: Süssmann
Organisationsleiter.

Denunziationen

«Trotzdem ich mich im Zeichnen und Malen zu künstlerischen Leistungen ausbildete»

An den
Kommissar für das Preußische
Kultusministerium
Herrn Kommissar Dr. Rust
Berlin

Berlin-Pankow, den 14. 3. 33
Neumannstr. 52

Ich bin Berliner Kind, im Osten groß geworden und als Lehrer an Schulen im Osten Berlins tätig, sodaß mir einiger Einblick in die Entwicklung zugetraut werden kann.

In dem Bezirk Friedrichshain, der den Osten ausfüllt, sitzen nur *SPD-Schulräte*: Kühn und Hädicke.

Herr Hädicke war vor dem Krieg mit mir an der 136. Gemeinde-Schule, Gubenerstr., tätig. Schon damals war er Mitglied der SPD. Als nach dem Kriege seine Partei ans Ruder kam und ihn wohl gern in höhere Stellung bringen wollte, mißglückte dies, solange er in dem Kollegium auf harten Widerstand stieß, das ihm kein günstiges Zeugnis ausstellen konnte. Wie ich, war auch Herr Hädicke Anhänger der Arbeitsschulidee. Während ich aber die geistige Arbeit in den Vordergrund der Pflege rückte, erging sich des Herrn Hädickes «Produktionsschule» (sein Kraftausdruck damals) lediglich in kleinen Mätzchen wie Kneten, Stäbchenlegen etc. Vor einem oder zwei Jahren wurde er Schulrat. Bemerken möchte ich noch eine persönliche Äußerung des Herrn Hädicke, als er noch Lehrer war; als ich ihn fragte, aus welchen Gründen er Schulrat werden wolle, ob aus pädagogischen oder anderen Gründen, antwortete dieser Herr bezeichnend: *«Pädagogische Gründe kommen gar nicht in Betracht, sondern nur parteiliche.»*

Ich sehe in Herrn Schulrat Hädicke einen der gefährlichsten Schrittmacher der marxistischen Front.

Herr Schulrat Kühn ist ebenfalls SPD-Mann. Vor dem Kriege war er allerdings schon Rektor, welche Laufbahn ihn ganz gewaltig von Herrn Hädicke unterscheidet. Herr Schulrat Kühn ist jetzt mein Vorgesetzter. Persönlich habe ich nichts gegen ihn auszusetzen. Aber er besetzte die frei werdenden Rektorstellen nach dem Parteibuche. Trotzdem ich selbst mich wissenschaftlich weitergebildet habe, sechs Semester, an der Handelshochschule Berlin studierte (u. a. auch Pädagogik, Geographie, Philosophie, Kunstwissenschaft), mich im Zeichnen und Malen zu künstlerischen Leistungen ausbildete, Kunstschulen besuchte und Unterricht bei dem Künstler Kampf nahm (im April halte ich einen Vortrag über den «gegenwärtigen Stand der Kunstwissenschaft» in der Zeichenvereinigung des Berliner Lehrervereins), ernannte mich Herr Schulrat Kühn auf Grund meiner bekannten Leistungen auf dem Gebiete der Arbeitsschule (praktische Schularbeit) lediglich formell zum Mitglied der Prüfungskommission für Junglehrer. Manche Herren, die in seinem Bezirk zu Rektoren ernannt wurden, haben gewiß gute Schularbeit geleistet und sich weiter gebildet, wenn auch nicht wissenschaftlich, wie z. B. Herr Rektor Wuttke. Aber geradezu verderblich und zersetzend wirkte sich die Arbeit des Rektors *Zacharias* aus. Dieser Herr ist ein ganz fanatischer Sozialdemokrat. Als er einmal auf einer Verfassungsfeier für Schulkinder in der unflätigsten Art und Weise über das Kaiserhaus, Friedrich den Großen etc. herzog, verließ ich demonstrierend den Saal. Man mag sich zu dem letzten Kaiser stellen wie man mag oder kann; aber die Art des Herrn Zacharias ging «über alle Hutschnur». Hier wurde Gift in die Kinderseele geträufelt, wie man es sich nicht schlimmer denken kann. Wenn solch ein Herr einer Schule vorsteht (Rüdersdorferstr.), dann ist es kein Wunder, daß dies zu dem führte, was jetzt die Zeitung bringt. Noch vor 10 Jahren wäre dies im Osten nicht möglich gewesen.

Daher empfehle ich, daß man einmal in diese Kreise mit dem Besen hineinfahre. Anders ist das rote Wasser nicht abzuleiten. Nicht unerwähnt möchte ich lassen, daß diese SPD-Richtung in den Schulen des Ostens von Berlin vor allem auch dadurch möglich wurde, daß ein SPD-Mann wie *Herr Mielitz* als Bürgermeister fungierte.

Willy Baehr
Lehrer und Diplom-Handelslehrer
Berlin-Pankow, Neumannstr. 52
tätig an: 155. Schule, Markusstr. 49

«Ich bin bereit, meine Pläne ausführlich darzulegen»

An den
Herrn Minister Rust
im Ministerium für Kunst, Wissenschaft und Volksbildung
Berlin

Sehr geehrter Herr Minister!
Im folgenden erlaube ich mir, auf die Kunsterziehung in der Schule und auf meine Bestrebungen in dieser Richtung in großen Zügen hinzuweisen.

Ich habe Germanistik, Kunstgeschichte und Philosophie studiert. Mein besonderes Interesse im Unterricht gilt der Erziehung der Jugend zum Verständnis der bildenden Kunst, vor allem der *deutschen* Kunst. Die Richtlinien von 1925 haben dem Gedanken der Kunsterziehung mehr geschadet als geholfen durch Zersplitterung auf viele Fächer, durch ein ganz undeutsches Zerreißen von Gehalt und Form, durch eine Überfülle an Stoff, die dem Deutschen nicht die herrschende Stellung zukommen läßt, die ihm in den Schulen gebührt. Seit 1926 galt mein Kampf diesen «Richtlinien» und den Männern, die undeutsches Wesen auf diesem Gebiete in die Schule hineintrugen.

Meine Vorstellungen bei Geheimrat Pallat, bei Oberschulrat Hilker am Zentralinstitut, mein Bericht an das P.S.K.[1] über den Terrorismus in den kunstgeschichtlichen Arbeitsgemeinschaften unter Leitung Hilkers, der gar nichts von Kunst versteht, und seiner marxistischen Anhänger aus der Kunstschule, meine Unterredung mit Minister Becker[2] und mit der Ministerialrätin Heinemann blieben erfolglos. Die barsche Zurückweisung von Frau Heinemann und ihre Worte: «Bauen Sie nicht auf Sand» ließen mich erkennen, daß auf diesem sterilen «Sand» der SPD-Behörden kein Deutschtum erblühen konnte, und ich wandte mich nun an die führenden Persönlichkeiten der Museen, wie Geheimrat Wätzold und Frau Prof. Schottmüller. Auf Veranlassung der letzteren, welche die Museumsführungen für die Lehrerschaft leitet, hielt ich einen Vortrag über bildkünstlerisches Sehen und Erleben, der solchen Beifall fand, daß ein großer Teil der anwesenden Lehrerschaft mir Unterschriften für ein Gesuch an das P.S.K. für Kunstbetrachtungskurse gab. Das P.S.K., damals unter der Leitung des Herrn Grimme, lehnte es ab, obgleich der ehemalige Präsident Hüttebreuker, der zufällig meinem Vor-

1 P. S. K. = Provinzialschulkollegium; unterstand dem Preußischen Innenministerium und betreute u. a. die Kunstschulen und den Kunstunterricht.

2 Prof. Dr. Carl Heinrich Becker, 1876–1933; 1906 Professor für Orientalistik, 1925–30 preußischer Kultusminister.

trag beiwohnte, sich für meine Ideen im P.S.K. einsetzte, u. a. bei Herrn Oberschulrat Möller. Leider hatte dieser, der mir volles Verständnis und Interesse entgegenbrachte, gerade das Dezernat für bildende Kunst an Herrn Geheimrat Meyer abgegeben, der sich in diese Angelegenheiten nicht dreinreden lassen wollte.

Gleichzeitig mit meinen Bestrebungen für die Schule suchte ich Wege, um die deutsche Jugend und die Jugend der Deutschen im Ausland zusammenzufassen durch eine Zeitschrift, die die bildende Kunst, Volkskunst und Volkskunde umfassen sollte. Die Kunstverleger, zum großen Teil Juden oder von jüdischem Kapital abhängig, standen selbstverständlich meinen Ideen fremd gegenüber; die anderen scheuten sich vor der Herausgabe einer neuen Zeitschrift in der wissenschaftlichen Bedrängnis.

Ich glaube, daß jetzt Menschen und Zeiten gekommen sind, solche Gedanken fruchtbringend aufzunehmen, und ich bitte darum, mitwirken zu dürfen an einer Kunsterziehung, die die ganze Jugend Deutschlands in den höheren Schulen und in den Volksschulen, vor allem auch die Lehrenden, die diesen Dingen noch ratlos gegenüberstehen, umfassen soll, damit das deutsche Volk wieder in ein lebendiges Verhältnis zu seinen echten Künstlern komme und der Boden für eine wahrhaft *nationale Kunst* und für ein neues Erwachen der Volkskunst und des Handwerks bereitet werde.

Alle vorstehenden Angaben kann ich dokumentarisch oder zum Teil durch Zeugen belegen. Ich bin Mitglied der NSDAP und des Nationalsozialistischen Lehrerbundes. Mein Bruder Dr. med. Kurt Fiekel, Altdöbern, ist Gauobmann im N.S.D. Ärztebund, Gau Ostmark und Untergruppenarzt der Untergruppe Lausitz mit Dienstbezeichnung: Oberarzt. Ich bin jederzeit bereit, meine Pläne anläßlich einer mündlichen Rücksprache ausführlich darzulegen.

Berlin-Schöneberg, 2. 3. 33
Apostel Paulusstr. 20
Tel.: 61 Stephan 3827

Heil Hitler und unserer Bewegung!
Dr. phil. Elisabeth Fiekel
Lyzeum und Oberschule, Zehlendorf

In der Preußischen Akademie der Künste

Die Preußische Akademie der Künste ist 1696 als dritte europäische Akademie nach Rom und Paris ins Leben gerufen worden. Zur Geschichte siehe Herbert von Buttlars Aufsatz in: *Akademie der Künste – Die Mitglieder und ihr Werk*, Berlin 1960, S. XIII–XVIII.

Sämtliche Briefe sind im Archiv der Akademie der Künste, West-Berlin.

Ein Brief von Ernst Barlach

Ernst Barlach, Bildhauer, Graphiker und Dichter, 1870–1938; Mitglied der Preußischen Akademie der Künste; Ritter des Ordens Pour le Mérite. 1932 warfen ihm NSDAP, SA und HJ in Güstrow erstmals die Fenster ein; ab März 1933 bekam er Drohbriefe, und Polizei bewachte sein Haus; April 1933 wurde beantragt, Barlachs Ehrenmal im Magdeburger Dom zu entfernen; siehe Ernst Barlach: *Aus seinen Briefen*, München 1947, S. 79–80, und Karl Barlach: *Mein Vetter Ernst Barlach*, Bremen o. J., S. 73, 76, 79; im Mai 1933 mußte Barlach sein 1930 erbautes Haus in Güstrow aufgeben, da «die Anträge null und nichtig» geworden waren und zurückgezogen wurden. Siehe Ernst Barlach: *Leben und Werk in seinen Briefen*, München 1952, S. 190–191.

Ernst Barlach
Güstrow (Mecklenburg),
Heidelberg 23. II. 33

Sehr geehrter Herr Professor[1],
trotzdem ich mangels anderer Information die Freiwilligkeit des Austritts von Heinrich Mann und der Frau Professor Käthe Kollwitz[2] aus

1 Der Brief ist an den Präsidenten der Preußischen Akademie der Künste, Prof. Max von Schillings, gerichtet; über Prof. Schillings siehe in: *Musik im Dritten Reich* (Ullstein Buch 33032).

2 Am 15. 2. 1933 mußten Käthe Kollwitz, Graphikerin und Bildhauerin, sowie Heinrich Mann, Vorsitzender der Abteilung für Dichtkunst, aus der Preußischen Akademie der Künste ausscheiden, da sie einen Aufruf «zum Aufbau einer einheitlichen Arbeiterfront» mitunterzeichnet hatten. Der Text des Aufrufs befindet sich im Archiv der Akademie der Künste in West-Berlin. Ausführlich über den Vorfall siehe: *B. Z. am Mittag*, Berlin, sowie *Berliner Tageblatt, Berliner Börsenzeitung* – alle vom 16. 2. 1933 – und auch: *Frankfurter*

dem Verband der Preuß. Akademie der Künste annehme, ist mir dennoch nicht ganz wohl dabei und ich unterbreite Ihnen, sehr verehrter Herr Professor, somit die Bitte, mir gütigst Klarheit darüber zukommen zu lassen, ob mit dem Verbleib in der Akademie der Künste ein irgendwie politisch gefärbtes Gesinnungsbekenntnis verbunden oder nur vorausgesetzt wird.

Obgleich ich keiner der momentan mißliebigen Parteien als Mitglied angehöre, so ist die Unterschiedlichkeit zweier Rechte, desjenigen der freien Meinungsäußerung als Künstler und desjenigen als Staatsbürger für mich nicht annehmbar.

Ich würde bei bleibender Ungeklärtheit der Frage Gefahr laufen, mit den Folgerungen aus mir unbekannten Voraussetzungen gegebenenfalls belastet zu werden.

Ich bitte, mir freundlichst eine Aufhellung meiner Zweifel nicht vorzuenthalten.

In außerordentlicher Hochachtung
E. Barlach

Prof. Albert Geßner: «Das getarnte Judentum»

Albert Ed. Geßner, * 1868; seine Lieblingsbeschäftigung: Rassenforschung; *Wer ist's*, 1935.

An den Herrn Präsident
der Akademie der Künste
Herrn Prof. Dr. von Schillings
Berlin-Zehlendorf
Sophie-Charlotte-Str. 15

Professor Albert Geßner
Architekt, Mitglied der Akademie
des Bauwesens, Mitglied der
Akademie der Künste
Berlin W 15, Düsseldorfer Str. 35 a
Fernruf: J 2 Oliva 3926
12. Mai 1933

Hochverehrter Herr Präsident!
Sie waren Anfang voriger Woche so liebenswürdig, mir mitzuteilen, daß die von Herrn Minister Grimme ernannten 13 Mitglieder der Abteilung für die bildenden Künste nunmehr von der Akademie aufgefordert werden sollen, ihren Austritt zu erklären, resp. sich zur Wahl zu stellen.

Meine diesbezgl. Erkundigungen bei Herrn Prof. Amersdorffer über den Stand der Angelegenheit haben keinerlei Resultat gehabt. Ich habe nicht einmal die Namen der Mitglieder erfahren, welche bereit sind, sich zur Wahl zu stellen. Warum diese Diskretion geübt wird, ist mir unerfindlich, triftige Gründe dafür kann ich nicht erkennen.

Zeitung vom 18. 2. 1933. Käthe Kollwitz, 1867–1945, gehörte im Dritten Reich zu den «entarteten» Künstlern; einunddreißig ihrer Werke wurden beschlagnahmt.

Seit Jahren bemüht sich die Ihnen bekannte Gruppe in der Abteilung für bildende Künste gegen den zersetzenden Geist des getarnten Judentums in der Akademie anzugehen; überall in Deutschland geschieht in dieser Beziehung das Richtige, nur ausgerechnet uns soll dies versagt sein.

Meine Kollegen können es nicht fassen, daß die Entscheidung sich abermals hinausschiebt, sie begreifen es nicht, daß in der Abteilung III sich die Umwandlung restlos vollzogen hat, während in der Abteilung I nichts geschieht. Sie halten diesen Zustand einfach für untragbar und sind, ich darf es wohl sagen, aufs Schwerste enttäuscht.

Mit dem Ausdrucke der ganz
besonderen Hochachtung bin ich
Ihr sehr ergebener
Albert Geßner

«Da Erna Frank Jüdin war»

Aus dem Protokoll der Preußischen Akademie der Künste, Senatssitzung der Abteilung für bildende Künste, vom 19. Juli 1933.

Dr. Erna Frank war Graphikerin und Pastellzeichnerin.

In Erinnerung gebracht wird die Veranstaltung der Ausstellung von Arbeiten der verstorbenen Malerin Erna Frank, zu der die Akademie durch testamentarische Bestimmung und die Annahme der Erna-Frank-Stiftung verpflichtet ist. Da Erna Frank Jüdin war, erklärt es der Senat für unmöglich, jetzt eine Ausstellung ihrer Arbeiten zu veranstalten. Kutschmann [1] meint, die Akademie müsse auch die früher angenommene Stiftung jetzt wieder zurückweisen. Von Staa [2] regt an, zunächst nichts zu unternehmen, die Stiftung zu behalten und von der Ausstellung abzusehen. In einem halben Jahre werde vielleicht durch besondere Bestimmungen Klarheit für die Regelung solcher Fälle geschaffen werden.

1 Prof. Max Kutschmann wurde gerade auf dieser Sitzung des Senats erst neu berufen.

2 Dr. Wolfgang von Staa, * 1893; Ministerialdirektor im Reichs- und Preußischen Ministerium für Wissenschaft, Erziehung und Volksbildung; Mitglied des Senats der Preußischen Akademie der Künste.

Max Liebermann

Max Liebermann, Maler und Graphiker, 1847–1935; 1898 zum Prof. ernannt und in die Preußische Akademie der Künste gewählt; 1920–28 ihr Präsident; 1928 Ehrenpräsident und Ehrenbürger Berlins; Dr. phil. h. c. der Universität Berlin; Ritter des Ordens Pour le Mérite, Vizekanzler; gilt als bedeutendster Repräsentant des deutschen Impressionismus. Nach Hitlers Machtergreifung gefragt, wie es ihm gehe, meinte der wegen seines urwüchsigen Humors berühmte Liebermann mit sechsundachtzig Jahren: «Ich kann gar nicht so viel essen, wie ich jetzt kotzen möchte.» Verfemt und einsam starb er 1935. Nur drei «arische» Künstler – Käthe Kollwitz, Konrad von Kardorff und Hans Purrmann – waren bei seiner Beerdigung auf dem jüdischen Friedhof. Wolfgang Koeppen: *Max Liebermann – Juden in der deutschen Kunst* in: *Porträts zur deutsch-jüdischen Geistesgeschichte*, Herausgeber Thilo Koch, Köln 1961, S. 95. Über Tod und beschämende Bestattung siehe: *Leben und Meinungen des Malers Hans Purrmann, an Hand seiner Erzählungen, Schriften und Briefe*, Herausgeber Barbara und Erhard Göpel, Wiesbaden 1961, S. 212–214; weitere biographische Angaben in Ferdinand Stuttmann: *Max Liebermann*, Hannover 1962; über den Tod von Max Liebermanns Frau notiert am 3. 3. 1943 Ursula von Kardorff in: *Chronik unserer schwersten Jahre – Berliner Aufzeichnungen 1942–1945*, München 1962: «Frau Liebermann ist tot. Tatsächlich kamen sie noch mit einer Bahre, um die Fünfundachtzigjährige zum Transport nach Polen abzuholen. Sie nahm in dem Moment Veronal, starb einen Tag später im jüdischen Krankenhaus, ohne das Bewußtsein wiedererlangt zu haben.»

Ein Brief

An das
Sekretariat der Preuß. Akademie der Künste
Berlin

Sehr verehrter Herr Professor,
ich ersuche Sie, von nachstehender Erklärung der zuständigen Stelle Mitteilung zu machen.

«Hiermit lege ich das Ehrenpräsidium der Preuß. Akademie der Künste nieder und erkläre meinen Austritt als Senator sowie ordentl. Mitglied der Genossenschaft der Akademie.»

Berlin 7. Mai 1933

Dr. h. c. Max Liebermann
Mit freundlichen Grüßen
Ihr sehr ergebener d. O.

Liebermanns Erklärung vor der Tagespresse

In: *Centralvereins-Zeitung*, Berlin, 11. 5. 1933.

Ich habe während meines langen Lebens mit allen meinen Kräften der deutschen Kunst zu dienen gesucht. Nach meiner Überzeugung hat Kunst weder mit Politik noch mit Abstammung etwas zu tun, ich kann daher der Preußischen Akademie der Künste, deren ordentliches Mitglied ich seit mehr als dreißig Jahren und deren Präsident ich durch zwölf Jahre gewesen bin, nicht länger angehören, da dieser mein Standpunkt keine Geltung mehr hat. Zugleich habe ich das mir verliehene Ehrenpräsidium der Akademie niedergelegt.

Der «dem Volkstum entfremdete» Max Liebermann

In: *Tägliche Rundschau* vom 11. 5. 1933.

Prof. Max Liebermann hat das Ehrenpräsidium der Preußischen Akademie der Künste niedergelegt und seinen Austritt erklärt. In der Begründung betont Liebermann, daß er sein ganzes Leben der deutschen Kunst zu dienen gesucht habe. Nach seiner Überzeugung habe aber Kunst weder mit Politik noch mit Abstammung etwas zu tun. Da dieser Standpunkt jetzt keine Geltung mehr habe, könne er der Akademie nicht mehr angehören und lege auch das Ehrenpräsidium nieder. Diese Auffassung Liebermanns vom isolierten, dem Volkstum entfremdeten Künstler dürfte allerdings heute und für alle Zukunft ihre Gültigkeit verloren haben.

«Ich beehre mich zu berichten»

An den Herrn Minister
für Wissenschaft usw.
Berlin W 8

Preußische Akademie der Künste
Berlin W 8
Pariser Platz 4
J. Nr. 563
den 2. Juni 1933

Betr.: Ausscheiden des Ehrenpräsidenten Max Liebermann aus der Akademie.
Ich beehre mich zu berichten, daß Professor Dr. h. c. Max Liebermann die Ehrenpräsidentschaft der Akademie, die ihm im vorigen Jahre verliehen worden ist, niedergelegt hat. Zugleich hat Professor Liebermann seinen Austritt aus der Akademie erklärt.

Der Präsident
Sch.

Ein Brief von Otto Dix

Otto Dix, Maler und Graphiker, *1891; ab 1926 Prof. an der Akademie in Dresden; 1933 mit der Begründung entlassen, seine Bilder verletzten «das sittliche Gefühl des deutschen Volkes aufs schwerste». Zweihundertsechzig seiner Werke sind aus deutschen Galerien entfernt und über zweihundert als «entartete Kunst» von den Behörden des Dritten Reichs beschlagnahmt worden; 1939 wurde Dix verhaftet, weil er bis 1933 der *Liga für Menschenrechte* angehörte. Siehe Otto Conzelmann: *Otto Dix*, Hannover 1959, S. 48–53; weitere biographische Angaben bei Fritz Höffler: *Otto Dix, Leben und Werk*, Dresden o. J.

An den
Präsidenten der
Preußischen Akademie der Künste

Dresden, am 12. April 1933

Als Mitglied der Preußischen Akademie der Künste fühle ich mich verpflichtet, Ihnen folgendes mitzuteilen:

Am 8. ds. Mts. wurde ich auf Grund einer über mich im Jahre 1924 erschienenen Monographie durch den Reichskommissar von Killinger[1] *meines Ehrenamtes* an der Dresdener Kunstakademie *enthoben*.

Um im Umlauf befindlichen Gerüchten entgegenzutreten, versichere ich hiermit, daß ich *niemals einer politischen Partei oder Organisation angehörte*.

Mit vorzüglicher Hochachtung
Otto Dix
Mitglied der Preuß. Akad. d. Künste

Säuberungsaktion in der Preußischen Akademie der Künste

Die würdige Lösung

Preußische Akademie
der Künste,
Berlin W 8
Pariser Platz 4
den 15. Mai 1933

Sehr geehrter Herr ...
Sehr geehrte gnädige Frau,
die im August 1931 erfolgte Berufung von Mitgliedern in die Abteilung für die bildenden Künste durch den früheren Kultusminister Dr. Grim-

1 Manfred Freiherr von Killinger; nach dem Ersten Weltkrieg im Freikorps Ehrhardt; seit 1928 in der NSDAP; seit 1932 SA-Inspekteur; ab März 1933 Reichskommissar für Sachsen, Mai 1933 bis 1935 Ministerpräsident von Sachsen, später im diplomatischen Dienst; 1940 Gesandter in Preßburg; 1941–44 Gesandter in Bukarest.

me[1] hat, wie Ihnen bekannt, starken Widerspruch und einen bedauerlichen Zwiespalt in der Abteilung hervorgerufen. Durch Herrn Rudolf Belling[2] erfahren wir, daß bei einer Anzahl der seinerzeit berufenen Mitglieder selbst der Wunsch besteht, zur Lösung dieses unerfreulichen Konfliktes beizutragen und sich unter Verzicht auf die Berufung zur ordnungsmäßigen Wahl gemäß den Bestimmungen des Statuts zu stellen. Es würde dies jedenfalls eine der berufenen Künstler wie der Akademie selbst würdige Lösung sein. Ich wäre Ihnen dankbar, wenn Sie mir möglichst umgehend Ihre persönliche Stellungnahme zu diesem Vorschlag und Ihre eigene Entschließung gefälligst mitteilen würden.

Mit kollegialem Gruß
Der Präsident
Sch.
(Max v. Schillings)

Ludwig Mies van der Rohe
Prof. Dr. Paul Mebes
Erich Mendelsohn
Prof. Ludwig Gies
Frau Renée Sintenis
Dr. Emil Nolde
Karl Schmidt-Rottluff
Prof. Dix
Ernst Ludwig Kirchner

Mies van der Rohe

Ludwig Mies van der Rohe, Architekt, * 1886; wanderte 1938 in die USA aus; seit 1946 Direktor der Architekturabteilung des Illinois Institute of Technology in Chicago; Ritter des Ordens Pour le Mérite.

Sehr geehrter Herr von Schillings!
Ich kann mich nicht entschließen, den in Ihrem Schreiben vom 15. d. M. genannten Vorschlag anzunehmen, umso weniger als ein solcher Schritt in der heutigen Zeit zu Mißdeutungen Anlaß geben kann.

Da ich seinerzeit auf meine Berufung keinen Einfluß genommen habe, muß ich es auch jetzt dem Kultusministerium und der Akademie überlassen, diese Angelegenheit zu ordnen.

Mit ergebenem Gruß
Mies vd Rohe

1 Adolf Grimme, Preußischer Kultusminister, Sozialdemokrat, * 1889; ab 1930 Minister für Wissenschaft, Kunst und Volksbildung; gehörte zu den profiliertesten Schulreformern und zu den religiösen Sozialisten; Autor einiger Werke über Schulwesen u. a.

2 Rudolf Belling, Bildhauer, * 1886; Bildhauerarbeiten am Atatürk-Museum in Ankara; im Dritten Reich galten seine Werke als «entartete Kunst».

Paul Mebes

Paul Mebes, Architekt, 1872–1938.

Prof. Paul Mebes
Berlin-Zehlendorf
Katharinenstr. 11, den 16. Mai 1933

Hochverehrter Herr Präsident!
Schon vor Monaten habe ich Kollegen der Akademie, vor allem Herrn Rudolf Belling gegenüber, geäußert, daß ich zur Beilegung des Konfliktes zwischen den Mitgliedern der Abteilung für die bildenden Künste beitragen möchte, indem ich auf meine Mitgliedschaft verzichten müßte. Mir wurde damals erwidert, daß die Angelegenheit noch nicht spruchreif wäre. Da ich von den Vorgängen, die zu der Berufung der neuen Mitglieder im August 1931 führten, keinerlei Kenntnis hatte, so war ich damals über die Ehrung ganz besonders erfreut.

Ich verzichte nunmehr hiermit auf meine durch den früheren Kultusminister Dr. Grimme erfolgte Berufung.

Mit verbindlichsten Empfehlungen
Paul Mebes

An den
Herrn Präsidenten der Akademie der Künste
Herrn Professor Dr. v. Schillings

Erich Mendelsohn

Erich Mendelsohn, Architekt, 1887–1953. Folgende Bauwerke von ihm sind berühmt: Einstein-Turm in Potsdam, Verlagshaus Rudolf Mosse, Berlin, sowie die Kaufhäuser Schocken in Nürnberg und Stuttgart usw. 1933 nach Palästina; dort baute er das Universitätskrankenhaus in Jerusalem und das Britische Regierungshospital in Haifa; später Prof. der Architekturschule der University of California in San Francisco; Verfasser vieler Werke. Am 11. 2. 1933 schrieb er seiner Frau Louise: «Ich lebe in einem Zustand wie am Beginn des Krieges, heute bewußter und umso schwerer. Empfinde die Vorgänge wie damals, das Ausrücken der geschmückten Soldaten – die Raserei der Massen im Sportpalast, jeden Tag eine andere Partei, eine andere Schattierung desselben nebelhaften Furors, des unkontrollierten Versprechens und der aufwiegelnden Feindschaft. Das sind die Gitterstäbe des Kerkers für ein freies Gehirn, tausendmal der Gang zur Guillotine, jede Sekunde ein Drahtverhau für die schöpferische Leidenschaft.» In: *Erich Mendelsohn – Briefe eines Architekten*, Herausgeber Oskar Beyer, München 1961, S. 95.

Preußische Akademie der Künste
Pariser Platz 4
Berlin W 8

Architekt Dipl. Ing. Erich Mendelsohn
Berlin W 9
Potsdamer Platz 1, Columbushaus
B 1 Kurfürst 100
22. 5. 33

Sehr verehrter Herr Präsident,
meine Ernennung zum Mitglied der Preußischen Akademie der Künste durch den damaligen Kultusminister Herrn Dr. Grimme erfolgte auf Grund des Vorschlages der dazu bestimmten Kommission.

Sie selbst, Herr Präsident, haben in Ihrer Antrittsrede sich diesen Beschluß zu eigen gemacht.

Infolgedessen muß ich die Entscheidung über die mir vorgelegte Frage Ihrem Gefühl für Recht und Ordnung überlassen, das auch für mich maßgebend ist.

Ihr sehr ergebener
Erich Mendelsohn

Ludwig Gies

Ludwig Gies, Medailleur und Plakettenkünstler, * 1887; 1917–1937 Leiter der Bildhauerklasse an der Hochschule für bildende Künste, Berlin. Auf der Ausstellung *Entartete Kunst*, München, war auch sein *Christus* aus dem Lübecker Dom ausgestellt.

An den Präsidenten
der Akademie der Künste
Herrn Professor Max von Schillings!

Ludwig Gies
Berlin 19. 5. 33

Hochzuverehrender Herr Präsident!
Meine Ernennung im August 1931 erfolgte s. Z. ohne mein Zutun. Ich finde es richtiger, wenn auch ein eventueller Ausschluß aus der Akademie ohne mein Zutun erfolgt. Sowohl nach meiner politischen Einstellung als auch nach meiner künstlerischen Leistung fühle ich mich *nicht ungeeignet*, in der heutigen Akademie an der deutschen Kunst mitzuarbeiten.
Es ist also nach meiner Meinung Sache der Akademie, meine Mitgliedschaft gutzuheißen *oder mich auszuschließen.*

Mit dem Ausdruck der vorzüglichsten Hochachtung ganz ergebenst
L. Gies.

Renée Sintenis

Renée Sintenis, Bildhauerin, 1888–1965; als «Vierteljüdin» im Dritten Reich verfemt; ihr Selbstbildnis in Bronze auf der Ausstellung *Entartete Kunst*, München. Siehe Rudolf Hagelstange – Carl Georg Heise – Paul Appel: *Renée Sintenis*, Berlin 1947.

21. 5. 33

Sehr verehrter Herr Präsident,
Meinen besten Dank für Ihr Schreiben vom 15. 5. 33. Meine Meinung ist folgende: Ich habe seinerzeit nichts dazu getan, in die Akademie hereinzukommen, so möchte ich jetzt auch nichts dazu tun, wieder heraus zu kommen.

Wenn aber die Akademie aus den von Ihnen angedeuteten Gründen glaubt, die damalige Berufung als ungültig erklären zu müssen, so steht dem, so viel ich sehe, nichts im Wege.

Ich bin mit den besten Grüßen
Ihre Renée Sintenis

Emil Nolde

Emil Nolde, eigentlich Hansen, Maler, Graphiker, 1867–1956. Als verfemter Maler schlug er jeden Rekord; im Dritten Reich sind mehr als tausend Werke von ihm als «entartete» Kunst beschlagnahmt worden. Ironie des Schicksals, daß Nolde gleichzeitig mit Hitler Mitglied der NSDAP wurde. So schrieb er auch am 12. 7. 1937 an den Präsidenten der Preußischen Akademie der Künste: «Durch den Versailler Vertrag bin ich an Dänemark abgetretener Auslandsdeutscher. Als die Deutsche Nationalsozialistische Partei in Nordschleswig gegründet wurde, bin ich deren Mitglied geworden.» Original im Archiv der Akademie der Künste, West-Berlin. Über Nolde siehe auch Emil Nolde: *Selbstbiographie*, Bd. 1 und 2, Flensburg 1949 und 1957, sowie Hans Fehr: *Emil Nolde – Ein Buch der Freundschaft*, Köln 1957. Siehe auch Abb. 19.

Herrn
Professor Max von Schillings
Berlin

Berlin-Charlottenburg 9
Bayernallee 10
18. 5. 33

Sehr verehrter Herr Präsident.
Als mir die Nachricht zuging, daß ich in der Akademie aufgenommen worden sei, geschah es mit der Mitteilung, daß die Reformcomision meine Künstlerkameraden und mich dem Minister vorgeschlagen hätte. Ich finde deshalb meine Mitgliedschaft ganz in der Ordnung und kann nicht einsehen, daß eine nochmalige Wahl nötig wäre.

Dies als freundliche Antwort auf Ihr Schreiben v. 15. Mai.

Mit vorzüglicher Hochachtung
Emil Nolde

Karl Schmidt-Rottluff

Karl Schmidt-Rottluff, Maler und Graphiker, * 1884; sechshundertachtunddreißig seiner Bilder wurden während des Dritten Reichs aus deutschen Museen entfernt.

Hofheim i. Taunus
3 Kapellenstrasse
Tel.: 344
18. Mai 1933

Sehr verehrter Herr Präsident,
Ihr Schreiben vom 15. Mai wurde mir nachgesandt. Ich möchte zunächst im Hinblick auf jenen Konflikt in der Abteilung für bildende Künste folgendes feststellen:

Mit dem früheren Kultusminister Dr. Grimme bin ich persönlich nie bekannt geworden, auch ist mir bis heute verborgen geblieben, wer in der Akademie meine Berufung als wünschenswert erachtet und wer der gegenteiligen Meinung zugeneigt hat. Ich kann infolgedessen über diesen Zwiespalt in der Akademie überhaupt nicht urteilen. Da ich aber weiß – und Ihr Brief mir erneut dafür Bestätigung gibt –, daß jene Berufungen vom August 1931 Ihnen die Führung der Akademie in besonderem Maße erschweren, bin *ich gern bereit,* die Akademie *zu verlassen.* Um mir selbst etwaige weitere Konflikte mit der Akademie zu ersparen, bitte ich Sie, sehr verehrter Herr von Schillings, der Abteilung für bildende Künste mitzuteilen, daß *eine Wiederwahl von Seiten des jetzt bestehenden Gremiums* für mich nicht in Frage kommt.

Meine für die Ausstellung eingelieferten Arbeiten ziehe ich gleichzeitig zurück.

Mit vorzüglicher Hochachtung
verbleibe ich
Ihr sehr ergebener
Karl Schmidt-Rottluff

Otto Dix

Sehr geehrter Herr Präsident!
Ihren Anregungen folgend trete ich hiermit aus der Preußischen Akademie der Künste aus.

Otto Dix, Maler.
Potsdam am 17. Mai 1933

E. L. Kirchner

Ernst Ludwig Kirchner, Maler und Graphiker, 1880–1938. Sechshundertneununddreißig seiner Werke wurden beschlagnahmt und zweiunddreißig auf der Ausstellung *Entartete Kunst*, München 1937, gezeigt.

An den
Präsidenten der preuß. Akademie
Berlin

Davos, 17. Mai 1933

Sehr verehrter Herr von Schillings,
ich erhielt Ihr Schreiben vom 15. d. Ich lebe seit 16 Jahren im Ausland und bin so wenig oder gar nicht über die Vorgänge in der Akademie orientiert. Ich kenne auch Herrn Belling nicht.

Ich hatte mich nicht darum beworben, in die Akademie zu kommen, habe aber die unerwartete Berufung zum Mitglied vor 2 Jahren als eine Ehrung meiner Arbeit aufgefaßt, die ich nicht ablehnen konnte, ohne die hoch geachtete Akademie zu beleidigen. Jetzt nach so langer Zeit zurückzutreten, erschiene mir doch etwas komisch.

Ich habe keinerlei persönlichen Vorteil von der Mitgliedschaft, ich habe mich stets bemüht, ihr Ehre zu machen und habe immer von meinen besten Arbeiten zu ihren Ausstellungen geschickt.

Seit nun bald 30 Jahren kämpfe ich durch meine Arbeit für eine neue, starke und echte deutsche Kunst und werde das tun, solange ich lebe.

Ich bin weder Jude noch Sozialdemokrat noch sonst politisch tätig gewesen und habe auch sonst ein reines Gewissen.

Ich bin deshalb dafür, ruhig *abzuwarten,* was die neue Regierung in der Frage der Akademie tun wird und *lege auch diese Frage meiner Mitgliedschaft* vertrauensvoll in ihre Hände.

Mit verbindlichen Grüßen
stets Ihr
E. L. Kirchner

«dienstlich — vertraulich»

Preußische Akademie der Künste
Berlin W 8, Pariser Platz 4
den 17. August 1933

Streng vertraulich!
Die Bestimmungen des Gesetzes zur Wiederherstellung des Berufsbeamtentums [1] werden nach den mit dem Ministerium für Wissenschaft, Kunst und Volksbildung gepflogenen Verhandlungen sinngemäß auf die Mitglieder der Akademie der Künste angewendet werden. Es wurde dabei vereinbart, daß die Akademie sich bei den Mitgliedern, die Lehrer der dortigen Anstalt sind, auf das Ergebnis der von ihnen dort ausge-

füllten Fragebogen stützt. Die in Betracht kommenden Mitglieder sind: Die Professoren Blunck [2], Geßner [3], Hosaeus [4], Jansen [5], Taut [6].

Ich bitte mir gefälligst dienstlich-vertraulich mitzuteilen, ob diese Mitglieder 1.) arisch im Sinne des oben genannten Gesetzes sind oder nicht, 2.) wie sie die Frage eventueller Parteizugehörigkeit beantwortet haben.

An den
Herrn Rektor der
Technischen Hochschule
Berlin-Charlottenburg
Berliner Str. 170/172

Der Präsident
Im Auftrage
Dr. Amersdorffer [7]

«Treue Ergebenheit und Gefolgschaft»

Herrn
Reichskanzler Adolf Hitler
Berlin W 8
Wilhelmstr. 77

Preußische Akademie der Künste,
Berlin W 8,
Pariser Platz 4
den 3. November 1933

Hochverehrter Herr Reichskanzler!
Die in der Preußischen Akademie der Künste vereinigten bildenden Künstler und Musiker versichern ihre treue Ergebenheit und Gefolgschaft in tiefer Dankbarkeit für die denkwürdigen Worte, mit denen Sie in Nürnberg [8] und München [9] die Bedeutung der Kunst für Nation und

1 Gesetz zur Wiederherstellung des Berufsbeamtentums vom 7. 4. 1933, *Reichsgesetzblatt*, 1933, Teil I, S. 175; § 1 lautet: «Zur Wiederherstellung eines *nationalen* Berufsbeamtentums und zur Vereinfachung der Verwaltung können Beamte nach Maßgabe der folgenden Bestimmungen aus dem Amt entlassen werden, *auch wenn die nach dem geltenden Recht hierfür erforderlichen Voraussetzungen nicht vorliegen.*» § 3 besagt: «Beamte, die nicht arischer Abstammung sind, sind in den Ruhestand zu versetzen»; das «Gesetz» fand auch bei Beamten und Angestellten, die der SPD angehörten, Anwendung. Siehe: *Ministerialblatt für die Preußische innere Verwaltung*, 1933, Teil I, S. 887.

2 Erich Blunck, Architekt.

3 Siehe Seite 32 f.

4 Hermann Hosaeus, Bildhauer.

5 Hermann Jansen, Architekt.

6 Bruno Taut, Architekt – am 23. 1. 1934 auf Grund des «Beamtengesetzes» ausgeschieden.

7 Dr. Alexander Amersdorffer, Erster ständiger Sekretär und Senator der Preußischen Akademie der Künste.

8 1. 9. 1933 bei der «Kulturtagung» auf dem Parteikongreß der NSDAP in Nürnberg. Siehe Seite 64 f.

9 15. 10. 1933 auf der Feier der Grundsteinlegung zum Haus der Deutschen Kunst in München.

Staat betont haben. Als Träger der Aufgaben der bildenden Künste und der schöpferischen Tonkunst sind wir uns der hohen Verantwortlichkeit für die Erfüllung unserer kulturellen Pflichten dem Volke und dem Staate gegenüber bewußt und besonders tief empfinden wir sie in Erwartung des Tages, an dem alle Deutschen einmütig sich ihrem Führer zur Seite stellen sollen.

Der stellvertretende
Vorsitzende der Abteilung
für die bildenden Künste
Aug. Kraus [1]
Stellvertretender Präsident

Preußische Akademie der Künste
der Vorsitzende
der Abteilung für Musik
Dr. Georg Schumann [2]

1 August Kraus, Bildhauer, gab in Biographien ausdrücklich «arische Abstammung» an.

2 Dr. Georg Schumann, Komponist, Dirigent, Pianist. Siehe: *Musik im Dritten Reich* (Ullstein Buch 33032).

Verfemte Künstler

Der staatsunterwühlende George Grosz

George Grosz, Maler, Graphiker, Karikaturenzeichner und Schriftsteller, 1893–1959; siehe seine Autobiographie: *Ein kleines Ja und ein großes Nein*, Hamburg 1955, sowie W. G. Oschilewski: *George Grosz – Ade Witboi*, Berlin 1955, und *George Grosz* – Ausstellungskatalog der Akademie der Künste, Berlin 1962.

An den	Max Grevemeyer
Gemeindekirchenrat	Charlottenburg, den 6. März 1933
in Trinitatis	Wilmersdorferstr. 95 Fernruf: J 1 Bismarck 33 45

Antrag

Am 10. Februar 1933 hat Herr Pfarrer Bleier einen Vortragsabend in der Kaiser Friedrichschule innerhalb der Trinitatisgemeinde veranstaltet, an dem der Pfarrer Ratsch aus Cöpenick über das Thema sprach: «Prophet als Gotteslästerer». Damit war der berüchtigte Zeichner George Gross gemeint. Es wurden bei diesem Vortrage Lichtbilder desselben gezeigt. Von Gross stammt eine Fülle nicht nur staatsunterwühlender, sondern auch antichristlicher, ja gotteslästernder Bilder z. B. das bekannte Bild vom Heiland mit Gasmaske und Kommißstiefeln und der Unterschrift: «Maulhalten und Weiterdienen».

Bereits im Winter 1917/18 hat Gross durch hetzerische Zeichnungen den Existenzkampf des deutschen Volkes zu unterhöhlen versucht. Die Mappe «Gott mit uns» erschien z. B. in dem bolschewistischen Malik Verlag Berlin; ihre Bilder trugen eine deutsche, englische und französische Unterschrift und stellten einen glatten Hochverrat dar.

Gross war Mitglied der Volks- und Christentum zerstörenden Dadaisten, deren programmatische Äußerungen unter anderm folgende Sätze enthalten: «Man muß weder Kant gelesen haben, noch Nietsche, es genügt, sich an einem Satz das Kotzen geholt zu haben» und: «Es ist dumm,... Beschäftigung mit Ethik, Philosophie und Kunst höher zu bewerten als... ein Bordellgeschäft». (Siehe «Völkischer Beobachter» Nr. 54, Jahrgang 1933)

Nach den angeführten Tatsachen ist es untragbar, daß ein Pfarrer Bilder einer solchen Persönlichkeit und solcher Tendenz in seiner Gemeinde und überhaupt vorführt und sich ihren Inhalt zu eigen macht. Der Gemeindekirchenrat von Trinitatis erstattet daher der vorgesetzten Behörde Anzeige gegen Pfarrer Bleier wegen dieses Vorfalls und bittet um disziplinarische Verfolgung der Angelegenheit.

Wir verweisen schließlich auf die Masse von Anzeigen gegen Herrn Pfarrer Bleier, die in den vergangenen Jahren bereits aus der Gemeinde der Behörde zugegangen sind.

Gemeindegruppe
«Deutsche Christen»[1]
i. A. Grevemeyer

Nolde – negroid; Barlach – halbidiotisch

A. Rosenberg: *Revolution in der bildenden Kunst* in: *Völkischer Beobachter*, 7. 7. 1933, gekürzt.

Alfred Rosenberg, 1893–1946; studierte ab 1910 Architektur an der Technischen Hochschule in Riga, dann in Moskau; 1918 beendete er das Studium mit dem Diplom ersten Grades; im November 1918 hielt er seinen ersten Vortrag über die Judenfrage; 1919 Zusammenarbeit mit Hitler in München; ab 1921 Schriftleiter des *Völkischen Beobachters*; 1930 Reichstagsabgeordneter der NSDAP; ab April 1933 Leiter des Außenpolitischen Amtes der NSDAP; im Januar 1934 übertrug Hitler ihm die «Überwachung der weltanschaulichen Erziehung der NSDAP»; 1941–1945 Reichsminister für die besetzten Ostgebiete; der *Einsatzstab Rosenberg* plünderte während des Zweiten Weltkriegs Kunstwerke und Bibliotheken, besonders soweit es sich um sogenanntes «herrenloses jüdisches Vermögen» handelte. Ausführlich darüber im Kapitel V, *Raub und Plünderung*. Von seinen zahlreichen Büchern (Weltanschauung der NSDAP, Juden, Freimaurer, Rasse) erreichte sein *Mythus des 20. Jahrhunderts* im Dritten Reich die höchste Auflage. – Zu Nolde siehe Abb. 19.

Die politische Revolution des Nationalsozialismus ist die zunächst wichtigste Etappe der Bewegung. Sie ist aber nur deshalb echt, weil sie die Außenseite einer seelisch-geistigen Umgestaltung des deutschen Menschen bedeutet. Die große Erhebung ist also nicht an sich da, sondern auf ein bestimmtes Ziel eingestellt, von einem bestimmten Willen getrieben. Deshalb werden immer mehr Lebensgebiete von den flutenden Wellen der Bewegung ergriffen, Millionen von Seelen neu erregt und zur Gestaltung angespornt.

Auch die Bildende Kunst steht seit langem im erbitterten Meinungskampf, und es ist durchaus begreiflich, daß politisch gleichgesinnte Nationalsozialisten in Fragen der Kunst noch sehr verschieden denken, ja

1 Die *Deutschen Christen*, Vorläuferin: *Christlich-deutsche Bewegung*, entstanden 1930, geführt von den Bischöfen Hossenfelder und Müller, dieser später «Reichsbischof»; ihr Ziel: die Kirche in den NS-Staat einzubauen.

daß bei Beurteilung gewisser Künstler die Meinungen oft recht temperamentvoll aufeinanderplatzen.

Einmütigkeit besteht darüber, daß die verlogenen Pseudo-Barockbauten des 19. Jahrhunderts ebenso unerträglich sind, wie die «Ingenieurkunst» dieser Zeit. Einmütigkeit herrscht in der Beurteilung des hilflosen Protestes dagegen, des Jugendstils. Einer Meinung sind wohl alle Nationalsozialisten über die große Ausstellung der männlichen Mode aus vielen Jahrhunderten, die Siegesallee genannt [1]. Aber um Männer etwa wie Nolde und Barlach [2] entbrennt eine temperamentvolle Auseinandersetzung. Eine Gruppe nationalsozialistischer Künstler will diese beiden aus unserem Vorstellungsbild einer kommenden Kunst ausgeschieden wissen, eine andere, die sich revolutionär nennt, hebt sie aufs Schild.

Versuchen wir uns über allen Subjektivismus hinaus ein Urteil zu bilden, das dem Stil des nationalsozialistischen Gesamtdenkens entspricht, so werden wir festzustellen haben, daß trotz aller Verschiedenheiten der Moden und Trachten, trotz aller Jahrtausende, trotz aller politischen Erschütterungen ein ausgeprägtes Schönheitsideal die Künstler nordischer Prägung beherrscht hat. Nirgends schöner als in Hellas tritt uns dies machtvolle, naturnahe Ideal entgegen, aber es beherrscht Tizian ebenso, wie Palma Vecchio, Giorgione und Botticelli, der geradezu gretchenhafte Gestalten malte. Dies Ideal tritt bei Holbein ebenso zutage wie in der Schilderung der Gudrun und Goethes Dorothea. Es beherrscht das Gesicht des Perikles wie den Bamberger Reiter.

Ganz abgesehen davon, ob nun der einzelne diesem Ideal ganz entspricht, solange die Sehnsucht in ihm lebendig ist, ist die Nation artnahe, artverbunden. Dieses Instinktive ist es, das sich hier mit Gestalt und Form verbindet, um etwa auf dem Gebiet der Malerei und Plastik die

1 Entlang der Siegesallee standen bis zu ihrer Zerstörung im Zweiten Weltkrieg Plastiken der Herrscher Brandenburgs und Preußens. Jeder war haargenau in der Tracht seiner Zeit dargestellt.

2 Siehe Rudolf Pechel in: *Deutsche Gegenwart,* Darmstadt und Berlin 1952, S. 158–159: «Er [Barlach] stand der bodenlosen Gemeinheit nazistischer Gesinnung hilflos gegenüber, obwohl diese Brutalitäten nicht an den Kern seines Wesens herankamen. Nur mit Erschütterung kann ich an seine Klage denken, daß alle seine Meisterwerke aus der Öffentlichkeit verschwinden mußten und so die Stimme des großen Bildhauers seinem Volke und der Welt gegenüber zum Verstummen gebracht war. Es fielen auch bittere Worte über die Menschen, die sich seine Freunde nannten, sich aber feige dem nazistischen Terror fügten.» – Sieben Wochen nach der Ausstellung *Entartete Kunst* in München, wo auch Barlachs Werke angeprangert wurden, schrieb Barlach am 10. 9. 1937: «Die langsame Zermürbung von Leib und Seele wirkt tödlich»; am 24. 10. 1939 starb er dann im Krankenhaus Rostock; siehe Karl Barlach, a. a. O. S. 81.

Wege zur Zukunft vorzubereiten. Fragt man sich von dieser Schau aus nun, wie die Stellung zu Nolde und Barlach sein müsse, so wird man, so glaube ich wenigstens für meine Person, sagen können, daß zweifellos beide Künstler eine ausgesprochene Begabung aufweisen, eine Seelandschaft von Nolde z. B. im Kronprinzenpalais ist stark und wuchtig gemalt. Daneben hängen aber einige Bildnisversuche: negroid, pietätlos, roh und bar jeder echten inneren Formkraft. Barlach seinerseits beherrscht sein Material virtuos und seiner Schnitzkunst wird niemand Monumentalität absprechen. Aber was er an Menschen gestaltet, das ist fremd, ganz fremd: erdversklavte Massigkeit und Freude an der Wucht der Schwere und Materie. Das sind keine «mecklenburgischen Bauern», oh nein, diese schreiten ganz anders über die Erde als jenes Barlachsche Menschentum! Schließlich, man schaue doch Barlachs Magdeburger «Kriegerdenkmal» an, das er für die dortige Kirche anfertigte: kleine, halbidiotisch dreinschauende Mixovariationen undefinierbarer Menschensorten mit Sowjethelmen sollen deutsche Landsturmmänner versinnbildlichen! Ich glaube: jeder gesunde SA-Mann wird hier das gleiche Urteil fällen wie bewußte Künstler.

Karl Hofer – dekadent

Waldemar Wünsche: *Karl Hofer und die neue Kunst* in: *Deutsche Kultur-Wacht*, 1933, Heft 17, S. 13.

Wenn die «Deutsche Allgemeine Zeitung» am 13. Juli dem Maler Karl Hofer[1] in dem Kampf um das Wesen der deutschen Kunst das Wort erteilt, so könnte man darüber zur Tagesordnung übergehen – die merkwürdige Haltung der «D.A.Z.» zu den Fragen der bildenden Kunst ist in der «Kultur-Wacht» schon ausführlich gekennzeichnet worden, und über Herrn Hofer hat der preußische Kultusminister ein eindeutiges Urteil gefällt, als er ihn aus dem Lehrkörper der Vereinigten Staatsschu-

1 Karl Hofer, Maler und Graphiker, 1878–1955; 1919–33 Prof. an der Akademie Berlin; er sagte über sich: «Da stand im *Angriff*: ‹Wie lange tanzt die Akademie noch nach der Pfeife des Juden Hofer?› Ich habe nie gepfiffen und leider die Akademie nie tanzen sehen und bin kein Jude.» Siehe Karl Hofer: *Erinnerungen eines Malers*, Berlin 1953, S. 223; oder: «1933 wurde ich, wohl als erster deutscher Hochschullehrer aus meinem Lehramt entfernt. Malen, Ausstellen und Verkauf meiner Werke wurden mir untersagt. Wenig vorsichtig war ich in meinen Äußerungen, und heute will es mir wie ein Wunder erscheinen, daß ich noch am Leben bin.» Karl Hofer: *Aus Leben und Kunst*, Berlin 1952, S. 16; schon am 1. 4. 1933 gab es in der Akademie ein großes Plakat, auf dem Hofer als «destruktives, marxistisch-jüdisches Element» bezeichnet wurde. Es hieß: «Meidet diese Lehrer!» Siehe Oskar Schlemmer: *Briefe und Tagebücher*, München 1958, S. 308.

len für freie und angewandte Kunst entfernte. Wenn wir heute doch noch auf diesen Fall eingehen, so geschieht das aus zwei Gründen.

Einmal ist das, was Herr Hofer sagt, so unerhört, daß man es nicht in Vergessenheit geraten lassen darf. Wenn er «ein für allemal» feststellt, daß «nächst dem Militär kein menschlicher Tätigkeitsbezirk so judenfrei ist wie die bildende Kunst, so frei auch von jeglichem jüdischen Einfluß im Gegensatz zu Literatur, Musik und Theater», und wenn er weiter behauptet: «Der jüdische Kunsthandel hat auf das Schaffen deutscher Künstler keinen Einfluß ausüben können», so kann man sich nur fragen, wie es möglich ist, eine derartige Unwahrheit 5 Monate nach der nationalsozialistischen Revolution zu schreiben – als ob es nie Juden wie Flechtheim, Cassirer, Meier-Gräfe [1] gegeben hätte, die in Kunsthandel und Kunstkritik den stärksten Einfluß auf die öffentliche Meinung und – durch ihre wirtschaftliche Macht – auch auf die Maler ausüben konnten. (Die Tatsache, daß es keine schöpferischen jüdischen Maler gegeben hat, soll natürlich nicht bestritten werden – insofern war die bildende Kunst judenfrei.) Daß die Bilder des Herrn Hofer im jüdischen Kunsthandel sehr gefragt waren, und die jüdische Galerie Flechtheim das Monopol für den Vertrieb der Hoferschen Bilder hat, sei nur nebenbei erwähnt. Herr Hofer wirft den nationalsozialistischen Gegnern seiner und seiner Freunde Kunst vor, sie wollten auf dem Gebiet der Kunst «das Mittelmaß das Epigonentum, eine falsche Biedermeierei, das Schmückedeinheimbild, den Öldruck, eine Kunst des plattesten Liberalismus» –, das ist so ungeheuerlich, daß nur die straffe Disziplin der Bewegung uns daran hindert, ihm eine handgreifliche Antwort zu geben. Die Auffassung Hofers endlich von der Bedeutung der Kunst für die Nation steht in krassem Gegensatz zu dem, was der Nationalsozialismus fordert; der Wille, das Gesamtvolk zu formen, ist ihm fremd: daß die Gesamtheit des Volkes an der Kunst teilhaben könne, ist ihm ein furchtbarer Gedanke. «Masse und gesunder Kitsch gehören zusammen, aus geheimnisvollen und tiefen Gründen, auf die hier nicht näher eingegangen werden soll. Im Kitsch wird das tiefe und reine Gefühl der Masse für das Edle und Schöne auf eine kompromißlose unkomplizierte und sinnvolle Art befriedigt...»

Der zweite Grund aber, warum der Fall Hofer behandelt wird, ist der:

1 Alfred Flechtheim, 1878–1937; in seiner Galerie in Berlin und seiner Zeitschrift *Der Querschnitt* gab er dem französischen Kubismus eine Plattform in Deutschland.

Paul Cassirer, 1871–1926, gründete 1901 in Berlin einen Kunstsalon, 1908 einen Verlag, mit deren Hilfe er die französischen und deutschen Impressionisten durchsetzte. Sein Name ist besonders mit den Werken von Ernst Barlach, Heinrich Mann und Frank Wedekind verknüpft.

Julius Meier-Graefe, 1867–1935, Kunstschriftsteller, der temperamentvolle Wegbereiter des französischen Impressionismus.

In dem Kampf der letzten Wochen ist von den Anhängern einer bestimmten Kunstrichtung immer wieder betont worden, daß große Künstler von der Mitwelt zunächst verkannt und bekämpft worden sind, daß jede neue, revolutionäre Kunst, die bestimmt war, das Alte zu verdrängen, zunächst als unverständlich, ja ungesund erschien. So waren – das ist nur ein Beispiel von vielen – bei der letzten Eröffnung der Sezession im Vorraum der Ausstellung eine Reihe von Briefen berühmter Maler zu sehen, aus denen hervorging, wie schwer ihnen das Leben durch ihre spießbürgerliche, verständnislose Umwelt gemacht wurde. Damit wollten die Aussteller sagen: Wir werden wohl jetzt genau so verkannt, wie jede großen – aber seht euch vor – später werden wir berühmt sein, und man wird euch als Spießbürger verlachen.

In diesem Sinne schreibt nun auch Herr Hofer in der «D.A.Z.»: «Es sollte jedem Gebildeten bekannt sein, daß eine neue Kunst, daß jede neue und starke Äußerung menschlichen Geistes von der Mitwelt abgelehnt, verkannt und mißverstanden wird ... die ewigen Beckmesser sind heute wieder am Werk ...» Nun ist die Tatsache, daß neue, große Kunst den Zeitgenossen oft als barbarisch erschien, gewiß nicht zu leugnen. Es muß aber doch einmal sehr deutlich gesagt werden: Wenn gewisse Künstlerkreise glauben, sie hätten die Zukunft für sich, weil ihre Kunst dem größten Teil des Volkes als krankhaft und unsinnig erscheint, so irren sie sich. Die Werke des Herrn Hofer und seiner Gesinnungs- und Kunstfreunde sind nämlich nicht wahrhaft revolutionär und damit schöpferisch und zukunftweisend, sondern dekadent – und gehören einer bereits überwundenen Vergangenheit an. Wenn sie nicht verstanden werden, so ist der Grund dafür nicht Engstirnigkeit, Reaktion, Mangel an wahrem Kunstverständnis, sondern das gesunde Lebensgefühl, das sich gegen alles wehrt, was das Leben der Nation zu vernichten droht.

Über Herrn Hofer mag die Zukunft richten; sie wird auch über die entscheiden, die ihn heute noch für einen berufenen Richter über deutsche Kunst halten.[1]

1 Den mutigen Aufsatz von Karl Hofer hatte die *D. A. Z.* vom 13. 7. 1933 noch mit folgendem Zusatz versehen: «In der Reihe der Aufsätze, in denen wir versuchen, eine Klärung der heutigen Situation der bildenden Kunst anzubahnen, meldet sich Prof. Hofer zum Wort. Wir geben seinen Ausführungen gern Raum, da sie uns manche wichtige Gesichtspunkte zu bringen scheinen.» Über ähnliche Aufsätze in der gleichen Zeitung sowie in der *Frankfurter Zeitung*, 1933, siehe den Teil «Proteste» am Ende dieses Kapitels, S. 83 f.

Paul Klee mordete des Volkes Kunst

Robert Böttcher: *Kunst und Kunsterziehung im neuen Reich*, Breslau 1933, S. 59.

Da ist der langjährige Bauhausprofessor Paul Klee [1], der, wie der Jude Hausenstein [2] in dem Buche «Kairuan» schreibt, sarazenisches Blut in den Adern hat, das aufschrie, in die Ohren stieg, den Blick erhitzte, als er zum erstenmal im Süden Musik arabischen Ursprungs hörte. Ein Studium auf einer deutschen Akademie hat dieser Mann nicht gehabt, München hat ihn abgelehnt [3], und keiner aus der Reihe der großen deutschen Künstler der Vergangenheit konnte ihm Vorbild sein.

Da ging er nach Kairuan und wurde hier im arabischen Afrika der große «Deutsche» Paul Klee, der für die Regierungen Neudeutschlands damit sofort die Qualifikation für eine Professur an einer deutschen Hochschule für Kunst erworben hatte.

Leider waren solcher Paul-Klee-Fälle eine Unzahl.

Auch das ist Korruption. Korruption noch viel schlimmerer Art als die Fälle, die heute unsere Tageszeitungen füllen; denn diesen Leuten lieferten unsere Regierungen die junge Künstlergeneration Deutschlands aus und ließen deren Seele vergiften, noch ehe sie sich entfalten konnte. So mordete man unseres Volkes Kunst.

Robert Scholz: «Kunstgötzen stürzen»

Robert Scholz in: *Deutsche Kultur-Wacht*, 1933, Heft 10, S. 5, gekürzt.

Robert Scholz, * 1902 in Olmütz; ab 1920 Studium an der Hochschule für bildende Künste Berlin bei Prof. Erich Wolfsfeld (1933 aus «rassischen» Gründen entlassen) und Prof. K. Hofer (1933 entlassen und seine Bilder aus allen

1 Paul Klee, Maler und Graphiker, 1879–1940; 1920–31 Prof. am Staatlichen Bauhaus, Weimar; 1931 Prof. an der Akademie Düsseldorf; 1933 zieht er nach Bern. «Es gab eine Pressefehde gegen meinen Vater, wo u. a. fungierte: ‹Klee erzähle, er habe arabisches Vollblut in sich, ist aber reiner, galizischer Jude.›» Felix Klee im Brief an den Herausgeber vom 16. 4. 1962; Biographisches über Paul Klee: Carola Giedion-Welcker: *Paul Klee*, Stuttgart 1954; Will Grohmann: *Paul Klee*, Stuttgart 1954; Ludwig Grote: *Erinnerungen an Paul Klee*, München 1959; Felix Klee: *Paul Klee*, Zürich 1960; Carola Giedion-Welcker: *Paul Klee in Selbstzeugnissen und Bilddokumenten*, Reinbek 1961.

2 Dr. Wilhelm Hausenstein, 1882–1957, Kunstschriftsteller, 1934–43 Redakteur der literarischen Beilage der *Frankfurter Zeitung*. Er war kein Jude, weigerte sich jedoch, die Namen jüdischer Künstler aus seinen Büchern zu entfernen. 1943 erhielt er Berufsverbot.

3 In Wahrheit erkannte die Münchner Akademie Klees besondere Begabung. Er erhielt deswegen zuerst Privatunterricht bei Knirr und wurde dann von Stuck in die Meisterklasse übernommen.

Museen entfernt); 1930–33 Kunstberichter an der kleinen Berliner Bezirkszeitung *Steglitzer Anzeiger*; wegen ähnlicher Aufsätze nach der Machtergreifung Kunstschriftleiter beim *Völkischen Beobachter* und sogar Hauptschriftleiter für: *Die völkische Kunst* und: *Die Kunst im Dritten Reich*; komischerweise erst 1934 deutscher Staatsbürger und 1935 NSDAP-Mitglied geworden (Nr. 3 206 458); ab 1937 Hauptstellenleiter «Bildende Kunst» im Amt Rosenberg («Überwachung der gesamten geistigen und weltanschaulichen Schulung und Erziehung der NSDAP»); die Kunstkarriere von Scholz gipfelte im Amt des Sonderstabsleiters «Bildende Kunst» im «Einsatzstab Rosenberg»; als solcher unterzeichnete Scholz den Bericht über die geraubten Kunstgegenstände im Hitler-Europa von Oktober 1940 bis Juli 1944; siehe hierzu auch Kapitel V: «Raub und Plünderung», S. 409 f.

Die Tatsache, daß unser preußischer Kultusminister Dr. Rust Karl Hofer, Paul Klee und Edwin Scharff [1] aus ihren Lehrämtern an den Kunsthochschulen in Berlin und Düsseldorf entfernt hat, ist eine so wichtige Etappe auf dem Wege zur Befreiung der 14 Jahre lang von artfremden Elementen geknebelten deutschen Kunst, daß wir daran nicht vorübergehen können, ohne uns das ganze Ausmaß des Schadens vor Augen zu führen, den diese «Prominenten» der artistischen Kunstersatzepoche der deutschen Kunst und Kultur zugefügt haben.

Sang- und klanglos sind sie gefallen, denn diese tönernen Götzen waren hohl und leer. Aber wir wollen ihnen einen Nachruf halten, der auch denen die Augen öffnet, die vielleicht noch nicht begriffen haben, daß mit dem Abgang dieser Götzen eine neue deutsche Kunstepoche eingeleitet wurde.

Wer waren sie nun eigentlich und wodurch konnten sie diesen verheerenden Einfluß auf das deutsche Kunstleben ausüben? Sie waren im nationalen Sinne Renegaten, die sich in den Pariser Montmartre-Kaffees die «höhere Kultur» und «höchste künstlerische Weihe» und damit die Legitimation geholt hatten, im deutschen Kunstleben ihre rücksichtslose Geschmacksdiktatur aufzurichten. Sie waren in Paris gewesen, hatten in der morbiden Atmosphäre der sich als geistige Crème der Menschheit gebärdenden Kunstbohème abgesehen, wie diese sich räuspert und wie sie spuckt, und den Nebeldunst jener Sorte von Kunstliteraten eingesogen, deren ethisches Glaubensbekenntnis in der perfiden These gipfelt, daß Kunst nur ein unverbindliches Spiel «aristokratischer», höher empfindsamer Naturen wäre. Der Gedanke der Kultur hat in der Schmiede der Pariser Kaffeehausliteraten seine lächerlichste und asozialiste Prägung erhalten. Es war eine richtige Falschmünzerwerkstatt, in der die Münze l'art pour l'art das gefährlichste Schlagwort des künstlerischen Niedergangs geprägt wurde. In diesem Dogma von der Kunst als zwecklosem Spiel mit abstrakten Formen und Farben hat der geistige Loslösungsprozeß künstlerischen Wollens und Tuns von der Kraftquelle des

1 Prof. Edwin Scharff, 1887–1955, Bildhauer, 1922 Professor in Berlin.

mit den Realitäten und Gesetzen der Welt kämpfenden Lebens seinen Gipfelpunkt erreicht. Mit der Kunst beschäftigten sich von da ab, wo sie nichts mehr mit Natur und Leben zu tun haben wollten, aktiv meist nur jene asozialen Müßiggänger und Phantasten, denen die Kunst, wie sie sie verstanden, das bequeme Mittel war, ihre Krankhaftigkeit und ihre Lebensunfähigkeit zu verbergen und passiv jene ebenso dekadenten Snobs, die aus Überdruß und abgestumpften Sinnen diese l'art pour l'art Kunst als Dessert genossen. Die Unnützen und Kranken hatten in dem von mystisch-dunklen Phrasen der Kunstästheten aufgeputzten Formenspiel das Mittel gefunden, sich über den Arbeitenden, den sogenannten «Durchschnittsmenschen» zu erheben. Diese sozial kranken, die an die anderen Menschen kein gemeinsames Erleben, keine gemeinsame Moral, gar nichts mehr band, sie konnten nur Geistig-Krankes schaffen, jene aufgelösten und verzerrten Gebilde, jene verrückten Hirngespinste, wie sie in Paris erstmalig von einer Klique rassenmäßig vermischter, dem Boden und der Gesellschaft entwurzelter Bohèmes erfunden wurden.

Die Hofers, Klees, Molls und wie sie alle sonst heißen, haben dieses Gift des künstlerischen Nihilismus nach Deutschland gebracht. Es gesellten sich zu ihnen andere Apostel wie die Herren Meier-Gräfe, Waldmann, Flechtheim und Konsorten, und die Snobs waren begeistert, denn sie erkannten sofort die Möglichkeit, mit diesem Rezept Siege auf einem Gebiet zu erfechten, das ihnen sonst rassenmäßig verschlossen war. Wirkliche Kunst konnten sie nicht schaffen, die Hofers, Klees und Molls und die Legion ihrer Epigonen, also drehten sie alle Maßstäbe um, und man machte in Expressionismus und Kubismus, und, wo das französische Rezept nicht ausreichte, half man sich mit der Kunst der wilden Neger.

Und daß man Paul Klee einmal als großen Künstler ansehen konnte, wird für künftige Generationen eines der deutlichsten Exempel des völligen geistigen Verfalls der individualistischen Kulturepoche sein. Dinge, die nur die Lachmuskeln reizen konnten, wie das irrsinnige, kindische Geschmiere eines Klee, wurden als der Gipfelpunkt schöpferischer Sensibilität angepriesen. Und diesem Spekulanten hat man in dem berüchtigten Weimarer Bauhaus und später in Düsseldorf ebenso wie Hofer in Berlin und Moll in Breslau, der mit Levy, Purrmann und Großmann die süßliche Flächenspielerei eines Matisse aus Paris importiert hat, den Künstlernachwuchs ausgeliefert und ihnen einträgliche Akademiepfründen geschaffen, während die deutsch schaffenden Künstler ignoriert und der Not preisgegeben wurden. Diese geschmäcklerischen Effekthascher konnten der Jugend kein Können und kein Handwerk vermitteln, denn sie besaßen ja selbst keines. Sie konnten sie nur zu Nachahmern ihrer Maler erziehen, und das Produkt dieser Kunsterziehungsmethode waren Hunderte kleiner Hofers, Klees usw., die die sinnlosen

Mammutausstellungen füllten, zu denen die Masse des Volkes kein Verhältnis mehr hatte.

Es ist ein Auftakt von kulturpolitisch historischer Bedeutung, daß man den deutschen Künstlernachwuchs von diesen artfremden Verführern befreit hat.

Wir lehnen die Modernen nicht ab, weil sie modern, sondern weil sie in ihrer zügellosen individualistischen Willkür geistig destruktiv gewirkt, alle Wertgedanken beseelten Schaffens zerbrochen und ein Untermenschentum propagiert haben.

In den Museen

Geschichtliches

Otto Klein: *Das Deutsche Volksmuseum* in: *Deutsches Volkstum*, 1934, S. 942–944, gekürzt.

Nach dem Kriege, als mancher von uns glaubte, nun breche endlich das ewige Reich der Deutschen an, zusammengeschweißt durch die Not und die Technik eines dem Siege nahen, aber um ihn betrogenen Volkes, wuchs die Enttäuschung ins Grenzenlose. Überall wirkte der zersetzende, nihilistische, allen Glauben an die Wunderkraft eines gemeinsamen Willens unterhöhlende Geist des Judentums.

Auch die Museen wurden nach dem Kriege von diesen Einflüssen erfaßt. Vor allem die modernen Galerien unserer Museen, in denen sich fast nur noch solche Werke sammelten, die dem geistigen und seelischen Zerfall unseres Volkes dienten. Abgesehen davon, daß diese Werke «neuer» Kunst vielfach auch ein einziger handwerklicher Bluff und Betrug waren, so waren sie immer doch wie Bazillen der Mutlosigkeit, der Resignation vor dem Leben, des Entsetzens und des Abscheus. Wo sie Tröstliches geben wollten, wo sie freudig das Leben bejahten, da machten sie Anleihen bei fremden Völkern, ganz zu schweigen von den Kunstwerken, die die ganze Elfenbeinküste Afrikas ausplünderten, um uns angeblich wieder zur schöpferischen Einfalt zurückzuführen.

Immer mehr vereinsamten die Künstler, die in den Bannkreis des jüdisch infizierten Zeitgeistes geraten waren. Immer mehr vereinsamte auch das Volk. Die Ausstellungen blieben leer, die Museen entvölkerten sich, und die Zeitungen schrien Zeter und Mordio über die Verständnislosigkeit, die der modernen Kunst begegnete. Aber je mehr sich dieser Prozeß seinem Höhepunkt näherte, je mehr alles kulturelle Leben hinter die Peripherie alles Volkstümlichen rückte, umso mehr fand unser Volk zu sich selbst zurück in der nationalsozialistischen Bewegung. Hier fand es nicht nur seinen Glauben in die eigene Kraft wieder, hier überwand es nicht nur alle Gegensätze, nein, alle schöpferischen Kräfte, die in ihm schlummerten und seit Jahrzehnten in ihm niedergetrampelt worden waren, regten sich und drängten zur Gestaltung der ewigen deutschen Sehnsucht nach dem unvergänglichen Reich. So hat der Nationalsozialismus als eine aus der Natur und Geschichte unseres Volkes gewachsene Weltanschauung auch der Kunst und der Kultur einen Boden bereitet, auf dem sie sich lebendiger und organischer entfalten kann als auf der asphaltenen Grundlage der Intellektualität verflossener Jahrzehnte. So wird denn auch wohl notwendig sein, unsere Museen neu zu gestalten, weil wir uns nicht allein damit begnügen können, ein paar «gefährliche» Bilder zu entfernen, sondern weil es notwendig ist, das ganze bisherige Prinzip der kühlen Reserviertheit abzubauen und die wahrhafte, volkgebundene Kunst auf lebendige Weise an das Volk heranzutragen. Denn in jedem Kunstwerk hat das ganze Volk mitgeschaffen, es sieht seine eigenen Sehnsüchte darin gestaltet und findet dadurch zur Klarheit über sich selbst. Museen aber haben die Aufgabe, der Volkwerdung zu dienen, das Bewußtsein der rassischen, volklichen, geistigen und seelischen Schicksalsverbundenheit der deutschen Volksgenossen zu stärken und alle Dämme angemaßter geistiger Vorrechte hinwegzuräumen. In unseren Museen soll sich unser Volk erbauen, sich Mut und Kraft für den Lebenskampf holen und eine Bestätigung seines eigenen Wesens finden können. Unsere Museen müssen wieder Volksmuseen werden, Stätten der nationalen und rassischen Selbstbesinnung, nicht aber Studierklausen der Wirtschaft, niemals aber wieder Bazillenherde der Zersetzung und der Entfremdung.

Grundsätzliches

Kurt Karl Eberlein: *Was ist deutsch in der deutschen Kunst*, Berlin 1933, S. 17–18:

Bemerkenswerterweise erschienen hiergegen scharfe Proteste, so in der *Deutschen Allgemeinen Zeitung* vom 15. 11. 1939 von Dr. Alfred Hentzen: *Was ist deutsch in der Kunst*, und in der *Zeitschrift für Kunstgeschichte*, 1933, S. 405–407 von Wilhelm Pinder: *Was ist deutsch an der deutschen Kunst – Zur Schrift von Kurt Karl Eberlein.*

Kurt Karl Eberlein war Kunsthistoriker.

Das Nationalsozialistische Kunstmuseum der Zukunft wird das National-Stilistische vom National-Soziologischen klar und deutlich sondern, und das sinnlose Durcheinander unserer Gruppenkunst und Kunstgruppen, wie es heute den Beschauer verwirrt, darf und kann nicht mehr möglich sein. Deutsche Kunst ist nicht jede in Deutschland geschaffene Kunst; deutsche Kunst ist die in Deutschland von deutschen Menschen deutsch geschaffene Kunst, die gewachsene, nicht die gezüchtete Kunst. Das mögen die nicht vergessen, welche die Sammelmuseen der wissenschaftlichen Allerweltsbildung endlich dem nationalsozialistischen Volke sinnvoll ordnen müssen!

Man sollte einmal die Proteste, Bekenntnisse, Warnungen der deutschen Künstler zusammenstellen, von Lochner bis heute. Es ist immer die gleiche Klage. Der Kampf, den wir heute wieder um die deutsche Kunst führen, ist im Grunde nichts anderes als der Kampf der Kunststämme gegen das Undeutsche, Fremde, Blutferne, gegen das Romanische, Französische, Slawisch-russische, gegen alles Anationale, Antinationale, Internationale in der deutschen Kunst.

Neue Weisung – neue Sitten

Berlin W 8,
26. April 1933
Oberwallstr. 1

Hochgeehrter Herr Minister[1],
Ihrer neulichen Weisung entsprechend erlaube ich mir die Bitte auszusprechen, *mir die Stelle des Leiters der Staatlichen Kunstbibliothek bei den Berliner Museen zu übertragen,* falls sie durch die Maßnahmen auf Grund des Beamtengesetzes frei wird. Ich habe jahrelang Kunstbibliotheken (in Hamburg und Rom) auch bibliothekarisch bearbeitet und geleitet, sodaß ich mit den fachmännischen und bibliothekarischen Aufgaben vertraut bin.

Eine Tätigkeit im Ausland (z. B. Rom oder Florenz) würde die deutsche Ausbildung meiner Kinder, die Universität und Gymnasium besuchen, geldlich unmöglich machen, da ich auch noch für einen zur Zeit stellungslosen Bruder zu sorgen habe.

In besonderer Verehrung
bin ich Ihr sehr ergebener
Hübner[2]

In Berlin

Hugo Landgraf: *Die Museen im neuen Reich* in *Nationalsozialistische Monatshefte,* Juli 1934, S. 52–53.

Es sollte in Zukunft kein Museum der Kunst und Kultur in Deutschland geben, in dem nicht das *Deutsche* im Mittelpunkt oder an bevorzugter Stelle gezeigt wird. Ich habe schon bei früherer Gelegenheit darauf hingewiesen, was es für ein beschämender Zustand ist, daß wir in Berlin auf der Museumsinsel zwar ein Deutsches Museum haben, daß dieses Museum aber den meisten Berlinern unbekannt ist, weil es durch die

1 An Minister Bernhard Rust.
2 Dr. phil. Paul G. Hübner; ab 1929 Leiter der Kunstabteilung im Preußischen Ministerium für Wissenschaft, Erziehung und Volksbildung.

Masse und die Aufmachung der Nachbarmuseen, die ausländischer oder vergangener Kunst gewidmet sind, völlig in den Schatten gestellt ist. Es ist eine unverzeihliche Sünde der Vergangenheit, daß sich hier köstlichstes deutsches Gut mit bescheidener, ja kümmerlicher Wohnstatt begnügen muß. Auf diese Weise zwingt man die Masse der nicht vorgebildeten Besucher gradezu, das Fremde zu bewundern, während man ihr das Eigene vorenthält. Und dies bei einem Bestand von Werken, der für Berlin – außerhalb der alten Kulturmittelpunkte – groß und reich zu nennen ist. Wenn die Formate klein sind, heißt das, daß sie in kleinliche, enge Räume gehören? Ihr Gehalt ist so tief und schwer, so voll geistiger Spannung und seelischer Kraft, daß ihnen *Ehrenräume*, auch äußerlich als solche gekennzeichnet, gebühren. Man hat früher gern angeführt, diese deutschen Bilder seien für Bürgerstuben gemalt, wo sie eng mit anderm Hausrat zusammenhingen – in gleicher Umgebung müßten sie heute gezeigt werden. Das ist eine materialistische Auffassung vom lebendigen Museum, gegen die wir angehen müssen. Keine Mummereien, keine künstlichen Wiederbelebungen – es heißt die Kunst erniedrigen, sie aus der Luft des Ewigen, in die sie eingegangen ist, herniedernötigen ins Zeitliche, wenn man so verfährt. Die Zeiten der Vergangenheit sind dahin. Sie wiederzuerwecken ist nicht unsere Aufgabe. Aber ihren geistig-seelischen Gehalt, der in den Werken der Kunst lebendige Gestalt angenommen hat, gilt es zu bewahren, mehr: ihn als höchstes nationales Erbe zu verehren und die Werke der deutschen Meister in edler Form herauszustellen. Wir wissen, daß die verantwortlichen Männer auf der Museumsinsel mit der Ungunst der baulichen Verhältnisse einen fast aussichtslosen Kampf führen. Dennoch müßte ein Weg gefunden werden, der dem Deutschen Museum zu seinem Rechte verhilft. Schwierigkeiten sind dazu da, daß sie überwunden werden.

In Essen

Fritz Beyer in: *Deutsche Kultur-Wacht* 1933, Heft 12, S. 2.

Wie Herr Waldmann in Bremen der Entwicklung und Entfaltung der deutschen Kunst hindernd im Wege steht und ein Anbeter der Franzosen ist, so ist der Direktor des Städtischen (Folkwang) Museums in Essen, Herr Dr. Gosebruch[1], Franzosenfreund, Judenfreund und Verächter deutscher Kunst. Mit wahrer Gier hat sich Herr Gosebruch auf die schlimmsten Auswüchse sämtlicher Ismen gestürzt und sie den Rheinländern als hohe Kunst vorgesetzt. Unsummen hat er ausgegeben und dadurch die zersetzende Arbeit der Malbolschewisten gefördert. Die Mannen, die den Aufruf des roten Arbeiterrates für Kunst unterzeich-

1 Dr. Ernst Gosebruch, Direktor des Folkwang-Museums.

net haben, sind mit ihren tollsten Machwerken in seinem Museum reich vertreten. Da hängt z. B. im großen Saal an aufdringlichem Platz ein Riesengemälde. Seinen Wert als Kunstwerk dokumentiert es durch ein Orientierungsschild auf seiner Rückseite «das ist oben», weil nämlich sonst kein Mensch weiß, was oben und unten ist. Dr. Gosebruch wird es wohl wissen. Er scheint ja eine Antenne für diese Afterkunst zu haben. Er schätzt ja auch alle jüdischen Maler Europas, ob sie Marc Chagall, Levi, Lasar Segall oder Moisley Kogan heißen. Alle erhalten sie von ihm Arbeit und Brot, Ruhm und Heimat. Es gibt kein Museum in Deutschland, das so viele Werke von jüdischen «Künstlern» hat wie das Museum in Essen. Die deutschen Maler aber stehen draußen, verlieren ihre Existenz, gehen stempeln, hungern, und die deutsche Kunst wird obendrein von dem Herrn Direktor noch verhöhnt. Vor zwei Jahren nämlich konnte er es sich nicht verkneifen, eine Ausstellung kaiserlicher Kunst zu veranstalten. Auf dieser Ausstellung wurde alles Nationale in schmachvoller Weise durch den Dreck geschleift. Gewiß hat es damals in Deutschland Kitsch gegeben; aber auch nicht mehr als bei anderen Völkern. Aber was Dr. Gosebruch letztenendes damit treffen wollte, das war ja gar nicht der Kitsch, sondern das kaiserliche Deutschland; denn warum verschweigt er, daß damals ein Lenbach und ein Menzel geehrt und gefördert wurden? Und hat er unter seinen Maljuden einen, der auch nur wert wäre, Menzel den Pinsel auszuwaschen? Vor allem aber: mußte gerade an der Westgrenze Deutschlands dieses traurige Schauspiel gegeben werden?

In seinem Museum hängt kein Leibl und von Menzel nur eine Bleistiftstudie in Größe einer Postkarte. Die Romantiker um Caspar David Friedrich und Blechen fehlen vollständig. Umso zahlreicher sind die Franzosen vertreten. Das wimmelt nur so: Emile Bernard, Pierre Bonnard, George Braque, Cezanne, Corot, Denis, Gauguin, Matisse, Renoir, Signac, Vlaminck usw. Nun, man kennt sie ja alle. Es sind immer dieselben, es sind die von der Presse und dem Kunsthandel hochgelobten Prominenten. Und solche Ehrung genießen die Franzosen in demselben Essen, das unter der Franzosenherrschaft zum Weißbluten gebracht wurde.

Gosebruchs Franzosensucht war unersättlich. So mußte er für das Museum unbedingt einen Manet haben, und zwar, wie die «Berliner Börsenzeitung» schreibt, zu einer Zeit (1927), als es schon unzweifelhaft feststand, daß der Impressionismus ein deutscher Irrtum war und daß die französische Kunst des 19. Jahrhunderts den Deutschen nie mehr als malerisch pikante Schaustücke bieten konnte, die sie innerlich ganz leer und unbeteiligt ließen.

Herrn Staatskommissar Hinkel *Berlin*	komm. (maschinegeschr.) Der Oberbürgermeister der Stadt Essen Fernruf 504 11 Postschließfach 281 *Stempel:* Eingegangen: 20. Mai 1933 Mein Zeichen Dr./Ki. Tag/19. 5. 1933

Betr.: Folkwang-Museum / Zur Erinnerung an unsere mündliche Besprechung.

1.) Der moralische Fall.
Der jahrzehntelange verheerende Kunstbolschewismus des Folkwang-Museums zwingt zum Einschreiten und verlangt eine Sühne. Es geht nicht an, daß man Herrn Kästner in die Wüste schickt, und den *Hauptschuldigen,* Direktor Gosebruch, behält. Es genügt auch nicht, daß jetzt das Museum 40 der übelsten Bilder in den Keller stellt und dafür Madonnen aufstellt. Es muß jetzt für *alle Zukunft* Wandel geschaffen werden.

2.) Der finanzielle Grund. Die Stifter brüsten sich immer mit ihren Stiftungen von 15 Millionen Mark. Tatsächlich betrug der

Erwerbsbetrag nur	Goldmark	380 000,–
Der Manet kostet	Goldmark	200 000,–
Sonstige Erwerbungen etc.	Goldmark	220 000,–
Stiftungen der Stifter höchstens	Goldmark	800 000,–
Die Stadt Essen hat gezahlt das Gebäude	Goldmark	2 200 000,–
für andere Unkosten	Goldmark	800 000,–
Insgesamt	Goldmark	3 000 000,–

Die Stimmen des Kuratoriums müßten also verteilt sein 8 : 30 oder 4 : 15. Es ist aber nach § 4 der Anlage umgekehrt. Die Osthaus-Erben und die Stifter haben 14 Stimmen und die Stadt nur 4 Stimmen und wird vergewaltigt.

2.)[1] *Der rechtliche Grund.* Nach § 3 muß die Stadt die Räume stellen, säubern, alle Beamten stellen; sämtliche Personen aber werden vom Kuratorium ausgewählt. Es hat die Stadt zu zahlen und nichts zu melden. Nach § 2 muß die Stadt sogar, wenn sie sich weigert, diesen Dienst weiter zu verrichten, das wundervolle Museum mit Kosten von 2,2 Millionen Mark dem Verein überlassen.

Solche Bestimmungen sind unmoralisch. Ich beantrage also, den Fall Folkwang-Museum einzustellen in die kommende *Neuregelung antina-*

1 müßte eigentlich 3.) heißen.

tionaler Kunstzustände durch ein entsprechendes *Gesetz* oder eine entsprechende Verordnung.

Anlage: 1 Vertrag

Heil Hitler
Unterschrift (unleserlich) [1]

In Leipzig

Werner Teupfer: *100 Jahre Kunstverein und Museum* in *Kunst und ihre Sammlung in Leipzig,* Festschrift zum hundertjährigen Jubiläum des Leipziger Kunstvereins und Museums der bildenden Künste, Herausgeber Werner Teupfer, Leipzig 1937, S. 45–46, gekürzt.

In engster Zusammenarbeit mit dem Kunstverein wird auch in Zukunft das Museum seinen weiteren Weg mit Erfolg gehen können. Gerade die letzten Jahre haben dank der Personalunion der künstlerischen Leitung des Museums und Kunstvereins erwiesen, daß beide Institutionen nunmehr für das Wohl des Volksganzen ihre Kräfte einzusetzen in der Lage sind. Daß der Kunstverein ein mit dem täglichen künstlerischen Leben in ganz Deutschland eng verbundenes Institut bleiben kann, ist durch die im Sommer 1935 erfolgte Einstellung in die Reichskammer der bildenden Künste gewährleistet worden. Bereits im Jahre 1933 hatte der politische Leiter des Kreises Leipzig, Kreishauptmann Kreisleiter Dönicke, den Vorsitz des Kunstvereins übernommen und damit bekundet, wie gerade ihm die Pflege der bildenden Kunst und ihre Verbindung zum ganzen Volk ganz besonders am Herzen liegt. Das Museum wird weiterhin durch die unablässige Arbeit des Kunstvereins die beständige Brücke zu schlagen suchen zu den Erscheinungen einer lebenden und werdenden Kunst. Dabei wird es gelten, die segensreiche Einrichtung nicht etwa einem kleinen Kreis von Kunstfreunden mit Interesse für einzelne Sondergebiete zur Verfügung zu stellen, sondern unablässig im Bilde der Gesamtheit für die Anteilnahme, die Bereicherung und Erweiterung zu wirken, die alle schöpferische Kraft letzten Endes einem jeden zu vermitteln vermag, der in der Lage ist, durch seine Sinne die Seele zu nähren.

Daß es heute aber durchaus nötig ist, den Eigenwert der bildenden Künste zu bejahen, ergibt sich schon aus der Tatsache, daß auch Malerei und Plastik im nationalsozialistischen Reich eine große Stellung finden und kulturelle Aufgaben bekommen, die gerade der Schöpfer des Dritten Reiches, Adolf Hitler, wie kein anderer Staatsmann bisher in klarster Form gekennzeichnet und gewiesen hat.

1 Der Nachfolger des abgesetzten Dr. Gosebruch wurde Dr. Klaus Graf von Baudissin. Über seine Museumstätigkeit siehe Kapitel IV: «Artfremde Kunst», S. 344 f.

In Lübeck

Dr. Rudolf Keibel im Vorwort zu: *Lübecker Kunstpflege 1920–1930* im Auftrag der Vorsteherschaft des Museums für Kunst und Kulturgeschichte, Herausgeber Carl Georg Heise, Lübeck 1934, S. XI.

Am 29. September wurde Dr. Carl Georg Heise, der seit Mai 1920 Direktor des Museums gewesen ist, nach § 6 des Gesetzes zur Wiederherstellung des Berufsbeamtentums in den Ruhestand versetzt. Hierfür waren, wie ein von der Kultusverwaltung ausgestelltes Zeugnis bestätigt, keine politischen Gründe maßgebend, sondern lediglich sein lebhaftes Eintreten für umstrittene neuere deutsche Kunst – Nolde, Barlach u. a. –, durch das er sich nicht in Übereinstimmung mit führenden Männern der neuen Regierung in Lübeck befand. Seiner Wiederverwendung an anderer Stelle steht nichts entgegen. Der Direktor der Gemeinnützigen Gesellschaft hat dann Herrn Dr. Heise gebeten, die Geschäfte noch bis zum Ende des Jahres fortzuführen. Bei seinem Abgang aus Lübeck sind Dr. Heises Verdienste um Pflege und Ausbau der Lübecker Museen gebührend gewürdigt worden, auch von seiner ehemaligen Vorsteherschaft, mit der er stets im besten Einvernehmen gearbeitet hat. Sie hat sich daher auch die Herausgabe des vorliegenden Buches angelegen sein lassen.

In München

In: *Vossische Zeitung* vom 2. 4. 1933.

Wenn jetzt Geheimrat Friedrich Dörnhöffer [1], der Generaldirektor der bayerischen Staatsgemäldesammlungen, in den Ruhestand tritt, richtet sich der Blick auf die bleibenden Verdienste, die er sich in 18-jähriger Arbeit um die Kunstpflege Münchens und ganz Bayerns erworben hat. Nach Hugo von Tschudis frühem Tod wurde Dörnhöffer, damals Wiener Galeriedirektor, nach München berufen. Hier schuf er vor allem die Staatsgalerie von Werken neuerer Kunst in dem früher der Sezession überlassenen Haus am Königsplatz. Er machte daraus eine Sammlung, die neben der Berliner Nationalgalerie und der Hamburger Kunsthalle als das bedeutendste Museum neuzeitlicher Kunstschöpfungen in Deutschland zu betrachten ist, namentlich da sie durch Hans von Marées einen weithin ragenden Mittelpunkt besitzt. Ebenso glücklich war Dörnhöffers Arbeit für die Alte Pinakothek. Seine bedeutenden und

1 Dr. Friedrich Dörnhöffer, Kunsthistoriker; obwohl sein Spezialgebiet deutsche Kunst des 15. und 16. Jahrhunderts war, forderte er moderne Malerei und mußte daher auch abtreten.

wertvollen Neuerwerbungen bilden eine große Liste. Die Ausstellungen des Isenheimer Altars während des Krieges, später der Sammlung Stinnes waren Ereignisse für das ganze künstlerische Deutschland. Dörnhöffer hat schließlich vieles planmäßig aus dem Staatsbesitz an Gemälden über ganz Bayern verteilt, so daß an vielen Orten, wie in Bayreuth, Ingolstadt, Kaiserslautern, Füssen, Burghausen, Galerien von charakteristischer Prägung entstanden.

Hitlers Rede

Diese Rede hielt Hitler auf der Kulturtagung des Parteitags der NSDAP in Nürnberg. Als Reichskanzler sprach er dort *zum ersten Male* über Kunst. Der Wortlaut ist dem *Berliner Lokal-Anzeiger* vom 2. 9. 1933, Morgenausgabe, entnommen; gekürzt.

Heroische Weltanschauung

Am 30. Januar 1933 wurde die Nationalsozialistische Partei mit der politischen Führung des Reiches betraut. Ende März war die nationalsozialistische Revolution äußerlich abgeschlossen. Abgeschlossen, insoweit es die restlose Übernahme der politischen Macht betrifft. Allein nur der, dem das Wesen dieses gewaltigen Ringens innerlich unverständlich blieb, kann glauben, daß damit der Kampf der Weltanschauungen seine Beendigung gefunden hat. Dies wäre dann der Fall, wenn die nationalsozialistische Bewegung nichts anderes wollte, als die sonstigen landesüblichen Parteien. Weltanschauungen aber sehen in der Erreichung der politischen Macht nur die Voraussetzung für den Beginn der Erfüllung ihrer eigentlichen Mission. Schon im Worte «Weltanschauung» liegt die feierliche Proklamation des Entschlusses, allen Handlungen eine bestimmte Ausgangsauffassung und damit sichtbare Tendenz zugrunde zu legen.

Daher trägt auch das unverdorbene primitive Volk die natürlichste Weltanschauung in seinem Instinkte, der es zu allen es treffenden Fragen des Lebens die natürlichste und damit nützlichste Haltung automatisch einnehmen läßt.

Die Gleichheit der Lebewesen einer bestimmten Art erspart damit förmlich die Aufstellung bindender Regeln und verpflichtender Gesetze.

Erst die physische Vermengung innerlich verschiedenartiger Einzelwesen verwirrt die Stellungnahme und führt zum Zwang, den sonst zersplitterten verschiedenartigen Reaktionen eines solchen Volkes, auf die Einwirkungen und Anforderungen des Lebens, durch Gesetz und Regel einen einheitlichen Ausdruck zu ermöglichen.

Jede Rasse hat ihre eigenen Lebensauffassung.

Alle geschichtlich feststellbaren Weltanschauungen sind nur verständlich in ihrer Verbindung mit den Lebenszwecken und der Lebensauffassung bestimmter Rassen. Es ist daher sehr schwer, zu der Richtigkeit oder Unrichtigkeit solcher Auffassungen Stellung zu nehmen, wenn man nicht ihre Auswirkung den Menschen gegenüber prüft, auf die man sie angewendet wissen will oder nicht. Denn was einem Volke natürlichste, weil ihm angeborene und damit zukommende Lebensäußerung ist, bedeutet für ein anderes wesensfremdes Volk unter Umständen nicht nur eine schwere Bedrohung, sondern sogar das Ende.

Das führt zwangsläufig früher oder später zur Auflösung einer solchen widernatürlichen Vereinigung. Soll dies daher vermieden werden, dann ist entscheidend, welcher rassische Bestandteil sich durch sein Wesen weltanschaulich durchzusetzen vermag. Das bestimmt dann aber die Linie, in der die Entwicklung eines solchen Volkes weiterhin verläuft.

Jede Rasse handelt in der Behauptung ihres Daseins aus den Kräften und Werten heraus, die ihr natürlich gegeben sind. Nur der heroisch geeignete Mensch denkt und handelt heroisch. Die Vorsehung hat ihm die Voraussetzungen hierfür gegeben. Die von der Natur aus schon rein sachlichen, also z. B. physisch unheroischen Wesen tragen auch in der Führung ihres Lebenskampfes nur unheroische Züge an sich.

Der Nationalsozialismus bekennt sich damit zu einer heroischen Lehre der Wertung des Blutes, der Rasse und der Persönlichkeit sowie der ewigen Auslesegesetze und tritt somit bewußt in unüberbrückbare Gegensätze zur Weltanschauung der pazifistisch-internationalen Demokratie und ihrer Auswirkungen.

Die Rasse

Wenn aber die nationalsozialistische Mission ihre innere Berechtigung erhalten soll, dann wird sie den deutschen Menschen aus der Tiefe einer nur materialistischen Lebensauffassung herausheben müssen in die Höhe einer würdigen Vertretung dessen, was wir unter dem Begriff «Mensch» verstehen wollen. Der Mensch muß auch hier seinem ihm von der Vorsehung auferlegten Gebot gehorchen.

So wie aber zur Aufrechterhaltung jeder menschlichen Gesellschaft gewisse Prinzipien vertreten werden müssen, ohne Rücksicht darauf, ob alle einzelnen sich damit einverstanden erklären, so muß auch das kulturelle Bild eines Volkes geformt werden nach seinen besten Bestandteilen und dank ihrer Art einzig dazu geborenen Trägern der Kultur.

Es ist das Zeichen der grauenhaften geistigen Dekadenz der vergangenen Zeit, daß sie von Stilen redeten, ohne ihre rassischen Bedingtheiten zu erkennen. Der Grieche hat nie international gebaut, sondern griechisch, das heißt, jede klar ausgeprägte Rasse hat ihre eigene Handschrift im Buche der Kunst, sofern sie nicht, wie z. B. das Judentum, ohne eigene künstlerisch produktive Fähigkeit ist. Wenn Völker aber eine artfremde Kunst kopieren, so ist das nicht der Beweis für die Internationalität der Kunst, sondern nur der Beweis für die Möglichkeit, etwas intuitiv Erlebtes und Geschaffenes abschreiben zu können.

Nur dort kann man von einem wirklich verständnisvollen Eingehen eines Volkes in die Kunst eines anderen reden, wo über alle zeitlichen und sprachlichen Entfernungen hinweg ein und dieselbe rassische Wurzel vorhanden ist. Jahrtausende sind einflußlos, solange nicht die Erbmasse selbst blutmäßig verdorben wird. Daher wird das Schönheitsideal der antiken Völker und Staaten unvergänglich sein, solange Menschen gleicher Veranlagung, weil gleicher Herkunft, die Erde beleben.

Es ist daher auch ein Irrtum, zu glauben, daß die schöpferische Urkraft einer Rasse die Form ihrer künstlerischen kulturellen Äußerungen durch irgendein stilistisches Gesetz bestimmt – oder reglementiert erhält. Nein: Nur das instinktunsichere, weil rassisch uneins gewordene Volk benötigt der Regeln, um nicht den wunderbaren Faden zu verlieren, den die unkomplizierten, weil natürlichen Repräsentanten einer begnadeten Rasse einst gefunden hatten. Es ist dabei lächerlich, zu meinen, daß man ohne weltanschauliche Erneuerung und damit rassische Klärung einen neuen «Lebens-, Kultur- und Kunststil» finden könnte, wie es lächerlich ist, anzunehmen, daß die Natur mit dieser hellseherischen Aufgabe jeden durchschnittlichen Stümper betraue.

Der arisch-nordische Mensch

So wird die rassisch-weltanschaulich fundierte Tendenz einer Zeit auch die Tendenz und Psyche der Kunst bestimmen. Die Rasse, die dem gesamten Leben eines Volkes ihren Stempel aufprägt, sieht dann auch die Aufgaben der Kunst mit ihren Augen. Sie löst, in souveräner Weise alle Umstände und Bedingungen des Zweckes und des Materials erfassend, nach ihrem Sinn das Kunstwerk.

Wir wissen von uns, daß im Altertum und in der neuen Zeit der arisch-nordische Mensch stets die zwingende Synthese gefunden hat zwischen der gestellten Aufgabe, dem Zweck und dem gegebenen Material. Und es ist daher kein Wunder, daß jedes politisch heroische Zeitalter in seiner Kunst sofort die Brücke sucht zu einer nicht minder heroischen Vergangenheit. Griechen und Römer werden dann plötzlich den Germanen so nahe, weil alle ihre Wurzeln in einer Grundrasse zu suchen haben, und daher üben auch die unsterblichen Leistungen der alten Völker immer wieder ihre anziehende Wirkung aus auf die ihnen rassisch verwandten Nachkommen. Da es aber besser ist, Gutes nachzuahmen, als neues Schlechtes zu produzieren, können die vorliegenden intuitiven Schöpfungen dieser Völker heute als Stil ohne Zweifel ihre erziehende und führende Mission erfüllen. In eben dem Maße aber, in dem der nordische Geist seine bewußte Wiederauferstehung erlebt, wird er die kulturellen Aufgaben der heutigen Zeit mit nicht mindergroßer

Klarheit, und damit in ästhetischer Schönheit zu lösen haben, wie seine rassischen Vorfahren die ihnen gestellten Probleme meisterten.

Es ist daher auch überhaupt falsch, von einem zu suchenden «neuen Stil» zu reden, sondern man kann nur hoffen, daß unser bestes Menschentum von der Vorsehung erwählt werden möge, aus dem blutmäßig bewegten inneren Wesen heraus die uns heute gestellte Aufgabe genau so souverän zu lösen, wie dies z. B. den arabischen Völkern des Altertums gelungen war. Was diese die uns verwandte Vergangenheit an konstruktiven und künstlerischen wertvollen Erfahrungen uns überliefert haben, wollen wir genau so frei verwenden und weiterentwickeln, wie ja auch die Kunst der Alten selbst nur das Ergebnis einer weitgespannten Entwicklung war. Entscheidend ist nur, daß wir durch das bewußte Herausstellen der unser Volk tragenden rassischen Substanz sowie durch die souveräne Proklamierung ihres Wesens und der ihr entsprechenden Weltanschauung einen Kern schaffen, der für lange Zeiträume seinen schöpferischen Geist auswirken lassen kann. Der Liberalismus versagte auch kulturell.

Es ist kein Zufall, daß das weltanschaulich verschwommenste Zeitalter in seiner liberalistischen Freizügigkeit – sprich: Unsicherheit – auch auf dem Gebiete des kulturellen Schaffens unsicher war. In knapp einem Jahrhundert wurden die Kunstleistungen der Völker und Weltanschauungen fast aller Zeiten durchprobiert und wieder abgelegt. In dem kubistisch-dadaistischen Primitivitätskult hat diese Unsicherheit endlich den einzig passenden, weil sicheren, Ausdruck gefunden.

Unter der Parole «Neu sein um jeden Preis» kann jeder Stümper etwas Besonderes leisten. Nur wenigen Gottbegnadeten hat zu allen Zeiten die Vorsehung die Mission aufgegeben, wirklich unsterblich Neues zu gestalten.

Scharlatane und Gaukler

Das «Noch-nie-Dagewesene» ist kein Beweis für die Güte einer Leistung, sondern kann genau so gut der Beweis für ihre noch nicht dagewesene Minderwertigkeit sein. Wenn daher ein sogenannter Künstler seine einzige Lebensaufgabe nur darin sieht, eine möglichst wirre und unverständliche Darstellung von der Leistung der Vergangenheit oder auch der Gegenwart hinzustellen, dann werden immerhin die wirklichen Leistungen der Vergangenheit Leistungen bleiben, während das künstlerische Gestammel eines solchen malenden, musizierenden, bildhauenden oder bauenden Scharlatans einst nur ein Beweis sein wird für die Größe des Verfalls einer Nation.

Es ist dabei auch unmöglich, daß ein sich so herabwürdigender Mann plötzlich wieder umlernen und Besseres schaffen könnte. Er ist wertlos und wird wertlos bleiben. Durch bewußte Verrücktheiten sich auszuzeichnen und damit die Aufmerksamkeit zu erringen, das zeugt aber nicht nur von einem künstlerischen Versagen, sondern auch von einem moralischen Defekt. Die Kunst ist eine erhabene und zum Fanatismus verpflichtende Mission. Wer von der Vorsehung ausersehen ist, die Seele eines Volkes der Mitwelt zu enthüllen, sie in Tönen klingen oder in Steinen sprechen zu lassen, der leidet unter der Gewalt des allmächtigen, ihn beherrschenden Zwanges, der wird seine Sprache reden, auch wenn die Mitwelt ihn nicht versteht oder verstehen will, wird lieber jede Not auf sich nehmen, als auch nur einmal dem Stern untreu zu werden, der ihn innerlich leitet. –

Die nationalsozialistische Bewegung und Staatsführung darf auch auf kulturellem Gebiet nicht dulden, daß solche Nichtkönner oder Gaukler plötzlich ihre Fahne wechseln und so, als ob nichts geschehen wäre, in den neuen Staat einziehen, um dort auf dem Gebiete der Kunst und Kulturpolitik abermals das große Wort zu führen.

Auf keinen Fall wollen wir den kulturellen Ausdruck unseres Reiches von diesen Elementen verfälschen lassen; denn das ist *unser Staat* und nicht der ihre.

Kleine und große Nachahmer

Andere Maler werden versuchen ...

Hermann Beenken: *Die Krise der Malerei* in *Deutsche Vierteljahreshefte für Literatur, Wissenschaft und Geistesgeschichte,* Herausgeber Paul Kluckhohn und Erich Rothacker, 1933, Bd. 11, S. 436 und 443–444, gekürzt.

Prof. Dr. H. Beenken, * 1896, seit 1937 Professor für Kunstgeschichte, besonders für das 19. Jahrhundert.

Die subjektivistische L'Art-pour-l'art-Entwicklung steht heute vor ihrem Ende, ein Weiterweg ist nicht zu sehen. Sie hat mit ihren Anschauungen unser ganzes Denken über Kunst auf das Tiefste durchtränkt, der Glaube an die künstlerische Persönlichkeit ist überall durchgedrungen, und objektive Normen, wie sie die Zeit vor 100 Jahren immer noch für möglich hielt, gelten nicht mehr. Aber die Frage nach einer anderen übersubjektiven Gültigkeit hat damit ihren Sinn noch nicht verloren, und sie wird daher immer wieder gestellt werden müssen, die nach dem Sinne von Kunst und künstlerischer Tätigkeit überhaupt. Die Antwort, die der extreme Subjektivist hier bereit hat, Sinn der Kunst sei es, Ausdruck für die Sonderart des schaffenden und in seinem Schaffen eo ipso Werte setzenden Künstlers zu sein, die befriedigt uns nicht.

Die Kunst ist frei geworden, sie hat den Kampf gegen alle Forderungen, die von außen an sie herantraten, durchgefochten, indem sie sie als außerkünstlerische entlarvte. Der Künstler wollte seine Kunst um ihrer selbst willen betreiben, ungehemmt und unangefochten. Er hat diesen Willen durchgesetzt; aber um welchen Preis? Gewiß, er kann heute malen, was er will, und er malt auch, was er will; aber von den anderen, den Nichtkünstlern wird das weitaus Meiste, was heute gemalt wird, nicht mehr gewollt. Es wird eben überhaupt nichts mehr vom Künstler gewollt, und diejenigen, die, ohne selber Künstler zu sein, wirklich Kunst um der Kunst willen wollen, drohen immer weniger zu werden.

Die heutige Lage der Malerei wird durch eine allgemeine Desorientierung charakterisiert. Diese Kunst ist an ihrem Wege irre geworden, sie hat ihre Haltung verloren, mag auch der einzelne Maler menschlich noch so sehr Haltung bewahren. Am unheilvollsten liegen die Dinge in Deutschland, weil hier eine am weitesten gehende Freiheit erkämpft und zu offizieller Anerkennung gebracht worden war. Möglich, daß in Deutschland nun auch der Gegenschlag am ehesten geführt werden und auf schrankenlose Freiheit Unterdrückung und Zwang folgen wird.

Die Etikette: Kulturbolschewismus, mit der solche Unterdrückung gerechtfertigt wird, mag, expressionistischer oder abstrakter Kunst unterschiedslos angehängt, als noch so bedenklich empfunden werden; es ist möglich, daß sich ein äußerer Druck letzten Endes doch, indem er zu einer Prüfung und Läuterung führt, wohltätig auswirken wird. Auf keinen Fall ist es ein Verlust, wenn alles, was ohne innere Notwendigkeit «modern» war, abfällt und sich, vermutlich ohne tiefere Konflikte, umstellen kann.

Andere Maler werden versuchen, äußere Forderungen, die heute erhoben werden, zu inneren zu machen, Flaches zu vertiefen, in sich selbst ihr Volkstum neu zu entdecken und gestalterisch zu verwirklichen. Problematisch bleibt auch dann immer noch die Frage der Allgemeingültigkeit, die Frage nach dem, was heute überhaupt Malerei, ganz gleich wie sehr sie sich der nationalen Wurzel ihres Wesens bewußt ist, der um ihre neue Form ringenden Volksgemeinschaft zu bieten vermag.

Wenn es mit der seit dem 19. Jahrhundert so viel umkämpften und dann wirklich errungenen «Freiheit der Kunst» in Deutschland zu Ende sein sollte, so wird der, der um die tiefe Problematik dieser Freiheit weiß, nicht ernstlich um sie zu trauern vermögen.

Eine allen verständliche Erscheinungsform

Prof. Rudolf Bosselt auf der *Nationalen Kulturtagung* des *Reichsverbandes der bildenden Künstler*, Gau Westfalen, Dortmund am 16. 5. 1933; in: *Kunst und Wirtschaft*, 1. 6. 1933, S. 104–105.

An dem raschen Fluß der neuen Ereignisse nehmen die Künstler leidenschaftlichen Anteil. Was die neue Zeit von ihnen fordern kann, die volle Hingabe, die volle Bereitschaft, zu dienen, sind sie ohne Rückhalt bereit zu geben. Sie verstehen, daß es ihre Aufgabe ist, abzulassen vom rein artistischen Spiel, sich zu versenken in die seelischen Regungen des Volkes und diesen im künstlerischen Werk eine allen verständliche Erscheinungsform zu geben. Wenn dies von ihnen erwartet werden kann, und wenn sie sich nichts mehr als gerade diese Aufgabe ersehnen, dann hoffen sie dabei auch auf eine Stellung des Staates zur Kunst, wie sie bisher nicht mehr bestanden hat.

Wichtig innerhalb dieses neuen Geschehens wird es sein, daß nicht durch die Presse und die früher üblich gewordene Form der Kritik immer wieder eine Mauer aufgerichtet wird zwischen Volk und Künstler, so daß beide nie zueinander kommen können. Wenn der Kunst etwas mit dienen kann, dann wäre es eine Zeit von einigen Jahren, in der einmal jedes Dazwischentreten aufzuhören hätte. Es handelt sich nicht darum, weniger Anforderungen an die Kunst zu stellen; höhere Anforderungen, als sie die Künstler selbst an sich stellen, können von anderer Seite überhaupt nicht gestellt werden. Wie es zu einer Zeit, als es noch keine Presse gab (was den Kritikern von heute erstaunlich erscheinen mag), möglich gewesen ist, daß sich die Kunst entwickelt und Leistungen hervorgebracht hat, auf die wir heute bewundernd blicken, so wird dies auch wieder möglich sein, wenn das vollkommen nutzlose Dazwischentreten des berufsmäßigen, aber meistens unberufenen Kritikers aufgehört hat und die dadurch errichtete Mauer zwischen Kunst und Volk niedergerissen wird.

Bei der Eröffnung der Großen Berliner Kunstausstellung im Schloß Bellevue hat der Preußische Kultusminister Dr. Rust zu den Künstlern gesagt: «Wir bringen Ihnen als Morgengabe das deutsche Volk!» Wir können antworten: Wir bringen der neuen Bewegung als Morgengabe die Bereitschaft der deutschen Künstler, sich in des Volkes Dienst zu stellen und der neuen Gemeinsamkeit Ausdruck zu suchen.

Es liegt im Blut

Eugen Hadamowsky: *Propaganda und nationale Macht,* Oldenburg 1933, S. 147–148, gekürzt.

Eugen Hadamowsky, 1904–45, Reichssendeleiter; ausführlich in: *Presse und Funk im Dritten Reich* (Ullstein Buch 33028).

Nach anderthalb Jahrhunderten künstlerischer Libertät und Schrankenlosigkeit fordern wir deshalb heute auch vom Künstler lebenskluge, dem nationalen Willen dienende Zielstrebigkeit. Das «l'art pour l'art» hat seine Berechtigung verloren, seit die Grundsätze von der Freiheit des Individuums zum Verhungern von Millionen führten. Die Freiheit mußte der Notwendigkeit und der Verantwortung weichen.

Damit ist auch für die Kunst zwar nicht das Ende der Freiheit, wohl aber das Ende der Zuchtlosigkeit gekommen. Die große Kunst ist zu allen Zeiten innerlich gebunden gewesen, in der antiken Plastik so gut wie in der mittelalterlichen Kirchenmalerei oder den Dombauten der Gotik. Das Exzentrische war immer ein bloßes Spiel, das Typenschaffende aber die große Leistung. Man prüfe die musikalischen, dichterischen, bildhauerischen und bautechnischen Werke großer Künstler auf die Strenge und Reinheit von Inhalt und Form und wird übereinstimmend finden, daß diejenigen, die aus bloßer Geistreichelei entstanden sind, schon nach 50 Jahren vergessen und überflüssig waren. Nur die strenge Sprache des Lebens und der Tatsachen, im Kunstwerk zur harmonischen Vollendung gesteigert, vermag auch der Nachwelt etwas zu geben und wirkt auch auf uns heute noch erhebend.

Jede Kunst ist Formgebung eines Seelentums. Die Formgesetze lassen sich zuweilen in Proportionen, in die edle Masse des goldenen Schnittes, in Farbe, Tonregeln, Oktaven, in die Formeln der Einheit von Ort, Zeit und Handlung auflösen. Das wesentliche der Kunst aber kann nicht von hier aus erfaßt werden. Es liegt im Blut, in der Rasse, in der Zucht und Schule begründet und wird nicht durch den Verstand geboren.

Zu einer klaren Front gekommen

Prof. Winfried Wendland: *Nationalsozialistsche Kulturpolitik* in: *Deutsche Kultur-Wacht*, 1933, Heft 24, S. 2, gekürzt.

Der Architekt Prof. Wendland war Kustos an den Vereinigten Staatsschulen für freie und angewandte Kunst; Referent im Preußischen Kultusministerium für NS-Kulturpolitik.

Kultur ist der schöpferische Lebensraum eines Volkes, nicht der mehr oder weniger hohe geistige Lebensstandard einzelner Menschen. Die liberale Weltanschauung war auch in ihrer kulturellen Auswirkung auf den einzelnen Menschen und seinen geistigen Lebensstandard ausgerichtet. Der größtmöglichsten Auswirkung des Einzelmenschen war alles untertan, ihm diente die Schule, und der Staat war nur Versorgungsanstalt des einzelnen. Die Gemeinschaft wurde geleugnet, das Ergebnis war die Vereinzelung des Menschen, die Auflösung der Familie, der Ehe, kurzum aller natürlichen Gemeinschaften des menschlichen Lebens.

Diesen aus Frankreich uns überkommenen Prinzipien des Liberalismus setzt der Nationalsozialismus das nordische Prinzip der Gemeinschaft entgegen, das in allen großen Zeiten deutscher Kultur das deutsche Prinzip gewesen ist. Wir sehen hier den Menschen gebunden in der Familie, der Sippe, dem Stamm und dem Volk. Es ist das der organische Ausdruck rassemäßiger Gebundenheit eines Volkes. Wenn der Nationalsozialismus diese Gebundenheit des menschlichen Lebens nicht verleugnet, sondern als Wurzel betrachtet, so ist darin auch schon seine besondere Einstellung gegenüber der Frage der Kultur gegeben.

Mit dem Siege des Nationalsozialismus hat dieses kulturelle Prinzip des deutschen Menschen wieder die Führung in der Welt übernommen, der französische Liberalismus steht allenthalben auf einer Verteidigungslinie, und überall regen sich in den Völkern die durch das neue deutsche Prinzip angeregten Bestrebungen zum Kampf um die völkische Eigenart. Zum ersten Male seit 150 Jahren wird die Kultur nicht mehr von Paris aus diktiert, sondern die kulturelle Erhebung geht von der deutschen Erhebung aus und strahlt von dort aus über die Völker.

Nicht mehr einzelne große Leistungen geistig kultureller Art einzelner Menschen treten in den Vordergrund, sondern die mehr oder weniger hohe Entwicklung des gesamten Volkes, die wachsen muß, wie ein

Baum in der Natur wächst. Diese Gesamtheit kannte die liberale Kulturpolitik nicht, sie trieb im Gegenteil zur Spezialisierung und Mechanisierung bis zur höchsten Vollendung. Ihr Prinzip war: Wissen ist Macht, unser Prinzip ist: Persönlichkeit ist Macht.

Besonders klar wird uns diese Entwicklung in der künstlerischen Entwicklung des deutschen Volkes; wir erleben heute den Umbruch, wir erleben, daß eine Kunst, die bis vor kurzem noch als Spitzenleistung gegolten hat, als das entlarvt wird, was sie ist, daß die einzelnen Stars dieser Kunstentwicklung von ihren Thronen gestoßen werden, und daß das Volk sich besinnt auf die Schlichtheit und Gradheit und Lauterkeit seiner künstlerischen Gestaltung. So haben wir Impressionismus, Expressionismus, neue Sachlichkeit, und wie die Moden alle heißen, überwunden und sind zu einer klaren Front gekommen, die zwar bislang noch nicht offiziell anerkannt wurde, die aber doch im Volk schon gewachsen ist, vor allen Dingen in den jungen Künstlern, die Weltkrieg und deutsche Revolution als Frontsoldaten oder SA-Kämpfer erlebt haben. In den 14 Jahren der Bedrückung sind sie zu Könnern und Kündern deutscher Weltanschauung geworden, und wie wir heute schon eine große Anzahl deutscher Dichter kennen, die unsere Zeit gestalten, so werden wir binnen kurzer Zeit auch eine Reihe Bildhauer, Maler und Architekten haben, die aus der neuen Weltanschauung heraus ihre Werke schaffen.

«Geistesfreiheit? Antwort: Für den Staat!»

Gottfried Benn: *Der neue Staat und die Intellektuellen*, Stuttgart/Berlin 1933, S. 17–20, gekürzt.

Auf das Buch hin schrieb der Maler Oskar Schlemmer an Benn u. a.: «Künstler von Rang, die etwas hingestellt haben, und solche, die im Begriff sind, es zu tun, werden abgebaut und rigoros entlassen. An ihre Stelle treten nicht mutige Revolutionäre, sondern es werden Kitschiers ausgegraben.» O. Schlemmer: *Briefe und Tagebücher*, Herausgeber Tut Schlemmer, München 1958, S. 316; über den Fall «Gottfried Benn» siehe: *Literatur und Dichtung im Dritten Reich* (Ullstein Buch 33029).

Joch und neues Gesetz – da krümmt sich der Liberale, daß die Weltgeschichte nicht der Boden des Glückes sei, das geht ihm nicht ein; Freiheit – das ist sein Begriff oder was er darunter versteht: Unumschränktheit in Geschäften und Genuß. Zwei Vorwürfe oder zwei Forderungen erhebt er nun aus seinem Liberalismus gegen den neuen Staat, soweit dieser Liberalismus überhaupt noch Kraft hat, irgend etwas zu erheben, und nicht längst gerichtet ist durch eine neue Art von Intelligenz. Die erste Forderung heißt: der Staat solle verpflichtet sein, die Qualität als solche zu schützen, intellektuelle und künstlerische Qualität. Plötzlich nämlich gibt es für den Liberalen absolute Qualität, plötzlich sieht er Gut und

Böse, plötzlich stellt er sich, als ob er Wurzel und Substanz besäße, die reine Gesetzestafel. Unser Gedanke antwortet ihm aber sofort, es gab niemals eine Qualität, die außerhalb des Historischen stand. Es gibt im Menschen, soweit wir seine Geschichte übersehen, gewisse formale Grundlagen von Dauer, gewisse Anordnungsforderungen seiner ästhetischen Anschauung, gewisse Wirkungsfolgen in ihm bei bestimmter quantitativer Gliederung, aber eine absolute inhaltliche Qualität gab es nie. Die inhaltliche Qualität schuf immer die Geschichte. Ja, es wäre eine schwächliche geschichtliche Macht, die sich nicht unterfinge, die Qualität zu bestimmen, die Qualität zu bilden, sie überzuleiten in neue inhaltliche Bindungen, sie zu prägen, sie zu richten.

Wie sollte man also von einer neuen revolutionären Bewegung fordern können, daß sie alte Qualitäten schütze, die Bewegung tritt ja auf, sie erscheint ja, um eine neue anthropologische Qualität und einen neuen menschlichen Stil zu bringen, um aus ihrem politischen Grundbegriff heraus neue intelligible und ästhetische Formen zu entwickeln, sie selber in dem unendlichen Zug geschichtlicher Verwirklichungen.

Die zweite Forderung, mit der der liberale Intellektuelle an den Staat herantritt, heißt Geistesfreiheit. Er, der berauscht zu Füßen jedes russischen Agenten saß, der über die Ausrottung der bürgerlichen Psychologie methodisch vortrug, verlangt jetzt für sich vom nationalen Staat Gedankenfreiheit. Es kann nicht ausbleiben, daß der politische Gedanke auch dieser Forderung heute anderes gegenübersteht. Gedankenfreiheit, Pressefreiheit, Lehrfreiheit in einem Sechzigmillionenvolk, von dem jeder einzelne den Staat für seine Unbeschädigtheit sittlich und rechtlich verantwortlich macht –, ist da der Staat nicht aus Rechtsbewußtsein verpflichtet, diese Freiheit aufs Speziellste zu überwachen?

Geistesfreiheit –: daß an sich überhaupt die Entstehung von Kultur gebunden sei, daß diese Entstehung überhaupt an eine bestimmte Staatsform, eine bestimmte soziale Staatsstruktur gebunden sei, ist eine gänzlich erkenntnislose Betrachtung: alles, was das Abendland berühmt gemacht hat, seine Entwicklung bestimmte, bis heute in ihm wirkt, entstand, um es einmal ganz klar auszudrücken, in Sklavenstaaten. Säule, Tragödie, kubischer Raum, Geschichtsschreibung, erste Selbstbegegnung des Ich: Ägypten, Hellas, Rom: es handelte sich um eine Oberschicht, oft eine sehr geringe, und dann die Heloten. Man könnte mit Beispielen fortfahren; die Geschichte ist reich an Kombinationen von pharaonischer Machtausübung und Kultur; das Lied darüber ist drehend wie das Sterngewölbe; der Vers von heute lautet: Geistesfreiheit, um sie für wen aufzugeben? Antwort: für den Staat!

Ein Porträt: Hans Adolf Bühler

«Bühler malt immer Weltanschauung»

In: *Deutsche Kultur-Wacht*, 1933, Heft 3, S. 13.

Es ist bezeichnend für die Wende der Zeit, daß die Bühler-Ausstellung [1] der Hans Thoma-Gesellschaft in der Junghoffstraße gegenüber dem Kunstverein in den leeren Räumen einer ehemaligen Bank untergebracht ist. Deutschestes Leben zieht wieder ein in die Ruinen des Liberalismus. Der größte Teil des malerischen und graphischen Werkes Bühlers ist hier vereint, darunter die wunderbaren Stücke aus dem Hause des Freiburger Fabrikanten Dr. Brenzinger.

Frühe Werke des Künstlers, die sein Gigantisches schon unheimlich spiegeln, wie «Der Mensch», «Das stille Wässerlein», «Die Nibelungen», vereinigen sich hier mit den Spitzenleistungen der letzten Jahre.

Es ist in diesem kurzen Bericht nicht möglich, den Dingen gerecht zu werden. So viel aber muß gesagt werden, daß diese Ausstellung die ganze Spannweite dieses Künstlers zeigt. Diese Spannung von einem Weltende des Bühlerschen Alls bis zum andern ist aber nicht eine äußerliche, ist nicht nur eine Fähigkeit, sich mit vielen und verschiedenen auseinanderzusetzen, diese Spannung steckt in jedem einzelnen Stück verhalten und beherrscht, gezügelt und zu Ende erlebt von innen auf, und strömt hypnotisierend aus. Was in den frühen Stücken noch wie zu einer Ladung geballt, noch unbekannt und schwer lastend sich Luft schafft, ist in den letzten Landschaften, den letzten Porträts und Tafeln gekonnt, wissend überschaut, gebändigt und in feinste Form gebracht. Da sind nirgends Sprünge und Risse, wie wir es von den Modernen der vergangenen Jahre gewohnt sind, da ist eine einzige große Linie, ein einziger mächtiger Zusammenhang.

Bühler steht jenseits aller «Probleme». Er vermittelt höchste deutsche

1 Prof. Hans Adolf Bühler, Maler und Graphiker, 1877–1955; 1933 Direktor der Hochschule für bildende Künste, Karlsruhe. Er veranstaltete bereits 1933 in Karlsruhe die erste Ausstellung, um moderne Künstler zu diffamieren; siehe Paul O. Rave: *Kunstdiktatur im Dritten Reich*, Hamburg 1949, S. 24 f. Siehe Abb. 13 und 64.

Lebensweisheit. Man könnte ihn einen philosophischen Maler nennen. Es ist gleichgültig, ob er Landschaften, Bildnisse oder seine großen Tafeln malt, oder ob er mit dem Stichel arbeitet. Er malt immer Weltanschauung, den deutschen Menschen, und das, was ihn umgibt, Wolken, Töne, Kinder, Feuer und Tod – und das, was aus ihm herausbricht: Das Schöpferische.

Die Frankfurter Bühler-Ausstellung setzt in der alten Kunststadt das wieder fort, was mit dem zerbröckelnden Zeitalter der Kunstverderber gestorben schien.

«Künstlerisch eine äußerst fragwürdige Erscheinung»

v. Freyhold
Freiburg-Zähringen,
den 30. Juni 1933

Herrn
Ministerialrat Dr. Herbert Kraft,
Badisches Ministerium
des Kultus u. Unterrichts
Karlsruhe i. B.
Schloßplatz

Sehr geehrter Herr Ministerialrat!
Sie waren so freundlich, mir mit Schreiben vom 15. V. 33 des Herrn Prof. Fehrle eine Äußerung zu meiner Angelegenheit in Aussicht zu stellen.

Es liegt mir daran, zu zeigen, daß ich mit meiner Anschauung nicht allein stehe. Aus diesem Grunde erlaube ich mir, ein Schriftstück im Durchschlag vorzulegen, das Professor Kanoldt[1] an Ihr Ministerium richtete. Ein gleiches leitete Kanoldt auf dem Dienstwege an den preußischen Kultusminister Rust.

Meine Aufgabe entstand nur, weil unsere Bewegung, d. h. der Kultusminister, für Bühler die gefährlichsten Experimente verantwortlich zeichnet, für einen Ratgeber, der dauernd gegen die Ideen unseres Führers und des Nationalsozialismus verstößt.

Bühler ist künstlerisch eine äußerst fragwürdige Erscheinung.

Um mich in Kürze beweiskräftig verständlich machen zu können, erwähne ich hier nur seine Ausmalung des Karlsruher Rathaussaales. Einen Weinbrennersaal, der künstlerisch eine klare Stille, eine Aura von feierlicher Ruhe besaß, den hat er ebenso skrupellos in das Gegenteil umvergewaltigt, wie es ja seine immer wiederkehrende Charakteristik ist,

1 Prof. Alexander Kanoldt, 1881–1939, Maler, Mitbegründer der Neuen Secession in München, 1925 Professor an der Breslauer Akademie, Vertreter der Neuen Sachlichkeit.

sich selbstüberheblich und rücksichtslos in den Vordergrund zu stellen, ohne jedes Gefühl für die Größe eines anderen Künstlers und Abstand.

Er führte die Verlärmung und Verjahrmarktung dieses Saales so konsequent durch, daß er zuletzt, da die feierlichen Säulen als eine stumme Zurechtweisung aus diesem Irrsinnsbetrieb herausragten, diese mit schwarzen breiten Spiralen von oben bis unten übermalte und so den Sinn einer Säule, die senkrechte Ruhe, mordete.

Charakterlich ist Bühler als Konjunkturpflanze, die in jedem Boden üppig zu gedeihen vermag, eine eindeutige Erscheinung. – Prinz Max, Remmele, Hirsch und Kultusminister Wacker, überall ist er angepaßt, und gilt bereits als nationalsozialistischer Künstler. Charakteristisch die Art der Beeinflussung, hierin gewisse Verwandtschaft mit dem Anthroposophen Rudolf Steiner zeigend. Fanatische Arbeit, um die Leute in Andachtsgemeinden und Suggestionsgruppen zu fangen. Der Wirkung, der an Bauernfängerei erinnernden Werbenarkotikas, ist manches brave und anständige Gemüt erlegen. Ich zitiere den Ausspruch, den Bühler vor einem seiner Bilder im Colombischlößchen in Freiburg bei einer Führung tat: «Ja, liebe Leut, was soll ich euch da sagen? Das Bild ist so tief –, da kann jeder loten nach Vermögen.» – Immer wieder wird mit Hinweisen wie: «In dreihundert Jahren wird das erst verstanden werden können» – von den einfachen und für jedermann offen übersehbaren Qualitäten der Malerei abgelenkt.

Nach dem kapitalen Unfähigkeitsbeweis und der Blamage der famosen «Sensationsafterkunstausstellung» ist zu überlegen: Taumelte jemals ein fähiger Politiker oder Kunstpolitiker zwischen Dummheit und Halbbildung? – Auf die bis jetzt vorliegende Erfahrung gestützt: Sind, selbst bei größtem Optimismus, von dieser Seite furchtbare, gesunde Maßnahmen von Weitsicht zu erwarten?

In der Geschichte gibt es dafür kein Beispiel.

Entweder alles stimmt, oder nichts wird stimmen. Einseitigkeit bleibt Dummheit, auch wenn sie sich mit Selbstsublimierungsübungen und Weihrauch vernebelt.

Die ausgefallene und schwülstige, ganz unnationalsozialistische Idee, am kommenden Samstag die nationalen Künstler, Dichter, Maler und Komponisten von der Hitler-Jugend feiern, besingen und bekränzen zu lassen, vor oder in ihren Wohnungen, deren Adressen man sich auf den Verkehrsbüros (!!) der Stadt beschaffen soll, – (wie es im «Führer» vom 2. VI. 33 stand) – ist eine badische Extratour, die keinen anderen Urheber als Bühlergeist verrät.

Noch rasch eine Nebensache, nur weil sie sich im Kultusministerium zuträgt: Der Gaufachberater beliebte von mir als einem Querulanten und Stänker zu reden.

Begrüßte der Chor der starren Mistwagen und beweglichen Maden, die im Augiasstall dünsteten, den eintretenden Herakles nicht ebenso als Störenfried, als Stänker und Querulanten? – und schließlich war die grausige Arbeit doch notwendig und ehrenvoll zum Segen des Landes.

Einen Marées in eine Afterkunstausstellung gehängt zu haben, Beschlagnahmen aus den Schubladen der Schüler zur Täuschung des Volkes und viel anderes, das ist es, was zum Himmel stinkt und die saubere frische Naziluft in Baden verpestet.

Ich berufe mich auf den Reichsstatthalter Robert Wagner: «Wer aber bereit ist, am Staate mitzuarbeiten, der sei verpflichtet zu jeder Frage seine Meinung offen und frei zu äußern. Wenn man gemeinsam einem großen Ziele zustrebe, dann sei auch die Kritik notwendig und fördernd.»

Mit höchster Zufriedenheit und absolutem Gehorsam stehe ich allem *echten* nationalsozialistischen Planen gegenüber, – in unerbittlicher Entschlußkraft jedoch allen den Kuckuckseiern der nationalen Feierstündler, die sie unserem badischen Kultusministerium unterschieben.

Mit vorzüglicher Hochachtung
Ihr sehr ergebener
gez.: E. v. Freyhold
P.S.:

Würden Sie bitte Einsicht nehmen in mein Schreiben vom 3. V. 33 an den Herrn Minister des Kultus und Unterrichts, das mit den Worten beginnt: «Die nationale Erhebung wird unter falschen Vorwänden für selbstsüchtige Zwecke mißbraucht.»

Völkische Vorkämpfer

In: *Das Bild*, 1936, S. 132.

Über die «Deutsche Kunstgesellschaft» als Herausgeber der Monatsschrift «Das Bild» und über den Hauptschriftleiter derselben, Hochschulprofessor Hans Adolf Bühler, werden folgende Ausstreuungen verbreitet:

I.) Es verstecke sich hinter der Deutschen Kunstgesellschaft die Katholische Aktion.

II.) Professor Bühler sei Freimaurer gewesen, (erfolgreiche) Haussuchungen hätten bei ihm stattgefunden, er sei in Fühlung mit Anthroposophen, Demokraten und Pazifisten gestanden.

Demgegenüber wird festgestellt:

Zu I.)

a) Die «Deutsche Kunstgesellschaft e. V.» Sitz Karlsruhe ist satzungsgemäß eine Zweckgemeinschaft des «Deutschbundes». Der «Deutschbund» ist unter den wenigen noch bestehenden großen völkischen Verbänden der älteste, gegründet 1894, und führt seit seinem Bestehen in gleicher Unentwegtheit den Kampf gegen «Rom und Juda». Es ist ausgeschlossen, daß der «Deutschbund» eine Tochtergesellschaft dulden würde, die den geringsten Zusammenhang mit irgendwelchen orthodoxen Bestrebungen pflegt.

b) Um jeder Möglichkeit vorzubeugen, daß die vom «Deutschbund» mit Mitteln versehene Tochtergesellschaft Tendenzen zuneigen würde, die nicht völlig mit den Absichten des «Deutschbundes» übereinstimmen, enthält die Satzung (§ 1) die Vorschrift, daß die Leitung der «Deutschen Kunstgesellschaft» in den Händen von Deutschbund-Mitgliedern liegen müsse. Die vorgeschriebene Siebenzahl von Mitgliedern des Deutschbundes im Vorstand der Deutschen Kunstgesellschaft ist stets durchgeführt worden. Von den derzeitigen elf Vorstandsmitgliedern sind zehn Mitglieder der NSDAP.

c) Der Zweck der Deutschen Kunstgesellschaft im vereinsgesetzlichen Sinne ist *«die Förderung rein deutscher Kunst»*, also eine Übertragung des Zweckes des Deutschbundes: *«Pflege des reinen Deutschtums»* auf das Gebiet der bildenden Kunst. Niemand wird behaupten wollen, daß sich Kunst im Sinne der Katholischen Aktion mit Pflege des reinen Deutschtums vertrüge. Die deutsche Kunstgesellschaft müßte also erst Verrat an ihrem Zweck und Ziel geübt haben, wenn der geringste Zusammenhang mit katholischer Aktion bestünde. Die Deutsche Kunstgesellschaft ist aber im Gegenteil die älteste Gemeinschaft von Künstlern und Kunstfreunden, die für *rein* deutsche Kunst eintritt und dieses selbstgegebene, in der Systemzeit wütend bekämpfte Gesetz bis zum Tage durchgehalten hat und weiter durchhalten wird.

Zu II.)

a) Professor Hans Adolf Bühler ist alter Nationalsozialist, seit 20 Jahren völkischer Vorkämpfer auf künstlerischem und geistigem Gebiet – sein ganzes Streben galt und gilt der Läuterung des Deutschen Wesens!

b) In den Dienst dieses Zieles stellt er die ihm heilige Deutsche Kunst, in allen jenen Äußerungen, die aus dem Innersten des Deutschen Wesens geboren sind. Deshalb geht er zu den Quellen, zu den ursprünglichen Schöpfungen des Germanentums, zu den Überlieferungen des unverbildeten Deutschen Bauerntums, zu den großen Meistern unserer Vergangenheit und läßt in der Kunstzeitschrift «Das Bild» diejenigen zu Wort kommen, die uraltes Vätergut in Sitte und Kunst wieder zu Ehren bringen.

Wir bitten alle Freunde unserer Sache dringend, Gerüchtemacher, ganz gleich, ob es sich um böswillige Rankeschmiede oder um dumme Schwätzer handelt, bei uns zu melden, damit wir gerichtlich gegen sie vorgehen können.

Karlsruhe i. B., April 1936

Schriftleitung und Herausgeber
Das Bild

Diversa

Das dreifache Verantwortungsgefühl

	Joachim Gerhardt
handschriftl.:	Dr. phil.
Westfront	Düsseldorf, den 21. Okt. 33
	Pempelforterstr. 46
v. Kursell	
Wendland	*Herr Wendland*
Herrn	bitte zurück an Pg Hinkel.
Staatskommissar Hinkel	Jüngere Leute scheinen
Berlin	die mir persl. nicht bekannte
Kultusministerium,	Ausstellung gut zu finden.
Unter den Linden	Die alte Generation lehnt ab.
	Ein Pg sollte nicht
	in solchen Fehler verfallen.
	vK 4/11

Sehr geehrter Herr Staatskommissar!
Ich nehme Bezug auf unsere Besprechung nach Ihrem anregenden und bedeutsamen Vortrag in Düsseldorf am Montag, d. 16. ds., wo wir die Fragen der bildenden Kunst im Zusammenhang mit der Essener Ausstellung «Westfront 1933» erörterten.

Wie Sie sich noch erinnern werden, gaben mir die Meinungsverschiedenheiten, die bezüglich der Ausstellung herrschten, Anlaß, Sie, sehr geehrter Herr Staatskommissar, in meiner Eigenschaft als Kunstreferent der hiesigen «Volksparole» um Ihre Ansicht zu bitten. Ich nehme an, daß Sie inzwischen diese Ausstellung gesehen haben und erlaube mir, Ihnen meine Besprechung, die bereits ein Tag vor Ihrem Vortrag entstanden war, zuzuschicken, mit der Bitte, wenn es Ihnen zeitlich möglich sein sollte, mir Ihre Auffassung über die «Westfront» mitzuteilen.

Nach eingehender und reiflicher Überlegung glaubte ich die Ausstellung in ihrer großen Linie gutheißen zu müssen, da die wertvollen und starken künstlerischen Kräfte tatsächlich «frontal» herausgestellt worden sind und es nach meiner Auffassung heute zunächst darauf ankommt, das Brauchbare zum Aufbau heranzuziehen. Man muß sich vorstellen, daß eine ablehnende Haltung gegenüber dieser Ausstellung in ihrer Gesamtheit, aus dem Grunde, weil tatsächlich einige sehr unkünstlerische, zweifelhafte und charakterlich wenig gefestigte Arbeiten vertreten sind, ein unermeßlicher Schaden für diejenigen Künstler bedeutet hätte, die, mit ihrem künstlerischen Bekenntnis wahrhaft in Boden und Volk verankert, hier die – wenn auch noch etwas lückenhafte – Avantgarde der westdeutschen Kunst darstellen.

Sie werden verstehen, daß man als Journalist in dieser Zeit der deutschen Wiedergeburt ein doppeltes und dreifaches Verantwortungsgefühl verspürt, zumal dann, wenn man merkt, daß in einem Falle wie in diesem die Meinung nicht einheitlich ist. In diesem Sinne bitte ich Sie, sehr geehrter Herr Staatskommissar, mein Schreiben wie die Übersendung meiner Besprechung würdigen und zugleich entschuldigen zu wollen, daß ich Sie nochmals mit dieser Angelegenheit behellige.

Heil Hitler
Dr. Joachim Gerhardt

Ein Wettbewerb anno 1933

Fachgruppe Bildende Kunst
Berlin, den 2. Nov. 1933

Betrifft: Reichskartell und Denkmal für den gefallenen SA-Mann Gornatowski in Kottbus.

Aus der Beschwerdeschrift der Bildhauer Karl *Kowalczewski*, SA-Mann, Berlin-Wilmersdorf, Mainzerstr. 8 und des alten Parteigenossen August *Kranz*, Friedenau, Offenbacherstr. 3.

Die Bildhauer Pgg. Kowalczewski und Kranz wurden seinerzeit vom Reichskartell der bildenden Künste durch Bildhauer Isenbeck dem deutschen Gemeindetag dafür benannt, Entwürfe für ein Denkmal in Kottbus für den gefallenen SA-Mann Gornatowski und zum Andenken an die nationalsozialistische Revolution einzureichen.

Etwa 8 Tage nach dieser Aufforderung bekamen oben genannte durch das Reichskartell die Nachricht, daß 3 weitere Bildhauer, die mit Namen benannt wurden, an dem Wettbewerb beteiligt würden. Diese 3 Bildhauer sind Nichtnationalsozialisten, 2 davon uns als Marxisten bekannt. Wir haben sofort persönlich bei Herrn Isenbeck protestiert und nationalsozialistische Bildhauer in Vorschlag gebracht, jedoch ohne Erfolg.

Der Wettbewerb nahm seinen Lauf und wurde am Freitag, den 20. Okt. 33 entschieden. Von dieser Entscheidung wurde ich, der Bildhauer August Kranz am Mittwoch, den 25. Okt. persönlich, wieder nur durch Herrn Isenbeck, der als Preisrichter in Kottbus war, in Kenntnis gesetzt. Einen schriftlichen Bescheid durch die Stadt Kottbus ist bis heute noch nicht erfolgt. Danach haben die Preisrichter so entschieden, daß alle 3 Nichtnationalsozialisten mit dem Auftrag und den Preisen von 500 Mk. bedacht worden sind.

Abgesehen von der künstlerischen Beurteilung der eingegangenen Entwürfe, ist gegen die Erledigung des Wettbewerbes Einspruch zu erheben.

Nach den in Fachkreisen als Richtlinien dienenden Wettbewerbsbedingungen, darf keinem Preisrichter die Arbeit eines Teilnehmers am Wettbewerb bekannt sein. Wir wissen, daß der Preisrichter Herr Isenbeck, das Atelier mit dem 1. Preisträger teilt und Herr Hans Jenckel seit vielen Jahren sein Mitarbeiter ist. Aus diesem Grunde schließen wir, daß dem Preisrichter Isenbeck die Wettbewerbsarbeit seines Freundes bekannt war.

Zur Aufklärung für die Einstellung des Herrn Isenbeck möchte ich, der Bildh. Aug. Kranz, hier noch anfügen, daß er auf meine Einwendung: «Es sei nicht im Sinne der Kottbuser SA, daß ihr Denkmal von einem grundsätzlich Andersdenkenden geschaffen werden können», Herr Isenbeck erklärte: «Die Kottbuser denken gar nicht daran, nur Nationalsozialisten zu beauftragen.»

Unterschrift
(unleserlich)

Proteste

Deutsche Allgemeine Zeitung

Bruno E. Werner: *Der Aufstieg der Kunst* in: *Deutsche Allgemeine Zeitung* vom 12. 5. 1933, gekürzt.

Ein andersdenkender Kunstkritiker setzt sich geschickt mit dem totalitären Regime, unter dem er lebt, auseinander.

Bruno E. Werner, Kunst- und Theaterkritiker, * 1896, «1934 aus der Reichspressekammer ausgeschlossen», 1944 Flucht aus einem Konzentrationslager; bis Kriegsende lebte er dann illegal. Siehe auch seinen Roman: *Die Galeere*, Berlin 1949.

Wie steht es mit der deutschen Kunst?

Es steht so und nicht anders, daß gerade die neue Kunst die Wegbereiterin der nationalen Revolution gewesen ist. Als sich vor 25 Jahren die jungen Künstler zusammentaten, stellten sie die Forderung auf: Fort mit dem liberalen 19. Jahrhundert, das in der Malerei nur das französische Vorbild kennt! Fort mit dem programmatischen Internationalismus, der den großen impressionistischen Einheitsbrei von Wladiwostock bis Marseille zur Folge haben muß! «Der Impressionismus ist liberal und sozialdemokratisch» stand in einem denkwürdigen, 1916 erschienenen Buch, das das Ende des Impressionismus verkündete, «er ist die Ausdrucksform einer Zeit, die an nichts glaubt... Man vertreibe seine Gesinnung!»

So schlossen sich vor dem Kriege die damals jungen Künstler Deutschlands zusammen. Sie waren Maler und keine Politiker, aber sie besannen sich auf das eigentlich deutsche Wesen in der Kunst. Sie schlossen sich an die deutsche Kunst vor der Renaissance an, an eine Zeit, in der der Einbruch fremder Wesensart noch nicht erfolgt war. Sie knüpften, mochten sie Protestanten oder Katholiken sein, bewußt an die Zeit vor der Reformation an, als das deutsche Volk noch nicht durch einen großen Riß in zwei Teile gespalten war. Sie wollten nichts anderes als die Ausdrucksgebung unseres ureigensten Wesens im Geist des 20. Jahrhunderts. Sie mühten sich um das heilige Reich der Kunst deutscher Nation.

Kein Zufall, daß nur in zwei Staaten eine solche klare Besinnung auf den eigentlichen Geist des Landes und des neuen Jahrhunderts erfolgt ist: in Deutschland und in Italien. Kein Zweifel, daß die junge italienische Kunst wie die junge deutsche am schärfsten der Vergangenheit den Kampf ansagten. (Die Avantgarde Frankreichs arbeitet unter anderen Voraussetzungen.) Denn diese Künstler waren bewußt oder unbewußt in ihrem Schaffensraum die Träger der nationalen Revolution. In Deutschland waren es die Künstler der «Brücke», wie Nolde, Otto Müller, Heckel, Schmidt-Rottluff, Pechstein, die Künstler des «Blauen Reiters», wie der gefallene Franz Marc, dessen Briefe zu den wertvollsten Kriegsdokumenten gehören, Macke (ebenfalls gefallen), Klee und Feininger, die Bildhauer Kolbe, Barlach, die Architekten Poelzig, Tessenow, Mies van der Rohe, um nur einige Namen aus vielen herauszugreifen. Sie waren auf dem rechten Wege. Die Jugend ist ihnen gefolgt.[1]

In Italien waren es die Futuristen, die unter der Führung Marinettis das neue Italien auf ihre Fahnen geschrieben hatten. Aus ihnen ist dann das *Novecento italiano* hervorgegangen. Marinetti ist heute führendes Mitglied der Academia d'Italia. Die Novecentisten erfreuen sich der Unterstützung des neuen faschistischen Staates und des persönlichen Wohlwollens von Mussolini. Diese Künstler und keine anderen sind die Repräsentanten des Faschismus in der Kunst.[2]

In Deutschland ist auf dem zunächst frischen, starken Auftrieb eine Stockung gefolgt. Zwar verfolgten die führenden Künstler unbeirrt weiter ihre Linie, aber sie gerieten immer mehr in eine Isolierung. Der Grund war nicht zuletzt im Versagen des Staates zu suchen, der durch sein Wesen abgrundtief vom Willen dieses Künstlergeschlechtes getrennt war. Eine Verwirrung entstand. In ihr kam das Wort «Kulturbolschewismus» auf, das häufig mißbraucht und falsch verstanden wurde. Gerade gegen jene Künstler fand man es zuweilen angewendet, die auf ihre Weise Vorkämpfer der nationalen Gesinnung in der Kunst waren, Männer, die dem Materialismus wie dem «Liberalismus» Feindschaft angesagt hatten. (Nicht ohne Reiz ist es, dabei zu wissen, daß einem in der ganzen Welt bekannten Maler in Rußland das Malen seiner abstrakten Bilder von der Regierung bei Androhung schwerer Strafen verboten wurde.)

Wenn auch diese Verwirrung in der Kunst im Augenblick manchem größer scheinen mag als vorher, so behaupten wir doch, daß sie ihren

1 Es ist charakteristisch, daß alle hier genannten Maler, Bildhauer oder Architekten mit Ausnahme des Architekten Prof. Dr. Heinrich Tessenow vom Dritten Reich entweder aus ihren Stellungen entlassen bzw. ihre Werke beschlagnahmt oder gar auf der Ausstellung *Entartete Kunst*, München 1937, angeprangert wurden.

2 Dieser Trick mit Hinweisen auf das faschistische Italien ist in der deutschen Publizistik anno 1933 oft benutzt worden. So erschien z. B. in: *Weltkunst*, Berlin, am 30. 7. 1933 auf der ersten Seite ein viersprachiger Aufsatz *Mussolini und die Kunst*, in dem der Duce als Verfechter der modernen Kunst hingestellt wird.

Höhepunkt überschritten hat. Die Klärung wird nun erfolgen, und es liegt hinreichend Grund vor, anzunehmen, daß die führenden Männer des neuen Deutschlands wissen, welche Aufgaben hier der totale Staat zu lösen hat: nämlich der Kunst auch von sich aus etwas von seinem revolutionären Schwung mitzuteilen; sie in Verbindung mit der Volksgemeinschaft zu setzen und an Stelle der früheren Dynastien, an Stelle des sammelnden Großbürgertums zu treten –, als ein Förderer und Mäzen.

Wir haben es in den vergangenen Wochen, während die regierenden Persönlichkeiten mit dem politischen und moralischen Aufbau des neuen Reichs beschäftigt waren, erlebt, daß in den Bezirken der Kunst Maßregeln von untergeordneten Stellen vorgenommen sind, die sicher nicht im Sinne Adolf Hitlers und der führenden Männer des neuen Reiches waren. Es wird jedoch niemandem gelingen, die nationale Revolution zu kompromittieren. Durch Görings Schritt wird verhindert und in Preußen wieder gutgemacht werden, was voreilige aus Unkenntnis begingen. Wenn ein unbekannter Maler mit nichts ausgerüstet als einer nationalen Gesinnung, den Dresdner Galeriedirektor zwingt, den größten Teil der modernen Galerie einschließlich Lovis Corinth abzuhängen, wenn man in Mannheim Direktor Hartlaub [1] beurlaubt, und aus seinen Ankäufen eine kulturbolschewistische Ausstellung aufbaut, in der ungefähr alles an jüngerer deutscher Kunst enthalten ist, was wir an Rang und Wert besitzen (selbst eine so brave stille Malerin, wie die verstorbene Paula Modersohn-Becker befindet sich darunter), wenn man den Direktor Sauerlandt [2] in Hamburg und den um Chemnitz so außerordentlich verdienten Direktor Schreiber-Weigand absetzt, wenn man das Bauhaus in Berlin schließt, das von nationalsozialistischen Studenten besucht wird und einen so nationalen Mann wie Mies van der Rohe an der Spitze hat, so geschieht dies sicher nicht auf Wunsch und Veranlassung der Regierung. Die Kunst ist ein besonderes Reich. Hier entscheiden Können, Wollen und Werk. Daß kleine Maler ihr Ressentiment benutzen, um größere zu vertreiben, daß die persönliche Feindschaft der Maler untereinander und der bisherige liberalistisch-demokratische Künstlerstreit sich jetzt im Mantel des Nationalsozialismus verkappt, das werden die Führer des neuen Staates zu verhindern wissen.

1 Prof. Gustav F. Hartlaub, * 1884, seit 1923 Direktor der Mannheimer Kunsthalle, 1933 entlassen.

2 Prof. Max Sauerlandt, 1880–1934, seit 1919 Direktor des Museums für Kunst und Gewerbe in Hamburg; Freund Noldes.

Frankfurter Zeitung

Oskar Kokoschka: *Die fehlende Stimme – Für Max Liebermann* in: *Frankfurter Zeitung* vom 8. 6. 1933. Die Redaktion schrieb zu diesem öffentlichen Auftreten Kokoschkas: «Wir geben dem offenen Brief des Malers Kokoschka gerne Raum. Wir tun es umso lieber, als es heute selten geworden ist, daß ein ‹Deutschstämmiger› für den ‹Fremdstämmigen› mit so warmen Worten eintritt.»

Oskar Kokoschka, Maler, Graphiker und Dichter, * 1896; 1920–24 Professor an der Akademie Dresden; am 1. 7. 1938 aus der Preußischen Akademie der Künste ausgeschlossen; Biographisches siehe Edith Hoffmann: *Kokoschka – Life and Work*, London 1947; Hans Maria Wingler: *Oskar Kokoschka – Ein Lebensbild in zeitgenössischen Dokumenten*, München 1956; Hans Maria Wingler: *Oskar Kokoschka – Schriften 1907–1955*, München 1956.

An die
Redaktion der
«Frankfurter Zeitung»
Frankfurt a. M.

Paris, im Mai 1933

«Ein früherer Liebermann hat die Engländer vom Kontinent vertrieben», sagte einmal auf einer Gesellschaft, die der spätere Kaiser Friedrich als Kronprinz gab, ein Vorfahre Max Liebermanns mit Stolz über seine Familie aus.

Dieser frühere Liebermann soll auf neuartigen Webstühlen in Deutschland Kleiderstoffe erzeugt haben, die Europa bis zu dieser Zeit von England zu kaufen gezwungen war.

Der Altmeister Max Liebermann, der in Berlin durch seinen Mutterwitz ein Original geworden ist, hat ebenfalls wie sein Vorfahre in seinem Beruf ein Fenster aufgestoßen, zu einer Zeit, als es um die Malerei in den deutschen Ateliers mit wenigen leuchtenden Ausnahmen recht muffig bestellt war. Zu dieser Zeit, etwa in den achtziger Jahren, kam Max Liebermann mit seinen in hellem Licht und in Freiem gemalten Bildern auf dem Lehrter Bahnhof an und gründete mit Leistikow die Berliner Sezession. Sein Kaiser, Wilhelm II., hat von dieser Neueinführung der Familie Liebermann anscheinend nicht viel gehalten, denn er lehnte Liebermanns Leistungen ab mit dem Worte: «Rinnsteinkunst.» Des Herrschers Verständnis galt auch mehr der plastischen Kunst.

Ein Starrkopf, ein romantischer Starrkopf ist Max Liebermann immer gewesen, und dies zeigt sich auch daran, daß er nach diesem Mißerfolg nicht zu den Hof- und Gesellschaftsmalern umschwenkte, die ihre Gesinnung nach dem Geschmack des Auftraggebers ändern. Wenn man in dieser Zeit des Gründertums in Deutschland infolge zu rascher Erfolge in materieller Art ein bißchen protzhaft geworden war und der Auffassung begegnete, der Besitz einer, wenn auch gefälschten florentinischen Madonna gehöre zum guten Ton, so hat Max Liebermann schon damals seine Bilanz gezogen, als er in seiner berühmt gewordenen Entscheidung sich für die gutgemalte Mohrrübe erklärte. Ein geistvoller Künstler und ein verantwortungsbewußter Könner muß kraft seiner Überlegenheit in seinem Beruf den Erfolg gewinnen – dies mögen seine Überlegungen gewesen sein. Wollen wir dem Künstler deswegen zürnen, da wir doch wissen, daß es zu einem Künstlergeschick gehört, daß es im Suchen nach der Göttin Wahrheit seiner Zeit vorauseilt und daß es im Bedürfnis, sich zu begreifen und irgendwie einzuordnen, sich selbst als ein kleiner Zeus vorkommt! Wäre dies verwunderlich, nachdem es dem großen Zeus geschehen sein soll, daß er eine Wolke anstatt der Göttin umarmte?

Es ist, besonders heute, begreiflich, da der Staat und die führende Gesellschaft in Deutschland mitsamt dem ganzen Volke wichtigere Sorgen haben, daß der einzelne Künstler nicht das öffentliche Interesse erregt, doch ist es kameradschaftliche Pflicht, für Liebermann Zeugnis abzulegen.

Max Liebermann erklärte kürzlich seinen Austritt aus der Preußischen Akademie der Künste, nachdem dort der Arierparagraph zur Geltung gebracht worden war. Viele Jahre war er Präsident der Akademie. Der Verein der Berliner Sezession, der den Arierparagraphen ebenfalls in seine Statuten aufgenommen hat, wird in Zukunft ebenfalls ohne seinen Mitgründer und ehemaligen Präsidenten sein.

Mit einem lebhaften, mit der Entfernung von Deutschland und der Zeit wachsenden Bedauern sehe ich, daß in den Reihen seiner Kameraden, die ihm ein Leben lang gefolgt sind, keiner es empfindet oder, besser gesagt, keiner es zum Ausdruck bringt, daß der 86jährige Greis, wenn er auch jenseits der Grenzen aller Kunstverbände und deren Interesse stehen mag, mit einem bitteren Gedanken an menschliche Unzulänglichkeit scheiden könnte.

Mein Leben ist erst zur Hälfte gelebt, mein Werk noch nicht beendet und das von mir Geleistete vielleicht sogar problematisch mißverstanden, verfolgt und ausgehungert – so verlief seit meinem achtzehnten Lebensjahr mein Lebensweg. Ein dornenvoller Weg wie der fast aller Künstler. Deshalb sei es mir gesttatet, daß ich für Max Liebermann, dessen Werk getan ist, im Namen der deutschen Künstlerkameraden spreche. Ich weiß es, es gehört kein Mut dazu, für Max Liebermann aufzutreten und zu sagen: Wenn sein Entschluß schon unwiderruflich ist, dann solle diese Trennung in Freundschaft vor sich gehen, damit kein tragisches Mißverständnis entsteht, welches Lehrer und Schüler entzweit und das nur schaden kann beim Aufbau der neuen Kunst im neuen Deutschland.

Wir alle wissen es, Max Liebermann war ein Führer ins Freie, ins Licht, in den deutschen Wald und auf die deutsche Wiese. Und wir wissen es ferner: bei allen Bindungen an ein Volksganzes darf die Wurzel nicht verdorren, welche Nahrung und Kraft aus dem Ewig-Menschlichen holt, damit sie unsern Wuchs und unsere Krone bedinge. Vergessen wir doch nicht, daß alle Vater-Länder im Schoße der Allmutter Erde verwurzelt sind. Freudenfeuer und nicht Scheiterhaufen seien dieser göttlichen Mutter, der die Ähre, die Rebe und die Rose geweiht sind, angezündet.

Oskar Kokoschka [1]

1 Nach dem Tode von Max Liebermann am 8. 2. 1935 schrieb Rudolf Pechel in der Märznummer 1935 seiner *Deutschen Rundschau*, S. 208 f, einen Aufsatz über Liebermann. Er enthielt u. a. folgenden Satz: «Sein (Liebermanns) konservativer jüdischer Instinkt verband sich mit einem starken Sinn für das übernational Bedeutsame und gab ihm die Möglichkeit, einen Teil der westlichen Auflockerung und Verselbständigung des Malens für Berlin zum wenigsten fruchtbar zu machen.» Dr. Rudolf Pechel, Publizist, 1882–1962; Herausgeber und Chefredakteur der *Deutschen Rundschau*; 1942–1945 im Konzentrationslager Sachsenhausen.

Kapitel II

GESTEUERTE KUNST

Vorwort

Eigentlich paßt dieses Kapitel in jedes Buch über Kunst im totalitären Staat, nur würden die Ministerien oder Organisationen verschieden heißen. Der Nationalsozialismus steigerte allerdings das Superunding des Totalitarismus, die Torheit.

Wohin steuerte das Dritte Reich nun die schöpferische Tätigkeit?

Zunächst sollte sie einmal alle normalen Sinnes- und Bewegungsorgane einbüßen. So das märchenhaft freie Spiel der Phantasie, die vielfarbige Begeisterung und die gespannteste Aufmerksamkeit der Umwelt gegenüber, die Reflexion. Alles hatte so braun zu werden wie das «Ehrenkleid des Nationalsozialisten».

Selbst Kunstkritik ist gesetzlich geregelt worden. Natürlich bedient sich das totalitäre System dabei gewisser Euphemismen. Deshalb wünschen die einen, «dem Künstler bei der Überwindung formalistischer Tendenzen» zu helfen, die anderen wollten dem Volk ermöglichen, «sich über künstlerische Leistungen selbst eine Meinung zu bilden».

Der Diktator, sagte Einstein, bringt den Maulkorb und dieser die Stumpfheit.

Die Kapitel II und III sind besonders ausführlich. In den folgenden vier Bänden über die *Musik, Literatur und Dichtung, Theater und Film, Presse und Funk im Dritten Reich* wird auf diese beiden Kapitel verwiesen.

Die Gebote des Nationalsozialismus

«Der Führer hat immer recht»

Organisationsbuch der NSDAP, 1943, 7. Auflage, S. 7.

Der Führer hat immer recht! – Verletze nie die Disziplin! Vergeude nie deine Zeit in Schwätzereien, in selbstgefälliger Kritik, sondern fasse an und schaffe!
Sei stolz, aber nicht dünkelhaft!
Das Programm sei dir Dogma; es fordere von dir äußerste Hingabe an die Bewegung!
Du bist Repräsentant der Partei, danach richte dein Betragen und Auftreten!
Treue und Selbstlosigkeit sei dir höchstes Gebot!
Übe treue Kameradschaft, dann bist du ein wahrer Sozialist!
Behandle deine Volksgenossen so, wie du behandelt zu werden wünschest!
Im Kampfe sei zäh und verschwiegen! Mut ist nicht Rüpelhaftigkeit!
Recht ist, was der Bewegung und damit Deutschland, d. h. deinem Volke nützt!
Handelst du nach diesen Geboten, dann bist du ein wahrer Kämpfer deines Führers!

Macht und Idee

Ein orkanartiger Kraftstrom

Prof. Arnold Waldschmidt in: *KddK-Blätter der Kameradschaft Deutscher Künstler,* Sonderheft zum 20. April 1933, Hitlers Geburtstag, S. 32.

Arnold Waldschmidt, Maler, Zeichner und Bildhauer, 1873–1958; Direktor der Württembergischen Akademie der bildenden Künste.

Man kann in der deutschen Geschichte so weit zurückdenken, wie man will, nie hat es eine Zeit gegeben, in der größte Aufgaben auf allen Gebieten in so völliger Freiheit gegeben wurden wie in dem heutigen Deutschland. Da nun aber das Wesen der Freiheit darin besteht, daß eine Kraft vorhanden ist, die nach Freiheit ringt, so ist die machtvolle Erhebung Deutschlands im Gegensatz zu den stickigen Windstillen der liberalistischen Staaten ein orkanartiger Kraftstrom, der alle Schichten des deutschen Volkes durchpulst und dadurch auch alle geistigen und seelischen Kräfte entfacht. Eine solche Totalität des Lebenswillens ist aber Kultur, und zwar Kultur im höchsten Sinne, bei der es völlig nebensächlich ist, ob sie durch eine endgültige und restlich geschliffene Formengebung repräsentiert wird.

Ja, im Gegenteil, die Chaos bewältigende Größe der Schöpferkraft trägt so viel lebendigen Wechsel in sich, so viel stürmende Wucht, hat noch so viel ursprüngliche Impulse, daß sie sich nicht mit Dingen aufhalten kann, die erst das Ergebnis einer langen Kette kontemplativ lebender Generationen sein können.

Die Bahn ist frei, und wer Größe und Geist in sich trägt, der hat Gelegenheit, es heute zu beweisen.

Das Alte ist tot

Winfried Wendland: *Kunst und Nation,* Berlin 1934, S. 18–21, gekürzt.

Der Liberalismus verkündete die Freiheit auf allen Gebieten, auch auf dem der Kunst. Er löste alle natürlichen Bindungen, er schuf die «freie» Kunst, den Beruf der «Kunst»maler, der «Kunst»gewerbler, des «künstlerischen» Architekten. Er zerstörte jede Bindung, schnitt alle Wurzeln ab, um einer äußerlichen Freiheit willen. Die Kunst starb.

Doch kein ernsthaft denkender Künstler läuft heute noch solchen Phantomen nach. Nach dem kläglichen Abgang des liberalen Parlamentarismus und dem Zusammenbruch des Marxismus, alles Internationalen, erscheint uns jene liberale Freiheit oder gar die Kunst als «Ware» ein tödlicher Irrtum. Das Alte aber ist tot. Mit dem Wort «l'art pour l'art», der «Freiheit der Kunst», kann man heute nicht mehr in eine Diskussion eintreten. Auch nicht, wenn man die Geld- und Entlohnungsverhältnisse im Gebiet der bildenden Kunst ändern will und davon neuen Antrieb erhofft.

Es gibt nichts absolut Freies! Es gibt zu allem Wurzel und Anfang, gerade für die Kunst gilt dies. Sie ist das Gebundenste und Verstrickteste, Dienerin und Prophetin zugleich, abhängig vom Menschen, der sie schuf, von Rasse, Volkstum, Klima, Material und Zeit.

Es sind sowohl die Pyramiden Ägyptens, wie die Tempel Griechenlands, wie die deutschen Dome rassisch bestimmt. Sie alle tragen den durch das Blut des Volkes bedingten geistigen Gehalt, der fühlbar immer wieder das Ägyptische, Griechische, Germanische, Deutsche zeigt, und darüber hinaus auf eine hochstehende Mutterrasse weist, die wir die nordische nennen. Es ist aber für die Bedeutung der Kunst im Volksleben belanglos, die Kunstgeschichte nach dem Einfluß der verschiedenen Rassen zu sezieren, sondern man sollte bei einer Betrachtung die durch das überwiegend nordische Rassenelement bedingte Geisteshaltung festzustellen versuchen. So interessant es ist, die dinarisch-nordische Richtung in der bayrischen oder die nordisch-ostische in der ostdeutschen-böhmischen und die fast rein nordische in der niederdeutschen und ostelbischen Kunst zu betrachten, so können diese Untersuchungen nur angestellt werden unter dem Gesichtspunkt, daß hier überall als das Einigende unserer volkhaften Kunst die nordische Geisteshaltung des faustischen Menschen die Wurzel dieses reichverästelten Baumes ist.

So sehen wir die Bindungen der Kunst, aber zugleich auch ihre Wurzeln. Denn was der Liberalismus als lästige Bindung ansah, waren in Wahrheit ihre tiefsten Wurzeln, die man tötete. Aber man tat noch mehr. Man nahm ihre natürliche Sinngebung und Zweckbestimmung. Man nahm ihr durch wesenlose Nachahmung am Fabriktisch ihren Platz in Kirche und Haus und schuf im Staat Museen, Galerien und Ausstellungen nach dem Motto «Die Kunst dem Volke», wodurch aber erreicht wurde, daß die Kunst neben dem Volke stand. Heut drängt das Kunstleben zurück. Es will wieder teilhaben am Gesamtleben des Volkes, wieder sich hineinstellen in seinen Kampf, seine Not und Qual. Der Künstler will nicht mehr «frei» sein, sondern seine Kunst in den Dienst einer Idee, eines Staates, einer Kirche, einer Gemeinschaft stellen. Diese Möglichkeit ist heute gegeben. Die Weltanschauung des neuen Deutschen

Reiches gibt die Kunst, die sich wieder gebunden fühlt, den neuen Inhalt. Sie wird damit eine «Tendenz» erhalten, die über aller «Tendenzkunst» der letzten Zeit steht, aber auch weit über aller bisherigen «freien» Kunst.

Die Krönung

Kunst und Künstler im Dritten Reich in: *Weltkunst* vom 3. 4. 1938, Auszug.

Wenn in früheren Jahren das Verhältnis Kunst und Staat erörtert wurde, so konnte es sich immer nur um Einzelfragen rechtlicher oder verwaltungsmäßiger Art (z. B. Versteigerungen oder Museumsverwaltung) handeln, ohne daß der Gesamtkomplex des Begriffes «Kunst» zur Erörterung stand. Zum erstenmal in der Geschichte hat nun, in einer 5jährigen Aufbauarbeit, der Staat Adolf Hitlers es sich zur Aufgabe gemacht, planmäßig die Kunst in allen ihren historischen und gegenwärtigen Äußerungen in die große Idee der völkischen Totalität einzubauen, und niemand, der die Entwicklung dieser Jahre verfolgt hat, kann leugnen, daß neben allen dringlichen Fragen wirtschaftlicher und politischer Art die Kunst in allen ihren Äußerungsformen nicht eine Rolle im Allgemeinbewußtsein der Nation errungen hat, wie es früher undenkbar gewesen wäre. Wenn diese Förderung der Kunst vom Ideellen ausgeht, so hat es sich nunmehr als richtig erwiesen, daß in der Folge auch praktisch sich ein Aufschwung vollzogen hat, der, wenn man diese kurze Spanne Zeit seit der Machtübernahme betrachtet, wie ein Wunder erscheint. Der Künstler, früher ein Außenseiter der «Gesellschaft» und noch mehr der Allgemeinheit, ist Schritt für Schritt wieder den großen Aufgaben der Nation dienstbar gemacht worden, ist ein Faktor unseres Allgemeinlebens geworden aus der eigenen Initiative der führenden Männer des Staates heraus.

Und wenn dieses große Werk nunmehr in der in erster Linie politischen Tatsache der Schaffung des großdeutschen Reiches seine Krönung gefunden hat, so haben wir auch im Anschluß an diese Tatsache gerade auf die Rückwirkung für die deutsche Kunst gesprochen, die die Öffnung des Kunstlandes Österreich für den Kunstfreund, für den Sammler und den Kunsthändler bedeutet. Und wir freuen uns, daß nunmehr auch die lebende Künstlerschaft Österreichs, auf dessen kleinen Bodenraum ein eigenständig deutsches Kunstleben seit je eine weltbeachtete Rolle in der Entwicklung aller Künste gespielt hat, nach langen Jahren härtesten Kampfes und versinkender Hoffnung an jenem großen Auftrieb teilnehmen kann, dessen Früchte den reichsdeutschen Künstlern seit Jahren in mehr und mehr verstärktem Maße zufallen.

«Sich von der Revolution befruchten lassen»

Jörg Lampe: *Zur Frage der geistigen Freiheit* in: *Die Literatur* 1938/39, S. 588.

Nichts will törichter scheinen als der Ärger oder gar die Ironie über die Erzeugnisse der «Mobilisations»-Kunst und -Geistigkeit. Ob hier geirrt wird oder nicht, ist keineswegs entscheidend, denn es sind weder die Kunst noch der Geist noch die Religion «an sich» bestimmend, sondern lediglich das Problem, die realen Volksgegebenheiten zu regeln und zu aktivieren. Wer sich an solchen Einzelheiten stößt, anstatt sie als notwendig zu erkennen, weil ja sofort gebildet, gedacht und geglaubt werden muß, ehe noch das Interregnum zwischen einem vergangenen und einem künftigen schöpferischen Zustand überwunden ist, der gibt sich selber an die Vordergründe preis, ohne dabei an ihren Werten teilzuhaben. Er steht nur abseits, aber durchaus nicht jenseits des revolutionären Zweckbereiches. Er steht im Nichts.

Gerade die Feinsten und Besten, die geistig tiefsten Menschen unseres Volkes können sich gar nicht gründlich genug an die reale und naturgeistige Sphäre der Revolution hingeben und sich von ihr befruchten lassen. Der Geist muß wieder aus dem Leben kommen, denn mächtig wird er nur als Schau, nicht durch Begriffe. Schau aber ist erlebtes Leben, ist Erkenntnis bildendes inneres Gesicht, das durch das Dasein hindurch und aus den Tiefen seines Ursprungs wächst, womit es erst die Kraft erhält, eben dieses Dasein zu bewegen, zu erwärmen, es zu durchleuchten und emporzuheben. Frönt jedoch der Geist nur seinem eigenen Gesetz, nur seinem Selbst-Verstand, dann ist auch seine Wahrheit keimlos und wohl auch kaum mehr Gottes, selbst wenn sie sich auf ihn bezöge. Dann bleibt sie im Bereich des nur begrifflich Richtigen, das Wissen und nicht Gewißheit bringt. Gewißheit aber ist erst Sein. Sie ist das Heil, die Kraft, die Ruhe und die Freiheit.

Die Anmaßung

Ludwig Eberlein: *Der kulturelle Auftrag* in: *Das Reich* vom 31. 1. 1943.

Der moderne Staat hat sich einen kulturellen Auftrag gegeben, er beansprucht ein Hoheitsrecht auch der Kunst gegenüber. Für den Maler und Bildhauer, den Dichter und Musiker bedeutet das eine Verpflichtung: sie sollen mit ihren Werken der Gemeinschaft dienen. Daraus eine Freiheitsbeschränkung der Kunst abzuleiten, wäre nur dann erlaubt, wenn es zu ihrem Wesen gehörte, sich selbst zu genügen. Nun hat aber zu allen Zeiten das vom Künstler geschaffene Objekt unter dem Zwang gestanden, ein Subjekt zu suchen, von dem es erlebt wird. Die Natur bezieht weder ihre materielle noch ihre geistige Existenz vom Menschen, und es ist anmaßend von uns, zu glauben, die Wasser rauschten, um unsere Kraftwerke zu treiben, und die Blume sei schön, damit wir uns an ihr erfreuten. Mag sie in der Verborgenheit des Waldes welken, so hat sie dennoch nicht umsonst geblüht, sondern sich selbst Genüge getan. Das Bild aber, das in einem Museumswinkel vergilbt, wäre besser nie gemalt worden. Denn als Objekt ist es nur eine wertlose und tote Materie aus Farbe, Holz und Leinwand, erst in der Seele eines nacherlebenden Subjektes erwacht es zum Leben. Wohl bereitet es dem Künstler eine hohe Genugtuung, wenn ihm ein Werk gelungen ist. Aber je tiefer er seine Berufung fühlt, um so gebieterischer spürt er den Zwang, sich durch sein Werk mitzuteilen. Er weiß, daß er nur ein Botschafter Gottes ist, kann er seine Mittlerrolle nicht erfüllen, so leidet er unsäglich, wie das Heinrich von Kleists Sterben tragisch offenbart.

Als den Empfänger ihrer Botschaft hat sich die Kunst nie den Einzelmenschen gedacht. Es ist kein Zufall, daß Maler und Bildhauer ihre Werke ungern an Privatpersonen verkaufen, mancher konnte sich erst unter dem Zwang der Not dazu entschließen, während der Dichter stets beglückt ist, einen Verleger zu finden. An die ganze Menschheit wendet sich der Künstler mit seinen Schöpfungen, das Feld der größten Wirkungstiefe aber findet er bei Menschen, die seines Blutes sind, denn nur Vertrautes wird völlig nachempfunden. So stellt sich als das Subjekt, das der Künstler braucht, damit das von ihm geschaffene Objekt existent werde, die Gemeinschaft dar, und was so oft seine Pflicht genannt wird, ist in Wahrheit sein Recht: dem Volk zu dienen, das im Erlebnis dem Kunstwerk erst Leben gibt, das die Produktionen des Dichters und Musikers, des Malers und Bildhauers durch innere Reproduktion ein zweites Mal hervorbringt. Dieses Gegenstück zum Kunstschaffen, das Kunsterleben, ist der sicherste Maßstab für den Kulturstand einer Nation.

Mit den Augen eines Kollaborateurs

H. Bouchard in: *L'Illustration*, Paris, 7. 2. 1942; die Übersetzung ist in gekürzter Form wiedergegeben.

Henri Bouchard, Bildhauer, 1873–1960, Leiter der Meisterschule für Bildhauerei in der *École Nationale Supérieure des Beaux Arts* in Paris, Mitglied der *Académie des Beaux Arts.*

Die deutsche Regierung lud kürzlich einige unserer Künstler ein, die großen deutschen Kunststädte zu besuchen. Nach meiner Rückkehr von dieser Studienreise wurde ich immer wieder nach den Lebensbedingungen der Künstler in Deutschland gefragt. Bei uns meint man oft, ein echter Künstler müsse als Bohèmien leben, sich dem Alkohol oder Rauschgift ergeben und elend zugrundegehen. Man staunte, als ich von dem großzügigen Leben erzählte, das die Reichsregierung ihren Künstlern bietet. Sie scheinen die Lieblingskinder der Nation zu sein, denn schon gleich nach Beendigung der Volks- oder Berufsschule kümmert sich der Staat um sie, sobald ihre Zeichnungen oder sonstigen Arbeiten einer Kunstschule zum Aufnahmewettbewerb vorgelegt worden sind. Das geübte Auge eines Fachmannes erkennt die jeweiligen Begabungen, und er teilt die Kandidaten dem Talent entsprechend den Klassen für Malerei, Skulptur oder Graphik zu. Die Ausbildung dauert 7 bis 8 Jahre und der Künstler muß in dieser Zeit auch noch seiner Militärdienstpflicht genügen. Inzwischen kommt er dann in das – ich möchte sagen – undankbare Alter für den Künstler vom 25. bis 30. Lebensjahr und gerät in eine Krise, die ihn leicht aus der Bahn wirft und in schlimme Irrtümer verfallen läßt. Der Staat hilft auch da, indem er dem jungen Menschen für ein ganzes Jahr in seiner früheren Kunstschule ein Atelier zur Verfügung stellt, um darin unabhängig zu arbeiten.

Es ist auch eine Hermann-Göring-Schule [1] gegründet worden, in der ausgesuchte Schüler mit fast abgeschlossener Ausbildung großzügig gefördert und unterstützt werden.

Der Staat wünscht, daß der Künstler auch später keine anderen Sorgen kennt, als die, besser zu arbeiten. Er soll auch nicht mehr unter inkompetenter Kritik leiden. Deshalb wird der Kunstkritiker in Deutschland von der Reichskulturkammer beurteilt, bevor er berichten darf, denn er soll den Künstler nicht mehr herabwürdigen, sondern den Geschmack des Volkes bilden, indem er auf die Schönheiten des Kunstwerks hinweist. Die Fürsorge des Staates erstreckt sich sogar auf das Familienleben der Künstler. Bekannte Maler und Bildhauer, wie Arno Breker [2] in Berlin (im April findet in Paris eine Ausstellung seiner Werke statt) und Thorak [3] in München haben riesige Ateliers zugewiesen bekommen, um darin die staatlichen Denkmalsaufträge ausführen zu können, die eine gigantische und heroische Menschheit darstellen. Dort entstehen auch die Statuen und Basreliefs, welche die von dem Architekten Speer [4] entworfenen Bauten und Sportplätze schmücken sollen.

Alle diese Künstler sind in der Reichskammer der bildenden Künste in einer Fachschaft zusammengefaßt, die die Regeln für Berufsausübung ausarbeitet, Ausstellungen und Sammlungen kontrolliert, Kritikaus-

1 Siehe Seite 226 f.

2 Arno Breker, Bildhauer und Spezialist für Kolossalfiguren; Hitlers Lieblingsbildhauer; ausführlich über ihn s. S. 283 f.

3 Josef Thorak, geb. 1889, Großplastiker; Hitlers Günstling. Siehe Abb. 37–40. Vor 1933 verkehrte Thorak im Romanischen Café, wurde von jüdischen Mäzenen unterstützt und wollte bei Flechtheim ausstellen. Während des Zweiten Weltkriegs forderte er vom KZ Dachau für sein Atelier in Garmisch-Partenkirchen zwei Bildhauer als Hilfskräfte an. Siehe dazu Nico Rost: *Goethe in Dachau*, München o. J., S. 130 f.

4 Albert Speer, Architekt, Generalbauinspekteur des Dritten Reichs. Siehe Seite 248.

wüchse unterbindet und Verbesserungsvorschläge macht. Auf diese Weise ehrt ein großes Land seine Künstler und deren Werke, seine intellektuelle Kultur und die Würde des Daseins, weil es den Wert des Kunstschaffens als geschichtliche Notwendigkeit erkannt hat.

Reichsministerium für Volksaufklärung und Propaganda

Die Errichtung

Erlaß des Reichspräsidenten über die Einrichtung des Reichsministeriums für Volksaufklärung und Propaganda vom 13. 3. 1933, *RGBl.* 1933, Teil I, S. 104.

Für Zwecke der Aufklärung und Propaganda unter der Bevölkerung über die Politik der Reichsregierung und den nationalen Wiederaufbau des deutschen Vaterlandes wird ein Reichsministerium für Volksaufklärung und Propaganda errichtet. Der Leiter dieser Behörde führt die Bezeichnung «Reichsminister für Volksaufklärung und Propaganda».

Die einzelnen Aufgaben des Reichsministeriums für Volksaufklärung und Propaganda bestimmt der Reichskanzler. Er bestimmt auch im Einvernehmen mit den beteiligten Reichsministern die Aufgaben, die aus deren Geschäftsbereich auf das neue Ministerium übergehen, und zwar auch dann, wenn hierdurch der Geschäftsbereich der betroffenen Ministerien in den Grundzügen berührt wird.

«Zuständig für alle Aufgaben der geistigen Einwirkung auf die Nation»

Verordnung des Reichskanzlers über die Aufgaben des Reichsministers für Volksaufklärung und Propaganda vom 30. 6. 1933, *RGBl.* 1933, Teil I, S. 449.

Auf Grund des Erlasses des Reichspräsidenten vom 13. März 1933 (RGBl. I, S. 104) bestimme ich im Einvernehmen mit dem Reichsminister des Auswärtigen, dem Reichsminister des Innern, dem Reichswirtschaftsminister, dem Reichsminister für Ernährung und Landwirtschaft, dem Reichspostminister, dem Reichsverkehrsminister und dem Reichsminister für Volksaufklärung und Propaganda folgendes:

Der Reichsminister für Volksaufklärung und Propaganda ist zustandig für alle Aufgaben der geistigen Einwirkung auf die Nation, der Werbung für Staat, Kultur und Wirtschaft, der Unterrichtung der in- und ausländischen Öffentlichkeit über sie und der Verwaltung aller diesen Zwecken dienenden Einrichtungen.

Demzufolge gehen auf den Geschäftsbereich des Reichsministers für Volksaufklärung und Propaganda über:

1. Aus dem Geschäftsbereich des Auswärtigen Amts: Nachrichtenwesen und Aufklärung im Auslande, Kunst, Kunstausstellungen, Film- und Sportwesen im Auslande.
2. Aus dem Geschäftsbereich des Reichsministeriums des Innern: Allgemeine innerpolitische Aufklärung, Hochschule für Politik, Einführung und Begehung von nationalen Feiertagen und Staatsfeiern unter Beteiligung des Reichsministers des Innern, Presse (mit dem Institut für Zeitungswissenschaft), Rundfunk, Nationalhymne, Deutsche Bücherei in Leipzig, Kunst, Musikpflege, einschließlich des Philharmonischen Orchesters, Theaterangelegenheiten, Lichtspielwesen, Bekämpfung von Schund und Schmutz.

Auf den bezeichneten Gebieten ist der Reichsminister für Volksaufklärung und Propaganda für alle Aufgaben einschließlich der Gesetzgebung federführend.[1] Für die Beteiligung der übrigen Reichsminister gelten die allgemeinen Grundsätze.

«Von Geburt nationalsozialistisches Ministerium»

Dr. Gerhard Menz: *Der Aufbau des Kulturstandes,* München/Berlin 1938, S. 13–17, gekürzt.

Gerhard Menz war Professor der Buchhandelsbetriebslehre an der Handelshochschule in Leipzig.

Das für die Führung auf kulturpolitischem Gebiet zuständige staatliche Organ ist das Reichsministerium für Volksaufklärung und Propaganda. Da Fragen der Kultur überall auftauchen und alle Äußerungen des völkischen Lebens berühren, sind zwar andere Ministerien von sei es auch nur gelegentlicher Befassung mit kulturellen Aufgaben nicht völlig ausgeschlossen. Das trifft beispielsweise auf das Reichsinnenministerium und vor allem das Reichserziehungsministerium zu. Dort wo Kulturtätigkeit mit wirtschaftlicher Betätigung vereint ist, wird teilweise auch das Wirtschaftsministerium berührt. Die erstrangige Zuständigkeit des Reichsministeriums für Volksaufklärung und Propaganda ist aber eindeutig vor allem darin zum Ausdruck gebracht, daß es ausdrücklich mit der Durchführung des berufsständischen Aufbaues im Kulturbereich und mit der Leitung des Kulturstandes betraut ist.

An der Spitze des Ministeriums steht der Reichsminister für Volks-

1 Ein nach Vortrag bei Hitler ergangenes Rundschreiben des Staatssekretärs und Chefs der Reichskanzlei an den Reichsminister und den preußischen Ministerpräsidenten vom 3. 4. 1936 – Rk 3024/36 – besagte, daß der Reichsminister für Volksaufklärung und Propaganda bei den in der Verordnung genannten Sachgebieten für alle Aufgaben, auch die *polizeilichen,* federführend ist.

aufklärung und Propaganda[1]. Seine Vertreter sind die Staatssekretäre des Ministeriums. Unmittelbar steht ihm das Ministerbüro zur Verfügung, dessen Leiter der persönliche Referent des Ministers ist.

Örtlich ist das Ministerium im ganzen Reich durch Landesstellen vertreten.

Das Reichsministerium für Volksaufklärung und Propaganda wurde durch Erlaß des Reichspräsidenten vom 13. März 1933 ins Leben gerufen. Es ist das erste «von Geburt nationalsozialistische» Ministerium, das nach der Machtübernahme geschaffen wurde. Sein Vorläufer in gewissem Sinne war die Reichspropagandaleitung der NSDAP. Diese hatte in der Kampfzeit für die Partei die Werbung für ihre Weltanschauung und für nationalsozialistisches Wollen durchgeführt. Mit der Eroberung des Staates trat an die Stelle dieser Aufgabe die neue: in der seelischen Wesens- und in der politischen Willensbildung des Volkes die Führung zu übernehmen. Diese Wesens- und Willensbildung findet ihren Ausdruck nicht zuletzt auch im kulturellen Leben des Volkes. Daraus ergab sich der Gesamtaufgabenbereich.

In der Verordnung des Reichskanzlers vom 30. Juni 1933, der durch den erwähnten Erlaß des Reichspräsidenten ermächtigt worden war, den Aufgabenkreis des Ministeriums zu bestimmen, geschah dies mit den Worten: «Der Reichsminister für Volksaufklärung und Propaganda ist zuständig für alle Aufgaben der geistigen Einwirkung auf die Nation.» Demgemäß wurden ihm zugewiesen das Nachrichtenwesen, die Aufklärung im In- und Auslande, die Gestaltung der nationalen Festtage und Feiern, die Presse, der Rundfunk, das Lichtspielwesen, das Werbewesen, die Bekämpfung schädlichen Schrifttums, die Betreuung der Kunst.

Mit den der Aufsicht des Ministeriums unterstellten Organen erweitert sich das Tätigkeitsgebiet entsprechend. Als zusammenfassende Aufgabe reiht sich schließlich die Durchführung des berufsständigen Aufbaus im Kulturreich an und die Leitung des gesamten Kulturstandes.

Der Reichsminister für Volksaufklärung und Propaganda ist zugleich der Reichspropagandaleiter der NSDAP. Ihm stehen die Gaupropagandaleiter auch für die Förderung der Aufgaben des Ministeriums zur Verfügung, die überdies zugleich Leiter der Landesstellen desselben sind. In diesem Sinne ist für ein einheitliches Zusammenwirken von Partei und Staat auf dem Gebiet der Kulturpflege gesorgt.[2]

1 Dr. Paul Joseph Goebbels, 1897–1945, durch Selbstmord; 1926 NSDAP-Gauleiter Berlin; 1927 gründete er den *Angriff*; 1929 NSDAP-Reichspropagandaleiter; März 1933 Reichsminister für Volksaufklarung und Propaganda; November 1933 Präsident der Reichskulturkammer. Siehe Abb. 9.

2 Über die Aufgaben des Reichsministers für Volksaufklärung und Propaganda siehe auch Prof. Dr. Ernst Krieck: *Nationalpolitische Erziehung*, Berlin 1935, S. 35 f, sowie Georg Wilhelm Müller: *Reichsministerium für Volksaufklärung und Propaganda*, Berlin 1940.

Die Reichskulturkammer

Das Gesetz

Reichskulturkammergesetz vom 22. 9. 1933, *RGBl.* 1933, Teil I, S. 659.

Die Reichsregierung hat das folgende Gesetz beschlossen, das hiermit verkündet wird:

§ 1
Der Reichsminister für Volksaufklärung und Propaganda wird beauftragt und ermächtigt, die Angehörigen der Tätigkeitszweige, die seinen Aufgabenkreis betreffen, in Körperschaften des öffentlichen Rechts zusammenzufassen.

§ 2
Gemäß § 1 werden errichtet:
1. eine Reichsschrifttumskammer,
2. eine Reichspressekammer,
3. eine Reichsrundfunkkammer,
4. eine Reichstheaterkammer,
5. eine Reichsmusikkammer,
6. eine Reichskammer der bildenden Künste.

§ 4
Die Errichtung der Kammern hat sich innerhalb der Richtlinien zu halten, die für den berufsständischen Aufbau von der Reichsregierung beschlossen werden.

§ 5
Die im § 2 bezeichneten Körperschaften werden gemeinsam mit der vorläufigen Filmkammer zu einer Reichskulturkammer vereinigt.

§ 6
Der Reichsminister für Volksaufklärung und Propaganda und der Reichswirtschaftsminister werden ermächtigt, durch gemeinsame Verordnung die Bestimmungen der Gewerbeordnung in Einklang mit den Bestimmungen dieses Gesetzes zu bringen.

§ 7
Der Reichsminister für Volksaufklärung und Propaganda wird ermäch-

tigt, zur Durchführung dieses Gesetzes Rechtsverordnungen und allgemeine Verwaltungsvorschriften, auch ergänzender Art, zu erlassen.

Berlin, den 22. September 1933 Der Reichskanzler
Adolf Hitler
Der Reichsminister
für Volksaufklärung und Propaganda
Dr. Goebbels

Aus dem Durchführungsgesetz

Erste Verordnung zur Durchführung des Reichskulturkammergesetzes vom 1. 11. 1933, *RGBl.* 1933, Teil I, S. 797 f, Auszüge.

§ 3
Die Reichskulturkammer hat die Aufgabe, durch Zusammenwirken der Angehörigen aller von ihr umfaßten Tätigkeitszweige unter der Führung des Reichsministers für Volksaufklärung und Propaganda die deutsche Kultur in Verantwortung für Volk und Reich zu fördern, die wirtschaftlichen und sozialen Angelegenheiten der Kulturberufe zu regeln und zwischen allen Bestrebungen der ihr angehörenden Gruppen einen Ausgleich zu bewirken. Besondere Aufgaben, die der Reichskulturkammer und ihren Einzelkammern übertragen werden, kann der Reichsminister für Volksaufklärung und Propaganda bestimmen. § 7 Satz 2 des Gesetzes bleibt unberührt.

§ 9
Der Präsident der Einzelkammer kann bestimmen, daß bestimmte Fälle geringfügiger oder gelegentlicher Ausübung einer im § 4 bestimmten Tätigkeit die Zugehörigkeit zur Kammer nicht begründen.

§ 10
Die Aufnahme in eine Einzelkammer kann abgelehnt oder ein Mitglied ausgeschlossen werden, wenn Tatsachen vorliegen, aus denen sich ergibt, daß die in Frage kommende Person die für die Ausübung ihrer Tätigkeit erforderliche Zuverlässigkeit und Eignung nicht besitzt.

«Auf diese Weise ist es möglich geworden, alle unliebsamen und schädlichen Elemente auszuschalten»

In: *Germania* vom 16. 11. 1933.

Heute vormittag ist mit einem stimmungsvollen Festakt in der Philharmonie die Reichskulturkammer feierlich eröffnet worden. Reichsminister Goebbels gab am Schluß einer eindrucksvollen Rede über das Thema «Die deutsche Kultur vor neuem Anfang» die Namen der von ihm ernannten Präsidenten und Vorstandsmitglieder der einzelnen Fachkammern bekannt. Gleichzeitig ist eine zweite Verordnung zur Durchführung des Reichskulturkammergesetzes erlassen worden, die die Eingliederung aller Kulturschaffenden in die Einzelkammern bis zum 15. Dezember befristet. Die ungewöhnliche Bedeutung dieses Vorganges, der etwas absolut Neues in der deutschen Kulturgeschichte darstellt, rechtfertigte nicht nur die Feierstunde in der Philharmonie unter Entfaltung der besten künstlerischen Kräfte, die wir gegenwärtig in Deutschland besitzen, sondern gebot sie geradezu. Dr. Goebbels unterstrich in seiner Rede mit Nachdruck den revolutionären Charakter, der auch dieser radikalen und fundamentalen Neuordnung des gesamten Kulturschaffens zugrunde liegt, betonte aber ebenso oft den Respekt des neuen Deutschlands vor dem künstlerischen Genius, der durch die neue ständische Gliederung nicht eingeengt, sondern im Gegenteil gefördert werden soll, denn die Reichskulturkammer «dient nicht dem Stillstand, sondern der Entwicklung». Kunst kann und soll nicht kommandiert werden und «Gesinnung» kein Freibrief für Dilettantismus sein.

Aus den ersten Durchführungsbestimmungen zum Reichskulturkammergesetz ist bekannt, daß künftighin nur derjenige produktiv an der Mehrung deutschen Kulturgutes teilnehmen kann, der einer der Reichskulturkammer angeschlossenen Fachkammern angeschlossen ist. Aufnahme in diese Kammern findet aber nur derjenige, der die Aufnahmebedingungen erfüllt. Auf diese Weise ist es möglich geworden, alle unliebsamen und schädlichen Elemente auszuschalten. Was das bedeutet, wird einem schlaglichtartig klar, wenn man sich die Zeiten des mühseligen und im wesentlichen auch erfolglosen Kampfes gegen Schmutz und Schund ins Gedächtnis zurückruft. Natürlich soll das Prinzip, wonach jede öffentliche künstlerische Betätigung an die Bindung der Mitgliedschaft in einer Fachkammer geknüpft ist, nicht bürokratisch totgeritten werden. Die Anwendung von Ausnahmebestimmungen, die von den Präsidenten der Einzelkammern gewährt werden können, soll aber auf wenige und für die kulturelle Entwicklung bedeutungslose Fälle beschränkt bleiben. Und das ist gut so. Denn nur auf diese Weise läßt sich die Wiederkehr des verjudeten Literatur- und Kunstbetriebs der letzten Jahrzehnte für alle Zeiten verhindern. Entsprechend der Idee des berufsständischen Aufbaus haben die Einzelkammern als öffentlich-rechtliche Instanzen die Befugnis, Bedingungen für den Betrieb, die Eröffnung und Schließung von Unternehmen festzusetzen sowie Anordnungen über Art und Gestaltung der Verträge zwischen den zu ihnen gehörenden Berufsgruppen zu treffen. Damit ist den Kammern auch auf wirtschaftlichem Gebiet ein starker Einfluß zugestanden, der unter Umständen tief in die Rechte des einzelnen eingreifen kann. Das mag manchem nur schwer eingehen. Tatsächlich ist aber diese Regelung nichts anderes als die konsequente Anwendung der nationalsozialistischen Weltanschauung, für die das private Recht auf Freiheit nur soweit gelten kann, als es der Volksgemeinschaft nicht schädlich ist. Schließlich läßt sich auch nur auf diese Weise die Aufgabe der Reichskulturkammer verwirklichen, die nach den Worten der ersten Durchführungsverordnung darin besteht, «die deutsche Kultur in Verantwortung für Volk und Reich zu fördern, die wirtschaftlichen und sozialen Angelegenheiten der Kulturberufe zu regeln und zwischen allen Bestrebungen der ihr angehörenden Gruppen einen Ausgleich zu bewirken».

«Aufbruch der Kultur»

Werner Beumelburg: *Aufbruch der Kultur* in: *Berliner Lokal-Anzeiger* vom 18. 11. 1933, Morgenausgabe; gekürzt.

Werner Beumelburg war Generalsekretär der Deutschen Akademie der Dichtung; mehr über ihn in: *Literatur und Dichtung im Dritten Reich* (Ullstein Buch 33029).

Morgen wird das deutsche Volk sich Martin Luthers erinnern, und es wird Gelegenheit sein, an einem gigantischen Beispiel zu zeigen, wie tief revolutionäre Epochen ihren Stempel dem kulturellen Leben eines Volkes aufdrücken. Es ist mit der Revolution, deren Zeugen wir sind, nicht anders, und wenn die politischen Umwälzungen der Reformationszeit vom Religiösen und Kulturellen her ihren Ausgang nahmen, während heute das politische Geschehen auch den kulturellen Umwertungsprozeß in Gang gebracht hat, so sind beide Vorgänge nur ein Beweis für die Tatsache, daß Revolutionen, wenn sie echt sind und dem Volk entspringen, kein Gebiet des nationalen Lebens unberührt lassen.

Es hat auch in den vergangenen Jahren eine deutsche Kunst gegeben, eine Bekenntniskunst, eine Kunst aus heiligster Ergriffenheit, eine Kunst aus der Tiefe des Volkes, aus Mystik und aus Ahnung des Kommenden. Diese Kunst trug den ganzen Haß und die ganze ironisch-snobistische Verachtung der Herrschenden des alten Systems und ihrer Diener. Sie fand eine Heimstatt in den verborgenen Winkeln des Volkes und wurde gehegt von wenigen, die stark genug waren, auf Ehren und Einkünfte zu verzichten. Diese stillen und ehrlichen Hüter der deutschen Kunst heute zu ehren und sie vor einer tragischen Verwechslung zu wahren, ist Aufgabe des Staates und des Volkes, Aufgabe also auch der neuen Reichskulturkammer, die nichts anderes ist als Mittler des kulturellen Empfindens zwischen Volk, Staat, Kunst und Wirtschaft.

Das marschierende Volk und die marschierende Bewegung

Aus einer Rede Hans Hinkels in: *Westfälische Landeszeitung – Rote Erde*, Dortmund, vom 7. 6. 1935.

Der Nationalsozialismus müsse es ablehnen, so betonte der Redner, daß Menschen nationalsozialistische Kulturpolitik trieben, die noch nicht durch ihre Tat und ihre Persönlichkeit, ihre Haltung und ihr Handeln bewiesen hätten, daß sie den Nationalsozialismus erlebt und nicht nur gelesen hätten. Nationalsozialistische Grundsätze könnten, insbesondere auf dem Gebiet der Kulturpolitik, immer nur von Nationalsozialisten verstanden und verwirklicht werden. In der Kulturpolitik gehe es nicht so sehr um die Beurteilung der künstlerischen Fertigkeit im einzelnen, sondern um die Entscheidung der Grundrichtungen der weltanschaulich bedingten und verwurzelten Kulturpolitik unserer Zeit. Gesundung im Geist, im Instinkt und im Gefühl und damit gesunde Träger unserer heutigen Kulturpolitik seien die wesentlichen Forderungen, denn nur gesunde Menschen und nicht blutleere Erscheinungen könnten kulturpolitische Träger sein.

Das marschierende Volk und die marschierende Bewegung müßten sich immer mehr für eine nationalsozialistische Kulturpolitik einsetzen. Anstatt dem jungen Deutschland als treusorgender Vater mit Liebe gegenüberzutreten und sich über seinen Elan zu freuen, kritisierten leider manche Kreise heute die Jugend von der hohen Warte jener Menschen, die ihre Lebenserfahrung nur im Hirn aufspeicherten und im Herzen nicht mehr die Fähigkeit besäßen, mit der Jugend zu fühlen.

Mit scharfen Worten und unter stärkstem Beifall der Zuhörerschaft wandte sich Staatskommissar Hinkel gegen den Einmischungsversuch des erzbischöflichen Ordinariats in die Rechtshoheit des deutschen Volkes, die ein Teil unserer Kulturpolitik sei. Es gehe uns darum, zu verhüten, daß mit unserem ehrlichen Schaffen und mit dem Willen zu arbeiten und zu opfern von manchen Kreisen Schindluder getrieben werde. Wo wären denn die Kirche, die Prozessionen, die Ornate, rief der Redner aus, wenn wir Nationalsozialisten nicht um unseres Volkes willen, aber nicht euch zu liebe, in den vergangenen 15 Jahren verhindert hätten, daß aus euren Kirchen Gewerkschafts- oder Spielhäuser gemacht worden wären?

Abschließend stellte Staatskommissar Hinkel als kulturpolitische Forderung des Nationalsozialismus heraus, daß die Kultur und die Kunst dem Volk Erleben, Kraft, Zuversicht, Hoffnung und neuen Lebensmut geben müßten. Die Hausrechte der nationalsozialistischen Kulturpolitik dürften aber nur von erlebten Nationalsozialisten verwirklicht werden.

Die einheitlich propagandistische Linie

An
die Herren Präsidenten
der Einzelkammern
Berlin

Der Reichsminister
für Volksaufklärung und Propaganda
(Reichskulturkammer)
Berlin, den 21. Febr. 1935
I K 122/1497

Zur Bekanntgabe an ihre Gliederungen und Fachverbände an die Landeskulturwalter.

Um die einheitlich propagandistische Linie bei allen Veranstaltungen im Bereiche der Reichskulturkammer zu wahren, wird angeordnet, daß sämtliche Veranstaltungen der Kammern und ihrer Verbände künftig nur im Einvernehmen mit der Geschäftsführung der Reichskulturkammer durchgeführt werden dürfen. Die Sachbearbeitung liegt in Händen des Geschäftsführers Moraller. Er ist von allen geplanten Veranstaltungen rechtzeitig zu unterrichten und an der Vorbereitung sowie Durchführung maßgebend zu beteiligen.

Erfaßt werden alle Veranstaltungen, mit denen die Kammern oder ihre nachgeordneten Verbände an die Öffentlichkeit treten, also Kundgebungen, Aufmärsche, Propagandaaktionen, Bälle, gesellige Veranstaltungen usw. Ausgenommen sind rein fachliche oder organisatorische Tagungen, sofern sie internen Arbeitscharakter tragen und nicht führende Persönlichkeiten, welche nicht der betreffenden Kammer bzw. dem Verband angehören, teilnehmen.

Dem Geschäftsführer Moraller sind zur Durchführung dieser Aufgabe alle Propagandisten der Kammern und Verbände direkt unterstellt; er kann sie nötigenfalls auch mit Aufgaben außerhalb ihres Arbeitsbereiches betrauen, oder zu einheitlichen Aktionen zusammenfassen.

Diese Anordnung gilt sinngemäß für alle Untergliederungen der Kammern und Verbände in Bezug auf die Landeskulturwalter, denen innerhalb ihres Bereichs die vorstehend skizzierten Aufgaben zufallen.

In Vertretung
gez.: Funk [1]

1 Walter Funk, Vizepräsident der Reichskulturkammer, 1890–1960; 1930 Wirtschaftsbeauftragter Hitlers; 1933 Pressechef der Reichsregierung und Staatssekretär im Ministerium für Volksaufklärung und Propaganda.

Reichskammer der bildenden Künste

Gliederung und Aufbau

Die folgenden drei Abschnitte aus Dr. Gerhard Menz: *Der Aufbau des Kulturstandes*, München/Berlin 1938, S. 30–35, gekürzt.

Im Bereich der Reichskammer der bildenden Künste gibt es Fachverbände oder Fachgruppen mit eigener Rechtspersönlichkeit nicht mehr. Die Gliederung in Fachschaften ist hier schon durchgeführt, wie es allgemein der Fall sein soll. Die Verwaltungsstellen der Fachschaften fallen mit den entsprechenden Abteilungen der Kammer zusammen. Solche Abteilungen zählt die Kammer außer der Präsidialabteilung mit 5 Referaten insgesamt 7, und zwar:

I. Verwaltung, Personalien, Haushalt, Recht (mit 5 Referaten)
II. Presse und Propaganda
III. Baukunst, Garten- und Innenraumgestaltung (mit 5 Referaten)
IV. Malerei, Graphik, Bildhauerei (mit 5 Referaten)
V. Gebrauchsgraphik, Entwurf (mit 4 Referaten)
VI. Kulturpflege und -förderung (mit 7 Referaten)
VII. Kunstverlag, Kunsthandel, Kunstversteigerungen (mit 5 Referaten)

In der Abteilung VI ist das Vereinswesen auf dem Gebiet der Kunst und des Kunstgewerbes erfaßt. Hier wird auch die Zusammenarbeit der Kulturreferate der Industrie, des Handwerks und des Handels geregelt, ebenso das Friedhofs- und Denkmalswesen.

Das Gesamtarbeitsgebiet der Abteilungen ist zu zwei Hauptabteilungen zusammengefaßt: Kulturerzeugung und Kulturförderung.

Die örtliche Gliederung der Kammer ist der Gaueinteilung angepaßt. In jedem Gau ist eine Landesleitung bestellt, die in ihren Sachbearbeitern der Abteilungsgliederung der Kammer entsprechen. Es kann aber auch ein Referent mehrere Sachgebiete bearbeiten.

Entwicklung und Aufgabenbereich

Die Reichskammer der bildenden Künste ist aus dem Reichskartell der bildenden Künste hervorgegangen. Die Anordnung des Präsidenten der Reichskammer der bildenden Künste vom 10. April 1935 nennt als die der Reichskammer unterstehenden Tätigkeitszweige:

1. Erzeugung von Kulturgut: Architekten, Gartengestalter, Maler, Graphiker, Bildhauer, Gebrauchsgraphiker, Gebrauchswerber, Kunsthandwerker, Entwerfer und Raumausstatter.
2. Wiedergabe, Erhaltung und Pflege von Kulturgut: Kopisten und Restauratoren.
3. Geistige und technische Verarbeitung, Verbreitung, Absatz oder Vermittlung von Absatz von Kulturgut: Kunst- und Antiquitätenhändler, Kunstverleger und Kunstblatthändler, Gebrauchs- und Werbekunstmittler, Künstler- und Kunstvereine, Vereine für Kunsthandwerk, Evangelische Reichsgemeinschaft christlicher Kunst, Katholische Reichsgemeinschaft christlicher Kunst.
4. Kunsterziehung: Anstalten der bildenden Künste.

Die Mitglieder

Die Reichskammer der bildenden Künste hat rund 42 000 Zugehörige, mit den Befreiten sind es sogar über 100 000, die den Anordnungen der Kammer unterstehen. Unter den ordentlichen Mitgliedern gibt es schätzungsweise: 13 750 Architekten, 520 Gartengestalter, 500 Innenarchitekten, 3200 Bildhauer, 10 500 Maler und Graphiker, 3500 Gebrauchsgraphiker, 1000 Entwerfer und Musterzeichner, 230 Kopisten, 1500 Kunst- und Antiquitätenhändler, 360 Kunstblatthändler. Die Künstler, einschließlich der kunsthandwerklich tätigen Mitglieder der Kammer, sind in fünf große Fachgruppen eingeteilt; da gehören beispielsweise die Drechsler, Steinmetzen, Töpfer, Kunstschlosser mit zur Fachgruppe Bildhauer, die Vergolder, Porzellanmaler, Dekorationsmaler zur Fachgruppe Maler, die Kunsttischler zur Fachgruppe Architekten (Innenraumgestalter), die Korb- und Bastflechtereien, die Lederverarbeiter und Buchbinder, die Handweber, die Stickerinnen und Klöpplerinnen zur Fachgruppe Entwerfer.

In München, der Hauptstadt der Bewegung, allein leben etwa 5000 Maler, wohl infolge der zahlreichen Kunstausbildungsstätten, Ateliers und Kunstschulen dort.

Auf der Arbeitstagung der Kammer am 12. Februar 1937 erklärt ihr Präsident [1] den organisatorischen Aufbau für abgeschlossen.

Prof. Adolf Ziegler, siehe Seite 152 f. Erster Präsident der Reichskammer für bildende Künste war Prof. Eugen Hönig, Architekt; er blieb bis Ende 1936

Der Fragebogen

Mitgliedsnummer:
(mit Fachgruppenbezeichnung z. B.: M. A.)
Vor- und Zuname:
Geburtsdatum und -ort:
Verheiratet:
Vor- und Geburtsname der Ehefrau:
Geburtsdatum und -ort der Ehefrau:
Ist die Ehefrau arischer Abstammung?
Sind Sie Mitglied der NSDAP?
Seit wann und unter welcher Nummer?
Welchen Gliederungen der NSDAP gehören Sie an,
seit wann und unter welcher Nummer?
Welchen politischen Parteien gehörten Sie an
und während welcher Zeit?
Waren Sie Mitglied des «Reichsbanner Schwarz Rot Gold»
und während welcher Zeit?
Waren Sie Mitglied des «Republikanischen Beamtenbundes»
und während welcher Zeit?
Gehörten Sie der «Liga für Menschenrechte» an
und während welcher Zeit?
Gehörten Sie der «Vereinigung ernster Bibelforscher»
an und während welcher Zeit?
Gehörten Sie einer Loge, logenähnlichen Organisation
oder Ersatzorganisation einer solchen an, bejahendenfalls welcher und während welcher Zeit? (Der «Druidenorden» und die «Schlaraffia» rechnen hierzu.)
Welchen Grad haben Sie in der vorgenannten
Organisation gehabt?
Haben Sie ein Amt in dieser Organisation
bekleidet, bejahendenfalls welches?
Haben Sie Vorstrafen?
a) Politische:
b) Sonstige:

im Amt. Bis 1936 gehörten zum Präsidialrat der *Reichskammer für bildende Kunst*: Prof. Adolf Ziegler, Prof. Otto von Kursell, Prof. Franz Lenk und Direktor Walter Hoffmann. Ab 1936 gehörten ihm folgende Mitglieder an: Direktor Walter Hoffmann, Prof. Hans Schweitzer, Prof. Kurt Schmid-Ehmen, Prof. A. Speer, Dr. Sauermann, Will Kelter, Reichsamtsleiter Schulte-Strathaus, Oberbürgermeister Zörner, Ministerialrat Dammeier, Prof. Gall, Prof. Klein, Prof. Bieber, Prof. Eugen Hönig und Prof. Joseph Wackerle. Siehe: *Deutsches Bühnenjahrbuch* 1935, S. 88, und 1938, S. 160. Ziegler-Porträt s. Abb. 8, Gemälde s. Abb. 46–49.

Ich versichere pflichtgemäß, daß ich die vorstehenden Angaben wahrheitsgemäß nach bestem Wissen gemacht habe und bin mir bewußt, daß eine unrichtige Beantwortung gemäß dem § 10 der ersten Verordnung zur Durchführung des Reichskulturkammergesetzes vom 1. 11. 1933 (RGBl. I, S. 797) als Unzuverlässigkeit angesehen werden kann.

.... den... 193 (Unterschrift)

«Das Bild der Gesamtheit aller Kunstschaffenden ändert sich täglich»

In: *Berliner Lokal-Anzeiger* vom 4. 1. 1936, Morgenausgabe.

«Erst wenn der Künstler im Schaffensprozeß der Nation ein Unentbehrlicher geworden ist, kann man den Stand der bildenden Künstler als gesund bezeichnen» – mit diesen Worten, die wir der Neujahrsbotschaft des Präsidenten der Reichskammer der bildenden Künste, Prof. E. Hönig, entnehmen, steckt der Führer der bildenden Künstler Deutschlands das Marschziel des eben angebrochenen Jahres eindeutig ab. «Noch sind die berufsständischen Anordnungen», so heißt es, «nicht für alle Schaffensgebiete der Kunst erlassen, noch ringen schon erlassene um ihre Auswirkung im Kampf gegen die Mächte der Gewöhnung. Aber es wird und muß gelingen, die Lebensrechte aller schaffenden Künstler sicherzustellen gegen Benachteiligung und Herabwürdigung der hohen Kulturmission, mögen die Widerstände kommen, woher sie wollen.» Die deutsche Künstlergemeinschaft weiß, daß in der Verkündung solchen Kämpferwillens die Verheißung eingeschlossen ist, daß auch den noch um Anerkennung ringenden Trägern einer neuen Kunstauffassung die Bahn freigemacht werden soll und wird.

Daß diese Existenzsicherung nicht geplant wird, um den Auch-Begabten die Berufsausübung ohne innere und geistige Anstrengung zu erleichtern, das zeigt der vielleicht schönste Satz dieser Neujahrsbotschaft: «Das Bild der Gesamtheit aller Kunstschaffenden ändert sich täglich und legt allen Auftraggebern die heilige Pflicht auf, mitzuwirken an dem Ausleseprozeß, der dem besten Künstler die schönste Aufgabe sichern soll.» Schildträger und Bewahrer dieser hohen Kunst zu sein, das ist eine der schönsten Aufgaben, die sich die Reichskammer der bildenden Künste stellen kann.

Die Veranstaltung konnte propagandistisch nicht ausgewertet werden

Der Präsident
der Reichskulturkammer
Aktenz.: IK 368/2256
Berlin W 8, den 6. 8. 37

Aus gegebener Veranlassung erinnere ich nochmals an die Verfügung vom 21. Februar 1935 – I. K. 122/1497, gez. Funk – und bitte, auch Ihre Landesleiter usw. nochmals nachdrücklich auf diese Bestimmung aufmerksam zu machen, nach der der Landeskulturwalter von allen in seinem Gau geplanten Veranstaltungen der Kammern rechtzeitig zu unterrichten und an der Vorbereitung und Durchführung maßgebend zu beteiligen ist.

Es ist in letzter Zeit wiederholt vorgekommen, daß führende Persönlichkeiten einer Kammer in einem Gau gesprochen haben, ohne daß der Landeskulturwalter davon unterrichtet war, sodaß eine solche Veranstaltung keineswegs propagandistisch und pressemäßig voll ausgewertet werden konnte. Andererseits sind Termine für Veranstaltungen in den Gauen ohne Rücksprache mit den zuständigen Landeskulturwaltern festgesetzt und bereits in der Presse verkündet worden, durch die von dem Landeskulturwalter geplante größere Veranstaltungen (Gaukulturwochen) gestört werden. Zur Wahrung einer einheitlichen kulturpolitischen Linie auch in den Gauen ist also die Beteiligung des betreffenden Landeskulturwalters unbedingt erforderlich.

1 Anlage

Im Auftrag
gez.: Moraller [1]
Siegel
Beglaubigt
gez.: Leidolph

1 Franz Karl Moraller, Geschäftsführer der Reichskulturkammer.

Jedes Interview muß kontrolliert werden

Der Reichsminister für Volksaufklärung und Propaganda
(Reichskulturkammer)
Aktenzeichen: IK 340/2961
Berlin, den 16. 9. 37

Aus gegebener Veranlassung verfüge ich hiermit, daß Interviews führender Männer im Bereich der Reichskulturkammer vor Veröffentlichung der Pressestelle der Reichskulturkammer und von dieser dem Kulturpressereferat des Reichsministeriums für Volksaufklärung und Propaganda vorgelegt werden müssen.

In Vertretung des Staatssekretärs
gez.: Dr. Greiner [1]
(Siegel)
Beglaubigt: gez. Kamp

Politisches Führungszeugnis und Abstammungsnachweis

IV (B) 2959/38
2. Febr. 1938

Betr.: Aufnahmeanträge für die Fachgruppe Bildhauer
Ich überreiche Ihnen beiliegend die nachfolgend aufgeführten Aufnahmeanträge für die obenbezeichnete Fachgruppe, sowie politische Führungszeugnisse der NSDAP und die Abstammungsnachweise der Nachstehendgenannten. Ich befürworte die Aufnahmen.

Kopp, Ute
Berlin-Schöneberg, Innsbruckerstr. 8 — Leistungsgruppe «C»
Schreck, Joachim
Berlin-Charlottenburg, Schlüterstr. 22 — Leistungsgruppe «C»
Anlagen:
2 Aufnahmeanträge incl. d. dazugehörigen Papiere

gez.: Lederer [2]
beglaubigt: M.

Aktenverm.:
Alle polit. Führungszeugnisse enthalten den Vermerk: «... in polit. Hinsicht ist nichts Nachteiliges bekannt.»

1 Dr. jur. Erich Greiner, Ministerialdirektor im Reichsministerium für Volksaufklärung und Propaganda.

2 Heinz Lederer lernte bei seinem Vater, Prof. Hugo Lederer, Bildhauer, 1871–1940; ab 1935 Angestellter der RKdbK; ab 1936 ihr Landesleiter.

Rundschreiben der Reichskammer der bildenden Künste

Zugehörigkeit zu einer Loge

Berlin W 35, den 20. August 1937
Blumeshof 6
Fernsprecher: B 1 Kurfürst 9271
Stempel
Aktenzeichen:
I 119, 1/2015

Rundschreiben Nr. 112
Betr.: Ernennung der Kreisbeauftragten
In der Anlage übersende ich Ihnen ... Erklärungen über die Zugehörigkeit zu einer Loge bezw. zu einer logenähnlichen Organisation.

Ich ersuche, für umgehende Ausfüllung durch die von Ihnen vorgeschlagenen Kreisbeauftragten Sorge zu tragen und mir die Formulare sofort einzureichen.

An die
Herren Landesleiter der
Reichskammer der bildenden Künste

Im Auftrag
gez. Hoffmann[1]

Alte Parteigenossen haben Vorzug

Berlin W 35, den 26. August 1937
Blumeshof 6
Aktenzeichen: I 119, 1/2015

Rundschreiben Nr. 115

Betr.: Ernennung der Kreisbeauftragten
In der Anlage übersende ich Ihnen in Abänderung meines Rundschreibens vom 20. 8. 1937 die ordnungsmäßigen Formulare, die für die Erklärungen der Kreisbeauftragten zu verwenden sind. Die mit meinem

1 Walter Hoffmann, Geschäftsführer der Reichskammer der bildenden Künste.

letzten Rundschreiben übersandten Logenformulare sind nicht auszufüllen.

Im übrigen ersuche ich, bei der Einreichung der Vorschläge eine Skizze beizufügen, aus der die Kreiseinteilung und die Besiedelung mit Kammermitgliedern ersichtlich ist. Sollten mehrere Kreise durch einen Kreisbeauftragten bearbeitet werden, sind diese einzeln aufzuführen und die hierfür maßgeblichen Gründe anzugeben.

Soweit die fachlichen Voraussetzungen vorliegen, sind selbstverständlich Parteigenossen vorzuschlagen, die vor der Machtübernahme der Bewegung beigetreten sind. In Fällen, in denen das nicht möglich ist, sind die Gründe hierfür anzugeben. Unter Berücksichtigung, daß die Landesleiter für die Einreichung der Vorschläge und die hierzu erforderlichen Vorarbeiten nunmehr insgesamt acht Monate Zeit gehabt haben, erwarte ich, daß sämtliche Landesleitungen die geforderten Angaben und Unterlagen bis zum 5. 9. 1937 eingereicht haben.

An die
Herren Landesleiter
der Reichskammer
der bildenden Künste

Im Auftrag
gez. Hoffmann
Beglaubigt:
Unterschrift
Stempel:
Reichskulturkammer
Reichskammer der bildenden Künste

Rotary-Club

Berlin W 35, den 6. Sept. 1937
Aktenzeichen: I 119/2187
Rundschreiben Nr. 117

Betr.: Rotary-Club
Je ein Exemplar der anliegenden Fragebogen bitte ich, von dem geschäftsführenden Referenten (Geschäftsführer) sowie den hauptamtlichen und ehrenamtlichen Referenten und des Expedienten (falls vorhanden) genau ausfüllen und unterzeichnen zu lassen.

Desgleichen bitte ich Sie, für sich selbst den Fragebogen genauestens auszufüllen und zu unterzeichnen.

Die Bogen sind geschlossen bis spätestens zum 9. d. M. an mich zurückzureichen. Falls dies nicht vollständig möglich ist, sind die Bogen der fehlenden Personen alsbald nachzureichen.

Anlagen.

Im Auftrag
gez. Mai
In Vertretung des Geschäftsführers

An die
Herren Landesleiter
der Reichskammer
der bildenden Künste

Stempel:
Reichskulturkammer
Reichskammer der bildenden Künste
Beglaubigt:
Vorweg

Anlage

x Ich versichere wahrheitsgemäß, daß ich dem Rotary-Club nicht angehöre und ihm auch niemals nach dem 30. Januar 1933 angehört habe.
x Ich habe dem Rotary-Club in der Zeit nach dem 30. Januar 1933 vom ... 193 .. bis ... 193 .. angehört.
x Ich gehöre dem Rotary-Club auch jetzt noch an und zwar seit dem ... 193 ..

..., den ... 1937

......

(Unterschrift)

x Nicht Zutreffendes ist *durchzustreichen.*

Stimmungsberichte

An die
Herren Landesleiter
der Reichskammer
der bildenden Künste

Der Präsident der Reichskammer
der bildenden Künste
Berlin W 35, den 2. Oktober 1937
Blumeshof 4–6 · Fernsprecher: 21 92 71
Postscheck-Konto: Berlin 144430
Aktenzeichen: Präs. I. 185
Stempel:
Tagebuch-Nr. 619 · 6. Okt. 1937
Abtlg. Kult. erl.

Rundschreiben Nr. 135

Betr.: Tätigkeits- und Stimmungsberichte

In meiner Ergänzung meines Rundschreibens Nr. 111 Akt. Zch. I 185/1956 – vom 14. 8. 1937 bitte ich, die Berichte in doppelter Ausfertigung einzureichen. Für jede Fachgruppe ist ein besonderer Bogen zu verwenden.

Bei dieser Gelegenheit verweise ich nochmals auf meine Verfügung, nach der die Bogen möglichst doppelseitig zu beschreiben sind.

Im Auftrag
gez. Hoffmann
Stempel:
Beglaubigt:
Vorweg

«Die Parole der Woche»

An die
Herren Landesleiter
der Reichskammer
der bildenden Künste

Der Präsident
der Reichskammer
der bildenden Künste
Berlin W 35, den 11. Oktober 1937
Blumeshof 4–6
Fernsprecher: 21 92 71
Postscheck-Konto: Berlin 144430
Aktenzeichen: II 220/194
Eingangsstempel

Rundschreiben Nr. 142
Die parteiamtliche Wandzeitung der NSDAP, «Die Parole der Woche» bringt die von der Reichspropagandaleitung herausgegebenen Parolen, die sich auf das jeweilige wichtigste politische Geschehen beziehen.

Ich halte es für notwendig, diese Wandzeitungen in regelmäßiger Folge an allen Anschlagtafeln sowie in den für das Publikum bestimmten Warteräumen auszuhängen und ersuche, je ein Exemplar für jede Landesleitung für diesen Zweck bei dem Zentralverlag der NSDAP, Franz Eher Nachf., München, Thierschstr. 11, zum Preise von RM 0,80 pro Monat zu bestellen.

Im Auftrag
gez. Hoffmann
Stempel:
Beglaubigt:
Vorwerg

Die «NS-Kulturgemeinde»

Alfred Rosenberg – sein Hauptwerk: *Der Mythus des 20. Jahrhunderts* erreichte 1941 eine Auflage von 950 000 Exemplaren – hielt sich für den Chefideologen des Nationalsozialismus und fühlte sich durch die hektische Emsigkeit von Goebbels bei der Steuerung der Kunst überrumpelt. Deshalb gründete er die NS-Kulturgemeinde. Es gab kaum eine führende Persönlichkeit im Dritten Reich, mit der Rosenberg wegen seiner dominierenden «weltanschaulichen» Position nicht dauernd im Streit lag. Die NS-Kulturgemeinde sollte sein eigenes Instrument für nationalsozialistische Kulturpolitik sein. Die *NS-Kulturgemeinde* entstand 1934 aus dem *Kampfbund für Deutsche Kultur* und der am 21. März 1933 gegründeten *Deutschen Bühne*, der einzigen von der NSDAP zugelassenen Theaterbesucherorganisation. Das amtliche Organ der *NS-Kulturgemeinde* für bildende Kunst war: *Die Völkische Kunst.*

Der einheitliche Geschmack

Dr. Rudolf Ramlow: *Der deutsche Stil des 20. Jahrhunderts* in: *Bausteine zum deutschen Nationaltheater*, Organ der NS-Kulturgemeinde, Herausgeber Dr. Walter Stang, 1935, Heft 4, S. 98–99.

Rudolf Ramlow, geb. 1908, Dr. jur., Schriftleiter; Herausgeber von: *Erzähler unserer Zeit*, 1934; *Und jetzt ist Feierabend – Handbuch der Freizeitgestaltung*, 1937.

Das deutlichste Merkmal für den kulturellen Verfall der durch den Nationalsozialismus überwundenen Epoche ist das restlose Fehlen eines einheitlichen Geschmacks, eines kulturellen Stils, der sich in den Denkmälern ihres künstlerischen Schaffens als einheitliches Merkmal ihres Geistes ausprägt. Eine Zeit, in der die Geschichte des Volkes nicht von einer Weltanschauung, sondern von dem zersetzenden Kampf einer Unzahl von Scheinanschauungen bestimmt war, hinterließ der Nachwelt kein ehrendes Zeugnis ihrer Taten.

Der Nationalsozialismus führt endlich wieder die Nation in einer einheitlichen Weltanschauung zusammen und vorwärts. Wird es ihm gelingen, seinen eigenen Stil zu schaffen? Werden die Kunstwerke des Deutschtums im 20. Jahrhundert den zukünftigen Geschlechtern beredte Rechenschaft über unsere Arbeit und unsere Weltanschauung geben können? Wird unseren Nachfahren der Stil des Nationalsozialismus ein so klar umrissener Begriff sein, wie uns die Gotik und die Renaissance?

Wir Nationalsozialisten der Gegenwart beantworten diese Frage mit einem überzeugten Ja.

Dabei wissen wir wohl, daß der Weg zur nationalsozialistischen Kunst, d. h. zum deutschen Stil des 20. Jahrhunderts, in Kunst und Kultur, noch weit ist. Eine organisatorische und machtpolitische Umgestaltung läßt sich in 2 Jahren durchführen. Die Umformung der Seele eines Volkes oder richtiger gesagt, die Wiedererweckung der gemeinsamen Volksseele, braucht Jahrzehnte – oder Jahrhunderte.

Aber der Nationalsozialismus legt die Hände nicht wartend in den Schoß. Eine Entwicklung, die, das wissen wir, von der Natur vorgeschrieben ist und kommen muß, kann von uns vorausgesehen und planvoll gefördert werden. Der Weg zum Wiedererstehen einer deutschen Volkskultur, eines deutschen Stiles, führt nicht nur über das neue Schaffen junger im Volke wurzelnder Künstler, sondern führt zuerst über den Willen des Volkes selbst zur Kunst. Wie die Bewegung dem Volke eine neue politische und soziale Gesinnung gegeben hat, so muß sie ihm eine neue bejahende Einstellung zu Kunst und Kultur, eine Kulturgesinnung, wiedergeben.

In den Dienst dieser gewaltigen Erziehungsaufgabe hat sich unter der Führung Alfred Rosenbergs, des Beauftragten des Führers, die National-Sozialistische Kulturgemeinde gestellt. In langwieriger und zäher Aufbauarbeit hat sie um ihr Zeichen, das Hakenkreuz mit dem Tempel der deutschen Kunst in der Mitte, bis Ende 1934 eineinhalb Millionen Volksgenossen gesammelt. Diese Gemeinde, die von Tag zu Tag wächst, ist der sichere Boden, auf dem die schaffenden Künstler unserer Zeit aufbauen können.

Der Auftrag der National-Sozialistischen Kulturgemeinde bedeutet aber nicht nur die intensive Arbeit an einem festen Stamm der Kulturwilligen, sondern verlangt die kulturelle Erziehung und Erfassung des gesamten Volkes. Deshalb sind zwischen der NS-Kulturgemeinde und den großen tragenden Organisationen des Staates und der Bewegung, angefangen von der Reichswehr bis zu den großen Berufsgemeinschaften, wie dem NS-Juristenbund, dem NS-Ärztebund usw., Verträge über die Zusammenarbeit an der volkskulturellen Erziehung der von diesen Verbänden erfaßten Volksgenossen geschlossen worden. Damit hat die NS-Kulturgemeinde die Führung des ganzen deutschen Volkes auf dem Wege zur erneuerten Volkskultur, zum deutschen Stil des 20. Jahrhunderts, übernommen.

Die im Juni des Jahres in Düsseldorf stattfindende Reichstagung der NS-Kulturgemeinde wird in weitgespanntem Rahmen über das Tagungsprogramm einer anderthalb Millionen zählenden Organisation hinaus einen Querschnitt durch das jüngste deutsche Kulturschaffen geben. In einer Veranstaltungsreihe von einer Woche werden Uraufführungen aus allen Gebieten künstlerischen Schaffens vor Deutschland und der Welt Zeugnis von dem Kulturwillen der Bewegung ablegen. So stehen auf dem vorläufigen Programm der Tagung, das in einer Pressebesprechung in Düsseldorf kürzlich bekanntgegeben wurde, Uraufführungen einer Oper, eines Schauspiels, eines Marionettenspiels, mehrerer Orchester- und Kammermusikwerke, einer neuen Sommernachtstraum-Musik, zweier Chorwerke, ein Nachmittag mit Dichtervorlesungen, eine *Kunstausstellung* und eine *Kunsthandwerksschau.*

Der 6. bis 12. Juni 1935 werden einen Markstein in der Geschichte der deutschen Kultur bedeuten. Die Werke gegenwärtigen deutschen Kunstschaffens, die dort in einer einzigartig umfassenden Zusammenstellung dargeboten werden, können nur zum Teil alle Erwartungen erfüllen, die der Nationalsozialismus an die Kunst seines Volkes stellt. Aber, wie der Amtsleiter der NS-Kulturgemeinde, Dr. Walter Stang, kürzlich bei der Eröffnung einer Ausstellung sagte: «Manches von dem, was hier zu sehen ist, wird man vielleicht in Zukunft als deutschen Stil des 20. Jahrhunderts bezeichnen.»

Hitlers Erlaß

Erlaß des Führers und Reichskanzlers über Stiftung eines Deutschen Nationalpreises für Kunst und Wissenschaft vom 30. 1. 1937, *RGBl.* 1937, I, S. 305.

Um für alle Zukunft beschämenden Vorgängen[1] vorzubeugen, verfüge ich mit dem heutigen Tage die Stiftung eines Deutschen Nationalpreises für Kunst und Wissenschaft.

Dieser Nationalpreis wird jährlich an drei verdiente Deutsche in der Höhe von je 100 000 Reichsmark zur Verteilung gelangen.

Die Annahme des Nobelpreises wird damit für alle Zukunft Deutschen untersagt.

Die Ausführungsbestimmungen wird der Reichsminister für Volksaufklärung und Propaganda erlassen.

Hitler entscheidet über die Verleihung

Ausführungsbestimmungen des Reichsministeriums für Volksaufklärung und Propaganda zum Führererlaß über die Stiftung eines Deutschen Nationalpreises für Kunst und Wissenschaft vom 10. 3. 1937, *RGBl.* 1937, I, S. 306.

Auf Grund des Erlasses des Führers und Reichskanzlers vom 30. Januar 1937 (RGBl. I, S. 305) über die Stiftung eines Deutschen Nationalpreises für Kunst und Wissenschaft bestimme ich:

§ 1

(1) Die Verleihung des Deutschen Nationalpreises für Kunst und Wissenschaft geschieht in einem feierlichen Akt, der alljährlich auf dem Reichsparteitag der NSDAP stattfindet.

(2) Die Durchführung dieses Aktes obliegt dem Reichsminister für Volksaufklärung und Propaganda und Reichspropagandaleiter der NSDAP im Einvernehmen mit dem Reichsorganisationsleiter.

1 «Beschämende Vorgänge» bezog sich auf die Verleihung des Friedensnobelpreises 1935 an den im KZ gefangengehaltenen Publizisten und Pazifisten Carl von Ossietzky, der 1938 an den Folgen der Haft starb; ausführlicher in: *Literatur und Dichtung im Dritten Reich* (Ullstein Buch 33029).

§ 2

(1) Die Vorschläge für die Verleihung des Deutschen Nationalpreises für Kunst und Wissenschaft werden auf dem Gebiet der Kunst von den Präsidenten der Einzelkammern innerhalb der Reichskulturkammer und auf dem Gebiet der Wissenschaft vom Reichs- und Preußischen Minister für Wissenschaft, Erziehung und Volksbildung gemacht.

(2) Unabhängig davon sind für beide Gebiete vorschlagsberechtigt:
Der Bauftragte des Führers für die gesamte geistige und weltanschauliche Erziehung in der NSDAP,
der Reichsorganisationsleiter,
der Reichsjugendführer,
der Reichsführer der SS,
der Stabschef der SA,
der Chef der Kanzlei des Führers,
der Reichsarbeitsführer,
der Leiter des Hauptamtes für Technik der NSDAP.

§ 3

(1) Die Vorschläge werden vom Reichsminister für Volksaufklärung und Propaganda dem Führer und Reichskanzler eingereicht. Dieser entscheidet über die Verteilung.

(2) Die Einreichung der Vorschläge an den Reichsminister für Volksaufklärung und Propaganda soll bis zum 1. Juni und die Vorlage an den Führer und Reichskanzler bis zum 1. Juli eines jeden Jahres erfolgen.

§ 4

Zugleich mit dem Geldpreise wird ein tragbares goldenes Ehrenzeichen sowie eine Urkunde ausgehändigt.

Der Deutsche Nationalpreis für Kunst und Wissenschaft ist im Haushalt des Reichsministeriums für Volksaufklärung und Propaganda zu veranschlagen.

Weitere Anordnung

Anordnung des Reichsministers für Volksaufklärung und Propaganda über die Verleihung von Kunstpreisen vom 26. 1. 1939 in: *Amtliche Mitteilungen der Reichsmusikkammer* vom 15. 2. 1939.

Um die Wahrung einer einheitlichen Linie bei der Verleihung von Kunstpreisen aus öffentlicher Hand zu gewährleisten, habe ich durch mein an die Reichsstatthalter und die Landesregierungen gerichtetes Schreiben vom 24. August 1937 – I B 1375/24. 7. 37 – angeordnet, daß die Verleihung von Kunstpreisen aus öffentlicher Hand meiner Zustimmung bedarf. Auf Grund der inzwischen angestellten Erhebungen bestimme ich zur Durchführung dieser Anordnung folgendes:

1. Meine Zustimmung ist erforderlich für die Verleihung aller Kunstpreise in Höhe von 2000 RM und darüber, gleichgültig, ob es sich um

einmalige oder wiederkehrende Verleihungen handelt. Zu den Kunstpreisen rechnen nicht Ausschreibungen zur Ermittlung bestimmter einmaliger Bestleistungen, z. B. für städtebauliche Zwecke.
2. Die in Aussicht genommenen Preisträger sind mir wenigstens vier Wochen vor der Verleihung zu benennen.
3. Soweit die Auswahl der Preisträger einem bestimmten Gremium übertragen ist, hat der Leiter des zuständigen Reichspropagandaamtes ihm anzugehören.
4. Meine Regelung erstreckt sich nicht auf Preise, die im Rahmen einer Lehranstalt an Angehörige derselben zur Verleihung gelangen.

Der Dietrich-Eckart-Kulturpreis

Dietrich Eckart, Schriftsteller; durch Übersetzung von Ibsens *Peer Gynt* kam er aufs «Nordisch-Völkische»; Gründer des antisemitischen Blattes: *Auf gut Deutsch*; 1. Redakteur des *Völkischen Beobachters*; in ihm schrieb er schon am 11. 8. 1921: «In Fetzen die geile Satansbibel, das Alte Testament»; am Hitler-Putsch vom 9. 11. 1923 in München beteiligt und verhaftet; kurz vor Weihnachten 1923 als Schwerkranker entlassen, starb er am 23. 12. 1923; in NS-Veröffentlichungen figuriert er deshalb als «Dichter und Märtyrer»; Hitlers *Mein Kampf* endet mit der Widmung an Dietrich Eckart; 1943 bekam der Graphiker Bruno Karberg den Dietrich-Eckart-Preis; im allgemeinen erhielten ihn sonst Schriftsteller.

Satzung
des Dietrich Eckart-Kulturpreises der Hansestadt Hamburg

Für die Verleihung des am 26. Juli 1933 gestifteten Dietrich Eckart-Preises treffe ich die nachstehenden Bestimmungen:

Artikel 1
Der Preis wird alle zwei Jahre zum 1. Mai, dem Nationalen Feiertag des Deutschen Volkes, verliehen. Er beträgt 10 000 RM.

Artikel 2
Als Preisträger kommen solche Volksgenossen in Frage, deren Leistungen – sei es auf dem Gebiet des Schrifttums, der Musik, der Architektur, der Malerei, der bildenden Kunst oder der Wissenschaft – der Idee wahrer nationalsozialistischer Volksgemeinschaft in beispielhafter Art zu dienen geeignet ist.

Der Preis kann auch an im Auslande lebende Volksdeutsche verliehen werden.

Artikel 3
Der Preis kann entweder ungeteilt oder zu zwei gleichen oder zwei un-

gleichen Teilen verliehen werden. Der Preis darf einer Person nur einmal verliehen werden.

Artikel 4
Über die Verleihung des Preises entscheide ich auf Vorschlag eines von mir berufenen Vertrauensmännerkollegiums. Ich bestimme den Vorsitzenden, den stellvertretenden Vorsitzenden und den Obmann des Vertrauensmännerkollegiums.

Die Mitglieder des Vertrauensmännerkollegiums üben ihre Tätigkeit ehrenamtlich aus. Auslagen erhalten sie in einer Pauschalsumme ersetzt, deren Höhe von mir jeweilig bei Berufung der Vertrauensmänner festgesetzt wird. Die Vertrauensmänner sind selbst von der Verleihung des Preises ausgeschlossen. Sie sind zur Verschwiegenheit über ihre Vorschläge verpflichtet.

Artikel 5
Die Vertrauensmänner machen mir bis zum 1. März jeden Jahres, in welchem der Preis verliehen wird, durch ihren Vorsitzenden ihre Vorschläge, die schriftlich mit Begründung einzureichen sind.

Artikel 6
Kommen die Vertrauensmänner zu keinem Vorschlage, so behalte ich mir vor, selbst einen oder zwei Preisträger zu bestimmen. Mache ich hiervon keinen Gebrauch, so wird die Preissumme der Verwaltung für Kunst- und Kulturangelegenheiten zur Verfügung gestellt zur Förderung kulturschaffender deutscher Volksgenossen.

Artikel 7
Die Verkündung der Preisverleihung erfolgt durch mich jeweilig am 1. Mai jeden zweiten Jahres in einer von mir bestimmten Form.

Hamburg, den 10. Juni 1942 — Der Reichsstatthalter in Hamburg
gez. Karl Kaufmann [1]

Göring- und Rosenberg-Preise

Hermann Göring, 1893–1946 durch Selbstmord im Nürnberger Kriegsverbrechergefängnis; 1922 Oberster SA-Führer; 1923 am Hitler-Putsch beteiligt; 1932 Reichstagspräsident; 1933 Mitglied der Reichsregierung, Ministerpräsident und Innenminister von Preußen; 1940 Reichsmarschall; 1941 beauftragte er den Chef der Sicherheitspolizei und des SD, SS-Gruppenführer Reinhard Hey-

1 Karl Kaufmann, * 1900; ab 1921 Mitglied der NSDAP; Mitbegründer der NSDAP im Ruhrgebiet; Gauleiter der NSDAP in Hamburg.

drich, «alle erforderlichen Vorbereitungen in organisatorischer, sachlicher und materieller Hinsicht zu treffen für die Gesamtlösung der Judenfrage im deutschen Einflußgebiet in Europa» (Dokument NG – 2586), womit die «Endlösung der Judenfrage» amtlich eingeleitet wurde. Siehe Abb. 5.

An den
Herrn Präsidenten
der Reichsschrifttumskammer
Berlin-Charlottenburg 2
Hardenbergstr. 6

Büro des Reichsstatthalters
in Sachsen
Dresden-A. 1, am 10. August 1942
Postschließfach 78
Fernspr. 24 371
A 131/5:12
zu II A – kö.

Betr.: Ihr Schreiben v. 21. 7. 1942 – Hermann-Göring-Preis
Auf Vorschlag des Sächsischen Kunstvereins zu Dresden hat der Herr Reichsstatthalter – erstmalig in diesem Jahre – aus Mitteln dieses Vereins und des Sächsischen Ministeriums für Volksbildung zur Ehrung und Förderung der bildenden Kunst in Sachsen zwei Preise von je 5000 RM gestiftet.

Die Preise tragen die Namen «Hermann-Göring-Preis» und «Alfred-Rosenberg-Preis».

Der Hermann-Göring-Preis wird demjenigen bildenden Künstler zuerkannt, der im Jahresablauf in besonders hervorragender Weise die Wehrkraft und die Wehrmacht des Großdeutschen Reiches zur Darstellung brachte.

Der Alfred-Rosenberg-Preis wird an einen Künstler vergeben, der in vollendeter künstlerischer Form der nationalsozialistischen Weltanschauung bildhaften Ausdruck gab.

Die Vergebung der Preise soll jährlich am Geburtstage des Reichsmarschalls und des Reichsleiters (12. Januar) erfolgen.

Gemäß der Stiftungsbestimmungen können die Preise nur an bildende Künstler, nicht aber auch an Schriftsteller verliehen werden.

Heil Hitler
Unterschrift

Kunstkritik

Grundsätzliches

Hannes Kremer: *Kulturkritik und Weltanschauung* in: *Die Völkische Kunst,* 1935, Heft 1, S. 1–2, gekürzt.

Im gleichen Jahr erschien ein Buch Heinrich Guthmanns: *Zweierlei Kunst in Deutschland,* das dieses Problem der «entarteten» Kunstkritik ausführlich behandelte.

Hannes Kremer war Amtsleiter der Reichspropagandaleitung der NSDAP, Autor von: *Gottes Rune,* 1938, und: *Du, mein Volk. Politische Bekenntnisdichtung,* 1940, u. a. m.

Die nationalsozialistische Weltanschauung begründet sich aus der Erkenntnis und Unterscheidung dessen, was die Vergangenheit an Leistungen und Fehlern offenbart. Wir beziehen den Wert oder den Schaden der geschichtlichen Dinge auf den Nutzen oder den Nachteil, den sie der Erhaltung und Entfaltung des als höchstwertig erkannten nordisch-deutschen Blutes gebracht haben.

Damit ergibt sich für jedes Lebensgebiet und jede Lebenstätigkeit ein eindeutiges Kriterium. Auch die Kunst kann und darf nur von der kulturellen Gesamtidee dieser Weltanschauung her bewertet werden.

So müssen wir die Kritik unserer Kunst und die künstlerische Erziehung endlich umformen. Es ist im Grunde dieser Überlegung unwichtig, welchen künstlerischen Mitteln und welchen Gegenständlichkeiten der Künstler sich widmet. Wesentlich ist, ob er einer wertvollen geistigen Tendenz damit den Weg in die Wirklichkeit vermittelt. Denn Tendenz ist in jedem künstlerischen Werke; die Tendenz, den Sinn der Erscheinungen, wie er und von welcher sittlichen Grundhaltung her er begriffen oder nicht begriffen wurde, anschaulich zu machen. Wir haben zwei Tendenzen im wesentlichen zu überwinden: die eine ist die, welche den Begriff der Persönlichkeit durch einen unorganischen individualistischen Freiheitsbegriff gefälscht hat, die andere ist die, welche in Konsequenz dieser individualistischen Grundhaltung die Persönlichkeit überhaupt beseitigen wollte. Das, was Bürgerlichkeit, Marxismus und Bolschewismus im Politischen anstrebten, ist auch doktrinär in das künstlerische Wesen eingeschlichen. Die Kollwitz verfügt über ein artistisch großes Können und vermag aus ihm doch nicht mehr zu machen als ein weltschmerzliches Schreien ohne Kraft zur rüstigen Befreiung. Wenn man auch guten Glauben zubilligt, so geben 400 tote SA-Männer, die das Opfer solcher Menschheitsappelle im letzten Sinne werden mußten, und der Kampf und die Frucht des Sieges der Freiheitsbewegung mehr als ein Recht zur Ablehnung einer dort offenbarten nihilistischen Haltung.

Dieses Kriterium der Haltung aber, das an vielerlei Beispielen deutlich zu werden vermag, ist das Kriterium für Sein oder Nichtsein unserer gesamten künftigen Existenz, Kultur und Kunst.

Es ist bei weitem noch nicht klar erkannt und wird überall dort abgetan, wo es einen Tadel auf das eigene Wesen zurückwerfen mußte. Aber aufzuhalten ist es nicht. Die totale kämpferische Tendenz des Nationalsozialismus wird das alles überwinden und ebenso zur künstlerischen Entfaltung kommen, wie die gotische Tendenz zu einer totalen Entfaltung kam. Damit ist nicht gesagt, daß der Nationalsozialismus künstlich mit der Gotik identifiziert wäre, als vielmehr, daß immer dann, wenn das öffentliche Leben, wenn ein Volk von einer totalen Tendenz, von einer Glaubenseinheitlichkeit umspannt wird, auch die Kunst zu einer umfassenden Entfaltung und entsprechenden Inhaltlichkeit gelangen muß.

Wenn der Nationalsozialismus erlebt wird als mehr denn eine staatspolitische Technik und Zweckmäßigkeit, als Weltanschauung, so folgen auch Wertmaßstäbe der Kunst, die über Vergangenes hinausreichen und zu einer ganz anderen, umfassenden Kunstidee führen.

Das Erlebnis der Weltanschauung allein schafft die Voraussetzung und Befähigung zu einer neuen Kulturkritik und einer neuen Kulturgestaltung. Daraus folgen die Aufgaben der Erziehung zur Kunst und zu ihrer Kritik folgerichtig.

Kunstkritik gesetzlich verankert

Anordnung des Reichsministers für Volksaufklärung und Propaganda über Kunstkritik vom 27. 11. 1936 in: *Völkischer Beobachter* vom 28. 11. 1936.

Die Kunstkritik ist im Rahmen der Neuformung des deutschen Kulturlebens eine der Fragen, deren Lösung am dringlichsten, aber auch am schwierigsten ist. Ich habe seit der Machtergreifung der deutschen Kunstkritik 4 Jahre Zeit gelassen, sich nach nationalsozialistischen Grundsätzen auszurichten. Die wachsende Zahl der Beschwerden über die Kunstkritik sowohl aus den Reihen der Kunstschaffenden selbst als auch aus allen anderen Teilen der Bevölkerung gaben mir vor einem Jahre Veranlassung, eine Kritikertagung einzuberufen. Ich habe auf dieser Kritikertagung den deutschen Kritikern Gelegenheit gegeben, sich mit den namhaftesten Vertretern des deutschen Kunstschaffens ausführlich über das Problem der Kunstkritik auszusprechen, und abschließend selbst meine

Auffassungen zur Kunstkritik noch einmal unmißverständlich dargelegt. Ich habe ferner die «Nachtkritik» verboten.

Da auch das Jahr 1936 keine befriedigende Besserung der Kunstkritik gebracht hat, untersage ich mit dem heutigen Tage endgültig die Weiterführung der Kunstkritik in der bisherigen Form.

An die Stelle der bisherigen Kunstkritik, die in völliger Verdrehung des Begriffes «Kritik» in der Zeit jüdischer Kunstüberfremdung zum Kunstrichtertum gemacht worden war, wird ab heute der Kunstbericht gestellt; an die Stelle des Kritikers tritt der Kunstschriftleiter. Der Kunstbericht soll weniger Wertung, als vielmehr Darstellung und damit Würdigung sein. Er soll dem Publikum die Möglichkeit geben, sich selbst ein Urteil zu bilden, ihm Ansporn sein, aus seiner eigenen Einstellung und Empfindung sich über künstlerische Leistungen eine Meinung zu bilden.

Wenn ich eine derartig einschneidende Maßnahme treffe, dann gehe ich dabei von dem Gesichtspunkt aus, daß nur der kritisieren darf, der auf dem Gebiet, auf dem er kritisiert, wirkliches Verständnis besitzt. Wer selbst schöpferisch begabt ist, wird sich weniger mit Kritik beschäftigen, als vielmehr den Drang nach eigener schöpferischer Leistung haben. Ich erinnere dabei daran, daß die großen Kritiker des vorigen Jahrhunderts, Lessing, Kleist, Tieck, Brentano, Fontane, Gustav Freytag und viele andere mehr, schon große schöpferische Leistungen vollbracht hatten, ehe sie Kritiken schrieben. Die Form, in der sich diese mit der Kunstkritik beschäftigten, ist auch für unsere Zeit noch vorbildlich. Die großen Kritiker des vorigen Jahrhunderts wollten nur Diener am Kunstwerk sein. Sie gaben Rechenschaft mit der Achtung und der Ehrfurcht vor der Leistung des anderen, aber sie warfen sich nicht zum unfehlbaren Richter über fremde Leistung auf. Dies blieb den jüdischen Literaten Heinrich Heine bis Kerr überlassen, auf die die bisher noch übliche Form der Kunstkritik zum Teil zurückgeht.

Der künftige Kunstbericht setzt die Achtung vor dem künstlerischen Schaffen und der schöpferischen Leistung voraus. Er verlangt Bildung, Takt, anständige Gesinnung und Respekt vor dem künstlerischen Wollen. Nur Schriftleiter werden in Zukunft Kunstleistungen besprechen können, die mit der Lauterkeit des Herzens und der Gesinnung des Nationalsozialisten sich dieser Aufgabe unterziehen. Es ist daher auch mit Recht immer wieder verlangt worden, daß der Kunstbericht nicht anonym erfolgen darf.

Ich ordne daher an:

In Zukunft ist jede Kunstbesprechung mit vollem Namen des Verfassers zu zeichnen. Das Amt des Kunstschriftleiters wird in der Berufsliste der deutschen Presse an eine besondere Genehmigung geknüpft sein, die wiederum abhängig ist von dem Nachweis einer wirklich ausreichenden Vorbildung auf dem Kunstgebiet, auf dem der betreffende Schriftsteller künftig tätig sein will. Da Beschäftigung mit künstlerischen Leistungen eine gewisse Lebenserfahrung und Lebensreife bedingt, müssen Kunstschriftleiter mindestens 30 Jahre alt sein, ehe sie für diesen Tätigkeitszweig der deutschen Presse zugelassen werden können.

Kunstbericht statt Kunstkritik

Rudolf Kircher in: *Frankfurter Zeitung* vom 29. 11. 1936.

«Da auch das Jahr 1936 keine befriedigende Besserung der Kunstkritik gebracht hat, untersage ich mit dem heutigen Tage endgültig die Weiterführung der Kunstkritik in der bisherigen Form.» Dieser Satz, den wir aus dem soeben bekannt gewordenen Erlaß des Reichsministers für Volksaufklärung und Propaganda zitieren, würde für sich allein genügt haben, der gemeinsamen Jahrestagung der Reichskulturkammer und der Deutschen Arbeitsfront eine einzigartige Bedeutung zu geben. In sich selbst schon ist die Tagung, die in einen leuchtenden künstlerischen Rahmen gestellt ist, ein aus der Fülle der Ereignisse hervorragendes Geschehen. Gerade in der Gemeinsamkeit, zu der die Kunstschaffenden und die Kunstgenießenden bei dieser Tagung zusammengeschlossen sind, liegt die programmatische Bedeutung. Zielsetzung dabei ist die Verwirklichung weiterer grundlegender Gedanken des Nationalsozialismus. Die Abschaffung des Kunstkritikers und seine Ersetzung durch den Kunstschriftleiter ist – am großen Gesamtbild des Staates und seiner Weltanschauung gemessen – nur ein Einzelstück, aber sie bedeutet eine Entscheidung, die an einer sehr wichtigen Stelle eingreift. Sie ist Einzelstück und Symptom zugleich. Wir dürfen an folgenden Satz aus unserem Bericht über einen Besuch in der Ordensburg Vogelsang erinnern: «Der Nationalsozialismus hat eine neue Etappe erreicht – stark und fest im Innern wie nach außen will und wird die NSDAP sich mit verdoppelter Entschlossenheit der Fortführung ihrer programmatisch festgelegten Arbeit hingeben.» Dies wird in allen Gebieten des deutschen Lebens spürbar werden. Heute heißt das Stichwort: Kunstbericht statt Kunstkritik.

Die Entscheidung des Reichsministers Dr. Goebbels hat eine lange Vorgeschichte. Sie erstreckt sich auf weit über 100 Jahre. Im Guten, im weniger Guten, im Schlechten und im Miserablen. Goethe muß seinen Grund gehabt haben als er schrieb: «Schlagt ihn tot, den Hund, er ist ein Rezensent.» Man kann das ernst sagen, aber auch ein wenig spöttisch. In diesem Zwielicht zog sich das Wort durch ein Jahrhundert. Als Problem wird sein Gegenstand auch in den kommenden Jahrhunderten bestehen bleiben. Kritisieren heißt Unterscheiden: Gutes vom Schlechten, Schönes vom Häßlichen. Kritik muß beim eigenen Ich beginnen –, das haben gerade die, welche in der Vergangenheit am meisten Staub aufzuwirbeln verstanden, am wenigsten begriffen. Ob Kritiker oder Kunstschriftleiter –, es ist der Ton, der die Musik macht, und dieser Ton muß aus der Seele eines Menschen kommen: eines erzogenen, von Einsicht geleiteten Menschen. Das Kritikerhandwerk wäre nicht in Verruf geraten – im Gebiet der künstlerischen Leistung ebenso wie im Gebiet der Politik –, wenn diese unverzichtbare Grundforderung stets erfüllt worden wäre. Reife des Lebens, Ehrfurcht vor dem künstlerischen Schaffen und Lauterkeit des Herzens haben den wahren und deshalb allein berufenen Kritikern nie gefehlt, mögen sie auch zuweilen Opfer ihrer schlechten Laune oder eines Fehlgriffs gewesen sein. Aber die Zahl derer, die diese Eigenschaft hatten und die obendrein über genügend Kenntnisse verfügten, war nie allzugroß. Nicht ohne Grund hat Richard Wagner mitten ins gute alte Nürnberg einen Beckmesser gestellt.

Außer jenen Eigenschaften, ohne die kein Kunstschriftsteller (überhaupt kein Mann der Feder) auskommen kann, wenn er nicht früher oder später zu einem öffentlichen Ärgernis werden will, fordert Dr. Goebbels von ihm «die Gesinnung des Nationalsozialisten». Dies fügt für die neue Zeit den Anforderungen an den Kunstbeschreibenden zwar etwas Selbstverständliches, aber zugleich etwas außerordentlich Wesentliches hinzu. Die Eintragung in die Berufsliste der Kunstschriftleiter wird demgemäß von einer besonderen Genehmigung abhängig gemacht werden, bei der, außer dem Lebensalter, bestimmte geistige und weltanschauliche Voraussetzungen entscheidend sein werden.

Die Rede des Ministers und auch sein Erlaß umschreiben bisher das neue Kulturamt der Kunstschriftleiter nur ganz allgemein. «Der Kunstbericht soll weniger Wertung als vielmehr Darstellung und damit Würdigung sein.» Man wird abzuwarten haben, ob darüber hinaus noch eingehendere Richtlinien gegeben und wie sie gehalten sein werden. Nach der negativen Seite ist die Abgrenzung jetzt schon ganz klar, nach der positiven stellt die bisherige Formulierung hohe Ansprüche an den Instinkt des einzelnen. Darin liegt für diesen eine Kraftquelle, aber zugleich auch eine Gefahr, denn wer sich aus Mangel an eigener innerer Kraft, nicht imstande fühlt, die Rolle zu erkennen und zu gestalten, die ihm zugewiesen wird, der wird leicht geneigt sein, sie kleiner zu sehen als sie gemeint ist: er wird hinhorchen wollen nach einem autoritativen Wort – und wird es vielleicht ganz mißverstehen. Mancher mag dabei Gefahr laufen, Kunstbeschreibung mit Schönfärberei zu verwechseln. Dies umso mehr, wenn er der Aufgabe nicht gewachsen ist, sich sinnvoll in den Dienst einer bewußten Kulturpolitik zu stellen, die – das ergab unter anderem die grundsätzliche kulturpolitische Rede des Führers und Reichskanzlers auf dem diesjährigen Parteitag, auf die in unserer Zeitung deshalb mit besonderem Nachdruck hingewiesen wurde – als ein entscheidender Teil der Arbeit des Nationalsozialismus am Staat und im Staat gedacht ist. Verfehlte der Kunstschriftleiter seine ebenso hohe wie schwierige Aufgabe, so wäre der Leidtragende nicht zuletzt der Kunstschaffende selbst –, denn alles menschliche Denken und Wirken wird letzten Endes bestimmt durch jene Zwiegespräche, die jeder von uns mit anderen, oder auf Grund der Meinung eines anderen mit sich selbst führt. Zu einem Menschen sprechen, ihm Resonanz geben, hätte freilich niemals heißen dürfen: ihn beleidigen. Nicht jeder eignet sich zu einem Gespräch.

Das gesunde Empfinden wurde zerstört

Hitler in seiner Rede bei der Einweihung des Hauses der Deutschen Kunst am 18. 7. 1937, in: *Mitteilungsblatt der Reichskammer für die bildenden Künste*, 1. 8. 1937, S. 2. Siehe Abb. 17.

Das Judentum verstand es besonders unter Ausnützung seiner Stellung in der Presse, mit Hilfe der sogenannten Kunstkritik nicht nur die natürlichen Auffassungen über das Wesen und die Aufgaben der Kunst sowie deren Zweck allmählich zu verwirren, sondern überhaupt das allgemeine gesunde Empfinden auf diesem Gebiete zu zerstören. An Stelle des normalen Menschenverstandes und Instinkts traten bestimmte Schlagworte, die dank ihrer dauernden Wiederholung langsam doch einen großen Teil der sich mit Kunstdingen beschäftigenden oder die Kunstaufgaben beurteilenden Menschen entweder unsicher machten oder zumindest so einschüchterten, daß es diese dann nicht mehr wagten, gegen den dauernden Strom solcher Phrasenflüsse ernstlich und offen anzukämpfen. Indem man die Kunst einerseits nur als ein internationales Gemeinschaftserlebnis ausgab und damit überhaupt jedes Verständnis für ihre Volksverbundenheit tötete, verband man sie dafür desto mehr mit der Zeit, das heißt also: es gab nun gar keine Kunst der Völker oder besser der Rassen mehr, sondern nur jeweils eine Kunst der Zeiten.

«Die Ausführungen des Führers»

Dr. Hans Severus Ziegler: *Wende und Weg*, Rede, Weimar 1937, S. 16–19, gekürzt.

Hans Severus Ziegler, * 1893; gründete 1924 die Wochenzeitung: *Der Völkische*, später: *Der Nationalsozialist*; 1925–31 stellvertretender Gauleiter von Thüringen; 1937 Organisator der Ausstellung *Entartete Musik*, war aber kein Musiker; ausführlich über seine Tätigkeit in: *Musik im Dritten Reich* (Ullstein Buch 33032) und *Theater und Film im Dritten Reich* (Ullstein Buch 33031).

Es ist Ihnen, meine Parteigenossen, sicherlich nicht entgangen, daß der Führer schon mehrfach außerordentlich gewichtige, aber offenbar noch nicht von allen aufgenommene Ausführungen über das Thema Kritik und Kritiker gemacht hat. Ich erinnere an seine Hamburger Rede vor etwa drei Jahren und an seine Rede am Bückeberg zum Erntedanktage. Dort wie hier hat er prinzipiell wichtige Thesen aufgestellt, die er auch vor einigen Wochen, allerdings in einem geschlossenen Kreis zu ihm geladener Hauptschriftleiter, in der Reichskanzlei ausführlicher wiederholt hat.

Da wir Nationalsozialisten jedes Urteil des Führers als ein autoritatives Urteil anschauen und für uns alle zur verbindlichen Richtlinie machen (weil es vom Genie kommt), beginnen wir in der Betrachtung des heutigen Themas mit dem vom Führer mehrfach geäußerten Wort, daß es Kritik als Berufszweig nicht mehr geben mag.

Wenn man das Wort «Kritik muß sein» gelten läßt, so kann es doch nur in dem einen Sinne verstanden werden, daß eine Arbeit des Fachmanns zunächst Selbstkritik voraussetzt und dann auch korrigierende und verbessernde Einflüsse von seiten bestimmter Fachkreise benötigt. Das gilt für den Ingenieur so gut wie für den Erfinder und den Wissenschaftler und das gilt ebenso für den schöpferischen wie für den nachschöpferischen Künstler.

Die kritische Beurteilung eines Kunstwerks würde ein ungeheures Maß von letztem Einfühlungsvermögen zur Voraussetzung haben. Der kritische Beurteiler müßte eigentlich nachfühlen können: erstens die Vision und Inspiration des Künstlers (des Dichters oder Tondichters oder bildenden Künstlers), weiterhin den ganzen Gefühlsprozeß, nachspürend und nachtastend, mit durchmachen, die vom Augenblick der Inspiration über die Konzeption und Formgestaltung das Kunstwerk durchlaufen hat. Jedes Kunstwerk wendet sich zuerst an das Gefühl, dann erst an den Verstand. Das Herz soll bewegt werden und das Blut, und dann erst setzt die gedankliche Arbeit, das Nachdenken über das Problem ein, das der Dramatiker hat darstellen wollen. Diese ungeheure Aufnahmefähigkeit des Gefühls und eine ästhetische Urteilskraft sind überhaupt nur ganz wenigen schöpferisch-kritischen Spezialtalenten gegeben gewesen.

Der Führer und Reichskanzler hat einmal in seiner von uns allen immer wieder zu bewundernden tiefen Bescheidenheit ausgeführt, daß er doch glaube, von Architektur einiges zu verstehen, daß er sich aber wohl hüte, über die bei ihm eingehenden vielen hundert baulichen und Denkmals-Entwürfe gutachtliche Urteile zu fällen. Eines Tages liege da wieder ein baulicher Entwurf aus der Fülle der Entwürfe der modernen Baumeister auf seinem Tisch. Obwohl er von seinem besonderen Blick für das Wesentliche solcher Entwürfe überzeugt sei, habe er dennoch nicht die Kühnheit, über den Künstler, der dahinter stehe und dessen Gesamtschaffen er noch nicht kenne, ein Urteil zu fällen. Diesen Ausführungen des Führers gegenüber prüfe jeder seine eigene Einstellung zu den Dingen des künstlerischen Lebens und er kann nur als deutscher Mensch germanischer Rasse zu dem gleichen Standpunkt wie der Führer gelangen: zu dem der Zurückhaltung und tiefsten Bescheidenheit.

«Planmäßige Geistes- und Gefühlsschulung»

Dr. Walter Stang in: *Bausteine zum deutschen Nationaltheater*, 1934, Heft 7, Juli/August, S. 197–198.

Walter Stang war Leiter der NS-Kulturgemeinde und der Abteilung für Kunstpflege beim «Beauftragten des Führers für die gesamte geistige und weltanschauliche Erziehung».

Vor allem aber muß eine nationalsozialistische Kunstpflege aus ihrer Weltanschauung jene Wertmaßstäbe ableiten und herausstellen, die für das kulturelle, insbesondere das künstlerische Schaffen in der Zukunft allein gültig sein können. Deshalb muß sie ihr schärfstes Augenmerk zunächst der Kunstkritik zuwenden. Diese war genauso wie alle übrigen Funktionen unseres Kunstlebens durch die liberalistische und individualistische Denkweise des 19. Jahrhunderts in Negativismus und lächerliche subjektive Überheblichkeit entartet. Die richtig verstandene Kunstkritik aber ist – das hat uns Lessing bewiesen – die Wegbereiterin für die aufstrebende Entfaltung künstlerischen Lebens. Sie hat den Boden vorzuackern, das Unkraut auszujäten und die Richtmaße zu setzen, nach denen später die schöpferischen Geister ihr Schaffen einstellen und steigern. Während der schöpferische Geist immer eigenwillig und subjektiv bleiben wird und bleiben muß, um seine Kraft nicht zu lähmen, ist die Einflußnahme auf die Kunstkritik durch Schulung eines die lebendige Verbindung mit dem Herzen nicht verlierenden Kunstverstandes sehr viel leichter möglich, also auch eine weltanschauliche Schulung und Erziehung durch den Nationalsozialismus sehr wohl denkbar.

Wir wollen nicht übersehen, daß über die Fragen der Kunstgestaltung in den Reihen der nationalsozialistischen Bewegung heute noch reichlich viel Unklarheit herrscht, weil diese eben den Fragen der Kultur und der Kunst in den 14 Jahren des Kampfes so gut wie gar nicht nähertreten konnte. Umso notwendiger aber ist die Heranbildung einer aus nationalsozialistischen Fühlen und Denken sich ihre Maßstäbe ziehende, in sich selbst gefestigten Kunstkritik durch planmäßige Geistes- und Gefühlsschulung. Jene Unsicherheit des Urteils und des Geschmacks muß ehestens verschwinden, die heute in unserer Presse oft noch zu grotesken Widersprüchen und Fehlurteilen führt. Sie ist es vor allem, die den kulturellen Mächten des vergangenen Systems die Möglichkeit gibt, sich unter einer äußeren nationalsozialistischen Flagge immer wieder in die Bewegung einzuschleichen und hier neuerdings festzusetzen.

Kunstkritik – rassisch gesehen

Gerhard Köhler (Erfurt): *Kunstanschauung und Kunstkritik in der nationalsozialistischen Presse.* – Inaugural-Dissertation zur Erlangung der Doktorwürde der Philosophischen Fakultät (1. Sektion) der Ludwig-Maximilian-

Universität zu München, München 1937, S. 253–255, gekürzt. Referenten: Prof. Dr. Karl d'Ester und Geheimer Rat Prof. Dr. Walter Brecht.

Der bei Gelegenheit bereits behandelte rassische Vergleichsgegenstand bzw. Wertungskreis ist ebensooft wie die letztgenannten in der nationalsozialistischen Kunstkritik anzutreffen. Er dient immer zur Feststellung, inwieweit die rassische Bedingtheit des Künstlers und damit auch des Kunstwerks derjenigen des deutschen Volkes entspricht und ob das Kunstwerk für die Rassen dieses Volkes einen Wert oder Unwert darstellt.

Denn sie geht in allen ihren Bestandteilen einzig und allein auf die Bedeutung des Kunstgegenstandes für die Kultur der nordischen Rasse und der nordischen Seele, als deren Mythus und Sinnbild von der Liebe jener aufgefaßt wird, aber auch der gesamten arischen Menschheit ein. Durch die Art des so gewählten Kritikstoffes wird gleichzeitig auch die Anwendung bestimmter Maßstäbe für die Urteilsfällung festgelegt: Und das ist einmal der kulturphilosophische für den Vergleich des Kunstwerks mit den namhaft gemachten Kulturkreisen und zum anderen der kunstanschauliche, welcher hier mit dem rassischen Vergleichsgegenstand zusammen in Erscheinung tritt. Der Kritiker fällt dann mit Hilfe dieses letzteren ein Tatsachenurteil des Inhalts, daß das kritisierte Kunstwerk eine vornehmlich nordisch bestimmte Ausdrucksgestaltung sei und so eben nur von nordisch bedingten Menschen voll und ganz erfaßt werden konnte.

In den Kritiken Alfred Rosenbergs wird ebenfalls häufig der rassische Wertungskreis und Vergleichsgegenstand in Anwendung gebracht. Nämlich die Behandlung des Grundstoffes bzw. des Leitgedankens des vorliegenden Stückes innerhalb der Kulturgeschichte durch die kulturphilosophischen Ausdrucksgestaltungen einzelner Völker und Rassen.

Die mit der Benutzung des rassischen Vergleichsgegenstandes Hand in Hand gehende Feststellung, inwieweit die rassische Gebundenheit eines Künstlers oder seiner Werke derjenigen des deutschen Volkes entspricht, bezieht sich nur auf den begrenzten Vergleichsgegenstand, also auf das deutsche Volk allein. Dasselbe trifft auch für die entsprechenden Werturteile zu, welche sich nur auf den genau abgesteckten Wertungskreis, d. h. auf die im deutschen Volk vertretenen arischen Rassen erstrecken. Oder anders ausgedrückt: Wenn der Kritiker in einem solchen Urteil über die schöpferische Tätigkeit eines fremdrassigen Künstlers zu dem Ergebnis kommt, diese stelle in rassenmäßiger Hinsicht für das deutsche Volk einen Unwert dar, so braucht das für außerarische Rassen und ihnen angehörige Völkerschaften durchaus nicht zuzutreffen. Das zeigt z. B. eine Kritik des «Völkischen Beobachters»[1] über das Wirken

1 *Völkischer Beobachter* vom 27. 9. 1929: *Ein Genie ohne genialen Kopf.*

des jüdischen Malers Liebermann. Diesem wird an Hand des rassischen Wertungskreises bzw. Vergleichsgegenstandes seine Bedeutung als Kunstmaler für das deutsche Volk abgesprochen. Jedoch wird dann dieser rassenmäßig begrenzte Wirkungskreis durch den Zusatz: «aber in seiner rassischen Art ist er sicher ein guter Maler» noch genauer in seiner Wertungsweise festgelegt.

«Aus jüdischer, intellektuell überspitzter Kritik»

Dr. Emil Dovifat: *Zeitungslehre*, Berlin 1937, Bd. 2, S. 66–69, gekürzt.

Emil Dovifat war Professor der Zeitungswissenschaften in Berlin. Ähnliche Ausführungen siehe Fritz Dalichow: *Das deutsche Wesen in der deutschen Zeitung*, München 1940, S. 37 f.

In den großen Blütezeiten kulturellen Lebens war die Verbindung von Kunst und Volkstum so eng, war der Kunst selbst eine so hohe Bedeutung gegeben, daß die Vermittlung und Wertung nur im großen und weihevollen Stil des Kunstwerks selbst erfolgen konnte. Man denke an die oft fast sakrale Rolle der Kunst in der Glanzzeit Griechenlands oder an die in engster Verbindung mit der Kirche aus tiefem Gottesglauben gestaltete Kunst des hohen Mittelalters. An «Kunstkritik» im liberalen Sinne, d. h. an eine Wertung des großen Gemeinschaftswerkes Kunst aus kraß individuellen Maßstäben dachte damals niemand. Es hätten ja auch die publizistischen Mittel gefehlt, eine solche Kritik tatsächlich vor die breiteste Öffentlichkeit zu bringen. In der gelehrten und gebildeten Welt mochte es eine fachliche Beurteilung im engeren Sinne geben. Der breitesten Öffentlichkeit wurde sie nicht vermittelt. In allem blieb das Kunstwerk, sei es bildender oder darstellender Natur, der Gemeinschaft so eng verhaftet, daß nur aus ihr heraus die Wertung erfolgte.

Das wurde anders, seit sich das Kunstwerk von seiner Gemeinschaftsaufgabe mehr und mehr trennte und im Endpunkt dieser Entwicklung eine Kunstgattung entstand, die nur auf begrenzte Kreise von Besitz und Bildung abzielte, immer volksferner wurde, und schließlich, im Ausgang des 19. Jahrhunderts, ihre Bedeutung in sich selber suchte. (L'art pour l'art.) Entsprechend entstand eine nach gleichen, begrenzt-individuellen Gesetzen wertende Kritik, die wie die Bezeichnung «la critique» aus Frankreich stammt.

In Deutschland fand diese im wahrsten Sinne des Wortes «liberalistische Kritik» verwandte Geister in der durch Börne und Heine geschaffenen, aus jüdischer, intellektuell überspitzter, scharf subjektiver Haltung arbeitenden Kritik. Sie hat sich in Deutschland zunächst nicht durchgesetzt. Gustav Freytag schrieb seine Kritiken sachlich-gründlich, H. Th. Rötscher (Spenersche Zeitung) schuf in Berlin (ab 1845) die weitschweifige, gründliche, fast streng gelehrte Kritik, die bei Karl Frenzel

(National-Zeitung) zu reinen, mit Publikumsaugen gesehenen Referaten wurde.

Mit dem aufkommenden Naturalismus setzt dann die absolut subjektive, kraß individualisierende Kritik ein. Sie bleibt zwar nie ohne schärfste, entschlossene Gegenbewegungen in nationalen oder religiös bestimmten Gruppen Deutschlands, wird aber für die Epoche 1890 bis 1933 typisch. An damaligen Berliner, vornehmlich jüdischen Beispielen geschult, wird sie in vielen Zeitungen des Reiches nachgeahmt. Krassesten Ausdruck verlieh Siegfried Jacobson ihrem Wesen in dem Satz: «Es gibt keine Kritik, es gibt nur den Kritiker.» In stärkster Überspitzung macht Alfred Kerr sich selbst zum einzigen Maß jedes kritischen Urteils. «Für den Kritiker bleibt es im letzten Grunde beinahe gleichgültig, ob er von einem rühmenswerten oder schwachen Drama spricht. Das rühmenswerte wie das schwache sind ein Vorwand ... um zu sprechen; eine Lust, loszuwerden, eine Lust, zu zeugen; Forderungen zu stellen an Ulk und Schmerz und Schönheit dieser Erde mitzutun.» Das ist der absolute Selbstzweck der Kritik, die Verneigung ihrer Gemeinschaftsnatur. Diese Kritik hat, wie heute klar erkannt ist, das Aufwachsen eines volks- und lebensfremden Kunsttyps gefördert. Sie wäre für die große Öffentlichkeit belanglos gewesen, hätte sie nicht das Werden echter Volkskunst hintangehalten, indem sie Maßstäbe als berechtigt und führend anpries, die, volksgefährdend wie sie waren, es nie hätten sein dürfen.

Der Nationalsozialismus lehnte in seinem Kampf gegen den volksfremden Individualismus liberalistischer Geisteshaltung von vornherein die «Ich-Tyrannei des Kritikers» ab. An die Stelle des «Ichmaßstabs» der Kritik setzte er die Beziehung des Kunstwerkes zur Gemeinschaft als dessen einzigen Maßstab. Das ästhetische und erst recht das persönliche Urteil des Kritikers sollte danach ausgerichtet sein. Er sollte nicht sezieren und examinieren in einem unberufenen Richtertum, sondern deuten, fördern und vor allem «den Werdenden den Weg frei machen» (Goebbels), ihnen Mahner und Berater sein.

Beispiele der NS-Kunstkritik

Helmut Kallenbach: *Die Kulturpolitik der deutschen Tageszeitung im Kriege,* Leipziger Beiträge zur Erforschung der Publizistik; Herausgeber Prof. Dr. Hans A. Münster, Direktor des Instituts für Zeitungswissenschaft an der Universität Leipzig, Bd. 6, Dresden 1941, S. 69–70, gekürzt.

Einen Höhepunkt erreicht die Kunstbetrachtung[1] in den der Eröffnung der Großen Deutschen Kunstausstellung folgenden Wochen, wiewohl

1 Das Wort «Kunstbetrachtung» hat das «liberalistisch-jüdische» Wort «Kunstkritik» ersetzt.

die großen deutschen Zeitungen diesen Zweig der Kritik auch sonst regelmäßig pflegen. Die Kunstausstellung, «einer der stärksten Beweise für die innere Sicherheit und Siegesgewißheit», bezeichnet der «Völkische Beobachter» [1] als eine «Demonstration des schöpferischen Lebenswillens des deutschen Volkes», «weil die Kunst in Deutschland nicht ein für friedliche Zeiten bestimmter Luxus für wenige Menschen, sondern eine lebendige, sittliche und geistige Kraftquelle des ganzen Volkes geworden ist». Daß nicht allein die Krieg und Kampf (also die Verkörperung des Heroischen) darstellenden Bilder und Plastiken hervorragend gewürdigt werden, sondern in der Tat jedes große Kunstwerk aus gleicher Perspektive beurteilt wird, zeigen die vielen Besprechungen, die, unter der Überschrift «Macht und Schönheit», «Kraft und Anmut» usw. sowohl das Moment des Politischen wie das des Schönen betonen –, wie etwa die «Thüringer Gauzeitung»: «Haben so die Impulse des Krieges und der Kraft in der Ausstellung ihren Niederschlag gefunden, so tritt zu ihnen in gewaltiger Fülle die künstlerische Darstellung des deutschen Lebens: der deutschen Menschen, der Arbeit, seiner großen Männer, der deutschen Landschaft, des Bauerntums, der Anmut und Schönheit der deutschen Frau.»[2]

Doch steht an der Spitze jeder Betrachtung ausnahmslos das «heroische» Bild oder die «heroisch-monumentale» Plastik, eine Selbstverständlichkeit übrigens, durch das Erlebnis unmittelbarer großer historischer Gegenwart geradezu aufgezwungen. Das Soldatenrelief Professor Waldschmidts, das in der gesamten deutschen Presse anläßlich seiner Enthüllung ausführlich gewürdigt wird, verlangt notwendig diese politische Sicht, wie sie sich in der Besprechung der «Leipziger Neuesten Nachrichten» kundtut: «Das ist nicht irgendeine aufmarschierende Wache. Das ist der Aufbruch eines ganzen, soldatisch geschulten Volkes. Mit diesem großschreitenden Architekturrelief ist die Reihe der aus dem innersten Lebenswillen des deutschen Volkes geborenen wegweisenden Werke einer neuen zeitverbundenen Kunst bedeutungsvoll erweitert worden.»[3]

Eine Aufgabe, die nicht kritischer Art ist, die die deutsche Zeitung aber als eine kulturpolitische Pflicht ansieht, besteht darin, in Kriegszeiten den schwer um seine Existenz ringenden Künstler zu unterstützen. Dieser Gedanke spricht, ohne geschäftstüchtig-propagandistisch zu wirken, aus jeder Kunstbetrachtung und trägt so in ganz bescheidener Form dazu bei, vielen tausend Künstlern die Sorgen eines durch den Krieg gefährdeten Lebensunterhaltes zu erleichtern.

1 *Völkischer Beobachter* vom 27. 7. 1940.
2 *Thüringer Gauzeitung* vom 27. 7. 1940.
3 *Leipziger Neueste Nachrichten* vom 21. 11. 1940.

Varia

Ausstellung mit Propaganda

Louisa Gräfin Finckenstein-Schönberg
Schönberg, d. 18. Februar 1936
Post Sommerau, Westpr.
Tel.: Dt. Eylau Nr. 405

Sehr geehrter Herr Hinckel!
Am 7. Februar habe ich Ihnen einen Brief geschrieben und Sie gebeten, mir doch möglichst bald zu antworten. Es handelt sich um die Angelegenheit der Ausstellung von Gemälden und Skulpturen deutscher Künstlerinnen in Rom. Leider bin ich aber bis heute ohne Antwort geblieben, und ich habe Sorge, daß der Brief vielleicht nicht in Ihre Hände gelangt ist.

Ich erhielt heute wieder einen Brief von Frau Castellani aus Rom, die sich ihrerseits auch schon eingesetzt hat, um von der Eisenbahn eine Ermäßigung der Preise für die Transportkosten zu erreichen. Außerdem schlägt sie vor, daß zur gleichen Zeit der Ausstellung eine Gruppe von Frauen für eine Woche nach Italien fahren sollte zwecks Propaganda für den Nationalsozialismus, und es soll eine Reihe von Veranstaltungen für sie arrangiert werden. Programm, Kostenvorschläge etc. habe ich alles hier und möchte ich sehr gern bald mit Ihnen persönlich darüber sprechen.

Ich beabsichtige nächste Woche nach Berlin zu kommen und wäre Ihnen dankbar für eine Mitteilung, wann ich Sie sprechen kann. Ich würde mich sehr freuen, wenn durch Ihre Hilfe die Frage der Ausstellung greifbare Formen annehmen könnte.

Mit deutschem Gruß
Heil Hitler
Louisa Gräfin Finckenstein

Die Mitgliedsnummer 5838

Durchschrift
An den
Herrn Präsidenten
der Reichskulturkammer
Berlin W 8
Wilhelmplatz 8/9

Der Präsident
der Reichskammer
der bildenden Künste
Berlin W 35, den 24. Juni 1936
Blumeshof 6
Fernsprecher: B 1 Kurfürst 9271
Aktenzeichen: Präs.-4/445 b

Betr.: Ernennung des Landesleiters Kurmark der RKdbK. Auf das Schreiben vom 15. Mai 1936 – IK 302/582 –

Mit Schreiben vom 25. Januar 1936 an den Herrn Leiter der damaligen Landesstelle Brandenburg-Grenzmark des Reichsministeriums für Volksaufklärung und Propaganda, das in Abschrift beigefügt wird, habe ich den Pg Erich *Engelbrecht*, Kleinmachnow, Langendreesch 7, mit der Mitgliedsnummer 5838 der NSDAP, als Landesleiter in Vorschlag gebracht. Auf mein Schreiben hat der Herr Leiter der Landesstelle Brandenburg-Grenzmark am 11. Mai 1936 an den Herrn Reichskulturwalter Moraller geantwortet. Diese Antwort wurde mir am 15. Mai 1936 unter dem vorerwähnten Aktenzeichen zur Kenntnisnahme übersandt und hierin der Pg Dietz, Potsdam, im Einvernehmen mit dem Gauleiter als Landesleiter Kurmark in Vorschlag gebracht.

Ich bitte, zu entscheiden, ob mein Vorschlag, den Pg Engelbrecht zum Landesleiter zu ernennen, und den ich nach wie vor aufrechterhalte, zu Gunsten des Pg Dietz zurückgestellt werden soll. Ich stehe auf dem Standpunkt, daß dort, wo ein so alter Parteigenosse tatsächlich das Amt übernehmen könnte, er allen anderen vorauszugehen hat.

Im Auftrag
gez. Hoffmann
(Siegel)
Beglaubigt:
gez. Carls

Nach dem «Anschluß»

An die
Herren Präsidenten
der Einzelkammern,
Berlin

Der Reichsminister für
Volksaufklärung und Propaganda
Berlin, den 7. April 1938
I C 1419/26.3.

Ich beabsichtige, nach der Volksabstimmung in Österreich das Reichskulturkammergesetz nebst Durchführungsverordnungen, das Schriftleitergesetz nebst Durchführungsverordnungen, die Verfahrensordnung für die Berufsgerichte der Presse, das Lichtspielgesetz, das Theatergesetz, das Gesetz über die Vermittlung von Musikaufführungsrechten nebst Durchführungsverordnung sowie die Gesetze auf dem Gebiet des Fremdenverkehrs für Österreich in Kraft zu setzen. Um die Vorbedingungen für die Errichtung der Reichskulturkammer in Österreich zu schaffen, sind vom Reispropagandaamt Wien im Einvernehmen mit den zuständigen Parteistellen eine Reihe von Personen eingesetzt oder bestätigt worden, um die Organisationen der für die Kammern in Betracht kommenden Tätigkeitszweige einstweilen zu sammeln und zugleich zu verhindern, daß Vermögenswerte verloren gehen oder die zu den Kammern gehörenden Berufsgruppen von falschen Stellen erfaßt werden. Beauftragt sind folgende Personen:

Für den *Film*: Dr. Zimmer, Wien VII, Siebensterngasse 42/44,
für die *bildenden Künste*: Prof. Blauensteiner [1], Wien I, Karlsplatz 5
für das *Theater*: Robert Valberg, Wien I, Plankengasse 1
für die *Musik*: Robert Ernst, Wien III, Baumanngasse 8
für das *Schrifttum*: Dr. Stäbig [2], Wien VIII, Lange Gasse 144.

Die vorgenannten Personen sind darüber unterrichtet, daß ihre Beauftragung nur vorläufiger Natur ist. Ihre Aufgabe besteht darin festzustellen, welche Organisationen und Verbände auf dem Gebiet der betreffenden Kammer vorhanden sind, und dafür zu sorgen, daß diese Stellen ihren Geschäftsbetrieb einstweilen aufrechterhalten können. Sie sind angewiesen, darauf zu achten, daß Um- und Neuorganisationen vorläufig nicht erfolgen. Der Neuaufbau der Berufsstände nach dem Muster der Reichskulturkammer kann jedoch *intern* bereits vorbereitet werden (Zusammenziehung und Sichtung der in Frage kommenden Karteien usw.). Ich ersuche Sie, die von Ihnen beabsichtigten Maßnahmen dem Reichspropagandaamt Wien mitzuteilen und mir Abschrift davon zu geben.

Einstweilen ist zu beachten, daß der gesamte Buch-, Kunst- und Musikalienhandel einschl. Verlag und Sortiment vorläufig noch in der Gilde Buch-, Kunst- und Musikalienhändler, Wien I, Grünangergasse 4, zusammengefaßt bleibt. Kommissarisch mit der Leitung der Gilde ist Pg Karl Berger beauftragt. Die Gilde ist angewiesen, mit den Beauftragten für bildende Kunst, Schrifttum, Musik und Presse Verbindung aufzunehmen. Eine Umorganisation und Aufspaltung der in dieser Gilde zusammengefaßten Stellen der vier Einzelkammern ist vom Reichspropagandaamt Wien im Einvernehmen mit dem Stillhaltekommissar

1 Leopold Blauensteiner, Maler und Holzschneider.

2 In der Eile hat das Propagandaministerium sowohl Namen wie Anschrift falsch angegeben. Es handelt sich um Max Stebich, der Lange Gasse 44/45 wohnte. Ausführlicher in: *Literatur und Dichtung im Dritten Reich* (Ullstein Buch 33029).

für Organisationen und Verbände vorläufig noch nicht veranlaßt worden. Doch sind die Vorarbeiten dafür bereits in Angriff genommen, so daß die Aufspaltung nach der Volksabstimmung durchgeführt werden kann.

Heil Hitler!
gez. Dr. Goebbels
Beglaubigt:
Hartmann
Kanzleiangestellte
Stempel

«Betr.: Kunst-Dienste e.V.»

Der Präsident
der Reichskammer
der bildenden Künste
Berlin W 35, Blumeshof 4–6
Aktenzeichen: Präs. 12/805/43
Berlin, den 16. März 1944

An das
Reichsministerium f.
Volksaufklärung und Propaganda
z. Hd. Herrn Staatssekretär
Leopold Gutterer [1]
Berlin W 8
Wilhelmplatz 8–9

Durchschrift für
Ministerialdirektor Hinkel
zur Kenntnis.

Betr.: Kunst-Dienst e. V. – Dort. Schreiben v. 13. 12. 43 – Pers. 1375–11/1, 9–43 –
Auf Grund des obenangeführten Schreibens und des mir übersandten Berichtes der Reichspropagandaleitung, Hauptkulturamt, habe ich die gegen den Kunst-Dienst erhobenen Vorwürfe untersuchen lassen und persönlich überprüft. Wesentlich Neues hat sich gegenüber den vorliegenden Berichten nicht ergeben. Soweit die erhobenen Vorwürfe meiner Zuständigkeit unterliegen, äußere ich mich dazu wie folgt:

Der Kunst-Dienst e. V. befaßte sich vor 1933 besonders mit der Förderung der kirchlichen Kunst und fand die Unterstützung der Evangelischen Kirche. Seine besondere Arbeit galt der Erneuerung der kirchlichen Gebrauchsgüter. Hier hat der Kunst-Dienst Front gegen die überlieferten kitschigen Gebrauchsformen gemacht. Es war dabei selbstverständlich, daß im Hinblick auf die damalige Zeit vielfach Formen vorgeschlagen wurden, die mit Rücksicht auf die heutige Kulturauffas-

1 Leopold Gutterer; Gaupropagandaleiter von Hannover; dann Referent für Kundgebungen und Staatsfeiertage im Reichsministerium für Volksaufklärung und Propaganda; 1935 Sachbearbeiter für die Landespropaganda im gleichen Ministerium; später Staatssekretär und Vorsitzender des Aufsichtsrates der Ufa-Film GmbH.

sung in ihrer überspitzten Modernität und Materialspielerei abzulehnen sind. Der Kunst-Dienst hat ferner auch Bild-, Plastik- und Architektur-Ausstellungen durchgeführt, in denen u. a. Werke vertreten waren, die als entartet anzusehen sind. Es ist dabei jedoch zu betonen, daß in der Zeit vor der Machtübernahme fast die Mehrzahl der Kunstvereine zu dieser Tendenz neigte. Ich habe weiter festgestellt, daß vor 1933 in den Kunst-Dienst-Ausstellungen, besonders in der Ausstellung «Kirchliche Kunst der Gegenwart» in Stuttgart vom 26. 6. bis 17. 8. 1930 u. a. jüdische Architekten mit ihren Entwürfen vertreten waren. Ob man jedoch hieraus dem Kunst-Dienst heute noch einen Vorwurf machen kann, vermag ich nicht zu übersehen. Nach der Machtübernahme wurde der Kunst-Dienst in die Dienststelle des Reichsbischofs als «Kunstamt des Reichsbischofs» übernommen. 1934 erfolgte seine Eingliederung in die Reichskammer der bildenden Künste und zwar als Abteilung «Kirchliche Kunst», deren Abteilungsleiter der derzeitige Vorsitzende des Kunst-Dienstes, Schneider, war. Im Jahre 1937 wurde die Abteilung Kirchliche Kunst aufgelöst und der Kunst-Dienst als selbstständiger Verein belassen.

Zu den im einzelnen vorgebrachten Vorwürfen ist folgendes zu sagen:

Bei der Ausstellung «Niederschlesische Kunst» wird beanstandet, daß die Sintenis[1] herausgestellt worden ist. Diese Herausstellung wurde durch die Vertreter der Kammer bzw. des dortigen Ministeriums nicht als solche empfunden. Meines Wissens war das Ausstellungsgut aber auch durch den Gau Niederschlesien selbst zusammengestellt worden. Die Absicht, die Sintenis *besonders hervorzuheben* wird dabei dem Kunst-Dienst nicht nachzuweisen sein. Die weiterhin monierten Bilder Prof. Kanoldts[2] und Prof. Jaeckels[3] sind durch die Begutachter nicht beanstandet worden, so daß auch hier nachträglich ein Vorwurf gegen den Kunst-Dienst nicht zu erheben ist.

Bei den in der Ausstellung «Lüneburger Heide» gezeigten Bildern der Malerin Paula Modersohn-Becker[4] handelt es sich um kleinere Bilder, die weder durch die Kammer noch durch den Vertreter des dortigen Ministeriums beanstandet wurden.

Zu den erhobenen Anwürfen wegen der konfessionellen Bindungen des Kunst-Dienstes und dem Freundeskreis vermag ich mich im einzelnen nicht zu äußern. Es wird besonders hervorgehoben, daß eine Ver-

1 Renée Sintenis siehe Seite 40.

2 Alexander Kanoldt, Maler; seine Bilder wurden als «entartete» Kunst beschlagnahmt.

3 Willy Jaeckel, Maler und Radierer, zeitweise vom Regime entlassen; seine Bilder wurden als «entartete» Kunst beschlagnahmt.

4 Paula Modersohn-Beckers Bilder wurden als «entartete» Kunst beschlagnahmt.

bindung zu Prof. Bartning besteht, dem der Vorwurf gemacht wird, er sei Ring-Architekt gewesen. Hierzu möchte ich darauf hinweisen, daß vor 1933 zum «Ring» eine Anzahl führender Architekten gehörten, die zweifellos die jüdisch-bolschewistischen Tendenzen des Ringes nicht mitgemacht bzw. erkannt haben, Prof. Bartning war vor Prof. Schultze-Naumburg [1] Direktor der Bauhochschule Weimar und stand dem Kreis um Gropius [2] nahe. Bekannt ist er durch seine Kirchenbauten geworden. Seine Versuche der Lösung des kirchlichen Baues sind durchweg als modische Spielereien abzulehnen. Eine bolschewistische Tendenz kann ich seinen Arbeiten jedoch nicht unterstellen. Prof. Bartning ist Mitglied meiner Kammer, politische Bedenken werden seitens der Partei, soweit dies aus meinen Akten hervorgeht, nicht erhoben. Eine Beziehung zu Le Corbusier lehnt Schneider, den ich in dieser Angelegenheit verhört habe, ab.

Der gesamte, den Kunst-Dienst betreffende Fragenkomplex wurde in einer Besprechung mit Pg Ministerialdirektor Hinkel als Generalsekretär der Reichskulturkammer und SS-Brigadeführer Cerff [3] als Leiter des Hauptkulturamtes in der Reichspropagandaleitung durchgesprochen und beschlossen, den Vorstand des Kunst-Dienstes durch 2 neue Mitglieder zu erweitern, die die unbedingte Gewähr bieten, daß der Kunst-Dienst zukünftig im nationalsozialistischen Sinne seine Aufgaben durchführen wird. Es wurde von allen Beteiligten die Meinung vertreten, daß der Kunst-Dienst bei der Mehrzahl seiner Ausstellungen, insbesondere der Werkstatt- und kunsthandwerklichen Ausstellung positive Arbeit geleistet hat. Die Frage, ob der Kunst-Dienst nach seiner Eingliederung in die Reichskammer der bildenden Künste im Jahre 1934 und in der Folgezeit überzeugt die kulturpolitischen Ideen des dritten Reiches auf seinem Sektor verwirklicht hat, kann nicht ohne weiteres von mir beantwortet werden. Ich habe jedoch keine überzeugenden Beweise finden können, die mich diese Frage verneinen lassen würde. Die weitere Frage, ob seine führenden Männer die Gewähr bieten, jederzeit bedingungslos für den nationalsozialistischen Staat einzutreten, ist m. E. durch die zuständigen Dienststellen des SD zu überprüfen.[4] Zu einer Verneinung dieser Frage reicht das hier vorliegende Material m. E. jedoch ebenfalls nicht aus. Ich würde daher vorschlagen, der obenangeführten Re-

1 Prof. Paul Schultze-Naumburg siehe Seite 387 f.

2 Zu der Architektengruppe «Ring» gehörten u. a. die Verfemten Gropius, Mendelsohn, Mies van der Rohe.

3 Karl Cerff; 1922–28 in der SA; 1928–31 Hitlerjugendführer in Heidelberg; ab 1933 in der Reichsjugendführung; später Leiter des deutschen Jugendfunks.

4 Hans Hinkel beschäftigte sich schon in einer Aktennotiz am 10. 12. 1942 mit dem «Kunst-Dienst»; er schrieb u. a. dort: «Der Verein wird seit langer Zeit vom SD [Sicherheitsdienst] beschossen.»

gelung zuzustimmen. Die positive Arbeit des Kunst-Dienstes würde dabei erhalten bleiben, ohne daß die Möglichkeit besteht, daß durch den Kunst-Dienst offen oder versteckt künstlerische Tendenzen verfolgt werden, die nicht den Richtlinien des nationalsozialistischen Staates entsprechen.

gez. W. Kreis
Beglaubigt: gez. Brasch
(Siegel)

Porträts

Hans Hinkel

«Seine starke Seele»

Hans Hinkel, der Mitkämpfer zum Dritten Reich – Ein Wormser als Vorbild und Beispiel in: *Wormser Zeitung* vom 21. 3. 1934. – Siehe auch S. 161; Hinkel-Porträt s. Abb. 11.

Eigentlich müßte ein Porträt von Goebbels dieses Kapitel einleiten, doch erschienen über ihn schon viele Biographien; für den interessierten Leser ist zu empfehlen Curt Riess: *Joseph Goebbels*, Baden-Baden 1950; Heinrich Fraenkel und Roger Mauvel: *Goebbels*, Köln 1960; Helmut Heiber: *Joseph Goebbels*, Berlin 1962.

Wir versenken uns in den Lebensgang eines jungen Wormsers, dem es beschieden gewesen ist, den härtesten Kampf der innerdeutschen Geschichte mitzukämpfen und der in diesem Kampfe innerlich reif und stark wurde für die großen Aufgaben, die ihm der Führer gestellt hat.

Hans Hinkel ist am 22. Juli 1901 in Worms geboren und evangelisch erzogen. Er besuchte die Oberrealschule und erlebte als Dreizehnjähriger den Ausbruch des Weltkrieges. Das gewaltige Geschehen machte auf ihn, den begeisterungsfähigen Jungen, der sich schon frühe einer großen Idee mit ganzer Leidenschaft hinzugeben vermochte, einen tiefen Eindruck. Er beneidete die Schulkameraden, die ins Feld ziehen durften, und er lebte das heroische Kämpfen des deutschen Volkes mit ganzer Seele mit. Dann kam die schwere Zeit des Novembers 1918 mit ihren die Tiefen der Seele erschütternden Ereignissen, die auf den feurigen jungen Mann unverwischbar einwirkten und ihn nie mehr verließen. Von 1919 bis 1922 widmete er sich dem Studium der Staatswissenschaften und der Philosophie an den Universitäten Bonn und München. Sein aufgeschlossener Geist suchte die Tiefen deutschen Lebens und das Bild der deutschen Heimat zu erfassen; aber er wurde dabei kein Träumer, sondern ein scharfer Beobachter alles politischen Geschehens um ihn her. Die junge Intelligenz rang in dieser Zeit um den Sinn des geschichtlichen Geschehens. Von manchem fühlte sich Hans Hinkel abgestoßen und von vielem unbefriedigt, weil er nach der Hingabe und dem Opfer suchte, aus dem allein nach seiner Überzeugung etwas Neues entstehen konnte. Manchmal war er in Gefahr, den Glauben zu verlieren, aber dann raffte er sich empor und biß die Zähne zusammen.

Und er kam nach München, wo er die große Entscheidung seines Lebens erlebte. Er begegnete Adolf Hitler, dem unerbittlich willenstarken Pionier der deutschen Seele, und damit war sein weiteres Streben entschieden. Am 4. Oktober 1921 wurde er unter Nummer 287 Mitglied der Nationalsozialistischen Deutschen Arbeiterpartei. Ein Biograph Hinkels, Reinhard Conrad Muschler[1], sagt über diese Zeit: «So wurde aus dem Wormser Bürgersohn der revolutionäre Kämpfer für das Dritte Reich. Die neue Moral: Gemeinnutz geht vor Eigennutz wurde mit religiöser Hingabe an die heilige Idee Adolf Hitlers gelebt.»

In München lernte Hans Hinkel den Dichter Dietrich Eckart kennen, diesen tiefen Menschen und glaubensstarken Dichter, und in Verbindung mit ihm gewann er den festen Boden, den er nun mit einer starken Seele behauptete. Er wirkte als Werkstudent und wohnte in Schwabing, wo er die Größen Münchens kennenlernte. Langsam wuchs die Partei, und härter wurde der Kampf. In dieser Schule wuchs Hinkel auf. In Treue war er überall dabei, wo der Kampf tobte, und die Stunde kam, wo er selber das geistige Kampffeld führend betrat. Er mußte für einen Redner einspringen und in Landshut eine Versammlung halten. An diesem Abend bestand er die Feuerprobe. Und nun kam eine Zeit, in der es keine Ruhe mehr gab. Im Jahre 1929 redete Hans Hinkel in etwa 300 Versammlungen! So wurde er zum sturmerprobten Kämpfer gebildet. Das ist die Jugend, die das neue Reich erkämpfte.

Hinkel war auf allen Parteitagen, erlebte die ersten Bannerweihen und war an jenem 9. November 1923 mit bei jenem Zuge zur Feldherrnhalle, aus dem die ersten Blutopfer fielen. Dann wurde er Schriftleiter und leitete 1924 und 25 die «Oberbayerische Tageszeitung». Seine frühere journalistische Tätigkeit als Redakteur kam ihm zustatten. Er übernahm die Berliner Schriftleitung des «Völkischen Beobachters», wurde Verlagsleiter und Führer des «Angriffs» und nach seiner Berufung in den Reichstag (14. 9. 30) Leiter der Pressestelle des Gaues Groß-Berlin der NSDAP. In diesen Tätigkeiten gewann er die Übersicht über alle Fragen politischer, kultureller und wirtschaftlicher Richtung. Alfred Rosenberg ernannte ihn zum Führer des Kampfbundes für Deutsche Kultur in Preußen und dann zum Reichsorganisationsleiter. Damit eröffnete sich ihm ein gewaltiges Arbeitsfeld. Als Rust Kultusminister wurde, berief er sofort Hinkel als Staatskommissar ins preußische Ministerium für Wissenschaft, Kunst und Volksbildung.

1 Reinhold Conrad Muschler, * 1882, verfaßte viele Bestseller auf dem Gebiet der gefühlvollen Unterhaltungsliteratur, u. a.: *Bianca Maria, Die Unbekannte,* außerdem Biographien, u. a. über Hitler, 1934; ausführlich in: *Literatur und Dichtung im Dritten Reich* (Ullstein Buch 33029).

Erst 32 Jahre alt, wurde Hans Hinkel vor diese Fülle von Aufgaben gestellt. Und er war ihnen wahrlich gewachsen. Nicht umsonst hatte er 13 Kampfjahre hinter sich, und Kampfjahre zählen bekanntlich doppelt. Jetzt, wo der Weg ins Dritte Reich frei geworden war, konnte er mit freudiger Hingabe ans Werk gehen, und mit der Größe der Aufgaben wuchs auch seine Kraft.

Der Sonderbeauftragte

In: *12 Uhr Blatt* vom 26. 7. 1935.

Dazu die *Anordnung der Reichskulturkammer über den Reichsverband jüdischer Kulturbünde* vom 6. 8. 1935 in: *Völkischer Beobachter* vom 7. 8. 1935. Hans Hinkel erläuterte seine Aufgabe mit den Worten: «Wir wollen dem deutschen Volke seine Hausrechte auf dem so entscheidenden Gebiete des Kulturlebens zurückgeben und nicht dulden, daß Wesensfremde sein Geistes- und Kulturleben bestimmen.» Siehe Hans Hinkel: *Die Judenfrage in unserer Kulturpolitik* in *Die Bühne*, Schriftleiter Dr. Hans Knudsen, 1936, Heft 17, S. 514–515, sowie Hinkels Interview in: *Berliner Tageblatt* vom 15. 3. 1937.

Der Präsident der Reichskulturkammer, Reichsminister Dr. Goebbels, hat mit sofortiger Wirkung den Geschäftsführer der Reichskulturkammer, Hans Hinkel, nach Erledigung seines Auftrages als Preußischer Staatskommissar unter Beibehaltung seines derzeitigen Arbeitsbereiches zu seinem Sonderbeauftragten für die Überwachung und Beaufsichtigung der Betätigung aller im deutschen Reichsgebiet lebenden nichtarischen Staatsangehörigen auf künstlerischem und geistigem Gebiet berufen.

«Im Einvernehmen mit dem Geheimen Staatspolizeiamt»

In: *Berliner Lokal-Anzeiger* vom 13. 12. 1935, Morgenausgabe.

Laut Meldung der gleichen Zeitung vom 6. 2. 1936 wurden sämtliche Veranstaltungen des *Reichsverbandes jüdischer Kulturbünde* «bis auf weiteres» verboten, nachdem David Frankfurter den Landesgruppenleiter der NSDAP für die Schweiz, Wilhelm Gustloff, erschossen hatte. Der *Jüdische Kulturbund* im Dritten Reich wurde ursprünglich geschaffen, um jüdischen Künstlern das Auftreten zu ermöglichen, was ihnen durch die NS-Gesetze restlos verboten worden war. Er wurde zur einzigen repräsentativen jüdischen Körperschaft in Deutschland. Seine Gründer waren Dr. Kurt Singer, Julius Bab, Kurt Baumann und Werner Levie. Diese erkannten damit weniger die Nazi-Auffassungen und -Bestimmungen von einem gänzlich anders als das deutsche gearteten jüdischen Kulturleben an, als daß sie hofften, ein jüdisches kulturelles Eigenleben erhalten zu können, wenn sich die deutschen Juden nur bis zu dem von den Behörden gestatteten Grade künstlerisch betätigen würden. 1936 zählte der *Reichsverband der jüdischen Kulturbünde* hundertachtundsechzig über ganz

Deutschland verstreute Zweigstellen mit hundertachtzigtausend Mitgliedern; im September 1941 wurde er von der Regierung aufgelöst; von 1933–41 sind seitens des *Jüdischen Kulturbundes* sechzig Gemäldeausstellungen veranstaltet worden; interessante Angaben über den *Jüdischen Kulturbund* finden sich auch bei Irmela Goebel-Vidal: *Das Theater des Jüdischen Kulturbundes zu Berlin 1933–1941*, Dissertation Freie Universität Berlin, noch im Manuskript.

Das Deutsche Nachrichtenbüro meldet:

Im Einvernehmen mit dem Geheimen Staatspolizeiamt hat Reichskulturwalter Hinkel, der mit der Überwachung der kulturell tätigen Juden im Deutschen Reichsgebiet Beauftragte, den Direktor Georg Kareski, Mitglied des Vorstandes der Jüdischen Gemeinde Berlin, zum verantwortlichen Leiter des Reichsverbandes jüdischer Kulturbünde bestimmt. Dem Intendanten Dr. Kurt Singer, der im Vorstand des Reichsverbandes verbleibt, wurden Leitung und Durchführung der künstlerischen Veranstaltungen im Rahmen dieser jüdischen Organisation übertragen. Den Nichtariern christlicher Konfession wurde der Zusammenschluß in einer eigenen Vereinigung genehmigt. Zum Leiter dieser Vereinigung wurde Dr. Heinrich Spiero bestimmt.

Das Gewissen der Nationalsozialisten und anständigen Kaufleute

Herrn Reichskulturwalter Hans Hinkel
Berlin-Zehlendorf
Düppelstr. 3

Einschreiben!

Alt-Herren-Bund der
Berliner Burschenschaft
«Semnonia» e. V.
Berlin C 2, den 29. Nov. 1936
Kaiser Wilhelmstr. 1

Lieber Bundesbruder Hinkel!

Für den Alt-Herren-Bund der Berliner Burschenschaft Semnonia bestätige ich hiermit den Empfang Deiner Überweisung von *RM 147,56* zur Verrechnung auf rückständige Beiträge und übersende Dir gleichzeitig einen Auszug Deines Kontos per 31. 12. 36, der mit *RM 14,40* zu unseren Gunsten schließt. Indem wir demnächst dem Eingang dieses Betrages zur völligen Glattstellung Deines Kontos entgegensehen, gebe ich gleichzeitig Deinem Wunsch statt und entlasse Dich zum 31. 12. 1936 aus den Reihen des Alt-Herren-Bundes der Berliner Burschenschaft «Semnonia» e. V.

Bei dieser Gelegenheit möchte ich nicht versäumen, Dir nochmals zum Ausdruck zu bringen, daß wir es, und besonders diejenigen, die Dich persönlich kennen und Dir früher als Bundesbrüder nahestanden, sehr bedauert haben, daß wir trotz vielfacher Bemühungen den Menschen Hinkel nicht wieder für uns zurückgewinnen konnten. Wir wären darüber sehr erfreut gewesen, wenn es uns gelungen wäre. Des weiteren haben wir es tief bedauert, daß sich die Trennung voneinander in einer wenig schönen Form vollzogen hat, daß schließlich sogar ein Zahlungsbefehl dabei mithelfen mußte, was ja unter Bundesbrüdern im allgemeinen nicht üblich ist. Der Bund hat aber so dringende finanzielle Verpflichtungen, u. a. noch einen mehrjährigen Mietvertrag mit einer Monatsmiete von RM 400,–, sodaß wir gezwungen sind, unsere Mitglieder hart anzufassen. Denn wir glauben, es nicht mit unserem Gewissen als Nationalsozialisten und anständige Kaufleute, wie auch gute Burschenschafter vereinbaren zu können, wenn wir bei einem Mitgliederbestand von 180 Mann uns diesen Verpflichtungen entziehen und schließlich noch die Burschenschaft, die sich über 60 Jahre ehrenvoll geschlagen und bewährt hat, in Konkurs gehen lassen wollten. Ich hoffe daher, daß Du unsere Handlungsweise unter Würdigung dieser Umstände verstehen wirst.

Indem ich Dir persönlich, wie auch im Namen des Alt-Herren-Bundes alles Gute für die Zukunft wünsche, verbleibe ich mit

burschenschaftlichem Gruß und Heil Hitler
Unterschrift
Vorsitzender des Alt-Herren-Bundes der
Berliner Burschenschaft «Semnonia» e. V.
(Potsdam, Luisenstr. 77 a)

Hinkels Buch: «Einer unter Hunderttausend»

Hinkel, Hans
Einer unter Hunderttausend
München,
Verlag Knorr & Hirth GmbH,
RM 3,70

Reichswaltung-NS-Lehrerbund
Begutachtungsstelle
Bayreuth, den 3. Jan. 40
GC

Gutachten
Zahl: 5013

Hans Hinkel, den nach seinen eigenen Worten «ein gütiges Geschick schon in frühen Jahren den Weg zu Adolf Hitler wies», schildert in dem vorliegenden Buch einen wichtigen Abschnitt seines Lebens, beginnend mit den Knabenjahren in der schönen Rheinstadt Worms und endend mit dem Jahre 1927, das ihn in vorderster Front im Kampf um Berlin sieht. Die rund 20 Jahre, die dieser Zeitraum umspannt, sind ausgefüllt mit dem Ringen um die deutsche Erde und um den deutschen Menschen. Als Sohn wohlhabender Bürgersleute und Schüler einer «höheren Schule» lernt er, in enger Fühlung mit dem Proletariat aufgewachsen, schon frühzeitig Klassenunterschied und Klassenhaß kennen und wird so schon gegen Ende des Weltkrieges in den politischen Kampf gestellt, in den Kampf um den deutschen Rhein, gegen Feigheit und Schande zur Zeit der feindlichen Besetzung. Vor dem Zugriff französischer Schergen ins unbesetzte Reich geflohen, findet er 1921 den Weg zum Führer und von diesem Tage an kämpft er als sein treuer Gefolgsmann auf all den Plätzen, wohin ihn das Schicksal stellt, sei es im erwachenden München, im schwarzen Altöttinger Winkel oder im roten Berlin. Sein Weg ist derselbe, den so manche Getreue des Führers gingen und seine Schilderungen sind die auf Tagebucheinträgen und unmittelbaren Erlebnisberichten fußende lebendige Darstellung der Kampfzeit, die nicht nur wir als seine Zeitgenossen heißen Herzens nacherleben und die so manches Ereignis dem Vergessenwerden entreißt, sondern die vor allem unserer Jugend jene Tage des «deutschen Wunders» nahebringt und sie teilnehmen läßt an den Begebenheiten jener kämpfereichen und schweren Jahre.

Das Buch ist wärmstens zu empfehlen, besonders unserer reifen Jugend und eignet sich darum in erster Linie zur Einstellung in die Büchereien der HJ., der Wehrverbände, des Arbeitsdienstes und der Wehrmacht.

i. V. gez.
Dr. Dittrich
F. d. R.
gez.
Stempel
NS-Lehrerbund
Reichsverwaltung

«Die unantastbar nationalsozialistische Gesinnung»

Kameradschaft der deutschen Künstler e. V.
Gründer und Präsident: Prof. Benno v. Arent
Berlin W 35, 11. Oktober 1939
Viktoriastraße 3–4, Fernruf 21 47 94/95
KDDK

An die Mitglieder der Kameradschaft der deutschen Künstler!
Für die Dauer meiner Fronttätigkeit beauftrage ich in meiner Eigenschaft als Präsident der Kameradschaft der deutschen Künstler den Kameraden

Hans Hinkel

auf Grund seiner Verdienste um die KddK, mit der stellvertretenden Führung der Kameradschaft der deutschen Künstler unter gleichzeitiger

Ernennung zum stellvertretenden Präsidenten neben dem bereits früher zum stellvertretenden Präsidenten ernannten Staatsschauspieler Eugen Klöpfer [1] mit der Maßgabe, diese im Sinne und ohne Abweichung von der bisherigen Zielsetzung zu leiten.

Die unantastbar nationalsozialistische Gesinnung und der uneigennützige jahrelange Einsatz unseres Kameraden Hans Hinkel bürgen mir dafür, daß unsere Kameradschaft auch während schwerer Zeiten durch ihn richtig geführt wird zum Wohle der deutschen Künstler und damit auch zum Segen für die deutsche Kunst.

Heil Hitler!
Benno v. Arent [2]

Eine Feier

Herrn
H. H. Zerlett und Frau Gemahlin
Berlin-Charlottenburg

Hans Hinkel
SS-Brigadeführer
Reichskulturwalter
6. September 1941

Dem Sinn dieser Tage entsprechend habe ich am kommenden Dienstag, den 10. September, etwas zu feiern: Ich bin an diesem Tage 20 Jahre Nationalsozialist. So ganz «ohne» möchte ich das doch nicht vorübergehen lassen und bitte Euch deshalb zu einem «kameradschaftlichen Beisammensein» (ohne neuzeitliche Feiergestaltung) ab 6 Uhr abends im Saal der Kameradschaft der deutschen Künstler, Viktoriastr. 3. Gegen 7 Uhr wird markenfrei gegessen, so daß es jedem überlassen bleibt, so frühzeitig den eigenen oder den ebenso sicheren Keller der KddK aufzusuchen.

Nur für den Fall der Absage bitte ich um Benachrichtigung meines Büros (Fr. Wegner).

Anzug: Wie Ihr wollt, auf jeden Fall ohne steife Hemdenbrust.

Heil Hitler!
Hans Hinkel

1 Eugen Klöpfer, 1886–1950, Charakterdarsteller, im Dritten Reich Intendant verschiedener Berliner Theater.

2 Benno von Arent, *1898, Filmbildner, Architekt; ab 1919 in «völkischen» Organisationen tätig; ab 1927 für die NSDAP; 1932 kommissarischer SS-Sturmführer in Berlin, 1938 im Stab SS-Hauptamt.

Adolf Ziegler

Träger des goldenen Parteiabzeichens

In: *Mitteilungsblatt der RKdbK*, 7. 12. 1936, S. 3.
Adolf Ziegler wurde am 1. 12. 1936 zum Präsidenten der RKdbK ernannt.

Professor Adolf Ziegler wurde 1892 in Bremen geboren und genoß seine künstlerische Ausbildung als Maler an den Kunstakademien in Weimar und München. Schon in den Lehrjahren wandte sich der junge Künstler entschieden von den übersensiblen und exaltierten Stilmoden, von denen keine schulbildenden Kräfte ausgingen, ab und begann, vor allem in München unter der Führerschaft Prof. Doerners [1], sich einer leidenschaftlichen Erforschung der Mittel des malerischen Handwerks zuzuwenden, eine Arbeit, in der er keinen Selbstzweck, sondern die Voraussetzung für sein eigenes und ein allgemeines neues deutsches künstlerisches Werden sah und noch sieht. Durch die Weltkriegsjahre an der Front hindurchgegangen, erkannte er nur mit noch größerer Gewißheit die Richtigkeit seines künstlerischen Weges, bis er bereits 1925 dem Führer begegnete [2], der ihn seitdem dauernd bei künstlerischen Fragen heranzog. Adolf Ziegler, der nach der Machtübernahme einen Lehrauftrag an der Münchener Akademie der bildenden Künste erhielt und Träger des goldenen Ehrenzeichens der Partei ist, wurde nach Gründung der Reichskulturkammer in den Präsidialrat und später zum Vizepräsidenten der Reichskammer der bildenden Künste berufen, deren Obliegenheiten er bereits seit einem halben Jahr leitend vertrat.

Die rassisch so vorzügliche junge Holsteinerin

Herrn
Reichsminister R. Walther Darré
Berlin W 35
Viktoriastr. 35

Adolf Ziegler
Akademieprofessor
München, den 3. Dezember 1937
Akademiestr. 2

Sehr geehrter Herr Reichsminister! Lieber Pg Darré!
Es tat mir sehr leid, bei Ihrem Besuch in meinem Atelier in München gerade in Berlin zu weilen. Selbstverständlich halte ich den Studienkopf der rassisch so vorzüglichen jungen Holsteinerin nach Fertigstellung des

1 Prof. Max Doerner, 1870–1939, 1921 Professur für Malerei, «Pionier der Maltechnik»; 1938 wurde in München ein Reichsinstitut für die Erforschung der Malmittel gegründet, das seinen Namen erhielt.

2 Adolf Ziegler war Sachbearbeiter für bildende Kunst in der Reichsleitung der NSDAP München.

großen Bildes gerne zu Ihrer Verfügung. Ich habe schon immer eine Aufnahme von dem Kopf machen lassen wollen, um sie Ihnen zuzusenden. Da ich jetzt den großen Sonderauftrag des Führers, die deutschen Museen zu bereinigen, in nächster Zeit zum Abschluß zu bringen hoffe [1], werde ich wohl auch die Zeit finden, mein Vorhaben nunmehr auszuführen. Sollten Sie nach Erhalt der Fotographie irgendeine Verwendung dafür haben, so räume ich Ihnen diese gerne ein.

Indem ich mich nochmals bei Ihnen bedanke, mir zu diesem Modell seinerzeit verholfen zu haben, verbleibe ich mit

Heil Hitler!
Ihr sehr ergebener
Ziegler

Der Protektor

R. Walther Darré
Tgb. Nr. 14741
den 4. Januar 1938

Sehr verehrter Herr Professor Ziegler!
Mit herzlichem Dank bestätige ich Ihr Schreiben vom 3. 12. 37, wonach Sie gegebenenfalls bereit sind, mir den Kopf Ihrer jungen Holsteinerin zur Verfügung zu stellen. Ich habe das Bild ja im Atelier gesehen und habe mich wieder aufrichtig gefreut, mit welch sicherer Hand Sie den ganzen Adel dieses Kopfes zu gestalten wußten. Wenn Sie meiner Hilfe weiterhin bedürfen sollten, so stehe ich Ihnen, wie stets, gern zur Verfügung. Ich bitte Sie, sich jederzeit unmittelbar an mich zu wenden und versichere Sie, daß ich die Erfüllung solcher Bitten, auch bei größter Arbeitslast, immer als eine Freude und geistige Entspannung betrachte, der ich mich gern widme. Für heute grüße ich Sie herzlich und verbleibe mit

Heil Hitler!
Ihr sehr ergebener
Darré

1 Das war nach der von Adolf Ziegler organisierten Ausstellung *Entartete Kunst* am 17. 7. 1937; den ersten Sonderauftrag bekam Ziegler in Hitlers Münchner «Kampfzeit». Er malte Hitlers Geliebte, die Tochter seiner Stiefschwester Angela – Geli Raubal –, die sich im September 1931 in seiner Münchner Privatwohnung erschoß.

«Die Arbeit stellt unsere Weltanschauung dar»

An den
Herrn Reichsbauernführer
Der Presseadjutant
Berlin W 8
Wilhelmstr. 72

Adolf Ziegler
Akademieprofessor
München, den 11. November 1936
Akademiestr. 2

Gesch.-Z. K/R/Wr. Tgb. Nr. 961 Ke

Sehr geehrter Herr Reichsminister, lieber Pg. Darré[1]!
Nachdem der Führer in meinen Münchener Atelierräumen meine Arbeit, deren Entstehen Sie ja damals in der Reichskanzlei miterlebten, nunmehr gesehen hat und er mir versicherte, daß mein Vorhaben, ihm ein Vorbild für seine Bauten herauszustellen, gelungen sei, kann ich Ihnen heute die versprochenen Fotos senden. Doch bitte ich Sie, die Fotos vorerst nicht herumzuzeigen, da der Führer das Herausstellen meiner Arbeit mit der Eröffnung des «Hauses der Deutschen Kunst» verknüpft sehen möchte. Die Arbeit stellt unsere Weltanschauung dar. Ihr philosophischer Kern, die Bejahung der Naturgesetzlichkeit, ist dargestellt durch 4 Elemente: Feuer, Wasser, Erde, Luft. Es würde mich sehr freuen, wenn ich Ihnen nach Ihrer Genesung mein Werk in München zeigen könnte.

Für Ihre Einladung, als Ehrengast am diesjährigen Reichsbauerntag teilzunehmen, danke ich Ihnen sehr. Leider fällt ja in die gleiche Zeit die Tagung der Reichskulturkammer und des Reichskultursenats, an der ich als augenblicklich mit der Führung der Reichskunstkammer Beauftragter nicht fehlen kann. Sollte ich mich jedoch am 28. oder 29. 11. 36 schon frei machen können, komme ich sehr gern.

Zum Schluß möchte ich Ihnen noch besonders danken für das Interesse, das Sie immer wieder meiner künstlerischen Tätigkeit entgegen-

1 Richard Walter Darré, 1895–1953; Reichsbauernführer, Reichsernährungsminister, Preußischer Minister für Landwirtschaft, Forsten und Domänen; Verfasser der Bücher: *Das Bauerntum als Lebensquell der nordischen Rasse, Neuadel aus Blut und Boden* u. a.; großer Verfechter des NS-Slogans von «Blut und Boden», denn «diese zwei Worte schließen das gesamte nationalsozialistische Programm in sich ein». So in: H. Wagner: *Taschenwörterbuch des Nationalsozialismus,* Leipzig o. J., S. 30–31; Darrés Auffassungen über den neuen Menschen im Dritten Reich: «Wir werden das beste Blut sammeln. Wie wir unser altes hannöversches Pferd aus weniger rein gebliebenen Vater- und Muttertieren wieder herausgezüchtet haben, so werden wir aus dem besten deutschen Blut aus Verdrängungskreuzungen im Laufe der Generationen wieder den reinen Typ der nordischen Deutschen züchten.» Hermann Rauschning: *Gespräche mit Hitler,* Zürich 1940, S. 36 f.

brachten. Mit der Bitte, mich Ihrer Gattin zu empfehlen, und den Wünschen für Ihre baldige Genesung bin ich mit

Heil Hitler!
Ihr sehr ergebener
Adolf Ziegler

Am 15. Juli 1939

Aus der Ansprache A. Zieglers auf der Festsitzung der 4. Jahrestagung der RKdbK am 15. 7. 1939 in: *Mitteilungsblatt der RKdbK* vom 1. 8. 1939, S. 3–4.

Wir sind heute vor Ihnen, mein Führer, als dem größten Baumeister aller Zeiten angetreten, um Ihnen zu danken für die Aufgaben, die Sie uns gestellt haben, für die hochherzige Förderung, die Sie uns Künstlern zuteil werden lassen, und um Ihnen nicht nur erneut unsere aufrichtige Treue zu bekunden, sondern Sie darum zu bitten, uns Künstlern weiterhin Ihr Wohlwollen zu schenken.

Die Richtlinien, mein Führer, auf die Sie den deutschen bildenden Künstler bei der Eröffnung der ersten großen Kunstausstellung im Haus der Deutschen Kunst im Jahre 1937 verpflichteten, sind heute Gemeingut unter uns Künstlern geworden.

Wohl gab es manchen, der sich durch diese Verpflichtung in seiner sogenannten künstlerischen Freiheit damals unterdrückt fühlte, einer Freiheit jedoch, die keine war, sondern den Ausdruck tiefster menschlicher Unfreiheit darstellte. Die Bindung des deutschen Künstlers nunmehr an sein Volk und an die Ewigkeitswerte seiner Rasse haben ihn wissen lassen, daß nicht Abstraktion und Modernität den Wert eines Kunstwerks bestimmen, sondern ein Werk nur dann bleibend und ewig ist, wenn es aus der tiefen Wurzel des Volkstums geschöpft ist und dazu dient, die Lebensfunktionen und den Lebenskampf eines Volkes zu veredeln und zu verschönen.

Heute kann ich hier versichern, daß dieses Ihnen, mein Führer, niemand mehr dankt, als der deutsche bildende Künstler selbst.

Otto von Kursell

Der politische Künstler

Aus einem Aufsatz von Hans Hinkel, Manuskript im Besitz des Herausgebers.

Otto von Kursell war 1933 Referent der Kunstabteilung im Preußischen Kultusministerium, das bei den «Säuberungsaktionen», Absetzungen von Künstlern, Gleichschaltung etc. administrativ sehr eifrig tätig war. Otto von Kursell, * 1884 in St. Petersburg; *Wie undeutsch dieses Blut ist!* hieß ein Aufsatz über Max Liebermann schon am 27. 9. 1923 im *Völkischen Beobachter*.

Siehe auch: *Der Hitler-Prozeß. Auszüge aus den Verhandlungsberichten*. Mit Bildern der Angeklagten nach Zeichnungen von O. v. Kursell, München 1924. Porträt s. Abb. 14.

Schon 1918 brandmarkt der Zeichner Kursell das System des Kulturverrates. Ja, als Redner gegen den von ihm erlebten bolschewistischen Schrecken setzt er sich in München selbst ein. Er trifft mit seinen alten Kameraden und Landsleuten vom Schlage eines Alfred Rosenberg zusammen, findet einen Dietrich Eckart und steht mit all jenen in der gleichen ersten Kolonne der Freiheit und der Ehre. Sein Einsatz gegen den jüdischen Kulturfeind genügt dem Gegner, den Künstler Otto von Kursell totzuschweigen, ihn zu boykottieren, ihn durch eine ausgehaltene «Kritik» heruntermachen zu lassen. Der im wesentlichen jüdisch dirigierte Kunsthandel wird ihm vollends versperrt. So setzt Kursell auch den finanziellen Erlös beim Verkauf seines Hauses im Kampfe ein. Porträtkarikaturen folgen rasch. Bei Schmidt-Bertsch erscheint eine ganze Mappe «Revolutionäre Zeitgenossen». Fratzen schauen uns an. So wie sie sind, wie sie seit Jahrhunderten durch die Völker wandern, zerteilend, zersetzend, ewig Fermente der Dekomposition, Meister der Lüge, asiatische Horden, Ghetto-Verbrecher, Bolschewistenjuden, geschäftemachende Kirchendiener, Profitjäger, bezahlte Parlamentswanzen, Dividendenredner. Der Kampf hat begonnen! Dietrich Eckart faßt den mutigen Entschluß, Kursells Judenköpfe gesammelt herauszugeben. Der Dichter und Seher der kommenden Freiheitsbewegung, selbst vom Judentum herumgeworfen, besudelt und betrogen, verschwiegen und boykottiert, erkennt die Schärfe dieser Waffe gegen den «neuen Staatsbürger des neuen Deutschland», der in immer größeren Scharen aus den ostjüdischen Ghettos und über die Umschlageplätze Wien, Prag, Warschau oder Budapest ins «neue Deutschland», nun Jagdrevier seiner Rassegenossen, strömt. Herzlich bewillkommnet von den Isidor Weiß, Hilferding und Goldschmidt. Angezogen von dem Sieg der «fünf Frankfurter» gegen den blonden Boche, gegen diesen gefährlichen Michel, den man nun dank Marxismus und Wilson endlich am Boden hat.

Der Landsmann Alfred Rosenberg bringt Kursell zu Eckart. Auch er ist glücklich, in Eckart den mutigen Verleger gefunden zu haben, der Rosenbergs Schriften gegen Judentum, Freimaurerei oder demokratisch politisierende Kirchenfürsten herausgibt. Diese Männer um Dietrich Eckart werden Freunde. Lange Zeit trifft man sich tagtäglich in den wenigen späteren «Nazikneipen» in der Barerstraße, bei Damböck oder im «Alt-Wien». Eckart läßt seine prachtvolle Zeitschrift «Auf gut Deutsch!» erscheinen. Kursell bestreitet den zeichnerischen Teil. Diese Zeitschrift und diese Schriften sind in den ersten Augenblicken des Werdens der nationalsozialistischen Freiheitsbewegung unsere schärfsten Waffen gegen die gewaltige Übermacht der Feinde. Aber nicht nur mit den Dingen in Deutschland befaßt man sich.

«So großdeutsch wie nur möglich»

Herrn
Ministerialrat
Prof. Otto von Kursell
Berlin W 8

Hans Hinkel
SS-Standartenführer
(als persönliches Schreiben)
14. Dezember 1936

Lieber Otto von Kursell!
Soeben erfahre ich durch SS-Sturmbannführer Owens in meinem Büro von Deiner Anfrage bzw. Bitte, Dir über Deine Arbeit im ehemaligen «Kampfbund für Deutsche Kultur» etwas zu sagen. Nur zu gerne komme ich dieser Bitte nach und bestätige Dir in voller Verantwortung, daß Du in all den Jahren, in denen Du als mein Vertreter in der preußischen Landesleitung des Kampfbundes gearbeitet, stets als wahrer Nationalsozialist und nur als solcher gehandelt und gekämpft hast. Von einer einseitig «baltischen» Betätigung während dieser Zeit – 1931–1933 – ist mir nie etwas bekannt geworden. Unsere gemeinsame Arbeit für eine nationalsozialistische Kulturpolitik war ja so großdeutsch wie nur möglich. Ich bin gern bereit, jederzeit und vor jedem Forum diese Deine Haltung und Deine aufopfernde Arbeit mündlich und eingehender zu bestätigen. In alter Kampfverbundenheit grüßt Dich

mit Heil Hitler!
Dein Hinkel

«Abgesehen von seiner alten Parteizugehörigkeit»

An den
Gaustabsamtsleiter
Parteigenossen Schach
im Hause

Gau Berlin der NSDAP
– Gaupropaganda-Amt –
Der Gaupropagandaleiter
Vo/N. 839/43
20. 12. 1943

Betr.: Professor Dr. Otto von Kursell
Gegen die Berufung des Parteigenossen Professor Dr. Otto von Kursell zum Direktor der Staatlichen Hochschule für bildende Künste Berlin werden von mir keinerlei Bedenken erhoben. Eine Rückfrage bei dem Leiter der Abteilung bildende Kunst im Reichsministerium für Volksaufklärung und Propaganda ergab, daß auch seitens dieser Abteilung gegen die Berufung Prof. Dr. von Kursells nichts eingewendet wird.

Professor Dr. von Kursell erscheint durchaus seiner persönlichen und charakterlichen Haltung nach sowie auch hinsichtlich seiner künstlerischen Befähigung, abgesehen von seiner alten Parteizugehörigkeit, für die Bekleidung dieser hervorragenden Stellung geeignet.

Heil Hitler!
Unterschrift
Gaupropagandaleiter

Anlagen
handschriftlich:
Wird 60 Jahre, bitte gratulieren!

Kapitel III

ARTEIGENE KUNST

Vorwort

«Die Gesetze der Logik», erklärt Nikolai Hartmann in seiner «Ästhetik», «sind allgemein. Sie variieren nur wenig mit dem Gegenstandsgebiet. Die des Schönen sind hochspezialisiert, sind im Grunde für jedes Objekt andere. Das bedeutet, sie sind individuelle Gesetze.»

Da im Dritten Reich das Gesetz der unterschiedslosen Masse herrschte, wurden Triebe, Interessen, Gefühle, Neigungen und Belange des über allem stehenden Führers und der Führung zur Vor- und Einstellung jeder Kunstauffassung. Der Leser achte darauf, wie Wissenschaftler und Parteitrommler sich dauernd wiederholen, immer von vorn anfangen, um unaufhörlich zum Gleichen zurückzukommen. Äußerst langweilig jonglieren sie höchstens mit Präfixen oder Suffixen, wenn es sich um die Worte Seele und Rasse handelt.

Objektivität und Integrität verschwinden dabei fast völlig. Jeder wußte a priori, daß er zwangsläufig am nordischen oder germanischen Ufer des NS-Mythos landen mußte.

Der neue Nährboden

«Wir bitten, über uns zu verfügen»

In: *Das Bild*, 1935, S. 32, gekürzt.

An den Reichsleiter des Kulturamts für Kunstpflege
Herrn Alfred Rosenberg
Berlin

Herr Reichsleiter!

Die Unterzeichneten sind mit Ihnen, dem getreuen Paladin des Führers, dem mannhaften Vorkämpfer für Deutsche Kultur, überzeugt, daß es nicht länger angeht, daß Künstler, die 14 Jahre lang von Juden und Marxisten geprägt wurden, uns heute von gewissen instinktlosen Menschen und ganz bestimmten politischen Hintermännern als die Künstler des Dritten Reichs aufgeschwatzt werden.

Heraus mit dem eingeschleppten Fäulnisschwamm aus der Kunst des erwachten Deutschlands! Hinaus aber auch mit allen, die das erneute Eindringen des Kunstbolschewismus im neuen Reich nicht nur duldeten, sondern zum Teil sogar jetzt noch begünstigen. Hier liegt die Wurzel des Übels, und hier wird es vor allem nötig sein, Wandel zu schaffen und die Reste der traurigen bolschewistischen Hinterlassenschaft des Systems und des Kunstbolschewismus zu entfernen. Die Unterzeichneten wissen, daß die zwei Männer, die so hell und eindringlich und unmißverständlich ihre Stimme gegen den Kunstbolschewismus erheben, die das ganze Gewicht ihrer Persönlichkeit und ihres Ansehens für die Wiedergewinnung einer reinen deutschen Kunst in die Waagschale werfen, daß der Führer und Sie, Herr Reichsleiter, nicht alles allein schaffen können. Wie Fichte einst in schwerster Zeit Deutschlands von jedem Einzelnen der Nation verlangte, so zu handeln, als ob von seinem Tun allein das Schicksal der Deutschen Dinge abhängt, als ob die Verantwortung auf ihm allein ruhe, stellen wir uns Ihnen, Herr Reichsleiter, jeder Einzelne der Unterzeichneten, restlos, mit allen Kräften und Fähigkeiten zur Verfügung in dem Kampfe, den Sie für eine neue Deutsche Weltanschauung, für die Fruchtbarkeit des Deutschen Lebens und damit auch für die Deutsche Kunst führen. Wir bitten, über uns zu verfügen.

Heil Hitler!
Der Vorstand der «Deutschen Kunstgesellschaft»,
Sitz Karlsruhe i. B.
gez.: Prof. Bruno Goldschmitt[1]
Oberstudiendirektor, München
1. Vorsitzender
61 Unterschriften folgen.

«Die feile Dirne»

Hans Adolf Bühler: *Zum Geleit* in *Das Bild*, 1934, S. 1, gekürzt. Siehe Seite 75 f.

Höhen im deutschen Kunstleben waren immer Zeiten, in denen sich die tiefe Sehnsucht des Volkes klaren, künstlerischen Ausdruck gesucht hat: In der Frühzeit – in den Götter- und Heldenliedern, von deren Schönheit uns aber nur Bruchstücke Ahnung verschaffen können – dann im Mittelalter – im Bau unserer deutschen Dome und im Ausschmücken der Dome mit Bildwerken, Glasfenstern und Altären – und dann in der Dichtung und der deutschen Musik. Gleich einem mächtigen Aufflammen erhob sich der deutsche Geist noch einmal in den letzten 150 Jahren auf allen Gebieten, um mit der Jahrhundertwende fast auszulöschen. Der Ausspruch Max Liebermanns, des «Führers» der deutschen Kunst: «Die Kunst hat keinen Inhalt, sie ist nur Form» – das war vor 30 Jahren das Ende.

Seitdem war die öffentlich anerkannte Kunst nur noch ein sinnloses Spielen mit leeren Formen, oder die Darstellung einer, mit fratzenhaften Mißgestalten bevölkerten, verknäulten und verwirrten Welt. Frechheit, Gemeinheit und Wahnsinn herrschten und wurden von den Maßgeblichen – von Akademien, von Museen und Hochschulen anerkannt und bestätigt. Hochmütig im luftleeren Raum über dem Volke stehend, das ja als «Laienvolk» nichts davon verstand und seinen Anteil daran hatte, war die Kunst nur noch da für ein paar ebenfalls in der Luftleere hängende Kunstdoktoren und für den Kunsthandel. Der unerhörte Grundsatz kam auf: Kunst hat keinen Wert, nur einen Preis. Die Kunst war nicht mehr die segnende, heilende, freundliche Göttin, sie war nur noch die feile Dirne. Die Sammlungen der Museen der letzten Zeit zeigen sie so.

1 Prof. Bruno Goldschmitt, *1881, Freskomaler, Radierer, Lithograph, Holzschneider und Entwurfzeichner für Gobelins und Möbel.

Im Gegensatz dazu hat die deutsche Kunst immer nur im völligen Aufgehen und Einswerden mit dem Volksgeist und der Volksseele sich selber gefunden und erfüllt, und ich glaube daran, daß der deutsche Künstler nur dann seine Pflicht tut und seine hohe Stellung rechtfertigt, wenn sein Tun und Denken, sein Sorgen und Sinnen, sein Schaffen und Mühen, nur seinem Volk gilt – der Schönheit und Gesundheit des Leibes und dem Heil der Seele des Volkes. Arzt und Priester zugleich: und heute mehr als je. Ich glaube, daß eine Besserung und Genesung aus der heutigen Not unseres Volkes auch von dieser Seite in vorderster Reihe mit errungen werden muß.

Unsere heutige Not ist mitverschuldet von der geistigen und künstlerischen «Führung» und Verführung und Irreleitung, die ich vorhin gekennzeichnet habe, und eine Besserung und Genesung kann auch nur wieder von der geistigen und künstlerischen Führung mit errungen werden, also aus den geistigen und sittlichen Werten heraus, aus einer wahrhaft deutschen Erziehung und Geistesbildung.

Das freudige Bejahen der Gegenwart

Paul Schultze-Naumburg: *Die Kunst der Deutschen*, Stuttgart/Berlin 1934, S. 111–112, gekürzt.

Paul Schultze-Naumburg, 1869–1949; Architekt, Maler, Kunstschriftsteller und seit 1930 Direktor der Staatlichen Kunsthochschule Weimar; besonderes Interesse: Rassenkunde und Vererbungslehre; veröffentlichte schon 1928 das Buch *Kunst und Rasse*; gleicher Art sind seine Werke: *Kunst aus Blut und Boden*, Leipzig 1934; *Nordische Schönheit, ihr Wunschbild im Leben und in der Kunst*, München 1937, u. a. Wie Friedlind Wagner in ihren Erinnerungen *Heritage de Feu-Souvenirs de Bayreuth 1923–1940*, Paris 1947, S. 181, angibt, intrigierte die Frau von Hitlers Lieblingsarchitekten Paul Ludwig Troost gegen Professor Schultze-Naumburg: «Die Feindschaft Hitlers entmutigte Schultze-Naumburg jedoch keineswegs. Er blieb trotzdem ein begeisterter Nazi und spezialisierte sich überspannt auf die nordische Rasse. Er war so von ihr angetan, daß er hintereinander vier nordische Frauen heiratete, und das noch dazu in relativ kurzer Zeit. Zweifellos ließ er sich von seinem Freund Günther beeinflussen, der pseudo-wissenschaftliche Bücher über die Arier schrieb, ihre typischen Charakterzüge und ihre ewige Kulturmission. Deshalb wollte wohl auch der Professor ‹Gutes tun›. Als er uns besuchte, hatte er gerade ein Buch veröffentlicht, das reich mit Aufnahmen von allen nur denkbaren körperlichen Merkmalen der Arier illustriert war. Ein Kapitel hatte er dem ‹nordischen Busen› gewidmet. Aus ihm ersah man eindeutig, daß keine Frau in Deutschland mehr eine Zukunft haben konnte, deren Brustwarzen nicht vom typisch-nordischen Rosa waren. Alle seine Fotos zeigten den ‹arischen› Busen und den eben ‹nicht-arischen›. Diese Bilder waren berühmt.» Siehe auch Seite 387f und Abb. 10.

Es hat unserer Zeit nicht an Kunstbetrieb gefehlt. Im Gegenteil; es ist so viel von Kunst geredet, geschrieben und mit Kunst Handel getrieben worden, wie vielleicht nie zuvor. Die Museen sind in einem Maße entwickelt, daß an Stelle des Begriffs Kunstsinn oft der neue Begriff Museumssinn getreten ist. Aber in dem gleichen Maße, wie diese Zeit den Umfang an künstlerischer Aufnahmefähigkeit erweitert hat, hat sie ihn an Tiefe gemindert. Wir verstehen heute alles, und um uns herum ist alles aufgebaut, was die rückwärtsgerichtete Betrachtung des von Menschen Geleisteten hergibt – von den archaischen Werken aus dem Boden Hellas' bis Grünewald, vom frühen China bis zum Negergötzen.

Es fragt sich nur, ob die Bewunderung und die Hingabe an all das sich überhaupt in einem Menschen zu seinem Heile vereinigen läßt. Im Volke als Gesamtheit jedenfalls nicht. Denn die Kunst eines Volkes braucht einen anderen Nährboden als einen mit internationalen Kunstuntersuchungen gedüngten Acker.

Wenn in der gesamten Kunst des 19. Jahrhunderts bis heute eines vermißt wurde, so ist das das freudige Bejahen einer Gegenwart, die jeden Teil des Volkes mit einem gemeinsam gefühlten Inhalt erfüllt, der zum Mythos des Jahrhunderts geworden ist.

Daß ein solcher Inhalt fehlte, ist der eigentliche Grund dafür, daß die Künstler eben diese Gegenwart verneinten. Dies geschah sicher nicht aus Lebensfeindlichkeit oder Müdigkeit, sondern aus dem mehr dunkel empfundenen, als klar erkannten Gefühl heraus, daß diese Zeit ein künstlerisches Zielbild aufzustellen nicht mehr fähig war. Das Volk stand nicht geeint unter einer großen Idee, sondern es zerfiel in lauter Gegensätze. Gegensätze der Klassen, der Stände, der Interessen. Daß der kapitalistisch-liberalistisch-händlerische Staat und noch weniger der marxistische Staat der Kunst keinen anderen Odem einblasen konnte, als der ihn selbst erfüllte, ist begreiflich. Wohl wurden überall noch hochbegabte und auch schöpferische Menschen geboren. Aber sie stehen allein; sie setzen sich im Gegensatz zum Staat und gegen die umgebende Geisteswelt durch oder – was häufiger ist – sie werden übersehen. Die Kunst oder vielmehr ihre Führung, die immer mehr in allein geschichtlich sichtende oder noch mehr: in händlerisch denkende Köpfe übergeht, bejaht den Geist des Internationalismus, dem sie auch in der Kunst Alleingeltung verschaffen will. Mit dem immer stärkeren Bergab entstehen die krampfhaften Versuche, die Kunst mit einem neuen Inhalt zu erfüllen. Aus der Beobachtung heraus, daß die allgemeine Aufmerksamkeit sich immer mehr der Technik und der Industrie zuwendet, entsteht der absurde Gedanke, auch die Kunst müsse jetzt gewissermaßen vom Geist der Technik und der Industrie ausgehen – ein Gedanke, der nur von Köpfen gefunden werden konnte, die nicht die leiseste Fühlung mit dem Wesen echter und wirklicher Kunst haben.

Kunst kann nur unmittelbarer Ausdruck echten Volkstums sein, und solange ein solches geeintes Volkstum gar nicht besteht, ist es verlorene Liebesmühe, die Kunst mit anderen Mitteln großpäppeln zu wollen. Erst mit dem Aufkommen eines neuen völkischen Staates ist wieder die Möglichkeit für eine neue, echte, wirklich im deutschen Volkstum wurzelnde Kunst gegeben.

Die große Stunde

Prof. Dr. Hans Weigert: *Die Kunst von heute als Spiegel der Zeit,* Leipzig 1934, S. 143, gekürzt; siehe auch Hans Weigert: *Stilkunde,* Bd. 2, Berlin 1938, S. 126 f.

Hans Weigert war Kunsthistoriker an der Universität Breslau, Spezialist für mittelalterliche Plastik und Architektur.

Die Deutschen wollen sich erneuern aus den tiefsten mütterlichen Gründen von Blut und Boden. Dank den Kräften, die von unserer Revolution geweckt worden sind, steht Deutschland in der vordersten Front des Kampfes, der dem Geiste heute aufgegeben ist: Der ins Sinnlose wuchernden Wirtschaft durch ihre Ordnung und Unterordnung wieder einen Sinn zu geben, die anarchischen Massen wieder in eine Hierarchie zu binden, dem Geiste allgemein und zumal der Kunst durch Befruchtung mit dem Erbe und Ausrichtung auf das Intensive, auf den Menschen, neue Antriebe und Gehalte zu geben. Es scheint, als schlüge heute die große Stunde Deutschlands. Zwei große Revolutionen hat es aufstehen lassen, die Reformation gegen das Papsttum, die nur aus der Idee kam, und die preußische, von Friedrich dem Großen bis zu Bismarck reichende Revolution gegen das erste Kaisertum, die nur aus der Macht das zweite Reich errichtete. Heute will sich die politische Kraft und die geistige Sendung der Deutschen erneuern. Wird dem Dritten Reich ein neues Sacrum Imperium beschieden sein? Die kommende Kunst wird die Antwort auf diese Frage geben, in ihr wird sich entscheiden, ob eine neue Gestalt des Menschen vor uns und der Welt erscheint, ob die Revolution wahrhaft Frucht trägt. Denn diese Revolution ist nicht zu Ende, sie hat erst die Voraussetzung und den Rahmen für die Erfüllung geschaffen, die wir erhoffen. Sie hat das Wollen und Suchen der Einzelnen, das sich bis jetzt ziellos versplitterte, auf ein großes Ziel ausgerichtet. Sie hat uns geistig in eine absolute Situation gestellt, wie sie militärisch im großen Krieg gegeben war.

Der einheitliche Wille

Aus der Rede Alfred Rosenbergs auf der Reichstagung der *NS-Kulturgemeinde* in Düsseldorf am 7. 6. 1935 in Alfred Rosenberg: *Gestaltung der Idee – Reden und Aufsätze 1933–35,* Berlin 1940, S. 330–331.

Was die nationalsozialistische Revolution in ihrem Kern, in ihrer Sendung und in ihrem Ziel darstellt, glaubten alle Kämpfer zu wissen. Sie hatten auch mehr als frühere Revolutionäre das Recht zu diesem Glauben, weil die große deutsche Revolution nicht ein plötzlicher Ausbruch, nicht die Folge einer Massenstauung gewesen ist, sondern das Ergebnis einer großen 14jährigen politischen und geistigen Erziehungsarbeit an der ganzen Nation. Nichtsdestoweniger steht es doch auch heute fest, daß in vielen Kreisen Deutschlands der Ideengehalt und der Tatwille des Alltags nicht immer deutlich begriffen werden und daß die deutsche Revolution in ihrem Wesen zwar nicht auf machtpolitischem Gebiet, aber auf der Ebene der Ideen und des Willens von den Vertretern der alten Mächte bei allen möglichen Gelegenheiten angegriffen wird, entweder mit dem Ziel, den Gedankengehalt zu zerreden oder durch Verwendung der nationalsozialistischen Sprache doch den *alten* Gehalt im neuen Gewande wieder in das deutsche Land einzuführen.

Und so entwickelt sich die nationalsozialistische Revolution immer mehr zu einem Kampf der Weltanschauungen, zu einem Kampf um die Rangordnung der Werte und damit letzten Endes zu einem Ringen um einen geschlossenen Lebensstil der Nation überhaupt. Denn unter dem Begriff Stil kann man nur die auf einen einheitlichen Willenskern zurückgehende Ausstrahlung in Politik, Kunst und Wissenschaft begreifen, die auch auf den verschiedensten Gebieten des Lebens die gleiche innere Voraussetzung des Urteils und der äußeren Haltung gibt. Es ist also ein neuer und doch wieder uralter Versuch, das Verhältnis von Persönlichkeit, Volk und Staat zu ändern, und damit ist der Begriff der Freiheit erneut in den Mittelpunkt unseres Denkens gestellt. Freiheit verstehen wir vom nationalsozialistischen Gedanken aus nicht als Hemmungslosigkeit des Individuums, sondern als eine schöpferische Leistung des Einzelwesens, als Darstellung seiner inneren Kräfte, zugleich aber auch als Darstellung jenes Blutes und Charakters, die die Voraussetzung für diese Persönlichkeit abgeben. Das Einzelwesen begreifen wir deshalb heute nicht als eine abgetrennte Erscheinung, sondern in seiner größtmöglichen Entfaltung als die Blüte des gesunden Wesens eines Volkstums überhaupt.

Der einheitliche Geist

Hans Sebastian Schmid: *Kunst und Stilunterscheidung für Laien, Kunstfreunde und Gewerbetreibende und für den kunstgeschichtlichen und stilkundlichen Unterricht*, Leipzig 1938, S. 67.

Seit dem Biedermeierstil hat sich in Deutschland keine eigene neue Formensprache wieder gebildet. Klassizismus und Romantik des vorigen Jahrhunderts sind keine neuen Stilarten, in ihnen finden wir nicht die in unserem Vorwort genannten Merkmale eines Stiles. Über den sogenannten Jugendstil, den Expressionismus und andere Stilversuche der

Vor- und Nachkriegsjahre gehen wir hinweg; sie gehören einer völkisch und innerpolitisch unklaren Zeit an. Ohne völkische und rassische Merkmale spiegeln sie das liberale Zeitalter, das in diesen verschiedenen «Ismen» nach sichtbarem Ausdruck sucht.

Dieses Stilsuchen, Stilmachen gleicht dem Bestreben der Esperantisten nach Verwischung völkischer Grenzen. Es war das Judentum, das nach politischer Weltherrschaft strebte. Kein Wunder, wenn sich auch die jüdischen Architekten der Führung in der Baukunst zu bemächtigen suchten. Wir wissen aber, daß die Juden nie einen Stil ihr eigen nennen konnten. Das beweisen selbst die Synagogen; sie sind in ihrer Bauart aus Formen verschiedener Stilarten zusammengeborgt. Darum mußte jene Zeit stillos bleiben.

Erst mit dem «Deutschland erwache!», mit der Rückkehr des deutschen Volkes zu seiner völkischen Eigenart unter seinem Führer Adolf Hitler wird seine Formensprache wieder frei von allen Verirrungen und von allen eingedrungenen Fremdkörpern. Von neuem, einheitlichen Geiste belebt, bildet sich seit der Machtübernahme durch den Nationalsozialismus eine Bauweise, die in ihrer Wortkargheit, in ihrem Ernste und in ihrer Großzügigkeit eine Sprache deutschen Selbstbewußtseins, deutscher Kraft und völkischer Würde redet. Die Schönheit dieser Kunst, im großen, wie im kleinen, vereinigt griechische Schönheit mit germanischer Kraft. Tragen und Lasten sind griechisch empfunden, sorgfältig gegeneinander abgewogen. Die Säule ist wieder zum wichtigen Bauglied geworden, sie ist nicht wie im 17. und 18. Jahrhundert dekorativer, sondern wieder architektonischer Bestandteil des Baues. Dem griechischen Ebenmaß aller Bauglieder vermählt sich durch die gleichzeitige Betonung der Vertikalen der im deutschen Wesen lebende «Geist der Gotik». Horizontale und Vertikale teilen sich in die Herrschaft. Der Bau ist durchweg wieder konstruktiv. Er beherrscht den Baustoff, während noch vor wenigen Jahren der Bau wie auch das Möbel vom Stoff beherrscht wurde. Der Beton macht den Bau, das Sperrholz gab dem Möbel die Form, die Furnierung aus eingeführten Hölzern machte eine konstruktive (aufbaugerechte) Form und jedes Ornament überflüssig und damit die alte Handwerkskunst brotlos.

Der Durchbruch des Geistes

Dr. Otto Dietrich: *Revolution des Denkens,* Dortmund/Leipzig 1939, S. 9–10.

Otto Dietrich, 1915–52; 1931 Reichspressechef der NSDAP; 1933 Vizepräsident der Reichspressekammer; 1934 SS-Gruppenführer; 1938 Pressechef der Reichsregierung und Staatssekretär im Reichsministerium für Volksaufklärung und Propaganda; 1941 SS-Obergruppenführer; ausführlicher in: *Presse und Funk im Dritten Reich* (Ullstein Buch 33028).

Richtiges Denken ist die Voraussetzung zu richtigem Handeln. Jeder weiß, wie sehr der Führer die entscheidende Aufgabe der nationalsozialistischen Bewegung darin erblickt, die deutschen Menschen zum nationalsozialistischen Denken zu erziehen. Er sieht in ihr die wichtigste Aufgabe, die wir überhaupt zu lösen haben. Zum nationalsozialistischen Handeln kann ich die Menschen nötigenfalls zwingen, zum nationalsozialistischen Denken nicht. Gewonnen habe ich sie erst, wenn ich sie zum nationalsozialistischen Denken erzogen habe, damit sie aus eigenster Überzeugung und aus innerem Muß heraus nationalsozialistisch handeln. Das also ist das Entscheidende: Die nationalsozialistische Revolution ist eine Revolution des Denkens! Die Größe der geistesgeschichtlichen Tat, die sie vollbrachte, besteht darin, daß sie das individualistische Denken, das Jahrhunderte unserer Entwicklung beherrscht hat, entthront und durch das gemeinschaftsbewußte Denken ersetzt hat, das unserem Leben ganz neue Grundlagen und neue ungeheuere Auswirkungsmöglichkeiten erschließt. Was diese fundamentale Tatsache, diese Achsendrehung menschlicher Erkenntnis – wie ich sie nennen möchte – bedeutet, beginnen wir heute erst allmählich zu ahnen. So kühn der Gedanke auch erscheinen mag, er ist unzweifelhaft richtig: Durch die nationalsozialistische Revolution ist in der Welt des Geistes ein Durchbruch vollzogen worden, der einen Denkfehler von Jahrhunderten korrigiert!

Dem individualistischen Denken liegt, worauf ich an anderer Stelle hingewiesen habe, die irrige Voraussetzung zugrunde, daß der Mensch ein Einzelwesen sei und als solches auch in allen seinen Lebensäußerungen betrachtet werden müsse. Auf dieser so unantastbar erscheinenden und als so selbstverständlich hingenommenen, aber grundfalschen erkenntnistheoretischen Voraussetzung ist durch Jahrhunderte hindurch das Gebäude des individualistischen Denkens errichtet worden wie der Turmbau zu Babel.

Symbole des Volkes prägen

Dr. Adolf Feulner: *Kunst und Geschichte*, Leipzig 1942, S. 37–38.

Adolf Feulner, 1884–1945; seit 1930 Museumsdirektor in Frankfurt, dann in Köln; Spezialist für deutsche Plastik und für das bayerische Rokoko.

1919 wurden der Nationalsozialismus und der Faschismus gegründet. Es ist kein Zufall, daß die 2 nationalen Parteien von Deutschland und Italien, die heute die Neuordnung Europas in die Hand genommen haben, im gleichen Jahre entstanden. Die völkische Reaktion hat auch auf die außereuropäische Welt übergegriffen. Das nationale Selbstbewußtsein läßt sich nicht mehr in Schranken legen. Die Träger der völkischen Idee haben mit kraftvollem Wirklichkeitssinn neue Lebensformen gestaltet, weil die bürgerliche Gesellschaft versagt hatte, weil die übervölkischen Gedanken die Entwurzelung des Menschen gebracht hatten. Das neue Wollen hat auch den Denkstil geändert. Das gemeinschaftsbewußte, ganzheitliche, völkische Denken verneint die freischwebende Geistigkeit. Es hat die Vorstellung einer selbstständigen Entwicklung aus seinem Weltbild ausgemerzt. Die wichtigsten neuen Grundgedanken wurden schon in unserer Schilderung der Gegenwart erwähnt.

Seit etwa 1920 hat sich auch auf künstlerischem Gebiet die Wende vollzogen. Die Kurve der künstlerischen Radikalität hatte den Scheitelpunkt überschritten. Man war der revolutionären Verzweiflung, der wilden Aufgeregtheit, der künstlerischen Pubertätsekstasen satt. Der individuelle Vulkanismus dieser eigenartigen künstlerischen Sturm- und Drangzeit hatte sich überlebt. Die Sehnsucht nach Ruhe, Sachlichkeit, Bodenständigkeit griff auf die Kunst über. Inhalt der geistigen Umstellung war die Abkehr von der pessimistischen Verneinung, von der Abstraktion, die Rückkehr zur schlichten Gegenstandswelt, zum Menschentum. Die Welt und das Menschentum wurden wieder bejaht. Die Wende hat allmählich ganz Europa ergriffen. Wer die verschiedenen Weltausstellungen der Nachkriegszeit besuchte, konnte leicht übersehen, wie überall die abstrakte Kunst immer mehr den Boden unter den Füßen verlor und wie die einzelnen Länder eine selbstständige sachliche Ausdruckswelt eroberten. In Italien und Frankreich brachte die Wende einen neuen Klassizismus in der Malerei und Baukunst. In Deutschland bildete den Übergang ein vergeistigter Realismus, der deutlich die Spuren des Durchgangs durch den Expressionismus an sich trägt. Die neue Sachlichkeit war nicht passiv wie der Realismus des 19. Jahrhunderts, nicht schönheitsempfindend wie der frühere Impressionismus, sie war bewußt und intellektuell. Sie war noch pessimistisch wie der Expressionismus. Sie wollte die Magie des Daseins schildern, das Wunder der Existenz vor dem Nichts, das auch die gleichzeitige Existenzphilosophie zeichnete. Ein beliebtes Thema war das verlorene Gewimmel von Menschen in aufgerissenen Hohlräumen. Die großfigurige Porträtmalerei knüpfte an die Sachlichkeit der Biedermeierkunst an. Alle formale Problematik wurde in der Gegenwart mit einem Schlag weggewischt. Die formalen künstlerischen Richtungen sind bedeutungslos geworden. Der Künstler hat nicht nur künstlerische Probleme zu lösen, er soll Aufgaben des Lebens bewältigen. Die Form soll allgemein verständlich und klar sein. Der Inhalt soll zu allen sprechen. Der künstlerische Inhalt aber steht im Dienst der weltanschaulichen Erziehung des Volkes. Die Kunst soll wieder wie früher eine Lebensmacht werden. Sie soll die Ideale des Volkes verkörpern. Sie soll die Symbole des Volkes neu prägen.

Die Selbstbesinnung

Robert Scholz: *Die Kunst im Deutschen Reich*, Februar 1944, S. 44, Ausgabe A, gekürzt.

Zur selbständigen Kunst wurde die Zeichnung in jener Periode europäischer Geistesgeschichte, in der der germanische Geist sich aus den Fesseln eines mittelalterlichen dogmatischen Weltbildes loslöste, um sich ein eigenes Weltbild aus einer geistig selbstverantwortlichen Auseinandersetzung mit der Natur aufzubauen. In dieser Zeit, in der der germanische Forschergeist begann, tief in die Gesetze der Natur einzudringen, in der germanisches Wesen in die große geistesgeschichtliche Auseinandersetzung mit den artfremden geistigen Gegenkräften seiner Geschichte eintrat, begann auch das deutsche Wesen sich in der bildenden Kunst zu einem eigenen starken Ausdruck durchzuringen. Das, was man die Kunst der deutschen Renaissance nennt, die Zeit um die Wende des 14. und 15. Jahrhunderts, stellt diesen Durchbruch deutschen Charakters in der abendländischen Kunst vornehmlich in der Malerei und Plastik dar. Die neue Stellung zur Natur hatte den Anbruch eines neuen religiösen Bewußtseins und damit auch eine andere Einstellung des Künstlers zur Natur zur Folge. Wenn der deutsche Künstler dieser Zeit auch nach wie vor aufgabenmäßig an die kirchliche Vorstellungswelt gebunden blieb, so war ihm doch in einer geistig-revolutionären Weise die Aufgabe bewußt geworden, seine Formenwelt aus einem seiner eigenen Art entsprechenden Naturerlebnis aufzubauen. Wie der deutsche Geist in seiner Gesamtheit in dieser Zeit die Fesseln dogmatischen Denkens abstreifte, so sprengte auch der deutsche Künstler dieser Zeit die Fesseln des bis dahin gültigen bildlich formalen Kanons. Seit der Zeit der großen deutschen Zeichner des 15. Jahrhunderts hat sich der deutsche Charakter immer in der Kunst der Zeichnung besonders rein und klar ausgesprochen, Zeichnung und Graphik wurden zu einem Begriff deutschen Wesens in der Kunst schlechthin. Immer waren die großen Zeiten deutscher Kunst auch Höhepunkte zeichnerischen Ausdrucks, ein Gesetz, das auch noch im 19. Jahrhundert in dem bedeutenden Zeichnungswerk der führenden Meister dieser Zeit, wie Schadow, Menzel, Thoma und Leibl seine Bestätigung gefunden hat.

Der zu Beginn des 20. Jahrhunderts einsetzende Verfall der bildenden Künste nahm seinen Ausgangspunkt in einem Verfall des zeichnerischen Könnens. Hatte die zeichnerische Auseinandersetzung mit der Natur noch im 19. Jahrhundert der Kunst den sicheren Halt einer geistigen und formalen Disziplin gegeben, hatte die strenge Schule der Zeichnung auch zu einer Erziehung und Festigung des künstlerischen Charakters geführt, wurden in der vorgenannten modernen Kunst diese Charakterwerte mit der Zeichnung selbst aufgegeben. Die Zeichnung war in der deutschen Kunst bis dahin auch immer der Faden einer lebendigen Tradition. Mit der Preisgabe der Zeichnung waren auch alle anderen an diese Tradition gebundenen Werte verloren gegangen, und die Kunst dieser Zeit wurde zu einem charakterlosen und unverständlichen Gestammel wie eine Sprache, die ihre Grammatik aufgegeben hatte.

Die mit der politischen Erneuerungsbewegung einsetzende Selbstbesinnung und Gesundung der deutschen Kunst begann mit einer sehr bewußten Erneuerung der Zeichnung, mit einer Hinwendung der jungen Generation zur Zeichnung als Grundlage jeder Kunst deutschen Charakters.

Nordisch

Die Bezeichnung

Susanne Pertz: *Das Wort «Nordisch»*, Dresden 1939, S. 6–7, gekürzt.

Unter der Bezeichnung «Nordische Rasse» wird eine Gruppe von Menschen bestimmter körperlicher und geistig-seelischer Art zusammengefaßt, zu der nicht nur der größte Teil der germanischen Stämme gehört, sondern zu der man auch gewisse, durch ihre körperliche Beschaffenheit und ihre aus ihren Kulturleistungen erkennbare geistig-seelische Eigenart ausgezeichnete Teile nichtgermanischer Völker rechnet. Das äußere Erscheinungsbild der Menschen nordischer Rasse läßt sich in absoluten und Verhältniszahlen und durch physiognomische Untersuchungen ziemlich genau bestimmen. Von gleicher, wenn nicht größerer Wichtigkeit aber ist die Erkenntnis der geistigen Veranlagung der nordischen Rasse, ihrer Lebenswerte und ihrer Verhaltensweise in allen großen und kleinen Fragen des Lebens. Aber eine absolut allseitige Verkörperung hat der *Nordische Gedanke* – in seiner Unbedingtheit und Tiefe nur den Deutschen verständlich – wohl niemals in der Geschichte gefunden, soweit wir sie zurückverfolgen können. Wir sprechen daher am richtigsten von der Nordischen Bewegung und dem Nordischen Ideal. Es geht hier um das *Wort* «Nordisch», das in der weltanschaulichen Auseinandersetzung der Gegenwart zu einer so gewaltigen Begriffserweiterung und -vertiefung gelangt ist. – Wenn dieser Sprachgebrauch zum Teil im Gegensatz steht zu dem bisher üblichen und, am etymologischen Wortsinn gemessen, unlogisch erscheint, so ist es doch zwecklos, kurzsichtig und daher falsch, sich dieser Entwicklung aus abstrakten Erwägungen heraus entgegenstellen zu wollen. Nicht nur die Geschichte der realen Vorgänge, sondern auch der Worte wird von den schöpferischen Tätern gemacht, weil sie die Ideen hervorbringen, die das Geschehen bestimmen, und nicht von historisch eingestellten Denkern, die auf Grund genauer Kenntnis vergangener Verhältnisse nach einer absoluten Folgerichtigkeit in der Abfolge ideeller und materieller Ereignisse suchen. Das ist kein Verzicht darauf, die Geistesgeschichte wissenschaftlich zu erfassen, d. h. die in ihr wirkenden Gesetze in ausnahmsloser Gültigkeit überall nachzuweisen. Nur sollte uns die Erfahrung lehren, daß der kontemplativen Einstellung zu den Vorgängen im Leben der Völker, die die Vorbedingung zu jeder Art von Geschichtswissenschaft ist, stets die Bereitschaft zur Anerkennung der aktivistischen Kräfte, der aus zunächst nicht einsehbaren Tiefen im Wesen des Menschen emporquellenden neuen Impulse zur Seite gehen muß.

Rückkehr zu den Wurzeln

In: *Berliner Lokal-Anzeiger* vom 9. 4. 1934, Abendausgabe.

sch Bremen, 9. April

Mit einer eindrucksvollen Feier wurde im Festsaal des Rathauses die Nordische Kunsthochschule eröffnet. Nach einer Ansprache des Bürgermeisters Dr. Markert[1], der auf den künstlerischen Bauwillen des bremischen Kaufmanns hinwies, sprach der Schöpfer der Nordischen Kunsthochschule, Senator Dr. von Hoff[2], über die Aufgaben der neuen Einrichtung, die bewußt den nordischen Gedanken in den Vordergrund stelle und der Rückkehr zu den Wurzeln unserer Kraft den Weg bereiten wolle, zur nordischen Kultur, die schon vor mehr als tausend Jahren ihren Einfluß auf alle europäischen Kulturen ausübte. Es sei eine eigenartige Fügung, daß Prof. Fritz Mackensen[3], der vor 50 Jahren die Schönheit der nordischen Landschaft Worpswedes entdeckte, der nicht in Italien seine künstlerische Schulung vollendete, sondern die weltberühmt gewordene Künstlerkolonie gründete, heute von Worpswede Abschied nehme, um die Leitung der Nordischen Kunsthochschule in Bremen zu übernehmen.

Prof. Mackensen äußerte sich dann über die künstlerischen Ziele der Nordischen Kunsthochschule. Der Gedanke, sie zu schaffen, habe ihn Jahrzehnte hindurch bewegt. Erst der Nationalsozialismus habe den Weg frei gemacht für diese Pflegestätte niedersächsischen Volkstums.

1 Dr. Richard Markert; 6.–18. 3. 1933 Reichskommissar für Bremen; ab 18. 3. 1933 Regierender Bürgermeister.

2 Dr. Richard von Hoff; 1919 gründete er in Bremen eine Volkshochschule auf «völkischer Grundlage»; 1931 Kulturwart der NSDAP Krs. Bremen; 5. 3. 1933 SA-Gruppenführer; ab April 1933 Hauptschulungsleiter für Rassenfragen im SS-Abschnitt XIV; ab Mai 1933 Senator für Bildungswesen der Stadt Bremen.

3 Prof. Fritz Mackensen, Maler, Modelleur und Radierer, 1866–1953.

Die Schicht von Verstehenden

Dr. Hans F. K. Günther: *Rasse und Stil,* München 1934, S. 13–14.

H. F. K. Günther, * 1891, Prof. der Universität Jena 1931, Berlin 1935, Freiburg 1941–45; ab 1920 veröffentlichte er viele Bücher über Rasse in sehr großen Auflagen; September 1935 Preis der NSDAP für Wissenschaft; im Buch *Der nordische Gedanke unter den Deutschen,* München 1927, sagt H. F. K. Günther, «in den Beziehungen der seelischen Welt» zu Farben «sind Blau und Grün die *Seelenfarben* der nordischen Rasse». Über H. F. K. Günther siehe Prof. Dr. Große: *Die rassischen Grundlagen des neuen Europa – Zum heutigen 50. Geburtstag Hans F. K. Günthers* in: *Völkischer Beobachter* vom 16. 2. 1941.

Was die nordische Gotik von der nordischen Renaissance bei rassenkundlicher Betrachtung unterscheidet, ist der jeder dieser Kunstrichtungen entsprechende Kreis, an den sie sich wenden. Gotik ist volkstümliche Kunst nordischen Wesens, sie konnte sicher sein, mit ihrem nordischen Wesen von breiten Volksschichten der damals noch von nordischem Blut so stark durchdrungenen Völker nördlich der Alpen verstanden zu werden. Die Renaissancekunst stellt sich als eine Kunst nordischen Wesens dar, welche nur mit einer Oberschicht vorwiegend nordischer Rasse als Verstehenden rechnen konnte – entsprechend den Rasseverhältnissen des Italiens der Wiederbelebungszeit. Damit und mit einer leichten westischen Durchwirkung der Renaissancekunst hängt es auch zusammen, daß diese sich mehr als die gotische Kunst an den Verstand, an das bewußte Kunstverständnis einer gebildeten Oberschicht, minder an die Empfindung wendet. Die nordische Renaissance entspricht darin dem nordischen Klassizismus um 1800. Der Klassizismus konnte als eine nordisch-gerichtete Kunst die ihn Verstehenden entsprechend der vorgeschrittenen Entnordung aller abendländischen Völker nur noch in den an nordischem Blut verhältnismäßig reichsten Oberschichten suchen. Heute bei noch weiter vorgeschrittener Entnordung sind wohl manche vereinzelte Künstler nordischen Wesens denkbar, nicht aber eine in breitem und tiefem Strom flutende nordische Kunst, denn alle Kunst als tiefe und breite Strömung bedarf einer sicher gelagerten Schicht von Verstehenden. Denkbar wäre heute eine nordische Kunst gleich der hellenischen als eine richtunggebende, leiblich-seelisch zieleweisende Kunst, wenn etwa die in unseren Tagen erwachende Nordische Bewegung einmal Verstehende genug aufgerufen hätte. Ja, man kann vielleicht sagen: Wenn noch genug nordisches Wesen im deutschen Volk sich bis zu künstlerischer Gestaltung verwirklichen kann, so wäre es eben in (oder nach) unserer Zeit möglich, daß einmal der ganzen deutschen Kunst das gelänge, was einem Dürer als Einzelnem gelungen ist: die Zerrüttung, welche um 1500 über das künstlerische Gestalten der Völker germanischer Sprache kam, zu neuer überlieferungsfähiger Gestaltung zu bewältigen.

Landschaft und Seele

Ludwig Ferdinand Clauss: *Deutsche Größe*, Stuttgart 1934, S. 268–269.

L. F. Clauss, * 1892; schrieb unzählige Werke über die nordische, germanische Rasse; Mitherausgeber der Zeitschrift *Rasse*; Begründer der Rassenseelenkunde als Wissenschaft und Methode; schon 1928 erschien seine Schrift: *Die nordische Seele*, in der er die Alternative von «Wiking und Beduine» proklamierte. Komischerweise schrieb er zweiundzwanzig Jahre lang die Werke über Rasse in Zusammenarbeit mit seiner jüdischen Frau.

Wer das Nordmeer kennt und seinem Stile vertraut ist, mehr noch: wer seinen Wogengang in der eigenen Seele spürt, dem scheint es, als sei das griechische Meer gar kein Meer, und als müßten wir zu seiner Bezeichnung ein anderes Wort erfinden. Das Nordmeer atmet überall Unendlichkeit, und diese macht sein eigentliches Wesen aus: alles ist auf die Ferne gestimmt, alles weist und drängt in die Ferne, die kein Ende hat. Auf dem Meer des Südens, dem Mittelmeer, ist alles immer nahe, und wo man kein Ufer mehr sieht, da ahnt man doch das Ufer, mehr noch: man spürt seinen Duft oder glaubt, ihn noch zu spüren. Hier ist alles umgrenzt mit Nähe und mit immer maßvoller Schönheit. Und wenn über die nordische Landschaft die Wolken rastlos ziehen, weit oben und immer weit ins ewig Ferne hin, und wenn die Sterne hoch sind und der Himmel blaß und fern, dann wölbt sich der südliche Himmel fast zum Greifen nahe, und seine Wolken lungern ohne Bewegung, oder sie tummeln sich wie in neckendem Spiel. Der Norden erzieht seine Menschen zu immer neuem Aufbruch: ihr Blick greift immer ins Ferne und befriedigt sich darum nie. Der Süden aber, das Mittelmeer und seine Ufer, laden ein zu immerwährendem Verweilen: hier ist alles Nähe, ist alles Gegenwart.

Symbolischer Ausdruck

Georg Weise: *Die Aussprache über das Nordische in der deutschen Kunst* in: *Zeitschrift für Deutschkunde*, 1935, S. 397, 404, 406, gekürzt.

Prof. Dr. Georg Weise, Kunsthistoriker, * 1888, war Mitherausgeber von *Tübinger Forschungen zur Archäologie und Kunstgeschichte*.

Die nationale Erneuerung hat auch auf dem Gebiet der bildenden Kunst zu einer Selbstbesinnung geführt, die die Frage nach dem Wesen deutscher künstlerischer Eigenart immer wieder aufs lebhafteste erörtert werden läßt. Nicht nur um die Berechtigung der sich in der Gegenwart gegenüberstehenden Richtungen geht der Streit der Meinungen. Auch die Vergangenheit wird herangezogen, um durch die Berufung auf die kunstgeschichtlichen Tatsachen früherer Jahrhunderte die Bestrebungen der eigenen Zeit zu stützen und um die Vorstellungen vom Wesen deutscher Kunst in einem Gesamtüberblick über das geschichtliche Werden zu verankern. Mit recht verschiedenem Bedeutungsinhalt wird dabei zumeist die Beziehung auf ein nordisches Grundelement der deutschen künstlerischen Entwicklung verwendet.

Als der geradezu symbolische Ausdruck des nordischen Ideals ist in jüngster Zeit der Bamberger Reiter immer wieder gefeiert und zum beliebtesten Kunstwerk unter allen plastischen Schöpfungen des deutschen Mittelalters erhoben worden. «Wie ein Sinnbild des damaligen Deutschlands» erscheint der heutigen Betrachtung dieses Reiterdenkmal, «das uns in nie wiedergesehener Reinheit das Wunschbild des nordischen Helden verkörpert und uns heute wieder Sinnbild wurde»[1]. «Die Kraft des Heroisch-Willenhaften»[2], die «Willenhaftigkeit»[3] als beherrschender Grundzug deutscher und nordischer Kunst, haben in diesem Reiter die über die Jahrhunderte hinausragende monumentale Verherrlichung gefunden. Auch, daß dieses Reiterdenkmal, wie zuerst Dehio betont hat[4], zu dem Kreise der plastischen Arbeiten des Bamberger Doms gehört, deren Schöpfer in Frankreich, an der Kathedrale von Reims, die grundlegenden Anregungen für sein bildnerisches Gestalten empfangen hatte, kann nicht als Einwand gegen die Feststellung einer nordischen Geisteshaltung und künstlerischen Ausdruckstendenz gelten, da für das nördliche Frankreich in jenen Zeiten noch ein starker Einschlag germanischer Blutsubstanz angenommen werden muß.[5] Immerhin ist bedeutsam, daß wir mit dem Bamberger Reiter und seinen kunstgeschichtlichen Zusammenhängen, die auf die Werkstatt des Reimser «Heimsuchungsmeisters» mit ihrer durch die Einwirkung der Antike bedingten Stilrichtung führen, bei der mehr klassischen Möglichkeit des mittelalterlichen künstlerischen Wollens anlangen, die durch den Gegensatz gegen nordisch-germanische Formverunklärung, Wirklichkeitsvergewaltigung und Bewegungswillkür gekennzeichnet wird.

Im Gegensatz zu der griechischen Kunst ist die deutsche «auf seelische Bewegung» eingestellt[6], aber dieses Streben nach Bewegung und Ausdruck darf nicht mit «Ekstase oder mit Krampf»[7] verwechselt werden. Benz, einer der lebhaftesten Verteidiger des nordisch-faustischen Prinzips, geht so weit, eine Verwandtschaft und Ähnlichkeit der Germanen mit den Orientalen «im Überschwenglichen und Irrationalen» her-

1 Schultze-Naumburg: *Die Kunst der Deutschen*, Stuttgart/Berlin 1934, S. 15.

2 Rosenberg: *Der Mythus des 20. Jahrhunderts*, München 1934, S. 434.

3 Rosenberg: *Revolution in der bildenden Kunst*, München 1934, S. 6.

4 *Zu den Skulpturen des Bamberger Doms*, Kunsthistorische Aufsätze, München/Berlin 1914, S. 91 f.

5 Schultze-Naumburg, *Kampf um die Kunst*, München 1932, S. 13 f.

6 Rosenberg, *Mythus*, S. 305.

7 Rosenberg, *Revolution*, S. 7.

vorzuheben[1] und die Bedeutung des Christentums in den Worten zu fixieren: «Aus der orientalischen Lehre erwuchs die nordische Kunst»[2]. Nach Rosenberg[3] muß es als «der grundsätzliche Versuch, nebelhafte syrische Magie in die Kultur Europas hineinzudichten» erscheinen, wenn «die Verflüchtigung ins Grenzenlose als abendländische Seele» gedeutet wird. «Germanische Kunst ist Tat, d. h. geformter Wille.»[4]

Seelische Vertiefung

Josef Strzygowski: *Aufgang des Nordens*, Leipzig 1936, S. 129–130.

Josef Strzygowski, 1862–1941, ab 1902 Professor für Kunstgeschichte in Wien; einer der anregendsten und anfechtbarsten Kunsthistoriker; zog als erster die Kunst Asiens zur Erforschung der abendländischen Kunst mit heran.

Eine Klitterung der Geisteswissenschaften wie sie Theologie, Jurisprudenz und Medizin übriggelassen haben in einer sog. philosophischen Fakultät, hat heute über ihre Aufgabe, dem Staate die nötigen fachwissenschaftlichen Lehrer und Beamten zu erziehen, als Forschungsstätte nur dann noch Wert, wenn sie unverbrüchlich die Freiheit der Sache und der Person achtet und sich den Sachwalter dieser Gesinnung in dem jeweiligen Jahres-Dekan zieht, statt sich von ihm zur Machtgesinnung verleiten zu lassen. Die Welt und die sie bewegenden Sachen mit dem Willen zur Gewalt meistern zu wollen, war eine Verirrung, die die Macht zu verantworten hat. Darüber wurde alles krank, auch sittlich. Was haben die Scholastiker und Humanisten aus dem Denken gemacht; übertroffen hat sie darin schließlich nur der geistreichelnde Jude, ähnlich wie die heute herrschende Wissenschaft allmählich durch die Amerikaner und Japaner übertrumpft werden dürfte. Der einfach und schlicht denkende Mensch war diesem Treiben gegenüber ohnmächtig. Wie soll das anders werden?

Ich habe eine Vorliebe für München, wo ich meinen entscheidenden Lehrer fand, meinen Doktor 1885 summa cum laude – die Fakultät hat sich 1935 freilich nicht daran erinnert – und seit 1906 für die im Vereine mit K. Krumbacher[5] geleistete Arbeit korr. Mitglied der bayrischen Akademie der Wissenschaften bin. Deshalb denke ich daran, ob nicht München auch in der notwendigen sachlichen Ergänzung der politischen Bewegung vorangehen könnte. Von München ist die große Parteibewegung ausgegangen, die heute das Deutsche Reich regiert. Wäre es nicht denkbar, daß München nochmals eingriffe, indem auch die dor-

1 Rosenberg, *Revolution*, S. 93.
2 a. a. O., S. 99.
3 Rosenberg, *Mythus*, S. 406.
4 a. a. O., S. 436.
5 Karl Krumbacher, Byzantinist, Professor an der Universität München.

tigen geisteswissenschaftlichen Arbeitsstätten versuchten, durch die Erforschung des ursprünglichen Nordens seelische und sittliche Werte herauszustellen, über die ernst nachzudenken, die Jugend bisher noch gar nicht recht Zeit gehabt hat, schon deshalb nicht, weil ihr jede Ahnung der Möglichkeit einer solchen seelischen Vertiefung aus Ahnenerbe fehlt. Schuld daran ist das vollständige Versagen der Geisteswissenschaften in Nordfragen; statt schmollend abseits zu stehen, sollten sie endlich die von Rom ererbten humanistischen Krücken ins Feuer werfen und beginnen, vom Nordstandpunkt aus selbständig zu arbeiten. Es wird sich dann ja herausstellen, ob das für die Dauer geschehen kann oder die Deutschen doch wieder zurück müssen in das Joch, das Philologie und Geschichte, dazu Philosophie seit mehr als einem halben Jahrhundert aufrichteten, «exakt» die Geleise jener sogenannten Neuzeit ausbauend, die höfische Selbstherrlichkeit, kirchliche Unduldsamkeit und wissenschaftliche Blindheit eingeleitet haben.

Was die Historiker Neuzeit nennen, ist in Wirklichkeit das schwärzeste «Mittelalter», wenn man wie üblich unter diesem gern als Minderwertigkeitsbegriff gebrauchten Schlagwort alles das versteht, was vom Altertum in das Mittelalter übergegangen ist, also vor allem Hof, Kirche und alexandrinische Bildung. Erst wenn der Begriff Mittelalter im nordischen Sinne genommen wird als der germanische, wieder zum Indogermanischen erwachende Nordstrom, dann kann die Zukunft als eine planmäßig sachlich vorgehende Neuzeit in den Geisteswissenschaften einsetzen.

Die Internationale der Nordischblütigen

Wolfgang Willrich [1]
Berlin-Frohnau
Forstweg 70
Berlin, den 4. 10. 1938
Eingangsstempel:

Sehr geehrter Herr Reichsbauernführer [2]!
Nachdem es in den letzten Wochen sich herausgestellt hat, daß immer noch die Judenhetze und die Internationale des Untermenschentums zu

1 Wolfgang Willrich, Figurenmaler und Schriftsteller, * 1897; malte fast nur flachsblonde Köpfe; Autor der Bücher: *Die Säuberung des Kunsttempels – Eine kunstpolitische Kampfschrift zur Gesundung deutscher Kunst im Geiste nordischer Art*, München/Berlin 1937; *Vom Lebensbaum deutscher Art*, Goslar 1938; *Des Edlen ewiges Reich*, Berlin 1943; *Nordisches Bluterbe im süddeutschen Bauerntum*, Berlin 1943; einer der Hauptorganisatoren der Ausstellung *Entartete Kunst*; ausführlicher s. S. 389 f und Abb. 52–54.

2 Der Brief ist an R. W. Darré gerichtet.

einer Massenabschlachtung der nordischen Menschen gegeneinander führen könnte, sobald eine wichtigere Interessenfrage, als es die Tschechei ist, strittig wird [1], dürfte es an der Zeit sein, den Groß-Nordischen Gedanken intensiver zu propagieren. Grundsätzlich möchte ich daher anregen, den Nordischen Ring, diese alte Kampforganisation, die aber nach der Machtübernahme von ihren, nunmehr durch andere Amtspflichten stark überbeanspruchten Leitern praktisch aufgelöst worden ist, wieder neu zu schmieden. Denn die Nordische Gesellschaft, welcher der Nordische Ring einverleibt ist, dürfte kaum als eine Kampforganisation im eigentlichen Sinne zu betrachten sein. Es wird aber darauf ankommen, die Internationale des Untermenschentums mit einer zu schaffenden Internationalen der Nordischblütigen in allen Ländern niederzuzwingen. Dazu ist es notwendig, das Blutsbewußtsein der rassisch hochwertigen Vertreter in den europäischen Ländern und zwar vor allem in England und Frankreich wachzurufen.

Das wird nicht so sehr durch eine umständlich wissenschaftliche Fachliteratur in bloß deutscher Sprache und zu erheblichen Buchhandelspreisen ermöglicht, als vielmehr in volkstümlicher Form in der Sprache der betreffenden Länder und grundsätzlich auf Anschauung abgestellt mit einem weniger wissenschaftlich nüchternen als durch Schönheit fesselnden Bildmaterial erreicht, das aus diesen Ländern selber entnommen ist. Thema: Der nordische Mensch als Maßstab des geborenen Herrenmenschen, gleichviel ob deutscher, französischer oder sonstiger Nationalität. Vor längerer Zeit habe ich auf Wunsch von Dr. Groß [2] aus Nord- und Süddeutschland Beispiele des schönen deutschen Menschen in Bildern zusammengetragen. Dr. Groß begnügte sich mit Photographien. Für besser noch halte ich Ihren Gedanken, Herr Reichsbauernführer, die ausdrucksstärkere und dadurch einprägsamere Zeichnung heranzuziehen. Ich meine, genauso gut wie die Mainlinie, müßten sich auch die Maas und die Nordsee überbrücken lassen. Denn ich sah als Soldat im Kriege unter unseren Gegnern ganz hervorragend gute Vertreter der nordischen Rasse, bei den Franzosen (Bretagne, Normandie) nicht minder als bei den Engländern. Was meine eigene Mitarbeit im Rahmen dieser Aktion anbetrifft, so würde ich anregen, nach vorheriger Vereinbarung mit englischen und französischen Bauernführern, mich zum Zeichnen in die bäuerlichen Gebiete dieser Länder zu schicken. Gewinne ich dort erst einmal an einzelnen Stellen eine Operationsbasis, so zweifle ich nicht an dem Erfolg des Unternehmens. Nicht nur wür-

1 Es handelt sich hier um die Konferenz in München, bei der die Annexion des Sudetenlandes beschlossen wurde.

2 Walter Groß, 1904–1945; Leiter des Rassenpolitischen Amtes der NSDAP; Professor der Rassenkunde an der Universität Berlin, Autor von: *Die rassenpolitischen Voraussetzungen zur Lösung der Judenfrage*, u. a.

de ich den Leuten dort selber an Hand der Bilder, die ich mitnehmen kann wie bisher, die Blutsverwandtschaft zu uns klar vor Augen führen und sie für das Aufgreifen unserer Idee interessieren, sondern ich würde obendrein wohl so schöne Beispiele zusammenbringen können, daß ein Dokument europäischen Bauernadels entstehen könnte.

Ganz allgemein aber müßte sich die neu zu schaffende Kampfgruppe des Nordischen Ringes in einer straff geleiteten Zusammenarbeit der Werbung für den Blutsgedanken des europäischen Adels annehmen, und jede Möglichkeit, in der Presse des In- und Auslandes dafür Raum zu finden (z. B. in den antisemitischen und antifreimaurerischen Auslandszeitungen, vielleicht durch Fühlungnahme mit der Aktion Française [1] auszunutzen. Wiederholt höre ich, daß durchaus ein gewisses Interesse für Blutsfragen dort besteht, daß aber abgesehen von engsten wissenschaftlichen Fachkreisen niemand unsere Ideen anschaulich vorgesetzt bekommt. Vor längerer Zeit hielt ich einen Schulungsvortrag mit meinen Lichtbildern vor auslandsdeutschen Studenten. Deren Leiter, der aus Rumänien kam, hat mir wiederholt von dem durchschlagenden Erfolg meiner anschaulichen Methode Zeugnis gegeben und mir versichert, daß er nun endlich einen Weg sehe, seinen Leuten da unten am Schwarzen Meer zu sagen, worauf es ankäme. Wenn es gelingt, die anderen Länder für ihr bestes Volkstum zu begeistern und zur Auflehnung gegen die großstädtisch entwurzelte, rassisch vermanschte Intellektuellenclique zu bringen, indem man sie lehrt, ihren angestammten Blutadel wieder aufzusuchen, so dürfte ein politischer Erfolg von bedeutender Tragweite sein. Die allgemeine Besinnung auf die Europa formende und einigende gemeinsame Abstammung aus vornehmem Blut könnte ein tieferes Gemeinschaftsgefühl bewirken als der bisher übliche Appell an den gemeinschaftlichen Genuß kultureller Güter z. B. der Musik usw.

Ich glaube, daß der Anstoß zu solchem Unternehmen am sichersten und unauffälligsten von Ihnen, Herr Reichsbauernführer, ausgehen könnte, um so mehr, als es sich hier um die Belebung tief wurzelnder Gemeinschaftsempfindungen handelt, die mit einer sogenannten «Propaganda» nach Schema F nicht zu vergleichen sind.

Heil Hitler!
Ihr sehr ergebener
Wolf Willrich

1 Der überzeugte Monarchist und Antisemit Charles Maurras gründete die *Action Française*; er war ein bedeutender Lyriker und beachtlicher Erzähler; 1926 wurde er von der Kirche gebannt und die *Action Française* vom Papst verboten; sehr viele Kollaborateure während der deutschen Besetzung in Frankreich stammten aus der *Action Française*.

Ausstellung: «Deutsche Künstler und die SS»

Karl-Horst Behrendt: *Deutsche Künstler und die SS* in: *Völkischer Beobachter* vom 18. 6. 1944; siehe auch Robert Scholz: *Dokumente des Kämpfertums* in: *Völkischer Beobachter* vom 1. 10. 1942, sowie Dr. Annemarie Schwerdt: *Deutsche Künstler und die SS* in: *Völkischer Beobachter* vom 20. 1. 1944.

Kunstwerke tragen das Gesicht ihrer Zeit. Sie sind Zeugnisse der ewigen Werte deutscher Seele und künden kommenden Geschlechtern von der äußeren Entwicklung und dem inneren Erleben unseres Volkes. Im Banne des architektonischen Ausdruckes der Heiterkeit, des Glanzes und der Macht fürstlichen Einflusses wandert der Beschauer durch die musischen Gefilde dieser strahlenden Stadt an der Salzach. Im idyllischen Salzburg, dem steingewordenen Schauspiel einer gesegneten Vergangenheit, ruft nun eine Ausstellung die Menschen in unsere Tage zurück, in denen erbittert um die kulturellen Leistungen des Abendlandes, um den Sinn unseres Daseins, um die Existenz unseres Volkes und selbst um das Leben des einzelnen gerungen wird. Das Ergänzungsamt der Waffen-SS im SS-Hauptamt zeigt diese Schau «Deutsche Künstler und die SS» mit den Werken von Männern, die – oft Träger bekannter Namen – entweder der Schutzstaffel angehören oder ihr innerlich und in dem geistigen Gehalt ihres Schaffens verbunden sind. Die Arbeiten dieser Maler, Graphiker und Bildhauer gleichen in ihrer Bindung an einen bestimmten Ideengehalt Dokumenten der deutschen Seele, ihr Bekenntnis zu einer gemeinsamen Gesinnung und der Glaube an die ewigen Werte unseres Volkes kennzeichnen Gehalt und Gestalt dieser Ausstellung der schöpferischen Kraft, der weltanschaulichen Haltung und des soldatischen Geistes. Sie legt als Ausdruck des kulturellen Wollens der SS ein Zeugnis davon ab, mit welchem Ernst sich die Schutzstaffel um das Lebensgebiet der deutschen Kunst bemüht. Die kämpferischen und ethischen Ideale der SS, die höchsten völkischen Lebenswerte: Ehre und Treue, fanden eine gültige Umsetzung in künstlerische Werke von Bedeutung. So wird dem Besucher – über den Charakter einer Kunstausstellung hinaus – ein Bild des Wesens der SS vermittelt.

In erster Linie soll daher diese Schau der Werbung neuer Freiwilliger dienen, die gewillt sind, in die Reihen der ruhmreichen SS-Divisionen zu treten, und dann soll die darstellende Kunst der Malerei und Plastik den Eltern, die stolz auf ihre Söhne in der Uniform der Siegrunen und des Totenkopfes schauen, eindrucksvoll kenntlich machen und die Frage beantworten, wofür ihr Junge so mutig lebt und – wenn es bestimmt ist – so tapfer zu sterben weiß.

So bekunden die Stadt Salzburg und die Ausstellung der SS in ihren Mauern mit ihren Zeugnissen künstlerischer Leistung die Gültigkeit des Wortes: «Ewig ist das Geschlecht, dem die Gnade des Werks ward.»

Germanisch

Die Bezeichnung

Karl Großhans: *Romain Rolland und der germanische Geist.* – Inaugural-Dissertation zur Erlangung der Doktorwürde, genehmigt von der Philosophischen Fakultät der Friedrich-Wilhelm-Universität zu Berlin, 17. 2. 1937, S. 13–14, gekürzt; Referenten: Prof. Dr. Wechßler und Prof. Dr. H. F. K. Günther. – Das Problem «Was ist germanisch?» bewegte fast alle deutschen Philosophen, die sich 1933–45 stark für Hitler engagierten; Prof. Dr. Hans Naumann kommentierte z. B. die Sinngleichung zwischen Martin Heidegger und germanischem Mythos im Buch *Germanischer Schicksalsglaube*, Jena 1934, S. 68–89; Prof. Dr. Ernst Krieck protestierte mit der Begründung scharf dagegen, daß Heideggers Philosophie aus der ungermanischen, griechischen Seinslehre des artfremden Thomas von Aquin und von Husserl (Jude und Begründer der Phänomenologie, Heideggers Lehrer) u. a. stamme; Ernst Krieck: *Volk im Werden*, 1934, S. 247–249; dies öffentliche Auftreten Prof. Kriecks gegen Heidegger wirkte 1934 schon deshalb sehr sensationell, weil Heidegger 1933 demonstrativ in die NSDAP eintrat, siehe *Breisgauer Zeitung* vom 4. 5. 1933, sich also ganz zum Hitler-Staat bekannte, siehe seine Rektoratsrede in: *Neue Züricher Zeitung* vom 6. 8. 1933. «Wir wissen, daß er [Heidegger] aus seiner deutschen Gesinnung niemals ein Hehl machte und daß er seit Jahren die Partei Adolf Hitlers in ihrem schweren Ringen um Sein und Macht aufs wirksamste unterstützt.» In: *Der Alemanne* vom 3. 5. 1933.

Der Begriff «germanisch» macht nicht Halt vor staatlichen Grenzen noch vor der geschichtlichen Sonderentwicklung der Völker. Er greift hinein in die verschiedensten Volkstümer, hier mehr, dort weniger, denn er ist bedingt durch die Kraft der Natur, die Art des Blutes, und zwar des nordischen Blutes. Germanisch gearteten Geist finden wir also überall dort, wo Menschen dieses Blutes wohnen. Daher seine wunderbare Wesensverwandtschaft nicht nur mit den unvergänglichen Götter- und Heldenliedern der Edda oder den alten nordischen Sagen, sondern auch mit der tiefgründigen Weisheit der alten Inder und Perser, sowie den Erzeugnissen des klassischen Griechentums: der homerischen und tragischen Dichtung, den Bildwerken, der Baukunst und der Weltanschauung der großen Denker. Im Mittelalter und in der Neuzeit hat sich der germanische Geist am stärksten im deutschen Volk offenbart. Die gewaltigen Geistestaten und Werke eines Luther, Kant, Fichte, Dürer, Goethe,

Schiller, Bach, Beethoven, Mozart, eines Friedrich II., Bismarck und Hitler, um nur wenige Namen aus der Zahl der großen deutschen Geister herauszugreifen, haben das Germanentum im Deutschtum gipfeln lassen.

Was nennen wir germanisch? Germanisch heißt Ausfluß der Seele des nordischen Mythos, der Glaube an den «gestirnten Himmel über mir und das ewige Gesetz in mir»; germanisch, das ist höchste Sittlichkeit, tiefstes Wissen um ein tragisches Schicksal und freudiges Bejahen und Erleben ewiger Wiedergeburt; germanisch bedeutet Sichversenken in die Tiefen seiner Seele, Lauschen auf die Stimme in der eigenen Brust.

«Fast barbarisch»

Hermann Burte: *Volk und Kunst* in: *Die Bühne*, 1936, S. 102–103.

Hermann Burte, Schriftsteller, * 1879, veröffentlichte 1912 den Roman *Wiltfeber*, 1914 das Drama *Katte*, erhielt 1913 den Kleist-Preis; siehe auch Wolfgang Schultz, Prof. a. d. Universität München: *Altgermanische Kultur in Wort und Bild*, München 1935, S. 106–107.

Die Kunst folgt ihren eigenen unbekannten Gesetzen; wenn man den Wandervogel auf dem Blitzableiter der Kirche erwartet, sitzt er vielleicht auf dem Fabrikkamin und bezaubert mit seinem Gesang die Weberinnen! Die Muse ist eine launige Göttin; sie wählt, wen sie will, nicht wie ihr befohlen wird. Das Volkliche, das Rassische, das Stammesmäßige wirkt stärker auf sie als das Staatliche. Sie hängt nicht von der Wirtschaft ab, nicht von der Herrschaft oder Knechtschaft. Die klassische Dichtung der Deutschen blühte in den Jahren der napoleonischen Tyrannei. Ohne diese kein Kleist, ohne den kein Hebbel. Ihre Wege sind sonderbar und wunderbar. Dem edlen Trotz ist sie gewogen, von alters her.

Vor meinem geistigen Auge sehe ich zwei Bilder leuchten, die beide auf deutsche Wände, in deutschem Auftrag gemalt worden sind, von einem alemannischen Maler schweizerischer Herkunft, von Ferdinand Hodler[1]: es ist das Bild in Jena: Studenten ziehen in den Befreiungskrieg von 1813, und es gibt das Bild in Hannover: Der Schwur auf die neue Lehre! Meines Kennens gibt es keine anderen Bilder, die so unheimlich offenbarend dem Wesen unserer Wiedergeburt, Erneuerung und Reinigung durch die Umwälzung von 1933 verwandt sind wie diese. Dem deutschen Wunder entspricht das künstlerische!

Im Bilde von Hannover sieht man einen Führer in äußerster Anstrengung des Geistes und Körpers eine Reihe von Volksgenossen mit-

1 Ferdinand Hodler, 1853–1918, Schweizer Maler, Wegbereiter der modernen Kunst.

reißen zu einem Schwur: alle Hände sind emporgereckt, alle Muskeln des Körpers angespannt. Jeder fühlt, daß er einem Neuen sich verpflichtet, jeder ist unbedingt mit Herz und Hirn, mit Haut und Haar dabei.

Viele schüttelten damals, vor Jahren, als das Gemälde erschien, die Köpfe vor diesem so schauerlich eindeutigen Bilde, dieser so stur gleichen Geste von 40 Figuren. Aber wer sich vom geschichtlichen Gewande freimachen und unbefangen blicken kann, der sieht im Deutschland von 1933 nicht nur 40, sondern 40 Millionen Hände so erhoben, so gepackt vom Führer, mitreißend, mitgerissen, und erkennt, daß damals der Genius im Maler unbewußt ein Schlummerndes gestaltet hat. Als Begabter und Beströmter hielt er die große völkische Wahrheit im Bilde fest, noch ehe sie auf allen Straßen und Plätzen sieghafte Wirklichkeit wurde.

Und jene Studenten in Jena? Das ist das Bild der Jugend, die alles hinter sich wirft, um die Freiheit zu erkämpfen, einprägsame schlanke Figuren: hart, herb, männlich ungefällig, fast barbarisch, aber unwiderstehlich. Das ist die Kunst der Zeit, und hier wird vielleicht der künftige Maler weiterschreiten. Vielleicht ...

Was schiert es uns, daß die Wiege dieses großen Sehers und Malers nicht im Reiche stand! Es ist das ererbte Rassegefühl, die tief eingewurzelte Stammesart, die germanische Ader im Künstler, die ihn befähigten, das gestellte Thema: Der Schwur auf das Neue! so darzustellen, daß es über die Zeit hin ewig wahr ist und immer wieder wirklich werden kann. Volkhafte, mannhafte Kunst für alle, Kunst, die Mut gibt. Kraft in großer Geste, die zur Tat, nicht zum Traum drängt, die zu Liebe und Krieg, diesen elementaren polaren Tatsachen des Lebens, herzhaft Ja sagen kann. Auf diesem Wege ahnen und sehen wir den Kommenden und seine Kameraden gehen wie jener stiernackige Berner, von dem die Pariser Gazetten schrieben: Wir schätzen und verstehen diese germanische Kunst nicht.

Die heiligen Kämpfer

Otto Riedrich, Kunstkritiker: *Die Germanische Seele im Zeitalter der Gotik* in: *Odal. Monatsschrift für Blut und Boden*, 1936, S. 468–472, gekürzt.

Seit dem Widerstande Irmins des Cheruskers gegen Rom kämpfen die deutschen Stämme immer denselben Kampf: Den Kampf um deutsches Recht und deutsche Freiheit. Die Karolinger waren den fremden Einflüssen erlegen. Der Frankenkönig Karl erstrebte eine Einigung der deutschen Stämme unter fremden Zeichen, wogegen die Sachsen unter Widukind sich wehrten, die noch in den alten Beziehungen germanischen Wesens lebten.

Ein bedeutungsvoller und lichterer Abschnitt setzte mit Heinrich I.[1] ein, der vor allem darauf bedacht war, dem deutschen Lebensraum alte Gebiete zurückzuerobern und ein freies deutsches Reich zu schaffen. Aber auch der germanischen Seele ihr Recht werden zu lassen, das war nicht mehr möglich. In dieser Hinsicht hatten die Sendboten Roms gute Arbeit geleistet. In den ehemals lichten Seelen der nordischen Menschen herrschte die Angst vor den dunklen Gewalten. Die heiligen Sinnbilder germanischer Größe wurden ins Teuflische verzerrt, die Erde zum Jammertal erniedrigt und die Entfaltungen der Seele im Leiblichen für Verbrechen erklärt. Wir begreifen diese Zeit im Worte «romanisch». Es ist richtig, da hier das päpstliche Rom in bezug auf die Beherrschung des Seelischen auf der Höhe seiner Macht stand. Die wunderbare Kultur dieser Zeit, wie sie insbesondere in den Bauwerken uns entgegentritt, ist Ausdruck reinsten nordischen Wesens, sie steht jedoch im Zeichen der Seelenunterjochung, die von Rom aus geleitet wurde. Von den frühen Bauten Norditaliens angefangen, auch dies Offenbarungen germanischen Wesens, zu den Bauten Sachsens, Westfalens, zum Rhein ins Land der Franken und Schwaben hinein, ein und derselbe schwere Druck auf den Seelen erkennbar. Das romanische Bauwerk lastet auf der Erde wie die Hand des päpstlichen Roms auf den Seelen der nordischen Menschen. Sie scheinen wie Wachs in den Händen der Kirchenmänner. Die innere Haltung der ganzen Zeit ist also nicht germanisch, sondern romanisch, unserer Seelenhaltung fremd. Der romanische Mensch ist leichter mit allen Beengungen seiner Seele fertig geworden. Der Germane dagegen, gewohnt, aus tiefen Beziehungen zu leben, nahm das Neue, dem er sich ergeben mußte, sehr ernst. Er nahm die Bürde auf sich, aber er trug schwer und seufzte unter der Last, nicht mehr der sein zu können, der er nach dem Drängen in seiner Seele sein müßte. Die Größe der romanischen Bauwerke liegt in ihrer Verhaltenheit, in ihrer gebändigten Kraft. Wir dürfen gewiß sein, daß die germanische Seele nach Befreiung aus diesen Fesseln strebte. Sie hat sich in ihren besten Geistern nie dem fremden Recht ergeben, sondern einen Weg gesucht, um deutschem Recht und deutscher Freiheit wieder zum Siege zu verhelfen. Wir dürfen gewiß sein, die besten Geister nordischen Gepräges haben sich zusammengefunden, um die germanische Seele von den Fesseln zu befreien, die auf ihr unerträglich lasteten. Der Anstoß zur Überwindung der fremden Belastungen aber wurde auf seltsamem Wege übermittelt.

Die Araber übten denselben Druck auf die Seelen aus wie die katho-

1 Dieser Aufsatz erschien im Jahr, da das Dritte Reich den tausendsten Todestag von Heinrich I. feierte. Bemerkenswerterweise betonte der Reichsführer SS Heinrich Himmler oft, er sei die Reinkarnation Heinrichs I. Am 2. 7. 1936 erschien Himmler mit einer größeren SS-Delegation in der Schloßkirche von Quedlinburg und legte an der Gruft des Königs einen Kranz nieder.

lische Kirche, beide wollten sich die Welt unterwerfen. Die Besinnung der Germanen auf die ihnen eigentümlichen inneren Werte konnte nur von einer Kraft ausgehen, die ihnen ebenbürtig war, und das waren allein die Perser. Ihre Dichtung und ihre Kunst hat den furchtbaren Druck von den Seelen der Germanen genommen, das heilige Feuer germanischen Urwesens wurde allein durch diese verwandte kulturtragende Schicht entzündet. Alle Beengungen und Bedrängungen des Leibes und der Seele wurden abgeschüttelt. Die Welle dieses neuen Fühlens reißt die dem alten Recht und der alten Freiheit Ergebenen mit sich fort und als Spiegel dieser wahrhaften Wiedergeburt ist der Kulturausdruck zu bezeichnen, den wir gotisch nennen. Der Verschlossenheit der romanischen Kultur gegenüber ist die Gotik als Aufgeschlossenheit zu bezeichnen. Sie ist ein Rausch der Seelen, die glücklich waren, alle dunklen und düsteren Beziehungen überwunden zu haben. Sie konnten wieder an sich glauben, glauben, daß die Glut ihres Blutes heiligste Offenbarung innersten Lebens ist. Nicht Sünde, nicht teuflisch, nicht verwerflich, nicht Drang, der gepeinigt und abgetötet werden muß, sondern eben der innerste Wille, das Leben nach diesen Maßen von innen her zu gestalten und zu bewältigen. Die Gotik in ihren tiefsten Beziehungen ist also nicht Ausdruck des dem Germanen von Rom aus aufgezwungenen Ideals, sondern das Gegenteil: Jubelnder Ausdruck wiedergewonnener Freiheit der germanischen Seele. Die unzähligen deutschen Handwerker, die ihr Seelenleben in Stein gemeißelt oder in Holz geschnitzt und mit ihren geheimnisvollen Zeichen versehen haben, sind heilige Kämpfer um die Wiedergültigmachung deutschen Rechts und deutscher Freiheit gewesen.

Der gotische Dom hat in seinen bedeutendsten Schöpfungen nichts mit den herrschenden Kirchendogmen zu tun. Er ist wie ein Buch, in dem das Wesen der germanischen Seele wunderbare Versinnbildlichung gefunden hat. Die Inquisition hat es nicht allein fertiggebracht, die Kämpfer um uraltes Recht und uralte Freiheit zu vernichten, sie hat auch die Grundlagen der Bauhütten zerstört, so daß also hierdurch der Riß zu erklären ist, der im Übergang von der Gotik zur Renaissance zu erkennen ist. Die germanische Seele war wiedererwacht. Sie hat dieses Erwachen furchtbar büßen müssen, weil die feindlichen Mächte stärker waren, stärker sein konnten, da nicht ganz Deutschland von dem großen Erwachen erfaßt wurde und eigener Nutz über den gemeinen Nutz ging. Die deutschen Stämme mußten noch eine Höllenwanderung von Jahrhunderten durchmachen, während der Rebellion auf Rebellion zu verzeichnen ist, ehedenn die Zeit gereift war, den endlichen Durchbruch germanischen Lebensgefühls in der Gestaltwerdung eines eigenen deutschen Reiches, des Reiches Adolf Hitlers, einzuleiten.

Das Entscheidende

Dr. Oskar Schindler: *Gedanken zur Deutschen bildenden Kunst der Zukunft.* Vortrag in der Münchner Universität im Rahmen der NS-Volksbildungsstätte und des Kunstrings in der NS-Kulturgemeinde in: *Das Bild*, 1936, S. 260, gekürzt.

Die Deutsche bildende Kunst der Zukunft wird wie die zukünftige Deutsche Kunst überhaupt abhängig sein von der Entfaltung Deutscher Wesensart in zukünftigen Tagen. Wird sich ein seelisch-geistiges Eigenleben des Deutschen Volkes, ein selbstständiges Innenleben fortpflanzen und weiterentwickeln, oder nicht, das ist die große Frage, mit der selbstverständlich auch die Frage nach der Deutschen Kunst und der Deutschen bildenden Kunst entschieden wird. Auf dem Worte Innenleben ruht der Nachdruck. Unter Umständen können ja auch nach außen hin glänzend verlaufene kulturelle Veranstaltungen nicht über eine gewisse Öde und Leere hinwegtäuschen, wenn nämlich diese Veranstaltungen nicht vom Kulturwillen jedes einzelnen, der an diesen Veranstaltungen teilnimmt, getragen werden. Das Seelenleben des einzelnen und der Gemeinschaft ist das Entscheidende. Es kommt darauf an, ob der einzelne nach Bereicherung und Vertiefung seiner seelischen Verfassung strebt, selbst dann strebt, wenn zu diesem Ziele schwere und schwerste Opfer gebracht werden müssen. Die Deutsche Innerlichkeit entscheidet über die Kunst der Zukunft. Sie ist Bedingung und Prüfstein jeder echten Deutschen Kunst, wir kennen keinerlei anderen letzten Maßstab für unsere Kunstwerke.

Innerlichkeit, Beseeltheit – wir können auch sagen: germanisch-deutsche Frömmigkeit, Frömmigkeit im Goetheschen Sinne, sie werden die Merkmale einer künftigen Deutschen Kunst sein.

Das Deutsche Volk litt und leidet zum Teil heute noch an einer furchtbaren Gemütskrankheit, die bis zu einer völligen Gemütsverrohung, zu einem Ablehnen, ja Bekämpfen aller echten Gemütswerte führte. Diese grauenhafte Krankheit hatte durch die systematische Verhetzung des Deutschen Volkes durch Marxismus und Judentum immer weiter um sich gegriffen. Erst seit kurzem gehen wir daran, angefeuert durch das Beispiel Adolf Hitlers, diese Gemütskrankheit, die für das Deutsche Volk tödlich werden müßte, energisch zu bekämpfen. Zu diesem Zwecke müssen die das Deutsche Zusammenleben störenden Einflüsse immer noch mehr und heftiger befehdet werden. Beseelung des Deutschen Menschen im Deutschen Sinne – oder Tod seiner Kultur und dadurch letztlich seiner selbst: das ist die Entscheidung, vor die wir gestellt sind.

Die Gemütsverrohung ist der seelische Bolschewismus. Sie ist eine ganz ungermanische Erscheinung, denn der Germane dachte edel und empfand fein. Goethe hat diese germanische Einstellung mit den Worten ausgedrückt: Edel sei der Mensch, hilfreich und gut. Germanische, Goethische Ehrfurcht ist wieder notwendig zur Gesundung und Erstarkung unseres Menschseins und unserer Kunst.

Das Weltalter der Germanität

Fritz Zadow: *Kulturbewußtsein und nationale Wirklichkeit* in: *Kant-Studien*, Herausgeber Hans Heyse, 1936, Bd. 41, S. 14–15.

Die Hölderlin-Frage: «Wann erscheinst du ganz, Seele des Vaterlandes?» – sie ist nichts anderes als die Frage nach der Bild-Schöpfung, nach der Bild-Werdung des deutschen Menschen. Das neue Weltalter der Germanität wird dieses Wesensbild des deutschen Menschen schaffen oder es wird niemals geschaffen werden. Nie war eine Zeit reicher für die Selbstdarstellung und Selbstdeutung des deutschen Wesens als die Gegenwart. Nie war solche aber auch wichtiger als in der Gegenwart, dieser Epoche vergleichsweise größter Helle, Bewußtheit, Angespanntheit. Der Weltkrieg hat es uns gelehrt, wie wenig heute zuletzt bloße Kraft, Tüchtigkeit, Gesinnung bedeutet, wie sehr alles von der Überzeugungskraft der geprägten Formen, der herausgestellten Bilder abhängt, vorausgesetzt, daß ein Volk sich als Ganzes mit ihnen identifiziert.

Ausstellungen

Neuerstarkung der Kunst

Aus dem Aufsatz *Blut und Boden*, Kunstausstellung, Herbst 1935 in München, in: *Das Bild*, 1935, S. 370.

Die Ausstellung «Blut und Boden» beabsichtigte, gute, gesunde und bodenständige Kunst aus München und Oberbayern (darunter einige Werke unlängst verstorbener Künstler) unter dem bestimmten thematischen Gesichtspunkt des Ausstellungsgedankens zu einer geschlossenen Front zu sammeln, die Stellung nehmen sollte gegen die Kunstverfallserscheinungen und für eine Neuerstarkung der Kunst. Leider war es bei der beschränkten Räumlichkeit des Kunstvereins unmöglich, einen Gesamtüberblick über das gute Schaffen in München und Oberbayern zu geben, das sich mit den Gehalten von Blut und Boden befaßt. Gute Künstler, welche diesmal nicht herangezogen werden konnten, werden bei späteren Ausstellungen berücksichtigt werden. Als Leitwort der Ausstellung diente der Satz Paul Schultze-Naumburgs: «Kunst muß aus Blut und Boden erstehen, wenn sie zum rechten Leben erwachen will.»

Die Botschaft an die Welt

Hans-Walter Betz: *Freiheit des Künstlers* in: *Der Film* vom 9. 7. 1938, S. 1–2, gekürzt.

Am gestrigen Freitag ist der Tag der Deutschen Kunst im Festsaal des Deutschen Museums in München feierlich eröffnet worden. Für diesen und die folgenden Tage hat die Hauptstadt der Bewegung ein festlich-freudiges Gewand angelegt, jene Metropole und Pflegestätte heiteren Geistes und ernster Kunstbemühung, deren geographische Lage im größeren Deutschland zugleich ein schönes Symbol für den heimatlichen Wirkungskreis des deutschen Geistes ist, der vom Norden und der Rheinebene bis Tirol und zum Burgenland hin seit 2 Jahrtausenden lebendig war. Und wenn in den Festtagen der Deutschen Kunst insbesondere zum Ausdruck kommt, in welchem Maße diese Kunst eine Angelegenheit der Nation und des Volkes wurde, in dem sie wurzelt und für das die Künstler ihr Bestes geben, so darf auch diese stolze Tatsache als Botschaft an die Welt aufgefaßt werden.

Dem frei Genießenden steht der freie Künstler gegenüber. Er faßt seine Freiheit beziehungsvoller auf und er kennt ihren tiefen Sinn in seiner Verpflichtung gegenüber dem Land und dem Volk, dem er angehört und das seinem Wirken das Echo gibt. Er steht nicht außerhalb des großen Lebens und der großen Gedanken, die um ihn herum lebendig sind, sondern in der innigsten Wechselbeziehung zu seiner Gegenwart und zu allem, was diese Gegenwart ausmacht. Er ist verwurzelt, aber darum nicht an enge Grenzen gebunden. Er ist verpflichtet, aber darum nicht an irgendwelche Interessen gebunden. Er untersteht keiner einengenden Zweckmäßigkeit, keiner Klüngeldespotie, keiner wirtschaftlichen Tyrannis. Darum, und nur darum ist es ihm möglich, seine Freiheit geistig zu verwerten. Er untersteht allein dem ethischen Gesetz der Verantwortlichkeit gegenüber seinem Volk und gegenüber der deutschen geistigen Tradition, ohne das seine Freiheit nicht möglich und nur ein hohler Begriff wäre.

Aus der Freiheit des Künstlers erwuchsen die ersten Werke der Jungen, die dem Geist der Zeit seinen künstlerischen Ausdruck gaben. Aus ihr heraus entstanden die unvergänglichen Schöpfungen, die das deutsche Genie in allen Jahrhunderten der Nachwelt hinterlassen hat. Aus ihr heraus werden die großen geistigen Zeugnisse emporblühen, die kommenden Geschlechtern vom Sieg und der Freude eines Volkes künden werden, das innerlich und äußerlich imstande war, seine Kunst festlich zu feiern, und für das der Tag der Deutschen Kunst nur eine freudige Gelegenheit mehr war, sein Bekenntnis zur Gegenwart und ihrem kulturellen Inhalt in feierlichem Rahmen zu bekräftigen.

Das Gesprächsthema schwindsüchtiger Ästheten

Adolf Hitler in der Eröffnungsansprache der Deutschen Kunstausstellung 1939 in: *Mitteilungsblatt der Reichskammer der bildenden Kunst*, 1. 8. 1939.

Entscheidend war, daß der neue Staat nicht nur die Bedeutung seiner volks- und machtpolitischen, sondern auch kulturellen Aufgaben erkannte und diese als eine wichtige Mission in ihrer vollen Bedeutung würdigte und damit aber auch zur Tat werden ließ. Ich vertrat in den Jahren vor und nach 1933 die Überzeugung, daß, sowie die ersten Bauten von uns stehen würden, das Geschrei und Geschimpfe der Kritikaster zum Schweigen verdammt sein wird. Denn dann war nicht mehr die Auffassung dieser wurzellosen Literaten entscheidend, sondern die Meinung des Volkes. Denn je mehr die neue Kunst ihrer Aufgabe entsprechen sollte, um so mehr mußte sie ja zum Volke reden, d. h. dem Volke zugänglich sein. Damit aber hörte die Kunst auf, das mehr oder weniger interne Gesprächsthema schwindsüchtiger Ästheten zu sein, sondern sie begann ein kraftvolles Element unseres kulturellen Lebens zu werden. Ganz gleich, was nun der eine oder andere Verrückte darüber vielleicht auch heute noch zu denken beliebt, auf den neu entstandenen Plätzen entscheidet nunmehr aber schon längst das Volk. Das Gewicht der Zustimmung von Millionen läßt jetzt die Meinung einzelner völlig belanglos sein. Ihre Auffassung ist kulturell genauso unwichtig, wie es die Auffassung von politischen Eigenbrötlern ist. Die politische und kulturelle Emigration hatte für das Volk in dem Augenblick jede Bedeutung verloren, in dem die Taten als solche dem Volke sichtbar wurden und damit das Interesse an den rein theoretischen Abhandlungen dieser Leute einmal für immer verschwand.

So wie das Reich gewachsen ist, so wächst nun auch seine Kunst. Die Denkmäler der Architektur sind heute gewaltige Zeugen für die Kraft der neuen deutschen Erscheinung auch auf kulturpolitischem Gebiet. So wie die einzelnen Stadien der nationalen Wiedererhebung, die in der Schaffung des Großdeutschen Reiches ihre stolze Bekrönung erhielten, den politischen Nörgler erledigten, so erledigen die unvergänglichen Bauwerke des neuen Reiches den kulturellen. Daß die Architektur aber nunmehr auch eine immer würdigere Ergänzung auf dem Gebiet der Plastik und der Malerei findet, kann nicht bestritten werden. Das erste Ziel unseres neuen deutschen Kunstschaffens ist ohne Zweifel schon heute erreicht. So wie von dieser Stadt München die baukünstlerische Gesundung ihren Ausgang nahm, hat hier auch vor 3 Jahren die Reinigung eingesetzt auf dem vielleicht noch mehr verwüsteten Gebiet der Plastik und Malerei. Der ganze Schwindelbetrieb einer dekadenten oder krankhaften, verlogenen Modekunst ist hinweggefegt. Ein anständiges allgemeines Niveau wurde erreicht. Und dies ist sehr viel. Denn aus ihm erst können sich die wahrhaft schöpferischen Genies erheben. Wir glauben nicht nur, sondern wir wissen es, daß sich heute bereits solche Sterne am Himmel unseres deutschen Kunstschaffens zeigen. Die dritte Ausstellung im neuen Haus der Deutschen Kunst bestärkt uns in diesem Glauben. Wir wollen aber deshalb erst recht hoffen und es erwarten, daß die zur Kunst Berufenen mit einem wahrhaft heiligen Eifer zu ihrer Aufgabe stehen.

Wir sind gewillt, nunmehr von Ausstellung zu Ausstellung einen strengeren Maßstab anzulegen und aus dem allgemeinen anständigen Können nun die begnadeten Leistungen herauszusuchen. Wir haben dieses Mal schon ein Niveau, bei dem es schwer war, zwischen oft zwei und drei gleichwertigen Werken eine Entscheidung zu treffen. Ich habe mich daher entschlossen, so wie im vergangenen Jahr anzuordnen, daß ein Teil ausgestellter Arbeiten nach ihrem Verkauf durch solche ebenbürtige ersetzt wird, die nur infolge des Mangels an Platz im Augenblick keine Berücksichtigung finden konnten. Ich möchte nun aber auch die Hoffnung ausdrücken, daß sich vielleicht einzelne Künstler von wirklichem Format in Zukunft innerlich den Erlebnissen, Geschehnissen und den gedanklichen Grundlagen der Zeit zuwenden, die ihnen selbst zunächst schon rein äußerlich die materiellen Voraussetzungen für ihre Arbeiten gibt. Denn so tausendfältig auch die früheren geschichtlichen Visionen oder sonstigen Lebenseindrücke sein mögen, die den Künstler zu seinem Schaffen befruchten, ihm vorschweben oder ihn begeistern, so steht doch über allem die Großartigkeit seiner heutigen eigenen Zeit, die sich den erhabensten Epochen unserer deutschen Geschichte wohl als ebenbürtig zur Seite stellen kann.

Heroisch

Vergleiche zu diesem Kapitel Abb. 60–63.

Die Bezeichnung

Hans Kiener: *Kunstbetrachtungen*, München 1937, S. 334–335, gekürzt.

Dr. Hans Kiener, Dozent an der Staatsschule für angewandte Kunst, München; Spezialität Klassizismus und Kunst des 19. Jahrhunderts.

Siehe Prof. Dr. A. Bäumler: *Ästhetik* in *Handbuch der Philosophie*, Bd. *Die Grunddisziplinen*, Abteilung I, 1934, S. 99.

Die Akademie der bildenden Künste in München hat ihre Ehrenmedaille in goldener Ausführung dem Reichskanzler Adolf Hitler verliehen. Die Verleihungsurkunde hat, wie berichtet, folgenden Wortlaut: «Dem Führer des deutschen Volkes, Adolf Hitler, der den nationalen Gedanken als Brennpunkt des geistigen Lebens und Richtschnur der Künste in sein altes Recht einsetzte und in weitschauenden Plänen der Kunst ihre eigene Aufgabe, Sprache des Volkes zu sein, erneut zuweist, verleiht die Medaille für Verdienste um die Kunst die Akademie der bildenden Künste in München.»

Die Medaille wurde dem Führer am Tag der deutschen Kunst von dem Präsidenten der Akademie, Geheimrat Bestelmeyer [1], und dem Schöpfer der Medaille, Akademieprofessor Geheimrat Hahn [2], überreicht.

Die Medaille, die 9 cm im Durchmesser mißt, zeigt auf der Vorderseite das Haupt der Pallas Athene und die Umschrift: «AKADEMIE D. B. KÜNSTE. MÜNCHEN. FÜR VERDIENSTE.» Die Rückseite zeigt den springenden Pegasus.

Athlene ist die Göttin des Krieges und der Kunst, in ihr verkörpert sich der frische, starke Zug menschlicher Geisteskraft, die sich den Dingen gegenüber frei bewegt emporrichtet, die Kräfte der Dinge erkennt, abmißt und verwendet, mag dieses nun in der Überwindung des Gegners im feindlichen Zusammenstoß oder in der Überwindung der Naturstoffe für Gestaltung von Kunstwerken geschehen.

1 German Joh. Georg Bestelmeyer, 1874–1942; o. Prof. theol., München, D. theol., Präsident der Bayerischen Akademie der Künste ab 1924.

2 Hermann Hahn, 1868–1942; Bildhauer und Medailleur.

Das Bild der Göttin ist der treffende Ausdruck des heroischen Geistes des Führers und der nationalsozialistischen Bewegung überhaupt und in einem tiefen Sinn der Ausdruck der Kunst, die der Führer will, der Form, die erkämpft werden muß, um die der Künstler in ernster, gesammelter Arbeit ringen muß, bis daß sie ihn segnet.

Athene soll nach der Sage, die tiefsinnig gedeutet werden kann, Perseus die Hand geführt haben, als er der Gorgo Medusa das Haupt abschlug. Aus dem Hals der Medusa ist dann Pegasus, das geflügelte Roß entsprungen und sogleich zum Palast des Zeus emporgestiegen. Symbol der heroischen Kraft und hohen Begeisterung, die den schöpferischen Menschen, den Dichter und Künstler wie auf Flügeln emporträgt in die idealen Höhen des Olympos, füllt Pegasus die Rückseite der Medaille.

Das symbolische Geschenk

August Faust: *Wesenszüge deutscher Weltanschauung und Philosophie* in *Zeitschrift für deutsche Kulturphilosophie*, Bd. 8, 1942, S. 163–164, gekürzt.

August Faust war Professor für Philosophie.

Wenn ich ein Symbol aufstellen sollte für die weltanschauliche Grundhaltung und für den Weg des deutschen Geistes durch die Geschichte, so wüßte ich kein besseres zu nennen als Albrecht Dürers «Ritter mit Tod und Teufel»[1]. Dieser Kupferstich wurde dem Führer auf einem der ersten Reichsparteitage von der Stadt Nürnberg zum symbolischen Geschenk gemacht. Schon Nietzsche bezeichnet ihn als «Symbol unseres Daseins». Illusionslos und doch tapfer, unbeirrt dem «Bösen» begegnend mit offenem Visier und geradem Blick, auch im Bewußtsein des eigenen Unterganges seinen Weg unbeirrt fortsetzend, so reitet der Dürersche Reiter unbeirrt durch die unwirkliche Welt. Darum, so schreibt Nietzsche in der «Geburt der Tragödie», «können wir uns kein besseres Symbol wählen als den Ritter mit Tod und Teufel, wie ihn uns Dürer gezeichnet hat, den geharnischten Ritter mit dem erzenen, harten Blicke, der seinen Schreckensweg unbeirrt durch seine grausen Gefährten und doch hoffnungslos, allein mit Roß und Hund zu nehmen weiß». – Später freilich hat Nietzsche sich von diesem «düsteren» Bild abgekehrt. Auch ich glaube, daß es für sich allein noch nicht ausreicht, um die wichtigsten Wesenszüge der deutschen Weltanschauung und Philosophie auf ein Symbol zu bringen. Denn nicht nur das Kämpfertum kennzeichnet die weltanschauliche Grundeinstellung der deutschen Denker. Man bejaht das «Böse» nicht etwa nur deshalb, weil es zum Kampf herausfordert; ein Kampf bloß um des Kampfes willen wird ja nirgends anerkannt. Entscheidend ist vielmehr, daß dies alles der Vertiefung und Festigung

1 Siehe auch: H. F. K. Günther: *Ritter, Tod und Teufel – der heldische Gedanke*, München 1920.

des eigenen Wesens dient. Man kämpft nicht um irgendwelche äußeren Erfolge, sondern um Verinnerlichung, um Kräftigung des Haltes, den man in sich selbst hat. Darum möchte ich dem Dürerschen «Ritter» (von 1513) noch einen anderen Kupferstich zur Seite stellen, den Dürer nur ein Jahr später geschaffen hat, den «Hieronymus im Gehäus». Hier wird die stille Versonnenheit des deutschen Menschen wiedergegeben, seine fast eigenbrötlerische Vertiefung in sich selbst und doch zugleich seine selbstvergessene Hingabe an die Sache, der er dient. Alles ist wie verklärt in dem gemütlichen und doch (typisch deutsch) verwinkelten und mit Geräten vollgestopften Raum. Das Sonnenlicht bricht versöhnend durch die Butzenscheiben. Der Hund und der Löwe, den der heilige Mann durch seine Liebe zähmte, liegen als behagliche Haustiere im Vordergrunde. Aber dennoch ist die Unheimlichkeit des Daseins nicht verschwunden. Der Totenkopf auf dem Fenstersims und auch die halbwach blinzelnden Tiere deuten darauf hin. Jeden Augenblick, scheint es, kann diese düstere Macht hervorbrechen und die schlummernde Kraft des Deutschen aus aller Behaglichkeit wieder zum Kampfe aufrufen. Man hat diesen scheinbar so stillen Kupferstich daher sogar zum Kampfblatt machen können.

So vereinigen sich in der deutschen Weltanschauung scheinbar ganz widerspruchsvolle Wesenszüge; und auch in der deutschen Geistesgeschichte kommt es immer wieder vor, daß die Stillen im Lande plötzlich, wenn die Not der Zeit es verlangt, als Helden an der Front stehen. Das ist nur deshalb möglich, weil die beiden Seiten der deutschen Weltanschauung sich gegenseitig erfordern und ergänzen: Die versonnene, ja vergrübelte Vertiefung in das eigene Wesen gibt es nicht ohne die heroische und kampfesmutige Ritterlichkeit, und diese wäre unmöglich ohne jene.

Willensspannung

Friedrich Medebach: *Das Kampfplakat,* Frankfurt a. M. 1941, S. 119.

In Schwarz-Weiß-Technik ist ein Bildplakat der NSDAP gestaltet, ein Porträt, und zwar das des Führers vor einer Hochofenanlage. Diese beiden Kompositionselemente sind in der Weise einer Photomontage zu einer geschlossenen Bildeinheit zusammengefügt. Hier ist die ruhige Ausgeglichenheit einem starken Willensrhythmus gewichen, der von der rechten unteren Plakatecke nach links oben zieht. Wenn auch die Industrieanlage in ihrem Schrägaufbau im Bild von der «natürlichen» Wirklichkeit abweicht, so wird gerade durch dieses Abweichen von der Wirklichkeit jene starke Blickführung zum Kopf des Führers bewirkt. Hier beim Kopf findet die Blickführung erst ihren Halt. Hier laufen die Hauptlinien der Bildkonstruktion wie in der Spitze eines Dreiecks zusammen. Schon dadurch entsteht das Gefühl des Aktivismus und der Kraft, ehe man das Porträt Hitlers nun selbst sieht.

Das Auge verweilt bei dem Kopf des Führers nicht nur, weil das durch die Kompositionslinien bedingt ist, sondern auch durch die Blickrichtung der Augen, die auf uns sehen aus einem Gesicht voll innerer Spannung und Kraft des Wollens. Auch dieses Porträt ist nicht symmetrisch ausgeglichen, sondern es macht den ganzen Rhythmus des Bildes mit. Auch für dieses Bild wurden wieder naturalistische Stilelemente angewandt, wenn man von dem Aufbau der Komposition absieht. Die Industrieanlage gibt der Künstler in festerer Form. Die Spritztechnik erreicht eine lockere, impressionistische Wirkung des Porträts, wodurch der Eindruck der erregten Willensspannung stark vertieft wird.

Das Charakterideal

Thilo von Trotha: *Die völkische Kunst,* Dezember 1934, S. 10, gekürzt.
Thilo von Trotha, 1909–1938, war Schriftsteller.

Das Charakterideal des Germanentums war stets die Heldenhaftigkeit. Zu dem Schönheitsbild der nordischen Rasse gehört dieser heldenhafte Charakter als Ergänzung. Gerade dieser Zug bringt einen gewissen Unterschied zur hellenischen Kunst mit sich, die, abgesehen von der Olympia-Zeit, oftmals eine doch schon südlich beeinflußte Weichheit zeigt, die von der Herbheit nordisch-germanischen Wesens sich unterscheidet. Die heldische Sachlichkeit, verknüpft mit einem nordischen Schönheitsideal, wird der Untergrund eines neuen Zeitalters der bildenden Kunst in Deutschland sein – oder die bildende Kunst wird auch weiterhin zwischen südlichem Formalismus und asiatischer Chaotik hin und her schwanken.

Die Totalität der Weltanschauung

Fritz Todt: Vorwort in: *Die Straßen Adolf Hitlers in der Kunst,* Berlin 1936.
Dr. Ing. Fritz Todt trat am 5. 1. 1923 in die NSDAP ein; am 31. 10. 1931 in die SA; Standartenführer beim Obersten SA-Führer; Juli 1933 Generalinspekteur für das deutsche Straßenwesen.

In früheren Jahrhunderten war die Harmonie von Technik und Kunst eine Selbstverständlichkeit. Leonardo da Vinci war Maler, Gelehrter, Ingenieur und Baumeister in einer Person. Von den alten Griechen bis zu den alten Meistern der Gotik und Renaissance finden wir viele ähnliche Beispiele universaler Geister.

Erst dem materialistischen Denken einer liberalen Zeit blieb es vorbehalten, jene unselige Zersplitterung der geistigen und seelischen Kräfte zu bewirken, die schließlich auch zu den größten Mißverständnissen zwischen Kunst und Technik führte.

So flüchtete die Kunst, die Hüterin des Reinen und Schönen, in romantischere Bezirke, oder sie mußte sich erniedrigen. Damit verlor sie ihren Sinn. Vom Zeitgeschehen wurde sie mehr und mehr abgedrängt.

Es ist kein Zufall, daß die alles erfassende nationalsozialistische Umwälzung auch Kunst und Technik in ihrem starken Strome mit sich riß. Die erstarrten Grundlagen des Jahrhunderts hatte schon Nietzsche mit seiner Umwertung aller Werte erschüttert. Der Nationalsozialismus brachte den Durchbruch eines neuen Geistes. Die Totalität der Weltanschauung führte auch Kunst und Technik ganz von selbst wieder zusammen. Große Ideen und monumentale Werke, vom Führer selbst entwickelt, verschafften der technischen wie der künstlerischen Tätigkeit ungeahnten Aufschwung.

Der Künstler wird durch die große, heroische Auffassung einer technischen Aufgabe angeregt, der straßenbauende Ingenieur wieder empfängt seine Anregungen durch das vor allem in der Landschaft zu sehen gewohnte Auge des Künstlers.

Der Feierraum

Heinrich Hartmann: *Der Feierraum* in *Musik in Jugend und Volk*, 1937/38, S. 456–457, gekürzt.

Heinrich Hartmann, Oberbannführer, Leiter des Amtes Bildende Kunst im Hauptkulturamt der Reichspropagandaleitung der NSDAP.

Von den vielfältigen Bauaufgaben der Jugend sei hier die eine behandelt, in der sich alle erzieherischen Kräfte unserer Kulturarbeit auf das Glücklichste vereinen: Der Bau unserer Feierräume.

Mit der Gestaltung der Stirnwand werden Malerei und Bildhauerei als notwendig und sinnvoll in die wesentlichste Aufgabe des Architekten einbezogen: Räume zu schaffen. Bild und Plastik gehören zum Begriff unseres Feierraumes, allerdings nicht so, daß sie als Arbeitsbeschaffung für Maler und Bildhauer nachträglich an zufälligen Stellen angebracht werden, sondern so, daß der Baumeister schon bei der planenden Arbeit den Raum als eine große einheitliche Konzeption empfindet und als eine Einheit von gebauter Form und bildlicher Gestaltung entwirft. Er muß schon in seinem Plan auch dem Maler und Bildhauer ihre Aufgaben zuweisen und schon in den ersten Anfängen mit ihnen zusammenarbeiten, damit das Werk in allen Teilen aus einer einheitlichen Haltung wächst. Dort, wo der Raum fordert und das Bildwerk diese Forderungen erfüllt, ist es zu seiner eigentlichen Bindung und zu seiner größten Aufgabe zurückgekehrt. An keiner Stelle aber können die Gestalten unserer Bilder so zum gegenwärtigen Leben sprechen wie im Raum der Gemeinschaft. Dort leisten sie ihren größten Dienst: dem Sinn des Raumes, der schon in seiner architektonischen Gestalt vorhanden ist, in lebendigen Körpern den sinnfälligsten und wirksamsten Ausdruck und damit die höchste Steigerung zu geben. Dort steht von Feierstunde zu Feierstunde eine geschlossene Gemeinschaft mit aufgerüttelten Sinnen vor dieser sichtbaren Gestaltung wahrer Weltanschauung und nimmt von Mal zu Mal dieses Bild immer wirksamer und deutlicher mit in ihr tägliches Leben. Noch nie wurde der Malerei im politischen Leben des Volkes eine so entscheidende Bedeutung und so große Verantwortung zuteil. Mit dieser Aufgabenstellung sind ihr alle Wege für eine gesunde und große Entwicklung bereitet. Wir hoffen, daß mit dieser Bindung an den Feierraum das Wandbild auch jene blutleere Richtung überwinden wird, die meint, daß mit nationalsozialistischen Symbolen, mit einer immer weiter gehenden Vergrößerung der dargestellten Körper, mit ihrer Auflösung in starre, konstruierte Flächen eine «heroische» Kunst geschaffen würde. Gerade die Klarheit der Architektur verlangt von dem Bild im Blickpunkt des Feierraums eine sprudelnde Lebendigkeit und die Monumentalität des gesunden Körpers.

So kann an diesen Wänden unserer Feierräume auch einmal ein neues Schönheitsideal Gestalt werden, das freilich nur von einem Künstler geschaffen werden wird, der den Körper wieder kennt und beherrscht und auch seinen eigenen Körper geübt hat. Ein blasser Trottel kann uns nie ein forderndes Zielbild strahlender Schönheit und herrlicher Kraft schaffen. Nur wer selbst lebt zwischen hellem Aufgang und dämmerndem Abend, wem die Hände hart wurden vom Zupacken und die Stirn klar und die Augen tief von durchwachten Nächten, der hat das Recht, für diese Räume zu schöpfen und zu schaffen.

Wucht und Größe

Generalbaurat Prof. Dr. Wilhelm Kreis[1]
Berlin-Grunewald, Bilsestr. 4
Ruf: 89 10 51 u. 89 62 48
26. Mai 1943

Sehr verehrter Reichsführer[2]!
Für Ihr Schreiben danke ich ergebenst, zugleich möchte ich Ihnen noch besonders dafür danken, daß Sie mir Gelegenheit gaben, einen Entwurf

1 Prof. Dr. Wilhelm Kreis, Architekt und Fachschriftsteller, 1873–1955; einer der bedeutendsten deutschen Architekten des 20. Jahrhunderts; Professor an der Kunstakademie Dresden; Mitglied der Preußischen Akademie der Künste; siehe sein Werk *Über die Zusammenhänge von Kultur, Zivilisation und Kunst*, Berlin 1927. Vgl. Abb. 33–34.

2 Heinrich Himmler, 1900–45, ab 1929 Reichsführer SS; 1933–34 Leiter der Politischen Polizei in Bayern, dann in allen anderen deutschen Ländern;

für die Gestaltung des Grabmals Heydrich [1] auf dem Invalidenfriedhof vorzulegen.

Vor der Bearbeitung der Aufgabe hatte ich eine Unterredung mit Frau Heydrich, in der auch die Frage der Aufstellung eines Findling-Denkmals als Erinnerungsmal auf dem Grundstück am Ostseestrand besprochen wurde.[2] Ich war der Meinung, daß diese Aufstellung dort das einzig Richtige sei; für den Fall aber, daß ein Grabmal auf dem Invalidenfriedhof aufgebaut werden solle, an dieser Stelle ein Findling nicht seiner Aufgabe als Ehrenmal gerecht werden würde. Das Denkmal Scharnhorst von Schinkel ist dort bisher das schönste Ehrenmal und in diesem Sinne gleichwertig müßte dort dieses Ehrenmal Gestaltung und Ausdruck finden. Aus dieser Einstellung heraus habe ich dann den Denkstein mit den beiden flankierenden Adlern von Breker entworfen und bin der Meinung, daß dieses Mahnmal auch später in der Soldatenhalle aufgestellt werden könnte, wenn die Absicht bestünde, es dorthin zu überführen. Der Entwurf hat die für den Invalidenfriedhof angemessene Größe und hätte alle übrigen, außer dem Scharnhorst-Mal, an Wucht und Größe der Erscheinung übertroffen.

Wenn nun aber ein anderer Platz gewählt werden sollte, so müßte m. E. auch die Gestaltung eine andere sein und für eine solche Lösung mit viel größerem Ausblick und größerer Wirkung würde natürlich ein schöner und frei gelegener Platz im Walde oder auf einer Anhöhe das Richtige sein. Um eine so hervorragende Aufgabe zu lösen wäre es aber notwendig, diesen Platz zu kennen und zu Grunde zu legen; alsdann müßte mein Entwurf wohl auch ein dieser Lage angemessener sein. Einer solchen Gestaltung würde ich mich natürlich mit großem Eifer und mit aller Tatkraft von neuem widmen.

Sollte diese Absicht bestehen, so würde ich einen nochmaligen Entwurf für diese neue Lage sehr gern machen und mich freuen, wenn Sie, verehrter Reichsführer, mich nochmals mit einer solchen Arbeit betrauen würden.

Heil Hitler!
W. Kreis

1936 Chef der deutschen Polizei; 1943 Reichsminister des Innern; 1944 Befehlshaber des Ersatzheeres.

1 Reinhard Heydrich, 1904–42; 1931 durch Ehrenverfahren als Seeoffizier entlassen; 1932 Chef des Sicherheitsdienstes der SS; 1933–34 schaltete er die Politische Polizei in Deutschland gleich; 1939 Chef des Reichssicherheitshauptamtes (Gestapo, Kriminalpolizei, SD); 1939–42 ein Hauptinitiator der «Endlösung der Judenfrage»; 1942 stellvertretender Reichsprotektor von Böhmen und Mähren bis zum Tod durch tschechische Widerständler.

2 Himmler korrespondierte deswegen auch mit dem Bildhauer Franz Rotter – Rotter: *Das Jugendlich-Geniale der überragenden Führerpersönlichkeit des gefallenen Reichsprotektors* – und Prof. Wilhelm Petersen, Maler und Graphiker sowie Holzbildhauer. Die Briefe befinden sich im Besitz des Herausgebers.

«Dr. Frick in antiker Toga»

In: *Berliner Lokal-Anzeiger*, 21. 10. 1933, Morgenausgabe.

Dr. jur. Wilhelm Frick, * 1877; als Leiter der Politischen Polizei Münchens hielt er beim Hitler-Putsch 1923 «seine schützende Hand über die noch junge nationalsozialistische Partei und Adolf Hitler» (s. *Führerlexikon*, 1934/35). Frick und der Braunschweigische Minister Dietrich Klages machten Hitler 1932 auch zum deutschen Staatsbürger, indem sie ihn zum Regierungsrat ernannten; 1933 Reichsinnenminister.

Im Schloß wurde vom Reichskartell der bildenden Künste eine Ausstellung eröffnet, die zahlreiche Bildnisse und Bildwerke von Führern der nationalsozialistischen Bewegung vereint. Sie gibt interessante Aufschlüsse darüber, wie unsere Künstler sich physiognomisch mit dem Problem abfinden, die Köpfe der Führer des neuen Reiches je nach Temperament und Wesensart für das Volk anschaulich zu gestalten.

Von dem Reichspräsidenten Hindenburg sieht man ein Bildnis von Hugo Vogel, die Kreidezeichnung von Arnold Busch aus dem Hauptquartier von 1916 und eine neue Kohlezeichnung von Bruno Breil. Zahlreich sind die Porträts des Führers Adolf Hitler. Walter Miehe hat ihn stehend im Mantel gemalt, Holleck-Weithmann betont im energischen Kopf das Lineare, Karl Bauer gibt eine charakteristische Radierung des Antlitzes im Profil. Carl Hachez, Erich Kux, Willy Meyer und Otto Priebe schildern ihn in verschiedenen graphischen Techniken.

Neben den bekannten Büsten des Kanzlers von Pagels und Stark imponiert der wuchtige Bronzekopf von Ernst Seger, auch Walter Wolff hat eine Bronzebüste geschaffen. Hermann Göring ist von Holleck-Weithmann und Renfordt gemalt; seinen willensstarken Kopf kann man von Pagels in Bronze sehen. Sehr lebendig hat R. Sagrekow das Antlitz von Dr. Goebbels in Aquarell festgehalten, Ludwig Manzel schuf eine ausgezeichnete Bronzemedaille. Die Bronzebüste von Hanna Cauer zeigt Dr. Frick in antiker Toga, Walther Darré wurde von Franz Triebsch gezeichnet, Paul Gruson modellierte Dr. Lippert [1], Alfred Rosenberg erscheint stehend von Luitpold Adam gemalt.

1 Dr. Julius Lippert, * 1895 in Basel; 1927–32 Chefredakteur des *Angriff*; SA-Standartenführer; 1933 Staatskommissar der Hauptstadt Berlin.

Ein Zug von Größe

Dr. Wilhelm Spael: *Große Deutsche Kunstausstellung 1937* in *Kölnische Volkszeitung* vom 22. 7. 1937. Vgl. Abb. 17. Spael war Kunstkritiker.

Die Ausstellung!

Ursprünglich angemeldet waren 25 000 Werke, eingesandt wurden dann 15 000, ausgestellt sind rund 900 Werke. Es war gewiß nicht leicht, unter den vielen tausend Bildern und Plastiken das auszuwählen, was als die deutsche Kunst unserer Zeit angesprochen werden kann. Präsident Professor Ziegler betonte einführend, daß in diesem Hause nur Werke Platz finden, die der Weltanschauung des deutschen Volkes entsprechen. Das Haus der Deutschen Kunst verlange von den Künstlern, die der Ehre teilhaftig werden, hier mit ihren Werken vor das Volk zu treten, durch ihre Leistung ein künstlerisches und verantwortungsvolles Führertum zu zeigen.

Die Ausstellung hat ein klares, sauberes, ernstes und charaktervolles Gesicht! Experimentierkunst war von vornherein ausgeschlossen, nur wirklich in ihrer Art erfüllte und vollendete Kunstwerke konnten Aufnahme finden. Schon ein erster Gang durch die Säle beweist, daß die Prinzipien der Klarheit, Wahrheit und Könnenschaft bei der Auswahl leitende Gesichtspunkte waren. Das heroische Element springt stark in die Augen. Arbeiter, Bauer und Soldat sind Motive, an denen sich das Heroische am besten abwandeln läßt. Das Heroische ist selbstverständlich nicht, wie ja schon die Kunstgeschichte lehrt, auf diese Motive begrenzt. Es kann insbesondere in der Landschaft eine wesenhafte Erfüllung finden. So ist schon thematisch das Ausstellungsbild gewandelt. Das Sentimentale, Weiche, Träumerische, das Weibliche, wenn man will, tritt zurück zugunsten heroischer Themen und Stoffgebiete. Das Erlebnis des Weltkrieges, die deutsche Landschaft, der deutsche Mensch auf seiner Arbeitsstätte, das bäuerliche Dasein, das staatliche Leben in seinen Persönlichkeiten und Hauptentwicklungspunkten – das sind neue Themen, die aber auch andere Stilformen bedingen; Stilformen, die sich nicht mehr in die historisch gewordenen Schubkästen eines Impressionismus, Realismus, Naturalismus pressen und einregistrieren lassen. Die inneren Zusammenhänge von Stoff und Stil, immer schwierig nachzuweisen, lassen sich auch hier auf den ersten Blick nicht ergründen; soviel jedoch bemerkt man, daß sie da sind und ein Neues heraufführen, vielleicht eine Kunst des Monumentalen. Sofern der stoffliche Gehalt entsprechend ist, bieten sich die meisten Darstellungen plastisch und klar, kernig und markig dar; ein Zug von Größe geht durch das lebendige Ganze.

Ein gesundes, frisch und zukunftsfroh atmendes Künstlertum stellt sich in weitverzweigter Individualität auf dieser Großen Deutschen

Kunstausstellung München 1937 vor. Eine neue Aera der Kunst hat begonnen.

Moralische und geistige Erprobung

Aus der Rede von Dr. Goebbels zur Eröffnung der Deutschen Kunstausstellung München 1942 in: *Film-Kurier* vom 6. 7. 1942, S. 2.

Meine deutschen Volksgenossen und Volksgenossinnen! Schon ein flüchtiger Gang durch die heute zur Eröffnung kommende diesjährige Große Deutsche Kunstausstellung vermittelt dem Beschauer ein eindrucksvolles Bild des zeitgenössischen malerischen und bildnerischen Schaffens im Reich.

Auch hier ist der Krieg der große Umformer gewesen. Er hat unser Volk trotz des blutigen Handwerks, das er ihm auferlegte, nicht verroht, im Gegenteil, ihm sogar eine Empfindsamkeit den geistigen, weltanschaulichen und künstlerischen Fragen gegenüber verliehen, die nur behutsam und mit pfleglicher Hand geleitet und gemeistert werden kann. Schäden, die ein Krieg in früheren Zeiten an der Volksseele anzurichten pflegte, sind Gott sei Dank diesmal bei uns nicht aufgetreten. In diesem gigantischen Kampf um unser nationales Leben haben wir in mancher Beziehung erst den Durchbruch zu bis dahin auch uns noch unbekannten Seiten unseres Volkes gefunden. Wir sind als Nation durch den Krieg nicht schlechter, sondern besser geworden. Man mag über die Gründe dieser umgekehrt als gewöhnlich verlaufenden Entwicklung verschiedener Meinung sein. Nicht zu bezweifeln aber ist die Tatsache, daß wir deshalb alle den Krieg, wenn auch als unendlich schwer, so trotzdem als eine moralische und geistige Erprobung ansehen.

Wir müßten nicht Deutsche sein und uns trotz aller realistischen Ausrichtung unseres Kampfes auf das Naheliegende und Erreichbare noch ein gut Teil des uns nachgerühmten Dichter- und Denkertums bewahrt haben, wenn ein solcher Krieg uns nicht ernster, tiefer und auch gründlicher gemacht hätte. Wir entdecken in seinem Verlauf Seiten unseres Volkscharakters, von denen bis dahin nur die wirklichen Kenner unseres nationalen Wesens wußten.

Der Kriegsmaler

Prof. Ernst Vollbehr, Maler und Lithograph, * 1876, schrieb im handschriftlichen Lebenslauf: «Nach dem unglückseligen Weltkrieg (1918) mußte ich das Deutschland der Systemzeit verlassen, da ich zu vaterländisch gesinnt war», und weiter: «Dann kam der Ruf der Heimat. Am 1. Mai 1933 stand ich an dem Tempelhofer Feld meinem Führer gegenüber, und er nahm mir alle Sorgen ab, indem er die Weltkriegsbilder übernahm.»

Hitler sagte bei Tisch am 20. 6. 1942: «Gerade die Kriegsbilder seien eine eindeutige Bestätigung dafür, daß der wahre Künstler durch die Praxis, durch das eigene starke Erleben reife, nicht aber im Schulbetrieb der Akademie.» *Hitlers Tischgespräche*, Herausgeber Dr. Henry Picker, Bonn 1951, S. 402

Reichsministerium für
Volksaufklärung und Propaganda
Referat Kultur Ha/La.
den 9. 11. 1942

An den
Generaldirektor der staatl. Museen
Herrn Prof. Otto Kümmel [1]
Berlin C 2
Am Lustgarten, Altes Museum

Sehr geehrter Herr Professor!
Der Kriegsmaler Herr Prof. Ernst Vollbehr, Berlin, beabsichtigt in der Zeit vom 15. 2. bis 30. 3. 1943 in der Nationalgalerie eine Sonderausstellung durchzuführen, unter dem Titel «An allen Fronten des Lebens», Lebenswerk des Tropen- und Kriegsmalers Prof. Ernst Vollbehr. Wie ich hierbei erwähnen darf, arbeitet Herr Prof. Ernst Vollbehr z. Zt. im besonderen Auftrage des Führers und wie Herr Prof. Vollbehr mir persönlich mitteilte, begrüße der Führer diese Ausstellung, die das Arbeitsgebiet des Herrn Prof. Ernst Vollbehr umschließe, und zwar seine Arbeiten in Afrika, im Weltkrieg 1914–18, Asien, Amerika, Australien, Europa und den jetzigen Weltkrieg an der Westfront, Ostfront, Nordfront und Südfront. Herr Prof. Ernst Vollbehr beabsichtigt, etwa 1.200 Bilder auszustellen.

Ich bitte Sie um möglichst umgehende Mitteilung, ob in dieser genannten Zeit die beiden Stockwerke der Nationalgalerie zur Verfügung stehen und bitte gleichzeitig, mir die Miete für diese Zeit mitteilen zu wollen.

Heil Hitler!
Im Auftrage: Zeichen

1 Prof. Dr. Otto Kümmel, 1874–1952, ein Gelehrter von Weltruf, Begründer der ostasiatischen Kunstwissenschaft, seit 1934 Generaldirektor der Staatlichen Museen, kämpfte oft gegen die Manager der «entarteten Kunst»; siehe Paul Ortwin Rave: *Kunstdiktatur im Dritten Reich*, Hamburg 1949, S. 40, 59, 60; Prof. Kümmel hatte *keinen* Platz für die Ausstellung von Prof. Vollbehr.

Deutsch

Die Bezeichnung

Aus Hitlers Rede zur Eröffnung des Hauses der Deutschen Kunst, München, 18. 7. 1937, in: *Mitteilungsblatt der RKdbK,* 1. 8. 1937, S. 4.

Es ist oft die Frage gestellt worden, was denn nun «deutsch sein» eigentlich heiße. Unter allen Definitionen, die in Jahrhunderten und von vielen Männern darüber aufgestellt worden sind, scheint mir jene wohl am würdigsten zu sein, die es überhaupt nicht versucht, in erster Linie eine Erklärung abzugeben als vielmehr ein Gesetz aufzustellen. Das schönste Gesetz aber, das ich mir für mein Volk auf dieser Welt als Aufgabe seines Lebens vorzustellen vermag, hat schon ein großer Deutscher einst ausgesprochen: «Deutsch sein heißt klar sein.» Das aber würde besagen, daß Deutschsein damit logisch und vor allem aber auch wahr sein heißt. Ein herrliches Gesetz, das allerdings auch jeden einzelnen verpflichtet, ihm zu dienen und es damit zu erfüllen. Aus diesem Gesetz heraus finden wir dann auch einen allgemein gültigen Maßstab für das richtige, weil dem Lebensgesetz unseres Volkes entsprechende Wesen unserer Kunst.[1]

Die tiefinnere Sehnsucht nun nach solch einer wahren deutschen Kunst, die in sich die Züge dieses Gesetzes der Klarheit trägt, hat in unserem Volke immer gelebt. Sie hat unsere großen Maler, unsere Bildhauer, die Gestalter unserer Architekturen, unsere Denker und Dichter und am allerhöchsten wohl unsere Musiker erfüllt.

Diese Meister waren und sind unsterblich, selbst heute, da viele ihrer Werke im Original nicht mehr leben, sondern höchstens noch in Kopien und Reproduktionen erhalten sind. Wie weit entfernt war aber auch das Wirken und Arbeiten dieser Männer gewesen von jenem erbärmlichen Marktbetriebe vieler unserer sogenannten modernen «Kunstschaffenden», d. h. ihren unnatürlichen Schmierereien und Kleckser eien, die nur durch eine ebenso charakter- wie gewissenlose Literatentätigkeit gezüch-

1 Diesen Slogan der «Klarheit» in der bildenden Kunst haben fast alle nationalsozialistischen Kunstkritiker in Veröffentlichungen eifrig übernommen, besonders diejenigen, die sich mit «Volkstum» in der Kunst befaßten.

tet, protegiert oder gutgeheißen werden konnten, dem deutschen Volk aber in seinem gesunden Instinkt ohnehin immer vollkommen fremd geblieben, ja als ein Greuel erschienen waren.

Unsere deutschen Romantiker von einst dachten nicht im geringsten daran, etwa alt oder gar modern zu sein oder sein zu wollen. Sie fühlten und empfanden als Deutsche und rechneten natürlich dementsprechend mit einer dauernden Bewertung ihrer Werke entsprechend der Lebensdauer des deutschen Volkes.

Der Fremdling im Reiche

Hanns Bastanier: *Jedem das Seine* in: *Kunst und Wirtschaft,* 1933, S. 65, gekürzt.

Hanns Bastanier war Bildhauer, Maler, Radierer und Exlibrist.

Deutsche Kunst! Welche wunderbare Welt tut sich in diesen Worten auf! Doch kaum hat man dieses wundervolle Wort ausgesprochen, da hört man schon die alte internationale Pilatusfrage: was ist denn überhaupt deutsche Kunst? – Wer das heute noch fragen kann aus grundsätzlichem Zweifel an dem Begriffe selbst, der «ist nicht geschickt zum Reiche Gottes», der ist ein Fremdling im Reiche der deutschen Kunst und stellt sich selber außerhalb dieses gottgesegneten Gartens. Wer eine nordische Rassenseele in sich trägt, wer deutsch empfindet, wer in dem einen Worte «Deutschland» sein Innerstes mitklingen fühlt, wer im Tiefsten ergriffen wird von unseren deutschen Meistern, deren Zahl, Gott sei Dank, unendlich groß ist, der weiß ganz genau, was deutsche Kunst ist. Und den anderen, die das nicht fühlen können, weil sie eine andere seelische Haltung der Welt gegenüber haben, denen kann man es auch klar machen, wenigstens negativ: fast alles, was in den vergangenen 14 Jahren offiziell anerkannt, gesammelt, gekauft, gefördert, propagiert und der Welt als «deutsche Kunst» angepriesen worden ist, das ist keine deutsche Kunst. Werke, die zwar innerhalb der deutschen Grenzen entstanden sind, die aber in keiner Weise auffallen würden, wenn man sie zwischen die Werke der Künstler von Warschau, Paris oder Buenos Aires hängen würde, sind international, aber nicht deutsch, genauso wie zumeist ihre Schöpfer. Es gibt ja auch andere Kunst als deutsche: romanische, slawische und jüdische, die ihrer seelischen Einstellung nach international sein muß. Alle diese Kunstäußerungen und ihre Schöpfer waren die Lieblingskinder der maßgebenden Männer im vergangenen Deutschland, was man nachprüfen kann, wenn man die Ankäufe der Museen und die amtlichen Ausstellungen des Reiches im Auslande durchmustert. Die deutsche Kunst saß als «teutsches» Aschenbrödel im Bettlergewande am Wegesrand und lebte unter dem vereinten Gespött der internationalen «Sachverständigen» von den Almosen des Volkes.

Also muß der Neubau der deutschen Künstlerverbände aus Blut und Rasse auch neuen Männern mit rein deutscher Seele und deutschen Lebenswurzeln anvertraut werden, die entschlossen und in der Lage sind, «Jedem das Seine» zuzuweisen.

Der Maßstab

Dr. Otto Wacker in: *Das Bild*, 1934, S. 10.

Dr. Wacker studierte Architektur und Philosophie; ab 1933 Minister für Kultus, Unterricht und Justiz in Baden.

Die Liberalisten haben – wie gesagt – der Auffassung gehuldigt, daß nicht nur das Radio oder der Film, sondern auch die Kunst international sei. Genauso wie man glaubte, es gäbe eine internationale Technik und einen internationalen Fortschritt der Technik, weil man übersah, daß die wirklichen Erfinder fast immer von derselben weißen Rasse waren, so glaubte man an eine internationale Kunst, an eine Kunst schlechthin, an jene Kunst, von der die Festredner jeweils feierlich sagten: O Kunst!

Man war also am Begriff wieder einmal hängengeblieben. Wenn man von der deutschen Kunst redete, dann glaubte man, daß der Begriff «Kunst» das Feststehende, der Begriff «deutsch» jedoch das Wandelbare, das Zufällige, das Einmalige sei. Man machte sich zu dem Begriff Kunst eine hübsche Allegorie, man schuf sich eine Allerwelts-Pallas, eine Athene für jedermann, eine europäische Dame Kunst, über die unter anderem auch von den Deutschen etwas ausgesagt worden sei.

Wenn man die germanische Welt, insbesondere die deutsche germanische Welt der letzten zwei Jahrtausende herausnimmt aus Europa, dann fällt die ganze «europäische» Kunst samt der Zivilisation übereinander. Was übrigbleibt, ist Italien.

Darum interessiert es uns in gar keiner Weise, was etwa die Deutschen über das besagte hohe internationale Wesen, die Kunst, ausgesagt haben sollen oder noch auszusagen haben, zur Enttäuschung aller Anhänger einer internationalen Kunst. Wir glauben an dieses internationale Wesen nicht und erstreben mit niemandem ein Wettrennen in der Aussage. Selbst wenn wir aber dieses Wettrennen mit anderen Völkern zusammen machen wollten, wir könnten es nicht, denn man kann deutsche Kunst nicht an der chinesischen messen, nicht an der babylonischen, nicht an der spanischen. Woher sollte also überhaupt ein international gültiger Maßstab gewonnen werden? Die Kunst der Deutschen kann nur und immer nur wieder von Deutschen bemessen, gekannt und erfühlt werden.

Kein griechisches Schönheitsthema

Max Odoy: *Zeichen- und Kunstunterricht* in *Rassische Erziehung als Unterrichtsgrundsatz der Fachgebiete*, Herausgeber Dr. Rudolf Benze und Alfred Pudelko, Frankfurt a. M. 1937, S. 183–185, gekürzt.

Max Odoy war Maler und Graphiker.

Ohne die Einbeziehung des Rassegedankens wird eine Erneuerung deutscher Kunst in artgemäßem Sinne nicht möglich sein. Die deutschen Kunstschulen werden darauf zu achten haben, daß bei der Arbeit nach dem lebenden Modell (Kopf, Figur) nicht Geschöpfe vor die Kunstschüler gesetzt werden, die schlecht gewachsen, entartet im Ausdruck oder ein Rassegemisch sind. Derartige Gestalten können nicht Ansporn zum Schaffen vollendet gebildeter deutscher Menschen sein. Dabei wäre zu beachten, daß bei der Schaffung vollendet nordischer Körper als Vorbild und Ansporn die deutsche wahrheitsechte Kunstweise und nicht ein griechisches Schönheitsthema Anwendung findet. Die Schöpfung des vollendet deutschen Menschen nordischer Prägung wäre demnach von den Kunstschulen bei der Darstellung von Menschen zum Unterrichtsgrundsatz zu erheben. Diese Forderung ist für die Durchführung der vom Staate geforderten Rassenerziehung von höchster Wichtigkeit. Denn Kunst war zu allen Zeiten beste Werbung für weltanschauliche Inhalte. Die Kirchen haben sich dieser Werbung zum größten Schaden für arteigene Kunst und zum Schaden für unser Volk bedient. So wird auch der nationalsozialistische Staat der Werbung durch Kunst und Kunstunterricht keinesfalls entraten können, sondern darin seine beste Stütze haben müssen.

Nach diesen notwendigen Erörterungen kann die Antwort auf die oben gestellten Fragen nach Inhalt und Weise deutscher Kunst gegeben werden. Inhalt deutscher Kunst ist die deutsche Landschaft, der deutsche Mensch nordischer Prägung und das deutsche Denken, d. h. deutsche Weltanschauung und Gotterkenntnis. Zur deutschen Landschaft erübrigen sich nähere Erörterungen. Ist der deutsche Einzelmensch Gegenstand der Darstellung, so wird sein Aussehen und Wesen, sein Handeln und Tun, sein Beruf und schließlich seine Berufung im Kunsthandwerk als Ziel für den deutschen Menschen aufzuzeigen sein. Wenn Tacitus berichtet, daß es nicht der Anschauung der Germanen entsprach, die Götter im Bilde darzustellen, so ergibt sich daraus, daß die Werke deutscher Künstler, die orientalisch-christliche Sinnbilder oder Gottesvorstellungen darstellen, inhaltlich undeutsche, nicht arteigene Kunst sind. Die christliche «Madonna» ist in der deutschen Kunst vor allem ein Bild der Mutter mit Kind, ist also im Grunde nicht ein christlicher, sondern ein allgemein menschlicher Vorwurf.

Kurzum: Deutsche Kunst ist ein klarer Begriff, ist kein nervös-geistreicher Impressionismus, kein verkrampfter Expressionismus, keine Richtung oder Mache für den Salon. Ohne klare Erkenntnis, ohne Mut zu dieser eindeutigen Beschränkung als Ausgang und den sich daraus ergebenden Pflichten der Kunst und Kunstlehrer gegen Volk und Vaterland ist an eine Schöpfung arteigener Kunst nicht zu denken, kann auch nicht von einem deutschen Kunstunterricht gesprochen werden. Gerade für die allgemeinbildende höhere Schule ist nicht das unendliche Vielerlei der Richtungen, Techniken oder Kunstzeiten wesentlich, sondern müssen einzig und allein einige klare, eindeutige Grundbestimmungen dem Schüler für das ganze Leben als Maßstab und Wegweiser zu arteigener Kunst dienen.

Aus dem Obigen ergibt sich für den rassebewußten Kunstunterricht als Ziel: Dienst am Volke durch Erziehung zu deutscher Kunst als Verstehen und Wollen eigener Art und Abwehr gegen Überlagerung und Zersetzung durch fremde Art.

Das Naturgefühl

Alfred Rosenberg: *Wege deutscher Kunstpolitik* in: *Die Kunst im Dritten Reich*, 1938, S. 4.

Für Malerei und Skulptur wird das Schönheitsideal, das nun einmal die Vorstellung des germanischen Menschen ausmacht, wieder zur Herrschaft aufrücken; nicht der Entartete, Kranke und Zerquälte wird im Zentrum nationalsozialistischer Gestaltung stehen, sondern der Starke, Gesunde, in dem sich schöpferischer Wille mit innerer Kraft und äußerer charakterstarker Harmonie paart. Dieses Schönheitsideal schließt die Mannigfaltigkeit persönlicher Temperamente in keiner Weise aus; hier wird ein starker Wille jede Kleinlichkeit zu vermeiden haben. Das deutsche Naturgefühl, wie es sich in der Liebe zu Tier und Landschaft immer wieder gezeigt hat, ist in den letzten Jahren wieder stark hervorgebrochen; eine nationalsozialistische Kunstpflege wird diese Entwicklung mit allen Mitteln fördern, ist sie doch nur ein Ausdruck des allgemeinen deutschen Wesens, das sich in weltanschaulichen Bekenntnissen durch alle Zeiten ebenso deutlich ausgesprochen hat wie in der biologisch-rassenkundlichen Gesetzgebung des Dritten Reichs.

Im Interesse des deutschen Volkes

An den
Reichsminister Dr. Göbels
Berlin

Jean Jörges – Pg. 272 631
Neu-Isenburg 18. 7. 43
Bahnhofstr. 47
Stempel:
Reichsministerium f. Volksaufklärung u. Propaganda
21. Juli 1943

In der Anlage übersende ich Ihnen einen Zeitungsausschnitt aus der Frankfurter Zeitung, der mir von einem alten Parteigenossen übergeben wurde, der insofern interessiert, daß er aus der Feder eines uns allen bekannten Herren aus der Systemzeit stammt welchen wir damals den Kampf ansagten und zwar aus folgenden Gründen.

1. Herr Ernst Balser[1] war Freimaurer und hatte eine führende Stelle in der Staatspartei bis 33
2. Durch diese Eigenschaft hat er die Gunst des bekannten Juden Stadtrat May[2] Frankfurt a/M, welcher Ihm die Möglichkeit verschaffte, zu einem Aufstieg zu gelangen wie es selten einem Menschen beschieden ist.
3. Das Rationalisierungssystem der Herrn in den Flach und Plattenbauten in Frankfurt a/M und die Krankenkassenbauten in Frankfurt/Offenbach a/M und Stuttgart ist uns bekannt und hat den Städten viel Geld gekostet und Verdruß gebracht. Wir befürchten, daß wenn die Herren bestimmen können das Volk die Rechnung bezahlen muß. Die Herren verstehen es meisterhaft eine Zeitlang auf der Stelle zu treten um zur geeigneten Zeit wie jetzt. um so besser hervortreten zu können und die alte Ellenbogenfreiheit zu gebrauchen und uns die alte kalte Platte zu servieren.
4. Die Herren May Balser und Konsorden waren gar keine so große Meister und sind es auch Heute noch nicht, wie Sie die Reklame hinstellt, denn wir kennen die Mängel und das Vergebungssystem der Bauten. Die rechtschaffenden Ehrlichen Handwerker und Geschäftsleute können bei diesen Herren keine Krumme Brot verdienen, höchstens Handlanger sein.

Wir haben genug Deutsche Architekten mit deutschem Sinn deutschem Empfinden deutschem Geschmak und ehrlichem Vergebungssystem und eine Verbundenheit mit dem Deutschen Handwerk bei denen Qualität und Schönheit mehr gillt als Quantum und Pluff.

1 Ernst Balser, Architekt, * 1893.

2 Wahrscheinlich handelt es sich um den Baumeister Ernst May, den seine Frankfurter Siedlungen berühmt gemacht haben.

Ich bitte im Interesse des Deutschen Volkes diesen Herren etwas mehr beachtung zu schenken, damit sie nicht alzu Freie Hand bekommen und bestimmen können.

Heil Hitler
Jean Jörges

Ausstellungen

Ursprung und Seele

Irma Fiebig: *Deutsche Kunst* in: *Berliner Lokal-Anzeiger* vom 31. 8. 1933, Abendausgabe.

In der Kunst offenbart sich die Eigenart eines Volkes am unverfälschlichsten. In den Linien und Bewegungen, in den Spannungen und im Rhythmus seiner Werke muß sich die Art des schaffenden Menschen und seines Volkes enthüllen. Darum haben die Kunst und die Bewahrer der Kunst, die Museen, heute, da der deutsche Mensch sich selbst, seinen Ursprung, seine Seele sucht, eine besondere Aufgabe: Klärer und Deuter deutscher Seele zu sein, Antwort zu geben auf jene große Frage, die heute alle Deutschen bewegt: Was ist deutsch?

Das Kölner Wallraf-Richartz-Museum hat diese neue Aufgabe des Museums bereits erfaßt und seine Arbeit unter dieses programmatische Leitmotiv gestellt, um damit zugleich einen neuen Versuch zu machen, die Fäden zwischen dem Volk und seinem Kunstbesitz wieder dichter zu spinnen. Nach einer Ausstellung «Grundkräfte deutschen Formwillens» wird jetzt eine Ausstellung «Deutsche Landschaftszeichnung» gezeigt. In Bildnissen, Ornamenten, figürlichen und landschaftlichen Zeichnungen wurden in der ersten Ausstellung zwei Grundkräfte des deutschen gestaltenden Menschen deutlich, einmal die Hingegebenheit an die Wahrheit der Erscheinung, zum anderen die freischweifende Phantasie, die die Dinge nicht isoliert, sondern sie in ihren universellen Zusammenhängen schaut und darstellt.

Der nordisch-germanische Mensch verbindet den Drang nach Wahrheit, nach Erkennen, mit der mystischen Verbundenheit, mit den naturhaft-metaphysischen Kräften. Er ist zugleich tief religiös wie tief erkenntnisdurstig, er ist – das Sinnbild deutschen Wesens – faustisch. So sind seine Kunstwerke – wie die des deutschesten Menschen: Dürer – sinnbildhaft zugleich und doch ganz hingegeben an die Wahrheit der Erscheinung. Die neue Ausstellung «Deutsche Landschaftszeichnung» offenbart außer diesen beiden scheinbar paradoxen Grundkräften eine neue Erkenntnis: wie wenig nämlich der Deutsche seinen Ausdruck in der Landschaftszeichnung gesucht hat.

«Hier ist kein Platz für Experimente»

Bruno E. Werner: *Erster Gang durch die Kunstausstellung* in: *Deutsche Allgemeine Zeitung* vom 20. 7. 1937.

15 000 Arbeiten sind für diese erste Große Deutsche Kunstausstellung eingereicht worden. Um das Prinzip einer lockeren, weiträumigen, sparsamen Anordnung der Kunstwerke durchzuführen, vor allem aber um mit dieser Ausstellung unbedingt verbindlich richtunggebend für die weitere Entwicklung der deutschen Kunst zu sein, hat man nur 900 aufgestellt.

Es ist kein Zufall, daß die Stimme der Plastik dabei wesentlich stärker spricht als die der Malerei. Denn wenn wir des öfteren darauf hinweisen konnten, daß die «Urform» der Kunst des Dritten Reiches die Architektur ist, daß der Bauwille primär ist und von ihm sich die anderen Künste ableiten, so ist es verständlich, daß die Plastik als eigentliche Begleiterin der Architektur einen Standort einnimmt, auf den ihr die Malerei erst allmählich folgen wird. Sieht man von den zahlreich vertretenen Plaketten ab, die eigentlich ja auch zur Plastik gehören, so sind in der Ausstellung allein über 200 Skulpturen zu sehen. Man hat sie, um in der Mitte den nötigen Raum für die Besucher zu lassen, an die Wände gerückt, so daß man sie nicht umschreiten kann, wodurch die großen Wände jeweils den Charakter einer in sich gegliederten Fassade bekommen.

Das Themengebiet ist zum überwiegenden Teil der nackte menschliche Körper und der Porträtkopf. Daneben trifft man auf zahlreiche Tierplastiken. Das Statuarische und die natürlichen Wesensgesetze des Plastischen sprechen aus allen gezeigten Arbeiten. Hier ist nichts von barocker Draperie zu sehen, nichts von der Theatralik literarisch empfundener Denkmäler. Diese Körper ruhen in sich selbst, sie verlieren sich auch nicht in kleine im Grunde unplastische Einzelheiten. Was Deutschland an Skulpturen vorführen kann, nimmt durch die Breite eines guten Niveaus und durch ein durchgehendes Wissen um das Wesen des plastischen Schaffens im heutigen Europa den vordersten Platz ein. Weiterhin findet man hier eine große Anzahl ausgezeichneter Porträtköpfe zum Teil von bekannten Persönlichkeiten, die wiederum für sich beweisen, welchen Vorsprung die Skulptur vor der Malerei hat. Der kunstverständige Besucher aus dem Ausland wird von der Niveauhöhe des plastischen Schaffens in Deutschland einen ungewöhnlich starken Eindruck mit nach Hause nehmen.

Die Malerei knüpft großenteils auf das engste an die Münchener Überlieferung des ausgehenden vorigen Jahrhunderts an. Leibl und seine Schule und zuweilen Defregger wirken bestimmend auf die vielen Gemälde mit Bauern, Bäuerinnen, Holzfällern, Hirten usw., auf die Interieurs, die behaglich von den liebenswürdigen kleinen Geschehnissen des ländlichen Lebens erzählen. Daneben findet man eine außerordentlich große Anzahl von Landschaften, die ebenfalls die Tradition weiter fortsetzen. Hier wie überall ist das Skizzenhafte radikal ausgeschieden worden. Nur Bilder, die in ihrer Art völlig durchgearbeitet sind und keinerlei Raum zum Fragen lassen, was der Künstler damit wohl beabsichtigt haben könnte, fanden Aufnahme. Hinzu kommt eine Fülle von Bildnissen vor allem von führenden Persönlichkeiten des Staates und der Partei.

Während die Themen aus der nationalsozialistischen Bewegung zahlenmäßig durchaus im Hintergrund stehen, so trifft man auf eine größere Gruppe von Gemälden mit symbolischen und allegorischen Darstellungen. Man sieht den Führer als Ritter in silberweißer Rüstung zu Pferd mit der flatternden Fahne in der Hand [1], man sieht eine Allegorie des Erwachens mit einem ruhenden Mannesakt, über dem viele Frauenkörper als Genien fliegen. Zahlreich sind in dieser Ausstellung, die so von einer Freude am gesunden Körper erfüllt ist, die weiblichen Akte.[2] Auch hier hat die Kampfansage gegen das l'art pour l'art zu einer Inhaltsgebung geführt. Ein charakteristisches Beispiel hierfür sind die Gemälde des Präsidenten der Reichskammer der Bildenden Künste: Seine Allegorie «Die vier Elemente», Frauen, die die Embleme der Elemente in der Hand tragen und nebeneinander auf einer blauen Bank sitzen, die Schleier als Stoffdraperie neben sich liegend (das Bild hängt bekanntlich als Wandteppich im Deutschen Haus in Paris) [3] oder seine Darstellung der Terpsichore, ein plastisch herausmodellierter Damenakt mit einem goldenen Stäbchen in der Hand. Andere symbolische Darstellungen finden ihren Ausdruck in Mädchen- und Frauengestalten wie z. B. «Edles Blut», ein weiblicher Akt mit langem blonden Haar, oder «Mädchentum», ein Mädchen, das in grünem blühenden Gesträuch mit leicht geneigtem Kopf steht, eine Gloriole von weißen Wölkchen im blauen Himmel hinter sich.

Entscheidend für diese «Große Deutsche Kunstausstellung» ist, daß hier aller Problematik der Kampf angesagt wird. Hier ist kein Platz für Experimente. Hier sollen mit jeder einzelnen Arbeit die Leitsätze belegt werden, die in den Reden zum Tag der Kunst immer wiederkehrten: daß in diesem «fertigen schönen Haus keine unfertigen Bilder» aufgenommen werden dürfen.

Mit dieser Ausstellung – und das ist in der Tat eine Wende von weittragender und nicht zu übersehender Bedeutung – hat der Nationalsozialismus, über den bisherigen Kampf gegen die Verfallskunst hinausgehend, nun dargelegt, wie die neue deutsche Kunst wirklich aussehen

1 Vgl. Abb. 63. Das Bild wurde bald zurückgezogen.
2 Vgl. Abb. 56–57.
3 Vgl. Abb. 46–48.

soll. Das Ergebnis ist eine sehr scharfe Absage an die Vergangenheit, die sich nicht nur auf die Nachkriegsjahre erstreckt, sondern, wie Dr. Goebbels in seiner Rede mit Recht bemerkte, einen großen Teil der Arbeiten der letzten drei Jahrzehnte umfaßt. Die Verfallskunst hat man nun – z. T. in allerletzter Zeit – aus den Museen herausgeholt und wird sie als abschreckendes Beispiel in einer offiziellen Ausstellung «Entartete Kunst» in den Arkaden in München zeigen. Sie wurde am Montagnachmittag eröffnet.

Von den 900 Werken, die im Hause der Deutschen Kunst zu sehen sind, Künstlernamen hervorzuheben, wäre ein Unrecht gegen jeden einzelnen Ungenannten. Denn jeder einzelne Künstler dieser Ausstellung hat durch das Dritte Reich eine Auszeichnung erfahren, die ihn in die Phalanx der offiziellen Träger des nationalsozialistischen Kunstwillens stellt.

Der Ausdruck der Seelenwerte

Walter Horn: *Vorbild und Verpflichtung. Die große Deutsche Kunstausstellung 1939 in München* in *Nationalsozialistische Monatshefte*, September 1939, S. 830–833, gekürzt.

Walter Horn war Kunstkritiker.

Die Jahresausstellung der Malerei und Plastik 1939 im Münchener «Haus der Kunst» ist mehr als eine Leistungsschau der schöpferischen Kräfte, wie sie andere Kunstausstellungen vermitteln. Über der Auslese des Kunstschaffens, die alljährlich dem deutschen Volk in München als Ernte seines künstlerischen Arbeitswillens dargeboten wird, steht das Wort des Führers «Die Kunst ist eine erhabene, zum Fanatismus verpflichtende Mission». Wir wissen, daß der Künstler heute unbeirrt durch Richtungen, Gruppen und Tagesmeinungen schaffen kann. Der Nationalsozialismus hat die Kunst endgültig der individualistischen Sphäre entrückt und in den Dienst der Gemeinschaft gestellt. So wie unsere Weltanschauung die Kraft zur Erneuerung in der Erkenntnis der Gebundenheit des Einzelmenschen an Volkstum und Rasse findet, so kehrt auch die Kunst aus der Vereinsamung in die größere Gemeinschaft zurück. Die Kunst hat den Auftrag erhalten, das deutsche Leben in seiner unerschöpflichen Vielfalt zu spiegeln, einer politischen Zeitwende die großen und dauernden Sinnbilder zu schenken, den Reichtum der deutschen Seele zu spiegeln. Der künstlerische Kampf ist also nicht mehr Mittler ästhetischer Genüsse, die dem Augensinn in mehr oder minder vollkommener Weise schmeicheln, sondern er soll Vorkämpfer einer Mobilmachung der Charakterwerte des deutschen Menschen sein, soll der großen politischen Wandlung ein künstlerisches Gleichnis schaffen oder eine Melodie des Herzens klingen lassen, wenn er sich auf die stillen

Kräfte von Landschaft, Mensch, Tier und Pflanze besinnt. Das bedeutet weder eine Rückkehr zum biedermeierlichen Idyll noch eine zeitgenössische uniformierte, aber innerlich leere Historienmalerei. Die junge nationalsozialistische Kunst, die sich mit einem leidenschaftlichen Anspruch an das Volk wendet, die Ausdruck der Seelenwerte unserer Zeit sein will, sucht ihr Ebenbild ebenso im Heroischen in der männlichen Haltung, im Sinnbild der soldatischen Bereitschaft, wie im klaren Ebenmaß einer Formenwelt, die dem Schönheitsideal der verwandten Antike nachstrebt.

Die nationalsozialistische Kulturführung hat keinen Zweifel darüber gelassen, daß mit der Ausmerzung der jüdischen Verfallskunst erst der Boden für den neuen Wuchs freigemacht wurde. So ist die erste Ausstellung im Münchener «Haus der Kunst» unter der kulturpolitischen Zielsetzung veranstaltet worden, der Kunst der Verfallzeit eine klare Gegenauslese zu bieten, die unproblematisch und gemeinverständlich das Beispiel einer werthaften, rassisch gesunden und handwerklich gediegenen Kunst gibt. Der Führer hat in seiner diesjährigen Eröffnungsrede darauf verwiesen, daß auch das heute Erreichte erst eine Vorstufe der künftigen, überragenden künstlerischen Leistungen ist: «Nunmehr soll von Ausstellung zu Ausstellung auch an die bildenden Künste, Malerei und Plastik ein strenger Maßstab angelegt werden, damit aus dem allgemeinen anständigen Können sich die begnadeten Leistungen herausheben.» Mit besonderem Nachdruck betonte der Führer, daß der Künstler nun auch der Gestaltung des Geschehens der Gegenwart mehr und mehr sich zuwenden möge.

Die Jahre des Suchens, der unablässigen Selbstprüfung, die kennzeichnend für die künstlerische Situation der ersten Jahre nach der nationalsozialistischen Machtübernahme waren, sind von einem bewußten und selbstbewußten Gestalten abgelöst worden. Das Überwundene ist vom Sturm der geistigen Revolution fortgefegt. Die Sicherheit der großen Form, die unserer Zeit die ebenbürtigen Sinnbilder schafft, erhöht vor allem die Plastik zu einer Ausdruckskunst von neuer kühner Sprache. Die Großplastik ist das Symbol einer schöpferischen Staatspolitik geworden, die im Zusammenklang mit den erhabenen Architekturdenkmälern des nationalsozialistischen Großdeutschland das Geschehen unserer Zeit für die Nachwelt verkörpern wird. Die Malerei ringt noch um die ebenbürtige Stellung neben Architektur und Plastik. Sie macht sich zum Mittler der seelischen Erlebnisse unserer deutschen Gegenwart und schafft den Ausgleich zwischen Persönlichkeit und Gemeinschaft, den Gleichklang zwischen Alltagsrhythmus und Feiertag, zwischen der klaren politischen Willenskraft und der romantischen Sehnsucht des Gemüts. Die für die Bauten von Partei und Staat bestimmten Großplastiken – schon im Vorjahr wurden wesentliche Entwürfe und Werke von Thorak und Breker ausgestellt – sind aus einem neuen Zeitgefühl geformt, das aus den männlichen Charakterwerten des Nationalsozialismus, den Kräften der Ordnung, des Mutes und der heroischen Selbstbehauptung, Sinnbilder von klassischem Ebenmaß schafft.

So lehrt uns auch die deutsche Malerei, daß die kulturpolitische Zielsetzung des Nationalsozialismus eine Wende im Ausdruckswillen und inneren Wesensgehalt der deutschen Kunst in einem Zeitraum herbeigeführt hat, wie er sonst für keine andere Epoche der abendländischen Kunstentwicklung festgestellt werden kann. Auch der schöpferische Reichtum der Großen Deutschen Kunstausstellung in München gibt uns die Gewähr, daß der Umbruch der deutschen Kultur vollendet wird.

Der Eingangsraum

Robert Scholz: *Zukunftsbewußte deutsche Kunst – Zur Eröffnung der Großen Deutschen Kunstausstellung 1942 in München* in: *Völkischer Beobachter* vom 4. 7. 1942, gekürzt.

Wenn heute mittag im Haus der Deutschen Kunst in München in feierlicher Weise zum drittenmal in diesem Kriege die Große Deutsche Kunstausstellung eröffnet wird, dann ist das einer der stärksten Beweise für die Sicherheit des geistigen Fundaments, auf dem unser Volk in diesem Schicksalskampf steht. Der von Jahr zu Jahr feststellbare Prozeß einer Steigerung des künstlerischen Gesamtbildes dieser Ausstellung ist auch diesmal unverkennbar. Sehr viele der bekannten Künstler sind diesmal mit Werken vertreten, die im Rahmen ihres Schaffens eine Leistungssteigerung darstellen, dazu ist auf allen Gebieten eine Anzahl neuer Begabungen hinzugetreten. Das, was die einzelnen Werke der Ausstellung verbindet, ist die gemeinsame Ausstrahlung eines lebensbejahenden Optimismus und eines starken künstlerischen Idealismus. Die zukunftsbewußte Sicherheit, die sich in dieser Ausstellung so deutlich ausprägt, ist einer der stärksten Beweise für die seelische Stärke, über die das deutsche Volk in dieser Zeit verfügt. Man wird sich der Bedeutung dieser Tatsache erst dann in ihrer ganzen Tragweite bewußt, wenn man die zukunftsbewußte Haltung der deutschen Kunst in Gedanken mit den künstlerischen Leistungen des vergangenen Krieges vergleicht. Das, was die Künstler damals geschaffen haben, trägt, wenn wir es jetzt rückschauend betrachten, deutlich den Stempel eines drückenden Pessimismus. In der Düsterheit der Farben, in der dumpfen Schwere der Formen kündete sich in der Kunst des vergangenen Krieges, den Künstlern selbst noch unbewußt, der seelische Zusammenbruch an, der auch dann, als die Katastrophe eingetreten war, seinen erschreckenden Ausdruck in dem inneren Verfall der Nachkriegszeit gefunden hat. Die innere Haltung und die Grundstimmung der Kunst unserer Tage ist von ganz anderer Art. Es ist das stärkste Erlebnis dieser dritten Großen Kunstausstellung im Kriege, daß sich in ihr der zukunftsbewußte Glaube unserer Zeit so unverkennbar widerspiegelt.

Diese optimistische Haltung wird sowohl in den Werken der Malerei und Plastik, sie wird ebenso in den Bildern, die das Geschehen der Zeit gestalten, wie in der überwiegenden Zahl jener Werke sichtbar, in denen die Künstler ihr gläubiges Erlebnis der Welt in der Gestaltung der ewigen Themen der Kunst, in der Darstellung von Mensch, Tier und Landschaft sichtbar werden ließen.

Der Eingangsraum mit dem eindrucksvoll gesammelten Bildnis des Führers von Hans Schachinger, Wien, inmitten der beiden meisterlichen Darstellungen, in denen Paul Herrmann den traditionellen Marsch der Alten Garde am 9. November und die Kranzniederlegung durch den Führer am Ehrenmal der Feldherrnhalle schildert, bildet den historisch sinnvollen Auftakt für die sich anschließenden Räume mit zahlreichen Darstellungen des Heldentums unserer Soldaten, in denen der Geist der nationalsozialistischen Bewegung seine große Bewährung findet.

Nationalsozialistischer Realismus

Nationalsozialistischer Realismus: Diese Bezeichnung gab es selbstverständlich im Dritten Reich nicht. Sie ist hier nur von dem in der Sowjetunion geprägten «Sozialistischen Realismus» abgeleitet, denn die Ähnlichkeit in der Argumentation, Losung und im Schöpferischen ist – besonders bei der bildenden Kunst – frappierend. Den Statuten des Sowjetischen Schriftsteller-Verbandes zufolge ist «der sozialistische Realismus die Grundmethode, die vom Künstler eine *wahrheitsgetreue, konkrete Darstellung der Wirklichkeit* (in ihrer revolutionären Entwicklung) fordert. Hierbei muß die *Wahrheitstreue* und geschichtliche Konkretheit der künstlerischen Darstellung der Wirklichkeit Hand in Hand gehen mit der Zielsetzung einer ideologischen Umformung und Erziehung der Werktätigen im Geiste des Sozialismus»; die sowjetische Enzyklopädie stellt im Zusammenhang mit dem «sozialistischen Realismus» offiziell fest, daß Maler wie Renoir, Manet, Cézanne oder Monet nichts als «Dekadenz und Zerfall» ausdrücken. Siehe *Bolsaja Sovetskaja Enciklopedija*, 2. Ausgabe, Bd. 17, S. 594–595; dem «Sozialistischen Realismus» zufolge ist es Aufgabe der Künstler, Parteifestlichkeiten zu schmücken, Denkmäler der sowjetischen Führer zu bauen, Parteiplakate zu entwerfen. Siehe R. S. Kaufmann: *Sovetskaja tematiceskaja kartina*, Moskau 1951, S. 165; André Gide schreibt in den Eindrücken nach seinem Besuch in der Sowjetunion, daß sowjetische Künstler ihm dauernd wiederholten, «Kunst sollte volkstümlich oder gar nichts sein». Siehe André Gide: *Retour de l'U.R.S.S.*, Paris 1936, S. 20.

Die weitere Dokumentation zeigt offensichtliche Verwandtschaft und oft sogar Gleichartigkeit der Richtungen und Parolen bei beiden totalitären Systemen – hinsichtlich der bildenden Kunst! Ganz zu schweigen von den Resultaten, den Bildern selbst. In beiden Systemen sind sie lediglich Ausdruck der Reproduktionstechnik.

«So kam das Licht von Adolf Hitler in unser Volk»

Robert Böttcher: *Kunst und Kunsterziehung im neuen Reich*, Breslau 1933, S. 61–62, gekürzt; Robert Böttcher war Leiter für Kunsterziehung des NS-Lehrerbundes. Siehe auch P. K. Sommer: *Kunst und Kunsterziehung*, Dortmund 1935, sowie Hans Friedrich Geist: *Die Wiedergeburt des Künstlerischen aus dem Volk*, Leipzig 1934.

Und wenn wir nun zum Schlusse der Untersuchungen uns fragen? Woran also zerbrach die deutsche Kunst?, dann lautet die Frage zugleich: Woran also zerbrach Deutschland?, denn die Kunst ist immer und überall der sichtbar gewordene Seelenzustand eines Volkes und ist sein klarster Spiegel.

Liegt etwa in den Erbanlagen, den Urkräften des deutschen Menschen, in seinem zwiespältigen Charakter, in seiner Doppelseele der Grund für unseres Volkes Zusammenbruch?

All das und hundert andere Dinge haben gewiß zusammengewirkt und den Sturz in die Tiefe veranlaßt, aber die letzte Ursache sind sie alle nicht. Der letzte und tiefste, ja der alleinige Grund dafür, daß all die genannten Gifte so furchtbar sich auswirken konnten, liegt in der 400jährigen Vergewaltigung der deutschen Seele, liegt in einer 400jährigen falschen Erziehung des Menschen. Durch die Verkrüppelung der deutschen Seele allein ist Deutschland zerbrochen und mit ihm die deutsche Kunst, und durch die Wiedergesundung der deutschen Seele wird auch Deutschland gesunden.

Alfred Rosenberg sagt in seinem *Mythus des 20. Jahrhunderts*: «Wo der Verstand zum gesetzgebenden Herrscher wird, da bedeutet es das Ende einer Kultur.» Dem deutschen Volke hat dieser Herrscher das Ende gebracht.

Das Ende aber bedeutet Finsternis, tiefste Nacht, Chaos. Und doch wissen wir, die ganze Nation ist in einzigartiger Geschlossenheit aufgebrochen und drängt wieder einmal unaufhaltsam dem Lichte zu. Woher kam uns dieses Licht?

Es kam daher, woher allein es kommen konnte, aus den unergründlichen und unerschöpflichen Tiefen deutschen Volkstums heraus, aus den ältesten Geschlechtern deutscher Bauern, deren Blut noch eins ist mit dem deutschen Boden, und deren Seelen durch diese Verbundenheit allein noch gefeit sind gegen die Gifte, die in jahrhundertelangem Angriffskampf des deutschen Menschen Seele mürbe machten und krank. Das Licht kam und mußte kommen von einem Menschen, der sich die Seele blank erhalten hatte bis auf ihren tiefsten Grund, der nicht durch langjährige falsche Erziehung und Bildung, wie Millionen unter uns, verbildet wurde. So kam das Licht von Adolf Hitler in unser Volk.

Das Drängen der Gegenwart

Alfred Rosenberg: *Schriften aus den Jahren 1921–1923*, München 1943, S. 676–678, gekürzt.

Die völkische Bewegung bezeichnet sich mit Recht als eine sowohl geistige als politische Strömung, die mit zusammengebrochenen Staatsgedanken und vielen überlebten Formen des Lebens und der Kunst gebrochen hat und Bahn schaffen möchte für alles Lebendige und Vorwärtsdrängende. Politisch hat der völkische Gedanke im Nationalsozialismus seine klare Prägung erhalten, und unter seinem Banner kämpfen augenblicklich die aktivsten Deutschen für einen neuen Staatsgedanken. Merkwürdig aber ist es, daß, wenn wir dasjenige betrachten, was man völkische Kunst zu nennen beliebt, von diesem elementaren Vorwärtsdrängen wenig zu bemerken ist. Dagegen sehen wir, wenn wir zunächst einmal etwa den Blick auf die Malerei wenden, die betrübliche Erscheinung, daß die Mehrzahl unserer völkischen Maler wie hypnotisiert auf Schongauer, auf Dürer starren oder gar auf Ludwig Richter, Arnold Böcklin, Hans Thoma. Nun ist ohne weiteres zuzugeben, daß manche unserer heutigen Künstler die Welt mit ähnlichen Augen anschauen, wie einst ein Schongauer sie betrachtete. Das wäre nur zu verständlich, aber merkwürdig ist es, daß man gerade in häufigen Nachahmungen der alten Form seine völkische Kunst glaubt betonen zu müssen. Die Vertreter dieser Richtung haben deshalb für das Drängen der Gegenwart fast keinerlei Verständnis, und wir sehen nur zu oft eine Verneinung der gesamten künstlerischen Bewegung der Jetztzeit von ihnen ausgehen.

Die Kunstgeschichte – wie jede Geschichte – zeigt Epochen, in denen einmal die Sehnsucht nach Form und Harmonie vorherrscht, das andere Mal die Sehnsucht nach einem Durchbrechen aller bisherigen sogenannten künstlerischen Normen. Die Frühromantik und die Gotik, die Renaissance und das Barock, der alte Klassizismus und die Romantik zeigen dieses Auf und Ab von Kunstidealen, und auch unsere Zeit hat als Wesenskern den Bruch mit abstrakten Formen vollzogen; aber anstatt diesen inneren Bruch mitzuerleben und den neuen notwendigen in Sturm und Drang erscheinenden Kräften eine organische Entwicklung zu ermöglichen, sind viele unserer reiferen völkischen Künstler über die neue Sehnsucht als solche hergefallen und haben eine ganze Generation einer Macht ausgeliefert, welche das romantisch-gotische Sehnen von heute mißbrauchte und verfälschte. Der Expressionismus als Wesenstendenz entsprach fraglos dem Sehnen unserer Zeit; der Expressionismus, wie er wurde, war seine zum Wahnsinn gebrachte Karikatur. Das muß man unterscheiden, will man heute die Malerei verstehen lernen. Es geht nicht an, über die gesamte neue Zeit in pharisäerhafter Anmaßung den Stab zu brechen, sondern wir müssen fähige Existenzen loslösen, die durch geistige Brunnenvergiftung sich selber untreu wurden. Die heutige Zeit hat mehr Recht, nach Ausdruck zu verlangen, als das Schwärmen und Ächzen nach einer toten Kunstvergangenheit. Diese Sachlage beurteilen viele unserer völkischen Maler so gut wie gar nicht, weil sie vom Geist unserer Zeit fast ganz unberührt geblieben sind. Deshalb haben wir auch noch keine wurzelechte völkische Kunst. Das Problem von heute ist: aus einem alten Wesensgrunde heraus in die Welt zu schauen, wie einst Dürer schaute, aber mit dem Rhythmus der heutigen Zeit zu zeichnen und in Formen zu schaffen, die immer wechseln, die aber das Auge des heutigen Menschen zu befriedigen imstande sind. Dürers Kunst war völkisch, weil sie Gegenwart darstellte. Seine Epigonen, und mögen sie sich noch so völkisch nennen, sind unnational, weil sie Vergangenheit kopieren wollen. Ein Künstler, der die Gegenwart in ihrem Drängen versteht, der allein wird einmal auch die künstlerische Form für sie finden.

Zum Schmuck zurückkehren

Prof. Otto von Kursell: *Nationalsozialistische Kunstpolitik* in: *Deutsche Kultur-Wacht*, 1933, Heft 20, S. 3–4, gekürzt.

Wir fragen uns, wovon wir ausgehen und was wir wollen. Ich werde mich bei dieser Erörterung besonders auf das Gebiet der bildenden Kunst beschränken. Es geht um Grundlagen, Ziele und Maßstäbe, die selbstverständlich auch für alle anderen Kunstgebiete gelten müssen. Dieser Maßstab, den wir anlegen wollen, ist bewußt kein objektiver, sondern ein subjektiver. Wir müssen erst stark und gesund sein, dann können wir die Objektivität den folgenden Generationen überlassen. Wir stellen kein System auf, um darüber zu theoretisieren, wir wollen arbeiten. Unsere Grundsätze gehen nicht von Stilen aus, nicht von außen nach innen, sondern kommen von innen her. Wir müssen das Liberale restlos aufgeben und wieder zum Handwerk und zur Gesinnung gelangen, wie uns die Bewegung aufs neue hingeführt hat zur Disziplin und Bereitschaft, zu Boden und Volk. Nicht der einzelne ist wichtig, sondern das Volk; und das Volk nur, wenn es einem Ziele dient. Abseits dahinvegetieren ist kein Ziel mehr, ist sinnlos. Aus dem Erlebnis des gemeinsamen Kampfes ergeben sich Bestimmung und Bindung. Wir liegen heute daher erklärlicherweise im Streit mit den Exponenten gewisser Kunstrichtungen.

Die Zersetzung der letzten Epoche hatte einerseits ihren Grund darin, daß von außen her kulturbolschewistische und jüdische Tendenzen in unsere Kunstanschauung getragen wurden. Der tiefere Grund aber lag in den Menschen selbst. Der Naturalismus der «vorletzten Epoche» überspitzte sich zur Technik an sich und zur Darstellung an sich. Der Gegenstand war gleichgültig in dem Kunstwerk, wenn es nur technisch vollendet war. Ausdruck und Geist hatten darin keinen Platz. Das war keine Kunst mehr.

Die vergangene Kunst war volks- und traditionsfremd, nicht nur wegen äußerer Einflüsse – nein – auch weil sie innerlich ziellos gewesen ist und keinen Sinn mehr im Volke hatte. Kunst aber ist Dienst am Volke. Wenn der Künstler wieder in Arbeit gesetzt wird, so soll das die Bestimmung seiner Kunst sein: Freunde, Verehrung, Andacht, Erhebung, Liebe oder Haß; mit der Bewegung leben und schaffen, mitverantwortlich sein!

Die Architektur der vergangenen Epoche bot dem Schmuck keinen

Raum. Die sogenannte neue Sachlichkeit konstruierte glatte Fassaden und leere Wände. Wir werden wieder zum Schmuck zurückkehren und den Bildhauern und Malern Gelegenheit geben, mit dem Architekten zu arbeiten.

Der neue Maßstab heißt Kraft und Einfachheit. Der Inhalt muß die Form von innen heraus gestalten. Das ist das Wesen der deutschen Kunst.

Die Aufgabe

Prof. Eugen Hönig in: *Deutsche Kultur im Neuen Reich*, Herausgeber Ernst Adolf Dreyer, Berlin 1934, S. 59–62, gekürzt.

Der Nationalsozialismus hat den ganzen Staat erobert und alle Volksgenossen in stärkste Verbundenheit gebracht. Der jahrtausendalte Traum aller wahrhaft deutschen Männer nach einem einigen deutschen Reich mit einigem Wollen ist Wirklichkeit geworden. Die gewaltige Willenskraft und gläubige Zuversicht eines einzigen Mannes, den Gott unserem Volke in der Zeit seiner tiefsten Erniedrigung geschenkt hat, hat dieses Wunder vollbracht, das dem Titanen Bismarck zu erreichen versagt blieb.

Wie könnte dem auch anders sein, da doch unser Führer selbst der Kunst sein Leben weihen wollte, und der Präsident der Reichskulturkammer sein Studium der Kunstwissenschaft gewidmet hatte.[1] Noch sind wir über die Periode künstlerischer Probleme nicht hinweggekommen, noch spricht man von Richtungen traditionsgebundener und moderner Art. Es wäre gewiß richtiger, von guter und schlechter Kunst zu sprechen, denn eine Kunst oder auch nur ein Handwerk ohne Tradition gibt es nicht und ebensowenig kann geleugnet werden, daß jegliche künstlerische Ausdrucksform sich mit dem Zeitgeist wandelt. Aber diese Äußerungen vollziehen sich selten in so plötzlicher Weise wie in den verflossenen Dezennien, sondern meist in einer allmählichen Umstellung.

Worauf es heute ankommt, ist weniger, an vergangene Zeitalter erfolgreich anzuknüpfen, als vielmehr aller Kunst die Bindungen zurückzugewinnen, die in großem Maße verloren gegangen sind und ohne welche keine Blütezeit der Kunst denkbar ist.

1 Dr. Joseph Goebbels hörte an den Universitäten Bonn, Freiburg i. B. und Würzburg Germanistik, Geschichte und Latein, promovierte in München mit der Arbeit *Wilhelm von Schütz als Dramatiker – Ein Beitrag zur Geschichte des Dramas in der romantischen Schule.*

«Sein Doktorvater Max Freiherr von Waldberg, bei dem er promoviert und den er so etwas wie verehrt, ist im Sinne der späteren Nürnberger Gesetze ‹Volljude›, noch dazu aus Czernowitz»; H. Heiber: *Joseph Goebbels*, Berlin 1962, S. 31.

Aufgaben müssen der Kunst gestellt werden. Aufgaben in äußerer konvexer und innerer konkaver Form. Die Plastik soll wieder an der Straße, im Garten, an der Mauer stehen, in Form von Reliefs die Wände zieren, die Malerei an Wand und Decken im Rahmen der Baukunst den künstlerischen Klang veredeln helfen, dann erfüllt sich von selbst die vielfach unbewußte Sehnsucht jener Maler, denen der Rahmen eine lästige Fessel und das Material eine Behinderung monumentalen Gedankenfluges war. Der Geist des Nationalsozialismus gebietet, sich als Teil eines Ganzen zu fühlen und im Ganzen Höchstes und Letztes erreichen zu wollen, er fordert das Aufgehen des Individuums und individueller Gestaltung im Gesamtbild des Geschehens. Wo ist dieser Geist der Verbundenheit bei den neuen Stadt- und Dorfbildern geblieben?

Kunst und Volk haben sich in gleichem Maße, als die Bindungen lokkerer wurden, voneinander entfernt, der Wahlspruch «l'art pour l'art» kennzeichnet die Periode größter künstlerischer Egozentrizität. Die Kunst ist vielgestaltig, sie kommt vom Handwerk her und zeigt in ihrer Abwandlung alle Phasen mehr oder minder anspruchsvoller Gestaltung und findet ebensolche unterschiedlichen Beurteiler.

Gewiß ist, daß alle Kunst, auch die höchste, einen Anklang im Volke finden muß, denn die bleibende Wertung von Kunst und Künstler erfolgt weder durch Künstler selbst, noch durch Kunstgelehrte, sondern durch das ganze Volk, soweit dasselbe innerlichen Anteil nimmt.

Die Sünde

Adolf Babel: *Deutsche Kunst* in: *Das Bild,* 1935, S. 297–298, gekürzt.

Wer umreißen will, was Kunst ist, versündigt sich an ihrem Wesen. Wer aber leugnen will, daß Kunst aus dem Blut kommt, hat von ihr keinen Hauch versprüt. Wie nichts anderes sonst liegt Kunst im Blut. Sie macht alle Regungen der blutgebundenen Rassenseele mit und wird so zu einem getreuen Abbild der Rasse. Gleichzeitig aber wird man an ihr auch erkennen, ob der rassische Zustand eines Volkes in Ordnung ist oder nicht. So wird Kunst ein Mittel zum Zweck. Das bedeutet keine Herabwürdigung, viel eher eine Aufwertung, weil somit auch die Kunst dem Volke als dem Höchsten, was es gibt, dient.

Wenn wir uns heute mühen, das Feld der Kunst vom Schutt der Systemzeit und des Liberalismus zu säubern, so können wir nur an ein Gelingen dieser Aufgabe denken, wenn der Glaube an das Blut unerschütterlich ist. Was liegt näher, mit diesem Werke dort zu beginnen, wo der Blutsquell des Volkes am klarsten und stärksten fließt, beim Bauerntum.

Man glaube nicht, daß das Gefühl für das Echte im Volke nicht vorhanden oder erloschen sei. Jeder Soldat und Kämpfer der Bewegung weiß, daß gerade der einfachste Mann hierfür den klarsten Blick hat. Wenn es trotzdem heute oft noch anders scheint, so rührt dies daher, daß man jahrzehntelang mit dem Kunstempfinden des einfachen Mannes Schindluder getrieben hat. Der Bauer konnte doch keine anderen Bilder für sein Heim bekommen als den Schund der Öldrucke, die bewußt und raffiniert auf die Farbenfreudigkeit des unverbildeten Menschen spekulierten. Wer aber alte Bauernhäuser kennt, weiß auch, wie oft dort gute Bilder aus alter Zeit zu finden sind; Bilder, die nicht als wertvolle Kuriositäten angesehen werden, sondern als Werke, die heute noch gelten. So gilt es auch für den Künstler von heute, anzuknüpfen an den Werken unserer großen Meister und sich nicht zu gut zu dünken, auch einmal bäuerliche Werkskunst ohne Eigendünkel anzusehen als das, was sie ist: Ein Ausdruck des Göttlichen im Blut in erdnaher und handfester Form.

Bildung des Herzens

Kultur und seine Bildungsphilister, in: *Das Schwarze Korps* vom 25. 2. 1937, gekürzt.

Kunst zu lehren, d. h. sie zu deuten, zu erklären, aus ihrem biologischen und rassischen Gesetzkreis heraus verständlich zu machen, und Kunst ins Volk hineinzutragen, ist nur möglich, wenn man sich der Bindungen der Kunst an das Leben auch bewußt ist. Um Kunst ins Volk hineintragen zu können, ist es notwendig, eine Aufnahmebereitschaft zu schaffen. Das Vorhandensein dieser Aufnahmebereitschaft aber zu erkennen, genügt es nicht, die Dauer des Beifalls mit der Stoppuhr abzumessen, um dann mit hochgeschwellter Brust und selbstzufrieden über die «vollbrachte Kultursendung» von hinnen zu ziehen.

Erziehung zur Kunst ist einmal die Erweiterung des eigenen Kulturerlebens, also nicht eine Bildung des Verstandes, sondern eine Bildung des Herzens; zum weiteren ist die Erziehung zur Kunst ein Hinführen und ein Einführen in die Werke der Kunst. Dies aber kann nur geschehen, wenn man das Kunstwerk als Totalität betrachtet, d. h. seine Gelehrsamkeit nicht zu einer Analysierung mißbraucht, sondern sie dazu benutzt, die Schönheiten eines Werkes und ihre Bedeutung im allgemeinen Kulturleben dem Empfinden und damit schließlich auch dem Verständnis näherzubringen. Kunsterziehung ist eine Volkspädagogik im edelsten Sinne, weil sie das Wertvollste im Menschen erweckt, die Bejahung des Lebens. Denn nicht indem man dem Volksgenossen Bildungsgut eintrichtert, bessert man seine soziale wie auch soziologische Stellung, sondern indem man seine seelischen Kräfte zum Einsatz aufruft. Und daraus wird ersichtlich, daß eine Kunst um ihrer selbst willen eine Zerstörerin dieser seelischen Kräfte ist, denn sie verneint die Bindungen an die

Ganzheit des Lebens, dessen Ausdruck wiederum die Kultur und damit auch das politische Leben als ein Bekenntnis zu dieser Ganzheit ist.

In verständlicher Weise ausdrücken

Dr. Hans Kiener in: *Die Kunst im Dritten Reich*, Juli/August 1937, S. 19.

Der Führer will die deutsche Kunst aus ihrer Volksfremdheit erlösen, er will sie zurückführen in die Gemeinschaft, er will, daß sie ihre unbewußt erziehende, läuternde Wirkung weitreichend und nachdrücklich auszuüben vermöge. Er umgibt die Kunst mit Ehre und führt dem Volke die Bedeutung und den hohen Rang, den die Kunst im Gesamtleben der Nation einnimmt, nachdrücklich vor Augen. Die großartigen Feierlichkeiten am Tage der Deutschen Kunst 1937 sind deshalb ein einprägsames und wichtiges Zeugnis. Vom deutschen Künstler aber verlangt der Führer, daß auch er sich löse aus der Vereinsamung, daß er aufgeschlossen zum Volke sprechen wolle; dies müsse sich schon in der Wahl des zu gestaltenden Themas äußern, das volkstümlich und verständlich und im Rahmen des heldischen und heroischen Ideals des Nationalsozialismus bedeutend sei; es müsse sich äußern im Bekenntnis zum Schönheitsideal des reinrassigen, nordischen Menschen, und es müsse sich vor allem im Willen und Vermögen des Künstlers äußern, seine Formgedanken in richtiger und verständlicher Weise auszudrücken.

Der sittliche Inhalt

Hans Wühr: *Graphik – Politische Kunst* in: *Die Kunst im Dritten Reich*, 1938, S. 164, gekürzt.

Vieles ist im Holzschnitt zusammengedrängt: die Heiligkeit der Rune, der Sinn des gedruckten Wortes, der Aufruhr des Buches, die Lust am Ornament, das Abschweifen des Auges nach innen, das Fabulieren im Grenzenlosen. Wie die Buchdruckerkunst, so ist auch der Holzschnitt das Kind eines aufrührerischen Zeitalters.

Weder wird das Bild durch das Wort erklärt, noch das Wort durch das Bild illustriert, sondern beide sind gleich, beide sind nur ein verschiedenes Funkeln desselben Inhaltes, bald nach der Seite der bildlichen Natur hin, bald nach der Seite des Ornaments und des Wortes. Unsere ereignisreiche Gegenwart beansprucht die Kunst des Holzschnitts in hohem Maße und bietet aus dem Reichtum ihrer volkstümlichen Absichten und Aufgaben dem Holzschneider ungeheure Möglichkeiten. Diese Möglichkeiten haben einige rechte deutsche Künstler wohl erkannt, wie z. B. der Österreicher Ernst Dombrowski und der junge Rheinländer Georg Sluyterman v. Langeweyde, die viele prächtige Holzschnitte und Linolschnitte geschaffen haben. Aus ihren Werken spricht neben dem fruchtbaren künstlerischen Vermögen die große deutsche Lust am Fabulieren, an Lied und Schalk, ein hochgemuter Sinn und die innigste Beteiligung an den Kämpfen, Zielen und Früchten der deutschen Wiedergeburt. In einer Holzschnittfolge «Volksschicksal» erzählt der Grazer Künstler von Bauernkriegen, die vor 400 Jahren alpenländische Bauern gegen ihren Unterdrücker und Peiniger, den Erzbischof von Salzburg, führten. Infolge der buchgleichen Fliehkraft des Holzschnitts aber wird das geschichtliche Datum bis in die Nähe leidenschaftlichster Gegenwart verschoben und mit den Erfahrungen des völkischen Kämpfens und Leidens der Nationalsozialisten Österreichs erfüllt. Auch die schönen Holzschnitte und Linolschnitte von Georg Sluyterman van Langeweyde erfahren vom Gegenständlichen her eine fruchtbare Fülle. Ein Spruch, ein Wort des Führers, die Zeile eines Volksliedes funkeln und flackern als Ornament neben der bildlichen Erzählung und beweisen, wieviel künstlerische Fruchtbarkeit im sittlichen Inhalt des Bildes beschlossen liegt.

Beispiel: Tierschutz

Joachim Hild: *Heimatschutz als Aufgabe volkhafter Verpflichtung* in: *Heimatpflege – Heimatgestaltung*, Beilage zur Zeitschrift *Der Deutsche Baumeister*, 1939, Nr. 5, S. 49–51, gekürzt.

Mit dem Jahre 1933, dem Siege der nationalsozialistischen Weltanschauung, die ihre Begründung in den rassischen Werten unseres Volkes findet, ist auch auf dem Gebiet der heimatpflegerischen Arbeit eine neue Epoche angebrochen. Es ist nur natürlich, daß mit einer solchen Wandlung, mit einer solchen vom Volkhaften her gesehenen völkischen Umwertung aller Werte insbesondere auch alle Aufgaben in ein neues Stadium der Entwicklung traten, die sich mit den Fragen des Volkstums und seines Ausdrucks beschäftigen. Die heimatpflegerische Arbeit trat damit aus ihrer bisherigen mehr oder weniger privaten Atmosphäre und wurde zu einem öffentlichen, einem völkischen Auftrag, an dessen Erfüllung der Staat und die nationalsozialistische Bewegung als die politische Willensträgerin der Nation entscheidend und grundsätzlich interessiert sind, wie das bereits auch in einer Reihe von Verlautbarungen und in der Unterstützung der Durchführung praktischer Aufgaben in einer ganzen Zahl von Fällen zum Ausdruck gekommen ist.

Was nottut, ist die Schöpfung einer stetig wachsenden und nur durch die persönliche Erfassung der Aufgabe zusammengeschlossenen Gemeinschaft, die sich von Generation zu Generation erneuert und sorgsam über die ihr anvertrauten nationalen Güter wacht. Der Gedanke des Tierschutzes wird bereits seit langen Jahren mit bestem Erfolg jedem heranwachsenden Deutschen nahegebracht, sei es durch besondere

Schriften oder Kalender oder durch Unterweisung im Unterricht; könnte dieses Beispiel nicht in entsprechender Form für alle anderen Aufgaben der praktischen Arbeit des Heimatschutzes richtunggebend werden? Dabei käme es weniger auf die wissenschaftliche als vielmehr die volkstümliche und möglichst bildhafte und einprägsame Methodik der Darstellung an, die sich selbstverständlich dem Stand der Forschung aufs engste anzuschließen hätte. Ich greife willkürlich einige Beispiele aus der Landschaft Schleswig-Holsteins heraus: wie das der Frühjahrsfeuer, der Erntefeiern, der in dieser Landschaft so unterschiedlichen Bauweise, der Entwicklung des Ortsbildes u. a. m. Dieser Vorschlag bedeutet nichts anderes, als die Zusammenstellung des wissenschaftlich erarbeiteten Stoffes durch eine landschaftliche Mittelstelle mit der Maßgabe, sie den Dienststellen und Organisationen zur Verfügung zu stellen, die sich mit Brauchtumspflege, Erarbeitung von Chroniken usw. beschäftigen. Es kommt bei alledem darauf an, den Kreis der Nutznießer der in wissenschaftlicher Forschung erarbeiteten und einwandfrei festgestellten Erkenntnisse so zu erweitern, daß nach langjähriger Tätigkeit von einer volkstumsmäßig bewußten Bevölkerung dieser Landschaft gesprochen werden kann.

Darüber hinaus besteht die Notwendigkeit, über die einzelnen fachlichen Organisationen und Verbände an die Menschen heranzukommen, die durch ihre berufliche Tätigkeit in unmittelbarer Weise an den Aufgaben beteiligt sind, die zum Arbeitsbereich der Heimatpflege gehören; so die Architekten, die in der Baupolizei tätigen Beamten, die Innungen des deutschen Handwerks, die Fachleute auf dem Gebiete des Werbewesens.

Was hier aus der Landschaft heraus gesagt werden kann, ist nur das eine, daß die Bereitwilligkeit zur Mitarbeit und die Aufgeschlossenheit für diese Frage überall groß ist, und daß es wünschenswert wäre, diesen Zeitpunkt so zu nutzen, daß die zukünftige Arbeit von ihm entscheidend beeinflußt wird. Auch hier darf auf eine landschaftliche Erfahrung hingewiesen werden, die auf die Tätigkeit der Landesleitung der Reichskammer der bildenden Künste Bezug nimmt, von der aus immer neue Anregungen an ihre Mitglieder gehen, gleich, ob es sich um Architekten, Gartengestalter, Töpfer, Weber oder noch andere von dieser Kammer erfaßte Berufe handelt. Lebendige Führung, klare Zielsetzung und Schulung des Blickes für das Wesentliche und Echte, das sind die Momente der praktischen Arbeit, die bisher ihre Wirkung nicht verfehlt haben.

Ein Volk, das den Mut zu sich selbst fand, das sich zu seiner Art bekannte, hat auch das in dieser Art begründete Recht, seinen Lebensraum und seine geistige Welt zu gestalten. In diesem Recht aber liegt die Aufgabe der Heimatpflege begründet, und nur deswegen darf von ihr als einer volkhaften Verpflichtung gesprochen werden.

Antrieb künstlerischen Schaffens

«Nur das ist wahre Kunst, was der einfache Mann des Volkes begreift»

Die Begabung des Einzelnen – Fundament für alle, in: *Hakenkreuzbanner* vom 10. 6. 1938.

Kronenburg, 8. Juni. Ministerpräsident Göring war bei und nach seiner Ankunft in dem Eifeldorf Kronenburg immer wieder Gegenstand herzlicher Kundgebungen der Bevölkerung. Vor dem Hauptgebäude der Hermann-Göring-Meisterschule für Malerei hatte sich eine zahlreiche Menschenmenge eingefunden, die ihn bei seinem Erscheinen begeistert feierte. Besondere Freude bereiteten dem Ministerpräsidenten Berliner Ferienkinder, die hier zur Erholung weilten und ihm in Sprechchören zuriefen: «Wir grüßen dich», «Wir gratulieren!» Zu dem großen Kreis der Teilnehmer und Ehrengäste hatten sich inzwischen zahlreiche weitere bekannte Persönlichkeiten des öffentlichen Lebens und insbesondere Vertreter der Kunst und Wissenschaft des deutschen Westens gesellt. Im Festsaal, der im Alltag die Werkhalle der Schule darstellt und mit dem Wappen des Generalfeldmarschalls geschmückt ist, wurde dann die Feierstunde nach einem Klaviervortrag mit herzlichen, an den Schirmherrn der Schule und die Ehrengäste gerichteten Begrüßungsworten des Leiters der Schule, Prof. Werner Peiner [1], eröffnet.

Prof. Peiner erinnerte an die mannigfache Unterstützung und Förderung, die die Schule dem Ministerpräsidenten Generalfeldmarschall Göring verdanke. Er gab einen kurzen Überblick über die Pläne und Ziele der Schule, die sich zur Aufgabe gestellt habe, dem neuen deutschen Kunstschaffen der Malerei eine neue ethische Grundlage zu geben und sprach seinen Dank für die starke Förderung der Künstlerschaft im Dritten Reich aus.

In seiner Ansprache führte Generalfeldmarschall Ministerpräsident Göring aus:

Herr Bürgermeister! Lassen Sie mich Ihnen und damit auch der Gemeinde danken für die Verleihung der höchsten Würde, die Kronenburg zu vergeben hat gleichzeitig mit dem wundervoll künstlerischen Ehrenbürgerbrief. Sie haben mit Recht gesagt, daß aus der Tatsache, daß die Meisterschule hier errichtet worden ist, zweifelsohne der Name dieser Gemeinde auch an verpflichtender Bedeutung gewonnen hat. Ich bin glücklich, auch auf diese Weise mit der Gemeinde verbunden zu sein. Und nun möchte ich zur Schule selbst kommen und zu Ihnen, mein lie-

1 Prof. Werner Peiner, Maler und Entwurfzeichner für Mosaiken, Bildteppiche und Glasmalerei, * 1897.

ber Herr Peiner. Als ich seinerzeit den Entschluß faßte, das Haus der Flieger zu gestalten und den Umbau von jenem Parlament der Schwätzer zu einem schönen Aufenthaltsraum meiner Flieger durchzuführen, da war es mir klar, daß ich nicht besser die Vergangenheit vertilgen und vergessen lassen machen konnte, als dadurch, daß dieses Haus eine Stätte des Schönen werden soll. Damals wurden Sie von dem Architekten, Professor Sagebiel, berufen zu wirken. So sah ich zum ersten Male Ihre Werke, und ich darf es Ihnen heute wiederholen, was ich Ihnen schon damals gesagt habe: Im gleichen Augenblick fühlte ich, daß Sie zu Besonderem, zu Großem verpflichtet und berufen sind und daß Ihre Malerei so sehr in die Gedankenwelt des Nationalsozialismus und des Dritten Reiches hineinpaßt, wie kaum eine andere zuvor. So kam es, daß ich Sie aufsuchte in Ihrem Atelier, um hier Ihre Arbeiten in wirklicher Ergriffenheit zu bewundern. Es ist deshalb für mich nur eine Pflicht des Dankes und eine Freude, mitarbeiten zu können, wenn ich hier die Pläne, die Sie sich ausgedacht haben, aufgegriffen habe.

Es genügt nicht, in einer Akademie lediglich Dinge darzustellen und zu lehren, sondern es muß etwas Lebendiges aus dem Innersten, aus der ganzen Denkungsweise, aus dem Können des Meisters hineinströmen in die Schüler.

Wenn ich hier also die Schirmherrschaft übernommen habe, wenn ich diesen Bau ermöglicht habe und weiter ermöglichen werde, so ist das nichts anderes als eine tiefe Dankesschuld, die ich im kleinen abzustatten versuche, für all das Herrliche und Schöne, das wir im täglichen Leben von den gottbegnadeten Künstlern empfangen und das uns die Kraft gibt, weiter am großen Werk zu arbeiten und zu wirken. Das Leben ohne Kunst ist schal, das Leben mit Kunst ist erhebend.

Ich hoffe, daß diese Schule eine wirkliche Stätte, ein wirklicher Hort der verpflichtenden deutschen Kunst, wie sie im Dritten Reich neu aufgeblüht ist, sein wird, und daß ihr Ruf immer weiter hinausdringt, daß ihr Ruf immer hehrer und immer lichter sein möge.

Auf dem Boden der Arbeit entsteht die Kultur der Kunst. Sie ist immer dort im Gefolge gewesen, wo eine starke Staatsführung die Voraussetzung geschaffen hat. Aber trotzdem können wir von seiten der Kunst diese Zeit eine gottbegnadete nennen, denn es könnte ja auch sein, daß ein genialer Staatsmann nicht unbedingt Künstler sein muß. Hier aber hat die Vorsehung dem deutschen Volk in einer Person alles geschenkt, nicht nur den genialen starken Staatsmann und Politiker, nicht nur ein soldatisches Genie, nicht nur den ersten Arbeiter und wirtschaftlichen Gestalter seines Volkes, sondern vielleicht als allerstärkste Eignung den Künstler Adolf Hitler. Aus der Kunst kam er, der Kunst hat er sich zuerst verschrieben, der Kunst der Architektur, der mächtigen Gestalterin großer und unvergänglicher Bauten. Und nun ist er zum Baumeister eines Reiches geworden, und in diesem Reich hat er mit als erstes den gewaltigen Bau der Kunst errichtet. Die Kunst soll wieder emporblühen, soll wieder stark und deutsch sein.

Möge denn dieses Haus nun stets eine Pflegestätte ernster Kunst sein und bleiben, einer Kunst, wie sie uns im Blute liegt, einer Kunst, wie sie vom Volke verstanden wird. Denn nur das ist wahre Kunst, was der einfache Mann des Volkes begreift und verstehen kann. Bedarf es erst einer Erklärung, um etwas schön zu empfinden, dann hat dieses Kunstwerk seinen Zweck verfehlt, denn es muß durch sich selbst wirken und es muß nicht von einzelnen wenigen, sondern vom Volke verstanden werden. Die Kunst kann nicht für sich irgendwo irrlichtern, auch sie ist beheimatet im Volk, denn sie kommt aus dem Volke und ist mit dem Volke verwurzelt.

Und das ist mein zweiter inniger Wunsch für diese Schule. Möge sie nie volksfremd werden in ihrer Einstellung und in ihrer Kunst, sondern möge sie besonders darin ihren Stolz und ihren Ehrgeiz sehen, eine Kunst zu schaffen, die im Wesen des deutschen Blutes liegt.

Ahnenforschung

Von der Ahnenforschung zum Kunstschaffen, in: *Neues Volk*, 1937, Maiheft, S. 12–13, gekürzt.

Daß die Ahnenforschung und alles, was mit ihr zusammenhängt: die Sippenkunde, das Wissen um die Grundsätze der neuen Rassenpolitik in Deutschland und die Erkenntnis ihrer Notwendigkeit – daß all dies keine trockene Angelegenheit und kein papierenes Wissen zu sein braucht, das hatte sich schon deutlich genug aus dem Bildbericht über die Schulausstellungen während der Leipziger Rassenpolitischen Woche ergeben, den das «Neue Volk» in seiner vorigen Nummer veröffentlichte. Man hat mit Freude gesehen, wie lebendig und deutlich den Jungen und Mädeln das, was sie darstellen wollten und darstellen sollten, das Leben und Werden der Familie im Erbstrom der Geschlechter, geworden war. Ganz persönlich und auf seine Weise ging ein jeder an das gestellte Thema heran, und es entstanden dabei neben anderem Ahnentafeln von solcher Anschaulichkeit und Klarheit in ihrer Anlage, daß man den jungen Ahnenforschern höchstes Lob zuerkennen mußte.

Helene Hille heißt eine junge Künstlerin, die die Anregungen, die sie aus der Beschäftigung mit dem Leben und dem Werk ihrer Vorfahren und ihrer Familie empfing, in einer (dabei echt weiblichen) Weise zu durchdringen, schöpferisch zu formen und zu gestalten wußte, daß man an dem Ergebnis ihrer Kreuzsticharbeit seine helle Freude haben kann. Es bedarf nicht vieler Worte, um darzulegen, daß die Dauerstellung, die sie selbst am Werktisch und auch ihre Geschwister, Eltern und Großeltern, jeweils in überraschend sicherer Kennzeichnung durch Kleidung und Umgebung, zeigt, wirklich mehr bedeutet als irgendeine mühevolle Stickerei, daß sie aber ein Kunstwerk ist. Wer die fein charakterisierten Gestalten sich daraufhin näher betrachtet, wer die Wirkung würdigt, die hier mit einfachstem Material und allerdings vollkommener Beherrschung der Technik erreicht wurde, der wird es schnell gewahr werden.

Wir nehmen nicht an, daß das Beispiel, das wir hier zeigen, das einzige ist oder bleiben wird, das es gibt. Und eben das scheint uns mit das Wichtigste an ihm, daß Ahnenforschung und Sippenpflege schon in solchem Maße Gemeingut aller geworden sind, daß auf ihrem Boden volkstümliches Kunstschaffen Nahrung finden und gedeihen kann.

Ein Tisch

Dokument NIK 12 289 – Besprechung eines Lichtbildes.

Dieser Tisch ist ein Geschenk der Kruppschen Gefolgschaft an den Führer zu seinem 50. Geburtstag. Er ist ein Werk des Bildhauers Erich Kuhn[1], Düsseldorf, der ihn in Zusammenarbeit mit Kruppschen Werkstätten fertigte. Der Reliefschmuck der Tischplatte ist aus Kruppschen nichtrostendem Stahl. Der Tisch selbst ist aus dunkel getönter Eiche. An den Füßen befindet sich als Schnitzarbeit viermal das Hoheitsabzeichen. Die abnehmbare Mittelplatte zeigt die Feldherrnhalle mit der Umschrift: «Ich aber beschloß, Politiker zu werden.»[2]

Als Handhabe zum Abheben dieser Mittelplatte sind 2 Nachbildungen der Löwen vor der Feldherrnhalle[3] angebracht. Die Rückseite der Platte trägt die Widmung: «Dem Führer zur Vollendung seines 50. Lebensjahres von der Kruppschen Gefolgschaft in Dankbarkeit für die Sicherung deutscher Arbeitsmöglichkeiten und in Stolz auf die deutsche Arbeitsleistung.» Krupp Bohlen Halbach.

Hebt man die Mittelplatte, so erscheint das Geburtshaus des Führers in Braunau. Von diesem Mittelpunkt aus weist ein Strahlenkranz auf einen Kreis von Gestalten: die deutschen Menschen aller Stände und Berufe. Im Mittelpunkt steht, SA und SS verkörpernd, der Standartenträger von Essen, ihm gegenüber vertritt ein Soldat mit einer Regimentsfahne das Heer. Die beiden anderen Wehrmachtsteile sind in der Querachse durch einen Flieger und einen Matrosen dargestellt.

1 Erich Kuhn, Bildhauer, * 1890.

2 Kapitel 7, *Revolution* von Hitlers *Mein Kampf* endet wie folgt: «Mit den Juden gibt es kein Paktieren, sondern nur das harte Entweder–Oder. Ich aber beschloß, Politiker zu werden.»

3 An der Feldherrnhalle auf dem Münchner Odeonsplatz brach am 9. 11. 1923 der Hitler-Putsch zusammen. Hitler nannte das «der erste Erhebungsversuch».

Zwischen diesen 4 Gestalten sieht man jeweils 4 Figuren, die in Gruppen zusammengefaßt sind. Die erste Gruppe rechts vom Standartenträger, «Industrie und Handwerk» genannt, wird von einem Schmied, einem Bergmann, einem Zimmermann und einem Schlosser gebildet.

Die Gruppe «Wissenschaft und Kunst», rechts vom Flieger, zeigt den Chemiker, den Arzt, den Architekten mit dem Modell der «Ewigen Wache» in München und den Bildhauer.

Rechts vom Soldaten folgt die Gruppe «Jugend und Sport» mit dem Hitlerjungen, dem Olympialäufer mit Fackel, dem BdM-Mädchen und dem Diskuswerfer.

Die Gruppe «Landwirtschaft», rechts vom Matrosen, zeigt einen Fischer, einen Arbeitsmann, eine Bäuerin mit Kind als Sinnbild der Familie und einen Bauer.

Den Hintergrund bilden Landschaften, die zu den Gestalten in Beziehung stehen. Man sieht, vom Standartenträger nach rechts, zunächst die Industrielandschaft, dann hinter dem Flieger eine Fliegerkaserne, dann Bauten in Nürnberg: die Kongreßhalle, das Dürerhaus, den «Schönen Brunnen», die Kirche St. Lorenz, überragt von der Burg. Die Autobahnbrücke hinter dem Soldaten leitet in eine Landschaft über, die vom Hochgebirge zur Ebene wechselt. Den Hintergrund des Matrosen bildet eine Bucht mit Leuchtturm und Schiff, dann folgt eine Rheinlandschaft mit dem Strom als Verbindung zum Industriegebiet. Ein Binnenhafen, der zur Fabrikanlage führt, schließt den Kreis. Die Umschrift am Rande des Blattes ist das Wort des Führers aus seinem Werke «Mein Kampf»: «Da für uns der Staat an sich nur eine Form ist, das Wesentliche jedoch sein Inhalt, die Nation, das Volk, ist es klar, daß ihren souveränen Interessen alles andere sich unterzuordnen hat.»

Zum 20. April 1939.

Der Tisch wurde am 10. Mai durch Herrn Dr. Krupp von Bohlen und Halbach in Anwesenheit von Direktor Alfried von Bohlen und Halbach, Professor Dr. Görens [1], Meister Schröder und Former Thewald von der Gießerei 4 auf dem Obersalzberg dem Führer übergeben.

1 Prof. Dr. phil. Dr.-Ing. Paul Görens, Mitarbeiter in der Direktion der Friedrich Krupp A. G. – Spezialität: Metallurgie, Materialprüfung.

«Volkstum — Zeitschriften»

Gerhard Soehle (Hirschberg): *Die Deutsche Kulturzeitschrift der Gegenwart.* – Inaugural-Dissertation zur Erlangung der Doktorwürde der Philosophischen Fakultät der Ludwig-Maximilian-Universität zu München, 1938, S. 89–90, gekürzt; Referenten: Prof. Dr. Karl d'Ester und Prof. Dr. Artur Kutscher.

«Kunst und Volk»: Die Zeitschrift der Abteilung Bildende Kunst besteht erst seit Januar 1936 in der neuen Form als «Kunst und Volk»; sie hat jedoch Vorläufer in zwei verschiedenen früheren Organen.

Der erste Versuch, der Abteilung ein eigenes Organ zu geben, wurde bereits im Dezember 1934 gemacht, als ein Werbeheft für eine neue Kunstzeitschrift herauskam, die unter dem Titel «Die Völkische Kunst» als Organ der NS-Kulturgemeinde bezeichnet war. Im Januar 1935 begann dann auch der erste Jahrgang. Aber bereits mit seinem Ablauf trat die NS-Kulturgemeinde als Herausgeber zurück und nahm mit einem anderen Verlage Verbindung auf, um die einmal begonnene Arbeit fortsetzen zu können. Zu dieser Zeit konnten jedoch nach den Anordnungen von Reichsleiter Amann [1] keine Neugründungen von Zeitschriften mehr vorgenommen werden; darum griff die NS-Kulturgemeinde auf ein bereits früher von ihr herausgegebenes Organ zurück, auf die «NS-Kulturgemeinde». Diese Zeitschrift lebte nun wieder auf und erhielt eine «Neue Folge» in dem Kunstorgan «Kunst und Volk». Vom Rechtsstandpunkt gesehen ist demnach «Kunst und Volk» eine Fortsetzung der «NS-Kulturgemeinde», ihrer geistigen und typologischen Gestaltung nach knüpfte sie aber an die «Völkische Kunst» an.

Die «NS-Kulturgemeinde» ist selbst wieder eine Fortsetzung der «Illustrierten deutschen Bühne» und hatte vor allem eine technische Aufgabe; ihr Aussehen glich dem einer illustrierten Beilage. Sie war eine zentralgeleitete Programmzeitschrift, die für die einzelnen Städte Sonderseiten in ganz bestimmter Auflage einfügte. Insgesamt hatte sie im November 1934 300 000 Auflage. Die «Völkische Kunst» dagegen entstand mit dem bestimmten Ziele einer Kunstzeitschrift, als die NS-Kulturgemeinde in Berlin ihre umfassende Ausstellungsarbeit begann. Zwar bestanden auch im Dezember 1934, als die Zeitschrift gegründet wurde, schon die Amannschen Anordnungen; der Verlag F. Mittelbach hatte sich jedoch vor der Neuordnung die Genehmigung zur Herausgabe einer Zeitschrift erwirkt und weil er mit seiner Gründung nicht alleinstehen wollte, verband er sich mit der NS-Kulturgemeinde. Die gemeinsame Arbeit dauerte vom Dezember 1934 bis zum Dezember 1935. Zu

1 Reichsleiter Max Amann, 1891–1957; erster Geschäftsführer der NSDAP; 1922 Leiter des Zentralverlags der Partei; Präsident der Reichspressekammer, 1936 SS-Obergruppenführer, ausführlicher in: *Presse und Funk im Dritten Reich* (Ullstein Buch 33028).

dieser Zeit trat die NS-Kulturgemeinde als Herausgeber der «Völkischen Kunst» zurück und sah sich nach einem neuen Verlage um, mit dem zusammen sie die Zeitschriftenarbeit fortsetzen konnte. Daraus entstand dann «Kunst und Volk». Der Verlag Mittelbach versuchte jedoch, die «Völkische Kunst» weiterzuführen, gab auch im Jahre 1936 noch zwei Nummern heraus, entschloß sich jedoch dann zur Einstellung des Unternehmens. Da die NS-Kulturgemeinde ihre Zeitschriftenarbeit in der «Völkischen Kunst» und in «Kunst und Volk» gleichermaßen durchgeführt hat, werden die beiden Zeitschriften in der vorliegenden Darstellung in einer Entwicklungslinie genannt.

Nachdem im Dezember 1934 ein Werbeheft der «Völkischen Kunst» erschienen war, setzte der 1. Jahrgang mit dem Januar 1935 ein. Die Herausgabe der Zeitschrift hatte Amtsleiter Walter Stang übernommen; die Schriftleitung lag in den Händen von Robert Scholz, dem Ausstellungsleiter der NS-Kulturgemeinde, dem als wissenschaftlicher Bearbeiter Werner Rittich zur Seite stand. Ab November 1935 zeichnete Rittich für die Zeitschrift verantwortlich.

Der Umschlag der Zeitschrift weist anfangs eine dreizeilige Anordnung des Titels auf: «Die/Völkische/Kunst», wobei die Anfangsbuchstaben jeweils als Initialen ausgeführt sind. Da der Titel selbst in schwarzer, die Initialen aber in roter Farbe gedruckt sind, beeinträchtigen sie jedoch die Leserlichkeit. Das Bild findet erst im Juni 1935 Eingang in den Titel, als das Sonderheft zur Reichstagung der NS-Kulturgemeinde einen äußeren Anlaß dazu gibt. Ab Juli erscheint dann regelmäßig eine bildliche Wiedergabe auf dem Umschlag, während gleichzeitig der Name der Zeitschrift in eine Zeile zusammengerückt wird; seine typographische Gestaltung behält er jedoch weiter bei. Im März 1935 erscheint in der «Völkischen Kunst» die erste Bildbeigabe auf besonders werkgerechtem Papier.

Mit dem Jahrgang 1936 ist das Erscheinen der «Völkischen Kunst» «durch verschiedene Umstände ganz wesentlich verschoben worden». Die NS-Kulturgemeinde rückt von der Zeitschrift ab, dafür übernimmt R. Otto Mittelbach die Herausgabe und Arthur Rahtje die Schriftleitung. Das Fehlen der tragenden Organisation macht sich jedoch sehr bald in einem Auflagenrückgang bemerkbar. Während 1935 bis zum August regelmäßig 7485 Stück als Auflage angegeben werden können, diese Zahl im September, der ein Sonderheft über Schlesien bringt, sogar auf 8000 steigt, sinkt sie im letzten Vierteljahr über 6500 im Oktober bis auf 4000 im Dezember. Das vom Verlag allein herausgegebene Januarheft 1936 hält die Höhe zunächst noch, das Februarheft gibt aber wieder weiter nach und zählt nur noch 3800 Bezieher, also weniger als die Hälfte der anfänglichen Auflage. Obwohl im Februar noch ausdrücklich vermerkt wird, daß die Zeitschrift «selbstverständlich weiter erscheint», bleibt jedoch bereits das nächste Heft für den März aus.

Für die NS-Kulturgemeinde ist dagegen seit Januar 1936 die Zeitschrift «Kunst und Volk» zum amtlichen Organ geworden. In den Personen des Herausgebers und Schriftleiters wird jedoch die Anknüpfung an die «Völkische Kunst» noch sichtbar. Die Herausgabe hat nach wie vor Walter Stang, die Schriftleitung führt Werner Rittich, der nunmehr völlig selbstständig arbeitet. Beachtenswert ist die sofort einsetzende Auflagensteigerung; während die «Völkische Kunst» im Dezember 1935 4000 Bezieher zählte, wartet «Kunst und Volk» in seiner ersten Nummer mit 15 045 auf, einer Zahl, die auch in den folgenden Heften annähernd gleichbleibt, zuweilen sogar noch ansteigt:

1. Vierteljahr 1936:	15 045	4. Vierteljahr 1936:	15 088
2. Vierteljahr 1936:	15 317	1. Vierteljahr 1937:	14 744
3. Vierteljahr 1936:	15 305	2. Vierteljahr 1937:	13 452

Das Programm der Zeitschrift liegt schon in ihrem Namen beschlossen: «Der Titel dieser Zeitschrift soll die Idee, der sie dienen soll, und das Programm, das sie sich gestellt hat, aufzeigen.»

«Kunst und Volk» sagt selbst in einem Aufsatz ihres Hauptschriftleiters über diese Zielsetzung: «Die Kunstanschauung der vergangenen Jahrzehnte hat zwischen Kunst und Volk eine Kluft geschaffen, die verschüttet oder überbrückt werden muß. Die Kunst ist ein nicht fortzudenkender Teil im Leben des Volkes.»

Den gleichen Gedanken spricht auch die von Hellmuth Langenbucher herausgegebene Zeitschrift «Buch und Volk» über die Arbeit unseres Kunstorganes aus: «‹Kunst und Volk› nennt die NS-Kulturgemeinde ihre Zeitschrift und will damit sagen, daß beide eine Einheit sind, daß wahre Kunst nur aus dem Volke kommt und daß sie, um wirksam sein zu können, wieder dorthin zurückfließen muß.»

Wichtig ist «Kunst und Volk» durch eine ausgezeichnete Ausstattung; sie stellt einen würdigen Vertreter für die Gattung der Kunstzeitschrift, gibt der Entwicklung auf diesem Gebiet aber zugleich einen beträchtlichen Anstoß durch ihren außergewöhnlich niedrigen Preis von 40 Pfennig. Es sei nur noch angeführt, daß «Kunst und Volk» in der Besprechung einer deutschen Tageszeitung «als die glücklichste Form erscheint, die heute eine Kunstzeitschrift finden kann».

«Betrifft: Teilnahme an der Kunstausstellung»

An das
Reichs-Propaganda-Amt der NSDAP
in Berlin

Friedrich Proßegger
Fohnsdorf, Stmk., Bachstr. Nr. 29
Fohnsdorf, am 4. 6. 1942

Betrifft: Teilnahme an der Kunstausstellung «Berliner Kunstwochen».
Anlaßlich der Berliner Kunstwochen 1942 erlaube ich mir kurzer Hand einige Werke von mir zur Teilnahme an diesen einzusenden.

Da es nun einmal Grundsatz der nationalsozialistischen Idee ist, daß die Kunst dem ganzen deutschen Volke zugänglich sei, habe ich mich ermutigt den Entschluß gefaßt meine «Werkchen» direkt an das Reichspropagandaamt einzusenden.

Vielleicht ist es zu stark ausgedrückt, meine Arbeiten schon als «Werke» zu bezeichnen, denn ich bin nur ein kleiner Mann aus dem Bergmannsstande, der die Bildschnitzerei liebt. Eine Art Volkskunst wie sie hauptsächlich in der Ostmark und in Bayern stark betrieben wird. Ich bin Verladearbeiter in einem Kohlebergbau der Alpine-Montan-Betriebe «Hermann Göring». Meine Freizeitgestaltung besteht hauptsächlich in der Parteiarbeit (als Blockleiter der NSDAP), der DRK-Arbeit und dieser Volkskunst. Es war mir leider durch die Systemzeit immer entsagt geblieben mich irgendwie in diesem Fach auszubilden so groß mein Hang zur Bildhauerei wäre. Ich mußte mich immer wieder nur mit dem Taschenmesser an die Arbeiten heranmachen um mich selbst auszubilden. Alle Wege die ich zu einer eventuellen Förderung beschritten habe, waren für mich ergebnislos. Man hatte meine Arbeiten wohl geschätzt und mir allerlei Wege gezeigt, doch eine Förderung wurde mir nie zuteil. Dies war nun mein Beweggrund mich direkt an das Reichspropagandaamt zu wenden, das meine Arbeiten schätzen könnte und sie vielleicht auch auszuwerten versteht.

Ich erlaube mir nun mit gleicher Post einige Stücke zur Beurteilung vorzulegen, und bitte ergebenst um eine Benachrichtigung.

Heil Hitler!
Friedrich Prossegger

Anhang.
Zum Schreiben erlaube ich mir noch folgende Erklärung über meine Werkchen anzufügen.

Durch die kriegswirtschaftliche Beschränkung der Holzwaren mußte ich mich nur mit Holzabfällen begnügen und wie Sie sehen werden, sind auch aus diesen ganz gediegene Werke entstanden. Wie schon im Briefe erwähnt wurde, habe ich diese hauptsächlich mit dem Taschenmesser bearbeitet. Nur zu den Motiven der Bergarbeiter als «Helfer zum Sieg» habe ich ein Flachschnitt- und ein Rundschnittmesser zu Hilfe genommen. Die Bilder «Stillende Mutter», meiner Nichte und meines Neffen «Lotte und Alfred Schweighofer» wurden nur mit dem Taschenmesser gemacht. Sie sind mir zwar nicht Haargenau gelungen, doch sind sie zum Erkennen sehr ähnlich. Am Stolzesten jedoch bin ich auf das Gelingen des Führerbildes. Die beiden Bilder «Lotte und Alfred Schweighofer» bitte ich nach Verwendung wieder Zurücksenden zu wollen.

Heil Hitler!
Friedrich Prossegger

Ästhetik

Die Bezeichnung

Robert Scholz: *Lebensfragen der bildenden Kunst,* München 1937, S. 76–78, gekürzt.

Das Ergebnis des ästhetischen Liberalismus war, wie wir wissen, eine geradezu babylonische Sprachenverwirrung der Kunst. Diese künstlerische Sprachenverwirrung ist heute noch nicht überwunden, denn es fehlt noch an einer als allgemein gültig anerkannten Ästhetik, die hier ordnend wirken könnte. Die moderne Kunstwissenschaft und Kunstkritik stützt sich immer noch auf die unzulänglichen Kategorien der soziologischen und den Subjektivismus der psychologischen Ästhetik. Das Ergebnis ist, wie schon erwähnt, das Fehlen eines sicheren ästhetischen Wertmaßstabes in der Gegenwart. Alle Kunsturteile, welche heute abgegeben werden, widersprechen sich daher meistens im Grundsätzlichsten, müssen sich widersprechen, weil sie von verschiedenen Grundauffassungen über das Wesen der Ästhetik und damit über den Sinn und die Aufgabe der Kunst ausgehen. Das hat dazu geführt, daß der Begriff des Ästhetischen an sich in Verruf geraten ist. Man verfällt daher heute oft in ein anderes Extrem und glaubt, mit sogenannten naiven, d. h. höchst subjektiven und völlig voraussetzungslosen Werturteilen auskommen zu können. Jedes brauchbare und berechtigte Werturteil in künstlerischen Dingen kann sich aber nur auf ein sicheres Wissen um die Ursachen des Ästhetischen und auf eine klare Erkenntnis der Gesetze des künstlerischen Schaffensprozesses aufbauen. Daher ist die Schaffung einer für unsere Zeit gültigen Ästhetik das Hauptproblem der Kunstpflege.

Es ist daher ein Hauptproblem der Gegenwart, die herrschende Weltanschauung auf die Welt der künstlerischen Gestaltung zu übertragen und aus dieser Weltanschauung brauchbare und im Wesen entsprechende ästhetische Normen zu entwickeln. Hier gelangen wir auf den Boden der heutigen Geisteswende, zu völlig anderen Auffassungen über den Charakter des Ästhetischen, den Sinn und die Aufgabe der Kunst als die Vergangenheit. Ästhetik ist in unserer neuen Auffassung nicht etwa, was als nachträgliche Regel aus dem individuell geschaffenen

Kunstwerk herausgezogen werden könnte, nicht eine Erkenntnis, welche aus der psychologischen Reflektion des Beschauens gewonnen wird, nicht ein subjektiver und zweitgebundener Wert, sondern ein Glaube und eine Zielsetzung, die ihre Gewißheit aus der außerästhetischen Sphäre der Weltanschauung bezieht. Nicht aus zufällig gewordenen, individuellen Kunstprodukten, nicht aus der psychologischen Zerlegung des künstlerischen Schaffensvorgangs, sondern nur aus den Zentralideen der Zeit können die neuen ästhetischen Begriffe und Normen gebildet werden. Diese Erkenntnis hat in grundlegender Form bereits Alfred Rosenberg im «Mythus des 20. Jahrhunderts» entwickelt, indem er feststellte: «Die Ästhetik hat es u. a. mit Geschmacksurteilen zu tun, d. h. sie fordert, daß ein Kunstwerk nicht nur einem Menschen gefalle, sondern «allgemein» Anerkennung finde. Das Suchen nach diesem allgemeinen Gesetz des Geschmacks hat die Köpfe seit Jahrzehnten erhitzt. Dabei ist eine Vorbedingung der Polemik mißachtet worden: «Gefallen kann ein Kunstwerk nur, wenn es sich im Rahmen eines organisch umgrenzten Schönheitsideals bewegt. Der Anspruch auf Allgemeingültigkeit eines Geschmacksurteils folgt nur aus einem rassisch völkischen Schönheitsideal und erstreckt sich nur auf jene Kreise, die bewußt oder unbewußt, die gleiche Idee von Schönheit im Herzen tragen.» Und Rosenberg kommt zu der für eine neue Ästhetik grundsätzlichen Folgerung: «Jedes Kunstwerk formt ferner seelischen Gehalt. Auch dieser ist deshalb nebst seiner formalen Behandlung nur auf Grund der verschiedenen Rassenseelen zu begreifen. Unsere bisherige Ästhetik ist also – trotz vielem Richtigen im einzelnen – als Gesamtwerk in den leeren Raum gesprochen worden.» Von der individual-psychologischen und soziologischen Ästhetik führt uns diese neue Grunderkenntnis zu einer rassenbiologischen Ästhetik als der Lehre von dem schöpferischen Gestaltungswillen der Rasse. Die neue Ästhetik gründet sich auf die Erkenntnis, daß jede menschliche schöpferische Leistung, welcher Art auch immer, ob politischer, sozialer, wissenschaftlicher, technischer oder künstlerischer Art, ihre gemeinsame Wurzel im Rassischen hat. Kunst ist somit kein Produkt eines völlig ungebundenen Spieltriebes, wie es die Vergangenheit glaubte, sondern eine blutgebundene Selbstdarstellung der Rasse und ihres schöpferischen Ingeniums in jener Form, welche ihrer Körperlichkeit und der ihr entsprechenden Sinnlichkeit gemäß ist.

Die Stammler und Stümper

Adolf Hitler: *Blut und Kultur* in: *Odal*, Oktober 1934, S. 233–234, gekürzt.

Wenn das Griechentum für den Mann und das Weib eine bestimmte künstlerische Wiedergabe fand, dann ist dies nicht nur etwa als maniriert griechisch anzusehen, wie umgekehrt die Darstellung von Mann und

Weib durch einen Negerstamm vielleicht afrikanisch ist, sondern darüber hinaus noch abstrakt genommen klar, d. h. sie ist richtig. Denn in dieser Darstellung lebt sich nicht nur eine bestimmte rassisch bedingte Eigenart aus, sondern die dieser Rasse zueigene Einsicht in die absolute Richtigkeit der Gestaltung des Körpers der Frau und des Körpers des Mannes. So und nicht anders müssen sie sein, um beide, schon anatomisch, ihren höchsten Aufgaben zu genügen. Das Bild des Mannes ist genauso Ausdruck höchster männlicher Kraft und damit seinem Wesen und seiner von der Natur gewollten Bestimmung nach richtig, als das Bild der Frau die Lebensreife und ihrem höchsten Zweck geweihte Mutter verherrlicht. In dieser richtig gesehenen und wiedergegebenen Zweckmäßigkeit liegt ein letzter Maßstab für die Schönheit. Wenn andere Völker diese Schönheit nicht begreifen, dann nur deshalb, weil ihnen der Einblick in die höchste Zweckmäßigkeit verschlossen ist. Dem gottbegnadeten Künstler aber ist es gegeben, der abstrakten wissenschaftlichen Kenntnis um Jahrtausende vorauseilend intuitiv fühlend das zum Ausdruck zu bringen, was Wissenschaft und Statik nachträglich als richtig errechnen und beweisen! Wenn daher der dadaistische Stammler Mann und Weib zu Mißgeburten degradiert, dann nur, weil ihm jeder Hauch des Geistes fehlt, die ewig geschlossene Synthese zwischen Zweckmäßigkeit und Schönheit zu finden!

Während das Genie seiner Zeit oft um Jahrtausende voraus in dem Ahnen der Naturgesetzlichkeit arbeitet und schafft, hinkt der Stümper nicht selten ebenso um Jahrtausende zurück. Ja, er bildet sich sogar noch ein, daß die in der Steinzeit tätigen Vorfahren seine Schmierereien aus einer ähnlichen geistigen Verkümmerung heraus vielleicht schon damals als gewollten Stil empfunden haben könnten. Er ahnt nicht, daß der Schnitzer vor 4000 Jahren genauso wie der Bildschneider in einem heutigen Negerstamm sich in höchster Inbrunst bemühte, die Objekte wiederzugeben, wie er sie sah, d. h. wie er sie begriff.

Das Fehlen einer Zweckverkennung oder der Gesetzlichkeit eines natürlichen Vorganges führt zu einer Verbildung und damit zu einem falschen Schönheitsempfinden.

Noch vor 20 Jahren war die künstlerische Darstellung der Schnelligkeit eines Körpers verbunden mit der Konstruktion der Spitze nach vorn und der Verdickung nach rückwärts. In 20 Jahren, von heute ab gerechnet, wird das Schönheitsempfinden gebieterisch die umgekehrte Tropfenform identisch finden mit der Vorstellung der Schnelligkeit. Der Künstler geht daher in der inneren Ahnung solcher Naturgesetzlichkeiten sowohl der Wissenschaft wie damit überhaupt der Menschheit stets weit voraus. Er hat die Pflicht, seine ihm von Gott gegebene Ahnung und Einsicht einer nachstrebenden Menschheit als Richtpunkt nach vorn aufzustellen und nicht diese wieder nach rückwärts zu führen! Zu einer Mission kann man deshalb auch nie erzogen werden, wenn man nicht dafür geboren ist. Wenn daher in einem Volke an sich die Fähigkeiten, die Formen und Vorgänge des Lebens klar zu sehen, zu den wesentlichen arteigenen Eigenschaften gehören, dann haben wir im Künstler die Inkarnation solcher Fähigkeiten zu erblicken. In ihm melden sich die inneren Werte eines Volkes in höchster Verstärkung laut und sichtbar für alle an.

Der langweilige Laokoon

Alfred Rosenberg: *Der Mythus des 20. Jahrhunderts*, München 1933, 13.–16. Auflage, S. 289–290.

Aus diesem gleichen Geist, wie ihn einst Sokrates verkörperte, wurde auch die abendländische «Ästhetik» einer «menschheitlichen» Spätzeit geboren. Gleich Sokrates suchte sie den «Menschen», nicht den Griechen, nicht den Germanen, nicht den Juden und Chinesen, «entdeckte» sogenannte allgemeine Gesetze und predigte ästhetische Stimmung und Kontemplation, weil ihre Urheber meist selbst jedes Empfinden für seelisch-rassischen Willens- und Kunstantrieb verloren hatten. In ihrer Begeisterung für die Akropolis übersahen auch unsere Klassiker, daß sie es hier mit einer Seite des nordischen Menschen zu tun hatten, die aber künstlerisch eine Gegenseite zum germanischen darstellte. Wo der Grieche formal zusammenschaute, plastisch vereinzelte, schuf der Germane Eindringlichkeit des Seelischen und Beziehungsreichtum. Wo der Grieche rassisch-heldische Bewegung zur Ruhe bannte, verwandelte der spätere nordische Bruder, von einem anderen Formwillen getrieben, Ruhe in Bewegung. Wo der Grieche verallgemeinerte, personifizierte der Gotiker, der Barockmensch, der Romantiker. Aber die Freude an den rauschenden Linien von den drei Frauen des Parthenongiebels bis zur Nike von Samothrake schlug doch eine Saite bei uns an, die hell erklang und bis heute klingt, weil hier zweifellos eine seelisch-rassische Verwandtschaft bloßgelegt wurde. Wären die Theoretiker des 18. und 19. Jahrhunderts sich dieser Tatsache ganz bewußt geworden, sie hätten die Bewunderung des formal tüchtigen, aber langweiligen Laokoon nicht zum Ausgang einer «allgemeinen» Ästhetik gemacht, sie hätten nicht das Formale des Parthenonbaues zum Maßstab des Urteils über Kunst schlechtweg erklärt. Sie haben gerade das, was blutvoll und echt in Hellas schuf, übersehen und auf den Ruinen der Akropolis mit dem Zentimetermaß eines sentimental verzückten und doch verstaubten Schulmeistertums der «humanitär» vergehenden und später in Stoffanbetung verblödenden Zeit eines europäischen Niederganges das Leitmotiv für instinktlose Doktorarbeiten geliefert. Dadurch wurde die künstlerisch-seelische Wertung sowohl der griechischen als auch der nordisch-europäischen Kunst verfälscht. Und noch heute erblicken wir deshalb die Ge-

1 *Als 1931 in München der Glaspalast abbrannte, beschloß Hitler, einen neuen Bau auszuführen, der seine Kunst beherbergen sollte: Das Haus der Deutschen Kunst. An den Entwürfen seines Architekten, Prof. Troost, beteiligte sich Hitler persönlich, ebenso an der Auswahl für die erste Große Deutsche Kunstausstellung und an ihrer Eröffnung 1937. An einem Seitenportal des Ausstellungspalastes war die abgebildete Bronzetafel angebracht. Die Unterschrift zu diesem Foto lautete: «Die Grundsätze nationalsozialistischen Kunstschaffens». Wo die Lüge beginnt, zeigen die folgenden Bildtafeln. Was «Volk» und was «Kultur» sein sollte, bestimmte das Dritte Reich, ja Hitler persönlich. Seine Interpretation von Kultur und Kunst wurde Gesetz.*

2 Hier ein Aquarell Hitlers aus dem Ersten Weltkrieg. Hitler wollte ursprünglich Künstler werden. Lange schwankte er zwischen Architektur und Malerei. Als im Dritten Reich einige seiner Aquarelle veröffentlicht wurden, erkannte Goebbels, daß die Qualität der Bilder das Ansehen des «Führers» nicht heben würde. Deshalb wurde jede weitere Publikation verboten und Bormann beauftragt, alle Werke Hitlers aufzukaufen. Vgl. S. 272 f.

3 Das ist Hitlers Entwurf zum Bild eines SA-Fahnenträgers. Kerzengrade und viel Hakenkreuz.

4 Den «Volksgenossen» war eine Kunst zugedacht, die jedermann ohne Mühe verstand. So besuchten selbst Pimpfe auf Befehl die nationalsozialistischen Kunstausstellungen.

5 Ein anderer großer Kunstfreund im Dritten Reich war der designierte Nachfolger Hitlers, Hermann Göring. Im Gegensatz zu Hitler, Rosenberg und Streicher malte er jedoch nicht. Er sammelte. Seine Sammelleidenschaft war so groß, daß er alle besetzten Länder nach wertvollen Werken für seinen Privatbesitz durchsuchen ließ. So ging er als einer der größten Kunsträuber in die Geschichte ein. Vgl. S. 439 f. Hier besichtigt er zusammen mit dem Oberbürgermeister von Berlin, Lippert, ein Gemälde, das für seine Sammlungen in Karinhall bestimmt war.

6 Göring unternimmt zusammen mit seiner Frau einen Rundgang durch eine Ausstellung der Preußischen Akademie der Künste 1938. Die Akademie war mit massiver Neugliederung und Auswechslung ihrer Mitglieder dem nationalsozialistischen Staat gleichgeschaltet worden.

7 Hitler nahm an allen großen Kunstveranstaltungen des Staates und der Partei nach Möglichkeit selber teil. Bei vielen Gelegenheiten hielt er programmatische Reden zu Fragen der Kunst, so wie er sie verstand. So lag es nahe, ihm zum Geburtstag mit wertvollen Gemälden aufzuwarten. Hier der Reichsführer SS Himmler bei der Überreichung seines Geschenks am 20. 4. 1939.

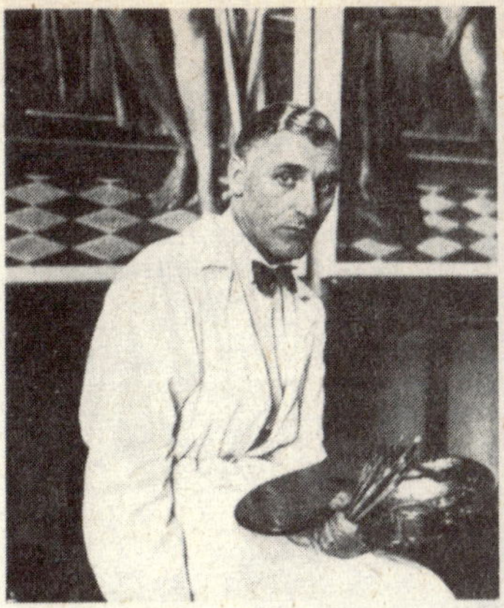 

8-9 *Porträts einiger der Hauptverantwortlichen für Kulturpolitik des Dritten Reiches. Zuerst Joseph Goebbels, der Reichsminister für Volksaufklärung und Propaganda, rechts, gemalt von Wilhelm Otto Pitthan. Links der Präsident der Reichskammer für Bildende Künste und Beauftragte Hitlers für die alljährliche Große Deutsche Kunstausstellung in München: Adolf Ziegler.*

10-11 *Prof. Schultze-Naumburg, links, hat die moderne Kunst unter den Rubriken Geisteskrankheiten und rassische Herkunft der Künstler behandelt. Neben ihm der Geschäftsführer der Reichskulturkammer Hans Hinkel, der auch die «nichtarischen» Künstler beaufsichtigte.*

12 *Prof. Hans Schweitzer. Er hatte den Auftrag, sich besonders in Berlin um die nationalsozialistische Kunst zu kümmern. Unter dem Pseudonym Mjoelnir (das altgermanische Wort für Hammer) arbeitete er als Karikaturist und Plakatgrafiker. Vgl. S. 274 f.*

13 *Prof. Hans Adolf Bühler. Er hatte, als Schüler von Hans Thoma, ebenfalls ein solides akademisches Studium der Malerei absolviert. Er war Direktor der Hochschule für Bildende Künste in Karlsruhe. Er organisierte 1923 die erste Ausstellung «entarteter Kunst», eine Kollektivdenunziation angesehener Künstler, die neue Wege gingen. Vgl. S. 75 f.*

14 *Prof. Otto von Kursell. Er war wie Alfred Rosenberg Balte, hatte in München bei Stuck eine gute Ausbildung als Maler erhalten, wurde Kunstreferent im preußischen Kultusministerium. Über Parteimaler wie Ziegler machte er sich lustig. Vgl. S. 155 f.*

15 *Dies Foto vermittelt einen repräsentativen Eindruck von den besonderen Euphorien, die bei offiziellen Kunstveranstaltungen des Dritten Reiches vorherrschten. In der Mitte des Bildes stehen sich Joseph Goebbels und Hans Schweitzer gegenüber. Anlaß war das «Zehn-Jahres-Jubiläum des Gaues Groß-Berlin» 1936. Damals nahmen zwanzigtausend Personen an einem Parteifest in der Deutschlandhalle teil.*

16 *Hitler und Goebbels werden durch die Ausstellung «Entartete Kunst» geführt, die gleichfalls 1937 in München eröffnet wurde. Die hier gezeigten Bilder waren von Parolen umgeben, die offen zur Ausmerzung aller für das Regime nicht brauchbaren und vom Regime nicht gebilligten Kunstwerke aufriefen.*

17 *1937 fand in München die «Große Deutsche Kunstausstellung» statt. Hitler besichtigte die Werke seiner Künstler. Er hatte selbst die Auswahl für diese Ausstellung beaufsichtigt. Bei dem fotografierten Rundgang wird er begleitet von Göring, rechts, Adolf Ziegler links, von Frau Troost, der Witwe des Erbauers des «Hauses der Deutschen Kunst», links im Bild, und Joseph Goebbels, rechts neben ihr.*

18 *Im Februar 1938 wanderte die Ausstellung «Entartete Kunst» von München nach Berlin. Dort wurde sie untergebracht in den Räumen der damaligen Japanischen Botschaft gegenüber dem Reichstagsgebäude. Oben das Haus kurz vor der Eröffnung, unten ein Innenraum kurz danach.*

19 *Hier erkennt man unter einer Hetzparole ein berühmtes Altartriptychon von Emil Nolde. Er war etwa gleichzeitig mit Hitler Parteimitglied geworden, wurde trotzdem wie viele andere moderne Künstler mit Berufsverbot belegt, und über tausend seiner Werke wurden beschlagnahmt und ins Ausland verkauft, vernichtet oder in sogenannten «Schreckenskammern» verbannt. Adolf Ziegler meinte: «Sie sehen um uns herum die Ausgeburten des Wahnsinns, der Frechheit, des Nichtskönnertums und der Entartung.»*

Ein sehr aufschlußreicher

rassischer Querschnitt

Man beachte besonders auch die unten stehenden drei Malerbildnisse. Es sind von links nach rechts: Der Maler Morgner, gesehen von sich selbst. Der Maler Radziwill, gesehen von Otto Dix. Der Maler Schlemmer, gesehen von E. L. Kirchner.

20 *Aus dem Führer durch die Ausstellung «Entartete Kunst», S. 7. Freie, eigenwillige und ausdrucksstarke Behandlung von Gesichts- und Schädelformen in den abgebildeten Werken wird zur Diskriminierung der Künstler im Namen der nationalsozialistischen Rassenideologie ausgemünzt.*

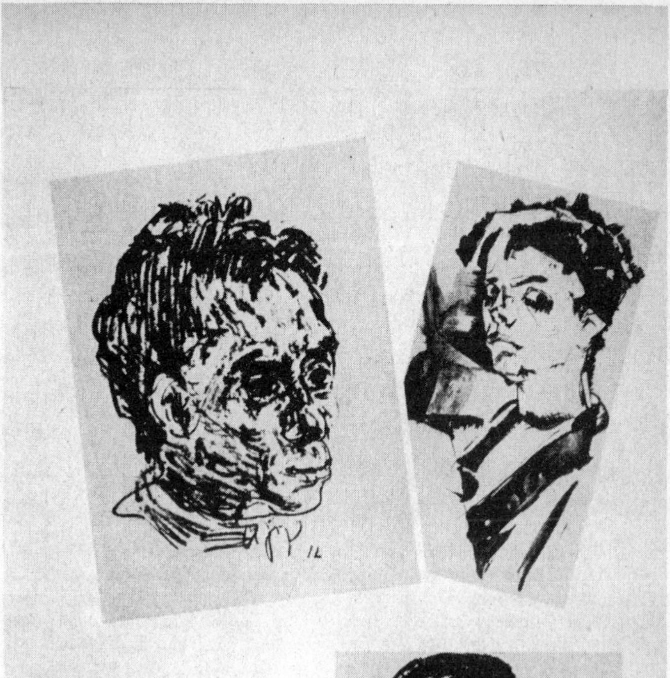

Welche von diesen drei

Zeichnungen ist wohl eine Dilettantenarbeit vom Insassen eines Irrenhauses? Staunen Sie: Die rechte obere! Die beiden anderen dagegen wurden einst als meisterliche Graphiken Kokoschkas bezeichnet.

21 *Hier S. 31 aus dem Führer durch die «Entartete Kunst». Das Ziel der Veranstaltung: «Sie will am Beginn eines neuen Zeitalters für das deutsche Volk an Hand von Originaldokumenten allgemein Einblick geben in das grauenhafte Schlußkapitel des Kulturzerfalls der letzten Jahrzehnte vor der großen Wende.»*

22 *Alte Städte wurden nach den Wünschen und Zwecken der NSDAP umgebaut oder erweitert. Was Klenze in München begonnen hatte, glaubte Hitler nach seinen Vorstellungen überbieten zu müssen. Zusammen mit Prof. Troost legte er die Entwürfe fest, z. B. auch für den Königsplatz, dessen nationalsozialistische «Umgestaltung» das hier abgebildete Modell zeigt. Vgl. S. 264 f.*

23 *Dieser Durchblick von einem der beiden «Ehrentempel» am Königsplatz in München verdeutlicht die öde, tote und angestrengte Nachahmung des Klassizismus, die das Dritte Reich für staatliche Repräsentativbauten bevorzugte.*

24 *Die Stadtplanung des Dritten Reiches strebte zum Monumentalen hin. In München, Nürnberg und Berlin entstanden ganze Stadtviertel, die so angelegt sein mußten, daß sie sich für große Aufmärsche eigneten. Auf diese Weise verhalf die Architektur der Massenregie zum dekorativen Rahmen. Hier die Gefallenenehrung in der Luitpold-Arena 1934 in Nürnberg. Links neben Hitler steht der Reichsführer SS Himmler, rechts der Stabschef der SA Lutze.* *Vgl. S. 239 f.*

25 *Ein besonderer Schwerpunkt der architektonischen Mammutplanungen des Dritten Reiches war Nürnberg, «Stadt der Reichsparteitage». Unten der Entwurf von Prof. Ruff für die Kongreßhalle. Sie sollte die größte der Welt werden.*

26 *Der Erbauer dieser Tribüne des «Reichsparteitag»-Geländes, Albert Speer, zeigt sich im Bollwerk-Gigantismus dieses Baus als Epigone Schinkels, den auch Hitler schätzte, jedoch mit erschreckender Verkennung von Schinkels Stilwillen und Proportionskunst. Vgl. S. 265 f.*

27 *Albert Speer plante und leitete den Bau der Neuen Reichskanzlei in Berlin. Hier der Haupteingang.*

28 *Es war kaum möglich, irgendeinen Teil der Neuen Reichskanzlei außen oder innen zu fotografieren ohne wenigstens ein Symbol des Dritten Reiches ins Bild zu bekommen. Hier sind es die Initialen AH für Adolf Hitler; Personenkult, dynastischen Emblemen nachempfunden.*

29 *Nachtaufnahme des Innenhofs der Neuen Reichskanzlei. Beklemmend wirkt die klotzige Wucht der Fronten. Die Beleuchtung fordert den Vergleich heraus zu opernhaften Bühnenbildern etwa eines pseudoarchaischen Opfertempels. — Hitler sagte in einer programmatischen Rede: «Jede große Zeit findet ihren abschließenden Wertausdruck in ihren Bauwerken. Seit der Entstehung unserer Dombauten sehen wir hier zum erstenmal eine wahrhaft große Architektur ... Sie kann beanspruchen, der kritischen Prüfung von Jahrtausenden standzuhalten und für Jahrtausende der Stolz des Volkes zu sein ...»* *Vgl. S. 246 f.*

30 *Auch die Innendekorationen, wie hier die Stühle im Sitzungszimmer des Kabinetts, strömen markigen Prunk und hygienische Öde aus.*

31 *Nach der offiziellen Architektur des Dritten Reiches ein Privatgebäude. In der Schorfheide bei Berlin baute sich Hermann Göring ein Jagdhaus, Karinhall. «Es galt», schreibt ein gewisser Pfeiffer, «in diesem Hause die enge Verbundenheit des Bauherrn mit der nordischen Landschaft, die Gestaltungsmöglichkeiten eines reinen Holzbaues und unter Ausschluß aller entbehrlichen Technik eine schöne und gesunde Handwerklichkeit bis in die letzten Teile zu zeigen.»*

32 *Göring benutzte Karinhall auch dazu, alle seine geraubten Kunstschätze unterzubringen. Beim Anblick dieser Fotos möchte man allerdings auch vermuten, daß sie noch heute manche Betrachter nicht abschrecken werden, Neureiche aller Zeiten finden den gleichen Gefallen an Prunk, Protz und Pracht. Unten ein Blick in die sogenannte Große oder Deutsche Halle.*

33 *Und so sollte Europa nach dem Endsieg aussehen: Das Modell für einen Triumphbogen, der in Berlin erbaut werden sollte und von solcher Riesengröße, daß man in seine Wölbung ohne Schwierigkeit den Arc de Triomphe aus Paris hätte hineinstellen können, wenn die kleinbürgerliche Dekorationskunst des Nationalsozialismus zur Ausfüllung dieses Hohlraumes nicht schon Subkolonnaden mit zwei Portalen vorgesehen hätte.*

34 *Nach der Aufrichtung einer Herrschaft des nationalsozialistischen Deutschland über den Kontinent wären in allen besetzten Ländern des Erdteils an weithin sichtbaren Plätzen kolossale Gedenkstätten für die «gefallenen Helden» Großdeutschlands errichtet worden. Den Auftrag für alle diese Denkmäler erhielt der Generalbaurat Wilhelm Kreis. Hier der Entwurf für ein «Ehrenmal» bei Kutno.*

35 *Bekannt wurde Arno Breker weiten Kreisen durch seine Kolossalstatuen heroischer Männer, mit denen er zum Beispiel die Neue Reichskanzlei und die Tribüne des Zeppelinfeldes ausstattete. Rechts: «Der Künder». Als Modelle für diese «Helden» reichten nicht einmal die nordischsten SS-Leute aus. Deshalb ließ sich Breker oft von Anatomen beraten. Diese Instruktionen wirken sich in penetranter Übertreibung der anatomischen Details aus. Spötter behaupteten, Breker gieße jeden Torso in vielen Exemplaren und verändere nur jeweils die Haltung der Arme, Beine und des Kopfes. Vgl. S. 83 f.*

36 *Breker modelliert Albert Speer. Die Stilisierung des fast weichen, sinnenden Gesichts ins Markig-Trutzige ist unverkennbar.*

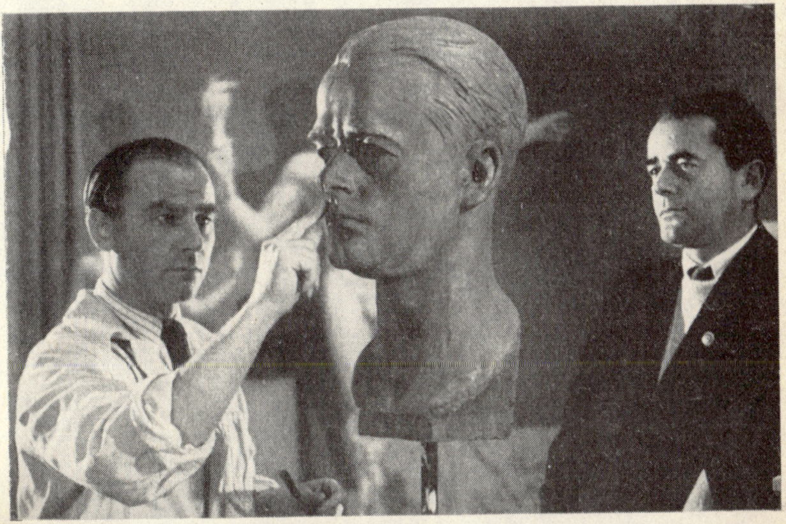

37 *Eine Größe der Bildhauerei des Dritten Reiches war Josef Thorak. Hier seine Bismarck-Büste, die 1942 auf der Großen Deutschen Kunstausstellung in München zu sehen war. Dahinter eine Applikationsarbeit von Emma Hoffmann, ein riesiger Wandteppich, im Zentrum die SS-Runen im Lorbeerkranz, darüber eine Standarte, von Fahnen umgeben, zu beiden Seiten Schwerter tragende Adler, darunter brennende Fackeln und eine Schale mit züngelnden Flammen. Diese wahrhaft unsinnige Anhäufung von Symbolen veranschaulicht, wie man selbst das Kunsthandwerk politisieren kann. (Damals wurde Deutschland mit Brotschüsseln überschwemmt mit der handgeschnitzten Inschrift: «Der Führer gab uns Brot».)*

38 *Das «Danziger Freiheitsdenkmal» von Thorak.*

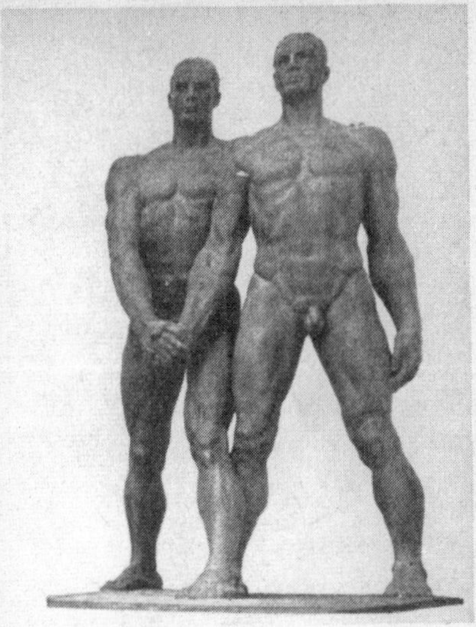

39 *«Kameradschaft», nach dieser Auffassung anscheinend nur unter Muskelmännern möglich, ebenfalls von Thorak.*

40 *Thorak mit einer Figurengruppe, Mutter und Sohn, die nach der Haltung der Füße zu urteilen, gen Walhall auffahren. Thorak war einer der maßgebenden Künstler dieser Zeit. Die Darstellung des menschlichen Körpers feierte langweilige Triumphe. Vgl. S. 97[3].*

41-42 *Diese beiden Variationen des Reichsadlers stammen von Richard Klein. Der sogenannte «Plaketten-Klein» war, wie der Spitzname verrät, damit beschäftigt, den Bedarf des «Tausendjährigen Reiches» an Plaketten usw. zu befriedigen. Links die Plakette für den Reichsparteitag 1939.*

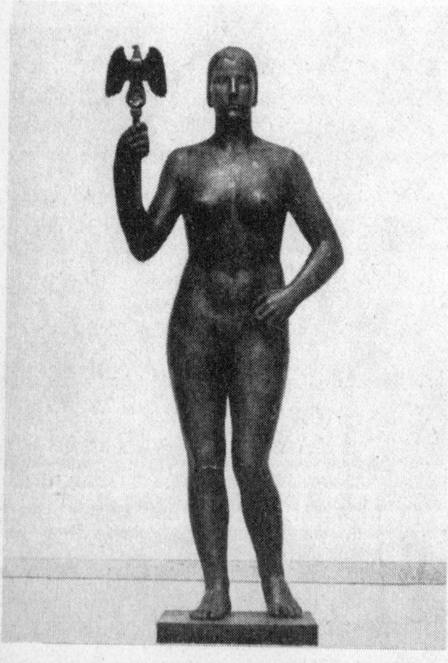

43 *Welchen Sinn diese Kombination von weiblichem Akt und grimmig dreinblickendem Vogel haben soll, wird wohl niemals wieder irgendein Mensch außer dem Schöpfer Schmid-Ehmen einsehen. Vgl. S. 282 f.*

44 *Breker bei der Arbeit: Vergrößerung eines Gipsmodell-Kopfes auf die endgültigen Ausmaße, die er auch an der fertigen Riesenstatue haben sollte. Kennzeichnend ist der übertriebene Ausdruck militanter Gewohnheitsbrutalität.*

45 *Ein Foto von Thoraks Werkstatt. Es zeigt die Quantität und die Qualität seiner Bildhauerarbeit: Banale, abgebrauchte Symbolik, Materialmassen, die nur durch ständige Mitarbeit von Hilfskräften manipuliert werden konnten und Dinosaurier-Proportionen bestimmen das Bild der hergestellten Figuren, in denen die Staatsideologie vom unwiderstehlichen nordisch-deutschen Übermenschen Triumphe feiert.*

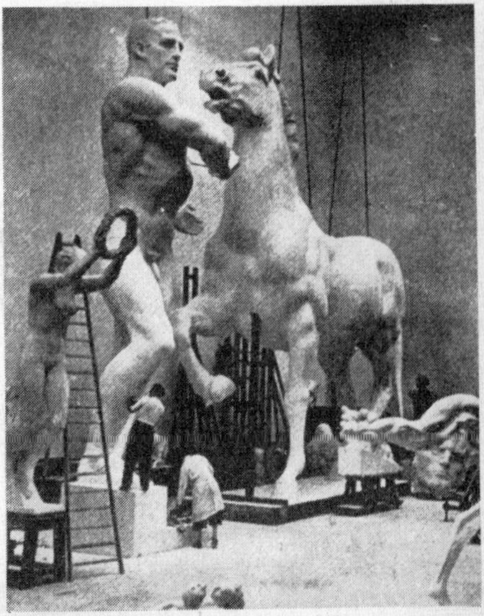

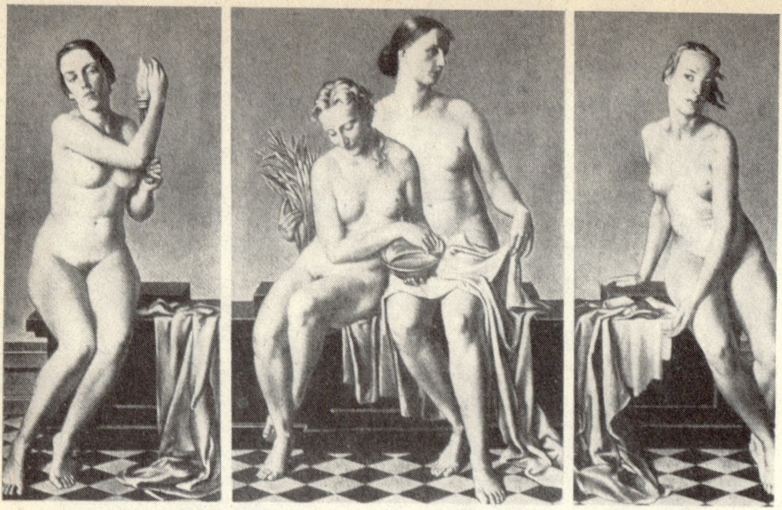

46-48 *Adolf Ziegler war einer der unfähigsten Künstler dieser Zeit, jedoch einer ihrer bedeutendsten Funktionäre. Er genoß die persönliche Gunst seines «Führers». Hier «Die vier Elemente». Ziegler bevorzugte die Allegorie und hier wiederum, wie so viele seiner Kollegen, den Akt. Die penetrante Genauigkeit im Detail brachte ihm den Spitznamen «Maler des deutschen Schamhaares» ein. Vgl. S. 152 und 211.*

49 *«Das Urteil des Paris» von Ziegler. Besonders die Arm- und Bein-Haltung an den Figuren wirkt dekorativ und erzwungen.*

50 Elk Eber war auf die Darstellung kämpfender Männer spezialisiert, zeigte jedoch nicht den Kampf selbst, sondern den Anblick des Gegners im Gesichtsausdruck des Soldaten. Dies Bild heißt: «Die letzte Handgranate»; Hitler erwarb es persönlich. Vgl. S. 278 f.

51 «So war die SA» von Elk Eber. Die Schlägertruppe wird zur heroischen Gefolgschaft, furchtlos und treu, stilisiert. Die Arbeiter werden durch verächtlich im Mundwinkel hängende Zigarette, durch wütend geöffnete Mäuler und eine zum Rotfront-Gruß erhobene geballte Faust als Bolschewisten hingestellt.

52 *Der Schöpfer dieser «Hüterin der Art» war Wolfgang Willrich. Er «reinigte» die deutschen Museen vom «Kunstbolschewismus».*

53 *Auf der Suche nach solchen Gesichtern reiste Willrich durch alle deutschen Provinzen. Er war der besondere Günstling des Reichsführers SS Himmler und des Reichslandwirtschaftsministers Darré. Vgl. S. 350 f und 389 f.*

54 *Ein charakteristische Probe von Wolfgang Willrichs Schönheitstypus. In unzähligen Ausfertigungen, die ganze Bücher füllten, gab er das glatte und problemlose Gesicht des «rassisch einwandfreien nordischen Menschen».*

55 *Der Nationalsozialismus förderte auch das unpolitische, «harmlose» Bild in glatter Technik. Hitler selbst fand an solchen Bildern viel Geschmack.*

56 *«Reifezeit» von Johannes Beutner wurde 1941 in der Ausstellung «Der deutsche Mensch» gezeigt. Der Gesichtsausdruck des Paares kontrastiert gegen die Absicht, die Fruchtbarkeit des Landlebens zu verklären.*

57 *«Bäuerliche Venus», von Sepp Hilz, wurde im «Haus der Deutschen Kunst» ausgestellt und für «die unbefangen dargebotene Schönheit eines Bauernmädchens» hoch gelobt.*

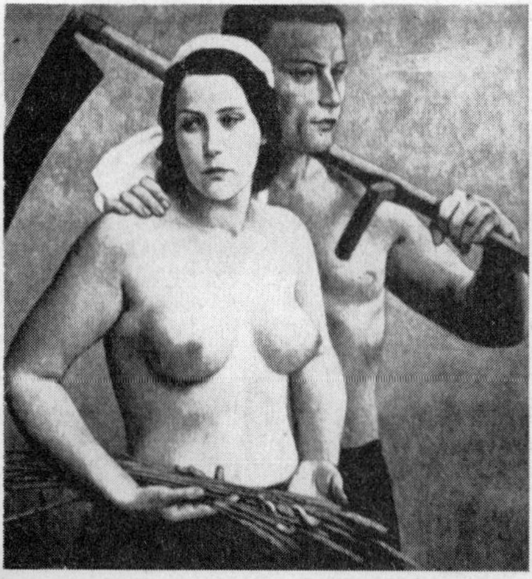

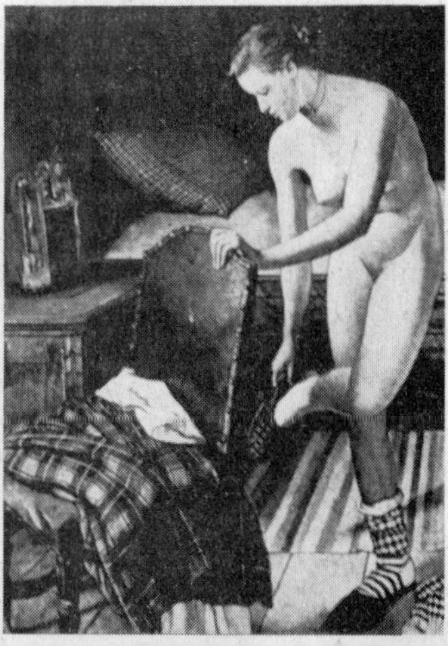

58 *Das Dritte Reich sah den deutschen Menschen vorzugsweise in markig oder süßlich verfälschten Bauerntypen. Diese waren ein beliebtes Thema für Gemälde. Hier «Mutter» von Karl Diebitsch.*

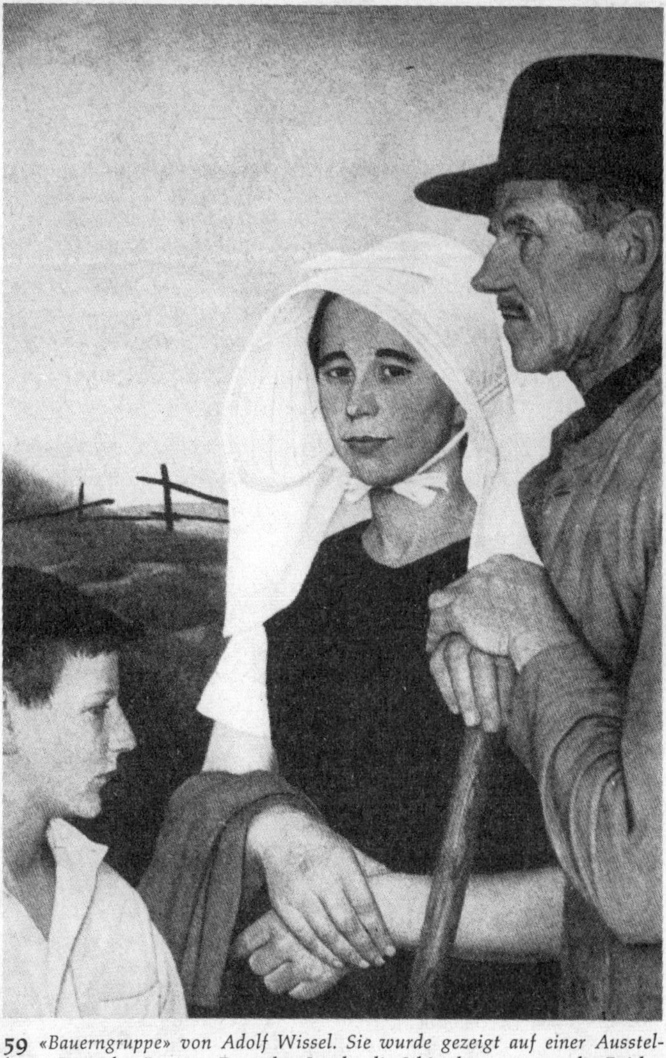

59 *«Bauerngruppe» von Adolf Wissel. Sie wurde gezeigt auf einer Ausstellung «Deutscher Bauer — Deutsches Land», die Schirmherren waren der Reichslandwirtschaftsminister Darré und Alfred Rosenberg.*

60 *Die Kunst im Dritten Reich hatte vor allem den Heroismus zu verherrlichen. Eine Variante dieser Pflichtleistungen zeigt Helmut Ullrich mit seinem Bild «Kameradschaft». Es soll vermutlich den Zusammenhalt zwischen den Streitkräften und der sogenannten «Heimatfront» feiern. Die arische Nachkommenschaft, rechts unten im Bild, gibt dem Bild eine idyllische, verharmlosende Note. Vgl. S. 192 f.*

61 *Verniedlichenden Heroismus bietet auch diese Sonntagsmalerei von Dorothea Hauer. Den freundlichen SS-Mannen krabbeln fröhlich ergriffene Kinder um die Schaftstiefel, und die Schiefertafel, oben rechts im Bild, verkündet: «Wir wollen unsern Führer sehn!»*

62 *Heroische Allegorie «Das Dritte Reich» von Richard Klein. Den reinhäutigen arischen Lichtbringer entlarvt besonders der angestrengte Einatmungszustand seines Thorax und der jeder erhellenden Geistigkeit verschlossene Gesichtsausdruck.*

63 *Hubert Lanzinger malte dieses Bild, das Hitler als reisigen Reiter, als trutzigen Fahnenträger, als Ritter gegen Tod und Teufel zur Schau stellt. Vgl. S. 211 und 270.*

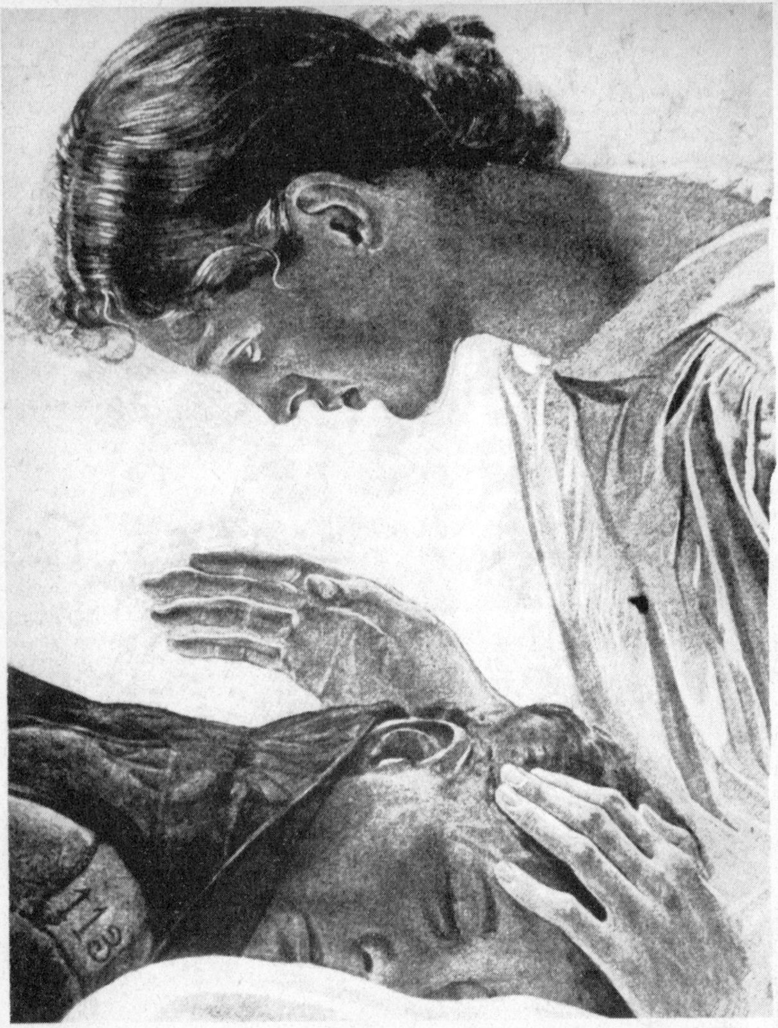

64 *«Gefreiter Münzinger, der Kunstkenner unserer Kompanie: ‹Das ist ein Gemälde von Professor Bühler aus Karlsruhe. Er hat die Heimkehr eines unserer tapferen Kameraden aus dem Felde dargestellt. Nach ruhmvollen Tagen ist er als Sieger zurückgekommen, bang und stolz erwartet von seiner Frau. Es ist ein Bild symbolischen Charakters, denn der Künstler wollte Allgemeingültiges zeigen, ein Schicksal für so viele, so wie es in diesen Tagen in allen Teilen unseres Vaterlandes anzutreffen war.›» Vgl. S. 75 f.*

stalten von Hellas und Germanien in falscher Perspektive. Nur für Ästhetiker, die Ästhetik um der Ästhetik und nicht um der Kunst und des Lebens willen treiben, ist eine Linie nichts als Linie, Ornament. Für jeden Künstler ist sie aber – ob bewußt oder unbewußt – Funktion, Trägerin einer Leistung. Sie ist an eine bestimmte Materie gebunden. Im Menschlichen sind die verschiedenen rassischen Typen die Verkörperung bestimmter seelischer Wesenheiten, die sie schildernde farbig-lineare Gesamtheit also seelisch-rassisch bedingt.

Der letzte Austrag

Prof. Hubert Schrade: *Der Sinn der künstlerischen Aufgabe und politischen Architektur* in: *Nationalsozialistische Monatshefte,* 1934, S. 506–511.

Hubert Schrade, Kunstkritiker, a. o. Professor in Heidelberg und Freiburg i. B.; Autor von: *Ikonographie der christlichen Kunst, Die Auferstehung Christi, Götter und Menschen Homers,* u. a. m.

Weder die Kunst der Antike noch die Kunst des Mittelalters noch die späterer Epochen ist durch ästhetische Belehrungen in die Mitte des Daseins gerückt worden. Die ästhetischen Belehrungen sind vielmehr immer erst in den Zeiten aufgekommen, und als förderlich empfohlen worden, in denen die Schaffenskraft der Kunst selbst schon im Sinken begriffen war. Die Kunst stand immer dann in der Daseinsmitte eines Volkes, bezeichnete sie, versinnbildlichte sie, wenn sie ganz konkrete Aufgaben zu erfüllen hatte, ohne die das Dasein dieses Volkes der letzten Sinngebung entbehrt hätte. Als Erfüllerin dieser vom Leben selbst als unerläßlich bezeichneten Aufgaben, nicht als Löserin bestimmter, so oder so gearteter ästhetischer Probleme wuchs die Kunst dem Volke ans Herz. Denn die ästhetischen Probleme waren Sache der Künstler, und das Volk hielt sich weit von dem Wahne entfernt, das lösen zu wollen, was lösen zu können die künstlerische Begabung zur unumgänglichen Voraussetzung hat.

Die Kunstgeschichte des 19. Jahrhunderts hebt sich von der früheren Epoche dadurch ab, daß sie solche aus der Daseinsmitte des Volkes kommenden Aufgaben nicht mehr kennt. Die künstlerische Aufgabe wird vielmehr fast ausschließlich Angelegenheit des einzelnen Künstlers, das Volk hat unmittelbar kaum noch Anteil an ihr. Die künstlerische Aufgabe wird im allgemeinen Zuge der Zeit individualistisch. Der Künstler zieht sich mit seiner Aufgabe auf sich selbst zurück. Und damit ist erst das ästhetische Räsonnieren, das Streiten um Stile, zu einer ständigen Erscheinung des Kunstlebens geworden. Denn der heutige Kampf um die Kunst ist ja nur der letzte Austrag von Kämpfen, die seit dem späten 18. Jahrhundert die Kunst von einer Unruhe in die andere getrieben haben. Der letzte Austrag... Denn wir glauben, daß heute der Zeitpunkt gekommen ist, in dem der Kunst Aufgaben von solcher Sinnbildlichkeit, wie sie frühere Epochen gekannt haben, wieder gestellt werden können, ja schon gestellt sind. Es ist eigentlich bereits gesagt, aber es sei noch einmal förmlich ausgesprochen, daß diese Aufgaben natürlich nicht zufälligen Charakter haben, d. h. nicht bloße Beschäftigungsaufgaben der Kunst sein dürfen. Sie müssen wirklich von dem Sinnwillen der Zeit selbst gestellt sein. Der offenbart sich nicht an den Oberflächen des Lebens und Geschehens. Aber es gibt Stunden, in denen er aus seinem Geheimnis unmittelbar heraustreten und allen sichtbar werden zu wollen scheint. Wir haben solche Stunden schon erfahren dürfen. Eine dieser Stunden ist die morgendliche des vorjährigen Reichsparteitages gewesen, in der die Gefallenenehrung stattfand.

Die fast unübersehbaren Massen der Kämpfer waren im Luitpoldhain aufmarschiert. Sie füllten ihn bis zum letzten Platz. Nur in der Mitte hatten sie eine breite Straße freigelassen. Sie führte von der Tribüne, auf der sich die drei riesigen, alles überleuchtenden Hakenkreuzfahnen erhoben, zu dem Gefallenenmal. Der Höhepunkt der Feier kam, als der Führer und der Stabschef, nachdem sie die breite Straße langsam durchschritten hatten, an dem mächtigen Kranze, der vor dem Ehrenmal lag, zum Gedenken inne hielten. Ihre Gedanken wurden allen hörbar. Die Musik spielte: «Ich hatt' einen Kameraden.»

Die Zeitungen schrieben, es sei die größte Heldenehrung gewesen, die Deutschland jemals gesehen habe. Das ist sie zweifellos gewesen. Aber die äußere Größe, obwohl zugehörig, war doch das Entscheidende nicht. Das war die sinnerfüllte, die sinnoffenbarende Form, zu der hier die Größe gezwungen wurde.

Der Luitpoldhain, bedeckt von dem erdigen Braun der Uniformen, überwogt von dem glühenden Rot der vielen Fahnen, sei ihm in dieser Stunde, sagte ein Maler, wie ein riesiges Tulpenbeet erschienen. Auch wem es nicht vergönnt war, Teilnehmer der Stunde zu sein, wird zweifeln dürfen, ob dieser Vergleich zutreffend oder wenn vielleicht irgend zutreffend, ob er zulässig war. Nicht um der malerischen Reize willen, die sie darbot, darf jene Stunde des Gedenkens und der Beschwörung heldischen Todes eine der Stunden der neuen Zeit genannt werden, in der das Leben zu sinnerfüllter Form geführt, den Gestalter aufrief. Denn der Gestalter, der aufgerufen wurde, ist nicht der Maler gewesen, der das Bild jener Stunde abmalte. Nicht etwa ein anderer Franz Krüger[1], der das Schauspiel des Aufmarsches der Soldaten des Dritten Reiches schaffe wie jener die Bilder der preußischen Paraden des 19. Jahrhunderts. Nein, der Maler, auch wenn er ein so meisterlicher wäre wie Franz Krüger, wurde von jener Stunde nicht aufgerufen. Das Bild der Stunde

1 Franz Krüger, Maler, 1797–1857, schuf hauptsächlich Darstellungen von Reitern zu Pferde.

als solches haben Photographie und Film schon unvergeßlich festgehalten. Der Maler würde es mit seinen Mitteln vielleicht reicher geben können, wenn er das Zeug dazu hat. Aber er würde, solange er sich rein wiedergebend verhielte, zum Wesentlichen, das hier nach schöpferischem Ergriffenwerden verlangte, doch niemals vordringen können. Denn das Wesentliche der Ereignung war nicht das sogenannte Malerische an ihr, das war nur ein Teil ihrer Erscheinung, das Wesentliche, das sie bestimmte, gliederte, ihr Gestalt gab, war architektonischer Herkunft und Macht und auch architektonischen Zieles.[1]

Das sinnlich-plastische Gefühl

Werner Hager: *Bauwerke im Dritten Reich* in: *Das Innere Reich*, 1937, 1. Halbjahresband, S. 6–7, gekürzt.

Werner Hager war Kunsthistoriker.

In dem Gestaltenwandel, in der ganz sinnlich faßbaren, anschaulichen Veränderung der Haltung, die das deutsche Volk durchmacht, seitdem es von der nationalsozialistischen Bewegung ergriffen wurde, liegt ein ungeheurer künstlerischer Antrieb beschlossen. Die Masse als Summe sich frei dünkender Einzelner war das Formlose, das Widerkünstlerische selbst. Das von einer gemeinsamen Bewegung des Gemütes und Willens ergriffene Volk aber bildet einen künstlerischen Urstoff. «Politik ist nichts anderes als die Kunst der Völkerformung» – und von einer großen politischen Aufgabe ausgehender Bauwille wird Mittel solcher Formung sein. Seine Vorstufen liegen jedoch in der Durchgliederung bewegter Massen zur bildhaften Darstellung des Volkes. Indem die Menschen wieder lernen sich in gebundener Form zu bewegen oder auch nur stillzustehen, beginnt eine unsichtbare Hand an ihnen zu kneten und zu bilden. Ein neues Körpergefühl erwacht, sei es auch nur beim alltäglichen Erheben der Hand zum Gruß, am höchsten erlebt in der zwingenden Gestalt gemeinschaftlicher Haltung bei Aufmarsch und Feier. Dieses Zurückfinden zum sinnlich-plastischen Gefühl für das bewegte Körperliche war zuvor durch eine ganze Reihe von Einzelbestrebungen seit langem vorbereitet, wurde aber erst durch die politische Bewegung in das ganze Volk hineingetragen, weil erst der Nationalsozialismus das Ganze erfaßte und in die Form zwang. Wenn wir von der deutschen «Bewegung» sprechen, so meinen wir zunächst etwas Innerliches, aber starke Bewegungen der Seele haben von jeher ihren Weg in die anschauliche Form gesucht. So entstanden die großen Lebensstile der Geschichte und aus ihnen die großen Kunstweisen. Uns Heutigen wird der «Volkskörper», ein längst zur abstrakten Redensart verflüchtigter Begriff, auf

1 Vgl. Abb. 24.

einmal wieder zu etwas Sichtbarem, das sich im Raume bewegt und dem ein Jahr selbst zugehört. Und schon regt sich die edle Leidenschaft, dieses immer wieder Vergehende für die Dauer zu prägen.

Rassisch-Seelische Grundhaltung

Harry Griessdorf: *Unsere Weltanschauung. Gedanken über Alfred Rosenberg: «Der Mythus des 20. Jahrhunderts»*, Berlin 1941, S. 93–94.

Es ist schon ersichtlich geworden, daß wir Deutschen, um uns klar und unmißverständlich auszudrücken, bemüht bleiben müssen, den rechten Sinn der Worte unserer Sprache zu erfassen und sie dann sinngemäß anzuwenden. Viel Mißbrauch getrieben wird mit dem Wörtchen «schön». Man hört Urteile wie: Der Redner spricht schön, das Instrument klingt schön, die Blume riecht schön, ja sogar: das Essen schmeckt schön. In jedem dieser Fälle will man eine auf die Sinne angenehm wirkende Wahrnehmung mit «schön» bezeichnen, womit man eigentlich gar nichts sagt, bloß, wie es so häufig geschieht, irgend etwas hinredet, um eben etwas zu sagen. Solche Flachheiten müssen aufhören. Unsere Sprache ist ein viel zu kostbares Gut, als daß man sie mißbrauchen dürfte. Hier tut jedem einzelnen Selbsterziehung not. Was heißt denn «schön»? Es ist nicht etwa gleichbedeutend mit «hübsch», mit welchem Wort nur ein ganz allgemeines Urteil abgegeben wird, etwa gleichbedeutend mit «gefallend», «gefällig», d. h. dem Fall, der Form entsprechend. «Schön» bedeutet mehr, denn es steht im Zusammenhang mit «Schauen» und heißt so viel wie deutlich gesehen, hell beleuchtet. Schön ist das aus der Schau und darum aus lebendigem Wirken schöpferisch Geborene, das in die ihm entsprechende Form gebracht ist. Schön ist das aus tiefster seelischer Schau Geformte, aus dem die Seele zu uns spricht. «Als schön kann für uns nur die durch die Stofflichkeit hindurchdrängende innere Ausstrahlung eines bedeutenden Willens gelten.» (Rosenberg in «Mythus d. 20. Jahrh.») So ist für den nordischen Menschen Schönheit etwas Dynamisches, nämlich Formung der lebendigen Seele, nichts Sachliches und bloß Formales (Statisches), das wir mit «hübsch» bezeichnen. Der Germane liebt den persönlichen Stil, nicht den nur sachlichen typisierenden. Immer entsprechen die Wesensgesetze des künstlerischen Schaffens bestimmter Völker und auch der Künstler selbst der rassisch-seelischen Grundhaltung. Daher kennen wir Deutschen kein vollkommenes Schönheitsideal, sondern das ewig schöpferische Formen seelischen Erlebens, immer wieder neu, aber immer charaktervoll, wahrhaftig und klar. «Deutsch sein, heißt klar sein», rief der Führer in seiner programmatischen Kulturrede bei der Einweihung des Hauses der deutschen Kunst in München am 18. 7. 1937 den deutschen Künstlern zu.

Der Widerspruch

Dr. Breitkopf: *Menschenformen, volkstümliche Typen*, Berlin 1941, S. 47–48.

Das Denken der Intellektuellen ist beweglich und vermag bei höherer Begabung das einzelne genau zu erfassen, ohne dabei aber zu ganzheitlicher Synthese vorzudringen. Daher überwiegt die formalistische Gewandtheit die inhaltliche Gediegenheit. Diese Eigenart des Denkens begründet die Neigung des Intellektuellen zu kniffliсher und spitzfindiger Behandlung der Probleme. Das Denken wird dem Intellektuellen leicht zu spielerischer Betätigung, zum Denksport. So war die Geisteshaltung der Sophisten eine vorwiegend intellektualistische. Das Denken des Intellektuellen ist nicht eigentlich auf Erkenntnis gerichtet, weil er keine echten sachlichen Interessen besitzt. Das Interesse des Intellektuellen äußert sich vielmehr in der Form der intellektuellen Neugierde, die lediglich auf Aktuelles gerichtet ist, mit der Absicht, den Mitmenschen möglichst um eine Nasenlänge voran zu sein und ihnen zuvorzukommen. Der Intellektuelle versteht es unter Umständen virtuos, sich fremdes Gedankengut anzueignen und dieses dann für eigenes auszugeben. Seine wendige, wenn meist auch oberflächliche Art des Auffassens bewirkt es auch, daß er sich neuen Fragen gegenüber sofort als kompetenter Beurteiler fühlt, der sich zum Mitreden veranlaßt sieht. Die formalistische Art des intellektuellen Denkens bringt es jedoch mit sich, daß der Intellektuelle in seinem Denken keine festen Standpunkte bezieht. An jedem Sachverhalt ist er geneigt, die bekannten zwei oder noch mehr Seiten zu sehen und unter dem Deckmantel der Objektivität seine Unfähigkeit zu fester Meinungsbildung zu tarnen. Diese vermeintliche, intellektuelle Objektivität, die in Wirklichkeit Standpunktlosigkeit ist, hat zu Unrecht den Begriff der Objektivität ganz allgemein in Verruf gebracht.

Aus den bisherigen Ausführungen folgt, daß der Intellektuelle keine Fähigkeit zu echter, schöpferischer Gestaltung besitzen kann. Dies tritt besonders überzeugend auf dem gesamten Gebiet der Kunst in Erscheinung, auf dem der Intellektuelle wesensnotwendig versagen muß. Organische Kunstwerke vermag er nicht zu erzeugen, sondern «Kunst» nur nach formalistischen Gesichtspunkten zu machen. Dabei kann solchen «Werken» durchaus ein gewisser Geschmack eigen sein, wie ja der Intellektuelle, wenn er überhaupt noch gefühlsmäßig ansprechbar ist, fast ausschließlich nur in ästhetischer Hinsicht empfänglich ist, was wohl auf die im starken Maße vorhandenen rationalen Komponenten des Ästhetischen zurückzuführen ist. Es gibt so den ästhetisierenden Intellektuellen, der Kunstbetrachtung betreibt, aber Kunst hervorzubringen nicht imstande ist.

Der intellektuelle «Künstler», an sich ein Widerspruch, probiert die formalen Mittel eines Kunstgebietes nach intellektueller Methode durch. Er ist auf dieses formale Experimentieren angewiesen, weil er kein Organ für die wesensmäßigen Zusammenhänge zwischen Gehalt und Ausdruck besitzt. Im besten Falle gelangt er daher zu der virtuosen Handhabung mehrerer Stilmöglichkeiten. Häufiger aber ist ein völliges Danebengreifen in der Wahl der Mittel und extremes Übersteigern der formalen Möglichkeiten zu beobachten (entartete Kunst). Immer aber fehlt diesen Erzeugnissen die Echtheit, d. h. in diesem Falle, die mit dem Anspruch künstlerischer Bedeutsamkeit herausgestellte Äußerung ist kein wesensnotwendiger Ausdruck der dahinter stehenden Persönlichkeit. Gefährlich sind solche Erzeugnisse nur, wenn sie eine gewisse formale Vollkommenheit besitzen und unter dieser Tarnung und unter Umständen vom Reiz des Verführerischen umgeben, eine verderbliche Wirksamkeit entfalten.

Ausdruckstiefe

Wilhelm Müseler: *Europäische Kunst – Völker und Zeiten*, Berlin 1942, S. 23. Wilhelm Müseler war Kunsthistoriker.

Das Schicksal des deutschen Volkes ist weitgehend durch seine zentrale Lage in Europa bestimmt. Immer lag das Reich im Brennpunkt der großen Geschehnisse und hat deshalb kaum Zeiten einer ruhigen Entwicklung gekannt. Auf die große Kaiserzeit, die von unaufhörlichen Kämpfen durchtobt war, folgte eine Epoche völliger Zerrissenheit und Not, in der die breite Schicht des Bürgertums sich aus eigener Kraft emporarbeitete, bis es zur Reformationszeit zum alleinigen Kulturträger der Nation wurde. Dieses Bürgertum, dessen hervorragendste Eigenschaft seine Gründlichkeit ist, hat zu allen Zeiten der deutschen Kunst eine ganz bürgerliche Note gegeben. Eine parallele Erscheinung gibt es bei keinem anderen Volk in Europa. Überall sind die Blütezeiten der Kunst meist eng mit dem Auf- und Abstieg der Fürstenhäuser, oft mit dem Adel, in Italien auch mit dem Papsttum verknüpft, die ihre Sorge der Kunst zuwandten, um ihrer Herrschaft Glanz zu verleihen. In Deutschland waren Adel und Kirche vielmehr mit dem Bürgertum verwachsen, als das in anderen Ländern der Fall war.

Andere Völker haben in Zeiten des Niedergangs weniger geschaffen als im Aufstieg; der Deutsche zerbricht nicht und hat, sogar in Zeiten tiefster Not, Werke von hoher sittlicher Reife und großer Ausdruckstiefe hervorgebracht, wie sie seiner Eigenart auch sonst am meisten liegen. Das wird von den allerersten Anfängen in romanischer Zeit, vor allem bei der Plastik der Gotik, und bis zu Rembrandt deutlich. So hat der Deutsche sich auch in der Baukunst sehr selten von äußerlichen Rücksichten auf dekorative oder repräsentative Wirkung leiten lassen, sondern hat seine Bauten stets von innen her, von seinem Raumgefühl aus gestaltet. In jeder Epoche sind die Kirchen, je nach dem Lebensgefühl, in anderer Weise stimmungsvoll, während der Außenseite der Bauten immer eine weit geringere Bedeutung beigemessen wurde.

Auch bei der deutschen Plastik ist dementsprechend nicht das Streben nach Schönheit und harmonischer Ausgeglichenheit maßgebend gewesen, sondern immer das Ringen um psychologische Durchdringung und Charakterisierung.

Wenn man die deutsche Kunst in ihrer Gesamtheit von ihren ersten Anfängen bis zur Jetztzeit überschaut, so ist das Bemerkenswerteste das unablässige, ruhelose Streben nach Ausdruckstiefe, das Aufsuchen und Ergründen der Probleme des Lebens.

Der Deutsche bewundert bei anderen wohl Werke, die schön sind, aber er will nicht, daß sie nur schön sind. Er liebt nur das Kunstwerk, das ihm etwas sagt und eine Empfindung vermittelt, und er schafft selbst nur Werke voll Ausdruck.

Architektur

Grundsätzliches

«Es gibt Dinge, über die nicht diskutiert werden kann»

Adolf Hitler am 22. 1. 1938 in der Rede zur Eröffnung der *Deutschen Architektur- und Kunsthandwerkausstellung* in München, in: *Völkischer Beobachter* vom 24. 11. 1938.

Jede große Zeit findet ihren abschließenden Wertausdruck in ihren Bauwerken. Wenn Völker große Zeiten innerlich erleben, so gestalten sie diese Zeiten auch äußerlich. Ihr Wort ist dann überzeugender als das gesprochene: Es ist das Wort aus Stein!

Das Verständnis der Mitwelt großen schöpferischen Werken gegenüber pflegt meist nicht gleichen Schritt zu halten mit der Entstehung dieser Werke. Es mögen oft Jahrhunderte vergehen, ehe die Größe einer Zeit auch in der sichtbaren Dokumentierung durch ihre Bauwerke verstanden wird. Ein gutes Beispiel dafür ist diese Stadt. Weder hat sie den König selbst einst begriffen, der ihre größten Bauwerke schuf, noch begriff sie die Bauwerke, die das Ergebnis seines Geistes gewesen sind. Heute ist die Beurteilung anders. Wir dürfen hoffen, daß auch wir einst auf eine so gnädige nachträgliche Beurteilung rechnen können.

Was diese Ausstellung so bemerkenswert erscheinen läßt, ist folgendes:

1. Zum erstenmal überhaupt wird eine solche Ausstellung in diesem Umfang der Menschheit gezeigt!
2. Diese Ausstellung steht an der Wende einer Zeit. In ihr dokumentiert sich der Beginn eines neuen Zeitalters.
3. Seit der Entstehung unserer Dombauten sehen wir hier zum erstenmal eine wahrhaft große Architektur ausgestellt, d. h. eine Architektur, die sich nicht selbst verbraucht im Dienst kleiner Alltagsaufträge und Bedürfnisse, sondern eine Architektur, die über den Alltag und seine Bedürfnisse weit hinausreicht. Sie kann beanspruchen, der kritischen Prüfung von Jahrtausenden standzuhalten und für Jahrtausende der Stolz des Volkes zu sein, das diese Werke geschaffen hat.

4. Es werden daher hier keine Projekte ausgestellt, sondern Sie sehen hier Pläne, die teils schon in der Verwirklichung begriffen sind, teils vor ihrer Verwirklichung stehen. Alles aber ist für die Verwirklichung bestimmt und wird verwirklicht werden!
5. Was Sie hier sehen, ist nicht das Ergebnis der Arbeit weniger Wochen oder Monate, sondern das Ergebnis einer zum Teil jahrelangen Anstrengung, nur daß sie sich nicht vor den Augen der Öffentlichkeit zeigte. Denn es ist nationalsozialistischer Grundsatz, mit schweren Problemen nicht vor die Öffentlichkeit zu treten, um sie darüber diskutieren zu lassen, sondern solche Pläne erst vollkommen zur Reife zu bringen und sie dann dem Volke vorzulegen. Es gibt Dinge, über die nicht diskutiert werden kann. Dazu gehören alle Ewigkeitswerte. Wer könnte sich vermessen, an das Werk der ganz großen gottgesegneten Naturen seinen kleinen Alltagsverstand anlegen zu wollen! Die großen Künstler und Baumeister haben ein Anrecht, der kritischen Betrachtung kleiner Zeitgenossen entzogen zu werden. Ihre Werke werden endgültig beurteilt und bewertet von Jahrhunderten und nicht von der Einsicht kleiner Tageserscheinungen.

Und endlich vergessen Sie nicht: In diesen Stunden wird vor den Augen der breiten Öffentlichkeit zum ersten Male der Vorhang weggezogen vor Werken, die bestimmt sind, nicht Jahrzehnten, sondern Jahrhunderten den Stempel aufzuprägen! In diesem Augenblick soll über sie jene Weihe kommen, die in den «Meistersingern» so schön empfunden ist: «Ein Kind ward hier geboren.» Es sind hier architektonische Leistungen, die in sich einen Ewigkeitswert tragen, und die nach menschlichen Maßstäben ewig stehen werden, fest und unerschütterlich, unvergänglich in ihrer Schönheit und in ihren harmonischen Maßen!

Der große Wurf

Franz Moraller am 17. 7. 1937 vor siebenhundert Architekten in München, in: *Mitteilungsblatt der RKdbK* vom 1. 8. 1937, S. 12.

Der Reichskulturwalter stellte den Satz voran: «Am Beginn einer jeden großen kulturellen Epoche steht die Baukunst.» Das gelte auch für unsere Zeit; der Architekt habe heute zweifellos von allen Künstlern das Primat. Überall sei der große Wurf des Führers zu sehen. Weiter betonte der Reichskulturwalter, seine erste Forderung sei der Schutz dessen, was in Deutschland gebaut und geschaffen werde. Im Vierjahresplan falle gerade dem freien Architekten eine Hauptaufgabe zu. In ihm steckten die stärksten Impulse des Kunstschaffens und des Suchens und Begehens neuer Wege. So sei auch den Architekten eine politische und kulturelle Aufgabe gestellt. «Sorgen Sie dafür», so schloß der Reichskulturwalter, «daß wir unser Deutschland den folgenden Generationen so hinterlassen, daß sie uns richtig sehen und daß auch im Bauen klar unser Weg zum Ausdruck kommt!»

Ein Bild vom Formwillen des Nationalsozialismus

Aus der Einleitung von Rudolf Wolters zu Albert Speer: *Neue Deutsche Baukunst*, Berlin 1940, S. 11–13, gekürzt.

Dipl.-Ing. Albert Speer, Architekt, * 1905; 1932 Umbau und Einrichtung des Adolf-Hitler-Hauses in Berlin zur Gau-Geschäftsstelle Berlin; ab 1933 Umbau und Einrichtung des Reichsministeriums für Volksaufklärung und Propaganda, künstlerische Ausgestaltung der Bauten zum *Tag der nationalen Arbeit* (1. Mai) auf dem Tempelhofer Feld, Berlin, künstlerische Ausgestaltung der Bauten zum Nürnberger Parteitag der NSDAP u. a.; Leiter des Amtes für *Schönheit der Arbeit* im Rahmen der *NS-Gemeinschaft Kraft durch Freude;* 1942–45 Reichsminister für Rüstung und Kriegsproduktion. Vgl. Abb. 25–30 und 36.

Die Krone aller städtebaulichen Arbeit soll aber die Neugestaltung der Reichshauptstadt sein. Am 30. Januar 1937 hat Adolf Hitler dem Architekten Albert Speer diese Aufgabe übertragen und ihn zum Generalbauinspektor für die Reichshauptstadt ernannt. Durch seinen Erlaß stellte der Führer alle die außerordentlichen Mittel zur Verfügung, die notwendig sind, dies Werk zur Vollendung zu bringen.

Berlin, das in den letzten hundert Jahren gewaltig über seine alten Grenzen gewachsene Weichbild, wird nach dem Willen des Führers eine neue städtebauliche Mitte erhalten, die in ihrem Umfang und ihrer Größe ebenso bedeutend sein wird, wie es die «Linden» zur Zeit Friedrichs des Großen gewesen sind.

Bereits zu Beginn des Jahres 1939 konnte der Generalbauinspektor die Fertigstellung eines wesentlichen Teilstückes der Neugestaltung melden: Die neu ausgebaute Ostwestachse vom Brandenburger Tor bis zum Mussoliniplatz, der sieben Kilometer lange Teil jener großen Straße, die später zusammen mit der beherrschenden Nordsüdachse das Hauptstück der gesamten Neugestaltung Berlins bilden wird.

Wenige Monate vor der Fertigstellung dieses Straßenzuges aber war bereits der erste repräsentative Neubau im Rahmen der Neugestaltung entstanden: die Neue Reichskanzlei.

In der ersten kurzen Zeitspanne von neun Monaten hat der Architekt Albert Speer nach dem Willen des Führers dieses erste steinerne Denkmal des Großdeutschen Reiches errichtet.

In noch stärkerem Maße als es die äußere Erscheinung der Reichskanzlei auszudrücken vermag, gibt dieser Bau in seinem Innern ein charakteristisches Bild vom Bau- und Formwillen des Nationalsozialismus.

Die schwierigen städtebaulichen Gegebenheiten, die das Bauwerk in seiner äußeren Gestalt maßgebend mitbestimmten – der langgestreckte

Bauplatz, eng begrenzt durch Voßstraße und Park, die historischen Gebäude am Wilhelmplatz, das Fehlen jeder baulich monumentalen Beziehung in der näheren Umgebung –, alle diese Gegebenheiten konnten eine große räumliche Komposition des Innern nicht beeinträchtigen.

Das räumliche Gerüst des Ganzen ist klar und einfach: die vom Wilhelmplatz bis zur Hermann-Göring-Straße durchlaufende repräsentative Achse, der sich alles übrige wie selbstverständlich zuordnet und an der sich auch die äußere Gestalt des Gebäudes orientiert.

Ausgeglichene Ruhe geht von den in baumeisterlich strenger Ordnung gegliederten Wänden des Ehrenhofes aus, deren grauer Stein nur wenig Farbe zeigt. Die beiden Bildwerke Brekers flankieren ein Portal, das, um einige Stufen erhöht, von kannelierten Steinpfeilern gerahmt ist. Ein marmorumkleideter heller Vorraum trennt den Ehrenhof vom Mosaiksaal. Dieser mächtige Raum strahlt festliches Rot von Wänden und Boden. Die großen Mosaikflächen vom Maler Kaspar [1], durch kaum vortretende polierte Marmorbänder streng zerteilt, bedecken die hohen Wände, Marmorplatten mit Mosaikstreifen den Boden. Ein weit ausladendes reichgegliedertes Gesims hebt sich hell ab vom Rot der Wände und läßt die lichtdurchlassende Glasdecke leicht über dem Raum schweben. Aus dem gedämpften Licht dieses hohen Saales tritt man wenige Stufen hinaus in die Helle des kleineren Runden Raumes, der aus der Öffnung seiner Kuppel gleichmäßiges Licht in den Saal wirft. Mit seinen vielfältigen Farben auf den marmorinkrustierten Wänden; mit den flachen, matt aus dem geschliffenen Grund herauswachsenden Reliefs über den Türen; in seiner ganzen Form ist dieser dritte Saal ein Raum von besonders eigenartigem Reiz und Charakter, das Ganze der Raumfolge ebenso bereichernd wie notwendig ergänzend. Kaum merkt der Unterrichtete, daß dieser Runde Saal als Gelenk in den Bau eingefügt ist, den leichten Knick vermittelnd, den die Voßstraße an dieser Stelle macht. Vom Kuppelsaal führt der Weg in die Marmorgalerie, jenen hohen Langraum, dessen äußere Fassade als Mittelbau auch an der Voßstraße groß und repräsentativ in Erscheinung tritt. Die Galerie ist Durchgangsraum und als solcher gestaltet. Zur linken Hand der Gleichklang von neunzehn hohen, in tiefen Marmornischen liegenden Fenstern. Dem wechselnden Helldunkel dieser Wand gegenüber in größerem Rhythmus fünf hohe Türen. Die rotgrüngrauen Marmorwände beherrschen unterteilend die lange Wand, deren hellgelb polierte Fläche im vollen Licht der Fensterwand steht. Während die mittlere der großen Mahagonitüren in den Arbeitsraum des Führers geht, weist die am Ende der Halle, an der Schmalseite befindliche Tür in den Empfangssaal, das räumliche Endglied der Achse. Dieser Saal, der vorläufig nur provisorisch herge-

1 Hermann Kaspar, Maler und Entwurfzeichner für Mosaik, Wandgemälde und Textilien, * 1904; ab 1939 Professor an der Münchener Akademie.

richtet ist, wird im kommenden Jahre so ausgebaut, daß er in Größe und Ausstattung der Höhepunkt der ganzen Komposition wird.

«Hier ist der einzelne Mensch nichts»

Rolf Badenhausen: *Betrachtungen zum Bauwillen des Dritten Reiches* in: *Zeitschrift für Deutschkunde*, 1937, S. 222–223, gekürzt. Vgl. Abb. 22–23.
Rolf Badenhausen war Kunsthistoriker.

Es ist eine Selbstverständlichkeit, daß der Nationalsozialismus mit seiner unbedingten Forderung nach Totalität alles Schaffen und besonders das künstlerische Schaffen mit seinem Geiste erfüllt. So müssen auch seine Bauten Zeugnis ablegen von seinem Willen. Wir können sogar sagen, daß seine Bauten die für die Allgemeinheit sichtbarsten Zeichen seines Willens sind. Welche Aufgaben hat nun der Nationalsozialismus den Architekten gestellt, und können wir von neuen Lösungen und einem neuen Stil sprechen?

Der Führer hat München den Ehrentitel «Hauptstadt der Bewegung» verliehen. Ihrer Bedeutung in der Geschichte des Dritten Reiches entsprechend, hat man auch hier zuerst ein gewaltiges Bauprogramm durchgeführt. Die Aufgabe: in das durch eine Tradition bestimmte Stadtbild die neuen Bauten sinngemäß einzugliedern, um damit richtungweisend einen neuen Stil zu schaffen. Wir denken in erster Linie an den Königlichen Platz zwischen den Parteihäusern, der Glyptothek, der Neuen Staatsgalerie und den Propyläen. Ein Aufmarschgelände, sinnvoll und unter Wahrung der schon vorhandenen Gebäude. Und der Stil?

Mag man ihn klassizistisch nennen, man wird seine letzte Bedeutung damit nicht endgültig erfassen können. Hier ist etwas Neues entstanden, dessen tiefster Sinn ein politisches Bekenntnis ist. Wenn man erlebt hat, wie sich auf diesem Platz das deutsche Volk sammelte, als es hieß, dem Reichspräsidenten von Hindenburg das letzte Geleit zu geben, als die Begräbnisfeierlichkeiten im Lautsprecher übertragen wurden – damals säumte noch grüner Rasen die weiten Flächen ein – und später eine Vereidigung auf demselben Platz nach der Neugestaltung: eine riesige mit Granitplatten belegte Ebene mit Tausenden von uniformierten Soldaten, der fühlt den entscheidenden, grundlegenden Unterschied. Es liegt nicht in der Verschiedenheit des Materials, es liegt in der Gesinnung. Und diese Gesinnung spricht auch aus den anderen Bauten.

Nürnberg, die Stadt der Parteitage, kann uns hier vielleicht besser Aufschlüsse geben. Wiederum eine Stadt, deren Bild durch Jahrhunderte hindurch geformt wurde. Wiederum die Aufgabe, aus einer Tradition heraus, die wir anerkennen, etwas Neues zu schaffen.

Welch Unterschied in der Betrachtung, verglichen mit den Ausführungen in den bisher üblichen Kunst- und Architekturgeschichten. Hier spüren wir, daß wir mit den bisherigen Maßstäben nicht weiter kommen. Sollen wir von einem Zweckbau sprechen? Der Begriff würde wiederum nicht zutreffen.

Man hat einmal die Architektur die steingewordene Weltanschauung genannt. Nur von dieser Erkenntnis aus kann man den neuen Bauten näher kommen und sie überhaupt verstehen. Jede Betrachtung einzelner Teile wäre demnach auch unangebracht.

Die Grunderkenntnis

Karl Neupert: *Die Gemeinschaft formt das Bild der deutschen Städte* in: *Heimatpflege – Heimatgestaltung*, ständige Beilage der Zeitschrift *Der Deutsche Baumeister*, 1939, Nr. 6, S. 64, gekürzt. Vgl. Abb. 24.

Das zurückliegende Jahrhundert des Liberalismus läßt einen organischen Aufbau des Volkslebens vermissen. Der Einzelmensch verlor mehr und mehr das Verständnis für eine Einordnung in die völkische Gemeinschaft und damit das Empfinden für Raum und Landschaft in ihrer übergeordneten Bedeutung als Heimat des ganzen Volkes.

Wohl gehen die Bestrebungen einiger Architekturschulen dahin, eine bessere Gestaltung der Einzelbauwerke allmählich durchzusetzen. Jedoch ist in einem formalen Wettstreit eine Gesundung der baukulturellen Lebensäußerungen nie herbeizuführen. All diese Bemühungen der Schulung und der Belehrung sind in dem Tempo der politischen und wirtschaftlichen Entwicklung verfehlt und von vornherein zum Scheitern verurteilt.

Wie im Mittelalter die Einordnung städtischer und dörflicher Gemeinwesen die Folge einer organischen Gliederung des Volkes war, so muß der Aufbau unserer heutigen Volksgemeinschaft eine entsprechende Gesundung der Wohnsiedlungsanlagen in ihrer Einfügung in den Gesamtraum herbeiführen.

Der nationalsozialistische Umbruch legt uns die Verpflichtung auf, die wiedergewonnene Einheit im völkischen Leben auf Raum und Städtebild zu übertragen. Hier allein, in dieser politischen Grunderkenntnis, und nicht, wie so viele unserer namhaften Architekten heute noch glauben, in den verschiedenen ästhetischen Anschauungen, liegen die Wurzeln für eine Gesundung unserer Baukultur.

Die Gestaltung unseres Lebensraumes darf nicht als Versuchsobjekt dem einzelnen überlassen bleiben. Der deutsche Lebensraum gehört der Gesamtheit, und diese fordert zu ihrer Erhaltung den Schutz der Heimat.

Die Ausrichtung des Städtebaues nach politischen, wirtschaftlichen und landschaftlichen Gesichtspunkten ist eine Forderung der nationalsozialistischen Weltanschauung.

Gesinnung

Der peinliche Geschmack

Prof. Dr. Dr. E. Högg: *Deutsche Baukunst – gestern – heute – morgen* in: *Das Bild*, 1934, S. 61.

E. Högg, Architekt, war Professor an der TH Dresden.

In die Trostlosigkeit unserer Baugesinnung brachte der 9. November 1918 eine gewisse Großzügigkeit. Die Trostlosigkeit wurde nämlich zum Gesetz, die Gedankenarmut zur Tugend erhoben, und ihre unfähigen Erzeuger ließen sich als die großen Künstler der «neuen Sachlichkeit» feiern. Wir erlebten damit den Einbruch rassefremder Eroberer in die widerstandslos gewordene deutsche Kultur. Das hundertprozentig bolschewistische «Bauhaus» übernahm die Führung. Und von jetzt ab war nicht nur kalte Seelenlosigkeit höchstes Lob und Ziel – es gab auch nichts Lächerlicheres und Verächtlicheres mehr als die alte überlieferte, nordischem Gefühl entsprungene romantische Deutsche Kunst – als die Kunst Nürnbergs, Rothenburgs, Danzigs.

Wahrlich, eine größere Dreistigkeit hat die Welt nie gesehen als die Unbefangenheit, mit der eine Handvoll talentloser Eindringlinge uns Deutsche in unserem eigenen Lande zu verhöhnen und unsere Heimat mit den Machwerken ihres Geistes zu schänden wagten. Und die gerechte Entrüstung, die uns heute beim Rückblick auf diese Tage ergreift, kann nur noch überboten werden durch unseren Schmerz über die feige Unterwürfigkeit, mit der die guten Deutschen sich auf den Geschmack dieser Fremdlinge einzustellen bemühten. Es waren Jahre der Schande für die Deutschen Baumeister und für die Deutsche Baukunst.

Die Märzstürme des Deutschen Völkerfrühlings haben das alles weggefegt wie nächtlichen Gespensterspuk. Heute will es keiner mehr gewesen sein! Man trägt heute wieder Deutsches Herz mit Steildach und ist braun getarnt. – Das ist ja schön und gut so. Aber es bleibt bei so plötzlicher Umstellung doch ein peinlicher Geschmack im Munde zurück und allerlei Bedenken steigen auf.

Zum ersten läßt sich die Bautätigkeit der letzten 15 Jahre nicht mit einem Federstrich beseitigen, wie etwa schlechte Gesetze und Verordnungen. Man kann Schmutz und Schund in Wort und Bild auf Scheiterhaufen verbrennen. Aber den Schundbau der Nachkriegszeit kann man nicht so ohne weiteres durch den Arbeitsdienst abtragen lassen. Wenn die Menschen längst andere geworden sind – im guten oder bösen –, stehen noch ihre Bauwerke als beredte Zeugen ihrer früheren Gesinnung.

Die Totalität des Stils

Anläßlich der dritten Jahrestagung der RKdbK am 9. 7. 1938, in: *Mitteilungsblatt der RKdbK* vom 1. 8. 1938, S. 5.

Als erster sprach der Erbauer der Ordensburg Sonthofen, Prof. Giesler[1], über die weltanschaulichen Raumvorstellungen in der Architektur und die Bedeutung der Baukunst als der Urkunst der Völker, der Kunst des Raumes und der Kunst des weltanschaulichen Umbruchs. Er unterstrich, daß die Architektur weltanschaulich begründet sein müsse, und belegte an Beispielen die Unterschiede zwischen der egozentrischen christlichen Weltanschauung mit ihren Bauten und dem in der Renaissance zum Ausdruck kommenden Weltbild des Humanismus. Die Bauten der Verfallszeit seien passiv und zukunftslos und nur gestaltet nach dem Maßstab: Zins und Amortisation. Dann schilderte er die hohen und verpflichtenden Aufgaben, die der Führer und die Gemeinschaft dem deutschen Künstlertum gestellt haben, und umriß sie mit den Worten des Führers selbst, daß die nationalsozialistische Kunst unserer Gemeinschaftsentwicklung zu dienen habe. Diese Aufgabe könne der Künstler aber nur erfüllen, wenn er selbst in die Gemeinschaft eingehe, d. h. Nationalsozialist in seiner Gesinnung und in seinem Schaffen sei. Kein anderer als der Führerbau von Prof. Troost gebe den Künstlern in seiner klaren und geschlossenen Gestaltung eine bessere Vorstellung von dem neuen deutschen Bauschaffen. Es sei die Totalität des Stiles, die sich hier durchgesetzt habe, ein Bauwerk im politischen Stil. So liege die Hauptaufgabe der neuen deutschen Architektur nicht in der reinen Fassadengestaltung, sondern in der Gestaltung des Grundrisses. Hier seien gewaltige Aufgaben von weltanschaulicher Prägung zu lösen. Die Worte des Führers aber, daß die Größe der Gegenwart nach den Ewigkeitswerten für die Zukunft gemessen werde, seien für die deutsche Kunst die höchste Verpflichtung: Die Verpflichtung zum Durchbruch dieser Monumentalität. Zu dieser Monumentalität aber führe uns der Führer selbst.

Seelenlose internationale Mache

Julius Schulte-Frohlinde: *Baukultur im Dritten Reich* in: *Bauten der Bewegung*, 1939, Bd. I, S. IV–V, gekürzt.

Baukunst ist der Niederschlag der Gesamtkultur eines Volkes. Will man von Baukunst sprechen, so muß man immer erst von Kultur sprechen: Kultur ist der Boden, aus dem allein Kunst emporwachsen kann. Ein Bauwerk ist nicht die Leistung eines einzelnen, sondern die Gesamt-

1 Prof. Paul Giesler, Architekt, * 1895; ab 1924 NSDAP-Redner.

arbeit einer Vielzahl von Menschen verschiedener Berufsgruppen. Neben den Künstlern und den Handwerkern hat auch der Bauherr entscheidenden Anteil an dem Entstehen eines Baues. Die künstlerische Leistung dieser Männer wird getragen von der Kultur des Volkes. Die Höhe ihres Könnens ist ebenso wie ihre Anschauung und ihre Gesamteinstellung zur Aufgabe bedingt durch die Haltung des Volkes.

Wir wissen, daß es um unsere europäische Kultur seit der letzten Jahrhundertwende sehr schlecht bestellt war. Wir wissen, daß Deutschland nach dem großen Kriege politisch, geistig und kulturell zusammengebrochen war und eine Zeit jüdisch-marxistischer Beeinflussung durchmachte. Der Liberalismus kannte nicht den Satz: «Gemeinnutz geht vor Eigennutz». Seit 1870 sind im Frieden mehr kulturelle Werte zerstört worden als in vielen mörderischen Kriegen. Die Weltanschauung einer Zeit spiegelt sich wahrheitsgetreu in ihren Bauten wieder.

Die bewußte Erkenntnis, daß wir auf den Trümmern einer zusammengebrochenen Kultur stehen, ist die Voraussetzung für die richtige Einstellung zu den Baufragen unserer Zeit. Das ist so zu verstehen, daß zwar die Zeugen einer wundervollen Baukultur noch in vielen herrlichen Beispielen in unserem Vaterlande stehen, daß aber die lebendige Überlieferung das handwerkliche und künstlerische Können zum größten Teil verlorengegangen sind – ein Zustand, der noch niemals in der baukünstlerischen Entwicklung Europas eingetreten war. Es ist aber wohl nicht mehr als gerecht zu sagen, daß auch in den Zeiten des Verfalls sich einige Kräfte zur Abwehr regten.

Wenige Jahre vor dem Kriege konnte man sogar von einer starken Bewegung gegen diese zunehmende Entwicklung sprechen. Der Krieg und seine Folgen machten die gesunden Ansätze wieder zunichte, wenn auch der Samen, den verdienstvolle Männer gesät hatten, aufging und einige Baukünstler treu und unerschütterlich deutsche Baukunst pflegten und lehrten trotz allgemeiner Verwirrung. Es muß festgestellt werden, daß der gesunde Sinn unserer deutschen Jugend, soweit sie Baukunst studierte, gerade diese wenigen Lehrer mit besonderer Begeisterung und Liebe verehrte. Auf die Allgemeinheit aber übte die starke jüdische Beeinflussung ihre verderbenbringende Wirkung ungehemmt aus. Tageszeitungen, Fachzeitschriften und Architekturbücher waren von diesem Geist beherrscht und verwirrten teilweise auch die Köpfe derer, die Gutes wollten. Das Schlagwort von der neuen Sachlichkeit triumphierte, einer Sachlichkeit, die alles andere war als sachlich. Die Drahtzieher dieser seelenlosen internationalen Mache waren Juden und Marxisten, denen deutscher Geist und deutsche Seele für alle Zeiten unverständlich bleiben mußten. Einen verderblichen Einfluß hatte ferner die ewig wechselnde Mode auf jene charakterlosen Baugestalter ausgeübt, die sich ihr aus Schwäche oder Berechnung unterwarfen. Man vergaß oder wollte es nicht wissen, daß Kunst mit Mode nichts gemeinsam hat.

Die Lage bei der Machtübernahme war so, daß die Baukunst, eng verkettet mit den wirtschaftlichen und politischen Verhältnissen, ohne Möglichkeit der Entwicklung, mit ganz wenigen Ausnahmen auf einem Tiefpunkt angelangt war, der nicht übertroffen werden konnte. Wie in allen Dingen, so ruhten auch hier mit Berechtigung alle Hoffnungen auf dem Führer und der Bewegung.

Auf dem guten Alten aufbauend wollen wir Baukünstler einen neuen Bauausdruck schaffen, der unserer Weltanschauung entspricht. Schlechtes Bauen, Effekthascherei und das Streben nach Sensationen müssen um jeden Preis unterbunden werden.

Die großen Bauten der Bewegung sind nicht um ihrer selbst willen da, sondern sollen neben der Zweckerfüllung dem deutschen Menschen die Geschlossenheit, Einheit, Kraft und Größe unseres Staates vor Augen führen und erfüllen damit Aufgaben, die auch die großen Kulturbauten früherer Zeiten im gleichen Sinne erfüllt haben. Sie zeigen überdies dem Auslande, was Deutschland zu leisten vermag. Große und bedeutende Bauwerke sind ausschließlich in großen und bedeutenden Zeiten entstanden. Der Stil dieser Gebäude muß dem Willen entsprechen, der sie formte.

«Gebauter Nationalsozialismus»

Nationalsozialistische Baukunst, in: *Mitteilungsblatt der RKdbK* vom 1. 9. 1939, S. 1.

Auf keinem Gebiete künstlerischen Schaffens ist das weltanschauliche Erlebnis so fruchtbar geworden wie auf dem der Baukunst. Die große Wende in der deutschen Architektur ist nicht erst als Folgeerscheinung des großen Umbruchs und Aufstieges der Nation eingetreten. Die neue deutsche Baukunst war von Anbeginn an ein Teil der deutschen Revolution. Mit ihr gelangte sie zum Sieg. Unmittelbar vermochte sie gewaltige, im Kampf gereifte künstlerische Pläne in die Tat umzusetzen. Überall in Deutschland erheben sich schon ein halbes Jahrzehnt nach der Machtübernahme die überwältigendsten Bauten der Gemeinschaft.

Als die Deutsche Architekturausstellung im Hause der Deutschen Kunst zum erstenmal ein geschlossenes Bild des Bauschaffens des Führers gab, haben Tausende und aber Tausende das Antlitz der nationalsozialistischen Kulturlandschaft in seiner ganzen Größe, seinem ganzen Reichtum der Formensprache und in seinem tiefen Sinn erschaut. Die Bauten des Führers sind die Zeugen der weltanschaulichen Wende unserer Zeit. Sie sind gebauter Nationalsozialismus Seit den frühen deutschen Domen entstehen zum erstenmal wieder Gemeinschaftsbauten, die völlig von jeder Zweckbestimmung des Alltags losgelöst sind. Selbstdarstellung der ureigensten Naturkräfte eines erwachten, rassebewußten Volkes, Stein gewordene Verkörperung eines Glaubens. In diesen Bauten formt der Führer das Ebenbild der edelsten Wesenszüge der deutschen Gemeinschaft. In ihnen wird die Baukunst zum Erzieher eines neuen Volkes. Das künstlerische Genie des Schöpfers der deutschen Weltanschauung gab ihnen den Stil jenes Heroismus, der den politischen Entscheidungskampf gegen Zersetzung und Niederbruch zum Siege führte. Die in Stein verewigte seelische Größe wird auch in den fernsten Zeiten wiederum den heldischen Geist ihres Schöpfers ausstrahlen auf das ganze Volk. Die Bauten des Glaubens, deren Bestimmung es ist, dem weltanschaulichen Erleben sichtbaren Ausdruck zu geben, stehen über allen anderen Bauten groß und einmalig vor uns. Sie werden zu einem geheiligten Bezirk unseres Volkes.

Einheit von Politik und Baukunst

Jürgen Petersen: *Albert Speer – Über einen deutschen Baumeister* in: *Das Reich* vom 11. 1. 1942, gekürzt.

Es gibt eine Theorie von der Ablösung der Künste. Danach war das 16. und 17. Jahrhundert die große Zeit der Malerei, das 18. gehörte der Dichtung und Publizistik, die Romantiker waren wesentlich Musiker. Das stimmt sicher nicht ganz, wie alle geschichtlichen Grenzziehungen. Vieles ist gleichzeitig nebeneinander in Blüte, die Bereiche fließen ineinander über. Aber nach der schöpferischen Dürre des späten 19. Jahrhunderts in der Baukunst und den tastenden und oft verirrten Ansätzen des beginnenden 20. Jahrhunderts sprechen viele Anzeichen dafür, daß die Gegenwart am Beginn eines architektonischen Zeitalters steht.

Aus scheinbaren Zufällen werden schicksalhafte Notwendigkeiten. Zu ihnen gehört es, daß der Mann, der das nationalsozialistische Reich schuf, von der Architektur herkommt. Für die Gegenwart begründet sich daraus jene Einheit von Politik und Baukunst, wie sie so nur in der Renaissance und Antike lebendig war. Der Wille und die Kraft des nationalsozialistischen Bauens sind Ausdruck eines politischen Glaubens und eines Anspruchs auf Herrschaft. «Zur Stärkung dieser Autorität entstehen unsere Bauten», heißt es in der Kulturrede des Führers von 1937. Architektur um ihrer selbst willen bleibt hier ohne Sinn. Sie erhält ihre wahre Begründung aus dem Leben. Es ist das Leben der Nation, das zugleich auch die Kunst bewegt. Es gibt keine Trennung beider Sphären. Die deutsche Architektur will das Antlitz des Kampfes zeigen. Sie will etwas aussagen von jenen harten Entscheidungen, unter denen das politische Dasein dauernd steht. In den Bauten ergänzt sich das Wort des Führers zum «Wort aus Stein». Man hat vom «gebauten Nationalsozialismus» gesprochen, und das will besagen, daß es der gegenwärtigen deutschen Baukunst nicht um technische Fragen oder ästhetische Werte geht, sondern um eine politische Lebensform, die aus den Bauten spricht.

Es galt noch der letzten Generation als Selbstverständlichkeit, daß Politik und Kunst durch Abgründe voneinander getrennt sind. Die Bindung zwischen beiden Bereichen im nationalsozialistischen Bauen ist so eng wie möglich. Von hier aus (und nicht aus stilistischer Anempfindung) begründet sich die Nähe zur Architektur der Renaissance und der Antike oder etwa zum romanischen Stil. Es sind die eigentlich politischen Epochen der europäischen Architektur. In ihnen ist Strenge und Fülle zugleich. In ihnen lebt der geistige Adel des perikleischen Zeitalters, die kraftvolle morgendliche Frühe des ottonischen Reiches, das verschwenderische Raumgefühl der Medici, männliche Stile also – während Gotik, Barock oder Biedermeier sich in diesem Sinne als «weibliche» Stile kennzeichnen. Man begreift das Gesicht der neuen Bauten in Deutschland nicht ohne diesen zutiefst männlichen Ausdruck ihres Wesens. In dem was sie aussagen, sind sie keinen Augenblick entfernt von den politischen und geistigen Fundamenten der Gegenwart. Ursprung und Absicht sind nirgends zufällig. Alles ist begründet.

Die Schlageter-Gedächtnishalle auf dem Belchen

In: *Das Bild*, 1934, S. 64–65, gekürzt.

Albert Leo Schlageter trat im Herbst 1922 in die NSDAP ein und soll angeblich ihr Gründer in Berlin gewesen sein. Im Ruhrkampf schloß er sich 1923 der Kampforganisation *Heinz* an, die rückwärtige Verbindungen der französischen Truppen zu zerstören versuchte. Nach einem Anschlag auf die Bahnlinie Düsseldorf–Duisburg ist Schlageter festgenommen, vor ein französisches Kriegsgericht gestellt und zum Tode verurteilt worden. Das Urteil wurde am 23. 5. 1923 vollstreckt. Die NS-Literatur feierte ihn als Märtyrer, und der NS-Dichter Hanns Johst schrieb ein Drama über ihn, das an Hitlers Geburtstag, am 20. 4. 1933, uraufgeführt wurde. Das Thema Schlageter kehrt in der NS-Literatur sehr oft wieder. Siehe hierzu auch: *Theater und Film im Dritten Reich* (Ullstein Buch 33031). Vgl. Abb. 33–34.

Der Belchen ist der schönste Berg des Schwarzwaldes. Der Feldberg ist wohl der höchste, aber rings umstellt von hohen Genossen, tritt er nicht so weithin in Erscheinung wie der Belchen, der als hohe Warte weithin über die Lande grüßt. Gestalt und lichtes Aussehen heben den Belchen heraus aus der Reihe der Brüder. Er heißt der Weiße, der Bleiche, der Blanke, Belche, Belihha, Weiß. Die vier Belchen, unserer – der im Schweizer Jura – der welsche – und der Große Belchen der Vogesen haben merkwürdigerweise gleiche Namen. Sie sind Zeugen der uralten Eingesessenheit des Deutschen am Oberrhein. Sie sind die Weißen, weil während eines großen Teiles im Jahr die weißen Schneefelder der vier in die Rheinebene herunterleuchten.

Wie eine weiße Wolke schwebt unser Belchen über dem Breisgau. Allen Städten und Dörfern im Lande unten, besonders im Elsaß, schaut er in die Fenster und spiegelt sich in den Wassern des Rheins fast von Basel bis Straßburg. Im Westen schließen die Wasgauberge wie eine märchenhafte Rundbühne die schönste und fruchtbarste und an Menschenwerken reichste, aber auch umstrittenste deutsche Landschaft ab. Im Süden recken sich überm Rhein die nahen Gipfel des Schweizer Jura und über die hinweg schaut die Wunderwelt der Alpenfirnen. Im Osten versperren die Ebenbürtigen des Hochschwarzwaldes den Blick ins Weite und scharen sich im Norden gleich einem gedrängten Gefolge. So steht unser Belchen wie das Herzstück des alten Alemannenlandes.

An seinem Fuße im hinteren Wiesental stand die Wiege Schlageters. Deshalb fordert der Denkmals-Ausschuß des Schlageter-Reichsmales das Deutsche Volk auf, auf dieser würdigsten Stätte seinem heldischen Sohn die Weihehalle zu wölben.

Der Bedeutung Schlageters und der Bedeutung der Stätte muß auch die Bedeutung des Denkmals entsprechen. Dieses Mal darf kein kalter Stein sein. Wie ein Heiligtum, wie eine Gralsburg muß es den Berg und das Land krönen, und so muß es auch im Innern zu erleben sein.

Seit je gründen sich die Weihemale auf den Lauf der Sonne, des Mondes und der Sterne. Von den Steinsetzungen und den Steinkreisen der Vorzeit, über die Kultbauten Ägyptens und die Dombauten des Mittelalters sind sie nach dem Gang des Lichtes gerichtet. Über all diesen Bauten, die so mit den kosmischen Dingen verbunden sind, waltet eine besondere Weihe. Bewußt oder unbewußt spricht aus ihnen ein Wesensbild, in dem innere Vorstellung und äußere Form sich decken und in dem die Einzelseele ihren Gleichklang mit der Gotteswelt gefunden hat.

Es liegt für die Schlageter-Gedächtnishalle ein solcher Grundplan vor.

Heimattreue Schöpfung

Richard Pfeiffer in: *Die völkische Kunst*, 1935, S. 19–24, gekürzt. Vgl. Abb. 31–32.

Mit der Planung eines Jagdhauses für den Preußischen Ministerpräsidenten und Reichsjägermeister Hermann Göring war dem Architekten Werner March[1] eine vielgestaltige Aufgabe gestellt, bei der unter Verzicht auf alle Konzessionen an die Welt der Großstadt in reinster Form die neuen Gedanken vom Bauen und Wohnen verwirklicht werden konnten. Es galt in diesem Hause die enge Verbundenheit des Bauherrn mit der nordischen Landschaft, die Gestaltungsmöglichkeiten eines reinen Holzbaues und unter Ausschluß aller entbehrlichen Technik eine

1 Werner March, * 1894.

schöne und gesunde Handwerklichkeit bis in die letzten Teile zu zeigen. Die ortseigenen Materialien Kiefernholz, Findlingsmauerwerk, märkischer Ton und Schilfrohr sind folgerecht nach alterprobten Bauweisen angewandt. Bis zu den Möbeln und sonstigen Ausstattungsstücken wurden die ortsansässigen Handwerker unter Anregung ihrer eigenen Gestaltungskraft eingesetzt. Das Ergebnis ist ein schöner Zusammenklang des Hauses mit Wald und See, eine allen verständliche Sprache des heimischen Materials und der natürlichen menschlichen Bearbeitungsweise.

«Karinhall» liegt in tiefer Waldeinsamkeit der Schorfheide, auf steilem Höhenrücken zwischen dem Großen Döllnsee und dem Wuckersee. Der märkische hochstämmige Kiefernwald zeigt hier sehr verwandten Charakter mit schwedischer und masurischer Landschaft. Die Gestaltung des Hauses ist organisch aus dem Grundriß entwickelt. Im Grundriß selbst fließen die einzelnen Räume mit großer Natürlichkeit und Freiheit ineinander und treten in lebendige Wechselbeziehung. Eine große weite Deutsche Halle mit dem Feuerplatz bildet das allseitig fühlbare Kernstück. Eine Speisenische, das Arbeitszimmer mit dem vorgelagerten Balkon, eine Schlafnische für den Hausherrn, zwei Gästezimmer und die Arbeits- und Schlafzimmer des Hauspersonals bilden das einfache Raumprogramm des Ganzen.

Der Besucher betritt das Haus durch einen kleinen Vorplatz, der unmittelbar in die Halle führt. Gleich beim Betreten der Halle gewährt eine Glastür zur gedeckten Vorhalle einen weiten Blick über See und Wälder. Denselben Ausblick hat das Arbeitszimmer im Dach mit seinem vorgelagerten, vom Hausgiebel hochüberdachten Balkon.

Die Grundmotive des Hauptbaues klingen noch einmal in vereinfachter Form in dem kleinen Bootshaus am See wieder, das durch eine Bohlentreppe mit der offenen Vorhalle des Hauses verbunden ist. Die umgebende große Landschaft wurde mit aller Sorgfalt in ihrer Reinheit erhalten. Der leise Widerklang ihrer herben Schönheit in den Bauten und Anlagen ist der sicherste Prüfstein für den Wert dieser heimattreuen Schöpfung.

Das Dach

In: *Werkhefte für den Heimbau der Hitler-Jugend,* herausgegeben von der Reichsjugendführung der NSDAP, Leipzig 1937, S. 42–45, gekürzt.

Um das Dach ist in den letzten Jahrzehnten viel gestritten worden, und noch heute kann man gerade aus den von überallher eingehenden Heimentwürfen alle Verirrungen dieses Streites ablesen. Aus durchgehenden Ausbauten, verschiedenartigsten Walmungen, merkwürdigsten «heroischen» Turmaufbauten entstanden wahre Dachungetüme, während man sich andererseits das HJ-Heim vor allem wegen der fehlenden

Verwendungsmöglichkeit des Dachgeschosses zum Versuchsobjekt für flache Abdeckungen mit Isolier- und Ersatzstoffen ausersah. Man behauptete, die Sachlichkeit einer arbeitenden Jugend mache das steile Dach für ihr Heim unmöglich, während andere darin den alleinigen Ausdruck gerade des deutschen Wesens dieser Jugend sahen.

Das Dach wurde gerade im deutschen Bauen aus ganz natürlichen und praktischen Gegebenheiten zu einem selbständigen und bedeutenden Architekturteil. Neben den einfachen, langgestreckten Baukörpern geben gerade die einfachen und einheitlichen Dächer dem Bild unserer Dörfer die ruhige Geschlossenheit, und nicht zuletzt verbindet die Dachdeckung, die aus der Erde, den Steinbrüchen oder von den Feldern der Landschaft gewonnen wurde, diese Bauten mit ihrem Boden. So wurde das Dach dem deutschen Bauen eigentümlich, und so vermag es gerade unseren kleinen Bauten auf dem Lande in ihrer äußeren Erscheinung schon den Charakter des Heimes zu geben.

Für das HJ-Heim ergeben sich folgende Richtlinien: Wenn aus dem klaren und einfachen Grundriß der geschlossene Baukörper entsteht, so verlangt dieser Baukörper auch eine einfache, klare und geschlossene Dachform. Es ist also unmöglich, die geschlossene Dachhaut in ihrer ganzen Länge durch Ausbauten aufzureißen. Wir forderten für den Grundriß ein großzügiges räumliches Denken und wollen auch hier nicht kleinlich sein. Ein HJ-Heim soll nicht mit auffälliger, künstlicher und neuer Dachdeckung prunken, sondern wir wollen gerade mit unseren Heimen den Anfang zu einer baulichen Beruhigung unseres Landschaftsbildes machen. Wo ein Dorf mit langen, geschlossenen Dächern breit in der Landschaft lagert, da soll das HJ-Heim nicht wie ein schlechtes Café-Haus dieses Bild zerstören, sondern sich ihm einfügen. Wo aber in unseren Industriegebieten in der Umgebung des Heimes die unmöglichsten Dachformen vorherrschen, soll gerade unser Heim durch seine schlichte und vornehme Ruhe hervortreten. Das flache Dach wird freilich nur in wenigen Fällen, bei großen Feierräumen und dergleichen, notwendig und richtig sein. Es geht aber nicht an, in unseren Dörfern die HJ-Heime bewußt mit flachen Dächern zu bauen, um damit aufzufallen oder eine neue Zeit auszudrücken!

Nordisch

Georg Weise in: *Zeitschrift für Deutschkunde,* 1935, S. 407–408.

Es ist kein Zufall, daß das Haus der Deutschen Kunst, zu dem der Führer in München den Grundstein gelegt hat, nicht in den Formen deutscher Gotik oder der deutschen Barockarchitektur ersteht, sondern in seiner Säulenfront und dem geraden Gebälk einen ausgesprochen klassischen Charakter trägt. Das Klassisch-Antike erweist sich wieder einmal als das notwendige Gegengewicht gegen die in dem Nordisch-Germanischen – als seinen letzten Ausläufer hat man den Jugendstil bezeichnet – liegende Gefahr abstrakter, wirklichkeitsfeindlicher Formzersetzung und individualistischer Selbstzerstörung. In einer tieferen geistigen Notwendigkeit scheint es begründet, daß eine Bewegung, die im Politischen die stärkste Reaktion gegen alle Schattenseiten des deutschen Individualismus und Partikularismus, deutscher «Formlosigkeit» und deutscher Gemeinschaftsnegierung bedeutet, auch im Künstlerischen eine Formensprache erwählt, die durch den Charakter von Zucht und Regel, normativer Gebundenheit, schlichter Zweckmäßigkeit und objektiver Klarheit bestimmt wird. Das Verhältnis zum Klassischen und zur Antike ist ein anderes geworden. Wurde bisher von den Vorkämpfern für das Nordisch-Germanisch-Gotische mit Vorliebe die Renaissance als das große nationale Verhängnis gebrandmarkt, durch das die deutsche Kunst für Jahrhunderte aus der Bahn ihrer natürlichen Entwicklung geworfen worden sei, und wurde dem Klassischen überhaupt jede Berechtigung innerhalb der deutschen Kunst bestritten, so ist der neue, sagen wir mehr rassenpsychologische Begriff des «Nordischen» gerade mit besonderem Nachdruck bemüht, die enge Verwandtschaft und geistige Übereinstimmung zwischen Griechischem und Deutschem zu erweisen.

Deutsch

Der Mittelpunkt

Hugo Landgraf: *Vom Wesen deutscher Baukunst* in: *Deutsche Kultur-Wacht*, 1933, Heft 3, S. 2–3, gekürzt.

Die Redaktion sagte zu dem Aufsatz: «Der Verfasser war als Dozent am Deutschen Institut für Ausländer an der Universität Berlin mehr als zehn Jahre lang bemüht, ausländischen Studenten das Deutsche in der Geschichte unserer Baukunst darzustellen. Seine grundlegenden Ausführungen haben heute, wo es sich um Klarstellung der nationalen Werte handelt, allgemeine Bedeutung.»

Durch die Geschichte der deutschen Baukunst geht ein ähnlicher tragischer Zwiespalt wie durch das politische Schicksal der deutschen Nation.

Wie jenes durch einen aufreibenden Kampf der Kräfte zwischen artfremden Staatsideen und völkischen Lebensbedingungen bestimmt ist – man denke an das christliche Universalreich Karls des Großen, an das «römische Kaisertum» des Mittelalters, an den Absolutismus des 16. bis 18. Jahrhunderts, an die demokratische Idee der jüngsten Vergangenheit –, so ist die Geschichte der deutschen Baukunst ein immerwährendes Ringen zwischen dem eingeborenen Schöpfertum der Nation und einer von außen herangetragenen Formenwelt, die fremdstämmiger Herkunft ist.

Bezeichnend ist, daß es keinen «deutschen Stil» gibt, jedenfalls keinen, der allgemein verbindlich so genannt oder so empfunden würde. Von den Stilen der europäischen Kunstgeschichte hat keiner seinen Ursprung in Deutschland gehabt. Dafür aber sehen wir zu allen Zeiten das Deutsche in Auseinandersetzung mit dem jeweils herrschenden internationalen Formenkanon. Dieser Kampf ist nicht selten opfervoll und verlustreich gewesen. Aber in dem gleichen Maße, wie sich in der politischen Geschichte die deutsche Art trotz des lateinischen Karl, der römischen Kaiser, der Nachahmer des Roi Soleil und der westlichen Demokratie durchgesetzt hat, ist auch in der Baukunst, trotz Romantik, Gotik, Renaissance, Barock, Rokoko und Klassizismus, das eigentlich Deutsche nie untergegangen.

Die deutsche Eigenart im Gewande fremder, oft weit hergeholter, aber immer schicksalsmäßig bestimmter Formen zu erkennen, darauf kommt es an, wenn man sich klarmachen will, was deutsche Baukunst ist.

Noch spuken schlagwortartige Vorstellungen von der echten deutschen Gotik des Kölner Doms, von der Unzulänglichkeit der deutschen Renaissance, von der Fremdartigkeit des Barock in den Köpfen unserer Schulmeister und Publizisten. Sie stiften eine heillose Verwirrung.

Machen wir endlich und energisch Schluß damit – vor allem auch in der Schule! –, deutsche Baukunst wie ein Anhängsel an die internationale Stilgeschichte zu behandeln. Stellen wir das Deutsche in den Mittelpunkt der Betrachtung! Wohl ist es nötig, die international verbindlichen Stilformen mit den zugehörigen Epochen zu kennen, aber nur, um auf Grund dieser Kenntnisse zum National-Persönlichen deutscher Baukunst vorzustoßen. Niemals darf das abstrakte Schema, abgeleitet von ausländischen Werken, zu einem Wertmaßstab für das Deutsche werden. Nicht was dem Schema am nächsten kommt, offenbart uns den Geist unserer nationalen Baukunst, sondern was sich am weitesten davon entfernt. Überall da, wo die Regel durchbrochen ist, tritt uns das Deutsche entgegen. So betrachtet, erhalten die Tatsachen erst ihren rechten Sinn. Wenn die deutsche Gotik hundert Jahre später beginnt als in Frankreich, wenn die Renaissance bei uns erst einsetzt, als sie in Italien fast schon vorüber ist, wenn das deutsche Barock nicht vor 1700 seine Ausbildung erhält, so besagt das nicht, daß die deutschen Baukünstler phantasielos hinter dem Auslande nachhinken – im Gegenteil: es sind die zähen und langwierigen Auseinandersetzungen des nationalen Schöpferdranges mit dem fremden Schema, die jeweils die Verzögerung hervorrufen. Erst wenn die Umformung nach eigenem Willen geglückt ist, entfaltet sich die eingeborene Gestaltungskraft frei und selbstbewußt.

Ekstatischer, stürmischer Schwung

Johannes Eilemann: *Deutsche Seele, deutscher Mensch, deutsche Kultur und Nationalsozialismus*, Leipzig 1933, S. 14–15, gekürzt.

Unsere Dome und Burgen verkörpern gleichfalls die deutsche Seele, den deutschen Menschen. Wucht, Trotz, Kampf, Eroberungswillen, Schutz, zähes Festhalten stellen sie dar, die Gewinnung von Neuland, Ausbau, Ordnung und Freiheit. Schleiermacher hat einmal gesagt: «Religion ist das Gefühl schlechthinniger Abhängigkeit von Gott.» Das begreifen wir nur schwer in den mißglückten Versuchen übermoderner Kirchen, stets aber in den alten, wertvollen, romanischen und gotischen Bauten. Wo wir gute deutsche Kirchen treffen, im Westen in Brügge und Ypern, im Osten in Danzig, im Innern unseres Vaterlandes in Magdeburg, Braunschweig, Hildesheim, Halberstadt, Gernrode; im Süden in Straßburg oder Freiburg, aber auch in Chorin, in Nauen oder in den schlichten schlesischen Holzkirchen, da sind immer unsere Gotteshäuser deutsch empfunden. Romanische Bauten wirken vertraut, sie bieten Schutz, sie atmen Ruhe und Festigkeit, Lösung, Frieden in ihren starken, dicken Mauern. Sie sind mütterlich. Die gotischen Dome legen Zeugnis ab von lebhafteren, leidenschaftlicheren, männlicheren Menschen, ihre Gestaltung verrät mehr Wissen um deutsches Ringen. Frömmigkeit, wenn sie echt ist, schließt stets Schlichtheit, Demut ein. Der gotische Mensch kennt nur eine Demut, eine Selbstbescheidung vor dem Letzten, vor dem Führer, vor Gott.

Auch die Hallenkirchen, d. h. die Kirchen, in denen die Nebenschiffe so hoch gezogen sind wie das Hauptschiff zum Hereinlassen von möglichst viel Licht, sind Offenbarungen deutschen Geistes, der nie stillstehen kann. Der Kampf zwischen Kaiser und Papst ist ausgefochten. Die Kirche scheint zu triumphieren, und doch triumphiert in Wirklichkeit die deutsche Seele, die freier, selbstständiger geworden ist, die mehr Zutrauen zu sich selbst bekommen hat auf ihrer Suche nach Gott. Aus dem Geist der romanischen Kirche spricht noch mehr Sehnsucht nach Abwälzung der Last auf fremde Schultern. Aus den gotischen und besonders den Hallenbauten spricht mehr Verantwortungsfreudigkeit, ein Herrentum, das sich nur mühsam bändigt. Längst vor Luthers Protestantismus ist das alles im Werden. Das zeigt uns im Gleichnis folgender Wandel. War bis dahin die starke Erhöhung der Sitze für die Geistlichkeit im Altarraum die Regel, so wird das nun anders. Distanz, Abstand, freien Raum um sich herum gönnte auch der werdende deutsche moderne Mensch seinem Führer. Aber nur volksfremde Führer oder doch dem Volke entfremdete Führer brauchten (und brauchen) einen Thronaufbau, eine Isolierschicht, die künstlich erhöht. Der gute deutsche Mensch will wohl, daß sein Führer ihn an Einsicht, Bildung, Wissen, vor allem an Charakter überrage, ihn, den Geführten, wie das so schön General Litzmann[1] Adolf Hitler nachgerühmt hat. Er will aber, daß sein Führer ewig mit ihm auf demselben Boden stehe, der der uns speisende Urgrund unseres Blutes und Wirkens, unseres Seins und Werdens ist.

Deutsch ist die Besonnenheit, die aus der beruhigenden Betonung der waagerechten Linie der romanischen Bauten (auch der Barockbauten) spricht. Deutsch ist aber auch der oft ekstatische stürmische Schwung der gotischen Senkrechten, die uns steil zum All emporreißt bis zur tausendfach durchbrochenen Helmspitze des gotischen Domes (Freiburg, Straßburg).

Monumental

Der heroische Charakter

Dr. Adolf Dresler: *Das Braune Haus und das Verwaltungsgebäude der Reichsleitung der NSDAP in München,* München 1937, S. 9–11.

Dr. A. Dresler, Dozent am Institut für Zeitungswissenschaft an der Universität München; Autor des Buches: *Deutsche Kunst und entartete Kunst,* München 1938. – Bezüglich der monumentalen Architektur siehe *Theater und Film im Dritten Reich* (Ullstein Buch 33031); über die monumentale Architektur im Dritten Reich sind auch einige Filme gedreht worden, z. B.: *Das Wort aus Stein – Von den Bauten des Führers* und *Die Bauten Adolf Hitlers* (Ordensburgen, Reichssportfeld, Münchner Bauten, Nürnberg); siehe hierzu: *Kulturfilm-Verzeichnis – Normal Filme für den Einsatz im Deutschen Volksbildungswerk,* hg. vom Propagandaamt der Deutschen Arbeitsfront, vierte erweiterte Fassung, März 1942, S. 79. Vgl. Abb. 22–23.

Es mußte der Führer kommen, um der richtungslos gewordenen städtebaulichen Entwicklung wieder eine Richtung zu geben. Mit genialem, weitausschauendem Blick hat er neue Möglichkeiten erkannt. Schon zu einer Zeit, als weder die politische noch die wirtschaftliche Lage hierzu gegeben war, entwarf er Skizzen und Pläne zu einer modernen Ausgestaltung Münchens. Noch vor der Machtergreifung hat er mit dem 1930 von der NSDAP erworbenen Braunen Haus die kommende Stillinie in den von ihm inspirierten Entwürfen für den Senatorensaal angebahnt. Der Führer hat sich für München, als er es am 2. August 1935 zur Hauptstadt der Bewegung erhob, das Amt des Beauftragten der Partei vorbehalten und bringt es fertig, neben den ungeheuren Aufgaben, die auf seinen Schultern liegen, auch Münchens architektonische Entwicklung

1 General Karl Litzmann sagte in seinen biographischen Angaben u. a.: «Wichtigste biographische Einzelheit ist meine Bekanntschaft und Freundschaft mit dem Führer des Dritten Deutschen Reichs, Adolf Hitler»; *Führer-Lexikon,* 1934/35.

selbst zu überwachen. Als erstes, schon sichtbar gewordenes Ergebnis dieser Sorge über München ist die Ausgestaltung des Königsplatzes anzusehen. Schon im Winter 1931/32 hat er sich mit dem für die Ausführung seiner Pläne erwählten Architekten Professor Paul Ludwig Troost in eingehenden Beratungen und Entwürfen mit der weiteren Ausgestaltung des von Klenze unvollendet zurückgelassenen Königsplatzes beschäftigt. So kristallisierte sich aus vielen Entwürfen heraus der Plan, das «Braune Haus», die beiden Monumentalbauten, Führerhaus und Verwaltungsgebäude der NSDAP mit den beiden Ehrentempeln «Ewige Wache» zu der Einheit und Geschlossenheit einer monumentalen Platzanlage zusammenzuschließen; nach dem Wunsch und Willen des Führers eine Weihe- und Versammlungsstätte des von ihm geeinten deutschen Volkes.

In keiner anderen Schöpfung tritt der heroische Charakter der Bewegung, ihr ideales und kulturelles Gesicht so klar und deutlich in die Erscheinung wie gerade im Bild des Königlichen Platzes. Hierzu kommt noch das «Haus der Deutschen Kunst» am Englischen Garten, das ebenfalls zeigt, wie der Führer sich den der nationalsozialistischen Gesinnung entsprechenden baulichen Charakter einer solchen Repräsentationsstätte deutscher Kunst in München denkt, nicht anders eben als einen ihrer Würde und Bedeutung angemessenen Tempelbau.

In diesen Neubauten tritt der vom Führer gewünschte deutsche Stil in seiner klarsten Ausprägung in die Erscheinung. Wenn man gegenwärtig in Deutschland reist und die an allen Orten entstehenden Großbauten des Staates und der Partei, Thingstätten, Freilichtbühnen, Stadien sieht, dann bemerkt man bald, daß das bauliche Gesicht nicht nur in der Hauptstadt der Bewegung, sondern, von München ausgehend, auch im Reiche in der vom Führer bestimmten Stillinie geformt wird.[1]

Symbolische Verklärung

Wilhelm Lotz: *Das Reichsparteitaggelände in Nürnberg* in: *Die Kunst im Dritten Reich*, 1938, S. 264–268, gekürzt. Vgl. Abb. 25–26.

Wenn nach vielen Jahrzehnten oder auch nach Jahrhunderten die Geschichte der Baukunst unseres Volkes geschrieben werden wird, so wird mit dem Jahre 1933 ein neues Kapitel angefangen werden mit der Feststellung, daß mit diesem Zeitpunkt ein grundsätzlicher Wandel in der Einstellung zum Bauen eintrat. Diese Voraussage ist keine Vermessenheit, denn in allen großen Zeiten der Baukunst haben die Menschen gefühlt, daß etwas Neues entsteht. Sie waren sich des Wandels ebenso be-

1 Im *RGBl.* 1938, Teil I, S. 1678 ist eine *Verordnung über die baupolizeiliche Behandlung der Bauten der nationalsozialistischen Bewegung* erschienen.

wußt, wie wir es heute sind. Sie haben das Wehen eines neuen Geistes ebenso verspürt wie wir, und vielleicht gehört dieser Glaube an den Einbruch eines neuen Zeitalters dazu, um solche großen Werke schaffen zu können. Denn es ist der Glaube an die Aufgabe, die einer Generation gestellt ist.

Täuschen wir uns auch darüber nicht: die schöpferischen Generationen dieser großen Zeiten des Umbruchs in der Geschichte unseres Volkes traten mit einer Kampfstellung gegen das Gewesene auf. Das ging so weit, daß man die äußerlichen Stilformen der vorhergehenden Epoche leidenschaftlich verwarf. Ohne diese Kampfstellung wären die neuen Formen in Italien und Deutschland niemals so plötzlich und überall aufgetreten. Unsere neue Baukunst bedeutet auch eine Kampfstellung gegen vieles, was sich in den vergangenen Jahren breitgemacht hat, und sie hat den Mut, wieder an Formen anzusetzen, die in den großen Epochen der deutschen Baukunst immer wieder sich durchsetzen und die über diese Zeit hinweg eine Entwicklung aufweisen, die zwar unterbrochen wurde, aber als lebendige Kraft immer wieder ihre Werte bewies.

Im Grunde handelt es sich jedoch nicht um Formen, sondern um den Sinn und Wert des Bauens, um die organische Verknüpfung der Gestaltung mit dem Leben des Volkes. Ein Volk, das lebt, baut, und ein Volk, das als Volk kein Leben hat, kann nicht bauen. In dieser Umkehrung ist der alte Spruch richtiger.

Das Reichsparteitaggelände in Nürnberg ist zeitlich genommen nach dem Königlichen Platz in München die nächste größere städtebauliche Gestaltung des Nationalsozialismus. Dort hat der verstorbene Professor Troost nach den Ideen des Führers zum ersten Male in unserer Zeit gezeigt, daß einem Platz in der Stadt ein tiefer Sinn innewohnen kann, wenn man ihn nicht nur als einen der Abwechslung halber nicht bebauten Raum ansieht, der vielleicht auch als dekoratives Element gelten kann, sondern wenn er aus geistiger Kraft entsteht, die in der Gestaltung zur Monumentalität führt. Aus dem Gefüge der alten schönen Bauten ist durch die straffe Zusammenfassung ein Platz geworden, der seine Krönung durch den Führer- und den Verwaltungsbau erhält und dem die Ehrentempel eine letzte Weihe geben. Weihe und Würde bestimmen die Schöpfung, und nicht ein äußerlicher Zweck. So ist auch die Schaffung des Reichsparteitagfeldes nicht als eine Befriedigung einer Notwendigkeit anzusehen, sondern als Ausdruck einer Idee. Auch hier fußt die Planung des Architekten Albert Speer auf gewachsenen alten geschichtlichen Gegebenheiten, aber das Geschichtliche hat eine symbolische Verklärung erhalten.

Das Reichsparteitaggelände ist der Lebensraum einer Gemeinschaft; er ist das große Forum der Partei, der Feierplatz für ihre höchsten Festtage. Das bedingt auch die gewaltigen Ausmaße dieses Feldes, denn es ist das große Heerlager der Soldaten der politischen Armee und zugleich ihr

Aufmarschplatz vor dem Führer. Sowohl die Gesamtplanung wie auch die Gestaltung der einzelnen Bauten und Platzgruppen werden bestimmt von dem für die nationalsozialistische Ordnung so grundlegenden Verhältnis zwischen Führer und Volk. Die Führung ist allgegenwärtig, denn in jedem Versammlungsraum und auf jedem Aufmarschplatz ist die Stelle, an der der Führer steht, architektonisch besonders hervorgehoben und festgelegt. Immer steht er vor der Versammlung, die in bestimmter Ordnung aufgestellt, vor ihm aufmarschiert. Dieses Auge-in-Auge-Stehen, der Führer vor dem Volk und das Volk vor dem Führer, ist immer die bestimmende Ordnung für die Anlage. Die Hervorhebung des Führerplatzes ergibt sich aus der Haltung des Mannes, der sich mit allen seinen Taten und Handlungen als Beauftragter seinem Volk stets verantwortlich fühlt. Er bildet immer den Mittelpunkt eines großen Bildes, einer Gruppierung von Fahnen und Standarten, die als Symbole der aufmarschierten Einheiten ihm zur Seite stehen. Man kann das am eindrucksvollsten bei dem Zeppelinfeld beobachten, weil es in seiner baulichen Gestaltung fertiggestellt ist und schon bei den letzten Parteitagen in seiner endgültigen Form den großen Rahmen für die Veranstaltungen abgegeben hat. Hier wird besonders deutlich, wie die Architektur in ihren Formen und Ausmaßen mit dem Geschehen selbst zu einer gewaltigen Einheit zusammenschmilzt. Die Formationen der aufmarschierten Gliederungen, die Menschen auf den Wällen und Tribünen geben den Maßstab ab für die Gestaltung des großen steinernen Rahmens, der die Veranstaltung unter freiem Himmel wie in einem großen Raum zusammenschließt. Jeder einzelne Teilnehmer sieht vor sich das große farbenprächtige Bild der Tribüne, mit dem gewaltigen Abschluß aus steinernen Pfeilern, deren Rhythmus und Abmessungen durch die in den Zwischenräumen aufgespannten Fahnen gegeben ist. Dort stehen die Standarten und Fahnen, und in der Mitte, weit vorgeschoben gegen das Feld, ist der Platz des Führers. Diese zwingende Ausrichtung der Massen durch die Anordnung der Architektur bewirkt, daß jeder Teilnehmer den gewaltigen Zusammenklang des Willens aller Beteiligten wie in einem großen Spiegel vor sich erblickt, als eine kraftvolle Zusammenfassung und Sinngebung des Geschehens.

Mit seinen Ecktürmen wird sich das Stadion bis zu einer Höhe von 100 Meter erheben, und sein langgestreckter granitener Rumpf, der die Tribünen einschließt, mißt eine Länge von 540 Meter bei einer Breite von 445 Meter. Das riesenhafte Hufeisen umfaßt ein Spielfeld von 55 000 Quadratmeter und kann 405 000 Zuschauern auf seinen fünf Rängen Raum geben. So wird es seine Längsseite dem Beschauer auf der Kongreßhalle darbieten. Zwischen dem Zeppelinfeld mit seinem hellen Jurakalkstein und dem Stadion verläuft die Große Straße mit einer Breite von 95 Meter. Das Stadion greift mit einem Vorhof bis hart an die Straße und hier wird eine Tribüne mit einer Standartenhalle den Vorhof abschließen und dem Führer und seiner Begleitung die Möglichkeit geben, den Vorbeimarsch auf der Großen Straße abzunehmen. Das Bild wird an Schönheit noch gewinnen, wenn die Bauten in einem großen Hain von Eichen stehen. Der jetzt bestehende Föhrenwald weicht einer Aufforstung.

Im Hintergrund erheben sich die 26 Türme des Märzfeldes bis zu über 36 Meter Höhe und umgrenzen ein Feld von 611 x 955 Meter. 115 000 Zuschauer können dort auf den Tribünen das großartige Schauspiel der Vorführungen der Wehrmacht verfolgen.

Aus deutscher Erde gebrochen, von deutschem ererbtem Können gemeistert und geformt, entsteht hier nach den Ideen und Anweisungen des Führers nach dem künstlerischen Entwurf und unter der Leitung von Albert Speer ein Zeugnis deutschen Wollens und deutscher Tatkraft.

1944: Der totale Neuaufbau Berlins

Plan zum Neuaufbau Berlins – 150 Architekten entwerfen Europas neueste Stadt, in: *Donau-Zeitung*, Belgrad, vom 9. 1. 1944. Vgl. Abb. 33.

Dr. Goebbels hat zusammen mit Reichsminister Albert Speer einen Wettbewerb ausgeschrieben, dessen Thema der totale Neuaufbau Berlins ist. Die Reichshauptstadt soll mit einer Einwohnerzahl von 10 Mill. Menschen die größte Stadt Europas werden. Diese Riesenstadt von 50 Kilometern Durchmesser soll durch Parks und Wasseranlagen so aufgelockert werden, daß sie den Charakter einer Gartenstadt erhält. Dabei soll beispielsweise die Spree zu ihrer dreifachen Breite ausgebaut werden.

Diese große Zukunftsstadt erfordert auch eine neuartige, großzügige Lösung der Verkehrsfrage. Der Massenverkehr soll sich unter der Erde abspielen, wo neuartige, breitspurige Untergrundbahnen mit Geschwindigkeiten von 150 bis 200 Kilometern unter Berlin hindurchsausen. Diese Bahnen werden nur wenig Haltestellen haben, von denen aus man durch Nebenanschlüsse zu den Einzelstationen gelangt. Die großen oberirdischen Verkehrsadern sollen zwei Fahrbahnen von je 15 Meter Breite erhalten.

Das Zentrum der Stadt soll nach den Plänen von Dr. Goebbels der kulturelle Mittelpunkt werden. Eingebettet in weiträumige Grünanlagen soll dort ein Theaterviertel, eine eigene Universitätsstadt, eine große moderne Künstlerkolonie und eine Stadt der Technik entstehen. Die geplante Nordsüdachse soll die elementarste und längste Geschäftsstraße der Welt werden, in der die Käufer aus ganz Europa alles finden, was ihr Herz begehrt. Der Neubau dieser 10 Millionenstadt wird nach den bisherigen Berechnungen 7 1/2 Jahre in Anspruch nehmen. Nach vorsichtigen Schätzungen glaubt man die künftige Metropole mit einem Kostenaufwand von 25 Milliarden Reichsmark bauen zu können.

Als bei einer Besprechung mit dem Architekten Reichsminister Speer, der zugleich Generalbauinspektor für die Reichshauptstadt ist, gefragt wurde, wo denn das viele Geld herkommen solle, antwortete er: «Es handelt sich nur um einen Bruchteil dessen, was wir heute leider für den uns aufgezwungenen Krieg ausgeben müssen.»

Die Frage der Rekrutierung der Bauarbeiter für dieses riesige Bauvorhaben hofft man dadurch lösen zu können, daß für alle am Bau der neuen Reichshauptstadt Beteiligten ein Spezialtarif in der Art eines Ehrensoldes eingeführt werden soll. Die 150 Architekten, die gegenwärtig an den Plänen schaffen, müssen ihre Arbeiten bis zum Ende des Jahres 1944 abgeschlossen haben. Dann soll der Entwurf für die größte und schönste Stadt Europas fertig vorliegen.

Über Hitler

Die Grenze des Künstlers

In: *Das Schwarze Korps* vom 19. 6. 1935, S. 12.

Künstler sein ist eine Berufung und ein Geschenk des Himmels. Zugleich aber eine Aufgabe am Volk, eine Verpflichtung gegenüber der Gemeinschaft und gegenüber den Kräften der Zeit, die Volk und Staat formen, binden und führen.

Der Künstler, der ganz von seiner Aufgabe besessen, seinem Werke lebt, ist der Nation ein Begnadeter, wenn er bescheiden genug ist, auch in seinem eigenen Schaffen die Grenze zu kennen, und wenn er bereit ist, nur das Beste hineinzustellen in das Bewußtsein des Volkes. Dies besonders dann, wenn er in seinem Schaffen sich an die Gestaltung des Führers wagt.

Der Führer ist der Nation höchstes und letztes Gut. Er ist die deutsche Vollendung schlechtweg. Ein Künstler, der den Führer zu gestalten versucht, muß mehr als nur Künstler sein, denn ein ganzes Volk und die deutsche Ewigkeit wollen vor diesem Werk stehen in stummer Ergriffenheit und Kraft schöpfen für heute und immer.

Darum ist es Sünde, so einer ein Werk schafft, so einer den Führer zu gestalten versucht, ihm aber nur ein Stümperwerk gelingt, und er dieses nicht bescheiden und schweigend in die dunkelste Ecke seiner Stube stellt und wartet auf die Stunde der inneren Reife. Den Führer zu zeichnen, sei keinem versagt. Das nichtssagende schlechte Bild aber zu veröffentlichen, ist wider die Ehre der Kunst und wider den Geist unseres Volkes. Es ist eine Beleidigung des Führers und ein Verbrechen an der Zukunft unseres Volkes.

Heilig ist die Kunst und Berufung am Volk. Der Beste aber unter den Besten wage die Gestaltung des Führers. Der allein, den ein innerer Zwang dazu treibt. Prüfe er aber sein Werk, eingedenk der Verantwortung vor seinem Volk und vor seines Volkes Zukunft.

«Mit den Augen eines deutschen Landschaftsmalers»

Prof. Dr. Hermann Nasse in: *Die Neue Literatur*, 1936, S. 736–737.

Hermann Nasse, * 1873; Professor an der Akademie der bildenden Künste in München; Autor von: *Deutsche Maler der Romantik, Fra Angelico*, u. a. m.; eine zweite Besprechung über Hitlers Aquarelle schrieb er in: *Das Bild*, 1936, S. 374. Vgl. Abb. 2.

Der Reichsbildberichterstatter der NSDAP, Heinrich Hoffmann[1], hat Aquarelle von der Hand Adolf Hitlers in farbigen Lichtdrucken herausgegeben. Zu den Frontaquarellen, die ein Zeugnis für die künstlerische Begabung des Führers nicht nur als Zeichner, sondern auch als Maler sind, sei folgendes in Erinnerung gebracht: Als der Führer in schweren Jahren materieller Not in Wien, wohin er 1908 gekommen war, um bis 1912 dort zu bleiben, sich um die Aufnahme an der Akademie der Bildenden Künste bewarb, wurde sein Aufnahmegesuch wegen «Nichteignung zum Kunstmaler» abgelehnt. Als Aquarellist aber verdiente er sich in Wien u. a. seinen Lebensunterhalt. Als der Führer sich später zur Architekturklasse meldete, wurde auch dies Gesuch von den damaligen Maßgebenden abgelehnt, weil «dem Bewerber die Vorschule, die Bauschule fehle»! – Am 24. April 1912 kam der Führer nach München. Als der Weltkrieg ausbrach, meldete er sich sofort und machte als Kriegsfreiwilliger des Bayrischen Infanterie-Reserveregiments Nr. 16 List den Weltkrieg mit. Als Meldegänger nahm der Führer seit Herbst 1914 an 48 Schlachten teil und wurde im Oktober 1915 zum Gefreiten befördert. Am 5. Oktober 1916 wurde er durch einen Granatsplitter verwundet, am 14. Oktober 1918 erlitt er eine schwere Gasvergiftung und kam erblindet nach Pasewalk ins Lazarett. Zwischen allen Schlachterlebnissen aber betätigte sich der schlichte Gefreite und Frontkämpfer auch als Künstler. Die Mappe bezeugt es. Zwei Blätter dieser Mappe sind 1914 entstanden. Im Herbst der «Hohlweg bei Wytschaete» mit seinen düster brennenden Farben, im Dezember die «Klosterruine in Messines». Hier ist das gewaltige Erleben der Zerstörung zu einer farbigen Vision ge-

1 Heinrich Hoffmann, * 1885; durch Dietrich Eckart 1919 mit Hitler bekannt; unter den ersten Mitgliedern der NSDAP; im Dritten Reich Monopol auf Hitler-Fotos, machte so ein Riesenvermögen; SA-Hauptsturmführer Geist schrieb am 22. 4. 1940 u. a. an den Maler Otto von Kursell: «Ich bin von dem Gedanken ausgegangen, daß, wenn Prof. Heinrich Hoffmann (bitte vertraulich!) für die Veröffentlichung einer Fotografie vom Führer, die er 10 mal noch veröffentlichen kann, RM 200,– bekommt, so sehe ich nicht ein, daß Du, der sich viele Stunden mit der Schaffung des Bildes plagen mußte, nicht ein entsprechendes Äquivalent dafür haben sollst.» Brief befindet sich im Besitz des Herausgebers.

worden. Das ist nicht etwa Ruinenromantik oder Kriegsromantik, sondern ein in seiner flüssigen, rein malerischen Behandlung ernstes und erschütterndes Mahnmal. 1915 gehört das in lichten, leuchtenden Farben gehaltene Blatt der «Verbandstelle Fromelles» an. In zartesten Tönen und Tonabstufungen schimmern die breitgelagerten Baulichkeiten. Ganz entzückend ist die Malerei in dem Aquarell «Haubourdin» des Jahres 1916. Mit den Augen eines deutschen Landschaftsmalers erfaßt, wird hier das Fremde zum intimen, trauten und beseelten, ja zum dichterischen Erlebnis. Man könnte sich in die Mauern Nürnbergs oder Rothenburgs versetzt fühlen. Die Malerei ist besonders aufgelockert, bewegt und strömend geworden. Die prachtvolle Bleistiftzeichnung «Ardoye in Flandern» stammt aus dem Sommer 1917. Diesen datierten Blättern reihen sich zwei nicht datierte «Unterstand in Fournes» und «Haus mit weißem Zaun» an. Man erkennt in allen Blättern den geborenen und geschulten Architekten. Der Baumeister des Dritten Reiches beschämt die damalige Wiener Akademie. In allen Blättern aber ergreift uns vor allem die echte, deutsche, aufrechte, ehrliche, liebevolle Hingabe an das Ganze und an alle geringsten Einzelheiten.

Die schöne Mappe ist von dem Reichsbildberichterstatter der NSDAP, Heinrich Hoffmann, herausgegeben. Die Wiedergabe der Originale auf sechs farbigen Tafeln und einer in Schwarz-Weiß darf mustergültig genannt werden.

Der Führer wünscht

Goebbels soll Hitler davon abgehalten haben, seine Machwerke öffentlich zu zeigen, und auch Hitlers Sekretär, Martin Bormann, von dieser Notwendigkeit überzeugt zu haben. Deshalb kaufte Bormann überall Hitlers Bilder, Aquarelle und Plakate für enorme Summen auf.

Siehe hierzu Wulf: *Martin Bormann – Hitlers Schatten*, Gütersloh 1962, S. 207. Vgl. Abb. 2–3.

An die
Herren Landesleiter
der Reichskammer
der bildenden Künste

Der Präsident
der Reichskammer
der bildenden Künste
Aktenzeichen: Präs. 23/1020/b
Berlin W 35, den 21. Sep. 1937
Blumeshof 6
Stempel:

Rundschreiben Nr. 123
Dienstlich vertraulich!

Anläßlich einer Veröffentlichung in einer Rheinischen Zeitung teilt der Herr Reichsminister für Volksaufklärung und Propaganda mit, daß der

Führer wünscht, daß Ausstellungen von Zeichnungen seiner Hand nicht stattfinden. Ich bitte, in dem Bereich Ihrer Landesleitung dafür zu sorgen, daß diese Anordnung genaueste Beachtung findet.

Im Auftrag
gez. Hoffmann
Beglaubigt:
Unterschrift
Stempel: RKdbK.

Porträts

Zeichner und Maler

Hans Schweitzer

Dr. Hans Diebow: *Ein Künstler kämpft fürs Dritte Reich* in: *Neues Volk*, 1936, Heft 2, S. 30–33, gekürzt. Vgl. Abb. 12 und 15.
Hans Diebow war Schriftleiter des *Völkischen Beobachters*.

Im Osten Berlins wuchs Hans Schweitzer auf.

Wenn Anno 16 die Männer mit den harten Gesichtern und den lehmverdreckten Klamotten auf Urlaub kamen – manche hatten das Band des Eisernen Kreuzes im Knopfloch –, dann waren sie alle wie Väter der Nation, denn sie standen als Mauer gegen den Ansturm der Materialschlachten. Anno 18 lagen die Stahlhelme in der Gosse am Alexanderplatz; daneben ein zerbrochenes Gewehr, eine Seitengewehrtroddel, eine Gasmaske... das schwamm in der üblen Brühe des Straßenkehrichts zwischen faulen Äpfeln und zerfetzten Weidenkörben.

Was der Achtzehnjährige (Hans Schweitzer) in seinem nüchternen Schuljungenzimmer auf die Bogen seines Zeichenblocks griffelte, war der erste Ansturm gegen eine wahnwitzige Weltverdrehung. Es war von der ersten Linie an politisches Bekenntnis. Aber nicht Flucht ohnmächtigen Hasses in eine stille Welt hinter Gardinen, nicht Faust in der Tasche und zähneknirschender Trotz: es war bei aller reifen Erkenntnis der Riesenmacht des internationalen Regimes die gläubige Gewißheit, dieser Spuk ist Spuk, und Spuk verschwindet, morgen oder übermorgen. Aber wir werden kräftig zupacken müssen.

Und der Achtzehnjährige wirft den Griffel hin und stellt sich, lang aufgeschossen, schmales Gesicht, ernste, schneidend-schmale Nase, bohrende Augen, breitbeinig, Hände in den Hosentaschen, zwischen die Männer, die einen Korn an der Theke trinken, und erzählt ihnen, daß es keinen Sozialismus geben kann, den ein brillantenbespickter Jude predige, sondern daß Sozialismus die Kampfgemeinschaft der anständigen Kerle sei. Was haben die Männer in der blauen Arbeitsbluse doch oft für prächtige Gesichter! Der Nacken ist rot und das Haar strohblond, und von dem Auge schneidet eine Falte an der Nasenwurzel vorbei, am

Mundwinkel vorbei, zum Kinn: Präg dir das ein, Hans Schweitzer! Und wie sind die Hände griffig und klobig, Zupackepranken, die schön aussehen, wenn sie als Faust einen Fahnenstiel umklammern!

Die Judenschutzgarde marschiert. Über den Hermannplatz zieht eine Horde Halbwüchsiger mit roten Fahnen. «Die Internationale erkämpft das Menschenrecht.» Wartet, ihr Sklavenseelen! Ich will Herrenseelen aus euch machen!

Der Bleistift hackt Gesichtszüge auf das Papier, knapp, nüchtern, nordisch, wie man sie so noch nicht sah. Der deutsche Michel ist eine romantische Lüge. Michael ist ein jüdischer Name. Der deutsche Arbeiter soll mir kein Michel sein. Er steht auf den Barrikaden. Aber hat falsche Front. Kehrt machen, Arbeiter! Willst du dein eigenes Blut vergießen?

Da sind ein paar Kampfzeitungen, in deren Redaktionsstuben Mjoelnir[1] bald zu Hause ist. Man braucht ihm keine Ideen zu geben. Er bringt mehr mit, als man verarbeiten kann. Seine Ideen reißen die Zeitung mit, sind Trompetensignale!

Der deutsche Kämpfer, den Rotmord umgelegt hat, steht visionär wieder auf, Blut sickert unter der Stirnbinde hervor, die Backenknochen zeichnen sich durch die abgehärmten Wangen, die Zähne bersten schier unter zusammengebissenen Kiefern. Die eisenharte Entschlossenheit des Siegerwillens springt von dem Blatt Zeitungspapier in Auge und Hirn des braunen Kampfgenossen. Er sieht sich. Das bin ich. Das soll ich sein. So soll ich sein. Mjoelnir weiß, wie wir sind. Das ist unser Mjoelnir.

Mölnir sagen die meisten, wenn sie in den Sturmkolonnen die Zeitung vorhaben. Sie sitzen wie Feldwachen im Feindesland, das doch ihr Land ist. Draußen pfeifen und trillern die Kugeln. Da hinaus müssen sie wieder. Es wird mancher aufs Pflaster müssen. Die Judenschutzgarde spart nicht an scharfer Munition. Unsere Scharen sind politische Gemeinschaften. Wir tragen alle ein Braunhemd. Wir haben alle das harte Mjoelnir-Gesicht. Wir sind alle zum letzten Opfer bereit. Der Führer weiß, was er will. Wir wollen und wissen, was er will. Wir marschieren, und die Straße dröhnt. Da soll der Feigling das Zittern kriegen. Wir sind ein junges, hartes Geschlecht. Zu schönen Worten haben wir keine Zeit. Wir tragen die Fahne.

Oh, wie hassen die Nachtgestalten dies Hakenkreuz im weißen Feld auf blutrotem Fahnentuch. Es vergeht kein Tag ohne kämpferische Zeichnung; an manchen Tagen sind es ihrer drei, vier, fünf. Und sie gehen zu Tausenden hinaus. Sie springen in die Herzen und bringen Bereitschaft zum Entschluß. Sie donnern gegen Mauern und schlagen Bresche. Jede Zeichnung ist ein kühner Wurf. Das bohrende Auge ersieht all die schwachen Stellen des Gegners. Die zielsichere Hand schleudert das Geschoß. Dieser Zeichner läßt den Rhythmus der braunen Kolon-

1 Mjoelnir war das Pseudonym von Hans Schweitzer.

nen, in deren Front er schreitet, in seine Blätter übergehen. Mehr noch: sein unbändiger Glaube und Wille feuert die Front an. Er ist Sturmmann vor der Front. Wer unter uns Lebenden hat wagen dürfen, das Symbolische so in Zeichnungen auszudrücken? Ist nicht jedes dieser symbolischen Blätter wie eine heilige Fahne, die Herzen höher schlagen macht? Wie schwächlich ist eine Kunst um ihrer selbst willen! Und wie hoch ist sie, wenn sie der höchsten Idee dient!

Mjoelnir gab mit seinen Kampfzeichnungen einer ganzen Zeit das Gepräge. Auch spätere Geschlechter werden noch in seinen Zeichnungen den gleichen formenden Willen spüren, der aus dem Chaos die Ordnung und aus der Willkür die Pflicht hämmerte. Diesen Mann hat der Führer ausersehen, die künstlerische Form auch der deutschen Zukunft zu gestalten.

Ernst August von Mandelsloh

Ernst August von Mandelsloh: *Brief an den Herausgeber* in: *Das Innere Reich*, 1938, Oktober, S. 783–786, gekürzt.

Mandelsloh war Maler, besonders Aquarell und Pastell.

Sie wünschen, ich solle mich ähnlich wie andere deutsche Maler und Bildhauer in Ihrer Zeitung äußern. Sie meinen anscheinend, die Zeichner und Maler müßten auch schreiben können? Harthörig haben Sie sich gegen mein Sträuben verschlossen und nun müssen die Freunde des «Inneren Reiches» die Folgen tragen. Wie wäre es denn, wenn ich vom Dichter Alverdes [1] forderte, er solle mir ein Bild malen? Erfassen Sie nun, was Sie angerichtet haben?

Ich hatte als Kind einiges Talent zu figürlichem Zeichnen, aber als ich 10 Jahre alt war, fragte mich mein Vater, ob ich – wie er – Offizier werden wolle. Ich erschrak wohl ein wenig, hielt eine Weigerung aber für Unmännlichkeit oder Feigheit und sagte «ja». Es folgten 10 Jahre einer oft recht öden Militärerziehung, 4 Jahre bei deutsch-österreichischen Dragonerregimentern, dann 3 Jahre der Kriegsakademie und bald danach der Krieg, den ich abwechselnd bei den Fliegern und im österreichischen Generalstabs-Korps erlebte.

Ich fand nicht den Weg zu freier Gestaltung. Ich geriet auch andauernd zwischen die politischen Erschütterungen, von denen die stärkste nicht lange auf sich warten ließ. Ich besuchte damals einen Kurs für Aktzeichnen unter Prof. Hub [2] in Frankfurt. Von meinen Mitschülern erregte einer wegen seines künstlerischen Temperamentes und wegen seiner fanatischen Vaterlandsliebe meine Aufmerksamkeit. Er war ein vertriebener Deutsch-Elsässer, viele Jahre jünger als ich. Als wir einmal

1 Paul Alverdes, Herausgeber der Zeitschrift *Das Innere Reich*.
2 Emil Hub, Bildhauer und Kunstgewerbler, * 1876.

spät nachts über eine Mainbrücke gingen, bat er mich, einem geheimen Wehrverband beizutreten, dem auch er angehöre. Ich trat diesem Verband bei, dessen Namen wir selbst nicht kennen durften. Ein Jahr später wurde ich zum Polizeirevier geholt, wo mir ein sehr wackerer höherer Polizeioffizier schonend mitteilte, ich möge sofort preußisches Gebiet verlassen, ein Jude hätte mich wegen einer über Rathenaus Tod gemachten Bemerkung angezeigt; mir als «lästigem Ausländer» drohe eine Niederlassungsverhandlung (!). «Lästiger Ausländer» belustigte mich – meine Familie entstammt dem niedersächsischen Uradel. In den letzten 8 Jahrhunderten sind sehr viele Männer meines Namens für niedersächsische und deutsche Ehre gefallen. Aber jener Jude war damals imstande, mich aus Preußen zu vertreiben! Ich ahnte damals freilich nicht, daß ich einige Jahre später in Österreich abermals Geheimbündler, ja sogar «Hochverräter» werden sollte. Täglich mehr schienen die Begriffe «Deutschland» und «Deutsches Volk» zu zerrinnen. Mehr und mehr würgte in der Kehle das Gefühl des Unterganges. In dieser Verwirrung schwor ich mir, mich dem Manne mit Haut und Haar zu verschreiben, der Aussicht haben könnte, unser Volk wieder zu einen. Bald war es mir klar, daß dieser Mann der Österreicher Adolf Hitler sein würde.

Politisch festigten sich meine Vorstellungen andauernd, aber künstlerisch blieb jeder Fortschritt aus. War ich so hin und hergerissen?

Seit 1926 teilte meine liebe Frau mein unsicheres, unruhiges Leben. Unglück folgte auf Unglück. Im Jahre 1930 versuchte ich, bei einer großen westdeutschen Künstlervereinigung auszustellen. Ich wurde abgewiesen. Dieser Stoß raubte mir auf viele Monate jedes Vertrauen. Ich stellte die Arbeit ein. Erst ein Halbjahr später begann ich, zunächst noch furchtsam, dann aber umso sicherer, wieder zu arbeiten. Plötzlich fühlte ich mich frei; ich hatte begriffen, daß es mir möglich und erlaubt sein müsse, die Natur zu freier Gestaltung zu benützen. Was geht in uns vor, wenn wir dies erkennen, wenn wir die Erlaubnis fühlen, die Naturabschrift zu verlassen? Mitten in meiner Umwandlung sah Sergius Pauser[1], einer der hoffnungsvollsten Maler der Wiener Sezession, meine Arbeiten. Er forderte mich auf, an die Wiener Sezession einzusenden, zu deren Mitglied ich ein Jahr später gewählt wurde. Die Wiener Sezession, eine Künstlervereinigung ohne Juden (für Wien eine sehr beachtliche Leistung), war damals gerade durch einige sehr tüchtige Künstler der aufgelösten «Kunstschau» erweitert worden. Ungefähr 70 in Wien lebende Künstler bildeten die Hauptkraft und von diesen pflegten etwa 10 einen neuen österreichischen – im engeren Sinne, wienerischen – Stil. Vielleicht in keiner der anderen großen deutschen Kunststädte konnte von einem so ausgeprägten Stil die Rede sein wie in Wien. Dieser Stil bezog seine besten Kräfte aus der Kunst des früh verstorbenen,

1 Prof. Sergius Pauser, * 1896.

unvollendeten Malers Anton Faistauer[1] aus altem Salzburger Bauerngeschlecht. Wer Faistauers Buch über österreichische Malerei nicht gelesen hat, möge kein Urteil über diesen leidenschaftlich bewegten, genialen Künstler abgeben. Sein Buch allein würde genügen, ihm in den künstlerischen Zielen des Nationalsozialismus den Rang eines Vorkämpfers einzuräumen. Einen fanatischeren Feind des Expressionismus, einen wortgewaltigeren Kämpfer für die Rückkehr zur Natur konnte es nicht geben. Bei diesem Maler war das so oft und manchmal ohne überzeugende Kraft gebrauchte Wort vom «Blut und Boden» in edelster Weise erfüllt. Faistauer ist 1930 gestorben – unvollendet, so, als wenn er in seiner eigenen Flamme verbrannt wäre. Wer aber allein seine Fresken im Salzburger Festspielhaus kennt, weiß nicht genug von ihm. Man hatte ihm und seinen Mitarbeitern viel zu wenig Zeit zur Durchführung der großen Aufgabe gelassen, ein Fehler übrigens der Auftraggeber, wie er sich in allen Jahrhunderten wiederholt.

Die Entwicklungsmöglichkeiten unserer Kunst schienen bis zum Jahre 1933 nicht ungünstig. Neben der Wiener Sezession, dominierend für die Kunst Österreichs, stand das starke Wiener Künstlerhaus mit einer ganzen Anzahl von Malern erlesenster Kultur. Da – im Jahre 1933 vermaßten sich Unverantwortliche, Österreichs Geschick von dem des deutschen Volkes zu trennen, ja sich beidem entgegenzustellen. Darunter litt auch die Künstlerschaft Österreichs unsäglich. Der Führer hat uns geholfen, die Zerstörer der Einheit wegzufegen, und jetzt ist der Weg frei für neue Blüte ostmärkischer Kunst.

Elk Eber

Dr. Werner Rittich: *Zum Tode von Prof. Elk Eber* in: *Völkischer Beobachter* vom 15. 8. 1941, gekürzt. Vgl. Abb. 50–51.

Elk Eber ist eine der markantesten Malerpersönlichkeiten unserer Zeit, dessen Schaffen in seiner Auswirkung weit über die Kreise der Kunstinteressierten hinausging. Nicht nur die Zeichnungen, die er als einer der ältesten Mitarbeiter des Zentralverlags der NSDAP, Franz Eher Nachf., schon während der Kampfzeit im «Völkischen Beobachter» und in anderen parteiamtlichen Schriften veröffentlichte, sind dafür Zeugnis; nicht nur die Plakate, die er in der Kampfzeit, in den Friedensjahren und im Krieg schuf, sondern auch das eigentliche malerische Werk, das dieser Künstler als Beitrag zur Kunst der Gegenwart hinterlassen hat.

Leben und Schaffen dieses Künstlers sind eine unzertrennliche Einheit. 22jährig ging er 1914 freiwillig als Infanterist ins Feld. Als er sich

1 Anton Faistauer, Maler, Lithograph, Bühnenbildner und Kunstschriftsteller, 1887–1930.

durch eine Verschüttung ein schweres Ohrenleiden zugezogen hatte, das ihn frontdienstunfähig machte, ließ ihn das große Geschehen doch nicht los; er ging als Kriegsmaler an die Front und stand auch jetzt wieder in vorderster Linie.

Eine große Folge seiner Zeichnungen und Studien, deren beste in den Münchener Sammlungen aufbewahrt werden, fand später als Lithographie eine große Verbreitung, so groß, daß wohl viele solcher Drucke in den Händen von Volksgenossen sind, die diese Blätter schätzen, ohne mit dem Namen des Künstlers einen Begriff zu verbinden. Er zeichnete darin den Krieg, den er sah und erlebte, den Heroismus des deutschen Soldaten im Kampf, oft aber auch die Entbehrung und das Leid, das er zu tragen hatte, und mitunter die stolzeste Haltung dieser Soldaten, auch wenn sie in aussichtslosem Kampf standen.

Schon im Jahre 1923 fand er den Weg zur NSDAP. Er machte als SA-Mann den Marsch des 9. November mit, war Blutordensträger und auch nach der Wiedereröffnung der Partei mit der Nr. 1307 einer der frühesten Parteigenossen. Während der Zeit bis zur Machtübernahme wurde er als Maler vor allem durch Bildnisse bekannt. Sein eigentliches Schaffen aber zeigte er erst seit dem Jahre 1933. Jetzt brachen die Erlebnisse des Krieges und der Kampfzeit bei ihm durch und fanden in großen Gemälden Verdichtung und Gestaltung. Die Ausstellungen im Haus der Deutschen Kunst in München enthielten immer Werke, die ein Geschehen aus diesem Themenkreis des Krieges oder der Kampfzeit zum Inhalt hatten, und in denen er die heroische Haltung zum Ausdruck brachte. Das in seinem Kampfwillen und in seiner verbissenen Energie erschütternde Bild «Die letzte Handgranate» war eines der aufsehenerregendsten Gemälde bei der Eröffnungsausstellung im Haus der Deutschen Kunst, weil hier die Haltung der Partei und des ganzen Volkes sinnbildlich zum Ausdruck kam, ein Wert, der auch diesem Bild eine schnelle und weite Verbreitung sicherte.[1] Es folgte der «Meldegänger», «Der letzte Appell», «So war die SA», und auch die vor kurzem eröffnete diesjährige Kunstausstellung im Haus der Deutschen Kunst in München enthält wieder ein Gemälde aus dem Themenkreis des Weltkrieges, «Sie trommeln» benannt.

Nach Beginn des Polenfeldzuges erwirkte er sich sofort wieder die Erlaubnis, als Kriegsmaler an die Front zu gehen. Er kehrte wieder mit einer großen Anzahl von Zeichnungen und Studien zurück, die dokumentarisch und zwingend zugleich erste Eindrücke wiedergaben wie: Stukawirkung auf Modlin, Angriffsgräben, Rückzugsstraßen, Kampfwirkungen, Studien polnischer Gefangener und Juden bei der Arbeit, aber auch hier schon in dem kleineren Format der Skizze den Einzug der deutschen Truppen in Warschau und ihr Abmarsch durch die zerstörten Straßen

1 Das Bild *Die letzte Handgranate* war im Besitz Hitlers.

nach dem großen Zapfenstreich. Diese Arbeiten erregten in der Ausstellung «Polenfeldzug in Bildern und Bildnissen» in Berlin und in der vorjährigen Ausstellung im Haus der Deutschen Kunst berechtigtes Aufsehen.

Den am 18. April 1892 in Neustadt a. d. Haardt geborenen Künstler wurden hohe Anerkennungen für seine Leistungen zuteil. Der Führer ernannte ihm am 30. Januar 1938 zum Professor; er war Mitglied des Kulturkreises der SA und Träger des Albert-Weißgerber-Preises [1]. Professor Elk Eber hat eigentlich nur ein künstlerisches Thema gehabt: die Gestaltung der soldatischen heroischen Männlichkeit unserer Zeit.

Wilhelm Otto Pitthan

Hans Havemann: *Wilhelm Otto Pitthan – Ein Maler deutscher Staatsmänner* in: *Das Reich* vom 30. 1. 1944. Vgl. Abb. 9.

Es ist bezeichnend genug, daß weder hier, wo selbst bei dem Bildnis eines Bismarck die Grenze zur bürgerlich privaten Sphäre sich verwischt, noch in Renaissance und Barock, wo das Bild des Staatsmanns sich in der Reihe der Fürsten- und Aristokratenbilder verliert, das politische Porträt als solches eine Sonderstellung einnimmt. Auch der Staatsmann wurde in erster Linie erst einmal als Glied einer Kaste, Inhaber einer Rangstufe, einmal als isoliertes Individuum gesehen. Heute sehen wir ihn anders: der Repräsentant des Staates, der Träger des Führungswillens, der Mann aus dem Volke inmitten des Volkes und – die Persönlichkeit, die aus sich heraustritt und in ihrer Verantwortung unter uns steht, sind in ihm zur Einheit geworden. So ist den Bildnismalern der Gegenwart ein bedeutsamer Auftrag geworden. Der heute der Kunst so nahe verbundene Staat aber aktiviert dessen Auftrag und wählt den Be-

1 Daß gerade Elk Eber den Albert-Weißgerber-Preis bekam, entbehrt nicht einer tragischen Komik, denn: «Tatsächlich war vor dem zweiten Weltkrieg ein solcher Weißgerber-Preis durch Vermittlung des Gaukulturwartes des Gaues Westmark, Kurt Kölsch, gestiftet worden. Das geschah im Zusammenhang mit der Rückgliederung des Saarlandes im Jahre 1935. Man sah in Weißgerber den Repräsentanten saarpfälzischer Kunst, hatte aber bei der Stiftung des Preises übersehen, daß Weißgerber mit einer Jüdin, Frau Margarete geb. Pohl aus Prag, verheiratet war, die 1934 nach London geflüchtet war, wo sie heute noch lebt. Der Nachlaß von Weißgerber wurde als ‹Judengut› in Berlin beschlagnahmt. Hauptwerke von ihm wurden in der Kunsthalle Hamburg und in der Kunsthalle Mannheim beschlagnahmt. In der Pfalz schwieg man und – verteilte den Preis weiter. Das ist sehr kurios und ein Beispiel dafür, daß die damalige Kulturpolitik trotz ihrer Muskelstärke konfus war.» Wilhelm Weber von der Abteilung Museum der Pfälzischen Landesgewerbeanstalt, Kaiserslautern, in einem Brief vom 17. 7. 1962.

rufenen aus. Dem aus Rheinhessen stammenden Maler Wilhelm Otto Pitthan wurde vom Führer die Aufgabe gestellt, für den Führerbau in München die Bildnisse der führenden Männer der Bewegung und auch das seinige zu schaffen. Ein in der Münchener Ausstellung 1938 gezeigtes Dr.-Goebbels-Porträt hatte diesen Künstler, der auch als Landschafter eine ursprüngliche Malerbegabung bekundet hat, aber schon früh besonders zur Menschendarstellung sich hingezogen fühlte, als den geborenen Porträtisten ausgewiesen. Nun ist dem in dem fruchtbarsten Lebensjahrzehnt der künstlerischen Reife Stehenden der große Auftrag seines Lebens zuteil geworden. Eine stattliche Reihe von Bildnissen ist schon entstanden.

Haltung und Menschentum der politisch führenden Männer an der schöpferischen Zeitenschwelle, an der wir stehen, haben in den Bildnissen Pitthans einen künstlerischen Ausdruck gefunden, mit dem ein neuer Typus des politischen Porträts in Erscheinung tritt. Er fällt als solcher durch keinerlei hervorstechende Merkmale in die Augen. Nichts an diesen Bildern sagt zum Beschauer: «Halt! Gib acht, wen du hier erblickst!» In posenloser Schlichtheit stehen diese Männer vor uns. In freier natürlicher Haltung, jedoch nicht in einer lockeren und privaten Entspannung zeigen sie sich. Sie stehen vor der Mitwelt – ja man spürt die lebendige Gemeinschaft, der sie zugewandt sind – und sie stehen vor der Geschichte. Kein dekorativer Pomp, kein Arrangement, keine Inszenierung unterstreicht diese Art des politischen Porträts. Das würde seinem Sinn auch wenig entsprechen.

Wiederum gibt es nicht wie bei Lenbach isolierte Antlitze, die aus einem alles Übrige neutralisierende Bildgrund hervorspringen. Auch die Gestalt und ihre Haltung ist hier wesentlich und auch die Uniform mit ihren Ehrenzeichen gehört mit zur Haltung. Auch ist das Auge nicht mit einem individualistischen Fingerzeig überpointiert. Und doch ist Pitthan ein Maler der Augen. Jeder Betrachter wird den Blick dieser Augen fühlen und darin die gesammelte Kraft des Einsatzes und des Einstehens verspüren. Sie sind erdennah und menschlich aufgeschlossen und haben doch den Fernblick der vorbedenkenden Führenden. Weltoffener Tatbereitschaft und auch tiefem Schicksalsernst begegnet man in solchen Augen wie in den gerafften und lebendig sprechenden Zügen der Gesichter. Es sind Wesensverdichtungen politischer Charaktere.

Bildhauer und Architekten

Kurt Schmid-Ehmen

Kurt Schmid-Ehmen über sich, in: *Das Innere Reich*, April 1939, S. 111–113, gekürzt. Vgl. Abb. 43.

Ich bin 1901 in Torgau a. d. Elbe geboren, im Monat Oktober. Vielleicht liebe ich deshalb den Herbst besonders. Der Duft reifer Früchte und der Geruch gefallener Blätter auf feuchten Wegen erinnern mich immer an meine Kindheit, die ich in einem kleinen Dorfe ganz in der Nähe von Merseburg an der Saale, der alten, ehemaligen Bischofsstadt, verlebte. Die Eltern überließen, der Schulverhältnisse wegen, meine Erziehung bis zu meinem 13. Lebensjahr den Großeltern mütterlicherseits, die dort als Bauern fleißig und mühsam ihren bescheidenen Grund bestellten.

Ostern 1914 trat eine entscheidende Wendung in meinem Leben ein. Meine Eltern holten mich zu sich zurück, nachdem mein Vater als Beamter in die mitteldeutsche Industriestadt Bitterfeld versetzt worden war. Es kam der Weltkrieg und mit ihm kamen Begeisterung und Jubel, dann Sorgen und Trauer, zuletzt Not und Verwirrung. Es kam die Zeit, die unsere Jugend zerstörte, die unsere Träume, Ideale und Pläne zerriß. – Revolution.

In diesen ernsten Wochen reifte in mir der feste Entschluß, Maler oder Bildhauer zu werden. Mein bisheriger Plan, zur Marine zu gehen, erschien mir nun gänzlich aussichtslos. So bekamen meine bis dahin mehr spielerischen Neigungen, das Basteln, Modellieren und Malen, plötzlich eine ernstere Bedeutung. Schon im Herbst 1918 verließ ich die Schule und ging nach Leipzig an die Akademie für graphische Künste und Buchgewerbe. Drei Jahre studierte ich in der Bildhauerklasse bei Prof. Adolf Lehnert das Zeichnen und Modellieren, zunächst nach Gipsabgüssen, dann nach der Natur. In den 3 Sommermonaten verdiente ich als Werkstudent in den Kohlengruben und Fabriken meiner neuen Heimat Bitterfeld Geld.

Es kam das Jahr 1925, das abermals eine umwälzende Änderung brachte. Ich übersiedelte nach München. Bis 1931 studierte ich hier an der Akademie der bildenden Künste.

In der Zeit aussichtslosen Durcheinanders stieß ich zu der Bewegung Adolf Hitlers. Hier begegnete ich geraden, mutigen Männern mit Grundsätzen, die einfach und organisch waren. Die Klarheit und Logik ihrer neuen Weltanschauung überzeugte mich restlos. Freudig stellte ich meine Kräfte in den Dienst dieser jungen Kampfbewegung und verhalf so einer großen Idee mit zum Siege.

Jede große Idee formt sich eine Schale, die Generationen überdauert. Bauten und Symbole in Stein und Erz tragen die Größe einer geschichtlichen Epoche weit in die Zeit. An allen Orten schon sieht man Bauformen wachsen, die den gewohnten Maßstab überragen. Sie finden in ihrer Klarheit und Monumentalität einen bezwingenden Ausdruck der neuen Zeit.

Ich habe das große Glück, die Zeichen gestalten zu dürfen, die die Eingangstore der Parteibauten bewachen, die Tribünen der Weihestätten flankieren oder die Arbeitsräume des Führers schmücken. Das erste Symbol, das ich geschaffen habe, dient dem ewigen Gedächtnis der 16 Männer, die am 9. November 1923 an der Feldherrnhalle in München starben, damit wir leben können.[1]

Arno Breker

Arno Breker: *Künstler schaffen für das Dritte Reich* in: *Die Kunst im Dritten Reich*, S. 94–95. Siehe außerdem folgende Aufsätze über Breker: Dr. Werner Rittich: *Renaissance der deutschen Kunst – Zum 40. Geburtstag Arno Brekers* in: *Völkischer Beobachter* vom 18. 7. 1940; Rolf Göldel: *Kameradschaft über den Tod* in: *Völkischer Beobachter* vom 18. 8. 1940; Ludwig Eberlein: *Arno Breker* in: *Das Reich* vom 3. 5. 1942; Dr. Werner Rittich: *Der Lyriker Arno Breker* in: *Völkischer Beobachter* vom 15. 6. 1944; und *Arno Breker*, Einleitung von Heinz Grothe, Königsberg 1943. Vgl. Abb. 35–36 und 44.

Breker, Bildhauer, * 1900.

Die Plastik steht immer am Anfang neuer politisch bestimmter Kunstepochen, weil sich der Wille einer Neuwertung der Welt am unmittelbarsten da verwirklichen kann, wo die Wertung der Welt des Körperlichen und Wirklichen das Hauptthema darstellt und die beste Grundlage dafür bildet, in der Veredelung dieser Körperlichkeit Sinnbilder der Idee und der Kräfte dieses neuen Tatwillens zu formen. Jede neue Weltanschauung hat in einer neuen Wertung des Menschen als des höchsten Produkts der Natur ihren Ausgangspunkt. Ihr höchster Ausdruck ist daher auf künstlerischem Gebiet das Streben nach einem körperlichen wie geistig verstandenen rassischen Schönheitsideal.

Arno Breker ist es gelungen, in seinen Werken dieser neuen politischen Idee der Würde des Menschen Gestalt und Form zu geben. Der Ausdruck der bestimmenden Ideen der Zeit in den Werken Brekers beruht aber nicht allein auf dem Thema seiner Plastiken, sondern ebenso stark auf der Arbeit seiner reinen plastischen Formgebung. Die politische Idee hat ihn in seinen monumentalen, symbolischen Gestaltungen zu einem neuen plastischen Stil geführt. Die überragende Bedeutung seiner Werke

1 1936 wurde Kurt Schmid-Ehmen in den Präsidialrat der RKdbK gewählt; seit 1937 ordentliches Mitglied der Preußischen Akademie der Künste. Siehe Robert Scholz: *Die Botschaft der deutschen Plastik* in: *Völkischer Beobachter* vom 10. 5. 1942.

liegt in einer Synthese von Form und Inhalt, da die Klarheit und die Größe seiner Form immer der Bedeutung des Inhalts und Motivs entspricht. Die Plastik der vorhergegangenen Zeit entwickelte ihren Stil und ihre Formanschauung aus einem rein individuellen, subjektiven Erlebnis der Natur und des menschlichen Körpers. Ihr Ziel und ihr höchster ästhetischer Wert war daher die Herausstellung dieses rein individuellen Erlebnisses. Die klare, metallisch geschliffene Form der Bildwerke Brekers bedeutet eine völlige Abkehr von dieser nur individuellen Formanschauung zugunsten einer überpersönlichen Monumentalität, die der Größe des Themas entspricht.

Obwohl Breker es sehr gut könnte, verzichtet er in seinen symbolischen Gestaltungen auf jede nervöse, interessante Behandlung der Oberfläche. Er läßt wie in jeder monumentalen Stilepoche nur die reine Form in ihren Maßen und Verhältnissen sprechen. Er folgt hierbei dem Geist und dem Formenprinzip der Antike, ohne Klassizist, d. h. Nachahmer zu sein, denn nicht ein antiker Formenkanon, sondern die Natur selbst ist für ihn immer die Grundlage seiner Gestaltungen. Man muß den Begriff der Natur in diesem Zusammenhang aber so verstehen, wie ihn der Künstler Breker in seinen Werken auffaßt – als Natur im Sinne einer veredelten und zum idealen Sinnbild erhobenen Wirklichkeit. So sind Arno Brekers plastische Schöpfungen Sinnbilder jener Würde und jenes schöpferischen Tatwillens, der in der politischen Idee des Nationalsozialismus seinen Ausgangspunkt hat.

Paul Ludwig Troost

Hans Kiener: *Kunstbetrachtungen*, München 1937, S. 346–347, gekürzt.

Paul Ludwig Troost, Baumeister, 1878–1934; Troost leitete 1931 den Ausbau und die innere Umgestaltung des Braunen Hauses in München; gleichzeitig war er von Hitler beauftragt, das Mahnmal für die Toten des Hitler-Putsches am 9. 11. 1923 in München zu entwerfen sowie andere NSDAP-Bauten.

Der Führer sieht Probleme und zeigt die Wege zu ihrer Lösung. Und die Praxis: Paul Ludwig Troost war der Vertrauensmann des Führers in den Fragen der lebenden deutschen Kunst.

In steter Fühlungnahme mit dem Führer sind in Troosts Atelier schon lange vor der Machtergreifung der NSDAP die Pläne und Modelle für die großartigen Baugedanken des Führers, für das Haus der Deutschen Kunst, für das Führerhaus und das Verwaltungsgebäude der NSDAP an der Arcisstraße herangereift, welche letztere, in großzügigem und mit der Epoche Ludwigs I. wahlverwandtem Geiste gehalten, den monumentalen Abschluß des Königsplatzes nach Osten bedeuten werden.

Die Worte des Führers sind eindeutig genug, aber es ist höchst wertvoll, in den Arbeiten Troosts, seinen künstlerisch-formalen Lösungen die praktischen Beispiele zu sehen, wie der Führer seine Ideen von lebendiger, organisch gewachsener deutscher Kunst angewendet sehen will. Und da ist es bedeutsam, daß das Kunstschaffen Troosts über das Persönlich-Individuelle hinaus sich als ein zutiefst in der deutschen, speziell der Münchener Tradition Verankertes ausweist.

«... ohne Angst das gefundene und überlieferte Gut der Vorfahren zu verwenden, mutig genug, das selbstgefundene gute Neue mit ihm zu verbinden ...»

Mit diesen Worten umschrieb der Führer in seiner Rede in Nürnberg das Wesen der organisch gewachsenen modernen Kunst, mit diesen Worten umschrieb er das Wesen der Kunst Troosts. Und dieser inneren und echten künstlerischen Haltung Troosts entsprach klar und folgerichtig seine kunstpolitische Einstellung.

Dem Architekten, der das künstlerische Schaffen als Ausdruck des Seelisch-Gemütvollen erlebte, war die Ausmerzung aller Seelenwerte, die Reduktion des Bauens auf mathematische Formeln in tiefster Seele zuwider, ebenso zuwider aber alles ungekonnte, historische Zusammenstoppeln von Einzelheiten, ohne daß dem Ganzen eine einheitliche anschauliche Gesamtvorstellung zugrunde gelegen hätte. Und ganz analog beurteilte der aufgeschlossene und feinfühlige Mann die übrigen bildenden Künste.

Anhang: Mode

«Liebe zu Volk und Staat kann sich hier beweisen»

Kurt Engelbrecht: *Deutsche Kunst im totalen Staat*, Lahr in Baden 1933, S. 129–133, gekürzt.

Kurt Engelbrecht, Pfarrer und Schriftsteller, *1883, veröffentlichte viele Werke über Kunst.

Mode ist Abhängigkeit!

Uns soll hier die Mode in engerem Sinn, die Kleidermode, einen Augenblick beschäftigen.

Hinter dem Auffallenwollen um jeden Preis steckt immer niedrigste Sinnlichkeit, schamloseste Erotik, triebhaftes Männchen- und Weibchentum. Darauf aber ist – Gott sei's geklagt, daß wir das sagen müssen – die Mode unserer Frauenwelt – allermeistens – zugeschnitten! Ein Jammer und eine Erniedrigung! Und eine ewige Anklage! Hier heißt es ganz einfach, sich energisch aus einem ethisch unwürdigen Zustand herausreißen.

Die «edle» Frau, die deutsche Frau, muß wissen, daß sie sich edel, vornehm, gediegen und ihrer Art entsprechend zu kleiden hat. Durch Kleidung aufzufallen, muß ihr peinlich sein. Sie will ja nicht werben mit bunten Farben und Fahnen, mit «forcierter Eleganz». Das überläßt sie den Dirnen, deren Geschäft es verlangt. Sie will nicht anlocken, auch auf die Gefahr hin, daß sie sitzen bleibt! Sie will sich umwerben lassen – nicht um ihrer chicen Kleider, sondern um ihrer seelischen Eigenschaften willen. Die edle, die deutsche Frau!

Wir wissen, daß es heute millionenfach anders ist, daß die Pariser Dirne den Ton für die Mode der deutschen Frauenwelt angibt, daß, ja daß ... jüdische Konfektionshändler in würdiger Zusammenarbeit mit Spinnerei- und Weberei-Industriellen unter Beihilfe der Dirnenwelt, die das Aushängeschild abgeben muß, die «große» Mode machen.

Schmach und Schande, Erniedrigung und Entwürdigung deutschen Geschmackes, deutscher Selbstständigkeit.

Soll's im neuen deutschen Vaterland so weitergehen? Soll dieser Spuk nicht mal ein Ende nehmen? Pariser Mode für die deutsche Frau! Londoner Mode für den deutschen Mann!

Unter dem Zeichen des Hakenkreuzes, des Wendekreuzes des Sonnenrades können Paris und London nicht mehr Modekultstätten der deutschen «Dame», des deutschen «Herrn» bleiben!

Wo ist auch hier der selbstständig denkende und arbeitende, der künstlerisch empfindende, den Geschmack der Kunden zum Guten, Sinngemäßen, Passenden bildende Handwerker geblieben?

Liebe zu Volk und – Staat kann sich hier beweisen.

Deutscher Gemeinsinn im neuen totalen Staat kann sich wahrhaftig auch mal bei der hutkaufenden deutschen «Dame» regen! Oder der totale Staat muß auch hier auf diesem Nebengebiet der Geschmackskultur, das doch so wichtig ist, gewaltsam eingreifen. Was wir endlich einmal zu gewinnen hoffen, kann doch nur eine deutsche Mode sein.

Mode und Sprache

Ernst Herbert Lehmann in: *Die Mode*, Leipzig, Oktober 1941, S. 748–749.

Dr. phil. Dr. rer. pol. habil. E. H. Lehmann war Referent in der Presseabteilung der Reichsregierung.

Die Geschichte lehrt, daß die Ausbreitung der Kultur eines Volkes von seiner politischen Macht abhängig ist; die Mode als ein Teilgebiet kulturellen Schaffens unterliegt ebenfalls diesem Gesetz. Wenn heute eine Neuordnung Europas unter deutscher Führung erkämpft wird, so wissen wir, daß damit auch der deutschen Mode neue Aufgaben größten Ausmaßes gestellt sind.

Deutschland hat in der vergangenen Zeit nicht in vollem Umfange erkannt, wie groß die politische Bedeutung der Mode ist. Es hat nicht gesehen, daß mit Übernahme ausländischer Kleidschöpfungen auch stets etwas vom fremden Lebensstil und der fremden Sprache ins Land eingeführt wurde. Man betrachtete die Mode im allgemeinen als etwas «Unpolitisches». Mit dieser Auffassung hat man die gefährlichen Auswirkungen der ausländischen Modepropaganda unterschätzt und hat ihr – es kam die Vorliebe des Deutschen für den Reiz alles Fremden dazu – einen Wirkungsraum überlassen, der nicht ohne Mühe zurückzugewinnen ist. Frankreich und England dagegen wußten mit Hilfe der Mode, die sie als einen Faktor der Kulturpropaganda werteten, ihre politische Macht in der Welt zu vergrößern. Noch in den ersten Monaten dieses Krieges veranstaltete beispielsweise die große internationale Propagandaorganisation Englands – der British Council – in verschiedenen Hauptstädten kleiner «neutraler» Staaten Teenachmittage, bei denen «Damen der ersten Londoner Gesellschaft» englische Kleider vorführten.

Die modische Bevormundung Deutschlands durch das Ausland wurde besonders in einer Überfremdung unserer Modesprache deutlich; noch heute zeigt kaum ein anderes Lebensgebiet so viele sprachliche Entlehnungen aus dem Französischen und Englischen wie die Mode. Es sind daher wiederholt Stimmen laut geworden, die darauf hinweisen, daß diese Verhältnisse politisch untragbar seien. Neuerdings erschien im Juniheft 1941 der Zeitschrift «Geist der Zeit» ein kenntnisreicher Aufsatz von Joseph Gottlob, der die Beziehungen von Mode, Sprache und Kultur untersuchte; diese Ausführungen weisen hin auf die nationale und kulturelle Bedeutung einer verantwortungsbewußten Haltung im Sprachgebrauch der Mode.

Schon um die Jahrhundertwende versuchte der Allgemeine Deutsche Sprachverein – leider ohne viel Erfolg –, die beteiligten Kreise der deutschen Industrie davon zu überzeugen, daß es würdelos ist, deutschen Erzeugnissen fremde Namen zu geben. Auch das mutige Buch von Hermann Dunger «Engländerei in der deutschen Sprache», das 1909 in zweiter Auflage erschien, hatte nicht den gewünschten praktischen Erfolg. Der Weltkrieg bewirkte zwar manche Besserung auf diesem Gebiet; die Jahre jedoch, die darauf folgten, waren nationalbewußten Bestrebungen des Modeschaffens in Deutschland nur wenig günstig. «Man orientierte sich», nach wie vor in Paris und London, und wie es damals viele Leute gab, die glücklich darüber waren, im Ausland nicht als Deutsche erkannt zu werden, so bezeichneten deutsche Fabrikanten ihre Waren gern mit klingenden ausländischen Namen, weil sie dadurch einen besseren internationalen Absatz erhofften. Außerdem machte sich gerade in der Bekleidungsindustrie das Judentum breit, das an einer Förderung deutscher Ware natürlich keinerlei Interesse hatte und für das Bemühen, der deutschen Sprache auf modischem Gebiet Geltung zu verschaffen, nur ein zynisches Lächeln fand.

Organisation des deutschen Modeschaffens

Bekanntmachung über die Organisation des deutschen Modeschaffens, in: *Mitteilungsblatt der RKdbK* vom 1. 4. 1942, S. 2.

Interessanterweise beschäftigten sich die offiziellen Stellen des Dritten Reichs erst mitten im Kriege kulturpolitisch und organisatorisch mit diesem Problem. Wie aus verschiedenen Akten des Reichsministeriums für Volksaufklärung und Propaganda hervorgeht, war wohl die Kapitulation Frankreichs dafür ausschlaggebend, denn nun sollte Deutschland an Stelle Frankreichs im Hitler-Europa die Mode diktieren. Zum «Reichsbeauftragten für die Mode» wurde 1942 Prof. Benno von Arent bestimmt.

Alle Personen, die auf dem Gebiete der Mode und des Modezubehörs als Modellschöpfer (zeichnerisch oder aus dem Material Schaffende),
Modezeichner, Modewerbegraphiker,
Textilentwerfer (Druckstoffe, Werbestoffe für Kleider)
tätig sind, sind gemäß § 4 der Ersten Verordnung zur Durchführung des Reichskulturkammergesetzes vom 1. November 1933 (RGBl. I,

S. 797) verpflichtet, der Reichskammer der bildenden Künste als Mitglieder anzugehören.

Soweit die für die Kammerzugehörigkeit hiernach in Betracht kommenden Personen bisher von der Reichskammer der bildenden Künste nicht erfaßt sind, werden sie aufgefordert, sich unverzüglich über den zuständigen Landesleiter anzumelden.

Berlin, den 26. März 1942
Der Präsident
der Reichskammer der bildenden Künste
Ziegler

Kapitel IV

ARTFREMDE KUNST

Vorwort

Hitler behauptete: Was nicht gute Rasse ist auf dieser Welt, ist Spreu.

Deshalb sollten die Künstler artfremden Blutes, obwohl ja auch sie Farben und Schönheit schufen, vom Weizen des arteigenen gesondert und auf den Kehricht geworfen werden.

Blut ist ein ganz besondrer Saft, meinte Mephistopheles genießerisch.

Rasse

Rassebewußtsein

Die dritte Synthese

Dr. Erich Rothacker: *Geschichtsphilosophie,* München 1934, S. 145–148, gekürzt.

Erich Rothacker war Professor für Philosophie.

Ausführlich über die Konzeption der Rassentheorie im Dritten Reich siehe Ch. Köhn-Behrens, *Was ist Rasse? (Gespräche mit den größten deutschen Forschern der Gegenwart),* München 1934; Prof. Dr. Karl Saller: *Die Rassenlehre des Nationalsozialismus in Wissenschaft und Propaganda,* Darmstadt 1961; Léon Poliakov – Joseph Wulf: *Das Dritte Reich und seine Denker,* Berlin 1959, S. 391–430.

Neben Staatsgedanke, Deutschtumsgedanke, Volksgedanke steht als wesentlicher Bestandteil aller zugleich der Rassegedanke. Freilich ist gerade er, rein für sich betrachtet, nicht ohne innere Spannungen zu den übrigen Leitideen. Wie er überhaupt in seiner vollen kulturpolitischen Tiefe und Tragweite noch längst nicht bis ins Letzte durchdacht ist. Gerade für seine Pflege gilt wissenschaftspolitisch die unerbitterliche Alternative, entweder die Wissenschaft durch Einfriedung sich totlaufen zu lassen und damit auf eine der stärksten Kräfte alles historischen Werdens zu verzichten oder sie zielbewußt mitten ins Leben zu ziehen und auf die Pflege zeitgemäßer Aufgaben zu lenken.

Zunächst fällt die Spannung der Rasseidee des Staates ins Auge, dessen Rahmen durch eine Normierung des Handelns an einem Gemeinschaftsbewußtsein, das noch über die Volks-, Sprach-, Sitte- und Geschichtsgemeinschaft hinausreicht, vollends gesprengt zu werden droht. Das eigentliche Gewicht der übrigen politischen Konsequenzen des Rassegedankens liegt aber vor allem in seinem unzerstörbar aristokratischen Charakter.

Daß dieser Zug zunächst mit dem Führergedanken in besonders glücklichem Einklang steht, bedarf kaum näherer Begründung. Und ebenso zu dem von A. Rosenberg besonders verdienstlich betonten und mit dem Rassebewußtsein verknüpften Prinzip der Ehre. In tiefgreifenden Spannungen aber befinden sich beide im Rassegedanken vereinten

Ideen reinrassiger Abstammung (Gobineau)[1] wie «guter Rasse» im Sinne der hochqualifizierten Zuchtrasse (H. St. Chamberlain)[2] mit allen Verkleidungsformen der Demokratie und Massenherrschaft, als unvermeidliche Begünstigung eines rassischen Erbgutes, dessen Durchschnittsniveau mit der Zunahme der Zahl stetig sinken muß. Nach den streng biologischen Kriterien der Rassenlehre selbst ist eben im Mittel das nordisch-fälische Blut einerseits, das ostische andererseits sozial ebenso ungleich verteilt wie die Ergebnisse sozial wertvoller Züchtungen erblicher Begabungen. In diesem Sinne beseitigt die von Adolf Hitler in Nürnberg stark unterstrichene Verlegung des Edelrassigen aus dem ausschließlich somatischen in die dem nordischen Erbanteil entsprechende «heroische Gesinnung» und Weltanschauung ebenso eine gewisse politische Verlegenheit wie das baltische Pathos des «Charakters» und der «Persönlichkeit» in A. Rosenbergs «Mythus des 20. Jahrhunderts». Hier wären zugleich Beispiele dafür zu finden, wie divergierend Ideen als solche in praktisch ergriffenen neuen Idealbildern einen fruchtbaren Ausgleich zu finden vermögen. Wobei allerdings vor allem der ganze Inbegriff aller Maßnahmen und Ideen zur «Nationalpolitischen Erziehung» mit Bewußtsein in das denkbar engste Ergänzungsverhältnis zur Rasseidee gebracht werden müssen. Ein rassisch befriedigender Bevölkerungsdurchschnitt ist in dem Rassengemisch einzelner deutscher Stämme erreichbar nur durch die energischste Unterstützung aller eugenischen Maßnahmen durch Formung und Zucht des im äußeren und inneren noch knetbaren jugendlichen Menschenmaterials im Geiste der rassisch besten Bestandteile einer Erbmasse. Man kann den ererbten Prozentsatz nordischen und fälischen Blutes durch bewußte erzieherische Zucht im nordisch-fälischen Geiste in seiner phänotypischen Auswirkung ganz offensichtlich fördern.[3] Zumal in der Haltung

1 Graf Joseph-Arthur von Gobineau, französischer Schriftsteller und Diplomat, 1816–82; sein vierbändiges Werk *Essai sur l'inégalité des races humaines*, wurde die Bibel der NS-Rassentheoretiker.

2 Houston Stewart Chamberlain, Schriftsteller, 1855–1927, Sohn eines englischen Generals und Schwiegersohn Richard Wagners aus der zweiten Ehe; sein Buch: *Die Grundlagen des 19. Jahrhunderts*, 1899, zielt auf Verherrlichung des arischen Geistes; er lernte Hitler im Hause Wagner kennen und wurde sein begeisterter Anhänger; charakteristischerweise sind die beiden Propheten der NS-Rassentheorie ebenso aus dem Ausland importiert, wie ja auch der «Deutsche Gruß» aus Italien kam. Begründung deutscher Rassentheoretiker hierfür: Prof. Dr. F. Lenz sagt in *Archiv für Rassen- und Gesellschaftsbiologie*, Bd. 27, 1933, S. 112: «Aus der Tatsache, daß Gobineau Franzose von Staatsangehörigkeit und Sprache gewesen ist, folgt natürlich nicht, daß er kein Germane im Sinne der Rassentheorie, daß er nicht von nordischer Rasse gewesen sei.»

3 Nach Dr. Hans F. K. Günther ist das deutsche Volk keine einheitliche Rasse, aber als Idealtyp gilt der nordische Mensch.

des Soldaten, die aller Erfahrung entsprechend, ganz vornehmlich ein rassisch sehr verschieden stark fundiertes Erziehungsprodukt ist, besitzen wir vielleicht das großartigste Beispiel einer Synthese zugleich aristokratischer und zugleich volkstümlicher Haltungen.

Soweit solche Ziele auf lange Sicht erstrebt werden, wird neben dem ganzen Komplex des Rassenhygienischen und Eugenischen kaum irgendeine Maßnahme eine tiefere Wirkung erzielen können als die Verwirklichung der hohen Ideale Walter Darrés, in dessen Idealbild eines «Neuadels aus Blut und Boden» wir einer dritten Synthese zugleich volkstümlicher und rassisch-aristokratischer Lebensformen begegnen.

Die Schicht von Herren und Herrschern

Ernst Krieck: *Nationalpolitische Erziehung*, Leipzig 1934, 18. Auflage, S. 24–25; siehe auch E. Krieck: *Charakter und Weltanschauung*, Rede vom 30. 1. 1938, in der neuen Aula der Heidelberger Universität, Heidelberg 1938.

Ernst Krieck war Professor für Philosophie.

An der Schwelle des neuen Zeitalters steht die Rassefrage: mit der früheren nordischen Rasse ist Grundlage und Aufriß künftiger deutscher Volksordnungen vorgegeben, mit Herausgestaltung der Rasse wird der Boden des Neubaues bereitet. Aus der allgemeinen Vermischung und Vermanschung des liberalen Zeitalters wird ein rassestarkes deutsches Menschentum ausgelesen und hochgezüchtet als Rückgrat des werdenden Volkes und tragende Schicht des nationalen Gesamtstaates. Aus Rasseninstinkt, aus seinem Weltgefühl und Weltbild, aus dem Willen um menschlichen Rang und Wert steigt eine Schicht von Herren und Herrschern des Deutschtums auf, das dem Volk zu seinem Lebensraum und zu seiner Lebensform verhelfen wird. Rasse und Zucht sind Kennzeichen adligen Menschentums, darum sind beide im Zeitalter liberalistischer Auflösung verfemt worden und der Vernichtung anheimgefallen. Rassenanlage ist, wenn auch verdrängt, im deutschen Volk vorhanden: durch Auslese und Zucht muß daraus herrschende, formbildende Rasse werden. Rasse als Aufgabe bedeutet Ausscheidung der edlen Werte und Züge aus der allgemeinen Verwaschenheit, ihre Entfaltung und Steigerung, bis sie zur gesetzgebenden Macht in Haltung und Weltbild des einzelnen Menschen, zur Rang- und Wertordnung in der Schichtung des Volkes geworden sind. Wer deutsche Rasse in seiner persönlichen Haltung am reinsten und stärksten verkörpert, wer sich im Handeln nach ihrem Gesetz als zur Führung und Vorbildlichkeit berufen bewährt, steigt auf in die herrschende und staatstragende Schicht, die für Richtung und Schichtung des ganzen Volkes, für seine Wertordnung, seine Ziele, seine Normen und sein Weltbild maßgebend ist.

Das seelisch-geistige Artbild

Prof. Dr. J. W. Hauer in: *Der Biologe*, 1935, S. 304.

Prof. Dr. J. Wilhelm Hauer, * 1881, Religionswissenschaftler, 1938 SS-Untersturmführer ohne NSDAP-Mitgliedschaft.

Siehe auch Richard Korherr: *Volk und Raum*, Würzburg 1938, S. 14; Dr. Erwin Küster: *Die nationalsozialistische Weltanschauung als Umbildungsfaktor in der seelischen Lebendigkeit*, Hamburg 1940, S. 34 f.

Eine verantwortungsbewußte Wissenschaft und Weltanschauungslehre haben darum keine höhere Aufgabe als diese, dafür zu sorgen, daß das echte Artbild eines Volkes klar erkannt und voll wirksam werde. Dies geschieht in unserem Volke zunächst einmal dadurch, daß die der germanisch-deutschen Art biologisch-körperlich am meisten entsprechenden Menschen einen entscheidenden Einfluß auf die Gestaltung des völkischen Lebens gewinnen, auch dadurch, daß sie in besonderer Weise der Vermehrung des Volkes dienen, also durch eine biologisch wohlbegründete Rassenpflege. Daß die rassisch hervorragendsten Individuen und Gruppen dieses Volkes mit stetig sich vertiefendem Einblick in das seelisch-geistige Artbild, das in ihnen fordernd aufsteht, in dem Volke gestaltend wirken. Der Gefahr der Vereinseitigung in das bloß Biologisch-Rassische und der Verflachung durch bloße Zeitströmungen aber muß dadurch begegnet werden, daß die im Volke verantwortlich Wirkenden sich mit Ernst bemühen um die Erkenntnis des Bildes einer germanisch-deutschen Weltanschauung und eines artgemäßen Glaubens.

Dieses Bild hat durch die Jahrtausende der germanisch-deutschen Geschichte hindurch in den Besten immer wieder Gestalt zu gewinnen vermocht. Um die Erkenntnis und das Wirksamwerden dieses Bildes muß gerungen werden und zwar von der gesamten schaffenden Substanz des Volkes. Wir wissen aus der Geschichte, daß dieses Artbild mit gewaltigen Spannungen geladen ist, denn die Kräfte und Anlagen in der germanisch-deutschen rassischen Substanz sind mannigfaltig und gegensatzreich. Darum kommt das Ringen um dieses Bild auch nie zur Ruhe. In immer neuen Anläufen strebt unser Volk diesem Ziele zu. Und jede große schöpferische Epoche verleiht ihm neuen Ausdruck. Aber ganz groß und aus der Tiefe germanisch-deutschen Wesens bestimmt wird dieses Bild erst dadurch, daß die germanisch-deutsche Gesamtgeschichte in ihrem seelisch-geistigen Artstreben in der Gestaltung mitwirkt. Es geht hier um höchste Verantwortung. Diese aber fordert, daß nur artbestimmte Künder germanisch-deutschen Wesens das Recht haben, das deutsche Volk zu führen.

Das Lebensschicksal eines Volkes

Paul Schultze-Naumburg: *Kunst und Rasse*, München 1935, S. 120–121.
Siehe auch P. Schultze-Naumburg: *Nordische Schönheit*, Berlin 1937, S. 125 f.

Wo die Rasse zerfällt, muß natürlich auch das Rassegefühl schwinden, und wo das Rassegefühl schwindet, kann auch das Zielbild, wie es in jeder echten Rasse wurzelt, nicht erhalten bleiben. Wenn es noch eines Beweises bedürfte, daß ein bedenklich hoher Teil der Bevölkerung, wie sie heute innerhalb unserer Grenzen lebt, sich rassisch in einem ungeahnten Abstieg befand, so müßte es das Absterben des Gefühls für Körperschönheit in der Kunst zeigen.

Man steht hier vor dem Lebensschicksal eines Volkes, dem ein großer Teil des nordischen Blutes anvertraut war, vor der Frage seines Lebens oder Vergehens. Es gibt zwar genug menschliche Straußenvögel, die ihren Kopf tief in den Sand stecken und denken: ach, so schlimm wird es ja nicht werden; immer hat jede Zeit Wandlungen für gefährlich und drohend angesehen und so wird es wohl auch bei uns sein. Wenn jene sich die Mühe geben würden, in der Geschichte den mehrfach beobachteten raschen Verfall großer Kulturen und Reiche zu erkennen, so könnten sie ganz andere Lehren daraus ziehen. Das Schicksal des römischen Imperiums infolge seines eigenen Rasseverfalls dürfte da die deutlichste Mahnung sein. Viele von denen, die sich der vollen Tragik der hier nur andeutend beschriebenen Vorgänge bewußt sind, werden vielleicht geneigt sein, sie als etwas Unabwendbares hinzunehmen, gegen die menschliches Wollen nichts vermag. Man kann natürlich nicht wissen, ob und wie die Kultur und die Kunst der Rasse, an der man hängt, ihrem Untergang entgegengeht. Es hat nicht an düsteren Propheten gefehlt, die dies vorauskünden wollten. Hierbei aber kommt es entscheidend darauf an, an welche Rasse sich solch eine Schicksalsdrohung wendet. In der weichen Natur der Einen liegt es, sich widerstandslos dem Verhängnis zu fügen, während das mächtig fortreißende Ethos der Anderen ihm vorschreibt, prometheisch selbst dem Willen der Götter zu trotzen. Da in unserem Volke immer noch genug von diesem heldischen Blut lebt, mußte es aus seinem innersten Wesen heraus die Frage stellen: wie kann ich dieses Schicksal wenden?

Das Blut

Hans Schmolck aus der Rede vor der RKdbK, Gau Baden-Pfalz, in seinem Buch: *Rückkehr der Kunst*, Freiburg i. B. 1935, S. 5–6, gekürzt.
Siehe auch Wilhelm Kinkelin: *Das Bluterwachen in Europa* in: *Odal*, 1937, S. 842–844.

Das Blut hat sich Recht verschafft. Das «Neue», das hinzugekommen war, war das Blut. Hier begann die Umwälzung. Es war die Umwälzung durch das Blut: nämlich des deutschen Blutes. Das war gleichbedeutend mit der Erkenntnis, daß alles Tun kraftlos ist, wenn es nicht aus dem Blute kommt. Voraussetzung in geistigen Distrikten des Tuns ist zweifellos auch die genaue Kenntnis des blutmäßigen Muß aller anderen außerhalb der eigenen Person, von wo aus die eigene Person erst Persönlichkeit wird. Denn das Wesen der Persönlichkeit ist die Überzeugung. Von einer Überzeugung kann aber erst dann gesprochen werden, wenn sie als solche der Aktivismus ist, der sich einzig und allein aus der Aufgabe ergibt.

Zum Wesen einer Überzeugung also gehört die Aufgabe. Erst wenn einer eine Aufgabe hat, dann hat er eine Überzeugung. Denn erst die Aufgabe macht die Überzeugung zum beherrschenden Erlebnis für die Persönlichkeit selbst als auch für die zur Vollendung herangezogene Materie, in welcher ich die Aufgabe gestalte.

Um zu der Überzeugung zu gelangen, daß alles große geistige Geschehen Resultat des bewußten Glaubens an das für seine Gemeinschaft einzig würdige, und daher maßgebende Sollen ist, der legt, indem er so handelt, blutiges Bekenntnis ab für seinen Glauben. Er wird in der Tat sein Blut hergeben, in welcher schicksalhaften Fügung ihm das auch zur Forderung gemacht werden wird, denn er weiß vor allem dies: diese Forderung ist längst beschlossen und bewußt als Möglichkeit erkannt in der Aufgabe.

Dies zum Anfang einer Rede, die aus blutigem Zusammenhang und reiner Erfahrung in der eigenen Arbeit all das Gesagte ergab. Über ihre innerste Aufgabe ist die Rede andererseits von dem Bewußtsein getragen, ein Bekenntnis zu sein eines Menschen, der sich ein unerbittlicher Diener des Unendlichen weiß, und dessen unerschütterlichen Forderung im Dasein, der sich deshalb auch klar darüber ist, daß diese Rede sagensnotwendig ist, jetzt eher denn je: Dem Deutschen Volke, und nicht zuletzt ihm, dem deutschen Künstler.

Wenn ich in dieser Rede mich als Wortführer für die kulturellen deutschen Belange in meiner Grundeigenschaft als Schriftsteller und Maler an das deutsche Volk wende, dann sage ich gleichzeitig mit eventuellen in gutem Sinne ebenfalls wortführenden Künstlern dies zuerst: es ist notwendig.

Vorstellungsfreiheit

Wolfgang Willrich: *Die Säuberung des Kunsttempels – Eine kunstpolitische Kampfschrift zur Gesundung deutscher Kunst im Geiste nordischer Art*, München/Berlin 1937, S. 144–147, gekürzt. Vgl. Abb. 52–54.

Der Rassegedanke erstrebt die Volksgesundheit, Rassenreinheit und Artewigkeit des deutschen Volkes. Besser als Worte vermag bildende Kunst ihn zu verbreiten und einzuprägen. Der Rassegedanke erstrebt die Reinigung des deutschen Blutes. Um der Blutreinheit willen schließt er Mischlinge mit jüdischem, negerischem und sonstigem außereuropäischen oder farbigem Blutanteil aus von der Kreuzung mit deutschem Blut. Um der Blutreinheit willen strebt er ferner danach, die Erbkrankheiten einzudämmen und zurückzudrängen, d. h. die Träger an der Fortpflanzung zu hindern. Es widerspricht mithin dem Rassegedanken jede sogenannte «Kunst», welche das Entartete als wesentlich herausstellt, dadurch Instinkt und Geschmack zum Schaden der Art-Ordnung abstumpft und verdreht. Der Rassegedanke erstrebt die Gesundheit und Sicherung des deutschen Volksbestandes. Neben der Krankheitsbekämpfung durch ärztliche Kunst verlangte er die Erziehung des Volkes zu gesunder Lebensweise und Gewährung gesunder Lebensbedingungen.

Der Rassegedanke erstrebt, aus dem gesunden Volksbestand durch die Auslese der Erblich-Trefflichsten in freiwilliger Rassezucht den deutschen Adel neu zu schaffen, der in Art und Tat vorbildlich das Volk führt durch überlegenen Willen und gültiges Beispiel. Die Sehnsucht des deutschen Volkes nach solchem Adel zu erwecken, die Schönheit und Erhabenheit nicht bloß als Vorrecht unglaubhafter Götter, sondern als eine Menschenmöglichkeit und als Zielbild der Aufartung klarzustellen und verpflichtend einzuprägen ... welche hehre Aufgabe für die Kunst!

Der Rassegedanke verlangt nicht allein die leibliche, sondern auch die seelische Volksgesundung. Er fordert die Befreiung von Okkultlehren, von sinnbetörenden, vernunftswidrigen, sittlich zersetzenden Zwangsvorstellungen priesterlicher, freimaurerischer und sonstiger Bevormundung als unvereinbar mit gesundem Denken, sittlicher Zuverlässigkeit und menschenwürdiger Selbstverantwortlichkeit. Er fordert stattdessen die deutsche Weltanschauung und sittliche Lebensführung, welche jeweils dem Stand der Naturerkenntnis, den Erfahrungen der Geschichte und unbedingt der gesunden Vernunft und deutscher Würde entsprechen muß. Das bedeutet für die Kunst soviel wie die Absage unserer gesunden Phantasie und Vorstellungsfreiheit an dämonischen, magischen Schwulst und Schwindel, den Verzicht des Künstlers auf Rauschwirkungen und Mystifikationen, alles Schwüle, Dumpfbeklemmende.

Rasse und Kultur

Fremdheit

SS-Mann und Blutsfrage. Herausgeber: Der Reichsführer SS. Hauptamt. Schulungsamt, o. J.

Die von den Indogermanen geschaffenen Hochkulturen der Inder, Perser, Griechen und Römer lassen einwandfrei den nordischen Schöpfergeist erkennen. Mit dem Niedergange der nordischen Führerschicht sind auch sie wieder verschwunden. Noch heute fühlen wir die Wesensverwandtschaft mit diesen Kulturen, die artgleichen Ursprungs sind. Wir sind nicht so vermessen, etwa zu behaupten, daß alle Kulturen, auch in früheren Zeiten, nur der nordischen Rasse zuzuschreiben sind. Völker anderer rassischer Zusammensetzung haben ebenfalls Kulturen geschaffen. Wir empfinden aber vollkommen anders, wenn wir uns in die Kulturen Altchinas, Babylons oder in die altindianischen Kulturen der Azteken (im heutigen Mexiko) und der Inkas (im heutigen Peru) hineinfühlen wollen. Auch das waren Hochkulturen; wir aber fühlen ihnen gegenüber eine nicht zu leugnende Fremdheit. Der Grund hierfür liegt in den Schöpfern dieser Kulturen selbst. Sie sind uns nicht wesensverwandt, sondern rassefremd. Ein anderer Geist spricht aus ihnen. Niemals haben diese anders gearteten Kulturen eine ähnliche Höhe erreicht wie die vom nordischen Geist bedingten.

Die Zivilisation von heute ist unter der Führung von Menschen der nordischen Rasse entstanden. Das gilt z. B. für die neue Türkei oder den Aufschwung Amerikas und für den Anstieg im Fernen Osten. An den Vermischungsstellen mit nahestehenden Rassen hat sich der Einfluß der nordischen Rasse als ungemein fördernd ausgewirkt und Anlaß zu kulturellen Höchstleistungen gegeben. Die Herrenstellung der nordischen Rasse ist unbestritten. Wer sich diesen, von der Natur selbst festgelegten Tatsachen nicht anschließen kann oder will, über den geht die Weiterentwicklung unbarmherzig hinweg.

Gaukulturwoche

Herrn
Reichskulturwalter
Hans Hinkel
beim Reichsministerium für
Volksaufklärung und Propaganda
Berlin W 8
Wilhelmplatz 8/9

Der Landeskulturwalter
– Gau Hessen-Nassau
Landesleiter für bildende Künste
Aktenzeichen: II/223 Ma
Betrifft: Referat
Frankfurt a/M., den 9. Sept. 38
Persönlich!

Sehr geehrter Parteigenosse Hinkel!
Sie hatten seinerzeit die Liebenswürdigkeit, in meiner Eigenschaft als Dozentenbundsleiter an der Technischen Hochschule in Darmstadt einen Vortrag zu halten. Die Gaukulturwoche Hessen-Nassau, die vom 22. bis 29. Oktober 1938 dauert, steht unter dem Motto: «Rasse und Kultur».

Innerhalb dieser Gaukulturwoche findet am Sonntag, 23. Oktober, vormittags 11 Uhr eine Tagung sämtlicher Fachgruppen der Reichskammer der bildenden Künste zusammen mit der Hitler-Jugend-Gebietsführung statt, und ich möchte hiermit bei Ihnen anfragen, ob es Ihnen möglich wäre, anläßlich dieser Tagung über das Thema «Rasse und Kultur» zu sprechen. Für eine baldige Rückäußerung wäre ich Ihnen äußerst dankbar.

Stempel:
Reichskulturkammer
Landeskulturwalter
Gau Hessen-Nassau

Es grüßt Sie mit
Heil Hitler!
Ihr sehr ergebener
Lieser
Prof. Dr.-Ing. Lieser [1]

Rasse und Kunst

1920 schon kamen in der Dresdener Wohnung der Malerin Bettina Feistel-Rohmeder gewisse Maler und «völkische» Aktivisten zur Gründung der *Deutschen Kunstgesellschaft* zusammen. Diese sollte dem «deutschen Volk das Bewußtsein seiner angestammten Kunst, das ihm verlorengegangen ist, zurückschenken». Die Satzungen bestimmten, daß «nur Deutschblütige» zur Ausstellung zugelassen würden. B. Feistel-Rohmeder: *Im Terror des Kunstbolschewismus,* Karlsruhe 1938, S. 211–217.

Der Untergang des Abendlandes

Robert Scholz: *Kunstpflege und Weltanschauung* in: *Die Völkische Kunst,* 1935, S. 148–149.

Siehe auch Schwarz van Berk: *Die sozialistische Auslese,* Breslau 1934, S. 54 f.

Diese Loslösung der Kunst von einer tieferen rassischen und bodengebundenen weltanschaulichen Tendenz hat sie an sich sinnlos gemacht, weil sie nur mehr im Bereich der reinen Verstandes- und Geschmacksmenschen Geltung hatte und daher nicht mehr auf das gefühlsmäßig elementarnaive Kunstbedürfnis des Volkes einwirken konnte. Mit der Kunst als weltanschaulich-völkischen Gestaltungswillen hat diese Art selbstzweckhafter Kunstproblematik völlig irreführend nur den Namen gemeinsam. Die Folgen dieser Emanzipation der Kunst von der naiven, rassisch-bedingten und daher wirklichkeitsverbundenen Weltanschauung waren so verheerend, daß man bereits von einem Untergang der abendländischen Kultur und einem Ende der Kunst sprechen konnte. Man muß sich das ganz deutlich vor Augen halten, wenn man verstehen will, daß es sich bei den gegenwärtigen Kunstauseinandersetzungen nicht um Stil- und Richtungsfragen, sondern um den Kampf zwischen der Scheinkunst von gestern und der Idee einer wiederum echten Kunst als Ausdruck eines völkischen Gestaltungswillens handelt. Die Haupt-

1 Prof. Dr.-Ing. Karl Lieser, Baukunst; siehe auch Harry Griessdorf: *Unsere Weltanschauung,* Berlin 1941, S. 29 f.

gefahr für das Werden der neuen völkischen Kunst, wie sie der Nationalsozialismus erstrebt, besteht darin, daß man immer noch Kunst gleich Kunst setzt und aus einem abstrakten Qualitätsbegriff der Vergangenheit nicht den weltanschaulichen Ideengehalt wertet, und daß die Idee einer rassisch und weltanschaulich neuen Kunst heute noch in der Hauptsache lediglich ein Postulat der Politik darstellt, für das noch im Wesen und Wert gemäße Kunstleistungen fehlen, nach dem einleitend Gesagten notwendig noch fehlen müssen. Diesen Umstand macht sich eine künstlerische Reaktion zunutze, indem sie dieses Vakuum durch eine Restauration der vergangenen Kunstanschauungen und Kunstprodukte füllen will.

«Man nennt sie dann international»

Prof. Dr. Dr. E. Högg in: *Das Bild* 1934, S. 63.

So wie die Kunst nicht ohne den Menschen zu denken ist, so der Mensch nicht ohne sein Volkstum, das auf der Rasse beruht. Daher ist die Kunst als Gesamtbild der Ausdruck einer Volksseele. Ein verbastardiertes Volk wird nur eine verbastardierte Kunst hervorbringen. Man nennt sie dann international. Aber das ist ein Widerspruch in sich, Kunst kann nur national, d. h. der Ausdruck des Rassewillens, also des Blutes sein und ist es immer gewesen. Wenn wir heute dabei sind, unser rassisch stark gelichtetes Volk wieder aufzuforsten, so wollen wir bedenken, daß ein Wald langsam wächst.[1]

Nordisch-dreidimensional

Prof. Ludwig von Senger in: *Blick in die Zeit*, Berlin, vom 26. 4. 1935, S. 14.

Auf dem ersten Gautag der württembergischen Techniker sprach Prof. von Senger über die Zielsetzung der deutschen Architektur. Er unterschied zwischen einem orientalisch-zweidimensionalen Kunstempfinden und einem nordisch-dreidimensionalen; der Spannungsstand zwischen diesen beiden Empfindungsarten ergebe eine Dynamik. Aus der Unterscheidung deterministischer und dynamischer Betrachtung zog der Redner weitgehende Schlüsse, die der orientalischen Kunst Minderwertigkeit und dem orientalischen Menschen eine mehr tierische Daseinsstufe zubilligte, auf welche der nordische Mensch etwa durch Narkose, Hypnose und ähnliches absinke; dagegen sei es dem orientalisch-primitiven Men-

1 Ähnliches siehe Dr. W. Groß: *Kunst und Rasse* in: *Neues Volk*, Dezember 1937, S. 5–7, sowie Wolfgang Schultz: *Kunst und Rasse* in: *Das Bild*, 1935, S. 1–4.

schen niemals möglich, die Erkenntnisse des dreidimensionalen nordischen Bewußtseins zu erlangen. Als zweidimensional sei etwa die bolschewistische Großstadtkunst zu betrachten, die den nordischen Menschen künstlich primitiv mache. Die deutsche Architektur habe ihre Aufgabe als «Aufnordungsmittel» durch Steigerung des dynamischen Bewußtseins zu erfüllen.

Zweifache Aufgabe

Heinrich Garbe: *Rassische Kunsterziehung* in: *Nationalsozialistisches Bildungswesen*, 1938, S. 664–665, gekürzt.

Siehe auch Georg Fischer: *Zeichen- und Kunstunterricht*, Leipzig 1934, S. 5 f; Adolf Viernow: *Zur Theorie und Praxis des nationalsozialistischen Geschichtsunterrichts*, Halle/Saale 1935, S. 8 f; Otto Zander: *Nationalsozialistische Erziehung*, 1935, S. 314 f; Prof. Dr. Martin Staemmler: *Rassenpflege im Völkischen Staat*, München 1935, S. 137 f.

Wie bei jedem Lehrstoff so ist auch im Kunstunterricht dem Lehrenden die zweifache Aufgabe gestellt, Erkenntnisse zu vermitteln und Bekenntnisse zu wecken. Mit Recht legt die neue Schule auf die zweite Forderung, auf die weltanschauliche Bildung der Jugend, das entscheidende Gewicht. Kein Fach bietet hier dem Erzieher wohl so reiche Möglichkeiten seelischer Einwirkung wie gerade der Kunstunterricht. Das bedeutet aber keinesfalls, daß damit einer verschwommenen, wortreichen Schönrederei Tür und Tor geöffnet werden soll. Auch in der Kunstlehre baut sich jede erzieherische Wirkung auf klaren, gefestigten Erkenntnissen auf, und zwar auf den Erkenntnissen von der Eigenart und Bildungskraft der Blutsmächte, die sich in jedem echten Kunstwerk offenbaren.

Immer noch spukt auch heute in den Hirnen so vieler Kunstbeflissener jene liberalistisch-individualistische Auffassung, daß die Kunstbegabung ein Geschenk des Zufalls sei, der seine Gaben in blinder Laune einem glücklichen Menschen verleiht, damit dieser sie in hemmungsloser Gestaltung ausleben könne. Höchstens werden der Landschaft, der Umwelt oder dem Zeitgeist gestaltende Kräfte zugebilligt. Dieser Auffassung gilt es mit klaren Erkenntnissen entgegenzutreten. «Kunst ist immer die Schöpfung eines bestimmten Blutes», sagt Alfred Rosenberg und wendet sich scharf gegen jenes Märchen von der übernationalen «Kunst an sich», mit dem eine entnervte Zeit dem künstlerischen Schaffen das Recht auf bluthafte Eigenart absprechen wollte. Unsere Jugend fühlt wieder stark und bewußt die artbedingten Kräfte ihres Geistes in sich wirken. Sie wird auch danach verlangen, diese Kräfte im Kunstwerk aufzuspüren, das nur ihnen seine Entstehung verdankt.

Jetzt schwindet auch der Spuk des Zeitgeistes, der noch vor kurzem für alles Kommen und Vergehen der geschäftig wechselnden Kunstströmungen verantwortlich gemacht wurde. Man zeige den Schülern Darstellungen des Weltkriegssoldaten deutschbewußter Künstler, wie etwa Erler oder Spiegel[1] sie schufen. Man halte daneben die elenden und gemeinen Machwerke eines Dix oder Grosz. Bei ihrem Anblick wird jeder Schüler erkennen, daß dies wirklich entartete Kunst ist, d. h. das Werk von Menschen, die jeden Sinn für die Kräfte unserer Art verloren oder gewaltsam in sich unterdrückt hatten. Für Größe und Verfall der Kunst ist kein Zeitgeist verantwortlich zu machen. Hier entscheiden ausschließlich die Kräfte der blutbedingten Artung, die den echten Künstler zur Größe des Heldentums, den niederrassigen Scharlatan aber zu Hohn und Geiferwut führen. Kunst ist allein das Werk unseres Blutes.

Mit den Augen der Rassenseele

Rassenseele ist der Grundbegriff in A. Rosenbergs *Mythus des 20. Jahrhunderts;* siehe auch Aufsatz von Hermann Schwarz: *Volkstumsphilosophie – eine Absicht* in: *Blätter für deutsche Philosophie,* 1937, Bd. 10, S. 307 f. Es handelt sich um eine gründliche Studie über diesen Begriff.

Cranach

Paul Schultze-Naumburg: *Kunst und Rasse,* München 1935, S. 84.

Gerade Cranach ist sehr lehrreich. Die mongoloid anmutenden Züge kehren bei ihm so oft wieder, und zwar besonders an Stellen, an denen der Maler doch offenbar weibliche Anmut darstellen wollte, daß wir dies nicht mehr als ein Spiel des Zufalls oder als eine bloße Abhängigkeit von einem besonderen Modell deuten dürfen. Wir können heute genealogisch das Blut Cranachs nicht mehr feststellen, aber aus seinem Werk können wir erkennen, daß neben manchem Nordischen ganz sicher ein beträchtlicher Anteil ostischer Rasse in ihm gelebt haben muß. Denn es wäre sonst unerklärlich, aus welch anderem Grunde sein gesamtes Schaffen von solchen Typen durchsetzt ist.

Böcklin

Karl Geitz in: *Das Bild,* 1934; S. 91–93, gekürzt.

Daß Bilder strahlen und magisch anziehen, das muß jeder Laie erkennen, wenn er weiß, daß heute noch Tausende zu Bildern wallfahren und deren Gnade suchen. Was wäre die Deutsche Nationalgalerie in

1 Fritz Erler, 1868–1940, veröffentlichte zusammen mit Ferdinand Spiegel, 1879–1950, dreißig Aquarelle mit Kriegsszenen 1914–15.

Berlin ohne die magische Anziehungskraft der Bilder eines Böcklin? Er war Schweizer von Geburt und ist doch der Mittelpunkt der Anziehungskraft in der Deutschen Nationalgalerie in Berlin. Woher diese merkwürdige Erscheinung? Mögen es die Schweizer wahrhaben wollen oder nicht: Böcklin in seiner ganzen Seelenkraft war Alemanne und spricht als solcher zu jedem blutmäßig Deutschen. Denn der Beschauer erfaßt je nach seiner blutmäßigen Art eben die Strahlen, die ihm blutmäßig am nächsten stehen. Und die wird er nicht erfassen, die ihm blutmäßig entfernter oder gar meilenweit abgerückt stehen. Der Laie ahnt diese Vorgänge, so wie der Fachmann aus dem Bilde die verwandte Rasse erkennt, ja sogar sich ein recht gutes Bild machen kann, wie der Maler in leibhaftiger Gestalt ausgesehen haben muß. Je primitiver der Maler, desto unplastischer, körperloser das Bild; je höher das Blut des Malers, desto reiner die Schwingungen, desto plastischer das Bild in der Technik und desto gestaltungsreicher der Inhalt und Sinn des Dargestellten.

Velázquez, Gauguin, Picasso und Kokoschka

A. Rosenberg: *Der Mythus des 20. Jahrhunderts,* München 1933, 13.–16. Auflage, S. 290 und 299.

Wenn Velasquez einen Kontrast zu einer blondlockigen kleinen Infantin schaffen möchte, so setzt er eine «Zwergin» neben sie, d. h. eine jener Bastardtypen, mit denen Spanien übervölkert ist. Alles Stumpfe und Erdversklavte ist von Velasquez bis Zuloaga in diesen schiefäugigen armen Krüppeln verewigt. Sancho Pansa ist der Rassetypus des rein ostischen dunklen Menschen: abergläubisch, kulturunfähig, schwunglos, materialistisch; bis zu einem gewissen Grade «treu», meistens jedoch nur unterwürfig. Auch Sancho ist kein «dicker Mann», sondern eine zusammengeballte rassisch-seelische Wesenheit, gleich wie sein Herr eine tragikomische Verzerrung des nordischen Rittertums darstellt, das unter fremder Sonne sich krankhaft übersteigerte, noch im Blut des Camoes aber ebenso rollte wie in den Adern des Cervantes.

Gauguin suchte ein Schönheitsideal in der Südsee. Er zeichnete die Rasse seiner schwarzen Freundinnen, melancholische Natur, farbenreiche Blätter und Meere. Auch er war innerlich morsch und zerrissen, wie sie alle, die die ganze Welt nach einer verlorengegangenen Schönheit absuchten, ob sie nun Böcklin, Feuerbach, van Gogh oder Gauguin hießen. Bis dieses Geschlecht auch dieses Suchens müde wurde und sich dem Chaos ergab.

Picasso kopierte einst mit größter Sorgfalt alte Meister, malte dazwischen starke Bilder (eines davon hängt bei Schtschukin in Moskau), um schließlich seine Theorie-Illusionen in lehmig, hell-dunklen Quadraten dem richtungslosen Publikum als neue Kunst zu empfehlen. Und das schreibende Schmarotzertum ergriff voller Gier die neueste Sensation und schwärmte von einer neuen Epoche in der Kunst. Was Picasso aber noch schamhaft hinter geometrischen Kunststücken verschwieg, trat nach dem Weltkrieg offen und frech hervor: das Mestizentum erhob den Anspruch, seine bastardischen Ausgeburten, erzeugt von geistiger Syphilis und malerischem Infantilismus, als «Seelenausdruck» darstellen zu dürfen. Man sehe einmal lange und aufmerksam etwa die «Selbstbildnisse» eines Kokoschka an, um angesichts dieser Idiotenkunst das grauenhafte Innere halbwegs zu begreifen.

Die Ölgemälde von Goethe

Wilhelm Müller: *Studien über die rassischen Grundlagen des Sturm und Drang*, Dissertation, Berlin 1938, S. 55–60, gekürzt; Referent: Prof. Dr. Günther Müller.

Die Befangenheit, deren sich der Wissenschaftler in seinem Einordnungsbestreben angesichts dieser Jahrhunderte überragenden Persönlichkeit erwehren muß, bleibt auch dem Rassekundler nicht erspart, zumal er neue Maßstäbe an ein Genie heranträgt, das sich ihm wohl gegen eine neue «Vergewaltigung», oder milder formuliert, gegen eine neue Frisur zu wehren scheint. Allein der Rassenforscher überwindet dieses Lampenfieber mit der einfachen Überlegung, daß es sich bei einer Bestimmung rassischer Merkmale nicht um eine Entleerung eines Genius handelt, sondern bei völliger Unberührtheit des Phänomens um eine Füllung der Persönlichkeit vom Biologischen her.

Ein Ölgemälde aus dem Jahre 1773, nach dem auch der Kupferstich in Lavaters «Physiognomischen Fragmenten» gearbeitet wurde, kann man sicher mit einigem Recht als ein Extrem in der Kennzeichnung Goethescher Züge bezeichnen. Im Profil betont das Gemälde ausgesprochen dinarische Züge. Die Nase ist sehr groß und kräftig hervorspringend mit starkem Bogen, vornehmlich bis zum Ende des Knochenteils. Das Gesicht zeigt eine außergewöhnliche Höhe, die Stirn neigt sich stark zurück, doch kann man von dinarischer Kurzschädeligkeit kaum sprechen. In Kinn- und Mundpartie fehlen die Merkmale dinarischer Rasse. Jochbeine fallen nicht auf, die Augenbrauen sind wenig gebogen, und über diese dinarischen Züge hinaus sind kaum andere bemerkenswert – es sei denn, daß man den starken Überaugenwulst hinzunimmt. Wägt man alle Merkmale gegeneinander ab, so wird man vorsichtig schließend sagen können: Goethe zeigt hier vorwiegend dinarische Züge mit leichten nordischen Einschlägen.

Eine Silhouette aus Friedrich Nicolais Besitz mildert die dinarischen Striche, die Schwere der Nase und ihre Hakenform, und ein nordischer Zug setzt sich in Gesichtsschnitt, Kinn- und Nasenbildung durch. Der

Schädel wirkt nordisch lang, die Haartracht läßt jedoch keine bestimmte gültige Aussage zu. Nordisch-dinarisch müßte hier die Lesung lauten.

Johann Heinrich Lips malte Goethe 1791. Seine Kreidezeichnung, eine Vorderansicht, kann vielleicht über die bisherigen Widersprüchlichkeiten hinweghelfen, die den verschiedenartigen Profilnachbildungen entsprangen. Das Ölgemälde aus dem Jahre 1773 läßt auf ausgesprochene Schmalgesichtigkeit schließen, und gerade die Zeichnung von Lips wird in Erstaunen setzen, denn dieser Zug fehlt hier Goethe. Die Nase nimmt sich in ihrer leichten Krümmung nordisch aus, wobei man allerdings berücksichtigen muß, daß eine dinarische Form meist im Profil erst sichtbar wird. Die Stirn ist nordisch (bzw. dinarisch) breit und flächig. Das ostische Kinn fällt in der Zeichnung besonders auf. In den vorwiegend dinarischen Bildgebungen konnte man lediglich die Derbheit und Schwere der Mund- und Kieferntéile vermissen, hier aber sprechen die Formen für ostische Einschläge. Unterstrichen wird diese Tatsache von den ostischen Merkmalen der Augengegend. Die Augäpfel, relativ weit von der Nasenwurzel entfernt, liegen hier nicht in dinarischen tiefen Höhlen, und die bei der ostischen Rasse so ausgesprochenen Fettpolster über dem oberen Augenlid sind unschwer zu erkennen. So wird man nach diesem Bilde, das keine Entwirrung gebracht hat, an ostischen Einschlägen festhalten müssen, bis sich evtl. eine Fehldeutung oder eine ostische Interpretation des Malers herausstellt.

Hier muß also der Versuch einsetzen, Bildnisurkunden, die den älteren Goethe darstellen, auf rassische Züge zu deuten. Das Kügelgensche Gemälde «Goethe mit 58 Jahren» hat mit der F. Buryschen Kreidezeichnung aus dem Jahre 1800 vieles gemeinsam. Festgehalten sind in beiden eine nordisch-hohe Stirn, ein nordisches Kinn und nordische Gesichtsproportionen bei einer dinarischen Nase und ostisch abgerundeten Zügen. Die beiden Urkunden bestätigen die ostischen Merkmale der Augenpartie, die die Lipssche Zeichnung gegen die vorher betrachteten absetzte. Diese beiden bekannten Bilder werden auch kaum durch das Jagemannsche Gemälde aus dem Jahre 1806 mit neuen Merkmalen ergänzt. Die Büste von Trippel (modelliert in Rom, Sommer 1787) könnte nordisch-ostisch gedeutet werden. Ausgesprochen dinarische Merkmale hat G. O. May (Juli 1779) in seinem Gemälde gestaltet, während G. M. Kraus ostische Blutsanteile nicht verschweigt und gleichsam eine ausgleichende Ebene zwischen dem Gemälde von May und der Zeichnung von Lips findet.

Das Ergebnis, die Summe aller erwähnten Merkmale, müßte nach diesen Betrachtungen lauten, Goethes Körperbild ist vorwiegend von dinarischen und ostischen Blutanteilen bestimmt. Nordische Einschläge fehlen nicht, sie haben aber kaum soviel wie die beiden erstgenannten Rassen dazugegeben. Ob der dinarischen oder der ostischen Rasse hier nun der Vortritt gebührt, das wird schwer zu bestimmen sein, da in der Gesichtsform offenbar dinarische Züge über jene dominieren, in der Gestalt aber die Verhältnisse umgekehrt liegen.

Gotik

Dr. Hans F. K. Günther: *Rasse und Stil*, München 1927, S. 101–102.

Die Gotik und noch die frühe Renaissance haben bei Darstellung weiblicher Gesichtszüge die eigentlich weiblichen Züge, wie die (gegenüber dem männlichen Geschlecht) mehr gerundete Stirn, die minder hervortretende Nase, die minder zurückliegenden, minder tief eingebetteten Augen, so übertrieben, daß nordische Gesichtszüge in der Richtung auf ostische abgewandelt wurden. Die Stirnen wurden gelegentlich für nordische Köpfe – welche doch nach Haar-, Haut- und Augenfarbe und entsprechend den ganzen Gestalten dem Künstler vorschwebten – zu steil hinaufgerundet, die Nasen zu stumpf und kurz, die Augen zu flach eingebettet, auch das Kinn zu stumpf. Auch wurde von der Gotik der dem weiblichen Geschlecht eigene Zug eines verhältnismäßig schmäleren Unterkiefers oft übertrieben, so daß die obere Gesichtshälfte mit der Nase von der Gotik mehr in der Richtung auf das Bild der ostischen Rasse, die untere Gesichtshälfte (außer dem Kinn) mehr in der Richtung auf das der nordischen abgewandelt wurde.

Was aber die Gotik wie später die niederländische Malerei oft dazu verlockte, unnordische Gestalten und Gesichter zu wählen, das war die Freude der Gotik wie der Niederländer an seltsam absonderlichen Zügen. Während die heiligen Gestalten der biblischen Überlieferung fast nur als nordische Menschen dargestellt wurden – nur der nordische Mensch galt im Mittelalter und noch lange nachher als schön – gaben sich die Künstler bei der Darstellung des niederen Volkes, der Umherstehenden bei Kreuztragungen, der Henkersknechte bei Folterungen usw., mit Behagen der Zusammenstellung absonderlicher, häßlichster, verschmitztester, rohester und immer wieder unnordischster Züge hin.

Josef Strzygowski: *Das indogermanische Ahnenerbe des deutschen Volkes und die Kunstgeschichte der Zukunft*, Wien 1941, S. 134–136, gekürzt.

IV. Die Blüte der germanischen Kunst des Nordens.

Die Gotik ist dank dem Humanismus auch von den Deutschen immer als Stiefkind behandelt worden, d. h. solange, als der Mittelmeerglaube auch in der Kunstgeschichte der herrschende war. Das ändert sich erst jetzt vom Nordstandpunkt aus sehr wesentlich, soweit nicht Romantik und Gefühlsduselei verwechselt, daher abgelehnt wird.

Die Italiener haben bekanntlich die Bezeichnung «Gotik» als Schimpfwort aufgebracht, sie erinnerten sich verächtlich der verhaßten Goten unter Theoderich, die Italien unterworfen hatten und als Arianer Iranisches zugleich mit dem Germanischen in der Bildenden Kunst mitbrachten. In Wirklichkeit ist die Gotik jene Blüte der bürgerlichen Heilskunst des Nordens, als man bei uns die großen Steinmünster baute, die wie eine Gluckhenne die Städte überragen und sie unter ihre Fittiche nehmen. Es stellt sich jetzt heraus, daß es sich im Kern um ein Wiedererwachen des Indogermanischen handelt, ein Heil- oder selbst Christentum, das nur im Zusammenhange mit Iran und Hellas verstanden werden kann.

Es ist ganz selbstverständlich, daß, wenn sich die Deutschen schon die jüdischen Überlieferungen von Jesus anhängen ließen, sie, die Juden darstellend, diese doch wenigstens in die Landschaft, die Kleider, Sitte und Brauch der Heimat steckten und tun, als wenn Bethlehem und Jerusalem um die Ecke gleich neben dem heimischen Kirchturm lägen. Das weltferne Suchen der Kreuzfahrer ist vorüber, das Abendland will nicht mehr die heiligen Stätten schützen, sondern hat dafür in der eigenen Lage, dem eigenen Boden und dem eigenen Blute Ersatz gefunden, sucht sich die Kreuzigung und die Marienklage besonders heraus, um zu künden, was ihm in seiner Gemütslage den tiefsten Eindruck macht. Über solchem kirchlichen Einfluß werden aus den altgermanischen Kriegern leider allmählich schwachsinnige Büßer und damit wird unmerklich jener Boden vorbereitet, auf dem das nachfolgende, vom Altertum wieder aufgenommene Gottesgnadentum weiter bauen konnte.

Die Blüte der christlichen Baukunst des Nordens (Gotik) wurde angeregt durch die Übertragung der Mastenverstrebung norwegischer Stabkirchen, aber leider unter dem Zwange der Kirche, die auf der Basilika bestand und damit die Einheit der zum Strahlenbau drängenden nordischen Gesinnung störte. Das landschaftliche Wachstumsempfinden aber schlägt in der Ausstattung so stark durch, daß man gebaute Landschaften vor sich zu haben glaubt, was bestätigt wird durch den im Norden unerhörten Ersatz der Wand durch Glasfenster, die mit farbig im Maßwerk gefaßten Mustern ohne Ende Morgenrot in das Innere fallen lassen. Das erinnert so stark an indogermanische Voraussetzungen, wie ich sie in meinem Heilbringerbuch auseinandergesetzt habe, daß der Schluß auf Wiederbelebung altindogermanischer Vorstellungsreihen nahe liegt. Die Gotik wird heute leider um ihrer «Romantik» willen herabgesetzt; hoffentlich ändert sich das, sobald die für die Führung des Krieges notwendige stramme Zucht wieder gestattet, Menschentum und Menschheit, All und Schöpfer nachzugehen, die allein den wahren Kern der echten Romantik bilden. Nur hüte man sich vor der Kirche! Sie hat die bürgerliche Freiheit restlos zerstört.

Barock

Dr. Hans F. K. Günther: *Rasse und Stil*, a. a. O., S. 197.

Der Barock bewirkte entweder eine Auslese dinarischer Züge für die Darstellung oder er wandelte nicht-nordische Züge in der Richtung auf das Dinarische ab. Selbst Bilder nordischer Schweden der Barockzeit haben gelegentlich etwas Dinarisches erhalten. Der Stilzwang des Barocks ließ die Maler Gesichtszüge etwas fleischiger, geschwellter wiedergeben, ließ sie gelegentlich Nasen wohl auch weiter hinausschwingend, fleischiger ausladend malen. Die oberen Augenlider werden im Barock schwerer und glatter gemalt, weil der Barock sich auch die Überwölbung solcher kleineren Gebilde nicht entgehen ließ. Ja, neben diesen, dem Bild der dinarischen Rasse eigenen Zügen fehlt oft sogar die bauschige Unterstreichung der «Säcke unter den Augen» nicht, welche ja wirklich innerhalb der dinarischen Rasse schon in jüngerem Alter häufiger ist. Im Barock muß sich die dinarische Seele besonders wohlgefühlt haben.

Juden

Aufklärung

Das Tor ist aufgesprengt

Prof. Dr. Karl Alexander von Müller, Rede bei der Kundgebung zur Eröffnung der Forschungsabteilung «Judenfrage» des *Reichsinstituts für Geschichte des neuen Deutschlands* in der großen Aula der Universität München am 19. 11. 1936, in: *Forschungen zur Judenfrage*, Bd. 1, Hamburg 1943, S. 9–12, Auszüge.
Alexander von Müller war Historiker.

Die Gründung der Forschungsabteilung Judenfrage im Reichsinstitut für Geschichte des neuen Deutschlands ist mehr als ein gewöhnlicher organisatorischer Akt der Wissenschaftspflege, sie ist vielmehr auf dem Felde der Wissenschaft und der Hochschule selbst ein Akt der Revolution, der großen nationalsozialistischen Revolution Adolf Hitlers. Es ist zum erstenmal, nicht nur in unserem Vaterland, daß die wissenschaftliche Forschung eines Volkes unserer Rasse sich dieses Gegenstandes grundsätzlich und mit völkischer Zielsetzung annimmt. Es ist einer der wichtigsten und schicksalsvollsten Gegenstände der Geschichte. Aber tabu stand bisher über jedem Eingangstor, das zu ihm führte: «tabu» das heißt verboten und geheiligt zugleich, und wehe dem, der diese Schranke übertritt![1]

Dieses Tor ist aufgesprengt: Und die Forschungsabteilung, die heute eröffnet wird, soll als erste die wissenschaftlichen Pioniere rüsten zu den Fahrten in ein vielfach unbekanntes Land. Wir fühlen die Verantwortung vor unserem Volk und vor der Wissenschaft, die damit verbunden ist. Wer heute Geschichte lehrt, auf welchem Gebiet immer, hat eine große Aufgabe und trägt eine große Verantwortung. Denn geradewegs ist er in den Mittelpunkt der ungeheuren Entwicklung und Umwälzung gestellt, in der wir uns befinden, und in der rundum nicht wenige der alten

1 Prof. von Müller irrte, wenn er meinte, bis 1933 sei die Behandlung des Problems «Judenfrage» in seinem Sinne in Deutschland tabu gewesen. Eine umfassende Bibliographie der antisemitischen deutschen Literatur bis 1933 würde ein sehr dickes Werk ergeben.

Wertmaßstäbe und Größenverhältnisse sich verschieben, noch mehrere in Frage gestellt sind und neu nachgeprüft werden müssen.

Die Frage, der diese Forschungsabteilung des Reichsinstituts hier gewidmet ist, greift als solche bereits ein in alle die genannten Bereiche und wirkt ihrer Natur nach weit hinaus über unsere Grenzen. Wie in einem Brennpunkt faßt sie viele der übrigen Bewegungen in sich zusammen.

Vom ersten Tage an, da vor etwa einem halben Jahr die Arbeiten dieses Instituts einsetzten, fühlten wir den Pulsschlag der allgemeinen Teilnahme – und Beobachtung. Von allen Seiten boten Mitarbeiter sich an, von allen Seiten wurde Stoff dargereicht, und auch Anfeindungen fehlten von Anfang an nicht. Es schien, als komme manchen Stellen die bloße Tatsache, daß die Geschichte der Judenfrage einmal nicht von einem projüdischen Standpunkt aus betrachtet wird, schon als eine schwere Verletzung der wissenschaftlichen Gerechtigkeit vor. Das «tabu» war gebrochen.

Was kann geschichtliche Forschung zum großen politischen Kampf ihres Volkes beitragen? Ihr Amt ist nicht, die unmittelbaren Kämpfe um die Macht zu führen. Aber Waffen kann sie schmieden für sie, Rüstungen kann sie liefern. Kämpfer kann sie schulen, den Geist kann sie erwecken und stählen für die Stunden des Ausharrens, das Wissen kann sie herbeischaffen, in dem auch Macht liegt und das die staatliche Macht geistig sichert und unterbaut. In den Kampf selbst kann sie nur eingreifen auf ihrem eigenen Feld und nach ihren eigenen Gesetzen, wie jede Waffe auch des wirklichen Heeres. Eine solche Waffenstätte für den Kampf der Geister in einer seiner wichtigsten Schlachten einzurichten, in strenger wissenschaftlicher Schulung einen jungen Stab von Kämpfern für ihn heranzubilden und in ihnen den Trieb zu schöpferischer Leistung zu wecken und emporzurufen, das ist der Zweck auch dieser Abteilung des Reichsinstituts.

Mit Stolz fühlen wir und erleben wir, daß auch die Wissenschaft heute vor anderen vom Führer wieder aufgerufen ist in den großen Kampf um die Freiheit und die Ehre und die Zukunft unseres Volkes. Auch die Wissenschaften des Geistes. Denn dieser Kampf gilt der geistigen Freiheit und Ehre und Zukunft unseres Volkes nicht minder als wie der wirtschaftlichen. Ein Vierjahresplan der Leistung ist auch uns aufgegeben, und wir wollen jede Kraft daransetzen, ihn zu erfüllen. Wer keine Memme ist, fühlt heute sein Blut höher schlagen, wo der Sturmhauch großer geschichtlicher Taten wieder um unsere Fahnen weht. Jeder von uns Älteren, der später erst von ihm erfaßt wurde, hat eine Schuld an den Führer abzutragen für frühere Versäumnis. Die Jugend aber rüste sich, wert zu sein der großen Stunde im Leben unseres Volkes, in die sie geboren wurde. Gemeinsam diesem Volk zu dienen, jeder auf dem Feld, auf das er gestellt ist, mit allen unsern deutschen Brüdern, ist uns heilige Pflicht. In diesen Dienst trete jetzt die neue Forschungsabteilung des Reichsinstituts für Geschichte des neuen Deutschlands. Auch über ihr steht als Losung ein Wort, das der Führer uns allen zu neuem Leben erweckt hat: Deutschland! [1]

Belanglos

Adolf Hitler: *Reden des Führers am Parteitag Großdeutschlands 1938*, München 1938, S. 31.

Im übrigen ist es natürlich gar nicht entscheidend, ob und wie fremde Völker zu unseren kulturellen Arbeiten Stellung nehmen, denn wir sind uns darin nicht im Zweifel, daß die kulturelle Schöpfung als die feinfühligste Äußerung einer blutmäßig bedingten Veranlagung von nicht bluteigenen oder verwandten Einzelwesen oder Rassen überhaupt nicht verstanden und damit noch viel weniger gewertet werden kann. Wir bemühen uns daher auch nicht, dem internationalen Judentum etwa die deutsche Kunst und Kultur schmackhaft zu machen. Wir wissen, daß wenn je ein Jude eine innere Stellung zu dieser unserer deutsch-arischen Kultur gefunden hat oder in Zukunft finden würde, dies nur dem Umstand zuzuschreiben sein könnte, daß in den Stammbaum dieses Ahasver durch Zufall oder Mißgeschick einmal ein Tropfen fremdes Blut kam, das nun gegen den Juden selbst zu zeugen beginnt. Die große Masse des Judentums aber ist als Rasse selbst kulturell gänzlich unproduktiv, sie wird sich daher auch verständlicherweise zu den Lebensäußerungen primitiver Negerstämme mehr hingezogen fühlen als zu den kulturell hochstehenden Arbeiten und Werken wahrhaft schöpferischer Rassen. Es ist daher – wie schon betont – die Zustimmung oder Ablehnung aus diesen jüdisch-marxistisch-demokratisch-internationalen Kreisen zu unserer Kulturpolitik für die Richtigkeit oder Unrichtigkeit unseres Handelns, den Wert oder Unwert unserer Leistungen nicht nur nicht entscheidend, sondern vollständig belanglos.

Intellektuelle Spekulation

Rolf Wallrath (Köln): *Nordische Zeichenkunst.* – Inaugural-Dissertation zur Erlangung der Doktorwürde der Philosophischen Fakultät der Universität Köln, 1936, S. 36–37; Referent: Prof. Dr. Rudolf Kömstedt.

Wenn die Zeichenkunst – z. B. die Dürersche Apokalypse – besonders stark mit Vorstellungen der Phantasiekraft, mit übersinnlichen Ideen

1 Das Reichsinstitut für Geschichte des neuen Deutschland veranstaltete anläßlich der Ausstellung *Der Ewige Jude*, siehe Seite 317 f, eine Vortragsreihe «führender» Wissenschaftler über Themen wie: *Dreyfuß, der Ewige Jude, Das Haus Rothschild*, usw., siehe: *Frankfurter Zeitung* vom 12. 12. 1937.

rechnet und in ihrer rhythmischen Folge mit einer sukzessiven Anschauung, dem Nacheinander einer, sagen wir ruhig motorischen Kraft zählt, so überschreitet sie doch nicht die «Grenzen ihrer Nachbarin Poesie», wie Schmarsow befürchtet, sondern rechnet sehr wohl «mit ihren eigenen, sinnlich sichtbaren Mitteln» [1]. Denn halten wir uns wohl vor Augen, daß wir es in der Zeichenkunst mit einer geformten, einer mit den Mitteln sinnlicher Anschauung arbeitenden Kunst zu tun haben. Wenn der nordische Künstler in der Zeichenkunst seiner geistigen Vorstellung, seinen weltanschaulichen und apokalyptischen Gestalten im schwingenden Erlebnis des Lineaments, im dynamischen Kontrast des tiefen Dunkels und der leuchtenden Helligkeit Form einhaucht, so gibt sich hier eben nicht jene eklektische intellektuelle Spekulation kund, wie sie etwa dem Juden ganz zu eigen ist. «Lau saasse l'cho fessel» – Du sollst Dir kein Bild machen – [2] konnte nur ein jüdischer Gott sprechen lassen. Die bildhafte Dynamik der nordischen Kunst in ihrem Erlebnis und Rhythmus der Form steht weltenfern der nomadisierenden, affekthaften orientalischen «Sinnlichkeit» des «ewigen Juden».

Seelenschändung

Studiendirektor Dr. Reinhold Krause in: *Rassische Erziehung als Unterrichtsgundsatz der Fachgebiete*, herausgegeben von Dr. Rudolf Benze, Ministerialrat im Reichs- und Preußischen Ministerium für Wissenschaft, Erziehung und Volksbildung, und Kreisschulrat Alfred Pudelko, Leiter im Deutschen Zentralinstitut für Erziehung und Unterricht, Frankfurt a. M. 1937, S. 198, Auszug.

Es entsprach der liberalen Grundeinstellung der alten Schule, daß in ihr – abgesehen vom Religionsunterricht – das Wort «Jude» nur in der Konfessionsstatistik erschien. Jedes Eingehen auf die Judenfrage als Rassen- oder Volksangelegenheit galt als «Störung des konfessionellen Friedens» oder als eines fortschrittlichen Menschen unwürdiger Antisemitismus, und der Lehrer, der es wagte, auch nur auf die Schädigung des

1 August Schmarsow: *Zur Frage nach dem Malerischen*, Leipzig 1896, S. 94.

2 «Du sollst dir kein Bild machen» ist nur der erste Satz des *langen* Zweiten Gebotes der Bibel. Hier ist übrigens ein eklatantes Beispiel dafür, wie in einer Dissertation Streichers *Stürmer*-Parolen einfach übernommen wurden. Das Zweite Gebot entspricht einer besonderen geistigen Einstellung des jüdischen Volkes, dem, was man in der Geschichte das «antihellenistische» im jüdischen Volke nennt; sein Geist richtet sich nämlich nicht auf Form oder harmonisches Geschehen, sondern auf das Erfassen Gottes und auf die Gesetzlichkeit ethischer Erkenntnisse. Man braucht nur das Zweite Gebot ganz zu lesen, um dies Grundsätzliche klar zu erkennen. Unabhängig davon wirkte sich in jener alten Zeit auch das monotheistische Prinzip des Judentums gegen plastische Reliefkunst und Bildhauerei aus, denn man erblickte damals in beidem Kultobjekte des Götzendienstes.

deutschen Volksvermögens durch jüdische Betrüger in der Weise hinzuweisen, daß er sie als «Juden» kennzeichnete, setzte sich unter Umständen schon einem Dienststrafverfahren aus.

Auch auf dem Gebiet der bildenden Künste wird sich das erweisen lassen: die Unfähigkeit des Juden zu eigener künstlerischer Schöpfung von wirklicher Größe und die planvoll betriebene Seelenschändung in der Zersetzung fremder Kunst. Dadaismus, Futurismus, Kubismus und andere Ismen waren die Giftblüten der jüdischen Schmarotzerpflanze auf deutschem Volksboden. Vor diesen seelenlosen Klexereien wird die kommende Generation sich kopfschüttelnd wundern, daß sie einst die Wände deutscher Ausstellungen und deutscher Häuser «schmücken» konnten. Proben dieser Machwerke werden wuchtige Beweismittel für die Notwendigkeit einer radikalen Lösung der Judenfrage sein.

Ist die Reimann-Schule arisch?

Aufsatz in: *Das Schwarze Korps* vom 25. 2. 1937.

Reimann-Schule? «Kunst und Werk, private Schule für Gestaltung» heißt sie doch jetzt! Aber noch steht es in goldenen Lettern auf der marmornen Reklamefassade, und auch über dem Eingangsportal kannst du es lesen, daß du die «Schule Reimann» betrittst. Und auch die Fenster der Verkaufsläden tragen die Inschrift «Reimann-Haus».

Es sei zu teuer gewesen, diese Schriften der Vergangenheit zu entfernen, wird gesagt. Wenn er schon so arm ist (wie man sagt!) – woher hatte der Architekt Hugo Häring[1] dann aber das nötige Kleingeld, um Herrn Reimann die ganze Schule abzukaufen? Und woher nahm er die Betriebsmittel, um die Schule aus einem Großautomaten für stundenweise Kunstbelehrung in eine wirkliche Pflegestätte für Berufserziehung umzuwandeln?

Am 1. Oktober vorigen Jahres hatten wir die merkwürdigen Erziehungsmethoden der «Kunst und Werk, vormals Reimann-Schule» unter die Lupe genommen. Die Folgen waren erstaunlich. Man hat uns berichtet, daß tags darauf die Lehrer tatsächlich pünktlich zum Unterricht kamen, und daß die Stunden nicht mehr so häufig ausfielen. Kurzum, die Mißstände besserten sich.

Unsere Veröffentlichung hatte nämlich eine überraschende Wirkung. Es stellte sich heraus, daß zwar der alte Reimann nebst Gemahlin bei der «Arisierung» durch Häring aus dem Betrieb ausschieden, daß dafür aber der junge Reimann als Geschäftsführer vertraglich weiter verpflichtet wurde. (War dies den Behörden bekannt?) Nach Erscheinen unseres

1 Hugo Häring, Architekt, * 1882; er arbeitete mit Walter Gropius an der Siedlung Berlin-Siemensstadt.

Artikels mußte auch Reimann jun. aus der Schule verschwinden. Er ging nach London, und schon am 22. Oktober konnte man in der englischen Presse lesen, daß im Januar 1937 die «Kunstgewerbeschule Reimann» (Reimann-Scool[1] of Industrial Art) in Westminster eröffnet würde. Diese Schule sei zu Beginn des Jahrhunderts in Berlin gegründet worden und habe Weltruf erworben. Das Kapital der englischen Reimann-Schule ist mit nominell 30 000 Pfund eingetragen. Zum Beweis der Leistungsfähigkeit zeigte Reimann jun. beim ersten Presseempfang Schülerarbeiten aus Berlin.

Inzwischen hat sich die Londoner Reimann-Schule systematisch darauf verlegt, der Berliner Häring-Schule die Goldfische wegzuschnappen, die noch aus dem Ausland zum Studium kommen wollen. Das nebenbei. – Nebenbei erinnern wir auch daran, daß Hugo Häring Sekretär der Architektenvereinigung «Der Ring» gewesen ist, die zum Bauhauskreis[2] gehörte und an der Zersetzung der deutschen Baukunst reichlich Anteil hatte.

Partei und Staat verlangen von jeder deutschen Schule nicht nur eine arische «Leistung», sondern auch die völlige wirtschaftliche Unabhängigkeit von jüdischem Kapital.

Wissenswerter noch dünkt uns die Frage, wer der Inhaber der «Verkaufsstelle für Künstlerbedarf und kunsthandwerkliche Arbeiten» im gleichen Hause ist! Gesetzt den Fall, daß Reimann noch der Eigentümer wäre, so würden die Schüler von «Kunst und Werk» ihr Unterrichtsmaterial zweifellos von einer jüdischen Bezugsquelle erwerben.

Nun das Wichtigste! In der Gerichtsverhandlung ist von seiten der Reimann-Schule nicht bestritten worden, daß die Behörden den arischen Nachweis, d. h. der wirtschaftlichen Unabhängigkeit von Juden, noch nicht als erbracht angenommen haben. Zur Führung dieses Nachweises ist der Schulleitung vielmehr eine Frist bis zum 1. Oktober 1936 gestellt worden, die dann bis zum 31. Dezember verlängert wurde.

Allein die Tatsache, daß Hugo Häring, der schon seit über einem Jahr als «Inhaber» der Schule figurierte, den Nachweis des arischen Besitzes bis zum 1. Oktober nicht erbringen konnte, legt den Verdacht nahe, daß Hugo Häring die Schule mit dem jüdischen Kapital Reimanns bis heute weiterbetreibt. Wir fragen, ob Häring inzwischen den Nachweis erbringen konnte, daß die Schule «Kunst und Werk, vormals Reimann» tatsächlich in arischen Besitz übergegangen ist – was wir bezweifeln.

1 So falsch geschrieben steht das Wort im *Schwarzen Korps.*

2 Staatliches Bauhaus, 1919 vom Architekten Walter Gropius in Weimar gegründet; 1925 von der Stadt Dessau übernommen; Unterricht auf allen Gebieten der bildenden Kunst; über die Auffassungen des Kreises um Gropius siehe: *Das Staatliche Bauhaus Weimar*, 1923, *Bauhausbücher*, ab 1925, und die Vierteljahresschrift *Bauhaus*, ab 1926.

Die Ausstellung «Der Ewige Jude»

Mit Reliefs, Bildern und Figuren

In: *Mitteilungen über die Judenfrage* vom 6. 11. 1937.

Am 8. November 1937, am Vorabend des geschichtlichen Gedenktages der Bewegung [1], wird im Bibliotheksgebäude des Deutschen Museums in München die Ausstellung «Der ewige Jude» eröffnet. Wie die Tagespresse bereits mitteilte, werden nicht lange und breite Theorien entwickelt, sondern ausschließlich Tatsachen aufgezeigt, wie sie für Deutschland vor 1933 und auch im Ausland zu verzeichnen sind. Bei einem Rundgang durch die gerade fertiggestellten Räume hatten wir Gelegenheit, einen Überblick über die Fülle des zur Schau gestellten Materials zu gewinnen.

Die Ausstellung «Der ewige Jude» [2] ist eine politische Schau von ganz besonderer Bedeutung. Sie soll den Beweis erbringen und den Besuchern eindringlich vor Augen führen, daß die Judenfrage so alt wie die Geschichte der Juden selbst ist, und daß in allen Ländern und zu allen Zeiten ein Abwehrkampf gegen das Judentum und die Judenplage geführt werden mußte. Wenn wir auf diesen Kampf in allen Ländern hinweisen, so soll das nicht heißen, daß wir dem Ausland eine Lösung der Judenfrage vorschreiben, wohl aber wird aufgezeigt, daß der Abwehrkampf gegen den unheilvollen jüdischen Einfluß dieses «auserwählten» Volkes durchaus nicht eine Angelegenheit des Deutschen Volkes allein, sondern vielmehr aller Kulturnationen der Welt ist. Dementsprechend wird schon im ersten Raum die Entstehung des Rassengemisches des jüdischen Volkes dargestellt. Das Motto: «Taufe und Kreuzung nützen gar nichts. Wir bleiben auch in der 1000. Generation Juden wie vor 3000

1 Am 9. 11. 1923 fand der mißlungene Hitler-Putsch in München statt.

2 Die Ausstellung *Der Ewige Jude* zeigte u. a. viele Exponate aus verschiedenen Sammlungen «entarteter» Kunst, die nach 1933 aus Museen, Galerien, etc. entfernt und beschlagnahmt worden waren. Die Bezeichnung *Der Ewige Jude* galt im Dritten Reich als guter terminus technicus und wurde von der Propaganda überall verbreitet. Zur Zeit der Ausstellung erschien das Buch *Der Ewige Jude* von Dr. Hans Diebow, 128 Seiten mit Fotos und Texten; von den Hethitern bis zur Neuzeit die «Geschichte des jüdischen Volkes» im *Stürmer*-Stil darstellend; z. B. wird der Bildhauer Jacob Epstein als Prototyp «jüdischer Talentlosigkeit» bezeichnet, Ludwig Börne und Heinrich Heine als «Emigranten vor 100 Jahren», Maximilian Harden als «gesinnungsloser Mantelträger», Ferdinand Bruckner als Anhänger der «Straffreiheit für jegliche Verbrechen» usw. Ähnliche Ausstellungen fanden nach 1939 im besetzten Hitler-Europa statt, und 1940 ist ein antijüdischer Hetzfilm gleichen Titels gedreht worden und im besetzten Hitler-Europa groß herausgebracht worden.

Jahren» (von Eduard Gans, Jude, der 1825 selbst getauft wurde), lenkt die Aufmerksamkeit des Besuchers auf die Tatsache, daß die Judenfrage keine religiöse, sondern eine politische und rassisch bedingte Frage ist. Mit Reliefs, Bildern und Figuren, aber auch mit wissenschaftlich statistischem Material wird die Entstehung des jüdischen Rassengemisches aus fast allen Völkern der antiken Welt, besonders der orientalischen und vorderasiatischen Rasse gezeigt. Prominente Judentypen aus allen Kulturvölkern zeigen, daß die Juden, obwohl zerstreut in aller Herren Länder, immer die gleichen bleiben. Unter anderem werden der Öffentlichkeit zum ersten Male die sogenannten «Trierer Terracotten», die aus dem 3. bis 4. Jahrhundert stammen und die ältesten in deutschem Besitz befindlichen Judenplastiken sind, gezeigt.

Im Raum II wird zum Ausdruck gebracht, daß Talmud und Schulchan Aruch [1] mit den Tausenden von Gesetzesparagraphen, die Haß und Verachtung gegen die Nichtjuden atmen, für die Juden das sind, was anderen Völkern Religion bedeutet.

Einen breiten Raum nimmt das Mittelalter ein. Wucher und Hehlerei, Rassenschande und alle denkbaren Verbrechen, besonders aber die soziale Plage, die sie über die Wirtsvölker brachten, werden hier durch zeitgenössische Darstellungen, besonders aber durch behördliche Edikte (im Original) gezeigt. Diese Verbrechen waren der Dank des Judentums für die Gewährung des Gastrechts.

Eine eigene Abteilung ist dem verjudeten Österreich gewidmet, ein trauriges Kapitel, das mit statistischen Angaben, Plakaten, Zeitungen, Reiseprospekten in hebräischer Sprache, Spielplänen von Wiener Theatern und vielem anderen interessanten Material belegt ist.

Mit großer Sorgfalt wurde all das Material zusammengetragen, das die Verjudung des Konfektions-, Buch- und Schallplattenhandels und den verderblichen Einfluß durch unsittliche Literatur und hochverräterische deutschfeindliche Schriften, sowie die Zersetzung der Moral und der gesunden Instinkte durch das Mittel des Films zeigt. Eigene Räume führen uns in die Gebiete des Theaters, der Revue, Musik, Malerei und Plastik, in der sich die asiatischen Instinkte sogenannter Künstler bis 1933 ungehindert austoben durften.

1 *Schulchan Aruch*, jüdischer Ritualkodex des berühmten Talmudisten Josef Karo, 16. Jahrhundert.

«Starker Beifall für den Frankenführer»

Aus dem Bericht über die Ausstellung *Der Ewige Jude*, in: *Völkischer Beobachter* vom 9. 11. 1937.

Nun betritt von stürmischem Beifall begrüßt, Gauleiter Julius Streicher [1] das Podium. Julius Streicher, der verdiente Vorkämpfer gegen die jüdische Weltpest war, wie kaum ein zweiter, berufen, Sinn und Bedeutung dieser Schau zu umreißen. In seiner Rede führte er u. a. aus: Jedes Volk hat seine rassische Eigenart und eine dieser Art entsprechende Kultur.

Das jüdische Volk macht hierin eine Ausnahme. Obwohl das jüdische Volk den Vorzug hat, in christlichen Kirchen heute noch als Heilbringer der Menschheit dargestellt zu werden, empfindet man es im Stamme Juda dennoch als eine Herausforderung, wenn man es wagt, sich mit seiner Geschichte und seiner Kultur zu befassen: So regte sich ein gewisser Teil der Weltpresse furchtbar auf, als im vergangenen Sommer bekannt geworden war, daß in der Hauptstadt der Bewegung eine Ausstellung «Der ewige Jude» veranstaltet werden sollte.

Der Jude gelangte zum Ruf des Ewigseins durch eine bewußte Irreführung der Menschheit. Seit Jahrhunderten geht er einher als wanderndes Geheimnis, ausgestattet mit dem Heiligenschein eines Heilbringers. Noch gibt es Völker, die an das Märchen von der göttlichen Sendung des jüdischen Volkes glauben und stolz darauf sind, demokratisch regiert zu werden. Für die Wissenden aber ist gerade die vielgepriesene Scheindemokratie westlicher Völker ein Gradmesser für die Macht, die der Jude in jenen Völkern bereits erlangt hat.

Starker Beifall dankt dem Frankenführer.

Publikumserfolg

Antwort an die Hetzer, in: *Westdeutscher Beobachter* vom 1. 12. 1937.

Siehe auch: *Münchener Neueste Nachrichten* vom 4. 12. 1937; *Völkischer Beobachter* vom 11. 11. 1937; *Frankfurter Zeitung* vom 9. 11. und 4. 12. 1937.

Die Münchener Ausstellung «Der ewige Jude» ist zu einem großen Publikumserfolg geworden. Schon jetzt sahen 150 000 Besucher die vielseitige Schau. In der internationalen jüdischen und marxistischen Presse

1 Julius Streicher, 1885–1946, in Nürnberg hingerichtet; ab 1918 eifrig mit antisemitischen Reden und Aufsätzen beschäftigt; 1921 gründete er die Nürnberger Ortsgruppe der NSDAP; 1923 am Hitler-Putsch in München beteiligt und Gründung des antisemitischen Hetzblattes *Der Stürmer*; 1933 von Hitler zum Leiter des *Zentralkomitees zur Abwehr der jüdischen Greuel- und Boykotthetze* ernannt.

hat die Ausstellung bekanntlich zu wütenden Haßausbrüchen geführt. Um den jüdischen Hetzern den Beweis zu liefern, daß die Münchener Ausstellung nicht wahllos zusammengetragen wurde und erst recht nicht, wie es vielfach heißt, aus gefälschtem Material besteht, veranstaltet die Forschungsabteilung für Judenfrage des Reichsinstituts für Geschichte des neuen Deutschlands jetzt eine interessante Vortragsreihe in München.

Im Laufe der kommenden Woche werden in der Hauptstadt der Bewegung bekannte deutsche Forscher und Wissenschaftler zur Judenfrage Stellung nehmen. Als erster Redner spricht Professor Walter Frank (Berlin) über das Thema «Dreyfuß – der ewige Jude». Als weitere Referenten werden u. a. noch sprechen der geschäftsführende Leiter der Forschungsabteilung Judenfrage des Reichsinstituts für Geschichte des neuen Deutschlands, Dr. Wilhelm Grau (München), über «Das Haus Rothschild», Oberregierungsrat Dr. Wilhelm Ziegler, Dozent an der Hochschule für Politik, Berlin, über «Die Juden in der Weltpolitik», der Dozent für Orientalistik an der Universität Tübingen, Dr. Karl Georg Kuhn, über den «Talmud» und Universitätsprofessor Franz Koch (Berlin) über «Goethe und die Judenfrage».

Abstammung

Keine Angabe über die Großeltern

Die folgenden fünf Dokumente befinden sich im Archiv der Akademie der Künste, West-Berlin.

An das
Reichsministerium des Innern
Sachverständigen für
Rasseforschung [1]
Berlin NW 40
Königsplatz 6

Preußische Akademie der Künste
Berlin W 8
Pariser Platz 4
J. Nr. 604
den 12. Juli 1933

Im Anschluß an unsere Schreiben vom 16. Juni und 1. Juli d. Js. – J. Nr. 604 – bitten wir noch über die Herkunft unseres Mitgliedes, des Architekten Professors Hans Poelzig [2], Vorstehers eines akademischen Meisterateliers für Architektur, gefälligst Ermittlungen anstellen zu lassen. Einen Fragebogen fügen wir hier bei.

Professor Hans Poelzig hat zwar die vorgeschriebene dienstliche Er-

1 Sachverständiger für Rassenforschung beim Reichsminister des Innern war Dr. Achim Gercke. Das von ihm geleitete Amt stellte Abstammungen fest und erstellte Gutachten. Dr. Gercke leitete auch die *Reichsvereinigung für Sippenforschung und Wappenkunde e. V.*; Dr. A. Gercke, * 1902; 1926 Einritt in die NSDAP und Gründung des *Archivs für berufsständische Rassenstatistik*, Göttingen; Verfasser von Büchern über Rassenforschung.

2 Prof. Dr.-Ing. Hans Poelzig, Architekt, Kunstgewerbler und Bühnenbildner, 1869–1936; Erbauer des Lichtspieltheaters *Capitol* und des Funkhauses, Berlin, u. a. m. Schon im Januar 1933 mußte er als Vizepräsident der Preußischen Akademie der Künste abtreten, weil er die Ausstellung *Belgische Kunst der letzten Jahrhunderte* veranstaltete. Die *Schlesische Zeitung* am 20. 1. 1933 darüber: «Der Zeitpunkt für eine derartige Ausstellung scheint denkbar ungünstig gewählt, denn eben erst haben sich anläßlich der jüngsten Wahlen in dem Deutschland widerrechtlich entrissenen Gebiet zahlreiche Terrorakte gegen die deutschgesinnte Bevölkerung ereignet. So scheint es wirklich durchaus nicht am Platze, gerade im jetzigen Augenblick durch eine derartige Ausstellung freundnachbarliche Beziehungen vortäuschen zu wollen.»

klärung abgegeben, daß er arischer Abkunft sei, er hat jedoch in dem ihm zugestellten Fragebogen keine Angaben über seine Eltern und Großeltern gemacht. Soweit uns bekannt, ist er ein unehelicher Sohn der Gräfin Marie von Poelzig und Beyersdorf.

Der Präsident
Im Auftrage
Amersdorffer

«Ist also nichtarischer Herkunft»

An den
Herrn Präsidenten
der Preußischen Akademie
der Künste
Berlin W 8
Pariser Platz 4
Ihr Zeichen: J Nr. 604

Der Sachverständige für Rasseforschung
beim Reichsministerium des Innern
Berlin NW 40,
den 5. Sept. 1933
Königsplatz 6
Nr. PK 9 F/Sch.

In Beantwortung Ihrer Anfrage vom 16. Juni d. J. teile ich Ihnen mit, daß die Eltern des Professors Alfred Breslauer[1], der jüdische Professor und Zahnarzt in Potsdam, Heinrich Maria Anton Breslauer, geboren Brieg am 26. 3. 1831 und die evangelische Maria Ida Koch, geboren Straußberg am 9. 11. 1832 waren. Die Geburt des Vaters des Professor Breslauer ist in Brieg im Judengeburtsregister Nr. 2 verzeichnet. Er ist später zur evangelischen Kirche übergetreten. Die Großeltern waren der jüdische Weinhändler in Brieg Alexander Breslauer und die jüdische Henriette geborene Princker. Professor Alfred Breslauer ist also nichtarischer Herkunft.

Der Sachverständige für Rasseforschung
beim Reichsministerium des Innern
Dr. Gercke
Stempel

Soeben mitgeteilt

An den
Herrn Minister
für Wissenschaft,
Kunst und Volksbildung
Berlin W 8

Preußische Akademie der Künste
Berlin W 8,
Pariser Platz 4
den 3. März 1934
Nr. 219

Betr.: Das Ausscheiden der Bildhauerin Frau Renée Sintenis aus der Akademie.

1 Prof. Alfred Breslauer, Architekt.

Der Sachverständige für Rasseforschung beim Reichsministerium des Innern hat der Akademie soeben mitgeteilt, daß nach den angestellten Ermittlungen die Eltern der Mutter von Frau Renée Sintenis jüdisch geboren und später zum evangelischen Glauben übergetreten sind. Frau Sintenis ist demnach nichtarisch und ich habe ihr auf Grund des Erlasses vom 9. Dezember 1933 – U I 76186 – mitgeteilt, daß sie in sinngemäßer Anwendung des § 3 des Berufsbeamtengesetzes nicht mehr zu den Mitgliedern der Akademie der Künste gerechnet werden kann.

In Vertretung
Der Präsident
Unterschrift

Der Großvater Wenzel Kokoschka

An das
Präsidium der
Preußische Akademie
der Künste
Berlin W 8
Pariser Platz 4

Der Sachverständige für Rasseforschung
beim Reichsministerium des Innern
Nr. PK 12 F/Sch.
Berlin NW 40,
den 28. 7. 1933
Königsplatz 6

In Beantwortung Ihrer Anfrage vom 16. Juni d. J. teile ich Ihnen mit, daß Herr Professor Oskar Kokoschka in Pöchlarn a. Donau am 1. 3. 1886 geboren wurde und katholischer Konfession ist. Seine Eltern waren der Geschäftsreisende Gustav Josef Kokoschka und Romana geborene Loidl. Seine 4 Großeltern waren der Goldarbeiter in Prag Wenzel Kokoschka und Theresia geborene Schütz und der Forstwärter Ignaz Loidl und Barbara geborene Puchbauer, sämtlich evangelischer Konfession. Ob der Großvater Wenzel Kokoschka arischer oder jüdischer Herkunft ist, läßt sich leider nur an Ort und Stelle feststellen. Sollten Sie eine eingehende Prüfung wünschen, müßte ich um Einsendung eines Kostenvorschusses von RM 100,– bitten, da die Forschungen nur an Ort und Stelle ausgeführt werden können. Die für Auslandserhebungen bisher entstandenen Unkosten von RM 11,28 bitte ich freundlichst meinem Postscheckkonto übersenden zu wollen.

Der Sachverständige für Rasseforschung
beim Reichsministerium des Innern
Unterschrift
Stempel:
1 Zahlkarte

Nachforschungen in Holland

An die
Preußische Akademie
der Künste
Berlin W 8
Pariser Platz 4

Der Sachverständige für Rasseforschung
beim Reichsministerium des Innern
Berlin NW 40,
den 20. 11. 33
Königsplatz 6
Nr. Pk. 76 W/Sch.

Betrifft: Ihr Schr. v. 17. ds., J. Nr. 1230
Die Nachforschungen bezüglich der Abstammung des Professors Dr. h. c. Georg Kolbe [1] habe ich sofort eingeleitet. Da jedoch über die Person seiner verstorbenen Ehefrau keinerlei Angaben außer dem Namen gemacht wurden und die Nachforschungen in Holland vorgenommen werden müssen, erscheint es ausgeschlossen, Ihnen schon in zwei Wochen das gewünschte Gutachten über beide Eheleute zu erstatten. Ich empfehle, Herrn Prof. Dr. Kolbe zur Einreichung der schon in seinem Besitz befindlichen Personenstandsurkunden von sich, seiner Frau und den beiderseitigen Eltern und Großeltern zu veranlassen, da hierdurch die Angelegenheit erheblich beschleunigt werden kann.

Der Sachverständige für Rasseforschung
beim Reichsministerium des Innern
Unterschrift
Stempel

«Grundsätzlich bis zu den Großelternteilen»

Verordnung über den Nachweis der Abstammung vom 26. 5. 1936, in: *Völkischer Beobachter* vom 16. 6. 1936.

Auf Grund des § 25 der Ersten Verordnung zur Durchführung des Reichskulturkammergesetzes vom 1. November 1933 (RGBL. I. S. 797) wird angeordnet:

§ 1
Wer der Reichskammer der bildenden Künste angehört oder gemäß dem § 9 der vorgenannten Verordnung von der Zugehörigkeit befreit ist, hat den Nachweis der Abstammung, und zwar grundsätzlich bis zu den Großelternteilen einschließlich, für sich und seine Ehefrau auf den beim jeweils für ihn zuständigen Landesleiter erhältlichen Formularblättern unter Beifügung von Originalurkunden oder beglaubigten Abschriften

1 Prof. Dr. Georg Kolbe, Bildhauer und Zeichner, 1877–1947; siehe Georg Kolbe: *Auf Wegen der Kunst – Schriften, Skizzen, Plastiken*, Berlin 1949.

Der Sachverständige für Rasseforschung
beim
Reichsministerium des Innern

Berlin NW 40, den 29. Juli 1933
Königsplatz 6 ; Fernsprecher: Sammelnummer A 1 Jäger 0027
Drahtanschrift: Reichsinnenministerium / Postscheckkonto: Berlin 148100

Nr. A 146

Es wird gebeten, dieses Geschäftszeichen und den Gegenstand bei weiteren Schreiben anzugeben.

F/N

Gutachten

über die Abstammung des der

Ludwig M i e s van der R o h e, Architekt,

in Berlin W 35, Am Karlsbad 24

geboren zu A a c h e n am 27. 3. 1886

Die anliegende Ahnentafel enthält die Vorfahren des Genannten, soweit sie zur Ausfertigung dieses Gutachtens ermittelt werden mußten. Die Angaben sind im einzelnen durch Urkunden, Kirchenbuchauszüge und amtliche Beglaubigungen belegt, soweit nicht andere Quellen angegeben sind. Danach stellt sich heraus, daß der – die Genannte

--------------- a r i s c h ---------------------

im Sinne der ersten Verordnung zur Durchführung des Gesetzes zur Wiederherstellung des Berufsbeamtentums vom 11. April 1933 (RGBl. I S. 195) ist.

Der Sachverständige für Rasseforschung
beim Reichsministerium des Innern

Dr. Gercke

1349 33 GP

Din 476 A 4

Der Sachverständige für Rasseforschung
beim
Reichsministerium des Innern

Nr. A 146

Es wird gebeten, dieses Geschäftszeichen und den Gegenstand bei weiteren Schreiben anzugeben.

W/N

Berlin NW 40, den 29. Juli 1933
Königsplatz 6 / Fernsprecher: Sammelnummer A 1 Jäger 0027
Drahtanschrift: Reichsinnenministerium / Postscheckkonto: Berlin 146300

An die

Preussische Akademie der Künste

B e r l i n W 8
.-.-.-.-.-.-.-.-.-.-.

Pariser Platz 4

J. Nr. 604

In der Anlage übersende ich Ihnen das gewünschte Gutachten über Herrn M i e s van der R o h e, Architekt, Berlin W 35, Am Karlsbad 24.

Der Sachverständige für Rasseforschung
beim
Reichsministerium des Innern

Dr. Gercke

1 Gutachten

Aus der Korrespondenz des Einsatzstabes Rosenberg

ohne Erfordern gegenüber dem Landesleiter bis zum 30. September 1936 zu erbringen.

§ 2

(1) Wer auf Grund des § 1 verpflichtet ist, den Nachweis über die Abstammung zu erbringen und Inhaber, Gesellschafter, Teilhaber, Vorstands- oder Aufsichtsratsmitglied, Prokurist u. a. einer kammerzugehörigen oder von der Mitgliedschaft befreiten juristischen Person bürgerlichen oder Handelsrechts ist, hat über die Erfordernisse des § 1 hinaus zu dem gleichen Termin eine wahrheitsgemäße Erklärung über die Zusammensetzung des in der von ihm vertretenen Unternehmung arbeitenden Kapitals abzugeben und den Nachweis der Abstammung der Kapitaleigner beizubringen.

(2) Wird die juristische Person in der Kammer durch mehrere Mitglieder vertreten, so genügt der Nachweis zu § 2 Abs. 1, wenn er von einem Mitglied erbracht wird.

§ 3

Entstehen Zweifel über die rassenmäßige Abstammung eines oder mehrerer Großelternteile, so ist der Landesleiter befugt, hinsichtlich der Vorahnen weitere Anforderungen zu stellen. Die Rechte des Präsidenten der Kammer bleiben unberührt.

§ 4

Nach Prüfung der Richtigkeit der abgegebenen Erklärungen sind die Landesleiter verpflichtet, Originalurkunden zurückzugeben.

§ 5

Die für die Beschaffung oder Rücksendung der Urkunden oder die durch Maßnahmen auf Grund des § 3 oder auf besondere Anordnung des Präsidenten der Kammer hinsichtlich der Klärung der Abstammung entstehenden Kosten trägt derjenige, der den Nachweis zu führen hat.

§ 6

Wer den Vorschriften der Anordnung zuwiderhandelt, wird wegen Unzulässigkeit aus der Kammer ausgeschlossen.

§ 7

Die Anordnung tritt mit der Verkündung in Kraft.

«Es wird den Mitgliedern empfohlen»

In: *Mitteilungsblatt der RKdbK*, Februar 1937, S. 3.

Der kleine Abstammungsnachweis, der von der Kammer verlangt wird, erstreckt sich bis auf die Großeltern, deren Geburts- und Taufdaten festgestellt werden müssen. Es wird also nur ein Ahnenspiegel anerkannt, in dem auch die Taufdaten der vier Großeltern eingetragen sind.

Jedes Mitglied ist zur Beschaffung selbst verpflichtet und muß sich die Daten von den zuständigen Standesämtern oder evangelischen oder katholischen Pfarrämtern anfordern. Die Angabe genauer Zeit- und Ortsangaben an diese Ämter erleichtert und beschleunigt die Beschaffung der notwendigen Urkunden. Beim Fehlen genauer Lebensdaten können in manchen Fällen die Einwohnermeldeämter Angaben machen.

Urkunden, die aus dem Auslande besorgt werden müssen, werden am besten durch das zuständige deutsche Konsulat beantragt. Führt die eigene Nachforschung aber nicht zum Ziel, so setzt man sich mit einem sippenkundlichen Verein oder einem Berufssippenforscher in Verbindung, die von der Vereinigung der Berufssippenforscher e. V., Berlin NW 7, Schiffbauerdamm 26, nachgewiesen werden können.

Für die Urkunde ist eine Gebühr von je RM 0,60 zu entrichten. Schreib- und Stempelgebühren werden nicht erhoben. Jedoch sind die Registerbehörden bei ungenauen Angaben nicht verpflichtet, längere Zeit ohne Ersatz der Kosten zu suchen. Gebührenfreiheit besteht nur nach Vorlage einer Bescheinigung des zuständigen Landesleiters, die – soweit die Mitglieder nicht erwerbslos, Renten- oder Wohlfahrtsempfänger sind – auf Grund einer Mittellosigkeitsbescheinigung des zuständigen Wohlfahrtsamtes ausgestellt werden kann.

Es wird den Mitgliedern empfohlen, einen sogenannten Ahnenspiegel (Ahnen-Kurzpaß) anzuschaffen, der in allen Papierhandlungen zum Preise vom RM 0,50 erhältlich ist. Dieser Ahnenspiegel ist deswegen dem schon länger existierenden sogenannten Ahnenpaß vorzuziehen, weil er auch Rubriken für die Taufdaten der Voreltern enthält. Das Mitglied kann diesen Ahnenspiegel an Stelle der Einzelurkunden einsenden, wenn sie die Eintragungen vom Standesbeamten beglaubigen lassen.

Nach Prüfung der Abstammungsbogen werden alle Urkunden zurückgegeben. Statt der Originale können auch Photokopien eingereicht werden.

Vollständiger Nachweis

Rundschreiben Nr. 126

Der Präsident der Reichskammer
der bildenden Künste
Berlin W 35,
den 23. Sept. 1937
Blumeshof 6
Aktenzeichen: *Präs. 23/1047 b*

An die
Herren Landesleiter
der Reichskammer
der bildenden Künste

Betr.: Feststellungen über die Zuverlässigkeit
In Zukunft wird die Aufnahme oder Befreiung von der Zugehörigkeit nur in den Fällen erfolgen, in denen die Nachweise über die Zuverlässigkeit vollständig vorhanden sind. Hierzu gehört auch der urkundliche Nachweis der arischen Abstammung. Ausnahmen werden nur in den

Fällen gemacht werden, in denen wegen der Schwierigkeiten der Beschaffung der Urkunden aus dem Auslande eine zu lange Verzögerung der Entscheidung über den Antrag stattfinden würde. In diesen Fällen hat der Landesleiter von dem Antragsteller eine Erklärung anzufordern, daß ihm nach bestem Wissen und Gewissen keine Umstände bekannt sind, die eine nichtarische Abstammung für sich und seine Ehefrau erkennen ließen.

Stempel: RKdbK.

Im Auftrag
gez. Hoffmann
Beglaubigt:
Unterschrift

«Entjudung»

Darbietungen der deutschen Kultur

Anordnung des Präsidenten der Reichskulturkammer über die Teilnahme von Juden an Darbietungen der deutschen Kultur vom 12. 11. 1938, in: *Völkischer Beobachter* vom 14. 11. 1938.

Auf Grund des § 25 der Ersten Verordnung zur Durchführung des Reichskulturkammergesetzes vom 1. November 1933 (RGBl. I, S. 797) ordne ich folgendes an:

Nachdem der nationalsozialistische Staat es den Juden bereits seit über 5 Jahren ermöglicht hat, innerhalb besonderer jüdischer Organisationen ein eigenes Kulturleben zu schaffen und zu pflegen, ist es nicht mehr angängig, sie an Darbietungen der deutschen Kultur teilnehmen zu lassen. Den Juden ist daher der Zutritt zu solchen Veranstaltungen, insonderheit zu Theatern, Lichtspielunternehmen, Konzerten, Vorträgen, artistischen Unternehmen (Varietés, Kabaretts, Zirkusveranstaltungen usw.), Tanzvorführungen und Ausstellungen kultureller Art, mit sofortiger Wirkung nicht mehr zu gestatten.

Die Grundsätze

Arbeitsrichtlinien für die Reichskulturkammer vom 3. 1. 1939 in Schrieber-Metten-Collatz: *Das Recht der Reichskulturkammer*, Bd. 1, Berlin 1943, S. 36–37.

1. Jede Kammer hat die Entjudungsmaßnahmen für ihren Mitgliederkreis selbstständig durchzuführen. Diese Durchführung ist soweit wie nur irgend möglich zu beschleunigen. Alle Zweifelsfälle bei Aufnahme und Ausschluß sind dem Ministerium (Abteilung II A) zu überweisen und dort, gegebenenfalls nach Rückfrage bei mir, zu entscheiden.

2. Die einheitliche Behandlung der Entjudungsfrage in der gesamten Reichskulturkammer wird durch regelmäßige Arbeitsbesprechungen unter dem Vorsitz des Abteilungsleiters II A oder seines Beauftragten sichergestellt. Zu diesen Besprechungen sind die zuständigen Sachbearbeiter der Einzelkammern zu entsenden.

3. Sachlich sind für die Behandlung der Entjudungsfrage die nachfolgenden Grundsätze maßgebend:

Juden im Sinne der Nürnberger Gesetze sind grundsätzlich auszuschließen;

Halbjuden sind in den Kammern nur in ganz besonderen Einzelfällen und nur mit meiner persönlichen ausdrücklichen Genehmigung zu belassen;

Vierteljuden können in den Kammern verbleiben, es sei denn, daß sie sich gegen den Staat oder gegen den Nationalsozialismus vergangen haben oder sonst beweisen, daß sie dem Judentum zuneigen;

wer mit einer Jüdin verheiratet ist, wird grundsätzlich wie ein Halbjude behandelt; wer mit einer Halbjüdin verheiratet ist, grundsätzlich wie ein Vierteljude.

Eine Atelierwohnung

An den
Herrn Präsidenten
der Durchführungsstelle
für die Neugestaltung
der Reichshauptstadt

Prof. Richard Pfeiffer
Berlin W 50, Passauerstr. 5
Postscheck Berlin 139072
handschrftl.:
Herrn Landesleiter Lederer zur
frdl. Kenntnisnahme
B 4 Bavaria 2846
II/4/Ba/Sk.

Betrifft: Wohnung Kurfürstenstraße 126
Anbei erlaube ich mir Abschrift eines Briefes des bisherigen Inhabers der obigen Wohnung, des nichtarischen Professors E. Wolfsfeld[1] an mich zur Kenntnisnahme des Sachverhalts ergebenst zu überreichen. Ich weiß nicht, ob die Hausverwaltung ihrer Pflicht nachgekommen ist, diese freiwerdenden Räume aus nichtarischem Besitz anzumelden.

Ich hörte von dritter Seite, daß man beabsichtigt, die Räume an mehrere bereits im Hause wohnende Parteien zusätzlich zu verteilen und so diese durch ihre Gesamtlage für Künstler überaus seltene Wohn- und Arbeitsmöglichkeit ihrem eigentlichen Zweck zu entziehen. Da ich angesichts dieser Absicht nicht imstande bin, an die Hausverwaltung wegen einer freiwilligen Vereinbarung heranzutreten, habe ich den Herrn Landesleiter der Reichskammer für die bildenden Künste gebeten, dies zu tun. Ich hoffe, daß es bei der vorliegenden Rechtslage möglich ist, mir zu helfen.

Heil Hitler!
R. P.

1 Prof. Erich Wolfsfeld, Maler und Graphiker, 1884–1956; Professor an den Vereinigten Staatsschulen für freie und angewandte Kunst, Berlin-Charlottenburg; 1936 aus «rassischen» Gründen entlassen; 1939 emigrierte er nach London.

Januar 1939

Dokument CCCLXII – 43

Der Reichswirtschaftsminister
Schnellbrief

Berlin W 8, den 31. Januar 1939
Behrenstraße 43
Fernsprecher: Sammel-Nr. 16 43 51

Entjudung von Betrieben kulturwirtschaftlicher Art.

Stempel: RA
2. *Febr. 1939*
Registratur-Abtl. I
1026 I 39

An
das Bayerische Staatsministerium
für Wirtschaft
München

Nach einer Mitteilung des Herrn Reichsministers für Volksaufklärung und Propaganda sind in München noch folgende Betriebe kulturwirtschaftlicher Art in jüdischer Hand:
Kunsthandlung Heinemann (Inh. Franziska und Fritz Heinemann), München,
Kunsthandlung Helbing (Inh. Fritz und Hugo Helbing), München.
Kunsthandlung Straßberger (Inh. Hans Straßberger), München.

Soweit diese Betriebe inzwischen noch nicht endgültig in arische Hände übergegangen sind, behalte ich mir die Entscheidung über ihre Entjudung gemäß § 1 der Anordnung auf Grund der Verordnung vom 26. April 1938 – Reichsgesetzblatt I, S. 415 – vor und bitte, mir Anträge auf Genehmigung der Überführung der Betriebe mit Ihrer Stellungnahme sowie den Äußerungen der anzuhörenden Stellen zur Entscheidung vorzulegen.

Im Auftrag
P. Müller [1]

Mai 1939

In: *Mitteilungsblatt der RKdbK*, 1939, Heft 5, S. 8.

Auf Grund des § 10 der 1. Durchführungsverordnung zum Reichskulturkammergesetz vom 1. November 1933 (RGBl. I, S. 797) sind, da sie trotz mehrmaliger Erinnerung und trotz Ordnungsstrafe den Nachweis

1 Am 11. Februar teilte das Kulturamt München mit, daß die «Arisierung» der betreffenden Kunsthandlungen so gut wie vollzogen sei. Bei Straßberger handele es sich jedoch um einen «Arier», der nur mit einer Jüdin verheiratet sei. In Anbetracht der großen Verdienste Straßbergers wäre es in Erwägung zu ziehen, ob man bei ihm nicht eine Ausnahme machen solle.

der arischen Abstammung nicht erbracht haben, die nachstehenden Personen aus der Reichskammer der bildenden Künste ausgeschlossen worden:

1. Architekt Viktor Czajarek, Duisburg-Hamborn, Beeckerstr. 278
2. Professor Oskar Delisle, München-Solln, Heilmannstr. 8
3. Architekt Otto Oskar Graeßner, Berlin-Schlachtensee, Kirchblick 6–7
4. Architekt Karl Glasstetter, Ettlingen/Baden
5. Architekt Josef Volberg, Köln-Lindenthal, Gleuelerstr. 105
6. Architekt Alfred Manz, Hannover-M., Philippsbornstr. 22

Den Ausgeschlossenen ist das Recht zur weiteren Betätigung auf jedem zur Zuständigkeit der Reichskammer der bildenden Künste gehörenden Gebiet untersagt.

August 1939

In: *Mitteilungsblatt der RKdbK*, 1939, Heft 8, S. 5.

Auf Grund des § 10 der 1. Durchführungsverordnung zum Reichskulturkammergesetz vom 1. November 1933 (RGBl. I, S. 797) sind, da sie trotz mehrmaliger Erinnerung und trotz Ordnungsstrafe den Nachweis der arischen Abstammung nicht erbracht haben, der Architekt Otto Martin, Radenthein (Kärnten), der Architekt Christian Scheuermann, Wiesbaden, Adolfstr. 14, aus der Reichskammer der bildenden Künste ausgeschlossen worden. Den Ausgeschlossenen ist das Recht zur weiteren Betätigung auf jedem zur Zuständigkeit der Reichskammer der bildenden Künste gehörenden Gebiet untersagt. (II a A 7972/534)

Auf Grund des § 10 der 1. Durchführungsverordnung zum Reichskulturkammergesetz vom 1. November 1933 (RGBl. I, S. 797) sind der ehemalige Kunsthändler Roderich von Roy, Berlin, der frühere Kunsthändler Otto Baumann, Stuttgart, Heusteigstr. 77, aus der Reichskammer der bildenden Künste ausgeschlossen worden. Den Ausgeschlossenen ist das Recht zur weiteren Betätigung auf jedem zur Zuständigkeit der Reichskammer der bildenden Künste gehörenden Gebiet untersagt. (I D KA 863)

September 1939

In: *Mitteilungsblatt der RKdbK*, 1939, Heft 9, S. 2.

Auf Grund des § 10 der 1. Durchführungsverordnung zum Reichskulturkammergesetz vom 1. November 1933 (RGBl. I, S. 797) ist, da er trotz mehrmaliger Erinnerung und trotz Ordnungsstrafe den Nachweis der arischen Abstammung nicht erbracht hat, der Architekt Rudolf Kegel, Mölkau-Leipzig, Schlageterstr. 44, aus der Reichskammer der bildenden Künste ausgeschlossen worden.

Dem Ausgeschlossenen ist das Recht zur weiteren Betätigung auf jedem zur Zuständigkeit der Reichskammer der bildenden Künste gehörenden Gebiet untersagt. (II a A 13 689/599)

Rotkäppchenbrunnen

Dokument CCCLXII – 42

Napoleon Heyder
Vertretungen
Postscheckkonto:
München 48 592

München 25, 27. April 1940
Farchanterstr. 57
Stempel: Kulturamt – Hauptstadt der Bewegung
30. Apr. 1940
Einlaufamt: I 2372[1] 40

An das
Kulturamt München
zu Händen des Herrn O.-Inspekt. Bückele
München
Rathaus M. St.

Anschluß an meine Mitteilung vom 23. 4.

Bezugnehmend auf meine jüngste Rücksprache erlaube ich mir, auf diesem schriftl. Wege Nachstehendes zu unterbreiten:

Am Kosttor in München steht der sog. Wolfsbrunnen mit der eingemeißelten Inschrift: «Gestiftet im Jahre 1904 von Großhändler Adolf Wolf und seiner Gattin Appolonia, geb. ...»

Wenn nicht alles täuscht, war Wolf ein Jude. Ich kannte ihn aus meinen Jugendjahren her persönlich, da er als Schnittwaren-Großist (Damenkleiderstoffe) s. Zt. mein elterliches Geschäft besuchte. Diese Großhändler-Branche sowie die Kurzwarenbranche lag fast ausschließlich in den Händen der Juden.

Wenn Wolf ein Jude war, dürfte meines Erachtens sein Brunnen fallen, wie ja alle jüdischen Geschäfte einschließlich der beiden Synagogen fielen und mit Recht, denn zu was soll sich ein Jude mit einem Denkmal in München öffentlich verewigen?

Auch vom Standpunkt der jetzigen Metall-Ablieferung aus wäre die Verschrottung der Brunnenfigur (Wolf nebst 4 großen Wolfsköpfen als Wasserspeier) vielleicht am Platze.

Diese meine Zeilen bitte ich vertraulich zu behandeln. Für eine gefl. Mitteilung darüber, ob Wolf jüdisch oder arisch war, wäre ich Ihnen sehr verbunden.

Mit Deutschem Gruß
Nap. Heyder

Stempel:
6. Mai 1940

zum Städt. Einwohneramt
mit dem Ersuchen um Feststellung, ob die Vermutung richtig ist, daß Wolf ein Jude war.
Am 4. Mai 1940
Städt. Kulturamt: Bückele
handschriftlich:

Zurück zum städt. Kulturamt mit dem Bemerken, daß Adolf Wolf, ehemaliger Großhändler, geboren am 27. 9. 39 in Osterberg, Landkreis Illertissen, laut Verehelichungs-Zeugnis u. Akt des Polizeipräsidiums München, als israelitisch verzeichnet ist.
Stempel:
10 u. zurück.
München, den 9. Mai 1940
Städt. Einwohnermeldeamt.[1]

Sondergenehmigung

Aus dem Archiv des Instituts Yad Vashem in Jerusalem.

Nationalsozialistische Deutsche Arbeiterpartei
– Parteikanzlei –
Der Leiter der Parteikanzlei
Bekanntgabe 71/44 Führerhauptquartier, den 21. 3. 1944

Betrifft: Kunstmaler Paul Schuppich, Wien, Wiedner Hauptstr. 83
Der Kunstmaler Paul Schuppich in Wien ist mit einer Volljüdin verheiratet; er besitzt deshalb lediglich eine jederzeit widerrufliche Sondergenehmigung zur Ausübung seines Berufs. Sie berechtigt ihn nicht dazu, Aufträge des Staates, der NSDAP oder deren Organisationen entgegenzunehmen; auch ist ihm die Teilnahme an Ausstellungen repräsentativen Charakters untersagt.

Schuppich soll neuerdings den Versuch machen, sich Aufträge führender Persönlichkeiten zu verschaffen, um damit für sich Propaganda zu treiben. Ich mache daher auf die jüdische Versippung Schuppichs und

1 Nachdem die städtischen Galerien und Kunstbeiräte zu Rate gezogen waren, wurde am 4. Oktober 1940 entschieden, den von den Bildhauern Düll und Petzold einwandfrei gestalteten Rotkäppchenbrunnen, obwohl er vom Juden Wolf bezahlt worden war, am Kosttor zu belassen und Napoleon Heyders Vorschlag, die Figuren der Metallsammlung zuzuführen, abzulehnen.

den begrenzten Umfang seiner Sondergenehmigung ausdrücklich aufmerksam.

gez. M. Bormann [1]

Eine interessante Aufnahme

Dokument CXLV – 582

An den
Leiter des Instituts
zur Erforschung der Judenfrage,
Pg. Dr. Schickert [2]
(16) Hungen/Oberhessen

den 10. August 1944

Sehr geehrter Parteigenosse Schickert!
Anbei übersende ich Ihnen eine interessante Aufnahme aus dem Heimatmuseum in Wasserburg a. Inn, die eine alte Holzskulptur darstellt, auf der Christus völlig als Jude aufgefaßt ist.[3] Sie soll aus einem Bauerndorf der Umgebung stammen. Die Aufnahme wurde uns von dem Oberlandesgerichtspräsidenten in München übersandt.

Da ich annehme, daß die Aufnahme für Sie Interesse hat, übersende ich Ihnen anbei Abzug.

Heil Hitler!
Ihr
Dr. W. Koeppen [4]
SA-Standartenführer

1 Martin Bormann, * 1900; Reichsleiter der NSDAP; Stabsleiter des Stellvertreters des Führers; Sekretär des Führers; ausführlich über ihn siehe Joseph Wulf: *Martin Bormann – Hitlers Schatten*, Gütersloh 1962.

2 Dr. Klaus Schickert; 1938 aus Rumänien ausgewiesen, weil er als Vertreter des Deutschen Nachrichtenbüros in Bukarest über «den jüdischen Einfluß auf König Carol» nach Berlin berichtete; am 27. 5. 1941 sprach er bei Eröffnung des *Instituts zur Erforschung der Judenfrage*, Frankfurt a. M., über: *Die Judenemanzipation in Südosteuropa und ihr Ende*; Dr. Schickert übernahm von Dr. Peter-Heinz Seraphim die Schriftleitung der Zeitschrift *Weltkampf – Die Judenfrage in Geschichte und Gegenwart.*

3 Dieses groteske Problem wurde in der NS-Literatur reichlich erörtert; Adolf Bartels meinte z. B. in seinem Buch: *Lessing und die Juden*, Leipzig 1934, S. 255, Christus sei Arier gewesen; Rudolf Dahms wiederum sagte in seinem Buch: *Jesus und der nordische Mensch*, Berlin 1934, S. 5, es sei unmöglich, daß «Jesus Volljude» war; Friedrich Ettwein vertrat in seinem Buch: *Rasse und Religion*, Stuttgart 1933, S. 27–28, die Idee, daß Jesus als «nordisch-vorderasiatisch» anerkannt werden müsse.

4 Dr. W. Koeppen war Mitarbeiter im «Amt Rosenberg».

Es ist Sache der Staatsleitung

Adolf Hitler: *Mein Kampf*, München 1935, 153.–154. Auflage, S. 283–284.

So wenig noch vor 60 Jahren ein politischer Zusammenbruch von der jetzt erreichten Größe denkbar gewesen wäre, so wenig auch ein kultureller, wie er sich in futuristischen[1] und kubistischen Darstellungen seit 1900 zu zeigen begann. Vor 60 Jahren wäre eine Ausstellung von sogenannten dadaistischen «Erlebnissen» als einfach unmöglich erschienen und die Veranstalter würden in das Narrenhaus gekommen sein, während sie heute sogar in Kunstverbänden präsidieren. Diese Seuche konnte damals nicht auftauchen, weil weder die öffentliche Meinung dies geduldet noch der Staat ruhig zugesehen hätte. Denn es ist Sache der Staatsleitung, zu verhindern, daß ein Volk dem geistigen Wahnsinn in die Arme getrieben wird. Bei diesem aber müßte eine derartige Entwicklung doch eines Tages enden. An dem Tage nämlich, an dem diese Art von Kunst wirklich der allgemeinen Auffassung entspräche, wäre eine der schwerwiegendsten Wandlungen der Menschheit eingetreten; die Rückentwicklung des menschlichen Gehirns hätte damit begonnen, das Ende aber vermöchte man sich kaum auszudenken.[2]

Körperliche Mißbildungen

Prof. Dr. P. Schultze-Naumburg: *Kampf um die Kunst*, München 1932, S. 11–12; siehe Lothar Stengel von Rutkowski in *Süddeutsche Monatshefte*, 1933/34, S. 465; Walter Lindner, *Der Heimatschutz im neuen Reich*, Leipzig 1934, S. 14–15; P. K. Sommer, *Kunst und Kunsterziehung – Quellen der Zersetzung und des Aufbaues*, Dortmund/Breslau 1935, S. 119 f.

Es ist eine sehr charakteristische Erscheinung, daß eine Reihe in Deutschland wohnender Künstler seit 1918 nie mehr allein, sondern regelmäßig

1 Einige Bilder der Biennale in Venedig betrachtend, meinte Hitler, diese erinnerten ihn «stark an entartete Kunst», und bezeichnete sie als «unglaubliche Kleckssereien»; Dr. Henry Picker: *Hitlers Tischgespräche*, Bonn 1951, S. 406.

2 Siehe auch *Homosexualität und Kunst*, in: *Das Schwarze Korps* vom 11. 3. 1937.

im Verein mit einer bestimmten Reihe Ausländer auftreten. Und zwar geschieht dies nicht allein in Ausstellungen, sondern auch unsere deutschen Museen kaufen regelmäßig die zu dem Kreis gehörenden Ausländer mit an. Bezeichnenderweise unterscheiden sich nun aber die Werke der in Deutschland lebenden Künstler nicht im geringsten von den Arbeiten der Nichtdeutschen. Dieser ganzen Kunstbetätigung scheint das eine gemeinsam zu sein, daß ihr ein jedes Werk erst dann anfängt interessant zu werden, wenn es Vorstellungen von entarteten Vertretern der Menschheit oder von schweren körperlichen Mißbildungen wachruft. Oder wenn sie zum mindesten doch Darstellungen zur Schau bringen, die weder zu erkennen, noch zu verstehen sind. Man scheint sich dann immer auf die Torheit der Betrachter zu verlassen, die nicht den Mut haben, sich und anderen einzugestehen, daß man eben diese Dinge nicht erkennt und versteht.

Wozu gibt sich dieser sicher mit Talent begabte Pariser Maler die größte Mühe, uns das Krankheitsbild einer entsetzlichen Entstellung der Glieder vorzuführen? Die wissenschaftliche Darstellung eines klinischen Falles soll es wahrscheinlich nicht sein, denn die gehörte in ein medizinisches Lehrbuch. Mitleid mit einem bejammernswerten Patienten soll sicher auch nicht erregt werden. Wenn hier aber, wie man manchmal hört, ein neues körperliches Stilgefühl ausgerufen werden soll, so werden wohl alle gesunden Menschen antworten, daß der Maler lieber nicht dem alten Herrgott in sein Handwerk pfuschen sollte.

Aus solchen Darstellungen, die mit ihren malerischen Mitteln an Meßbudenbilder erinnern, wie sie auch jetzt noch auf Jahrmärkten gezeigt werden, überhäufen jetzt unsere deutschen Kunstausstellungen und natürlich auch die Museen, wo sie hochwillkommene Aufnahme finden.

Träger fortgeschrittenster Modernität

Dr. Joseph Goebbels in seiner Rede auf der Tagung der Reichskunstkammer, 3.–6. 6. 1934 in: *Weltkunst* vom 10. 6. 1934.

Auf das Verhältnis des Nationalsozialismus zur modernen Kunst zu sprechen kommend, legte der Reichsminister ein neues Bekenntnis gegen den reaktionären Geist ab, aber auch gegen die Spuren chaotischer und anarchistischer Irrwege, wie sie sich in der Vergangenheit unter dem Deckmantel falscher Modernität nur zu oft gezeigt hatten. «Wir Nationalsozialisten sind alles andere als unmodern. Wir fühlen uns als die Träger fortgeschrittenster Modernität, nicht nur im Politischen und Sozialen, sondern auch im Geistigen und Künstlerischen. Denn modern sein heißt nichts anderes, als dem Zeitgeist nahestehen oder ihm vorauseilen, und auch für die Kunst gibt es keine andere Form von Modernität als die, entsprechend dem politischen Begriff der Volksgemeinschaft ihrerseits auch eine stärkere und lebendigere Beziehung zum Volk selbst wieder zu suchen.»

Die tiefste Überzeugung

Hans Hinkel im Gesellschaftshaus des Ammoniakwerkes Merseburg, Leuna-Werke, am 23. 2. 1934, Auszug. Das Stenogramm der Rede, elf Maschinenschriftseiten, ist im Besitz des Herausgebers.

Ich habe vorgestern vor den Volksgenossen in den Arbeitskammern der Stinnes-Zechen in Essen gesprochen. Ich habe ein Beispiel erlebt und geriet in eine Ausstellung impressionistischer und sonstiger «istischer» Gemälde. Man sah hier Kokoschka und andere vom «Berliner Kurfürstendamm». Hätte man die Leinewand abmontiert und die Öse zum Aufhängen entfernt und das Bild einem Arbeiter in die Hand gegeben, so hätte dieser nicht gewußt, was oben und was unten ist. Sei es nun im «Berliner Tageblatt» oder im «Vorwärts» oder sonstwo, wäre dort von einem prominenten Fachmann erklärt worden, was Kokoschka gemacht hat, das ist kommende Kunst, so hätte das der gutgläubige Michel geglaubt und sich gedacht, das selbst zu beurteilen bin ich zu dumm; ich bin ja kein Fachmann. Wenn ich heute von einer neuen deutschen Kunst spreche, so ist es meine tiefste Überzeugung: entweder es wird eine neue deutsche Kunst im guten oder schlechten Sinn, eine Volkskunst oder überhaupt nichts sein. Eine Kunst nur für Fachleute war noch nie eine Kunst. Es war vielleicht nur ein von Intellektbestien zusammenkonstruiertes Getue. Nach unserer Überzeugung soll eine neue deutsche Kunst den Menschen unseres Blutes und Wesens etwas geben. Sie sollen im Herzen Freude empfinden am Werk, oder Trauer; aber sie sollen etwas erleben beim Hören oder Betrachten des Werkes. Gibt das die Kunst nicht, dann ist sie keine Kunst und hat nie etwas damit zu tun gehabt.

Verfallsblüte

Josef Gerlach in: *Neues Volk*, 1935, Heft 9, S. 7–9, gekürzt.
Josef Gerlach war Maler.

In der Zeit des vergangenen Systems war das Interesse eines sehr großen Teiles der bildenden Künstler für degenerierte und rassisch unerwünschte Typen unbegreiflicherweise sehr groß. Diejenigen, die sich mit deren Darstellung befaßten, hatten die meiste Aussicht von den jüdischen «Kunsthistorikern» und -händlern anerkannt und gemacht zu werden. Gesunde und wohlproportionierte Menschen wurden in Malerei und Plastik des sogenannten «Ausdrucks» wegen jämmerlich verbogen, verzerrt und zu Mißgeburten gemacht. Dementsprechend war auch die Darstellung der gesamten Natur. Zeichnerische Entgleisungen und sonstiges Nichtkönnen waren gewollter oder auch ungewollter «Ausdruck».

Manchen Künstlern ist es sicher nicht bewußt, was ihnen alles noch von der verflossenen Zeit anhängt. Ein großer Teil von ihnen neigt dazu, sich von unklaren Gefühlen treiben zu lassen, und hält Klarheit für unkünstlerisch und nicht vereinbar mit Genialität. Aber dadurch, daß man staatspolitisch das Dritte Reich anerkennt und in der Reichskammer ist, wird nicht auch automatisch die Kunst nationalsozialistisch.

Ich bin vielen Malern (auch von der heranwachsenden Generation) begegnet, die glauben, Nationalsozialisten zu sein, sind aber immer noch von etlichen Verfallsblüten, u. a. Kokoschka, begeistert. Gerade Kokoschka, der international eingestellt und für eine Clique dekadenter Intellektueller malte, ist wohl ein Musterbeispiel von dem, was das Dritte Reich ablehnt. Für die Gönner und Förderer dieser Art Leute ist deren «Kunst» vielleicht artgemäß, aber nicht für den gesunden und wertvollen Teil des deutschen Volkes.

Die Verbindung der Vorstellungen

Karl Johann Roxer: *Der Weg zur deutschen Bildkunst*, München 1936, S. 96–97, gekürzt.

Siehe auch: *Überwundene Kunst* in: *Neues Volk*, 1935, Heft 4, Ostermond, S. 33 f.

Wenn die künstlerische Unmündigkeit eines Volkes sich der Autorität einer fremden Kunst unterordnet, so hat die Autorität die künstlerische Entwicklung und das Urteil nur zu leiten, nicht aber zu bestimmen oder gar zu vergewaltigen.

Stellt sich ein Kunstwerk fremder Herkunft zur Ansicht dar, so kann von seiten des Beschauers eine Verbindung der Vorstellungen höchstens durch eine Angleichung des eigenen Gedankens an die fremde Idee erfolgen.

Ganz anders liegt der Fall, wenn Schöpfer und Beschauer eines Kunstwerks von gleicher Rasse sind. Da wird dann die Verbindung der Vorstellungen zu einer Verschmelzung. Dabei versucht die internationale Kunst unsere Volksseele in einer Weise zu beeinflussen, die von unserem Volk nicht verstanden wird. Diese Kunstart besteht im wechselseitigen Austausche seelischer und geistiger Güter, die mit dem spezifisch Künstlerischen in unserem Sinne nichts zu tun haben. In ihren Bildwerken erweist sich die künstlerische Idee als geistiger Tauschhandel mit Gedanken, die durch ihre fremde Wechselbeziehung beim Beschauer nachteilige Wirkungen auslösen können. Jedenfalls bezweckt dieses Wechseln und Umwechseln, Vertauschen und Ablösen geistiger Werte die verschiedenen Geistesartungen entstammen, kein gegenseitiges Ergänzen, sondern nur ein spekulatives Ersetzen künstlerischer Gedanken.

Dadurch erweist sich, daß eine internationale Bildkunst mit den seelischen und geistigen Fähigkeiten artlichen Charakters Gemeinsames nicht besitzt; sie will auf jenen Augenblickswerten aufgebaut sein, die außer den artlichen Lebensmöglichkeiten der Völker bestehen.

Daß bei einer solchen Malerei sowohl beim Künstler wie auch beim Beschauer die persönlichen Empfindungen in den Hintergrund gedrängt werden müssen, ist an sich erklärlich.

Hingegen walten beim Beschauer eines nationalen Kunstwerkes das ihm natürliche Verständnis sowie die eigenen seelischen Empfindungen ungehemmt, und mit ihrer Hilfe wird es ihm möglich, sich ein Urteil über das Bildwerk zu gestalten.

Bis zum 19. Juli 1937

«Es wird aufgeräumt»

Aufsatz von Hermann Dames in: *Nationalsozialistische Erziehung*, 1935, S. 83–85. Siehe auch: *Das war einmal*, in: *Fränkische Zeitung* vom 14. 9. 1935.
Hermann Dames war Maler und Graphiker.

Ausstellungen und Kunstversteigerungen sind die üblichen Wege, das Volk mit den Erzeugnissen seiner Künstler bekanntzumachen und ihm den Erwerb von guter Kunst zu ermöglichen. Es gab eine Zeit, in der die Kunstausstellungen aber auch den Maßstab abgaben für die Bewertung des Kunstschaffens überhaupt. Wollte man auch heute noch die deutsche Kunst nach den üblichen Ausstellungen bewerten, so käme man zu dem seltsamen Ergebnis, daß sie noch immer auf einem Tiefstand verharre, auf den sie von Juden und ihren arischen Mitläufern in den letzten Jahrzehnten herabgeschleudert worden ist. Man gebärdet sich zwar als 100-prozentige Nationalsozialisten und stellt arische Abstammungen und Bodenverwurzelung unter Beweis. Was nützt aber alles Getue, wenn die sogenannten Kunstwerke nur sonderbare Fehlleistungen sind. Auf solche «deutschen Künstler» verzichten wir nicht nur, sondern wir werden dafür sorgen, daß sie als Brunnenvergifter gebrandmarkt werden, damit das deutsche Volk endlich von dieser Kulturschande befreit wird.

Bei Max Perls, Inhaber der Jude Katznelson, sollten 1600 Gemälde und Kunstblätter zur Versteigerung kommen, deren geistige Väter auch zum großen Teil Juden oder andere Kunstbolschewisten waren. Von dem technischen und sittlichen Tiefstand dieser Machwerke kann man sich kaum eine Vorstellung machen. Die jüdische Frechheit ging so weit, daß man zwischen die pathologischen Fratzen und unmöglichen Landschaften Werke unserer besten Künstler aufhängte und sie nicht höher bewertete als den daneben befindlichen Schund. Auf meine Veranlassung und auf das vom Reichsleiter Pg Rosenberg in die Wege geleitete Eingreifen der Polizei konnte ein Teil der gemeinsten Bilder beschlagnahmt werden. Hoffentlich lassen sich diese Kunstbolschewisten durch diese Ohrfeige endlich davon überzeugen, daß sie ausgespielt haben. Wenn das Ausland sich noch immer solche Wertlosigkeiten als wertvolle Kunst aufschwatzen lassen will, so ist das seine Sache.[1]

1 Das offizielle Kommuniqué lautet: «Berlin, 6. März 1935. Die Geheime

In München ist zur Zeit eine Ausstellung Berliner Künstler. Es wird durch die Presse bekannt, daß Minister Wagner[1] eine Anzahl von Bildern aus dieser Ausstellung entfernen ließ. Für jede Ausstellung ist ein Stab von Preisrichtern tätig. Warum haben diese Leute nicht nach den Richtlinien des Führers, die er in seinen Kulturreden klar und eindeutig festgelegt hat, ihr Amt ausgeübt? Wer ist der verantwortliche Leiter, der solche unzuverlässigen Preisrichter ernannt hat? Warum hat man keine wahren Künstler als zuverlässige Preisrichter bestellt? Es ist das Verdienst des Ministers Wagner, in eine Eiterbeule gestochen zu haben, dessen Folgen sich hoffentlich auch weiterhin gesundend auf die Entwicklung der deutschen Kunst auswirken werden.

Gleichzeitig wird aus Frankfurt am Main berichtet, daß eine Ausstellung «Junge Kunst», die erst kurze Zeit geöffnet war, auf Veranlassung des Staates geschlossen werden mußte. Wer heute weiß, was man unter «junge Kunst» zu verstehen hat, wird in der Schließung dieser Ausstellung nur eine Selbstverständlichkeit sehen. Im nationalsozialistischen Staat ist der Wille des Führers oberstes Gesetz, der von «Größen» der Verfallzeit nicht gelähmt werden darf. Diese «jungen» Künstler stehen nebenbei bemerkt, meist in einem Alter zwischen 50 bis 80 Jahren.

Die Künstler, die sich auch während der Verfallszeit treu geblieben sind, lehnen es ab, sich in Zukunft an Ausstellungen zu beteiligen, bei denen «die Repräsentanten des Verfalls» das führende Wort haben.

Auch auf die Kunsterziehung unserer Jugend wird dies reinigende Gewitter seine Wirkung nicht verfehlen. Hat doch noch ein Zeichenlehrer an einem Berliner Gymnasium vor wenigen Monaten seinen Sekundanern diese vermeintliche Kunst als bodenständige große deutsche Kunst aufreden wollen. Unsere erwachsene Jugend wird sich gegen eine derartige volksfeindliche «Kunsterziehung» zu wehren wissen.

Die Ankündigung des Ministers Wagner, daß die Reinigung mit der Ausweisung der Kunstbolschewisten aus einer öffentlichen Ausstellung

Staatspolizei hat auf Ansuchen der Amtsleitung der NS-Kulturgemeinde, Abteilung Bildende Kunst in der von der Firma Max Perls, Unter den Linden 19. veranstalteten Auktion moderne Gemälde, Handzeichnungen und Graphiken pornographischen Charakters beschlagnahmt und sichergestellt. Es handelt sich um 63 Arbeiten zum großen Teil prominenter Künstler des vergangenen Systems. Durch das Eingreifen der Staatspolizei und dadurch, daß die NS-Kulturgemeinde hier die Initiative ergriffen hat, ist verhindert worden, daß schamlose, jedes gesunde Empfinden verletzende Machwerke der deutschen Öffentlichkeit im nationalsozialistischen Staat unter Mißbrauch des Namens ‹Kunst› noch weiterhin vorgesetzt und durch eine Scheinbewertung von Auktionskreisen zur Irreführung der Öffentlichkeit benutzt werden.» Dr. Walter Hansen: *Judenkunst in Deutschland*, Berlin 1942, S. 141–142.

1 Adolf Wagner, Bayerischer Minister des Innern.

nicht abgeschlossen sei, läßt uns hoffen, daß die Vertreter dieser Richtung aus dem öffentlichen Leben demnächst verschwinden werden.[1]

Der Fall Kandinsky

Wassily Kandinsky, Maler, Graphiker, Kunstschriftsteller und Dichter, 1866–1944; 1920 Professor der Kunstwissenschaft an der Universität Moskau; 1922 hatte er ein Meisteratelier am Staatl. Bauhaus Weimar; Begründer der «absoluten» Malerei; siehe Will Grohmann: *Kandinsky*, Paris 1946; W. Kandinsky: *Über das Geistige in der Kunst*, Bern-Bumplitz 1942; W. Kandinsky: *Punkt und Linie zur Fläche*, Bern-Bumplitz 1955; Charles Estienne: *Kandinsky*, Paris 1950; Will Grohmann: *Wassily Kandinsky – Leben und Werk*, Köln 1958.

Eine photographische Aufnahme wird genügen

Klaus Graf von Baudissin: *Das Essener Folkwang-Museum stößt einen Fremdkörper ab* in: *National-Zeitung*, Essen, vom 18. 8. 1936; siehe auch: *Frankfurter Zeitung* vom 28. 9. 36; Graf Baudissins Aufsatz ist ein Foto des Bildes *Improvisation* von W. Kandinsky beigefügt; dazu heißt es: «Für diese Improvisation von Kandinsky hat sich ein Käufer gefunden ...» Seinem handschriftlichen Lebenslauf vom 9. 10. 1940 zufolge ist Graf Baudissin 1891 geboren, studierte in München und Heidelberg Kunstgeschichte und promovierte 1922; 1919 Assistent am Kunsthistorischen Institut der Universität Heidelberg, später in Kiel; 1925 zunächst Assistent, dann Konservator an der Württembergischen Kunstsammlungen in Stuttgart; 1934 Direktor des Folkwang-Museums Essen; laut Personalfragebogen, Personalbericht der SS und SS-Stammrollenauszug sind folgende Angaben erwähnenswert: «Rassisches Gesamtbild: nordisch-fälisch»; «Lebensauffassung und Urteilsvermögen: SS-mäßige Lebensauffassung, klares überlegtes Urteil»; «Einstellung zur nat.-soz. Weltanschauung: durchaus gefestigt»; «Gesamtbeurteilung: SS-Hauptsturmführer von Baudissin verdient nach seiner ganzen persönlichen Haltung, nach seinen Leistungen und Fähigkeiten, zum SS-Sturmbannführer befördert zu werden»; die «Dienstlaufbahn-Aufstellung» des «SS-Personalhauptamtes beim Reichsführer SS» besagt, daß Graf Baudissin am 17. 10. 1935 SS-Untersturmführer wurde, am 9. 11. 1936 SS-Obersturmführer, am 11. 9. 1938 SS-Hauptsturmführer, am 21. 6. 1943 SS-Obersturmbannführer und am 23. 9. 1943 SS-Oberführer; in der politischen Beurteilung des Stabsführers im Rasse- und Siedlungshauptamt-SS vom 28. 7. 1937 heißt es: «Seine politische Zuverlässigkeit ist gewährleistet»; in einer Aktennotiz des Leiters des Kulturamts im Reichsministerium für Volksaufklärung und Propaganda steht 1937, daß Graf Baudissin dem «Scharfrichter-Komitee» angehörte, das unter Führung von Willrich die Museen nach

1 Die kleinen «Führer» begannen schon 1934 in der deutschen Provinz mit der Kunst «aufzuräumen». Z. B. führte der Reichsstatthalter von Mecklenburg und Lübeck, Friedrich Hildebrandt, *1898, ab 1925 Gauleiter der NSDAP in Mecklenburg, 1934 SS-Gruppenführer, einen heftigen Kampf gegen Ernst Barlach. Siehe Ernst Barlach: *Leben und Werk in seinen Briefen*, Herausgeber Friedrich Dross, München 1952, S. 201–203.

entarteter Kunst durchsuchte. Alle hier angeführten Dokumente sind im Besitz des Herausgebers.

Das Museum Folkwang verfügt über einen reichlichen Bestand an Werken, die 1933 endgültig ins Magazin verwiesen worden sind, in dessen Halbdunkel sie ihr gespenstisches Dasein weiterführen und in ihren schrillen Dissonanzen die zerrüttete Welt anklagen, der sie entstammen, an der sie und die an ihnen schuldig geworden ist. Sie spiegeln die Welt wieder mit ihren Masken und Grimassen, ihren knalligen Fratzen in fahlem Grün und giftigem Rot, anzusehen wie aufgeputzte Leichname. Abbild einer Welt im Verfall, einer Welt ohne Glück und Freude.

Neben diesen Dokumenten eines schlecht gelebten Lebens stehen andere, die sich des Lebens überhaupt enthalten, die sich ab- und losgelöst haben vom Leben. Diese sich selbst als «absolute» bezeichnende Malerei hat den Bereich der sichtbaren Gegenständlichkeit aufgegeben, sich von der dinglichen Welt losgelöst und eine Rückbildung in die Urelemente von Punkt, Linie und Fläche vollzogen. Sie gestaltet, wenn man dieses Wort hier zulassen will, eine rudimentäre Welt, eine Welt vor dem ersten Schöpfungstag. Vor diesem aber war das Chaos.

Aus diesem Bestand hat jetzt das Folkwangmuseum das 1912 gemalte große Ölbild «Improvisation» des 1866 in Moskau geborenen Russen Wassily Kandinsky für 9000 RM an die Galerie Ferdinand Möller in Berlin verkauft. Kandinsky ist der Erfinder und Manager der absoluten Malerei. Diejenigen seiner Bilder, die er selber «reine Improvisationen» benennt, haben ihre «Analogien höchstens in einem chaotischen Reich des Plasmas, Spermas, der Kokken und Spinoteren», wie sie einer von denen, die sich dazu bekennen, gedeutet hat.

Wir können es nicht Zufall heißen, daß ein Entwurzelter, ein seiner eigenen Nation Entfremdeter, diesen Einfall startete, der hinausläuft auf ein allen Sinnes entkleidetes Spiel des sich für absolut setzenden Intellekts, eines halbgebildeten, zuchtlosen und daher gegen das Leben gerichteten, selbstmörderischen Intellekts. Das Ergebnis ist eine Art von Morsezeichen einer neuen Kunstweltsprache. Es ist ein belustigender Irrtum, in den Farben und Linien dieser absoluten Malerei eine vernehmliche Sprache oder «Seelenzeichen» erkennen zu wollen. Es ist nicht etwa jener «Griff dahinter», der aller wahrhaften Kunst eignet; im Gegenteil wird dieser «Griff dahinter» gerade dadurch unmöglich gemacht, daß hier aus allen uns angeborenen Kategorien der Anschauung heraus und in das Absolute einzutreten versucht wird. Nur ein russischer Verstand konnte darauf verfallen. Am besten paßt darauf die Redensart: «aus den Latschen gekippt».

Das Folkwangmuseum bewahrt im allgemeinen die Erzeugnisse dieser Gattungen als Beweisstücke für den Zustand vor der Machtübernahme auf. Dies Verfahren geht mit dem durch viele Erfahrungen als richtig bestätigten Grundsatz einig, aus Sammlungen der öffentlichen Hand nichts zu verkaufen oder zu vertauschen. Eine einmalige Ausnahme war in diesem Falle ein Gebot der Vernunft. Durch den Verkauf tritt keine Verarmung des Museums ein; der Schatz dieser Beweisstücke ist reich genug, diese Einbuße zu ertragen. Auf der anderen Seite kann der erzielte hohe Gegenwert einer Kunst zugute kommen, für die wir uns einsetzen. Daß sich für dieses Bild ein so stark interessierter Liebhaber gefunden hat, der diese stattliche Summe dafür anzulegen willens war, sollte nicht befremden. Bekanntlich zählen auch die Synagogen unter die Gotteshäuser. Sie werden mit teuerem Geld gebaut. Und es gehen die hinein, die dort hinein gehören. Wir indessen nicht.

Als Erinnerung aber an diesen Russifizierungsversuch der deutschen Kunst wird eine gute photographische Aufnahme durchaus genügen.

Der ekelerregende Inhalt

Klaus Graf von Baudissin: *Kandinsky und Franz Moor* in: *National-Zeitung*, Essen, vom 24. 9. 1936, Auszug.

Der «Völkische Beobachter» beschäftigt sich mit der Frage, wie sich die Beispiele dieser Verfallskunst, die sich heute in Schutzhaft befinden und den Blicken der Allgemeinheit entzogen sind, etwa noch verwerten lassen. «Die Leiter sämtlicher deutscher Museen moderner Kunst», heißt es im VB, «sollten sich zusammentun, gemeinsam ihre Bestände an diesen Kunstirrtümern feststellen und sich dann darüber einig werden, was wir auch in Zukunft als abschreckende Beispiele zur heilsamen Belehrung des deutschen Volkes in Kunstfragen brauchen werden, und den ganzen wahrscheinlich größeren übrigen Rest samt und sonders so gut wie möglich verkaufen, um wenigstens etwas von den damals vergeudeten Geldern für die Förderung anständiger und ernst zu nehmender deutscher Kunst zu retten.»

Dies geht über die in Essen gemachte einmalige Ausnahme weit hinaus. In Essen stand zunächst auch nur der Fall Kandinsky zur Entscheidung. Nachdem diese Frage einmal angeschnitten ist, schlagen wir vor, dann auch über den Vorschlag von Dr. Ramkow im «VB», der endlich einmal gemacht werden mußte, noch hinauszugehen und ganze Arbeit zu tun. Es wird sich nämlich bei der Sichtung der Bestände herausstellen, daß die tollsten Verirrungen sich nicht in den wohltätig verbergenden Magazinen dieser oder jener öffentlichen Kunstsammlungen befinden. Selbst die in Dresden angelegte Mustersammlung erreicht knapp den Durchschnitt und auf keinen Fall die tatsächlich erreichte Wahnsinnskurve. Die «Spitzenleistungen» der Verfallskunst müssen in den privaten Schlupfwinkeln aufgesucht werden. Wir halten es für ein dringendes Bedürfnis, diese Erzeugnisse, wo sie noch anzutreffen sind, zu beschlagnahmen, ihre Abgabe zu verfügen und ihre vorherige Vernichtung unter Strafe zu stellen. Das Ergebnis dieser Beschlagnahme wird die Richtigkeit unserer Angaben bestätigen, daß die mit in die Gesellschaft aufzunehmenden Schutzhäftlinge der öffentlichen Kunstsammlungen von ihren neu hinzutretenden Genossen weit übertroffen werden. Die Sammlung von «Wertsachen», die auf diese Weise zusammen käme, hätte einmal als Archiv und zweitens der Schulung der Parteigliederungen zu dienen. Dem öffentlichen Besuch wird man diese Sammlung kaum zugänglich machen können, so ekelerregend wird ihr Inhalt sein.

Diese Schau sollte man ferner den Vertretern der Auslandspresse zugängig machen; sie würden dort etwas kennenlernen, was sie sich auch in ihren kühnsten Träumen nicht vorzustellen vermöchten. Der ihnen dort erteilte Anschauungsunterricht würde auch dem Ausland mit einem Schlage begreiflich machen, warum die Bewegung einen Kampf gegen die Entartung der Kunst zu führen gezwungen war und ist. Endlich sollte man alle diejenigen, die es immer noch nicht begriffen haben, in dieser Schau auch acht Tage zwecks Ausgiftung einsperren.

Hinter dieser Aufgabe tritt die Frage, ob sich die im öffentlichen Besitz befindlichen Beispiele der Verfallskunst noch verwerten lassen, ziemlich zurück. Sie lassen sich eigentlich nur für die von uns vorgeschlagene Sammlung verwerten. Giftstoffe kann man nur beschlagnahmen, unschädlich machen oder medizinisch verwenden. Soll man den Handel mit ihnen freigeben? Diese Überlegung verbietet die «Verwertung» dieser Bestände, es sei denn, irgendwelche morgenländischen Sammler oder die Galeriedirektoren Jerusalems beeilten sich, ein Gebot auf diese Giftsammlung abzugeben. Aber auch in diesem Falle: dürfte man sie ihren Händen anvertrauen?

Praktisch genommen werden keine namhaften Beträge aus dem Verkauf dieser Werke zu holen sein.[1] Bieten sich Möglichkeiten, dann soll man sie wahrnehmen. Der günstige Verkauf des Essener Bildes von Kandinsky wird ein einmaliger Glücksfall bleiben, denn er ist nicht die Folge einer breiten Nachfrage, sondern wie wir Grund haben anzunehmen, eines einzelnen von ganz bestimmter Seite kommenden Gebotes.

1 Oft wurden anfangs Bilder dieser Art spottbillig verkauft, wie z. B. ein «entartetes» Bild von Nolde für RM 5.– (Bemerkung Prof. Will Grohmanns dem Herausgeber gegenüber). Später sind mit derartigen Gemälden gute Geschäfte getätigt worden. Siehe Seite 381.

In der Preußischen Akademie der Künste

Ernst Ludwig Kirchners Brief

Die beiden folgenden Dokumente befinden sich im Archiv der Akademie der Künste in West-Berlin.

Davos, den 12. Juli 37

Sehr geehrter Herr Dr. Schumann [1],
ich erhielt Ihr Geehrtes vom 8. d. Ich lebe seit 20 Jahren im Ausland und infolge meiner Krankheit sehr einsam und zurückgezogen. Ich bin nicht orientiert über die künstlerischen Vorgänge in Berlin. Ich will gewiß niemand im Wege stehen oder Aufsehen erregen. Ist mein Name in der Akademie lästig, so streichen Sie ihn. Ich würde mir arrogant oder albern vorkommen, wollte ich von mir aus aus dieser großen, ehrenwerten Institution austreten, der schon mein Großvater angehörte. Ich bin doch kein Feind. Wenn ich gesund wäre, würde ich ja so gern mitarbeiten am Aufbau einer neuen deutschen Kunst. Ich habe ja mein ganzes Leben hindurch daran gearbeitet und bin oft genug dafür angefeindet worden. Ich habe nie einer politischen Partei angehört. Meine Arbeit kommt aus dem einfachen menschlichen Empfinden und richtet sich an dasselbe. Ich gedachte das beste davon meinem Lande zu schenken bei meinem Tode, um so meinem Lande zu dienen. Manchen jungen Künstler interessiert sie. Ich wünsche von Herzen, daß Deutschland eine neue, schöne und gesunde Kunst erwachse. Ich und mancher andere ältere haben ehrlich und treu daran gearbeitet, das wird man früher oder später einmal einsehen.

Mit deutschem Gruß
Ihr ergebener
E. L. Kirchner [2]

1 Dr. Georg Schumann, stellvertretender Präsident der Preußischen Akademie der Künste.

2 Ernst Ludwig Kirchner wurde Ende Juli 1937 ausgeschlossen.

Die wiederholten Besprechungen

An den
Herrn Reichs- und Preußischen
Minister für Wissenschaft,
Erziehung und Volksbildung
Berlin W 8

Preußische Akademie
der Künste,
Berlin W 8, Pariser Platz 4
13. Juli 1937
J. Nr. 666

Betr.: Austritt von Mitgliedern der Akademie, Abteilung für die bildenden Künste.

Im Anschluß an die wiederholten Besprechungen des dortigen Sachbearbeiters mit dem Unterzeichneten beehre ich mich ergebenst zu berichten, daß folgende Mitglieder der Akademie der Künste, Abteilung für bildende Künste, ihren Austritt aus der Akademie erklärt haben:
Der Bildhauer Ernst Barlach
der Bildhauer Professor Ludwig Gies
der Architekt Professor Bruno Paul [1]
der Maler Professor E. R. Weiß [2] und
der Architekt Mies van der Rohe.

Der Maler Ernst Ludwig Kirchner in Davos hat der Akademie telegrafisch mitgeteilt, daß er ihr die Entscheidung überläßt. Wir werden diesem Künstler antworten, daß wir seinen Bescheid in seinem Interesse als Austrittserklärung auslegen.

Der Maler Max Pechstein [3] hat in einem längeren Schreiben die Akademie um Angabe der Gründe ersucht, aus denen ihm der Austritt aus der Akademie nahegelegt worden sei.

Der Maler Emil Nolde zurzeit in Seebüll bei Neukirchen (Schleswig) hat telegrafisch einen Bescheid in Aussicht gestellt, der jedoch bis zur Stunde noch nicht eingegangen ist.[4]

1 Bruno Paul, * 1874, Architekt und Zeichner, begann als Mitarbeiter der *Jugend* und des *Simplicissimus;* 1933 legte er die Leitung der Vereinigten Staatsschulen für freie und angewandte Kunst nieder.

2 E. R. Weiß, 1875–1942, bedeutender Erneuerer der Buchkunst.

3 Max Pechstein, Maler, Graphiker; 1933 mußte er das Lehramt an der Berliner Akademie aufgeben.

4 Noch im Mai 1940 befaßte sich das Reichssicherheitshauptamt (RSHA) mit Nolde; der Preußischen Akademie der Künste schrieb das RSHA am 13. 7. 1937: «... wegen seiner Kunst, die als ‹nordisch-mystisch› bezeichnet worden ist, ist er stark angegriffen worden»; Briefwechsel im Archiv der Akademie der Künste, West-Berlin; im August 1941 teilte der Präsident der RKdbK Nolde mit, er sei als Mitglied der Akademie ausgeschlossen, da seine Werke dem nationalsozialistischen «Gedankengut» nicht entsprächen; am 20. November 1941 schrieb die Kammer Nolde, seine «Erzeugnisse seien dem Ausschuß zur Begutachtung minderwertiger Kunsterzeugnisse» vorgelegt worden; siehe

Der Bildhauer Rudolf Belling ist zurzeit von Istanbul nach Berlin unterwegs und deshalb leider nicht erreichbar.

Der Präsident
Im Auftrage
Amersdorffer

Der neue Protektor

In: *Rheinisch-Westfälische Zeitung* vom 15. 7. 1937, Abendausgabe.

Auf Vorschlag des Reichs- und Preußischen Ministers für Wissenschaft, Erziehung und Volksbildung als Kurator der Preußischen Akademie der Künste in Berlin hat Ministerpräsident Generaloberst Göring die Satzung der Preußischen Akademie der Künste mit sofortiger Wirkung aufgehoben. Der Ministerpräsident beauftragte Minister Rust eine neue, nationalsozialistischen Grundsätzen entsprechende Satzung auszuarbeiten und sofortige Maßnahmen zur Umgestaltung und Verjüngung der Akademie zu treffen. Weiter übernahm Ministerpräsident Generaloberst Göring das Amt eines Protektors der Akademie.[1]

Ausgeschieden ist bereits der größte Teil von Mitgliedern einer vergangenen Kunstepoche, die einer nationalsozialistischen Neubelebung der Akademie nicht im Wege stehen wollten. Die in der Akademie Verbleibenden werden, um jüngerem Nachwuchs Platz zu machen, zum Teil in eine inaktive Gruppe überführt werden.

Interna

«Im Interesse des Ansehens des Führers»

Berlin, den 30. 4. 1937
Stempel:
Eigenkanzlei R. W. Darré
Tgb. Nr. 5925 Kl. 30. 4.

An den
Reichsbauernführer und Reichsminister
für Ernährung und Landwirtschaft
Herrn Dr. Darré
Berlin
Landwirtschaftsministerium

Sehr geehrter Herr Reichsminister!
In der Anlage übersenden die beiden Unterzeichneten einstweilen eine Niederschrift des mitunterzeichneten Kunstmalers Willrich über seine

Hans Fehr, *Emil Nolde*, München 1960, S. 126–128. Kein «entarteter» Künstler beschäftigte die Behörden des Dritten Reichs so ausgiebig wie das alte NSDAP-Mitglied Emil Nolde. Siehe auch *Kunstbetrachter Pfeill* in *Das Schwarze Korps* vom 21. 1. 1937. Vgl. Abb. 19.

1 Es folgt eine Liste von Architekten, Bildhauern, Malern, Kunsthandwerkern und Musikern, die als ordentliche Mitglieder neu in die Akademie aufgenommen wurden.

jüngsten Erfahrungen in einem vergeblichen Kampfe gegen den gemeingefährlichen Kulturbolschewismus. Der Zweitunterzeichnete (Nonn) [1] wird umgehend seine entsprechenden Erfahrungen, die er als Gutachter in einem Bauhaus-Prozeß in Dessau zur Zeit macht, ebenfalls unterbreiten.

Wir bitten, diese Angelegenheit im Interesse der Staatssicherheit und im Interesse des Ansehens des Führers einer eingehenden Untersuchung zu unterziehen.

Heil Hitler!
Ihr sehr ergebener
Wolf Willrich
Dr. Nonn
Dr.-Ing. Nonn, Ministerialrat
im Preuss. Finanzministerium

Wolf Willrich erzählt

Bericht!

In der 2. April-Woche 1937 rief mich Dr. Richter vom Deutschen Propaganda-Atelier an und fragte, ob ich für die Ausstellung «Gebt mir 4 Jahre Zeit!» ein Schaufenster zusammenstellen könnte mit Material entarteter Kunst. Der Minister für Volksaufklärung und Propaganda, Dr. Goebbels, wünschte, daß ein ganz klarer Gegensatz geschaffen würde (schwarz-weiß) zwischen der «Kunst von damals und der Kunst unserer Tage». Ich war freudig erstaunt über diese Anfrage und sagte: «Ja, das ist doch eine Sache, die muß doch die Kammer machen!» Darauf antwortete mir Dr. Richter: «Wir haben uns auch zunächst an die Kammer gewendet, und die Kunstkammer hat erklärt, sie könnte es nicht machen und hätte auch kein Material. Auf unsere Bitte, doch einen Sachverständigen zu nennen, sind Sie und Walter Hansen [2] genannt worden. Ich bitte Sie auch, sich mit Herrn Walter Hansen in Verbindung zu setzen und mit ihm gemeinsam die Sache zu machen. Wir brauchen vor allem Originale!» Ich erwiderte: «Außer der von Oberbürgermeister Zoerner [3]

1 Ministerialrat Dr.-Ing. Konrad Nonn, Autor des Buches *Kampf gegen Baubolschewismus auf ästhetisch-technischem und wirtschaftlichem Gebiet*, 1933; 1. Vorsitzender des Architektenvereins; siehe auch seinen Aufsatz: *Kunstbolschewismus im Dessauer Bauhaus*, in: *Die Sonne*, 1930, S. 469 f.

2 Über Walter Hansen siehe «Porträts», Seite 396 f.

3 Ernst Zörner, Oberbürgermeister von Dresden, * 1895; ab 1922 als NSDAP-Mann in Braunschweig tätig; seine offizielle Biographie schmückt der Satz: «... maßgebend beteiligt an der Einbürgerung des Führers in Braunschweig»; 1939 Stadthauptmann im besetzten Krakau; 1940–43 Distrikts-Gouverneur Lublin; verantwortlich an der Vernichtung der polnischen Juden beteiligt.

in Deutschland herumgeschickten Sammlung [1] wird schwer etwas zu bekommen sein, weil unsere heutigen Museumsdirektoren größtenteils noch mit den Künstlern, die wir als entartet zeigen müßten, sympathisieren. Diese Leute, die damals diese bolschewistischen Machwerke angekauft haben oder deren Schüler, die natürlich nicht frei sind von den Einflüssen der Erziehung, werden selbstverständlich einen heillosen Schrecken kriegen, wenn ihr heute magaziniertes und sekretiertes Kunstmaterial der Öffentlichkeit gezeigt wird, weil sie indirekt dadurch mit bloßgestellt werden. Es ist zu erwarten, daß diese Leute also querschießen werden, so gut sie nur können, zum mindesten passiven Widerstand leisten werden!» Darauf sagte mir Dr. Richter: «Das kommt gar nicht in Frage. Wir können jeden ministeriellen Druck dahinter setzen!» Ich erwiderte: «Wenn es so ist und der Minister den ernsten Willen hat, die führenden Köpfe dieses Gesindels im Gegensatz zur nationalsozialistischen Kunstauffassung anzuprangern und ich als Sachverständiger dafür genannt werde, so will ich mich dem nicht entziehen, obwohl ich weiß, daß ich mir die persönliche Todfeindschaft dieser Leute auf den Hals lade. Denn natürlich übernehme ich für diese Auswahl des Materials die volle persönliche Verantwortung. Ich werde mich auch mit Herrn Hansen in Verbindung setzen. Beschaffen Sie inzwischen für uns die Vollmachten!» Es dauerte 4 oder 5 Tage, bis ich eine solche Vollmacht, unterschrieben von Dr. Karstensen (II 2060/16. 4. 37) sowie eine weitere Vollmacht von der Geheimen Staatspolizei (II P 3–6/H–) in der Hand hatte. Sofort machten Hansen und ich uns auf die Suche. Wir überraschten zuerst das Berliner Kupferstichkabinett und erhielten dort Material, was sich dem vom Oberbürgermeister Zörner gezeigten würdig an die Seite stellt. Dank der Abwesenheit des Museumsleiters Hanfstaengel [2] gelang es uns auch, das magazinierte Material im Keller des Kronprinzenpalais einzusehen und einiges daraus zu notieren. Dagegen weigerte sich der Beamte des Studiensaales, ohne Genehmigung des Museumsdirektors uns die gegenwärtig sekretierten Originalzeichnungen zu zeigen. Wir drängten auf einen Besuch bei Herrn Hanfstaengel und erfuhren durch einen glücklichen Zufall eines Besuchers, der Herrn Hanfstaengel kannte und gesehen hatte, daß er tatsächlich da war, denn dieses war uns seitens irgendeiner Beamtin in Abrede gestellt – wie wir erfuhren auf Wunsch des Herrn Hanfstaengel (Zeuge Walter Hansen). Herr Hanfstaengel erklärte, unsere Vollmachten wären für ihn nicht maßgeblich. Er müßte erst die Genehmigung des Kultusministeri-

1 Bezüglich der Ausstellung *Entartete Kunst* wurde in Breslau sozusagen Pionierarbeit geleistet; man nannte die Ausstellung damals offiziell *Antikomintern-Ausstellung.*

2 Dr. Eberhard Hanfstaengl, Museumsdirektor, sabotierte oft NS-Unternehmen in der Nationalgalerie und wurde 1937 «beurlaubt».

ums dazu haben. Dadurch verstrichen mehrere Tage. Inzwischen fuhr ich nach Dresden und suchte aus den Restbeständen des Stadtmuseums und des Staatlichen Kupferstichkabinetts ebenfalls groteskes Material heraus. Aus der Gemäldegalerie erhielt ich nichts, weil angeblich alles Kompromittierende Eigentum des inzwischen aufgelösten Patronatsvereins sei. (Eine Aussage des Museumsdirektors Posse [1], die, wie ich inzwischen von anderer Seite erfahren habe, nicht stimmt!)

Inzwischen hat aus mir unbekannten Gründen das Propaganda-Atelier seinen ersten Plan, mit Originalen zu überzeugen, fallen gelassen, obwohl genug Material da war und mir aufgegeben, mit Bücherabbildungen zu überzeugen. Ich schaffte nun herbei, was ich konnte.

Wie ich das Schaufenster ausstattete, wurde mir plötzlich eröffnet, daß der Präsident der Kunstkammer, Ziegler, und sein Mitarbeiter Hoffmann es für unerwünscht erklärt hätten, die Streitfrage um die entartete Kunst wieder aufzurollen. Da ich den Auftrag vom Propagandaminister bekommen hatte und nicht von der Kunstkammer, von der Kunstkammer hingegen nur als Sachverständiger bezeichnet worden war, ließ ich mich in der Auswahl nicht beirren. Dann erschien Ministerialrat Haegert [2] und erklärte, daß bestimmte Künstler wie Schmidt-Rottluff, Nolde, Pechstein und Ludwig Gies nicht gezeigt werden dürften. Ich war darüber einigermaßen erstaunt, weil gerade diese Namen führend im kunstbolschewistischen System zutage getreten waren und es natürlich lächerlich ist, belanglose kleine Leute anzuprangern, die eigentlichen Drahtzieher dagegen laufen zu lassen. Ich fragte Ministerialrat Haegert nach den Gründen für diese Entscheidung, worauf er mir erwiderte, «diese Leute seien heute in der Kulturkammer!» Zu seiner Überraschung eröffnete ich ihm, daß auch das inzwischen herbeigeholte Merzbild von Schwitters [3], dieses dadaistische Schauerstück, ein Werk eines Mannes sei, der heute zur Kunstkammer gehörte, daß ferner mit Ausnahme einiger Emigranten, Ausländer und einiger Juden die gesamten Kulturbolschewisten, die ich hier zusammen hätte, bereits wieder Angehörige der Kunstkammer seien, auch die grotesken, wie z. B. Dix. Man müßte also bei Verzicht auf die in der Kunstkammer Befindlichen den ganzen Laden praktisch schließen, was die bildende Kunst anlangt. Ministerialrat Haegert sagte, er könne das nicht beurteilen, denn er wäre nicht kunstsachverständig. Es kam Herr Vizepräsident der Reichsschrifttumskammer

1 Dr. Hans Posse, Direktor der Staatlichen Gemäldegalerie Dresden; Hitlers Sekretär Martin Bormann beauftragte ihn im Kriege, «beschlagnahmte» Sammlungen für Hitler zusammenzustellen; im damals besetzten Gebiet war er ebenfalls in diesem Sinne tätig; siehe Dokument PS – 1600.

2 Wilhelm Haegert, Leiter der Abteilung II (Propaganda) im Reichsministerium für Volksaufklärung und Propaganda.

3 Kurt Schwitters, Maler, Graphiker, Schriftsteller und Dichter, 1887–1948; ging 1933 nach Norwegen und floh 1940 nach England.

Wissmann[1] hinzu, sah sich den von mir aufgebauten Schaukasten an und fand ihn ausgezeichnet. Er meinte auch, daß auf diese Weise sich das System eindrucksvoller zeigen ließe als nur mit literarischen Broschüren und Schriften. – Es gab dann ein Hin und Her zwischen den verschiedenen Herren, was nun werden sollte. Schließlich wurde entschieden, man wolle abwarten, was der Minister[2] selber dazu sagte. Ich blieb deshalb am Platz, um dem Minister Rede stehen zu können, und der Minister war bereits in der Halle, als Herr Richter «Hals über Kopf» auf Befehl Haegerts den ganzen Aufbau ändern wollte. Diese Änderung widersprach nach meiner Auffassung dem Willen des Ministers, wie er mir zuerst mitgeteilt worden war, als ich den Auftrag übernahm, und wie er durch den Minister in zahlreichen Äußerungen schriftlich und mündlich gegen den Bolschewismus und weltanschauliche Entgleisungen, für die es keine Entschuldigung gibt, überhaupt bekundet worden ist. Ich war mir auch darüber klar, daß dieser Entschluß des Ministerialrats, der sich erst eben selbst als nicht sachverständig bezeichnet hatte, deutlich zeigte, daß er eine bei ihm vorhandene Voreingenommenheit nun nicht mehr unterdrücken wollte. Ich erklärte, daß ich nunmehr keine Verantwortung für die Sache übernehmen könnte und mein Material zurückziehen müßte. Zu gleicher Zeit wies ich daraufhin, daß z. B. ein Werk Noldes an einer anderen Stelle der Ausstellung angeprangert worden ist, während es mir ausdrücklich untersagt wurde, seine Werke zu zeigen. Herr Haegert betonte, daß der Minister für Wissenschaft ebensowenig wie der Präsident der Kulturkammer es wünschten, daß die Streitfragen wieder aufgerollt würden.

Eine solche Äußerung der genannten Herren würde tatsächlich beweisen, daß diese gegen den ausgesprochenen Willen des Führers handelten (siehe sämtliche Kulturreden des Führers seit 1933!) Da ich nicht annehmen kann, daß dem so ist, andererseits aus früheren Begebenheiten weiß, welch ein fragwürdiges Spiel seitens gewisser zwischengeordneter Stellen mit der Autorität ihrer Minister getrieben wird, halte ich es für unbedingt erforderlich, daß diese Angelegenheit einer richterlichen Untersuchung unterworfen wird.

Berlin, den 30. April 1937[3]

1 Dr. Heinz Wissmann, Leiter der Abteilung Schrifttum im Reichsministerium für Volksaufklärung und Propaganda.
2 Dr. Joseph Goebbels.
3 Zu Willrich s. Abb. 52–54.

Zug um Zug aufräumen

Prof. Hans Adolf Bühler: *Die bildende Kunst im Dritten Reich* in: *Das Bild,* 1937, S. 130–131, gekürzt.

Daß die heutige Deutsche Kunst und der Kunstbetrieb, wie er sich heute noch bei uns auswirkt, den Forderungen gerecht würde, wird niemand behaupten wollen. Dazu stecken wir noch viel zu sehr im Vergangenen.

Artfremdes Wesen hat unser Leben verfälscht und vergiftet – nicht erst im Jüngstvergangenen. Zu sehr sind wir seit altersher verrömert und verwelscht und zu sehr lastet noch aus der jüngsten Zeit die Erbschaft Liebermanns auf der Deutschen Kunst.

Max Liebermann, der größte Feind des deutschen Wesens, hat es vermöge seiner Beziehungen zur Presse, besonders aber als Präsident der preußischen Akademie der bildenden Künste bewußt verstanden, eine Vergiftung des deutschen Kunstlebens in solchem Maß durchzuführen, daß es ohne die nationalsozialistische Erneuerung mit Deutscher Eigenart und Deutschem Wesen schnell zu Ende gegangen wäre. Liebermann, die leibhaftige Verkörperung der unheimlichsten Internationale, wußte, wie man ein Volk am tödlichsten trifft. Danach richteten sich alle seine Maßnahmen.

Zuerst wurde die Künstlerschaft selber immer wieder durch die Sezessionen gespalten, nach dem Grundsatz: Entzweie und herrsche! Dann wurden in alle einflußreichen Stellen an den Kunstschulen, an den Museen, auf die Lehrstühle für Kunstgeschichte an den Universitäten und in alle staatlichen Stellen, die Einfluß auf Ankäufe, Aufträge und Stipendien hatten, willfährige, innerlich und äußerlich abhängige Helfershelfer eingesetzt.

Nicht nur in Berlin selber, wo die unmittelbare Wirkung Liebermanns und seines Klüngels am stärksten war, auch in allen anderen Deutschen Kunststädten sitzt das Gift noch tief und wirkt noch im staatlichen Kunstwesen.

Das macht uns noch am meisten zu schaffen.

Der Nationalsozialismus mit seiner eindeutigen weltanschaulichen Haltung wird aber auch hier Zug um Zug aufräumen.

Die meisten Bilder liegen in den Magazinen

Prof. Dr. Hans Weigert: *Kunst und Staat* in: *Deutsche Allgemeine Zeitung* vom 18. 7. 1937, Auszug.

Der Tag der deutschen Kunst erhält vom Staate sein Gesicht. Der Staat hat ihr das neue Haus errichtet. Er fordert den politischen, aus einem

Staatsethos schaffenden Künstler. Viele im Lande und noch mehr draußen wollen oder können solche Ausrichtung der Kunst durch den Staat nicht verstehen. Zu tief wurzelt die alte Forderung nach Freiheit, völliger Bindungslosigkeit für den Künstler, der einsam nur seiner eigenen Stimme gehorchen soll. Ihm allein hatte die Gesellschaft das Recht zugebilligt, völlig asozial zu leben und zu schaffen. Er durfte, er sollte sich seine nur ihm eigene Welt bauen, einer eigenen Moral folgen. Zum großen und kleinen Genie schien der Protest gegen die herkömmlichen Ordnungen zu gehören, das Abseitsstehen und Verkanntsein, die Tragödie der Konflikte mit Akademie, Jury, Zensur, mit den anerkannten Alten, die Tragödie des Lebens überhaupt, dem erst ein später oder gar posthumer Ruhm beschieden ist.

Bestätigen nicht die Erfahrungen solche Meinung? Hat nicht das Urteil der Geschichte alle Kunst verworfen, die in den letzten 100 Jahren von Staat und Öffentlichkeit getragen und gefeiert worden ist? Die meisten Bilder, die einst von den staatlichen Museen gekauft worden sind, liegen heute in den Magazinen.[1] Die Preisträger der Akademien sind vergessen, die als unbegabt von ihnen Abgelehnten sind in die Kunstgeschichte eingegangen. Die aus Staatsaufträgen entstandenen Bauten und Denkmäler vom Berliner Dom bis zur Siegesallee und den zahllosen Schlachtenbildern erscheinen uns als hohler Prunk. Ist hier nicht ein Gesetz erkennbar, ist der Gegensatz des schöpferischen Einzelnen zu Staat und Öffentlichkeit nicht ewig?

1 Etwa zwölftausend graphische Blätter und ca. fünftausend Gemälde sind damals aus öffentlichen Sammlungen in Deutschland als «entartet» beschlagnahmt und entfernt worden. Über zwanzig deutsche Museen wurden von diesen «entarteten» Künstlern «gesäubert». Siehe Rede vom Abteilungsleiter Dr. Hofmann in *Mitteilungsblatt der RKdbK* vom 1. 4. 1938, S. 3; alle diese Werke wurden rücksichtslos in einem Sammellager in der Köpenicker Straße Berlins gelagert; ein großer Teil ist wie das «undeutsche» Schrifttum im Mai 1933 – wenn auch nicht öffentlich – verbrannt worden; andere Werke sind für gute Devisen ins Ausland verkauft worden; siehe weiter S. 381.

Die Ausstellung «Entartete Kunst»

Vgl. Abb. 16 und 18–21.

Am 19. Juli 1937 in München

«Übelriechender Morast»

Ein abschreckendes Gegenstück, in: *Westdeutscher Beobachter* vom 28. 7. 1937.

Zur gleichen Zeit, da im Hause der Deutschen Kunst die Große Deutsche Kunstausstellung München 1937 vorbereitet wurde, gab Reichsminister Dr. Goebbels dem Präsidenten der Reichskunstkammer, Professor Adolf Ziegler, den Auftrag, typische Werke der Verfallskunst aus der Systemzeit, die in Museen und Galerien erreichbar waren, sicherzustellen und in einer Ausstellung zusammenzufassen. Unter dem Titel «Entartete Kunst» kam diese Ausstellung gestern in München zur Eröffnung. Es fehlen die Worte, das zu beschreiben, was hier an sogenannten Kunstwerken aus dem Gebiet der Malerei und Plastik zusammengetragen ist. Wer vom Haus der Deutschen Kunst die wenigen Schritte herüber macht in die Galeriestraße in München, wo die Ausstellung «Entartete Kunst» untergebracht ist, geht den Weg von einer Welt in eine andere, geht den Weg von der Sonne zum übelriechenden Morast.

Mit Erschütterung konnten sich die Kunstschriftleiter der deutschen und ausländischen Presse, die vor der Eröffnung der Ausstellung an einer Vorbesichtigung teilnahmen, davon überzeugen, welche verantwortungslose Vergeudung von Steuergroschen arbeitender deutscher Volksgenossen mit dem Ankauf derartiger «Kunstwerke» getrieben wurde. Phantastische Schmierereien sind früher zu ungeheuren Preisen von staatlichen Museen angekauft worden.

Gläubige Christen werden in der ersten Abteilung mit Abscheu gewahr, mit welcher stammelnden Primitivität unter der Herrschaft des Zentrums die christlichen Symbole verhöhnt werden konnten. Den Frontsoldaten aber wird das Blut in Wallung geraten angesichts von Machwerken, die das deutsche Soldatentum und das Fronterlebnis besudeln. In einer anderen Abteilung offenbart sich die jüdische Rassenseele unverkennbar in typischen Beispielen wie die Versuche, den Neger in Deutschland zum Rassenideal einer entarteten Kunst zu stempeln, oder die deutsche Mutter als Dirne oder Urweib darzustellen.

Die Bilder finden durch charakteristische Zitate eine lehrreiche Ergänzung, etwa wenn ein Selbstgeständnis lautet: «Wir tun so, als ob wir Maler, Dichter oder sonstwas wären. Aber wir sind nur und nichts als mit Wollust frech. Wir setzen aus Frechheit einen riesigen Schwindel in die Welt und züchten Snobs, die uns die Stiefel abschlecken.»

Eine übersichtliche Gruppierung [1] erleichtert das Verständnis für die Schau. Auch die jüdische Kunst ist mit all ihren deutlichen Kennzeichen vertreten. Die Begeiferung der Auffassungen vom Sinn der Kunst, die jedem Deutschen heilig sind, trieb namentlich hier tollste Blüten. Es waren Auswüchse, für die es weder eine Grenze der Scham noch ästhetische Grundgesetze gab. Und in ihrem Gefolge marschierten die anderen Kunstbolschewisten, die sich aus Schwachheit oder weil es «interessant» war, von jener Clique ins Schlepptau nehmen ließen, und auch noch nach der Machtübernahme geglaubt hatten, so weitermachen zu können. Es sind weniger berühmte als berüchtigte Namen, die sich hier ein Stelldichein vor den Augen der deutschen Öffentlichkeit geben müssen: Nolde, Heckel, Kirchner, Marc, Pechstein, Kokoschka, Adler, Katz, Kandinsky, Jofer [2], George Grosz, Klee, Dix, Campendonck, Paula Modersohn-Becker, Schmidt-Rottluf, Beckmann, Molzahn.

Schon vor der Eröffnung wurde die Schau auch von Gauleiter Staatsrat Grohé und dem Intendenten des Reichssenders Köln, Dr. Toni Winkelnkemper, besucht. Bald nach der Eröffnung fanden sich die ersten Besucher in der Ausstellung «Entartete Kunst» ein.

Was will die Ausstellung «Entartete Kunst»?

Führer durch die Ausstellung *Entartete Kunst;* für den Inhalt verantwortlich Fritz Kaiser, München 1935, S. 2–4. Vgl. Abb. 20–21.

Sie will am Beginn eines neuen Zeitalters für das neue Deutsche Volk anhand von Originaldokumenten allgemeinen Einblick geben in das grauenhafte Schlußkapitel des Kulturzerfalls der letzten Jahrzehnte vor der großen Wende.

1 Laut Ausstellungsführer: Gruppe 1 «Zersetzung des Form- und Farbempfindens», «absolute Dummheit der Stoffwahl»; Gruppe 2 «Unverschämter Hohn auf jede religiöse Vorstellung»; Gruppe 3 «Der politische Hintergrund der Kunstentartung»; Gruppe 4 «Politische Tendenz»; Gruppe 5 «Einblick in die moralische Seite der Kunstentartung», «Bordell, Dirnen, Zuhälter»; Gruppe 6 «Abtötung des letzten Restes jedes Rassebewußtseins»; Gruppe 7 «Idioten, Kretins, Paralytiker»; Gruppe 8 «Juden»; Gruppe 9 «Vollendeter Wahnsinn».

2 Soll wahrscheinlich Hofer heißen.

Sie will, indem sie das Volk mit seinem gesunden Urteil aufruft, dem Geschwätz und Phrasendrusch jener Literaten- und Zunft-Cliquen ein Ende bereiten, die manchmal auch heute noch gern bestreiten möchten, daß wir eine Kunstentartung gehabt haben.

Sie will klarmachen, daß diese Entartung der Kunst mehr war als etwa nur das flüchtige Vorüberrauschen von ein paar Narrheiten, Torheiten und allzu kühnen Experimenten, die sich auch ohne die nationalsozialistische Revolution totgelaufen hätten.

Sie will zeigen, daß es sich hier auch nicht um einen «notwendigen Gärungsprozeß» handelt, sondern um einen planmäßigen Anschlag auf das Wesen und den Fortbestand der Kunst überhaupt.

Sie will die gemeinsame Wurzel der politischen Anarchie und der kulturellen Anarchie aufzeigen, die Kunstentartung als Kunstbolschewismus im ganzen Sinne des Wortes entlarven.

Sie will auch zeigen, in welchem Ausmaß diese Entartungserscheinungen von den bewußt treibenden Kräften übergriffen auf mehr oder weniger unbefangene Nachbeter, die trotz einer früher schon und manchmal später wieder bewiesenen formalen Begabung gewissen-, charakter- oder instinktlos genug waren, den allgemeinen Juden- und Bolschewismusrummel mitzumachen.

Sie will die weltanschaulichen, politischen, rassischen und moralischen Ziele und Absichten klarlegen, welche von den treibenden Kräften der Zersetzung verfolgt wurden.

Sie will gerade damit aber auch zeigen, wie gefährlich eine von ein paar jüdischen und politisch eindeutig bolschewistischen Wortführern gelenkte Entwicklung war, wenn sie auch solche Menschen kulturpolitisch in den Dienst der bolchewistischen Anarchiepläne stellen konnte, die ein parteipolitisches Bekenntnis zum Bolschewismus vielleicht weit von sich gewiesen hätten.

Sie will damit aber erst recht beweisen, daß heute keiner der an dieser Kunstentartung damals irgendwie beteiligten Männer kommen und nur von «harmlosen Jugendeseleien» sprechen darf.

Aus allem ergibt sich schließlich auch, was die Ausstellung «Entartete Kunst» nicht will:

Sie will nicht die Behauptung aufstellen, daß alle Namen, die unter den ausgestellten Machwerken als Signum prangen, auch in den Mitgliederlisten der kommunistischen Partei verzeichnet waren. Diese nicht aufgestellte Behauptung braucht also nicht widerlegt zu werden.

Sie will nicht bestreiten, daß der eine oder andere der hier Vertretenen manchmal – früher oder später – «auch anders gekonnt» hat. Ebensowenig aber durfte diese Ausstellung die Tatsache verschweigen, daß solche Männer in den Jahren des bolschewistisch-jüdischen Generalangriffs auf die deutsche Kunst in der Front der Zersetzung standen.

Sie will nicht verhindern, daß diejenigen Deutschblütigen unter den

Ausgestellten, welche ihren jüdischen Freunden von ehedem nicht in das Ausland gefolgt sind, nun ehrlich ringen und kämpfen um eine Grundlage für ein neues, gesundes Schaffen. Sie will und muß aber verhindern, daß solche Männer von den Zirkeln und Cliquen einer so düsteren Vergangenheit dem neuen Staat und seinem zukunftsstarken Volk gar heute schon wieder als «berufene Bannerträger einer Kunst des Dritten Reiches» aufgeschwatzt werden.

Schwätzer, Dilettanten und Kunststotterer

Hitler-Rede am 19. 7. 1937 in München in: *RKdbK* vom 1. 8. 1937, S. 6–7, gekürzt.

Ich will in dieser Stunde bekennen, daß es mein unabänderlicher Entschluß ist, genau so wie auf dem Gebiet der politischen Verwirrung nunmehr auch hier mit den Phrasen im deutschen Kunstleben aufzuräumen. «Kunstwerke», die an sich nicht verstanden werden können, sondern als Daseinsberechtigung erst eine schwulstige Gebrauchsanweisung benötigen, um endlich jenen Verschüchterten zu finden, der einen so dummen oder frechen Unsinn geduldig aufnimmt, werden von jetzt ab den Weg zum deutschen Volke nicht mehr finden! Alle diese Schlagworte, wie «inneres Erleben», «eine starke Gesinnung», «kraftvolles Wollen», «zukunftsträchtige Empfindung», «heroische Haltung», «bedeutsames Einfühlen», «erlebte Zeitordnung», «ursprüngliche Primitivität» usw., alle diese dummen, verlogenen Ausreden, Phrasen oder Schwätzereien werden keine Entschuldigung oder gar Empfehlung für an sich wertlose, weil einfach ungekonnte Erzeugnisse mehr abgeben.

Ob jemand ein starkes Wollen hat oder ein inneres Erleben, das mag er durch sein Werk und nicht durch schwatzhafte Worte beweisen. Überhaupt interessiert uns alle viel weniger das sogenannte Wollen als das Können.[1] Es muß daher ein Künstler, der damit rechnet, in diesem Haus zur Ausstellung zu kommen oder überhaupt noch in Zukunft in Deutschland aufzutreten, über ein Können verfügen. Das Wollen ist doch von vornherein selbstverständlich! Denn es wäre schon das Allerhöchste, wenn ein Mensch seine Mitbürger mit Arbeiten belästigte, in denen er am Ende nicht einmal was wollte. Wenn diese Schwätzer nun aber ihre Werke dadurch schmackhaft zu machen versuchen, daß sie sie eben als den Ausdruck einer neuen Zeit hinstellen, so kann ihnen nur gesagt werden, daß nicht die Kunst neue Zeiten schafft, sondern sich das allge-

1 Diese Hitler-Definitionen von «Wollen» und «Können» kehren in den NS-Kunstbetrachtungen in endlosen Variationen immer wieder. Man zitiert sie möglichst überall in der NS-Kunst-Publizistik, angefangen vom Universitäts-Professor bis zum gelegentlichen Mitarbeiter eines kleinen Provinzblättchens.

meine Leben der Völker neu gestaltet und daher oft auch nach einem neuen Ausdruck sucht. Allein, das, was in den letzten Jahrzehnten in Deutschland von neuer Kunst redete, hat die neue deutsche Zeit jedenfalls nicht begriffen. Denn nicht Literaten sind die Gestalter einer neuen Epoche, sondern die Kämpfer, d. h. die wirklich gestaltenden völkerführenden und damit geschichtemachenden Erscheinungen. Dazu werden sich aber diese armseligen, verworrenen Pinsler oder Skribenten wohl kaum rechnen. Außerdem ist es entweder eine unverfrorene Frechheit oder eine schwer begreifliche Dummheit, ausgerechnet unserer heutigen Zeit Werke vorzusetzen, die vielleicht vor zehn- oder zwanzigtausend Jahren von einem Steinzeitalter hätten gemacht werden können. Sie reden von einer Primitivität der Kunst, und sie vergessen dabei ganz, daß es nicht die Aufgabe der Kunst ist, sich von der Entwicklung eines Volkes nach rückwärts zu entfernen, sondern daß es nur ihre Aufgabe sein kann, diese lebendige Entwicklung zu symbolisieren.

Wir werden von jetzt ab einen unerbittlichen Säuberungskrieg führen gegen die letzten Elemente unserer Kulturzersetzung. Sollte sich aber auch unter ihnen einer befinden, der doch nicht glaubt, zu Höherem bestimmt zu sein, dann hatte er nun ja vier Jahre Zeit, diese Bewährung zu beweisen. Diese vier Jahre aber genügen auch uns, um zu einem endgültigen Urteil zu kommen. Nun aber werden – das will ich Ihnen hier versichern – alle die sich gegenseitig unterstützenden und damit haltenden Cliquen von Schwätzern, Dilettanten und Kunstbetrügern ausgehoben und beseitigt. Diese vorgeschichtlichen prähistorischen Kultursteinzeitler und Kunststotterer mögen unsertwegen in die Höhlen ihrer Ahnen zurückkehren, um dort ihre primitiven internationalen Kritzeleien anzubringen.

Ausgeburten des Wahnsinns

Rede des Präsidenten der RKdbK, Prof. A. Ziegler, am 19. 7. 1937 anläßlich der Eröffnung der Ausstellung *Entartete Kunst*, in: *Mitteilungsblatt der RKdbK* vom 1. 8. 1937, S. 11–12, Auszug.

Wir befinden uns in einer Schau, die aus ganz Deutschland nur einen Bruchteil dessen erfaßt, was von einer großen Zahl von Museen für Spargroschen des deutschen Volkes gekauft und als Kunst ausgestellt worden war. Sie sehen um uns herum diese Ausgeburten des Wahnsinns, der Frechheit, des Nichtkönnertums und der Entartung. Uns allen verursacht das, was diese Schau bietet, Erschütterung und Ekel. Viele Leiter großer Museen hatten nicht eine Spur von Verantwortungsgefühl gegenüber Volk und Land, das erst die Voraussetzung für die Gestaltung einer Kunstschau sein muß. Den Drang, nur Krankes und Entartetes zu zeigen, habe ich in dieser Schau an einem Beispiel verdeutlicht. Werke desselben Künstlers, den sie ablehnten, solange er gesund war und aus der Tiefe der Landschaft schuf, der er entstammte, fanden plötzlich ihr Interesse, als dieser Künstler nach seinem zweiten Schlaganfall[1] nur noch krankhafte und unverständliche Schmierereien hervorbrachte. Und so habe ich auch von einer Reihe anderer Künstler Werke in die Schau gehängt, die sie in ihrem Alter, in einer Zeit geistigen Verfalls oder von Geisteskrankheiten befallen geschaffen haben und die noch bis vor kurzer Zeit in unseren Museen ausgestellt wurden, während man die gesunden Werke dieser Künstler vergeblich suchte. So wurde die Malerei Selbstzweck für sammelnde Museumsleiter und diente nicht mehr dem Volke. In Durchführung meines Auftrags, alle Dokumente des Kunstniedergangs und der Kunstentartung zusammenzutragen, habe ich fast sämtliche deutschen Museen besucht. Ich war mir klar darüber, daß die Anzahl der in den vergangenen Jahren angekauften Werke ungeheuer groß sein würde, maßlos erstaunt war ich aber darüber, daß noch bis vor wenigen Tagen in deutschen öffentlichen Museen und Sammlungen teilweise diese hier nach München gebrachten Verfallsdokumente ausgestellt und damit seitens der Leiter dieser Anstalten den deutschen Volksgenossen die Besichtigung zugemutet wurde. Es sind die hier gezeigten Produkte allerdings nur ein Teil der in den vorgenannten Anstalten noch vorhandenen. Es hätten Eisenbahnzüge nicht gereicht, um die deutschen Museen von diesem Schund auszuräumen. Das wird noch zu geschehen haben, und zwar in aller Kürze. Es ist eine Sünde und Schande, daß man die Anstalten mit diesem Zeug vollhängen hat und die ehrliche und anständige deutsche Künstlerschaft gerade in diesen Städten kaum oder nur schlechte Ausstellungsmöglichkeiten besitzt.

Wie meine Eindrücke im einzelnen beim Vorfinden dieser Werke waren, kann ich Ihnen mitzuteilen mir hier ersparen. Ich hoffe, daß es die gleichen sind, die Sie beim nachfolgenden Rundgang haben werden.

Die Geduld ist nunmehr für alle diejenigen zu Ende, die sich innerhalb der 4 Jahre in die nationalsozialistische Aufbauarbeit auf dem Gebiet der bildenden Kunst nicht eingereiht haben. Das deutsche Volk mag sie richten. Wir brauchen dieses Urteil nicht zu scheuen. Es wird, wie in allen Dingen unseres Leben, so auch hier sehen, daß es rückhaltlos dem Manne vertrauen kann, der heute sein Führer ist und weiß, welchen Weg die deutsche Kunst zu gehen hat, wenn sie ihre große Aufgabe, Künderin deutscher Art und deutschen Wesens zu sein, erfüllen will. Ich gebe damit die Ausstellung «Entartete Kunst» für die Öffentlichkeit frei.

Deutsches Volk, komm und urteile selbst!

1 Unter zwei Gemälden von Lovis Corinth stand: «Gemalt nach dem 1. Schlaganfall» und «Gemalt nach dem 2. Schlaganfall»; siehe Hans Fehr: *Emil Nolde*, München 1960, S. 119.

Die Besucherzahlen

Dr. Walter Hansen: *Judenkunst in Deutschland*, Berlin 1942, S. 197.

Die hohe Besucherzahl ist einerseits eine Folge der großaufgezogenen Propaganda, siehe auch Seite 366 f, aber andererseits schrieb z. B. *The New York Times* am 6. 8. 1937 u. a.: «Die Ausstellung *Entartete Kunst* lockt mehr als dreimal so viele Besucher an wie die ‹deutsche›. Viele sind ausländische Touristen, besonders Amerikaner und Engländer, aber darunter auch viele deutsche Kunststudenten, denen die Ausstellung vielleicht letztmalig Gelegenheit bietet, moderne Kunst zu sehen.» Der Zeichner Felix Hartlaub schrieb damals ebenfalls: «Viele andächtige und informierteste Berlin-W-Typen anwesend»; *Felix Hartlaub in seinen Briefen*, herausgegeben von Erna Krauss und G. F. Hartlaub, Tübingen 1948, S. 159; der Regisseur Dr. Falk Harnack erzählte dem Herausgeber ganz Ähnliches.

Aufschlußreich sind die Besucherzahlen der Ausstellung «Entartete Kunst», die vom 19. Juli bis zum 30. November 1937 im Münchener Hofgarten (Antikenmuseum) gezeigt werden konnte.

Juli:	August:	
19. = 3 000	1. = 35 690	16. = 23 485
20. = 31 700	2. = 21 100	17. = 17 465
21. = 27 000	3. = 19 950	18. = 16 550
22. = 21 500	4. = 20 500	19. = 19 140
23. = 25 600	5. = 19 550	20. = 20 825
24. = 22 720	6. = 18 430	21. = 24 650
25. = 30 500	7. = 24 950	22. = 40 900
26. = 26 810	8. = 31 750	23. = 28 745
27. = 26 930	9. = 24 380	24. = 21 230
28. = 28 780	10. = 25 500	25. = 22 790
29. = 21 470	11. = 17 250	26. = 18 380
30. = 22 700	12. = 17 800	27. = 16 540
31. = 27 580	13. = 21 620	28. = 20 150
	14. = 27 650	29. = 29 640
	15. = 42 800	30. = 17 340

Die nüchternen Zahlen – bis zum 30. August waren es über 1 000 000 Besucher, nach Schluß der Ausstellung am 30. November wurden insgesamt 2 009 899 Besucher gezählt – beweisen die Notwendigkeit einer solchen kunsterzieherisch zweckmäßigen «Schreckenskammer entarteter Kunst».[1]

1 Am 25. 4. 1933 schrieb der Maler Oskar Schlemmer einen Protestbrief an Dr. Goebbels und erklärte sich tief erschüttert durch die Meldungen aus Dessau, Mannheim und Dresden, wo der Museumsbesitz an modernen Bildern in *Schreckenskammern der Kunst* zusammengebracht werde. Oskar Schlemmer: *Briefe und Tagebücher*, Herausgeber Tut Schlemmer, München 1958, S. 309–310.

Die Ausstellung in anderen Städten

In Berlin

In: *Frankfurter Zeitung* vom 27. 2. 1938, gekürzt. Vgl. Abb. 18.

Berlin, 26. Februar: Die Ausstellung «Entartete Kunst», die ausschnittweise, aber zum Teil ergänzt, aus München nach Berlin gekommen ist und von da in andere deutsche Städte weiterwandern wird, wurde nunmehr eröffnet. Der Eröffnungsakt fand in einem Saal des dem «Haus der Kunst» benachbarten früheren Reichstagsgebäudes statt.[1] Reichskulturwalter Moraller hob in einer Ansprache besonders den Begriff des Kulturbolschewismus hervor, im Sinne einer politischen Gefahr, welche durch diese Ausstellung vor Augen geführt werde. Man lasse sich heute den Begriff des Kulturbolschewismus keineswegs hinwegdiskutieren. Reichskulturwalter Moraller wandte sich in diesem Zusammenhang gegen Äußerungen, die die Kunst der Nachkriegsjahre als einen «zeitbedingten notwendigen Reinigungsprozeß», der des Aufhebens nicht wert sei, abtun wollten. Um der Gefahr willen, die die ausgestellten Werke bedeuteten, werde man diese Dinge fixieren für alle Zeiten.[2]

Der Andrang zu der Ausstellung ist ungewöhnlich. Man hat eigens einen besonderen Weg über eine Hintertreppe und einen Hof bezeichnen müssen, um die abströmenden Besuchermassen von den ankommenden zu sondern. Die Bilder und Plastiken, die, wie berichtet, in 9 verschiedene Gruppen eingeteilt sind – teils nach inhaltlichen Gesichtspunkten, teils in der Absicht, bestimmte formale oder geistige Tendenzen ihrer Urheber zu zeigen – sind mit viel begleitendem Text versehen.

Dazu kommen die schon erwähnten radikalen Äußerungen, und schließlich – auf kleinen Schreibmaschinenzetteln – an dem oder jenem Bild Äußerungen über den betreffenden Künstler selbst. Außerdem sind in einigen Fällen zum Vergleich Bilder oder Plastiken von Geisteskranken (aus den Beständen der Heidelberger Psychiatrischen Klinik) beigegeben. Sie zeigen ein ähnliches Motiv der Darstellung wie das ausgestellte Werk selbst, um so zu erweisen, daß das Erzeugnis des Geisteskranken der realen Natur näher steht als die Darstellung des betreffenden Malers oder Plastikers.

1 Königsplatz 4.

2 Siehe Franz Moraller: *Es kann gar nicht genug vernichtet werden* in: *Angriff* vom 10. 3. 1938, sowie Robert Scholz in: *Die Kunst im Dritten Reich*, März 1938, S. 97–98.

In Düsseldorf

In: *Der Mittag* vom 19. 7. 1938.

Die mit so großem Erfolg in den Ausstellungshallen am Düsseldorfer Ehrenhof gestartete Wanderausstellung «Entartete Kunst», die einen einprägsamen Überblick über die politisch verseuchte Verfallskunst einer überwundenen Zeit gibt, weist von Tag zu Tag steigenden Besuch auf. Nachdem das vergangene Wochenende wieder einen Rekordandrang gebracht hatte, sodaß wiederholt die Ausstellung wegen Überfüllung zeitweise geschlossen werden mußte, haben nunmehr über 100 000 Volksgenossen unseres Gaugebietes diese einzigartige Schau gesehen. Wegen dieses steigenden Erfolges hat sich die Reichspropagandaleitung der NSDAP veranlaßt gesehen, die Ausstellung für Düsseldorf bis zum 31. Juli einschließlich zu verlängern. Die Schau ist täglich geöffnet von 10 bis 21 Uhr (letzter Einlaß 20 Uhr). Der Eintrittspreis beträgt an der Kasse RM 0,50. Im Vorverkauf sind Eintrittskarten zum Preise von RM 0,35 bei allen Dienststellen der Partei zu haben. Bei geschlossenem Besuch von mindestens 20 Teilnehmern werden von der Deutschen Arbeitsfront, NS-Gemeinschaft ‹Kraft durch Freude› verbilligte Eintrittskarten von RM 0,25 je Person ausgegeben. Bei diesen niedrigen Eintrittspreisen sollte kein Volksgenosse den Besuch dieser einzigartigen Schau, die der Führer selbst vor einem Jahr in München eröffnet hat, versäumen.

In Frankfurt am Main

H. Th. Wüst: *Damit wir nicht vergessen, was früher gewesen ist* in: *Frankfurter Volksblatt* vom 1. 7. 1939, gekürzt.

Man braucht lange, bis man an den Bildern der Kulturschande vorbei ist, die die Ausstellung «Entartete Kunst» zeigen. Jeden Besucher pakken zwiespältige Empfindungen, das Lachen über den hirnverbrannten Mist, das Staunen über die Möglichkeiten «künstlerischer» Perversität, das Schmunzeln über den dadaistischen Geschäftssinn, aber auch das sozusagen posthume Erschrecken über das unvorstellbare Maß der Gemeinheit, mit der diese Kunstbomben gegen die harmlose Volksseele geschleudert wurden.

Die Ausstellung zeigt in ihrem dokumentarischen Material, das 1937 in München der deutschen Öffentlichkeit übergeben wurde, die Periode der verhängnisvollsten Kunstverseuchng, aber erst wenn man die einzelnen Werke sieht, begreift man den Grad der Verkommenheit: die Kunst wird zur Dirne und die Dirne wird das Ideal dieser Kunst.

An der Spitze steht der Dresdener Otto Dix mit seiner hundsgemeinen Verspottung der Kriegsbeschädigten. Er ist der Repräsentant der höchsten Erbärmlichkeit – wobei bemerkt sei, daß Selbstprostitution in diesen Kreisen Ehrensache ist, denn diese Entartungskünstler können es auch anders, sie zeigen aber künstliches, gewolltes Nichtskönnertum als Zeichen ihres volks- und seelenvergiftenden Handwerks. Wie sehr die gute handwerkliche Leistung künstlich verzerrt und verleugnet wird, zeigten in der Ausstellung der interessante, heute nur noch erheiternd-wirkende Teil der Gruppe Farbenkleckser, die naiven Blödiane mit ihren grotesken Motiven, die allesamt bei dem berühmten kleinen Moritz aus den «Fliegenden Blättern» in die Schule gingen, die Selbstporträtisten Heckel, Morgner, Kirchner, Felixmüller, Kokoschka, Schlemmer, und unser lieber so oft in den Olymp erhobener Frankfurter Max Beckmann.

Die gemalte Schweinerei findet ihre Panegyriker vor allem in dem heute in der Versenkung verschwundenen Paul F. Schmidt, dessen Dank an den geisteskranken Schwitters und dessen «Anna Blume» zu dem erheiterndsten der Ausstellung gehört. Die Erhöhung der Dirne zum sittlichen Ideal unter geschäftlicher Leitung des Odessaer Getreidejuden Flechtheim zeitigt Darstellungen, die alle Richtungen vereinigen, vom Steinzeitalter bis zum «Giotto unserer Zeit».[1]

Im Spiegel der Presse

Mit allen Mitteln des totalitären Staates wurde die ganze Presse für das Unternehmen *Entartete Kunst* mobil gemacht. Als Beispiele hier kleine Auszüge vielspaltiger Artikel oder Leitartikel; die Zeitungen folgen einander nach dem Alphabet.

Berliner Tageblatt

Dr. Karl Korn: *Kunst gegen deutsche Art* in: *Berliner Tageblatt* vom 21. 7. 1937.

Karl Korn, * 1908; seit 1934 Redakteur beim *Berliner Tageblatt*; seit 1937 bei der *Neuen Rundschau*; seit 1940 in der Redaktion *Das Reich*.

Nirgends in diesen Bildern ist Ruhe und in sich ausgeglichenes Lebensgefühl anzutreffen. Zerwühltheit, Zerrissenheit, die Nachtseiten des Lebens sind hier um ihrer selbst willen und aus offenbarer Freude am

1 Die Ausstellung *Entartete Kunst* wurde in Dresden vom Maler und Graphiker Prof. Richard Müller organisiert; Hans Grundig: *Zwischen Karneval und Aschermittwoch – Erinnerungen eines Malers*, Berlin 1958, S. 223; am 8. 7. 1938 ist in London eine Gegen-Ausstellung eröffnet worden. Ausführlich darüber siehe *Times, Manchester Guardian, Daily Telegraph, News Chronicle* u. a. m., alle am 7. 7. 1938.

Schrecklichen, dunkel Rauschhaften, Chaotischen gemalt worden. Es ließe sich viel sagen über das wahre und echte Dämonische im Gegensatz zu den falschen Fratzengebilden, die wir hier zu sehen bekommen. Fürwahr, ein George Grosz, der den Christus am Kreuz als einen widerwärtigen Krüppel mit Glotzaugen und epileptischen Merkmalen verhöhnt hat, oder ein Prof. Gies dürfen nie und nimmer den großen Darstellungen des Leidens des Gottessohnes verglichen werden, die unser deutscher Matthias Grünewald erschütternd vor unsere Augen gestellt hat.

Der Ruhrarbeiter

Afterkunst der Systemzeit, in: *Der Ruhrarbeiter*, Essen, vom 20. 7. 1937.

Das kalte Grauen packt jeden, der diese Gipfelpunkte der Gemeinheit und der Herausforderung des gesunden Menschenverstandes betrachtet – Bilder, die eine einzige Schmierage sind, in wenigen Minuten hingeworfen mit dem Weißquast statt dem Malerpinsel, aufgetragen mit der Schüppe statt mit dem Spachtel; Bilder, auf denen die Frau und Mutter durchweg wie eine Ausgeburt der Hölle mit der Geilheit der Gosse und dem Triefauge des Ghettos gesehen dargestellt worden ist; Bilder und Plastiken, die die Mutter als Urweib und Hure wiedergeben und Kinder wie Halbaffen; Bilder, die eine so gemeine Verhäßlichung aller Ideale des Reinen, Schönen und Edlen sind; Bilder, die Frontsoldatentum und Kriegserlebnis in die Kloake jüdischer Verhöhnung und Niedertracht getaucht haben, daß man versucht ist, jedes einzelne dieser Bilder herunterzureißen und an den frei gewordenen Nagel den Verbrecher aufzuknüpfen, der solche Tollheiten verbrach.

Deutsche Allgemeine Zeitung

Bruno E. Werner: *Die Ausstellung Entartete Kunst* in: *DAZ* vom 20. 7. 1937.

Der Tag der Kunst hat eine endgültige Klärung des nationalsozialistischen Kunstwillens gebracht. Es ist mit diesem Tage eine weittragende Entscheidung gefällt worden und zugleich eine Absage an die Vergangenheit, die bis an diesen Tag heranreicht.

Adolf Hitler selbst hat sich als Künstler geäußert. Er hat die Masse des Volkes zum Richter über die Kunst aufgerufen und selbst als Sprecher und Ratgeber im Für und Wider scharf Stellung genommen. Der von ihm angekündigte unerbittliche Säuberungskrieg gegen die Elemente der Kulturzersetzung fand seinen Niederschlag in der Ausstellung «Entartete Kunst», die man in den vergangenen Wochen aus den Beständen der deutschen Museen zusammengestellt hat. So wie der Führer in seiner Rede immer wieder gegen den Begriff einer «modernen

Kunst» sich wandte, so ist auch in dieser Ausstellung alles das verneint, was etwa seit dem Jahre 1906 (also der Gründung des «Blauen Reiters», der «Brücke» usw.) in Deutschland als «moderne Kunst» bezeichnet wurde.

Man hat die Gipsabgüsse in den ein wenig altersschwachen Arkaden am Rande des Hofgartens ausgeräumt und hier die Bilder und Plastiken zur Ausstellung gebracht. Auf dem Rupfen der Wände liest man aufgeschrieben die Aussprüche hysterischer und kommunistischer Literaten der ausgehenden Kriegs- und Nachkriegszeit; zuweilen auch die Lobeskritiken, die diese Werke fanden.

Mit dieser Ausstellung ist nun durch den Willen des Führers endgültig ein Schlußstrich unter eine Periode gezogen worden. In ihr befinden sich eine Reihe Maler und Bildhauer, die bisher in der Öffentlichkeit als «führende deutsche Künstler» herausgestellt worden sind, und deren Arbeiten in Zukunft als «Dokumente des tiefsten Zerfalls unseres Volkes und seiner Kultur» gezeigt werden. Damit wird eine Zeit abgeschlossen, die gerade auf dem Gebiet der bildenden Kunst mancherlei Unklarheiten auch für Menschen mit dem besten Wollen aufwies, denen nun in Zukunft durch das Haus am Englischen Garten, den Tempel der deutschen Kunst, die Richtung des nationalsozialistischen Kunstwillens gewiesen wird.

General-Anzeiger für Bonn und Umgegend

Was einst alles als «Kunst» geboten wurde, in: *General-Anzeiger für Bonn und Umgegend / Bonner Nachrichten* vom 20. 7. 1937.

Die deutschen Volksgenossen, die sich durch die «Verschwörung der Unzulänglichen und Minderwertigen» ihren gesunden Menschenverstand und ihren Instinkt nicht haben verderben lassen, standen zwar seit jeher in den Ausstellungen mit Kopfschütteln vor den Erzeugnissen des Futurismus, Kubismus, Dadaismus – oder wie diese Verrücktheiten und Verbrechen an der deutschen Kunst alle heißen mögen. Sie hatten aber noch nie Gelegenheit gehabt, die Abgrundtiefe dieses Kunstverfalls so klar zu erkennen wie in dieser planvollen Zusammenstellung solcher Mißgeburten einer Afterkunst, die dem deutschen Volk als «moderne Kunst», als «große Offenbarung» angepriesen wurde.

Hamburger Nachrichten

Kunst ohne Mode, in: *Hamburger Nachrichten* vom 20. 7. 1937.

Sachverständige oder nicht – jeder, der auch nur einen Funken Interesse oder gar Liebe zu den darstellenden Künsten und ihren Erscheinungsformen hat, wird die grundsätzlichen Ausführungen in den Münchener Reden, vor allem in den Reden des Führers und des Reichspropagandaministers Dr. Goebbels mit einem herzhaften «Gott sei Dank!» gehört bzw. gelesen haben. Und besonders die flammende Kampfansage Adolf Hitlers gegen alles, was in der Kunst, d. h. in der Ausübung der darstellenden Kunst, nicht deutsch, also nicht klar, logisch und wahr ist, muß selbst denen ernstlich zu denken gegeben haben, die nicht zu den stillen Besuchern unserer Museen und Kunstgalerien zählen. Denn wer hat es nicht schon zu seinem peinlichen Befremden erlebt, daß er vor dem Schaufenster einer Kunsthandlung oder in einer Galerie oder bei einer privaten geselligen Veranstaltung in den Räumen seiner Gastgeber vor Plastiken oder Gemälden stand, angesichts derer der Betrachter die ernstesten Bedenken gegenüber dem geistigen Befinden und der Normalität dessen haben mußte, der ein solches «Kunstwerk» verschuldet hatte!

Hamburger Tageblatt

E-ert: *An den Pranger gestellt* in: *Hamburger Tageblatt* vom 20. 7. 1937.

Über die Gründe und Ursachen des Verfalls in der modernen Kunst ist in den letzten Jahren oft geredet und geschrieben worden. Jede Zeit hat die Kunst, die sie verdient. Ist eine Zeit von einem starken, lebendigen Lebensgefühl getragen, in sich klar und lebendig, so wird sie auch eine gesunde und schöne Kunst hervorbringen. Ist sie aber in sich hohl und zerrissen, so prägt sich auch in ihrer Kunst dieser Stempel aus. So zeigen eben die hier ausgestellten Bilder die Hohlheit aller Begriffe vor dem Kriege, zeigen in noch viel schrecklicherem Maße die völlige Zersetzung, den Zusammenbruch allen Glaubens, aller Ideale nach dem Kriegsende: das vollständige Chaos. Es tut einem fast körperlich weh, so viel Zynismus, Unsinn, Krankhaftes ansehen zu müssen, aber beglückt stellt man fest, wie weit diese Zeit zurückzuliegen scheint, wie beziehungslos all dieses, was einstmals Einfluß und Geltung hatte, zu unserem heutigen Denken und Fühlen steht.

Kieler Neueste Nachrichten

Wiedergeburt der deutschen Kunst, in: *Kieler Neueste Nachrichten* vom 20. 7. 1937.

Die Münchener Kunstfesttage haben dem deutschen Volk die beglückende Gewißheit gebracht, daß die große politische Zeitwende auch zu einer kulturellen und künstlerischen Wiedergeburt geführt hat. Die Verfallsperiode, die sich auch auf dem Gebiete künstlerischer Betätigung hemmungslos ausgetobt hat, ist endgültig abgeschlossen. Einem neuen, einem wahrhaften deutschen Kunstschaffen ist der Weg freigemacht. Der Künstler kann nunmehr wieder nach den ewigen Gesetzen seines Blutes und seines Schönheitsempfindens schaffen, und das Volk wird seine Künstler wieder verstehen und bei ihnen die Erfüllung seines Ahnens und Sehnens suchen. Die Kunst ist von den lächerlichen und verderblichen Bindungen, die modische Schlagworte und bewußte kulturbolschewistische Zersetzung schwankenden Geistern auferlegten, befreit. Sie ist von den skrupellosen Mitläufern und Geschäftemachern erlöst, denen diese Bindungen und «Richtungen» überhaupt erst Existenzgrundlage für ihr pseudokünstlerisches Treiben waren. So wie die Kunst von diesen Verirrungen und Verfallserscheinungen befreit ist, so ist auch das Volk von dem Alpdruck einer Kunstmache befreit, die von dem ehrlichen Kunstfreund qualvoll empfunden wurde und ihn allmählich an seinem gesunden Empfinden zweifeln ließ. Dieser Spuk einer krankhaften und gemeingefährlichen Betriebsamkeit, die mit dem hohen Begriff Kunst ihren schändlichen Mißbrauch trieb, ist vorüber.

Kölnische Volkszeitung

Dr. Wilhelm Spael: *Das Haus der deutschen Kunst* in: *Kölnische Volkszeitung* vom 22. 7. 1937.

Die Ausstellung «Entartete Kunst», ein mahnendes und abschreckendes Beispiel, zeigt noch einmal in der erschütterndsten Weise, welches Chaos vor 1933 auf dem Gebiete der bildenden Kunst herrschte.

Halten wir uns nicht länger bei diesen unerquicklichen Dingen und Erinnerungen auf! Heute ist der Bildenden Kunst, die damals vom Intellektualismus artfremder Elemente gefesselt und unterjocht war, ihre Freiheit zurückgegeben worden. Klar sein heißt wahrhaft sein! Dieses Wort des Führers umschließt ein Kunstprogramm, mit dem der deutsche Künstler sich von neuem wie in den Zeiten der Blüte das Gebiet der Kunst, der tiefen, innerlichen und wahrhaftigen Betätigung des Schöpferischen erobern wird. Der Führer hat auch für das Künstlerische den gesunden Menschenverstand wieder in seine Rechte eingesetzt und damit die gesunde Lebenslust und Lebensfreude: Kein Spintisieren mehr, kein falsches Experimentieren, kein Gefühlsverwirren!

Kölnische Zeitung

GTh: *Wege zur Kunst* in: *Kölnische Zeitung* vom 20. 7. 1937.

Die Kunst der Nachkriegszeit, mit der der Führer noch einmal in fanatischen Worten abrechnete, hat die Zeit zum Selbstzweck gemacht, und dadurch betrog sie die Menschen nicht nur um die Wirklichkeit des Schönen und Erhabenen, sondern auch um die Realität des Dämonischen. Auch hier muß die Kraft der Unterscheidung walten. Denn die in höchstem Maß notwendige Verurteilung des Häßlichen und Entstellten bedeutet im Hinblick auf die Wahrheit des ganzen gelebten Lebens und der dieser Wahrheit entsprechenden Kunst nicht die Verurteilung alles dessen schlechthin, was nicht in die Anschauung vom Schönen einzugehen vermag. Gerade die deutsche Kunst in ihren Blütezeiten hat neben dem Angesicht der Fratze, neben der Liebe die Macht der Vernichtung gesehen. Nun aber waren diese Epochen hoher Kunst deshalb bedeutend, weil sie eben das Helle und das Dunkle sahen, das Gute und dessen Verrat an das Böse. Weil die Meister dieser Kunst zwar bewußt in ihrer Zeit standen und sie erfüllten, aber niemals das Ewige aus dem Blick verloren, gewannen sie Macht über das Häßliche und Böse, das sie niemals leugneten und es als Aufgabe und Erprobung immer in das Werk einbezogen. Diese Standhaftigkeit machte ihr Werk zu einem sittlichen Werk.

Da sie das Schöne verloren hatten, weil sie sich der Verantwortung vor dem Ewigen enthoben fühlten, konnten sie die Abgründe des Lebens auch nicht mehr durch das Schöne erhellen und überbrücken. So wie das Schöne des irdischen Lebens nur dann in Wirklichkeit und Wahrheit schön ist, wenn es unter der Sonne des Absoluten emporwächst und im Glauben an das Überzeitliche gebunden ist, so ist gültige, ehrliche und von jedermann zu verstehende Kunst auch bestrebt, das Dämonische nur und immer nur im Lichte des Ewigen zu sehen. Die Künstler, die feige sind vor der Dämonie, deren Werk ist gleißnerische Oberfläche, ist brüchig und nur modisch. Die Freude und das Glück, das uns aus den Schönheiten großer Kunstwerke entgegenstrahlt und die Menschen untereinander zu einer Gemeinschaft der Frohen formt, kommt doch schließlich aus der vor dem Kunstwerk erlebten Tat der Überwindung. Von ihr kann bei den modernistischen Künstlern deshalb keine Rede sein, weil sie uns ja den Weg aus der Zeit in die Ewigkeit nicht zeigten. Auf die Sichtbarmachung dieses Weges kommt alles an; in der Kraft, die zu ihr gehört, steckt ja das eigentliche Können.

Münchener Neueste Nachrichten

W. R.: *Die Gespenstergalerie* in: *Münchener Neueste Nachrichten* vom 20. 8. 1937.

Im frischen Grün des Hofgartens ist zwischen Mauer und Baum ein weißes Band ausgespannt wie am Ziel eines Geländelaufes. Von dort sind es nur mehr ein paar Schritte zu der steilen Treppe, über der hoch oben wie ein Affe im Baum ein wildes Gespenst hockt. Mit schiefgeneigtem Kopf schielt es einäugig auf die Besucher herab. Das andere Auge hat man ihm ausgeschlagen. Um die Brust trägt es Ersatzreifen wie ein Radrennfahrer; man sagt, es seien Rippen. Viele Leute denken, was wohl geschähe, wenn dieser Golem plötzlich auf sie herunterspringen würde. Es gäbe nichts als: Messer raus! Aber wahrscheinlich spränge er nur, um zu fliehen, weit fort von allen Menschen in den tiefsten tiefen Wald, und um dort zu tun, wonach jede Faser des gemarterten, geschändeten Holzes schreit: Verfaulen, verfaulen, verfaulen...

Viele Leute kommen, um zu lachen. Aber das Lachen vergeht allen, sobald sie erst die Treppe hinter sich haben. Was kann man in einem Leichenhaus fühlen, in dem Selbstmörder, Irrsinnige, Krüppel und Kretins aufgebahrt sind, was anderes als Angst? Auf die robustesten Naturen legt sich wie ein Gewicht die Beklemmung, die von unfaßbarem Spuk ausgeht...

Es war einmal eine Frau, die war ohne Knochen geboren. Sie war von einer inneren Haltlosigkeit, daß sie unmöglich Kinder tragen konnte. Da kam ein Mann und bedeckte ihre über die Ufer getretene Nacktheit barmherzig mit jungem Spinat. Leider hielten ihn daraufhin viele seiner Zeitgenossen für einen Kunstmaler...

Münsterischer Anzeiger

J. J.: *Schund am Pranger* in: *Münsterischer Anzeiger* vom 22. 7. 1937.

War die Würdigung der malerischen und plastischen Zerfallsprodukte zur Zeit ihrer Blüte einer kleinen Gilde berufsmäßiger Erklärer vorbehalten – was sie in die Machwerke der Talentlosigkeit und der Frechheit an «seelischen» Abgründen hineingeheimnisten, wird durch einige ausgestellte Kostproben in notwendige Erinnerung gebracht – so erscheinen die Werke jetzt dank der deutlichen Sprache und der sinnvollen Anordnung wohl zum ersten Male in einer Ausstellung mit den richtigen Randbemerkungen. Da sind Gruppen unter gemeinsamer Überschrift zusammengefügt, in denen z. B. die deutsche Frau durch gräßliche Entstellung ihres Körpers verhöhnt oder der deutsche Bauer mit den Zeichen tierischer Dumpfheit und jüdischer Rasse geschändet wird. Wie Kretins und Dirnen bezeichnenderweise ein ungewöhnlich beliebtes Darstellungsmotiv jener «Künstler» waren, so kehren auch die Typen von Negern und Südseeinsulanern mit modischer Hartnäckigkeit immer wieder als Sinnbilder eines künstlichen Kultus der Primitivität, den der Führer in seiner Münchener Rede treffend als prähistorische Rückständigkeit dieser sich modern dünkenden internationalen Menschheitsapostel kennzeichnete. Wir wollen ganz schweigen von den abstrakten Spielereien mit stereometrischen Gebilden, mit ineinandergeschobenen Flächen und wilden Farbenkleckserereien, unter denen sinnigerweise von

Leuten wie Feininger[1] Namen deutscher Städte oder Dörfer angebracht wurden.

National-Zeitung

Eine entsetzenerregende Schau, in: *National-Zeitung*, Essen, vom 20. 7. 1937.

In dieser Ausstellung bieten sich vor allem Werke jener sogenannten Künstler, von denen die unheilvolle Entartung ausging. Hier prangt im Treppenhaus des Arkadenbaues ein bizarrer Christus von Prof. Ludwig Gies, dem vor kurzem sogar noch eine Betätigung im nationalsozialistischen Deutschland zugestanden worden war. Dann aber ist man überrascht durch die Fülle von sogenannten expressionistischen Bildern, die von den Wänden herunter den Besucher durch ihre Farben buchstäblich anschreien und durch die Verzerrung der Linien, durch die Dekadenz des Ausdrucks uns mit Schrecken erfüllen.

Am typischsten aber scheint die Auffassung dieser Verfallskünstler in den Bildern, in denen sie entweder sich selbst porträtiert oder ihre Freunde dargestellt haben, oder in denen sie Menschen unserer Zeit in einer verzerrten Form wiedergegeben haben, daß man denken müßte, die Gegenwart wäre nur von Krüppeln und Idioten beherrscht.

Westfälische Landeszeitung

Jörg Lampe: *Entartete Kunst* in: *Westfälische Landeszeitung*, Dortmund, vom 20. 7. 1937.

Es ist dankenswert, daß durch die beiden Ausstellungen Gelegenheit gegeben ist, zwei sich bekämpfende Auffassungen miteinander zu vergleichen. Im Hause der Deutschen Kunst tritt uns die Ruhe und Ausgeglichenheit, in der Schau «Entartete Kunst» eine Fülle beunruhigender und selbstzerstörerischer Probleme entgegen. Namentlich die ersten beiden Räume dieser Ausstellung zeigen geradezu pathologische Entgleisungen, während die letzten, wenn auch nicht viel, so doch den kleinen Halt einer Stilbemühung zu verkünden sich seinerzeit bemüht haben.

1 Lyonel Feininger, 1871–1956, amerikanischer Maler, lehrte von 1919–33 am Bauhaus.

Nach der Ausstellung

Ohne Rücksicht auf Rechtsform

In: *Hakenkreuzbanner* vom 4. 8. 1937.

Ministerpräsident Göring hat an den Reichs- und Preußischen Minister für Wissenschaft, Erziehung und Volksbildung Rust folgenden Erlaß gerichtet:

«Nachdem der Führer und Reichskanzler am Tage der Deutschen Kunst in München in klarster Weise die Richtlinien für die Kunstauffassung des Nationalsozialismus festgelegt hat, beauftrage und bevollmächtige ich den Reichs- und Preußischen Minister für Wissenschaft, Erziehung und Volksbildung, die Bestände aller im Lande Preußen vorhandenen öffentlichen Kunstsammlungen ohne Rücksicht auf Rechtsform und Eigentumsverhältnisse im Sinne der Richtlinien des Führers und Reichskanzlers zu überprüfen und die erforderlichen Anordnungen zu treffen. Über die Verwendung aller ausgemerzten Gegenstände, soweit sie dem Staat gehören, werde ich besonders, sobald mir die Liste vorliegt, entscheiden.

Ich beauftrage ferner den Reichs- und Preußischen Minister für Wissenschaft, Erziehung und Volksbildung, die Richtlinien des Führers und Reichskanzlers mit unnachsichtiger Strenge allen staatlichen Beamten, Angestellten und Beauftragten gegenüber, soweit sie sich auf dem Gebiet der Kunst betätigen, schnellstens durchzuführen. Soweit Kunstinstitute meiner unmittelbaren Leitung unterstehen, werde ich die Richtlinien selbst zur Anwendung bringen.»

Mit diesem Erlaß erhält Reichsminister Rust in seiner Eigenschaft als preußischer Minister die notwendigen Vollmachten zur endgültigen Säuberung der Kunstsammlungen innerhalb Preußens. Hier hatte der Minister, soweit Bildersammlungen in Frage kommen, die unmittelbare Verfügungsgewalt bisher nur über die staatlichen Museen. Diese wiesem lediglich im Kronprinzenpalais eine Abteilung moderner Kunst auf, die Reichsminister Rust bekanntlich im Herbst 1936 schließen ließ.[1]

1 Erst nachdem die zur Olympiade erschienenen Ausländer wieder abgereist waren.

Die großen Richtlinien

An den	Reichskammer der bildenden Künste
Berliner Spar- und Bauverein	– Der Landesleiter – Berlin
Berlin-Charlottenburg	Berlin W 62, den 20. Sept. 37
Knobelsdorffstr. 96	Ahornstr. 2
	Fernsprecher 25 40 45
	Stempel:
Durchschrift!	*Aktenzeichen: IV B 12 54*

Betr.: Ihr Schreiben vom 16. 9. 37. Zeichen Ht/H.
In Beantwortung des obenbezeichneten Schreibens bemerke ich, daß ich mich zu den Arbeiten von Professor Raemisch [1] an Ihren Siedlungsbauten in der Alboinstr. in Berlin-Tempelhof nicht eigentlich künstlerisch-gutachtlich, sondern vielmehr darüber äußern will, ob diese Arbeiten für die deutsche Öffentlichkeit als tragbar gelten können, vor allem, nachdem der Führer durch seine Ausführungen in München zum Tag der Deutschen Kunst endgültig die großen Richtlinien für die Gestaltung und die Bewertung der bildenden Kunst gegeben hat.

Danach sind beide Arbeiten als untragbar zu bezeichnen, wobei insbesondere der Umstand ins Gewicht fällt, daß sie ihren Platz an neuerrichteten Siedlungsbauten gefunden haben, die einen positiven Beitrag zur Lösung einer der wichtigsten volkswirtschaftlichen Fragen bedeuten und neben anderem zwangsläufig auch kulturpolitischen Notwendigkeiten in einwandfreier Form gerecht werden müssen, die im Großen – Planung und Gestaltung der Bauten – wie im Kleineren – künstlerischer Schmuck – auftreten. Die Untragbarkeit ergibt sich am eindringlichsten bei dem Relief, das Menschen eines rassisch so minderwertigen Typs zeigt, daß es unter den Begriff «Entartete Kunst» fällt; da es den Gesetzen der Relieftechnik nicht entspricht, weist es in der Untersicht groteske Verschiebungen auf, die den dargestellten Kretins einen nahezu gespenstischen Ausdruck verleihen. Auf gar keinen Fall ist es geeignet, dem deutschen Arbeiter ein würdiges Denkmal zu sein und den Bewohnern der Siedlung wie auch den Passanten die Eindrücke zu vermitteln, die von einem guten und wahren Kunstwerk zu fordern sind.

Das im letzten Satz Gesagte gilt auch für die weibliche Figur auf dem Pfeiler zwischen den Portalen; sie ist zwar künstlerisch wesentlich besser als das Relief, hat aber einen physiognomisch derart abschreckenden Ausdruck von minderwertig fremdartig- und böser Verschlagenheit, daß

1 Prof. Waldemar Raemisch, Bildhauer und Kunstgewerbler, 1888–1955; bis 1939 Professor an den Vereinigten Kunstschulen für freie und angewandte Kunst, Berlin; 1939 Leiter der Bildhauerabteilung der Rhode Island School of Design, New York, USA.

sie geeignet scheint, genau das Gegenteil dessen zu bewirken, was sie eigentlich soll; nämlich statt ein heiterer Schmuck und freundliches Symbol der Siedlung vielmehr deren böser Geist zu sein.

Auf Grund der Sachlage habe ich keine Bedenken, wenn Sie in Verfolg der Absichten von Aufsichtsrat und Vorstand die beiden Arbeiten von Professor Reamisch entfernen und gemäß unserer Besprechung an die Stelle der Portalfigur eine einwandfreie und zeitgemäße Arbeit eines Bildhauers setzen würden, den ich gern bereit bin, Ihnen namhaft zu machen.

Von einer Zurückhaltung des Resthonorars von Professor Raemisch möchte ich allerdings abraten, da die Beanstandung der Arbeiten erst nach erfolgter Abnahme durch die verantwortlichen Beauftragten erfolgte; immerhin schlage ich Ihnen in diesem Zusammenhang vor, sich jedesmal vor Vergebung künstlerischer Arbeiten – gleich ob auf dem Gebiet der Architektur, der Bildhauerei, der Malerei, der Gartengestaltung, der Innenraumgestaltung und – soweit dies für Sie in Betracht kommt – auch der Gebrauchsgraphik – zur Beratung mit mir oder dem jeweils zuständigen meiner Sachbearbeiter ins Benehmen zu setzen.

Im übrigen erkläre ich, daß der Kulturreferent des Reichspropaganda-Amtes Berlin und Kulturwart der NSDAP, Pg. Lucht mich ausdrücklich ermächtigt hat, Ihnen mitzuteilen, daß er sich meinen Ausführungen voll und ganz anschließt.

Lederer[1]
(Siegel)
Beglaubigt:
Marowsky

Obige Durchschrift überreiche ich Ihnen zur Kenntnisnahme.

1 Nach der Ausstellung *Entartete Kunst* erschienen in deutschen Zeitungen und Fachzeitschriften selbstverständlich viele «weltanschauliche» Aufsätze über die neue Entwicklungsphase der bildenden Künste in Deutschland. Für interessierte Leser sei besonders hingewiesen auf folgende Aufsätze und Bücher: *Oh rühret, rühret nicht daran,* in: *Das Schwarze Korps* vom 12. 8. 1937; R. L.: *Das Schöpferische in der bildenden Kunst* in: *National-Zeitung,* Essen, vom 5. 9. 1937; Hans Schwarz van Berk: *Ein Wort an den Künstler* in: *Westdeutscher Beobachter* vom 28. 11. 1937; Dr. Adolf Dresler: *Deutsche Kunst und Entartete Kunst – Kunstwerk und Zerrbild als Spiegel der Weltanschauung,* München 1938, S. 5 f; Walter Horn: *Führer und Gemeinschaftsleistung* in: *Odal,* April 1938, S. 319 f; Dr. Bruno Kroll: *Gedanken zur französischen Malerei der Gegenwart* in: *Nationalsozialistische Monatshefte,* Februar 1939, S. 35; Karlheinz Rüdiger: *Erfolge bolschewistischer Kultur – Erfolge des auserwählten Volkes* in: *Völkischer Beobachter* vom 9. 7. 1941; *Reichsleiter von Schirach in der Akademie der bildenden Künste,* in: *Wille und Macht,* Januar 1943, S. 33–36.

An den Kulturreferent des Reichspropaganda-Amtes Berlin und Gaukulturwart der NSDAP, Pg. Lucht
Berlin SW, Leipziger Str. 81

Lederer
Stempel: RKdbK
Beglaubigt:
Marowsky

Das Gesetz

Ohne Entschädigung

Gesetz über Einziehung von Erzeugnissen entarteter Kunst vom 31. 5. 1938, in: *Großdeutschland 1938*, bearbeitet von Dr. Hans Volz, Bibliotheksleiter der Hochschule für Politik, Teil 2, Berlin 1939, S. 669.

Die Reichsregierung hat das folgende Gesetz beschlossen, das hiermit verkündet wird:

§ 1

Die Erzeugnisse entarteter Kunst, die vor dem Inkrafttreten dieses Gesetzes in Museen oder der Öffentlichkeit zugänglichen Sammlungen sichergestellt und von einer vom Führer und Reichskanzler bestimmten Stelle als Erzeugnisse entarteter Kunst festgestellt sind, können ohne Entschädigung zu Gunsten des Reiches eingezogen werden, soweit sie bei der Sicherstellung im Eigentum von Reichsangehörigen oder inländischen juristischen Personen standen.

§ 2

(1) Die Einziehung ordnet der Führer und Reichskanzler an. Er trifft die Verfügung über die in das Eigentum des Reichs übergehenden Gegenstände. Er kann die im Satz 1 und 2 bestimmten Befugnisse auf andere Stellen übertragen.

(2) In besonderen Fällen können Maßnahmen zum Ausgleich von Härten getroffen werden.

§ 3

Der Reichsminister für Volksaufklärung und Propaganda erläßt im Einvernehmen mit den beteiligten Reichsministern die zur Durchführung dieses Gesetzes erforderlichen Rechts- und Verwaltungsvorschriften.

Berlin, den 31. Mai 1938

Der Führer und Reichskanzler
Adolf Hitler
Der Reichsminister für Volksaufklärung und Propaganda
Dr. Goebbels

Unerbittlich

In: *Mitteilungsblatt der RKdbK*, 1. Mai 1941, S. 4.

Aus gegebener Veranlassung weise ich nunmehr letztmalig darauf hin, daß die Erzeugung, Verbreitung und Vervielfältigung von Werken der bildenden Künste (Originalwerke und Vervielfältigungen der Malerei, Bildhauerei, Graphik und des Kunsthandwerks), die den in der Führerrede anläßlich der Eröffnung des Hauses der Deutschen Kunst im Jahre 1937 dargelegten kunstpolitischen und gestalterischen Grundsätzen des Nationalsozialismus widersprechen, verboten ist. Die Ausstellungen im Haus der Deutschen Kunst zeigen diese Grundsätze, nach denen verantwortungsbewußte Ausstellungsleiter arbeiten, in klarer und unmißverständlicher Weise.

Ich werde zukünftig mit den mir zur Verfügung stehenden Mitteln nunmehr unerbittlich gegen jeden vorgehen, der Werke der Verfallskunst erzeugt oder solche als Künstler oder Händler verbreitet. Ferner bestimme ich, daß Werke der Verfallskunst, die sich im Eigentum oder in Kommission der Kammermitglieder (insbesondere Kunst- und Antiquitätenhändler) befinden oder bei ihnen aufbewahrt werden, der Reichskammer der bildenden Künste, Berlin W 35, bis zum 10. Juni 1941 angezeigt werden, und daß ferner Werke dieser Art, die aus Privatbesitz zum Verkauf oder zur Versteigerung zukünftig angeboten werden, unverzüglich gleichfalls der Reichskammer der bildenden Künste gemeldet werden. Jede Anzeige hat zu enthalten: Name und Anschrift des Künstlers, des Besitzers, Titel und Format des Werkes und seine Herstellungsweise (Technik).

gez. Ziegler

1938: Festsitzung der Reichskammer

Anläßlich des *Tages der Deutschen Kunst 1938* in München fand im Kongreßsaal des Deutschen Museums am 9. 7. 1938 die Festsitzung der dritten Jahrestagung der RKdbK statt. Die hier abgedruckten Auszüge aus den Reden Hitlers, Goebbels' und Zieglers sind im *Mitteilungsblatt der RKdbK* vom 1. 8. 1938, S. 1, 2 und 4 erschienen. Vgl. Abb. 7 und 17.

Hitler

Einer der ersten Zeugen des nationalsozialistischen kulturellen Aufbauwillens, der allein mehr wiegt als das Geschreibsel aller demokratischen Zeitungen der Welt zusammengenommen, umfängt Sie heute wieder. Zum zweiten Male treffen wir uns in dem Hause, das der deutschen Kunst geweiht wurde. Sie werden später feststellen können, ob die vorhin ausgesprochene Behauptung des deutschen Fortschrittes auch auf dem Gebiete der Kunst berechtigt ist oder nicht.

Als ich vor über einem Jahr in einer ersten Vorschau die damals eingesandten Werke überprüfte, erfaßten mich Zweifel, ob ich nicht unter dem Eindruck des zunächst Vorliegenden die Eröffnung einer solchen Ausstellung überhaupt ablehnen sollte. Wahrhaft erdrückend wirkte die Zahl der Arbeiten, die ihre vernichtendste Repräsentation in der Ausstellung der entarteten Kunst erhalten hatten. Bei unzähligen Bildern war es ersichtlich, daß vom Einsender die beiden Ausstellungen verwechselt worden waren. So kam ich damals zu dem Entschluß, einen harten Strich zu ziehen und der neuen deutschen Kunst die einzig mögliche Aufgabe zu stellen: sie zu zwingen, den durch die nationalsozialistische Revolution dem neuen deutschen Leben zugewiesenen Weg ebenfalls einzuhalten.

Eine Periode der höchsten Leistungssteigerung auf allen Gebieten des menschlichen Fortschritts, der Pflege nicht nur scharfer Geistesgaben, sondern auch idealer körperlicher Schönheit, durfte nicht mehr symbolisiert werden durch die barbarischen Demonstrationen steinzeitlich zurückgebliebener Kunstvernarrer, farbenblind herumexperimentierender Schmierer und zu allem Überfluß fauler Nichtskönner. Das Deutschland des 20. Jahrhunderts ist das Deutschland des Volkes dieses Jahrhunderts. Das deutsche Volk dieses 20. Jahrhunderts aber ist das Volk einer neuerwachten Lebensbejahung, hingerissen von der Bewunderung des Starken und Schönen und damit des Gesunden und Lebensfähigen.

Zu dem Zweck muß das allgemeine Kunstgut eines Volkes auf einer soliden, anständigen Grundlage gehalten werden, aus der heraus sich dann die wirklichen Genies zu erheben vermögen. Denn Genie ist nicht Wahnsinn.

Goebbels

Die Jahrestagung der Reichskammer der bildenden Künste 1937 in München stand im Zeichen der Neuordnung unseres deutschen Kunstlebens und bildete mit dem «Tag der deutschen Kunst» den großartigen Auftakt zu einer Entwicklung künstlerischen Schaffens, wie sie in diesem Ausmaße damals selbst von den Optimisten nicht für möglich gehalten worden war. Diese Entwicklung wurde eingeleitet durch die Bereinigung einer Frage, die noch aus der Systemzeit übriggeblieben war, und die einer schnellen und gründlichen Lösung zuzuführen die Situation gebieterisch verlangte. Die sogenannte entartete Kunst war das Hauptthema dieser Auseinandersetzung, die mit leidenschaftlichem Für und Wider in den dafür interessierten Kreisen vor den Augen der Öffentlichkeit ausgetragen wurde. Selten ist ein Thema unter den deutschen Künstlern so hitzig debattiert worden, wie dieses. Berührte es doch die Grundelemente unseres künstlerischen Schaffens und fixierte es doch aufs neue die wesentlichen Prinzipien der weiteren Entwicklung unserer bildenden Künste.

Daß diese Frage eine schnelle und radikale Erledigung fand, war durch den Ernst der Situation geboten. Es mußte Klarheit geschaffen werden auf einem Gebiet, auf dem bis dahin noch Zustände hatten fortbestehen können, die der nationalsozialistischen Auffassung von Volk, Staat und Kultur direkt ins Gesicht schlugen. Diese Klarheit sollte herbeigeführt werden durch Zurschaustellung der Gegensätze selbst, sie wurde verbunden mit einem drastischen Appell an das Volk in seiner Gesamtheit.

Niemals war der Besuch einer deutschen Kunstausstellung so groß wie bei dieser, niemals wurden aber auch so zahlreiche Verkäufe getätigt wie hier. Eine Kunstausstellung, früher nur Angelegenheit der Künstler selbst oder bestenfalls noch einer kleinen interessierten Schicht von Kunstbeflissenen, wurde hier zu einem wahrhaft nationalen Ereignis. Die Menschen gingen zehntausendfach durch die Ausstellung der entarteten Kunst, um noch einmal die kulturelle Auflösung der Systemzeit in Augenschein zu nehmen, und schritten dann erhobenen Herzens durch die weiten Räume des Hauses der Deutschen Kunst mit einem wahren Glücksgefühl darüber, daß endlich, endlich nach Jahren furchtbarsten Niederbruchs die deutsche Kunst wieder zu sich selbst zurückgefunden hatte.

Adolf Ziegler

Mein Führer, als Sie anläßlich des Tages der Deutschen Kunst 1937 das Haus der Deutschen Kunst weihten, haben Sie mit diesem Weiheakt nicht nur dieses Haus eröffnet, sondern Sie haben auch gleichzeitig durch Ihre programmatische Rede der deutschen Kunst Weg und Richtung gewiesen. Jeder von uns, der diese Tage miterleben durfte, war sich bewußt, Zeuge einer entscheidenden Wende unseres Kunstlebens zu sein. Hatte vordem der Kunstbolschewismus als Feind jeder echten und wahren Kunst versucht, die bereits in den ersten Jahren der nationalsozialistischen Revolution verlorene Stellung nach und nach wiederzugewinnen, so machten jene Tage diesem Treiben ein für alle Male ein Ende. Diese erste große deutsche Kunstausstellung, die nach Ihrem Willen und Ihrer persönlichen Mitarbeit zusammengestellt war, lieferte den sichtbaren Beweis für diese Einstellung, die sich von allem Zerstörerischen und Ungekonnten in der Kunst ab- und den ewigen Werten der Kunst zuwendete. Überdies bekräftigte die Ausstellung «Entartete Kunst» vor aller Welt den Eindruck von Ihrem Wollen, mein Führer. So hat der Tag der Deutschen Kunst des Jahres 1937 dank Ihrer persönlichen Initiative eine Schicksalswende für die deutsche Kunst gebracht, wie wir sie in ihrer Größe und letzten Auswirkung heute noch gar nicht übersehen können, von der wir aber wissen, daß einst die Geschichte diesen Tag als den Anfang eines neuen Wiederaufstieges der deutschen Kunst bezeichnen wird. Dies danken Ihnen, mein Führer, mit mir alle wahren deutschen Künstler, und wir versprechen Ihnen, alles daran zu setzen, uns dieser Tat würdig zu erweisen.

Eine Auktion in Luzern

In: *Frankfurter Zeitung* vom 10. 6. 1939.

Eine Ausstellung von Gemälden und Plastiken aus den letzten Jahrzehnten aus ehemaligem deutschen Museumsbesitz, die zunächst Ende Mai in Zürich und dann den ganzen Juni hindurch in Luzern zu sehen war (als Vorbereitung einer auf den 30. Juni in Luzern angesetzten Auktion), verdient wegen der Kommentare, die die ausländische Presse daran knüpft, auch die Beachtung der deutschen Öffentlichkeit. Denn man behauptet gegenüber dieser Auktion, die durch das Kunsthaus Theodor Fischer in Luzern veranstaltet wird, daß der dabei erhoffte Gewinn bestimmt sei, der deutschen Aufrüstung zu dienen. Es bedürfte an und für sich keiner besonderen Begründung, daß die Summe, die bei dem Verkauf der 125 Werke umfassenden Kollektion erzielt werden kann, selbst dann, wenn die Schätzungspreise weit überboten würden, für die Beschaffung rüstungswichtiger ausländischer Rohstoffe nicht im mindesten ins Gewicht fiele. Die Polemik bestimmter außerdeutscher Zeitungen fällt aber völlig in sich zusammen, wenn man weiß, daß von deutscher Seite, was im Ausland geflissentlich verschwiegen wird, wiederholt eindeutig erklärt worden ist, daß der Erlös dieser Bilder und Plastiken allein dazu verwandt werden soll, wertvolle deutsche Kunstwerke aus ausländischem Besitz zurückzukaufen oder lebende deutsche Künstler zu fördern. Die Auffassung des Nationalsozialismus von Bedeutung und Aufgabe eines Kunstwerkes, die von der Staatsführung wiederholt eindringlich umrissen worden ist, zeigt den leidenschaftlichen Anteil, den der neue Staat gerade an den künstlerischen Äußerungen des Zeitalters nimmt. Er handelt deshalb nur folgerichtig, wenn er Werke von Malern oder Bildhauern veräußert, die er aus seiner weltanschaulichen Haltung heraus ablehnen muß, um dafür in den Besitz von Kunstwerken zu gelangen, die dem künstlerischen Empfinden des neuen Deutschland entsprechen.

GEMÄLDE UND PLASTIKEN MODERNER MEISTER

AUS DEUTSCHEN MUSEEN

Braque, Chagall, Derain, Ensor, Gauguin, van Gogh, Laurencin, Modigliani, Matisse, Pascin, Picasso, Vlaminck, Marc, Nolde, Klee, Hofer, Rohlfs, Dix, Kokoschka, Beckmann, Pechstein, Kirchner, Heckel, Grosz, Schmidt-Rottluff, Müller, Modersohn, Macke, Corinth, Liebermann, Amiet, Baraud, Feininger, Levy, Lehmbruck, Mataré, Marcks, Archipenko, Barlach

AUSSTELLUNG

IN ZÜRICH

Zunfthaus zur Meise, vom 17. Mai (Mittwoch) bis 27. Mai (Samstag) 1939

Eintritt: Fr. 3.—

Täglich geöffnet von 10—12 Uhr und von 2—6 Uhr (Sonntag nachmittag geschlossen)

IN LUZERN

Grand Hôtel National, vom 30. Mai (Dienstag) bis 29. Juni (Donnerstag) 1939

Eintritt: Fr. 3.—

Täglich geöffnet von 10—12 Uhr und von 2—6 Uhr (Sonntag geschlossen)

AUKTION IN LUZERN

Grand Hôtel National, Freitag, den 30. Juni 1939, nachmittags 2.15 Uhr

AUKTIONSLEITUNG: THEODOR FISCHER, GALERIE FISCHER, LUZERN

Die Versteigerung in Luzern wird angekündigt.

Die Aussätzigen

Oskar Kokoschka

Die folgenden vier Dokumente befinden sich im Archiv der Akademie der Künste in West-Berlin.

Herrn
Professor Oskar Kokoschka
Wien XVII
Liebhartstalstr. 29

Preußische Akademie der Künste
Berlin W 8, Pariser Platz 4
20. Juli 1937
J. Nr. 651
Vertraulich!

Sehr geehrter Herr Professor,
die bereits eingeleitete Neuordnung der Akademie der Künste erstreckt sich auch auf eine Neuzusammensetzung der Mitgliedschaft der Akademie. Da nach den mir gewordenen Informationen nicht zu erwarten ist, daß Sie künftig weiter zu den Mitgliedern der Akademie zählen werden, möchte ich Ihnen in Ihrem Interesse nahelegen, möglichst sofort selbst Ihren Austritt aus der Akademie zu erklären.

Der Präsident
Im Auftrage
Amersdorffer

Max Pechstein

z. Zt.: Kreis Stolp i/Pom. 22. 7. 37

Lieber Herr Prof. Arthur Kampf [1],
Meine Frau sandte mir Ihr wertes freundlich gemeintes Schreiben nach. Besten Dank für die darin enthaltene wohlmeinende Gesinnung. Was nun den Kern der Sache betrifft, so möchte ich mir erlauben, folgendes hierzu zu bemerken: Für mich ist eine Streichung meiner Mitgliedschaft aus der Gesamtheit der «Preußischen Akademie der Künste» kein Herausschmiß! sondern eine Erledigung meiner Person, und diesem schriftlichen Nachweis sehe ich, wie schon einmal erwähnt, entgegen. Denn ich

1 Der Maler Prof. A. Kampf hatte sein Atelier im gleichen Haus wie Pechstein; ihm wurde von der Akademie nahegelegt, Pechstein zum Austritt aus der Preußischen Akademie der Künste zu veranlassen; über jene Zeit Pechstein: «Dieses Schicksal teilte eine große Zahl Deutscher mit mir. Es wäre abwegig, auf die Verhöre durch die Gestapo hier näher einzugehen. Auch wühlt sich, während ich daran denke, der Haß gegen das hinter mir Liegende in die Höhe und droht mich genauso niederzulegen wie anfangs 1933», in: Max Pechstein, *Erinnerungen*, Wiesbaden 1960, S. 115.

habe unter anderen Namen der neuernannten Mitglieder, um nur eines zu nennen, auch den Namen: Thorak [1] gelesen, welcher, abgesehen davon, daß er mit einer Volljüdin verheiratet, ein Kind mit ihr zeugte, sich sofort nach dem Umsturz von ihr scheiden ließ, und Weib und Kind verleugnete! Warum? So weiß ich also nicht, welche reinen Gesichtspunkte es veranlassen könnten, mich herauszuschmeißen! Daß ich, oder vielmehr, daß man von mir in München eine Arbeit in der Ausstellung «Entartete Kunst» zeigt, berührt mich darum wenig, weil es eine Arbeit aus Palau [2], einer ehemaligen deutschen Kolonie aus der Südsee ist, welche die Japaner beschlagnahmten! Wenn erst einmal die deutsche Forderung nach deutschen Kolonien erfüllt sein wird, so wird es auch wieder erlaubt, ja, wenn nicht sogar erwünscht sein, daß man Künstler findet, welche so wie ich, aus rein ideeller Einstellung, ohne jegliche staatliche Unterstützung, auf eigene Faust und Gefahr, diese Gefilde aufsuchen, und dieselben zu gestalten versuchen. Nicht nach europäischen Gesichtspunkten, denn es ist nun einmal nicht Europa, und nicht Deutschland, wo Kolonien liegen!

Aus diesen Zeilen werden Sie ersehen, daß mir nichts anderes übrig bleibt, als dem Geschick seinen Lauf zu lassen, und ich bitte Sie nur noch, dieses Schreiben, als ebenso amtlich zu betrachten, wie das bereits vorhergegangene.

Mit bestem Dank für Ihre freundlichen Grüße, erwidere ich dieselben vielmals

als Ihr ergebener
M. Pechstein [3]

1 Über den Bildhauer Josef Thorak siehe auch Alfred W. Kames: *Filmarbeit auf neuen Wegen* in: *Film-Kurier* vom 25. 4. 1944 und in: *Die Kunst im Dritten Reich*, 1938, S. 222–223. Vgl. Abb. 37–40.

2 Die Ausstellung *Entartete Kunst* zeigte u. a. Max Pechsteins Bilder: *Stürmische See*, *Fischerfamilie*, *Frau des Künstlers*, *Ehepaar auf Palau* und *Insulanerin*.

3 Mit Brief vom 11. 9. 1937 teilte der stellvertretende Präsident der Preußischen Akademie der Künste, Schumann, Pechstein den Ausschluß aus der Akademie mit.

Ernst Barlach

Siehe auch Dr. Walter Stang: *Weltanschauung und Kunst*, Berlin 1937, S. 34–35.

An den stellvertretenden Präsidenten der Preußischen Akademie der Künste
Herrn Dr. Georg Schumann
Berlin W 8
Pariser Platz 4

Dr. Marsmann,
Rechtsanwalt beim Oberlandesgericht
Dr. Thormann,
Rechtsanwalt beim Amts- und Landgericht
Notare
Seestadt Rostock, den 22. Juli 1937
Koßfelderstr. 11

Sehr geehrter Herr Professor!
Herr Ernst Barlach, Güstrow, hat mich beauftragt, Ihnen Folgendes mitzuteilen:

Herr Barlach hat Ihrer Anregung entsprechend seinen Austritt aus der Akademie telegrafisch erklärt.[1] Er spricht Ihnen für Ihren vorsorglichen Ratschlag seinen Dank aus. Inzwischen ist in der Presse eine Notiz erschienen, derzufolge «der größte Teil von Mitgliedern einer vergangenen Kunstepoche, die einer nationalsozialistischen Neubelebung der Akademie nicht im Wege stehen wollten», bereits ausgeschieden sei.

Gegen diese Auslegung seines Verzichts auf Mitgliedschaft muß Herr Barlach Einspruch einlegen. Die Formulierung der zitierten Pressenotiz setzt eine Gegnerschaft der ausgeschiedenen Akademie-Mitglieder voraus und zwingt zu dem Schluß, daß diese Mitglieder zwar die Notwendigkeit einer Entwicklung bejaht, aber sich selbst als Gegner dieser Entwicklung bekannt hätten. Von alledem kann jedenfalls in der Person des Herrn Barlach keine Rede sein.

Herr Barlach hat Verfolgungen jeder Art, Ausmerzung seiner Arbeiten aus Museen, von öffentlichen Plätzen und aus sakralen Räumen, Beschlagnahmen und Verbote schweigend über sich ergehen lassen. Die schlichte Austilgung seines Namens aus der Mitgliederliste der Akademie würde sich diesen Maßnahmen in gleichem Geiste angereiht haben. Die Auslegung jedoch, die sein freiwilliger Verzicht auf die Mitgliedschaft in der Presse gefunden hat, widerspricht so sehr allen Tatsachen und der inneren Einstellung des Herrn Barlach, daß er hierzu nicht schweigen kann.

Er erhebt gegen eine Begründung seines Austritts, wie er sie niemals

1 Das Telegramm vom 11. 7. 1937 lautet: «Bitte vom Entschluß meine Mitgliedschaft an der Akademie der Künste niederzulegen Kenntnis zu nehmen. Ernst Barlach.»

gedacht oder ausgesprochen hat, schärfsten Protest und bittet Sie, sehr geehrter Herr Professor, diesen seinen Protest an den Herrn Reichsminister weiterzuleiten.

Heil Hitler!
Unterschrift
Rechtsanwalt
M/H.[1]

Christian Rohlfs

Prof. Christian Rohlfs, Maler und Graphiker; über vierhundert seiner Bilder wurden als «entartete» Kunst beschlagnahmt; den Brief schrieb er mit achtundachtzig Jahren; 1938 starb er in seinem Atelier.

An den
Präsidenten der
Preußischen Akademie der Künste
Berlin

Ascona, den 24. 8. 37
Betr.: J. Nr. 651

Ich bestätige dem Empfang Ihres Schreibens vom 2. 8. und Ihrer Drahtung vom 11. 8. In Ihrem Schreiben fordern Sie mich zum sofortigen Austritt aus der Akademie auf; in der Drahtung erbitten Sie «gefälligst sofortigen Telegrammbescheid». Hierzu bemerke ich:

Ich habe mich nie um Ehrungen bemüht und nie auf solche viel Gewicht gelegt; ich bin als Künstler 70 Jahre lang meinen eigenen Weg gegangen und habe gearbeitet, ohne zu fragen, wieviel Beifall oder Mißfallen ich dabei erntete. Zustimmung oder Ablehnung, Ehrung oder Nichtehrung machen mein Werk weder besser noch schlechter; ich überlasse das Urteil darüber der Zukunft. Gefällt Ihnen mein Werk nicht, so steht es Ihnen frei, mich aus der Mitgliederliste der Akademie zu streichen; ich werde aber nichts tun, was als Geständnis eigener Unwürdigkeit gedeutet werden könnte.

Prof. Chr. Rohlfs[2]

1 Der neue Amtschef für Volkserziehung, Graf von Baudissin, im Reichs- und Preußischen Ministerium für Wissenschaft, Erziehung und Volksbildung, schrieb am 30. 7. 1937 an die Preußische Akademie der Künste u. a.: «Dem Bildhauer Barlach bitte ich auf die Eingabe der Rechtsanwälte Dr. Marsmann und Dr. Thormann mitzuteilen, daß mir sein Protest zur Kenntnis gegeben worden ist, ohne mich von seiner Berechtigung überzeugen zu können.»

2 Am 1. 7. 1938 wurde Prof. Chr. Rohlfs aus der Preußischen Akademie der Künste ausgeschlossen; siehe auch den Brief des Präsidenten der RKdbK, Adolf Ziegler, vom 3. 4. 1941 an den Maler Karl Schmidt-Rottluff in Paul Ortwin Rave: *Kunst-Diktatur im Dritten Reich*, Hamburg 1949, S. 94, sowie *Briefe des Bildhauers Joachim Karsch*, Berlin 1948, S. 25.

Kämpfer gegen die «Entartete Kunst»

Paul Schultze-Naumburg

Krebsschaden

Prof. Dr. h. c. Paul Schultze-Naumburg in: *Männer im Dritten Reich*, Bremen 1934, S. 204.

Verf. war Architekt und Direktor der Staatlichen Kunsthochschule Weimar.

Zu diesem Thema siehe auch Dr. Hans Severus Ziegler: *Praktische Kulturarbeit im Dritten Reich* in: *NS-Bibliothek*, Heft 22, 1932, S. 27–28; Konrad Nonn in: *Das Bild*, 1939, S. 178.

Es gab kaum ein Kulturgebiet, das von der Überfremdung nicht in Mitleidenschaft gezogen wurde. Die Gegenwirkung blieb erfreulicherweise nicht aus. Klarblickende, kritische und geistig überragende Köpfe suchten dem Verfall deutscher Kultur und Kunst zu begegnen. Im Zeichen Albrecht Dürers schlossen sie sich zu einem Bunde zusammen, der aufbauend auf den erhaltenen Kulturgütern nach einer neuen deutschen Ausdrucksform rang.

Zu diesen Männern gehörte der am 10. Juni 1869 in Naumburg als Sohn eines Porträtmalers geborene Paul Schultze-Naumburg. Nach dem Besuch der Kunstakademie Karlsruhe begab sich der Meisterschüler Ferdinand Kellers auf Studienreisen nach Italien und Frankreich. Nach der Rückkehr nach Deutschland beteiligte er sich an der Gründung der Berliner und Münchener Sezession. Ursprünglich Bildhauer und Maler, hatte er sich schon während seiner Studienzeit der Innendekoration und der Architektur zugewandt, und gerade auf dem letzten Gebiet sollte er bald eine Bedeutung weit über die deutschen Grenzen hinaus gewinnen. Bis 1901 war er als Professor an der Kunstschule in Weimar tätig, dann gründete er in Saaleck bei Kösen eine Künstlerschule, der eine Werkstätte für Innendekoration angegliedert war. Schultze-Naumburg hatte bald den Krebsschaden der damaligen Kunstrichtungen erkannt. Seine vorzügliche künstlerische Ausbildung in Verbindung mit besonderer kritischer Befähigung und einer natürlichen Verwurzelung im deutschen Kulturgut ließen ihn bald als streithaften Verfechter guter, alter deutscher Kunst und betonten neuen deutschen Schaffens auf den Plan treten. Vielseitig als ausübender Künstler war er geradezu unerschöpflich als

Kämpfer. Die Zahl seiner Schriften, in denen er für eine Heimatkunst eintrat und statt fremder, verlogener und undeutscher Künsteleien echte, schlichte, einfache und bodenständige Kunst forderte, ist zahllos. Es ist unmöglich, im Rahmen eines kurzen Lebensabrisses die Gebiete aufzuzählen, auf denen er sich betätigte. Besonders seine vergleichenden Kunstbetrachtungen, die ungeheures Aufsehen erregten, ebneten einer deutschen Kunst die Wege. Daß sich seine Reformbestrebungen auch auf die alltäglichen Dinge erstreckten und daß er schon 1927 auf den engen Zusammenhang zwischen Kunst und Rasse hinwies, sei nur deshalb vermerkt, weil es Rückschlüsse auf die ungewöhnliche Vielseitigkeit des hervorragenden Mannes zuläßt. Ein so durch und durch deutscher Mann war natürlich immer mit der nationalen Bewegung auf das innigste verbunden. Die Gegner des Nationalsozialismus waren auch die seinen. Alle Versuche der Kunst- und Kulturbolschewisten, Schultze-Naumburg zu einer Art Säulenheiligen herabzuwürdigen, scheiterten an der hohen Künstlerschaft des Meisters, der 1930 Mitglied der Preußischen Akademie der Künste wurde. Wenig später, im März 1930, berief ihn Dr. Frick, der thüringische Innenminister, zum Leiter der Hochschule für Handwerk und Baukunst in Weimar. Der Landtag, obwohl gar nicht zuständig, kündigte den Vertrag, aber im Oktober 1932, als die Nationalsozialisten wieder an die Macht kamen, erhielt Schultze-Naumburg erneut die Leitung. Der deutsche Künstlerbund hatte ihn 1931 auf Grund seiner Vorträge gegen die deutsche Unkultur ausgeschlossen, eine Maßnahme, mit der er sich nur lächerlich machte, denn die Bedeutung Schultze-Naumburgs, des Ehrendoktors zweier Universitäten, stand damals auch international ganz unbestritten fest.

Die Fahne

Dank an Schultze-Naumburg, in: *Völkischer Beobachter* vom 14. 11. 1940.

In feierlichster Form wurde in der thüringischen Landeshauptstadt der zehnte Jahrestag der Übernahme der Staatlichen Bauhochschule in Weimar durch Prof. Dr. h. c. Paul Schultze-Naumburg begangen. Verbunden war damit der Übertritt Paul Schultze-Naumburgs, der im 72. Lebensjahr steht, in den Ruhestand. Der scheidende Direktor war der Gegenstand höchster und herzlicher Ehrungen.

Gauleiter und Statthalter Sauckel[1] überreichte zum Eingang seiner Ansprache ein persönliches Handschreiben des Führers. Der Führer

1 Fritz Sauckel, 1894–1946, in Nürnberg zum Tode verurteilt; 1921 NSDAP-Redner; 1927 Gauleiter in Thüringen, 1933 Reichsstatthalter; am 21. 3. 1942 von Hitler zum Generalbevollmächtigten für den Arbeitseinsatz ernannt; am 30. 9. 1942 erhielt er von Hitler Vollmacht, Kommissare in den besetzten Ländern Europas zu ernennen und «alle notwendigen Maßnahmen zu treffen».

spricht darin seine Anerkennung für die großen Verdienste aus, die Prof. Schultze-Naumburg in langjährigem Wirken, insbesondere in seiner zehnjährigen Arbeit an der Weimarer Kunsthochschule, der deutschen Baukultur geleistet hat. Der Gauleiter begrüßte dann die großen Verdienste Schultze-Naumburgs und feierte die mutige Tat, als sich Paul Schultze-Naumburg vor zehn Jahren der nationalsozialistischen Bewegung zur Verfügung stellte und sich damit in den politischen Tageskampf begab. «Sie haben für die Zukunft eine Bastion geschaffen. Sie haben in der Verfallszeit die Fahne der deutschen Kunst hochgehalten.»

Reichskultursenator Staatsrat Dr. Ziegler[1] verlas ein Telegramm des Reichsministers Dr. Frick, in dem es heißt: «Nach zehnjähriger segensreicher Tätigkeit als Leiter der Kunsthochschule Weimar scheiden Sie heute aus Ihrem Amt. Als ich Sie im Frühjahr 1930 an diese Stelle berief, war Ihr Name ein Programm. Unter vollem Einsatz Ihrer Person hatten Sie schon jahrzehntelang im Sinne des Führers gegen eine rassisch entartete Kunst und für deutsche Kultur in Wort und Schrift und durch beispielhafte Werke gekämpft. In diesem Gebiet haben Sie auch die Kunsthochschule Weimar geleitet und ihr einen neuen Aufschwung gegeben.»

Wolfgang Willrich

«Künstlerische Gestaltung des Staatsgedankens von Blut und Boden»

Walter Hansen: *Wolfgang Willrich* in: *Das Bild,* 1936, S. 332–337, Auszug.

Bis 1936 veröffentlichte W. Willrich bereits: *Kunst und Volksgesundheit,* in: Schriftenreihe des Reichsausschusses für Volksgesundheit, Heft 7, Berlin 1934; *Wesen und Gestalt der Germanischen Menschen,* in: *Odal,* Juni 1934; *Mein Weg und meine Einstellung zu Rasse und Kunst,* in: *Volk und Rasse,* Heft 4, 1934; *Schönheit als Formenausdruck der Hochwertigkeit,* in: *Odal,* August 1934; *Eine hohe Aufgabe deutscher Kunst – Darstellung des vollwertigen germanischen Menschen,* in: *Volk und Rasse,* 1934, S. 275 f; *Kunst und Tendenz,* in: *Politische Erziehung,* Heft 14, 1934; *Bildniskunst und Volkaufartung,* in: *Rasse,* Heft 7/8, 1935; *Kunst und Volkaufartung,* in: *Deutscher Bauernkalender,* 1935; *Bauerntum als Heger deutschen Blutes – Zeichnungen,* Goslar 1935; *Vom Lebensbau deutscher Art – Bilder und Gedanken zur Rassenfrage – 1. Mappe Frauenspiegel,* Goslar 1936; *Noch lebt das edle Blut trotz allem,* in: *Rasse,* Oktober 1936; *Bildniskunst und Sippenkunde,* in: *Deutsches Adelsblatt,* Heft 11, 1936. Vgl. Abb. 52–54.

In Göttingen ist Wolfgang Willrich im Jahre 1897 geboren. Er stammt aus einer alten niedersächsischen Familie und hat seine künstlerische

1 Dr. Hans Severus Ziegler.

Ausbildung nach vierjähriger Kriegsgefangenschaft von 1920 bis 1927 an der Dresdener Akademie erworben. Sein Studium hat er bewußt so angelegt, daß es ihm mit guter handwerklicher Technik die Darstellung des gesunden Menschen ermöglichte. Als Künstler hat Willrich schon seit 1920 versucht, den Rassegedanken künstlerisch zu formen, und zwar in schroffem Gegensatz zu der damals üblichen Auffassung vom Menschen als jämmerliche Kreatur, wie sie uns sattsam aus den Schilderungen der bekannten Kulturbolschewisten Schmidt-Rottluff, Heckel, Kirchner, Kokoschka, Dix, Grosz und Hofer bekannt geworden sind. Derartige Versuche, den gesunden Menschen nordischer Rasse als künstlerisch wertvolles Ziel des gesamten Kunstschaffens sind während der finsteren marxistisch-liberalistischen, jüdisch vollständig verseuchten Systemzeit von 1918–33 keineswegs häufig gemacht und wenn sie versucht wurden, in den meisten Fällen recht bald in süßlichen Kitsch abgeglitten (Fidus), selbst wenn solche Künstler von reinsten Absichten ausgingen. Als der niedersächsische Künstler Willrich daher 1934 vom Minister Dr. Darré nach Berlin zur künstlerischen Gestaltung des Staatsgedankens von Blut und Boden berufen wurde, konnte die Wahl auf keinen besseren Vertreter fallen, denn Willrich hat sich als Kämpfer um die Säuberung des deutschen Kunstschaffens von artfremden und krankhaften Vorbildern mit seinen sauberen Zeichnungen rassisch wertvoller Menschen aus allen Gauen Deutschlands ein bleibendes Verdienst errungen.

Die Norddeutschen erregen die Eifersucht der Bayern

Berlin-Frohnau, Forstweg 70
1. 11. 1936

Sehr geehrter Herr Reichsbauernführer [1]!
Selbstverständlich werde ich gern die Reise nach Süddeutschland unternehmen und hoffe, daß diesmal das Unternehmen seitens der Landesbauernschaft so vorbereitet wird, daß wirklich etwas dabei herauskommt. Denn im vorigen Jahr um diese Zeit schickte mich das Rasse- und Siedlungsamt dorthin und bei meiner Ankunft stellte sich heraus, daß Herr Ries, dem die Vorbereitung der Sache aufgetragen war, weder Vorsorge selber getroffen hatte noch überhaupt jemanden bestimmt hatte, die angeordnete Fahrt mitzumachen oder auch nur zu planen. Ohne jede Unterstützung planlos dem Zufall mit der Bahn entgegenzufahren bzw. zu marschieren, das führt natürlich nicht zum Erfolg. So war im vorigen Jahr meine Ausbeute aus Bayern sehr gering, während ich in Württem-

1 Der Brief ist an R. W. Darré gerichtet.

berg dank der Vorarbeit und der persönlichen Mitwirkung Dr. Ehingers in kurzer Zeit allerlei Gutes zustande gebracht habe. Es kommt also darauf an, daß die Betreuung in Bayern durch einen Mann geschieht, der sich auch dann wirklich und mit Verständnis dafür einsetzt, daß die wirklich trefflichsten Gestalten auch tatsächlich erfaßt werden. Denn meine Norddeutschen, die jetzt die Eifersucht der Bayern erregen, verdanke ich nicht bloß dem Zufall, sondern der aufopfernden Mitarbeit und sorgsamen Vorbereitung meiner Arbeit durch *Bauern* mit hervorragendem Blick für das Rassische und hervorragender Personenkenntnis, wie z. B. dem Kreisbauernführer Beek von Süderdithmarschen, dem Bauern und Rassereferenten von der Ohe in Marwede (Lüneburger Heide) oder dem Bauern Meyer-Besenkamp, der mich in Westfalen auf die Höfe gefahren hat. Ich nenne diese Namen als Beispiel dafür, daß persönliche Anteilnahme und Begabung und Erfahrung mit Land und Leuten hier mehr ausrichtet, als dienstliche Erledigung vermag, und daß ich es begrüßen würde, wenn für Bayern jemand vor- und mitwirkt, der ebenso begeistert für Nordische Art ist, wie ich selber. Das ist nämlich – darüber haben mich gewisse Vorkommnisse z. B. Bilder und Notizen im «Schwarzen Korps» belehrt, keineswegs immer der Fall auch in Kreisen, deren Arbeit diese Begeisterung eigentlich voraussetzen müßte. Anstatt sich Mühe zu geben aus Süddeutschland «nordisch» vorbildliche Beispiele zu suchen, diskreditiert man die «Norddeutschen» als «phantasielos», «starr», zu Gunsten eines «warmherzigen, lebensfrohen Süddeutschen» mit dem «zur Aufgeschlossenheit notwendigen» ostischen bzw. dinarischen Einschlag. Diese Leute sehen in der Halligfriesin eine armselige Fehlzüchtung gemessen an ihrer ersehnten «bayrischen Rasse» oder «süddeutschem Wesen» überhaupt. Oder aber das «Nordische» in der starken Ausprägung, wie ich es aufsuche, gilt für diese Leute als «in Wirklichkeit nicht vorhanden», weil sie selber es zufällig nicht verkörpern oder ihre Frau jede Ähnlichkeit damit vermissen läßt. Die Zeitschrift Rasse gab mir kürzlich Gelegenheit, diesen Unsinn anzugreifen. Ich lege hier einen Sonderdruck meines Aufsatzes bei. Wo solche Auffassungen von «andersgearteten» Süddeutschen herrschen, da ist natürlich die Schulungsarbeit matt und man sucht nach «pädagogischen» Gründen, um Konzessionen machen zu dürfen, die das Ideal derart herabmischen, daß die Herrschaften höchstselbst ideal-deutsch dastehen. Ohne eigene Begeisterung kann man auch andere nicht begeistern, das ist es! Vor wenigen Wochen habe ich vor 500 Jungvolkführern in Hessen mit meinen Bildern zum Rassegedanken gesprochen – die Leute gingen mit, spontan, gepackt, voller Begeisterung einerlei, ob sie blonde oder braune Augen und Haare selber hatten. In der Reichsführerschule in Potsdam spreche ich zu jedem Lehrgang, zeige wie immer, das Bild kompromißlos klar und ohne irgendwelche taktische Vorbehalte. Die Jungen – einerlei, ob sie aus dem Norden oder Süden des Reichs, aus

Österreich oder Bessarabien, herkommen, sind jedesmal zutiefst ergriffen und – wie mir der Leiter Oberbannführer Minke oft versichert hat – völlig durchdrungen und begeistert nach einem Ideal hinzuarbeiten, dessen Keim sie in sich spüren, so hoch auch die Erfüllung noch über ihr persönliches Niveau hinausweist. Grund? Ich «behandle» nicht «im Dienst» ein «Schulungsthema», sondern ich verkünde zugleich mit Bild und Wort, an Beispiel und Gegenbeispiel das Ziel der Volksaufartung und Volksgesundung als den heiligen Kern des Staatsgedankens von Blut und Boden. Das gibt natürlich dem Ganzen von vornherein eine Stimmung, die das Beste in dem Zuhörer wachruft. Bisher habe ich nur einmal erlebt, daß die Wirkung ausblieb. Das geschah im vorigen Jahr in Neuhaus vor vorwiegend nordischen Menschen, weil damals Herr Bode mit albernen Zwischenrufen sich zwischenschob, meine ostischen Gegenbeispiele als «lebenswärmer» erklärte und anschließend an den Vortrag mich und meinen Collegen Gerlach [1] zu einer uferlosen Diskussion nötigte, und schon vorher eine dem Rassegedanken entgegengesetzte Atmosphäre geschaffen hatte, die wenigstens wieder zu neutralisieren gar nicht so einfach war für einen Gast gegenüber einem berufenen Lehrer. Sowohl Gerlach wie ich, wir haben über diese Sache bis ins einzelne damals an Dr. Rechenbach berichtet. Ich weise hier wieder darauf hin, weil dies der einzige nennenswerte Widerstand war, den ich bisher erfahren habe, und weil dieser Widerstand nicht aus der Zuhörerschaft, sondern seitens einer bewußt gegen den Rassegedanken eingestellten Lehrkraft erhoben wurde, deren Amt mindestens ein wohlwollendes Verstehen des Rassegedankens erfordert hätte. Dr. B. K. Schultz sagte mir kürzlich, daß Herr Merkenschlager, ein bewährter Querkopf gegen den nordischen Gedanken, eine Professur in München für Rasseangelegenheiten bekommen hat! Es ist, wo solche Böcke zu Gärtnern gemacht werden, zu erwarten, daß eine wachsende Gegnerschaft gegen den nordischen Gedanken organisiert wird und dazu noch mit Staatsmitteln und Staatsautorität! Ich wittere ein System in der ganzen Sache, dessen geistigem Herd man freilich schwer beikommen kann. Vielleicht ergibt sich einmal die Gelegenheit, mündlich darüber zu verhandeln. – Mein Buch [2] wird nun endlich nach vielen Kürzungen bei J. F. Lehmann [3] gedruckt. Lehmann fürchtet, daß durch die Zensur der Reichsstelle wieder ein paar Monate verloren gehen. Vielleicht ist das Prüfungsverfahren durch ein paar Zeilen dahin, daß die Veröffentlichung eilt, zu beschleunigen? Bezeichnend für die Wirrnis von heute ist, daß letzten Sonntag

1 Der Maler Josef Gerlach; s. S. 339.

2 *Die Säuberung des Kunsttempels*, München/Berlin 1937.

3 J. F. Lehmanns Verlag gehörte im Dritten Reich zu den führenden politischen Verlagen, besonders auf dem Gebiet der Rassenforschung; ausführlich in: *Literatur und Dichtung im Dritten Reich* (Ullstein Buch 33029).

das Ministerium Rust öffentlich zugeben mußte, daß über 3 Jahre nach der Machtübernahme die moderne Abteilung der Nationalgalerie mit dem Kunstbolschewismus noch nicht so weit aufgeräumt hat, wie es der nationalsozialistischen Weltanschauung entsprochen hätte. Welch eine Blamage!

Ich freue mich sehr, auch in diesem Jahre wieder Ihr Gast in Goslar sein zu dürfen. Ich werde es begrüßen, wenn ich wieder schon vorher, zugleich mit dem Eintreffen der Trachtengruppen dort untergebracht werden und meiner Arbeit nachgehen kann.

Heil Hitler!
Ihr sehr ergebener
Wolf Willrich

Die Himmler so vertrauten Gesichter

Heinrich Himmler: Vorwort zu Wolf Willrich: *Vom Lebensbaum deutscher Art*, Goslar o. J.

Die Bildermappe Willrichs zeigt uns Köpfe von SS-Männern aus allen Gegenden Deutschlands. Sie soll dem Beschauer vor Augen führen, daß dieses nordische Blut, das diese Gesichter geformt und geprägt hat, dem ganzen deutschen Volk eigen ist und niemals der das deutsche Volk trennende, sondern nur der das deutsche Volk verbindende Blutsteil ist.

Je länger man diese Gesichter ansieht, desto bekannter kommen sie einem vor. Wir treffen sie nicht nur in der heutigen Zeit in allen Gegenden unseres Vaterlandes, sondern finden sie wieder, wenn wir uns die Bilder der Ahnen unseres Volkes aller Zeiten vergegenwärtigen.

Mögen die Arbeiten Willrichs, von denen ich wünschen möchte, daß möglichst viele deutsche Menschen – besonders junge – sie zu sehen bekommen, dazu beitragen, das ewige Gesicht germanisch-deutschen Blutes ins Gedächtnis zu rufen und damit die große Verpflichtung, dieses Blut rein zu erhalten und zu mehren.

Der Reichsführer SS
H. Himmler

Beschwerde

handschriftlich:
Herrn Reichsbauernführer
zur Kenntnisnahme
mit 3 Anlagen.

Berlin-Frohnau, Forstweg 70
den 2. 11. 1938

Sehr geehrter Herr Reichsführer [1]!
Ich stelle Ihnen die «Ahnfrau» (Dithmarscher Bauerntochter in Bronzezeittracht) und die «Hüterin der Art» (falls sie nach der Behandlung in Potsdam überhaupt noch zu retten und wieder instand zu setzen ist) als Leihgabe zur Ausschmückung irgendeines würdigen Raumes zur Verfügung.

Seit der Entfernung der Kameraden Minke und Geisler von der Reichsführerschule in Potsdam sind dort meine Bilder nicht mehr sicher, wie Sie aus dem anliegenden Brief dieser Schule ersehen werden (Anlage 1). Dieser Brief ist leider kein Zufallsprodukt, sondern nur ein besonders offenherziger Ausdruck der Gesinnung, die mir anstelle eines Dankes von der Reichsjugendführung entgegengebracht wird (Anlage 2). Ich werde bei meinen Vorträgen gerade von Hörern aus Kreisen der HJ und BDM-Führerschaft, die Freude an meinem Wirken haben, immer wieder darauf hingewiesen, daß angeblich der Reichsjugendführer [2] selber meine Arbeit lächerlich zu machen belieben soll. Ich kann das nicht nachprüfen; aber es widerstreitet dem sicher nicht, daß das Organ des Reichsjugendführers «Wille und Macht» mein Wirken ebenso wie das unseres um die Volkstümlichkeit besserer Vorgeschichtserkenntnis zweifellos hochverdienten Malers Petersen bewitzelt. (Anlage 3)

Angesichts einer solchen öffentlichen Stellungnahme verpflichtete mich lediglich die kameradschaftliche Zusammenarbeit mit Minke und Geisler zur Fortsetzung meiner Bemühungen in der HJ. Nunmehr aber hat es für mich gar keinen Sinn mehr, aussichtslos gegen eine Strömung anzuschwimmen, die sichtbar von der vom Reichsbauernführer und der SS vertretenen Richtung abweicht, die aber zu überwinden nicht in meiner Macht liegt. Ich erachte daher eine völlige Zurückhaltung meiner Arbeit von der Jugenderziehung – so sehr ich auch bedaure, dort nicht mehr für den Rassegedanken persönlich wirken zu können – immer noch für besser, als wenn ich es auf einen offenen Kampf mit der Reichsjugendführung ankommen ließe.

1 Reichsführer SS Heinrich Himmler.

2 Baldur von Schirach, * 1907; 1924 Eintritt in die NSDAP; ab 1928 in der NSDAP-Reichsleitung und mit der Führung der NS-Hochschulbewegung betraut; ab 1930 Reichsjugendführer; Schriftsteller; ausführlich in: *Literatur und Dichtung im Dritten Reich* (Ullstein Buch 33029).

Richtig erscheint es mir aber, wenn ich Ihnen und auch dem Herrn Reichsbauernführer von dem eingetretenen Zustand lediglich Kenntnis gebe, damit Sie selbst unmittelbar Ihre eigenen Beobachtungen anstellen können. Es wird für Sie selbst nicht gleichgültig sein, ebensowenig für den Reichsbauernführer, ob in der Reichsjugendführung dieselbe Arbeit bekämpft wird, die für Ihre Absichten in der Bauernschaft und der SS eine Grundlage bilden soll. Ihr Vorwort zu meiner SS-Mappe [1] und Ihr darin besonders betonter Wunsch, meine Arbeit in der Jugend auszubreiten, von dem ich mir viel erhoffte, hat leider gar keinen Nachhall in der Reichsjugendführung gefunden, sondern wird lediglich von der Jugend selber beherzigt, soweit sie das noch ohne Störung tun kann.

Heil Hitler!

3 Anlagen

Ihr sehr ergebener
Willrich

Ärger

29.12.38

Sehr geehrter Herr Willrich!
Für die Übersendung von 12 Fotokopien Ihrer Zeichnungen zu Weihnachten danke ich Ihnen bestens, da ich annehme, daß Sie mir damit eine Freude machen wollten. Persönlich kann ich allerdings nicht umhin, zu bemerken, daß es mich etwas erstaunt hat, wenn einem Mann wie Ihnen, den ich immerhin fast ein halbes Jahrzehnt über Wasser gehalten und ihm erst die Möglichkeit gegeben habe, in der weiteren Öffentlichkeit bekannt zu werden, als Zeichner nichts besseres einfällt als mir die Fotokopien von Bildern zuzuschicken. Auch das kleinste, persönlich gezeichnete Bild wäre ein Ausdruck der Aufmerksamkeit gewesen, während die von Ihnen gewählte Form auf mich schon etwas peinlich wirkte.

Wenn Sie dann noch einen solchen Schritt benutzen, um mir zu Weihnachten eine Beschwerde über meine Adjutantur aufs Butterbrot zu schmieren, dann muß ich schon sagen, daß dies etwas viel Taktlosigkeit auf einmal darstellt. Ich weiß nicht, warum Sie nicht nach Goslar eingeladen worden sind, aber ich kann mir durchaus vorstellen, daß sich meine Adjutanten genauso über Sie geärgert haben, wie ich es bei der Lektüre Ihres Weihnachtsbriefes getan habe.

Heil Hitler!

Herrn Deetjen
zur Kenntnis.

R. Walther Darré

1 Siehe vorstehendes Dokument.

Walter Hansen

«Ohne einen Funken anständiger Gesinnung»

Dieser neunseitige Brief ist gekürzt wiedergegeben.

Der Reichsstatthalter in Hamburg – Senat
25. August 1937

An den
Herrn Reichs- und Preußischen Minister
für Wissenschaft, Erziehung und
Volksbildung
Berlin W 8

Wie ich erfahre, ist dem in meinem Gau Hamburg höchst unliebsam bekannt gewordenen Dr. phil. Walter Hansen, jetzt wohnhaft: Berlin-Charlottenburg, Knesebeckstr. 14, weitgehende Mitwirkung in der Bekämpfung der entarteten Kunst eingeräumt worden.

Ich halte mich für verpflichtet, ernste Bedenken dagegen geltend zu machen, daß Dr. Hansen entscheidender Einfluß in der staatlichen Verwaltung und vielleicht auch in der Bestimmung über das künftige Schicksal von Volksgenossen zugestanden werden könnte. Ich will nicht erörtern, ob Dr. Hansen ausreichend vorgebildet und selber genügend leistungsfähig auf dem Gebiet der Kunst ist, daß ihm hierin ein zutreffendes Urteil zuzutrauen wäre. Das Bedenkliche in der Persönlichkeit des Dr. Hansen sehe ich in dem hier in Hamburg bewiesenen Mangel an Pflichtbewußtsein und in dem völligen Fehlen anständigen Charakters.

Ausbildung und Tätigkeit als staatlicher Lehrer:

Besuch der Seminarschule und des Lehrerseminars in Hamburg, Februar 1924 Abschlußprüfung; 1924 bis 1927 Besuch der Landeskunstschule, abschließend Zeichenlehrerprüfung; 1928 zweite Lehrerprüfung; mehrere Jahre Berufsschullehrer in Hamburg bis 1935; 1925–1928 Studium an der Hansischen Universität (Vorgeschichte, Völkerkunde, Kunstgeschichte und Volkskunde); 1929 mündliche Doktorprüfung mit genügend bestanden, schriftliche Arbeit als befriedigend beurteilt, zwecks gründlicher Durcharbeitung und Kürzung aber zunächst zurückgegeben. Erst 1937 Arbeit wieder eingereicht (inzwischen ergebnislose Bemühungen um einen Verleger), am 30. März 1937 Doktorbrief und Berechtigung zur Führung des Doktortitels erhalten (tatsächlich den Doktortitel bei veröffentlichten Schriften und Ankündigungen seit 1930 bereits geführt). Neben seiner Anstellung im Volksschulwesen war Hansen nebenamtlich im Museum für Völkerkunde unter Professor Thilenius [1] seit 1929 beschäftigt. Durch diesen wurde er jahrelang beauftragt, Vorlesun-

1 Prof. Dr. Georg Thilenius, 1886–1937, seit 1919 Direktor des Hamburger Museums für Völkerkunde.

gen und Übungen auf Gebieten der Vorgeschichte und Volkskunde zu halten. – Vom 1. Dezember 1929 bis 31. Dezember 1931 wurde Hansen für Arbeiten an der topographischen Grundkarte im Bereich der Hamburg-Preußischen Landesplanung für den Landesplanungsausschuß beurlaubt. Er war ferner, nachdem ihm zunächst eine Ermäßigung seiner wöchentlichen Unterrichtsstunden gewährt war, im April, Mai und Juni 1932 mit Gehalt für wissenschaftliche Arbeiten, im August und September 1932 und von Anfang Juni bis Mitte März 1933 ohne Gehalt für wissenschaftliche Arbeiten beurlaubt; er erhielt endlich vom 1. April 1933 bis 31. März 1934 für seine Tätigkeit an der Volkshochschule (Vorlesungen und Führungen) Urlaub mit Gehalt. Im April 1934 bewarb er sich um die Stelle eines Lehrers an der Hansischen Hochschule für bildende Kunst. Die von ihm zum Beweise seiner Fähigkeit vorgelegten eigenen Arbeiten wurden ihm mit der Mitteilung zurückgereicht: «Nach Ansicht verantwortlicher Fachkreise und auch nach meiner Ansicht reichen die Bilder nicht aus, um Sie als Lehrer der Malerei zu empfehlen.» – Die Behörde hatte ihm vom 1. April 1934 bis zum 10. April 1935 zum aktiven Schuldienst erneut verpflichtet, bis er auf eigenen Antrag seine Entlassung unter Verzicht auf Versorgungsansprüche und Titel beantragt hatte. Am 20. Februar 1935 teilte die Reichskammer der bildenden Künste (Landesstelle Norddeutschland) mit, daß Hansen von der Aufnahme-Kommission des Bundes Deutscher Maler und Graphiker als «Dilettant» abgelehnt sei.

Seit 1929 hatte Hansen bei dem Leiter des Museums für Völkerkunde, Prof. Thilenius, gearbeitet und, wie er unter dem 6. März 1934 selber schreibt, diesem Mann für manche Unterstützung während seines Studiums und der Zeit seiner freiwilligen Mitarbeit in der vorgeschichtlichen Abteilung herzlich zu danken. Am 5. Januar 1934 schreibt Hansen an den Regierenden Bürgermeister Krogmann mit der Bitte um eine Unterredung: «Herr Prof. Thilenius ist mit größter Vorsicht und zunächst schärfster Zurückhaltung zu behandeln (dunkle Geldgeschäfte mit Juden, der Fall Dr. O. Samson, Anstellung eines Juden für 6000,– RM Barzahlung, die jüdische Abteilung am Eingang des Museums, Zerstörung germanischer Bronzen usw.)» Er verdächtigte also diesen Mann nach fünfjähriger Zusammenarbeit in übelster Weise, und zwar völlig unzutreffend. Als die Behörde zum Schutz von Prof. Thilenius Strafantrag wegen Beleidigung gestellt hatte, fand Hansen sich persönlich bei Prof. Thilenius ein und unterschrieb eine ausführliche Erklärung, in der er alle Beschuldigungen zurücknahm. Der Strafantrag wurde darauf zurückgezogen. Später hat er die Beschuldigungen gegen Thilenius dennoch wiederholt.

Der Landesschulrat Dr. Schulz bei der Kultur- und Schulbehörde in Hamburg ist vom Reichsminister für Wissenschaft, Erziehung und Volksbildung zum Leiter der deutschen Gastdelegation für den Internationalen Erzieher-Kongreß in Tokio bestellt worden. Durch ein Schreiben vom 31. Mai 1937 an den Legationsrat Heinrichs im Auswärtigen Amt bezeichnet Dr. Hansen den Landesschulrat Schulz als «Schädling von weltanschaulicher und charakterlicher Minderwertigkeit und als Judenknecht». Schreiben gleichen Inhalts hat Hansen, soweit bekannt, an die Gauleitung Berlin und an die Reichsleitung des Lehrerbundes in Bayreuth gerichtet.

Es kann keinem Zweifel unterliegen, daß Hansen diese Anschuldigungen gegen Schulz wider besseres Wissen deshalb erhebt, um die ihm seitens des Landesschulrat Schulz früher zuteil gewordenen Zurechtweisungen zu vergelten.

In einem vertraulichen Bericht der Staatspolizei vom 19. August 1935 heißt es: «U. a. war er (Hansen) auch vom 1. Dezember 1929 bis 31. Dezember 1931 zwecks Ausführung von Arbeiten für den Hamburgisch-Preußischen Landesplanungsausschuß beurlaubt. Auf wessen Veranlassung Hansen zu diesen Arbeiten herangezogen wurde, konnte nicht ermittelt werden. Bezeichnend ist jedoch, daß das Gesuch zwecks Ausführung von Arbeiten für den Hamburgisch-Preußischen Landesplanungsausschuß und die weiteren Gesuche um Urlaubsverlängerung von dem ehemaligen SPD-Polizeisenator Schönfelder, der zur damaligen Zeit gleichzeitig Vorsitzender des Ausschusses war, unterzeichnet sind. Es besteht der Verdacht, daß Hansen, der weit über den üblichen Rahmen hinaus beurlaubt worden ist, zu den Männern des Landesplanungsausschusses, u. a. auch Schönfelder, gute Beziehungen gehabt haben muß.»

Bei Durchsicht der Personalakte Hansens fällt auf, daß er im Jahre 1933 seine Gesuche an die Behörde unterzeichnet: am 28. März 1933 «mit vorzüglicher Hochachtung ganz ergebenst», am 28. Juni 1933, «ergebenst», am 15. September 1933 «mit vorzüglicher Hochachtung ganz ergebenst», am 3. Oktober 1933 «mit vorzüglicher Hochachtung ergebenst». Er behauptet, schon lange vor der Machtübernahme für den Nationalsozialismus gekämpft zu haben, aber läßt noch im dienstlichen Schriftverkehr im Oktober 1933 den deutschen Gruß «Heil Hitler!» vermissen. In diesem Zusammenhang ist auch die Art der Ausfüllung seines Fragebogens zum Berufsbeamtengesetz bemerkenswert. Auf die Frage: «Haben Sie im Weltkrieg an der Front für das Deutsche Reich oder seine Verbündeten gekämpft», antwortet er «Nein, leider zu jung». Auf die Frage: «Welchen politischen Parteien haben Sie bisher angehört, von wann bis wann»: «Nur einer, der NSDAP». (Die Dauer der Zugehörigkeit wird wohlweislich nicht angeführt.) Unter dem 2. Mai 1934 berichtet der Landesschulrat an die Gauleitung: «Herr Hansen gehört zu den sehr wenigen hamburgischen Lehrern, die es nicht für nötig gehalten haben, dem NS-Lehrerbund beizutreten. Gegenüber dem Pg Uhlig, Institut für Lehrerfortbildung, hat er sich in einer für einen Nationalsozialisten ungehörigen Weise über den Nichtbeitritt zum Lehrerbund ausgesprochen. Nichtsdestoweniger forderte er vor wenigen Tagen, ich solle ein Reklameblatt für ein von ihm verfaßtes vorgeschichtliches Buch der Zeitung des Lehrerbundes beilegen lassen. Ich habe das abgelehnt mit dem Hinweis darauf, daß er als Hamburger Lehrer und Parteianwärter nicht einmal dem Lehrerbund angehört. Er wandte sich darauf in heftiger und m. E. ungehöriger Form gegen diese Entscheidung, betonte vor allem, daß er nicht verstände, wie man ihm als «alten Kämpfer» diese Unterstützung versagen könne. Auf meine Frage, seit wann er Parteigenosse sei, gab er zu, daß er zwar erst im Frühjahr 1933 eingetreten sei, aber schon vorher im Kampfbund für deutsche Kultur gekämpft habe. Auf meinen Einwand, daß es doch dann für ihn nicht angebracht sei, sich selbst als «alten Kämpfer» zu bezeichnen, entgegnete er, daß er sich dazu wohl berechtigt halte, denn «er sei zwar erst jetzt der Partei beigetreten, habe aber vorher schon gekämpft, während andere, die es verstanden hätten, rechtzeitig der Partei beizutreten, in hohe Ämter gekommen seien, ohne gekämpft zu haben».

Wie sich aus der Personalakte des Herrn Hansen ergibt, hat er in den vergangenen Jahren das Wohlwollen der marxistischen Behörden in sehr starkem Maße in Anspruch genommen zum Zwecke privater Studien. Schuldienst hat er bislang sehr wenig gemacht; dagegen hat er mit erheblicher Geschäftigkeit sehr viel Beschäftigungen anderer Art gesucht.

Am 18. Januar 1935 wird mitgeteilt, daß die Streichung des Walter Hansen als Mitgliedsanwärter der NSDAP vollzogen sei. Hansen durfte in Hamburg auch nicht mehr als Gauredner auftreten, da er sich in seinen fortgesetzten Ausfällen bei seinen Vorträgen wie seinen schriftlichen Veröffentlichungen gegen die Museumsleitungen in Hamburg wendet und deren Arbeit völlig einseitig kritisiert. Als er seinen Wohnsitz von Hamburg nach Berlin verlegte, ist ihm die Möglichkeit zum Erwerb der Mitgliedschaft in der NSDAP erneut eröffnet worden in der Erwartung, daß er seine kritiklosen Wühlereien gegen die hamburgische Verwaltung künftig unterlassen würde.[1] Leider haben seine Behauptungen über den Regierenden Bürgermeister Krogmann und Denunziationen über den Landesschulrat Schulz erwiesen, daß er jeden Anstandes bar ist. Ergänzend darf ich zu dem Verhalten des Dr. Hansen in Berlin noch hinzuberichten:

1) daß die Geheime Staatspolizei unter dem 3. April 1937 an den Herrn Reichs- und Preußischen Minister für Wissenschaft, Erziehung und Volksbildung schreibt: «Unter Bezugnahme auf das auch Ihnen zugegangene Schreiben des Herrn Reichsministers für Volksaufklärung und Propaganda vom 29. März 1937 – II 2773/12. 3. – halte ich wegen der ungerechtfertigten ausfallenden Äußerungen und wegen des taktlo-

1 Schriftwechsel der NSDAP Berlin mit der NSDAP Hamburg im Besitz des Herausgebers. Hansen war in beiden Städten Mitglied.

sen Verhaltens des Hansen ein Einschreiten gegen ihn auf dienststrafrechtlichem Wege für unerläßlich.»

2) daß der Direktor der Nationalgalerie in Berlin, Hanfstaengel, an den Leiter der Hamburger Kunsthalle unter dem 19. Dezember 1935 u. a. folgende Frage richtet: «Ist Ihnen ein Herr Hansen irgendwie bekannt? Dieses Mannsbild treibt sich in Berlin herum, macht Führungen und schimpft dabei in dummer und ungebildeter Form, sodaß sich das Publikum bei mir beschwert hat. Ich höre, daß ihm die Reichskunstkammer auf den Fersen ist und ihm schon einmal das Handwerk gelegt hat.»

Ich wiederhole, daß ich nicht die Ergebnisse und die Richtigkeit der Kunstkritik des Dr. Hansen beurteilen oder beanstanden will. Mit Recht hat m. E. die hamburgische Verwaltung sich gegen die Art, *wie* er in den Jahren 1933–35 die einen verschwindenden Bruchteil im hamburgischen Kunstschatz ausmachenden entarteten Kunstwerke vor der Öffentlichkeit hervorgezerrt und für diese nicht die früheren Beamten der Systemzeit, sondern die neuen Diener des Dritten Reiches in der Öffentlichkeit angeprangert hat, zur Wehr gesetzt.

Ich halte es nicht für vertretbar, daß Dr. Hansen als einem Manne ohne Pflichtbewußtsein, ohne Selbstkritik, ohne Achtung vor einem akademischen Grad, vor der Ehre seiner Lehrer, ohne Respekt vor regierenden Männern und leitenden Beamten, ohne einen Funken anständiger Gesinnung, der nur darauf bedacht ist, sich mit allen Mitteln Geltung und Ansehen zu verschaffen, und wäre es mit der frivolen Behauptung, alter Kämpfer der NSDAP zu sein, irgendwelcher bestimmende Einfluß in der öffentlichen Verwaltung eingeräumt wird.

Karl Kaufmann

Nicht stichhaltig

An die
NSDAP, Gaugericht Hamburg
z. Hd. des Gaurichters Sievers
Hamburg 13
Helmhuderstr. 36

Hinkel
Reichskulturwalter
Berlin, den 10. September 1937

Betrifft: Dr. Walter Hansen

Sehr geehrter Herr Sievers!
Die Akten Dr. Walter Hansen, die ich in der Anlage dankend zurückreiche, haben dem Präsidenten der Reichskulturkammer, Herrn Reichsminister Dr. Goebbels, zur Einsichtnahme vorgelegen. Auf Anweisung meines Ministers soll ich Ihnen amtlich mitteilen, daß das gegen Dr. Walter Hansen vorliegende Material nach Ansicht des Herrn Ministers nichts Stichhaltiges enthält. Ich habe weiterhin die Anweisung erhalten, den

Parteigenossen Hansen künftig gegen unberechtigte Angriffe zu schützen.

Heil Hitler!
Hinkel

Eigentliches Motiv: Postenjagd

Dr. Johann von Leers [1]
Berlin-Dahlem, Goßlerstr. 17
Fernsprecher 76 4614 u. 76 4001
28. 11. 1937

Sehr verehrter Herr Professor [2]!
In der Anlage erlaube ich mir, Ihnen Durchschläge einiger Briefe, die Sie über den berüchtigten Walter Hansen und seine frühere Tätigkeit orientieren können, ergebenst zu übersenden.

Das Stabsamt des Reichsbauernführers hat jahrelang gegen Hansen kämpfen müssen, der alle völkischen Vorkämpfer auf dem Gebiet der Vor- und Frühgeschichte mit seinem Haß verfolgte. Hier kann außer Herrn Wille auch Herr Dr. Petersen, dessen Brief beiliegt, Auskunft geben. Ebenso kann der Verlag Köhler & Amelang, den er verfolgte, über ihn Auskunft geben.

Willrich hat mir zugegeben, was ich zu bezeugen bereit bin, daß der größte Teil seines Buches [3] Material ist, das Hansen geliefert hat. Hansen ist der eigentliche Geist und Inspirator dieses Buches. Ich weiß nicht, ob er auch finanziell an ihm interessiert ist. In jedem Fall würde ich empfehlen, Hansen als Sachverständigen oder Zeugen schon deshalb abzulehnen, weil nach eigener Angabe von Willrich Hansen ein sehr wesentlicher Teil der Beschuldigung in dem Buch selber hereingebracht hat. Willrich ist vielmehr sein Maschinengewehr, das dieser Mensch bedient, um aus seinem krankhaften Verleumdungstrieb andere Menschen «abzuschießen».

Auch gegen mich hat Hansen mit Verdrehungen, Entstellungen, mit Briefen, die er heimlich an alle möglichen Stellen, um mich zu verleumden, geschickt hat, gearbeitet. Er spielt sich lediglich als ein Verteidiger

1 Johann von Leers, * 1902; 1929 NSDAP-Mitglied; Spezialität: Slawistik und Japanologie; der wilde Antisemit von Leers nannte z. B. Konrad Adenauer «Blutjude» in seinem Buch *Juden sehen dich an*, Berlin 1933, S. 10; obwohl Hansen in seinem Sinne wirkte, war Leers gegen ihn; ausführlich über Johann von Leers in: *Literatur und Dichtung im Dritten Reich* (Ullstein Buch 33029).

2 Brief, gekürzt, an den Kunstwissenschaftler Prof. Dr. Georg Biermann, der übrigens auf der Ausstellung *Entartete Kunst* zum Kunstbolschewisten gestempelt wurde.

3 Wolf Willrich: *Die Säuberung des Kunsttempels*, München/Berlin 1937.

der Kunst auf, nachdem er auf dem Gebiet der Vor- und Frühgeschichte sich zurückhalten muß. Das eigentliche Motiv bei ihm ist Postenjagd – um einen Posten zu erwischen, scheut er sich nicht, ohne eigene produktive Leistungen nicht nur Schuldige, sondern auch halbschuldige, gänzlich Unschuldige, die irgendwann einmal ein schlechtes Bild gemalt haben, inzwischen lange gute und ordentliche Sachen schaffen, mit lautem Lärm als «Kunstbolschewisten» zu verketzern. Es ist ihm gleichgültig, ob er damit Familien ruiniert, Menschen, die ihm nie etwas getan haben, um alles bringt – geistig unfruchtbar wie ein Maulesel, ist sein Glück das Spitzeln, Giftmischen, Materialsammeln, das bedenken- und gewissenlose kläffende Hetzen. Er wirft sich zum Richter auf, ohne selber in irgendeiner Weise wirklicher Künstler zu sein, ohne ermessen zu können, was er an Unheil anrichtet – und auch entschlossen, es gar nicht erst ermessen zu wollen.

Der Präsident der Reichskammer, Herr Prof. Ziegler, den ich selber nicht kenne, wird Ihnen sicher auch gern Auskunft über Hansen geben.

Walter Hansen ist eine grauenvolle Zeiterscheinung. Was das klassische Athen als Sykophant, was das kaiserliche Rom als Delator kannte, der Spitzel, Denunziant und Verleumder aus Beruf und Neigung – das ist in ihm wieder auferstanden. Der Kampf gegen diesen Menschen gehört zu den notwendigsten nationalsozialistischen Aufgaben. Würde der Typ solcher materialsammelnden Giftmenschen häufiger werden und in zahlreichen Berufen auftauchen, so könnte kein ordentlicher Mensch mehr in Ruhe seine Tagesarbeit tun, weil er stets davor zittern müßte, daß der Delator wieder einen uralten Mißgriff oder Fehler von ihm herausgesucht hat, um ihn zu vernichten, lediglich um sich selbst auf diese Weise den Ruhm eines Eiferers und als Lohn – doch nicht genug zum Mundstopfen – ein Pöstchen zu verschaffen.

Mit den besten Empfehlungen
Heil Hitler!
Ihr ergebener
J. v. Leers
SS-Obersturmführer

Die gut informierte Gestapo

An den
Herrn Präsidenten der
Reichsschrifttumskammer
Berlin-Charlottenburg 2
Hardenbergstr. 6

Geheime Staatspolizei
– Staatspolizeileitstelle Berlin –
Berlin C 2, Grunerstr. 12,
Ecke Dircksenstraße
Stempel: 2. Apr. 1940
Reichsschrifttumskammer
II DI 024 211

– Stapo B 3 – Dr. Hansen, Walter / 39 –
Berlin, den 26. März 1940

Betrifft: Dr. Walter Hansen, 21. 9. 1903 Hamburg geboren, Berlin-Charlottenburg, Knesebeckstr. 14 wohnhaft.
Bezug: Dort. Schreiben II D 2 – 024 211 – sr. v. 16. 2. 1940.
Der Obengenannte war durch einstweilige Verfügung des stellv. Gauleiters von Berlin am 13. 4. 1938 vorläufig aus der Partei ausgeschlossen worden, weil er einen Mitarbeiter des Reichsleiters Rosenberg auf das Gröbste verleumdet haben sollte.[1] Durch Entscheidung des obersten Parteigerichts ist Dr. Hansen seit dem 1. März 1940 wieder Mitglied der NSDAP.

Nach der Machtübernahme ist er in politischer, krimineller und pressepolizeilicher Hinsicht nachteilig nicht in Erscheinung getreten.

Im Auftrage:
Unterschrift

Ausschlußverfügung aufgehoben

Um ein besseres Bild über die Persönlichkeit Walter Hansens zu gewinnen, siehe auch seine Aufsätze: *Kunst und Rasse*, in: *Niederdeutsche Warte* vom 1. 2. 1934; *Kampf um die deutsche Kunst*, in: *Grundeigentümerzeitung*, Hamburg, vom 8. 2. 1934; *Nordischdeutsch*, in: *Das Schwarze Korps* vom 29. 5. 1935; *Neue Zielsetzungen und Wertungen der deutschen Kunst im Dritten Reich*, in: *Hansische Hochschulzeitung*, 1935, Nr. 10; *Schluß mit der Kunstkritik*, in: *Die Bewegung* vom 9. 12. 1936; *Verfallskunst*, in: *NS-Schulungsbrief*, März 1937.

1 Es handelte sich darum, daß Dr. Hansen als Mitorganisator der Ausstellung *Entartete Kunst* einen Aufsatz von Robert Scholz in: *Steglitzer Anzeiger* vom 24. 1. 1933 als «kulturbolschewistische Kritik» bezeichnet hatte. Erst sieben Tage später wurde der Artikel des Meisters der NS-Kunstkritik Robert Scholz beseitigt. Das siebenseitige Urteil des Parteigerichts befindet sich im Besitz des Herausgebers. Da Scholz Leiter der Abteilung Bildende Künste im Amt Rosenberg war, ist anzunehmen, daß Walter Hansen zur Clique der Rosenberg-Gegner gehörte.

Herrn
Dr. Walter Hansen
Berlin-Charlottenburg 2
Knesebeckstr. 14

Der Präsident der
Reichskammer der bildenden Künste
Berlin W 35, den 12. 11. 40
Blumeshof 4–6
Fernsprecher: 21 92 71
Aktenzeichen: II B/M 10846/611
Durchschr. f. LL. Berlin

Ich habe meine Ausschlußverfügung vom 2. 3. 39 aufgehoben. Sie sind somit weiterhin Mitglied meiner Kammer unter Nr. M 10846.

Das anliegende Formular zur Beitragsfestsetzung für 1940 wollen Sie ausgefüllt umgehend an mich zurücksenden.

Im Auftrag
Hoffmann
(Siegel) Beglaubigt:
Brasch

Anlage
1 Formular

Franz Hofmann

Lebenslauf

Ich bin am 2. 8. 1888 als Sohn der Hotelbesitzerehegatten Franz und Fanny Hofmann in Bad Reichenhall geboren. Meine Eltern, die beide bereits verstorben sind, waren Münchner Bürger u. z. die Besitzer des Hotels «Deutscher Kaiser» in München. Sie dürften der Stadtverwaltung durch die «Hofmannsche Stiftung», welche noch besteht und sich in Verwaltung der Stadtgemeinde München befindet, bekannt sein.

Ich besuchte die Volksschule in Bad Reichenhall und das humanistische Gymnasium in München und absolvierte im Juli 1909 am kgl. Wittelsbacher Gymnasium.

Ich studierte dann Philosophie, Architektur und Kunstgeschichte an den Hochschulen München, Kiel, Dresden und Erlangen und promovierte an der Friedrich-Alexander-Universität in Erlangen am 24. Januar 1923 cum laude mit der Arbeit: «Kritische Betrachtungen über die deutsche romantische Malerei im 19. Jahrhundert.» Ich wandte mich dann der Schriftstellerei in Fachzeitschriften zu und trat Anfang des Jahres 1931 als Kunstreferent und Kritiker in den V. B. ein, der meine Tätigkeit bald restlos in Anspruch nahm. Ich habe z. Zt. das gesamte Referat für Bildende Kunst und Philosophie inne, habe mich jedoch noch nicht vertraglich festgelegt.

Ich bin Kriegsteilnehmer, diente bei der Flakwaffe und stand während der gesamten Dauer des Krieges im Heeresdienste. Ich erhielt als Auszeichnungen an der Front das E. K. II. Kl. und die preußische Verdienstmedaille vom roten Kreuz III. Kl. und schied als Leutnant aus dem Heeresdienste.

1919 nahm ich als Angehöriger des Freikorps Epp an der Befreiung Münchens teil und trat dann der Einwohnerwehr bei. Vor dem November 1923 war ich bereits der Hitlerbewegung beigetreten. Den Putsch 1923 machte ich unter Stabschef Röhm bei der Reichskriegsflagge mit.[1] (Es war in ihr das Corps Palatia, dem ich mit angehöre, wie bekannt zahlreich vertreten).

Die folgenden Jahre gehörte ich der Ludendorff-Gruppe an. Am 1. Sept. 1930 trat ich erneut in die NSDAP ein, am 1. Februar 1932 in die SA. Aus der letzteren sah ich mich gezwungen vor kurzem aus eigenem Wunsche auszuscheiden, da mir die erhöhte Arbeit in der Presse es nicht mehr ermöglichte, die erforderlichen Abende freizuhalten. – In Hinsicht auf die Wehrpflicht ist dies in meinem Falle nicht von Bedeutung, da die Flakwaffe, mit der ich durch den Flakverein weiter in Verbindung stehe, der Luftschutzorganisation untersteht.

München, den 31. Januar 1934
Dr. Franz Hofmann

Bildende Künste und Philosophie

Völkischer Beobachter, Verlag Frz. Eher Nachf., GmbH., München
Bestätigung
Herrn Dr. Franz Hofmann wird hiermit bestätigt, daß er vom April 1931 bis heute fortlaufend als Kritiker und fachwissenschaftlicher Mitarbeiter auf dem Gebiete der bildenden Künste und der Philosophie im Völkischen Beobachter tätig war.

München, den 13. Juni 1934

Völkischer Beobachter
Schriftleitung
München, Schellingstr. 39 I
Unterschrift

Betrifft: Beurlaubung Dr. Hofmann

I. Vormerkung.

Heute hat der Präsident der Reichskunstkammer Pg. Ziegler angerufen und mitgeteilt, daß er vom Führer den Auftrag erhalten habe, sämtliche Galerien Deutschlands einer eingehenden kritischen Prüfung zu unterziehen. Diejenige Galerie, die er am besten in Ordnung gefunden hätte, sei die städtische Galerie (Lenbach-Galerie[2]) gewesen. Zur Durchführung seines Auftrags ersuche er um Beurlaubung des Dr. Hofmann auf etwa drei Monate. In Anbetracht der Dringlichkeit des Ersuchens

1 Dr. Franz Hofmann war Blutordensträger.
2 Dr. Hofmann war Konservator der Lenbach-Galerie.

habe ich die Genehmigung zur Beurlaubung des Dr. Hofmann erteilt. Die Gehaltszahlung erfolgt weiterhin durch die Stadt München. Ein Rückersatz erfolgt nicht, jedoch werden die Herrn Dr. Hofmann durch seine Tätigkeit entstehende Unkosten durch Tagegelder usw. seitens der Reichskunstkammer ersetzt.

II. Zum städt. Kulturamt
zur Kenntnis.
III. Zum Referat I, Abt. II
zur weiteren Veranlassung.

Am 3. August 1937
Tempel
Bürgermeister

zu II erl. Ge.
I.
In der Beurlaubungs-
kartei vorgemerkt
II.
II/4 Az. K.
III.
Zum Personalakt. 7. 8. 37
Referat 1
Unterschrift

An den Oberbürgermeister der Hauptstadt der Bewegung

An den
Herrn Oberbürgermeister
der Hauptstadt der Bewegung
München

Der Präsident der Reichskammer
der bildenden Künste
Berlin W 35, den 4. August 1937
Blumeshof 6
Fernsprecher: B 1 Kurfürst 9271
Stempel:
München, Hauptstadt der Bewegung,
6. Aug. 37
Einlaufamt I
Aktenzeichen: I. 56/791 b

Ich nehme Bezug auf die mit Herrn Bürgermeister Tempel gehabte Unterredung und bestätige die mir gegebene Zusage, den Direktor der Städtischen Galerie in München, Herrn Dr. Hofmann, auf die Dauer von drei Monaten unter Fortzahlung seiner Dienstbezüge durch die Stadt München zu beurlauben und ihn mir zur Durchführung des von dem Führer gegebenen Auftrages, den Museenbesitz von Produkten der Verfallskunst zu säubern, zur Verfügung zu stellen. Ich spreche Ihnen dafür meinen Dank aus.

Heil Hitler!
Ziegler
Stempel:
Reichskulturkammer
RKdbK.

I. Kenntnis genommen. 13. Aug. 1937, Kulturamt der Hauptstadt der Bewegung

II. Zum Kulturamt.
III. Zum Referat 1
Unterschrift
Personalreferat:
16. Aug. 1937
II/1

Der Oberbürgermeister
In Vertretung:
Unterschrift

Die Dienstreise

Über das 6. 8. 37
Städt. Kulturamt zum Herrn Oberbürgermeister.

Der Präsident der Reichskammer der bildenden Künste, Professor Ziegler, teilte mir heute fernmündlich mit, daß ich zur Durchführung der Aktion des Herrn Ministerpräsidenten Göring «Säuberung der Galerien in Deutschland» vorgeschlagen sei. Wegen meiner Beurlaubung auf drei Monate zu diesem Zwecke sei Ihre Zustimmung bereits erfolgt und würde ein offizielles Schreiben an den Herrn Oberbürgermeister noch abgehen.

Ich beehre mich nach Rücksprache mit Herrn Direktor Ratsherrn Reinhard mitzuteilen, daß ich die Dienstreise heute Nacht nach Berlin antrete.

München, den 4. August 1937
Leitung der städtischen Galerien
Dr. F. Hofmann

I. Genehmigt
II. Zum Fahrnisamt.
III. Zum Kulturamt.
Am 10. August 1937
Der Oberbürgermeister
In Vertretung:

Personalreferent
16. Aug. 1937 II/1
I. Kenntnis genommen.
II. Zum Referat I
Am 13. August 1937
Der Oberbürgermeister
In Vertretung
Unterschrift

«Der erfahrene Münchener Kunsthistoriker»

Angriff-Zeichner sieht Köpfe des Propagandaministeriums – Dr. Hofmann betreut die bildenden Künste im Ministerium, in: *Angriff* vom 11. 1. 1939.

Dem Text ist eine Zeichnung Dr. Hofmanns vorgestellt und unter der Spalte steht: «Text und Zeichnung von Knud Knudsen.»

Während die standesmäßige Betreuung die Aufgabe der Reichskammer der bildenden Künste ist, liegt in den Händen Ministerialrat Dr. Hofmanns die kulturpolitische Führung der bildenden Kunst. Ein Zweig der

Abteilung wieder sind beispielsweise die Auslandsausstellungen des Reiches in allen Kulturstaaten, die eine Brücke der geistigen Gemeinschaft der Nationen und damit einen Beitrag zum Frieden bilden, den wir uns auf der Grundlage gegenseitiger Wertschätzung und Gleichberechtigung zum Ziel gesetzt haben. Der erfahrene Münchener Kunsthistoriker erzählte mir einiges aus seinem Leben, das gerade deshalb so interessant ist, weil es die kämpferische gerade Haltung eines deutschen Wissenschaftlers zeigt, der die Faust und die Feder zu führen verstand: «Nach dem faulen Frieden machte ich im Freikorps Epp den Sturm auf meine Vaterstadt München mit. Nach diesem ersten Wetterleuchten gab es in München zweierlei Menschen; die einen, die bereit waren, auf jeden Fall zu handeln; die anderen, die entschlossen waren, dies auf keinen Fall zu tun. Für mich war die Wahl keine Qual. So stand ich am 9. November am rechten Platz. Dies erscheint mir heute als das Symbol einer eigenen inneren Revolution; ich wurde Journalist und führte mehrere Jahre die Klinge im ‹VB› auf dem Kunstgebiet, auf dem die junge Bewegung den Kampf mit der gerissensten Gegnerschaft zu führen hatte! Die städtische Galerie München ließ mich als ihr Leiter die Gegenwartskunst in eine organische Einheit mit der Kunst der Vergangenheit bringen. Daraus ergab sich die Ausscheidung von Verfallskunst von selbst, und die große Säuberungsaktion, die vom Führer 1937 veranlaßt wurde, traf deshalb meine Galerie nicht.»

Kapitel V

RAUB UND PLÜNDERUNG

Einsatzstab Rosenberg

Am 29. 1. 1940 unterzeichnete Hitler eine Verordnung, der zufolge A. Rosenberg mit der Gründung der *Hohen Schule* für NS-Forschung und -Lehre beauftragt wurde. Nach Frankreichs Kapitulation veranlaßte die Verordnung Rosenberg, im Hitlereuropa auf Bibliotheken und Kunstgegenstände Jagd zu machen.

Kriegsnotwendige Aufgabe

Juden, Freimaurer und die mit ihnen verbündeten weltanschaulichen Gegner des Nationalsozialismus sind die Urheber des jetzigen gegen das Reich gerichteten Krieges. Die planmäßige geistige Bekämpfung dieser Mächte ist eine kriegsnotwendige Aufgabe.

Ich habe daher den Reichsleiter Alfred Rosenberg beauftragt, diese Aufgabe im Einvernehmen mit dem Chef des Oberkommandos der Wehrmacht durchzuführen. Sein Einsatzstab für die besetzten Gebiete hat das Recht, Bibliotheken, Archive, Logen und sonstige weltanschauliche und kulturelle Einrichtungen aller Art nach entsprechendem Material zu durchforschen und dieses für die weltanschaulichen Aufgaben der NSDAP und die späteren wissenschaftlichen Forschungsarbeiten der Hohen Schule beschlagnahmen zu lassen. Der gleichen Regelung unterliegen Kulturgüter, die im Besitz oder Eigentum von Juden, herrenlos oder nicht einwandfrei zu klärender Herkunft sind. Die Durchführungsbestimmungen über die Zusammenarbeit mit der Wehrmacht erläßt der Chef des Oberkommandos der Wehrmacht im Einvernehmen mit dem Reichsleiter Rosenberg. Die notwendigen Maßnahmen innerhalb der in deutscher Verwaltung befindlichen Ostgebiete trifft Reichsleiter Rosenberg in seiner Eigenschaft als Reichsminister für die besetzten Ostgebiete.

Führerhauptquartier, den 1. März 1942 Adolf Hitler
An alle Dienststellen
der Wehrmacht
der Partei
des Staates.

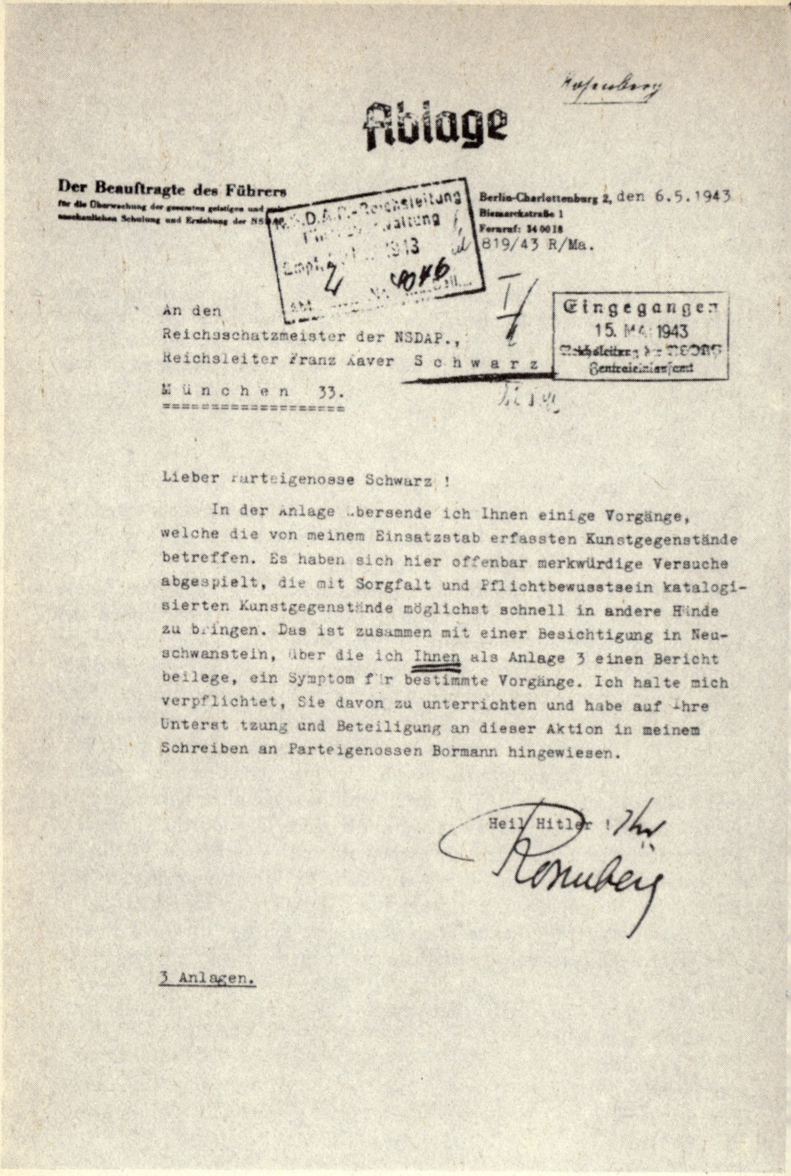

Rosenberg

Ablage

Der Beauftragte des Führers
für die Überwachung der gesamten geistigen und welt-
anschaulichen Schulung und Erziehung der NSDAP

N.S.D.A.P.-Reichsleitung
Verwaltung
1943

Berlin-Charlottenburg 2, den 6.5.1943
Bismarckstraße 1
Fernruf: 14 00 18
819/43 R/Ma.

Eingegangen
15. Mai 1943
Reichsleitung der NSDAP
Zentralkartei

An den
Reichsschatzmeister der NSDAP.,
Reichsleiter Franz Xaver Schwarz

München 33.

Lieber Parteigenosse Schwarz !

In der Anlage übersende ich Ihnen einige Vorgänge, welche die von meinem Einsatzstab erfassten Kunstgegenstände betreffen. Es haben sich hier offenbar merkwürdige Versuche abgespielt, die mit Sorgfalt und Pflichtbewusstsein katalogisierten Kunstgegenstände möglichst schnell in andere Hände zu bringen. Das ist zusammen mit einer Besichtigung in Neuschwanstein, über die ich Ihnen als Anlage 3 einen Bericht beilege, ein Symptom für bestimmte Vorgänge. Ich halte mich verpflichtet, Sie davon zu unterrichten und habe auf Ihre Unterstützung und Beteiligung an dieser Aktion in meinem Schreiben an Parteigenossen Bormann hingewiesen.

Heil Hitler ! Ihr
Rosenberg

3 Anlagen.

Das Gutachten über Mies van der Rohes Abstammung mit Begleitbrief.

Der Chef des Oberkommandos der Wehrmacht

Dokument PS – 138.

An den
Oberbefehlshaber des Heeres
für die Militärverwaltungen
im besetzten Frankreich

Der Chef des
Oberkommandos der Wehrmacht
Berlin W 35, Tirpitzufer 72–76
17. September 1940
C 28. 14 W. Z Nr. 3812/40 g

In Ergänzung des s. Zt. mitgeteilten Auftrages des Führers an den Reichsleiter Rosenberg, in den besetzten Gebieten des Westens Logen, Bibliotheken und Archive nach für Deutschland wertvollem Material zu durchsuchen und dieses durch die Gestapo sicherzustellen, hat der Führer entschieden:

Maßgebend für den Besitzstand sind die Verhältnisse vor dem Kriege in Frankreich vor der Kriegserklärung am 1. 9. 39.

Nach diesem Stichtag vollzogene Übereignungen an den franz. Staat oder dergl. sind gegenstandslos und rechtsunwirksam (z. B. polnische und slowakische Bibliothek in Paris, Bestände des Palais Rothschild oder sonstiger herrenloser, jüdischer Besitz). Vorbehalte bezüglich der Durchsuchung, Beschlagnahme und des Abtransportes nach Deutschland auf Grund solcher Einwände werden nicht anerkannt. Reichsleiter Rosenberg bezw. sein Vertreter Reichshauptstellenleiter Ebert hat hinsichtlich des Zugriffrechtes eindeutige Weisungen vom Führer persönlich; er ist ermächtigt, die ihm wertvoll erscheinenden Kulturgüter nach Deutschland abzutransportieren und hier sicherzustellen. Über ihre Verwendung hat der Führer sich die Entscheidung vorbehalten.

Es wird gebeten, die in Frage kommenden Militärbefehlshaber bzw. Dienststellen entsprechend anzuweisen.

Keitel [1]

Der Reichsmarschall

Dokument PS – 141. Vgl. Abb. 5.

Der Reichsmarschall
des Großdeutschen Reiches
Hauptquartier, den 1. Mai 1941

Der Kampf gegen Juden, Freimaurer und der ihnen verbündeten und sonstigen weltanschaulichen und gegnerischen Mächte ist eine vordringliche Aufgabe des Nationalsozialismus während des Krieges. Ich habe

1 Generalfeldmarschall Wilhelm Keitel.

daher den Entschluß des Reichsleiters Rosenberg begrüßt, Einsatzstäbe in allen besetzten Gebieten zu errichten mit der Aufgabe, alles Forschungsmaterial und die Kulturgüter der so gekennzeichneten Kreise sicherzustellen und nach Deutschland abzutransportieren.

Alle Dienststellen von Partei, Staat und Wehrmacht sind daher angewiesen, dem Stabsführer der Einsatzstäbe des Reichsleiters Rosenberg, Reichshauptstellenleiter Pg. Utikal, und seinem Stellvertreter, DRK-Feldführer Pg. von Behr, in Durchführung ihrer Aufträge jede nur denkbare Unterstützung und Hilfe angedeihen zu lassen. Die Obengenannten sind angewiesen, mir über die Arbeit, insbesondere aber über die entstehenden Schwierigkeiten zu berichten.

Göring

Der Führer wird sich freuen

Jean Cassou: *Le pillage par les Allemands des œuvres d'art et des bibliothêques appartenent à des Juifs en France,* Paris 1945, S. 85.

Geheim 2905–E–Dt.g 13. Nov. 1940
Persönlich!

Herrn
Reichsleiter Martin Bormann
Berlin W 8
Wilhelmstr. 64

Lieber Parteigenosse Bormann!
In dringender Eile beiliegende Meldung an den Führer, die ihn, glaube ich, sehr freuen wird. Der Reichsmarschall Göring wird dem Führer in diesen Tagen ebenfalls über seine Besichtigung Bericht erstatten. Ich kann dem Führer auch noch mitteilen, daß das von ihm erwähnte Werk Jan Vermeer van Delfts sich ebenfalls unter dem beschlagnahmten Besitz der Rothschilds befindet.

Heil Hitler!
Rosenberg

Anlagen:
(handschrftl.: Meldung, Fotokopie,
Göring-Erlaß, Vorschlag
Anordnung d. Führers)

P. S.
Meinem Brief liegt noch ein Vorschlag eingehenderer Art bei, den ich bitte, auch diesen dem Führer vorzutragen und zu billigen.

Robert Scholz berichtet

Dokument PS – 1015. Es gibt auch einen *Zwischenbericht über die Erfassung herrenlosen jüdischen Kunstbesitzes* vom 16. 4. 1943, Dokument – 015.

Arbeitsbericht über die Zeit vom Oktober 1940 bis Juli 1944.

Aufgrund des Führerbefehls vom 17. 9. 1940 über die Erfassung jüdischen Kunstbesitzes in den besetzten Westgebieten begann Anfang Oktober 1940 der Sonderstab Bildende Kunst zunächst in Paris mit der Erfassung des zurückgelassenen Kunstbesitzes der international auch als Besitzer großer Kunstsammlungen bekannten jüdischen Familie Rothschild. Den verschiedenen Mitgliedern der Judenfamilie Rothschild sowie vielen anderen reichen Juden Frankreichs war es bei ihrer überstürzten Flucht vor der deutschen Besatzung nicht mehr gelungen, erhebliche Teile ihres Kunstbesitzes nach England oder Amerika zu bringen. Der Einsatzstab hat nicht nur sehr umfangreiche Teile der in dem Pariser Stadtpalais der Rothschilds zurückgelassenen Kunstwerke erfaßt, sondern es wurden auch planmäßig die Landsitze der einzelnen Mitglieder der Familie Rothschild, so die bekannten Loireschlösser nach Kunstwerten durchsucht und dabei sehr bedeutende Teile der weltberühmten Rothschild'schen Kunstsammlungen für das Reich sichergestellt. Der Kunstbesitz der Rothschilds wurde nicht nur in geschickt angelegten Verstekken der einzelnen Schlösser, sondern auch in Depots und Lagerhäusern wie z. B. in Bordeaux und anderen Küstenstädten ausgeforscht, wo diese Kunstwerte bereits verpackt zum Abtransport nach Amerika bereitgestellt waren. Auf dieselbe Weise wurde durch den Einsatzstab auch der Kunstbesitz der übrigen als Sammler bekannten französischen Juden wie Kann, David-Weil, Levy de Benzion und Seligmann aufgespürt und restlos sichergestellt.

Nach der Erfassung der bekanntesten jüdischen Kunstsammlungen in Paris wurden vom Sonderstab Bildende Kunst planmäßig alle verlassenen Wohnungen der begüterten Pariser Juden sowie die Lagerhäuser aller Speditionsfirmen und viele andere sehr oft durch französische Arier getarnte Kunstdepots emigrierter Juden durchsucht und dabei sehr erhebliche Kunstwerte aufgefunden. Diese Erfassungen wurden anhand vorhergegangener eingehender Nachforschungen in den Meldelisten der französischen Polizeibehörden, aufgrund jüdischer Handbücher, der Lager- und Auftragsbücher der französischen Speditionsfirmen sowie aufgrund der französischen Kunst- und Sammlerkataloge durchgeführt. Die einwandfreie jüdische Herkunft der einzelnen Besitzer wurde in Zusammenarbeit mit den französischen Polizeibehörden und dem Sicherheitsdienst sowie aufgrund des eigenen politischen Quellenmaterials des Einsatzstabes in jedem Fall belegbar nachgewiesen.

Nach demselben System wurde die Erfassung des herrenlosen jüdischen Kunstbesitzes nach und nach über das gesamte französische Gebiet ausgedehnt. Die Nachforschungen des Sonderstabes Bildende Kunst wurden durch die bewußte Sabotage der französischen Behörden sowie durch Verschleierungen der von den Juden als Treuhänder ihres Besitzes vorgeschobenen französischen Arier oft außerordentlich erschwert. Trotzdem konnte der jüdische Kunstbesitz in den besetzten französischen Gebieten in einem Umfang erfaßt werden, der zu der Annahme berechtigt, daß trotz aller Widerstände und Verschleierungen der wesentlichste Teil des in Judenhänden gewesenen Kunstbesitzes in Frankreich, soweit er nicht schon vor der Besetzung abgewandert war, vom Einsatzstab sichergestellt wurde. Eine Abwanderung unersetzlicher Werte europäischer Kunst großen Stils wurde dadurch verhindert, und höchste Kunstleistungen aller europäischen Nationen für Europa gesichert.

Im Verlauf dieser Kunsterfassungsaktion des Einsatzstabes in den besetzten Westgebieten wurden erfaßt:

203 Einsatzstellen (Sammlungen) mit
21 903 bisher gezählten und inventarisierten Kunstgegenständen aller Art.

Für jede Einsatzstelle wurde ein Erfassungsprotokoll angelegt, das die Herkunft des Gegenstandes mit genauen Einzelangaben nachweist. Alle erfaßten Kunstwerke wurden zunächst in ein Sammellager im ehemaligen Museum Jeu de Paume und in dafür zur Verfügung gestellten Räumen des Louvre verbracht. Sie wurden dort von kunstwissenschaftlichen Mitarbeitern des Sonderstabes Bildende Kunst wissenschaftlich inventarisiert, fotografiert und durch Fachkräfte für den Abtransport ins Reich sorgfältig verpackt. Diese Arbeiten gestalteten sich dadurch besonders schwierig, da die meisten Sammlungen und einzelnen Kunstgegenstände ohne alle Inventare oder Herkunftsbezeichnungen übernommen wurden und die wissenschaftlichen Zuschreibungen erst durch die Kunstwissenschaftler des Einsatzstabes durchgeführt werden mußten.

Seit Anfang 1943 wurde die Kunsterfassungsaktion des Einsatzstabes auch auf die Möbelerfassungsaktion des Ostministeriums ausgedehnt, wobei aus Einzelwohnungen und Lagern eine große Zahl wertvoller Einzelkunstwerke erfaßt werden konnte.

In der Zeit vom März 1941 bis Juli 1944 wurden vom Sonderstab Bildende Kunst ins Reich verbracht:

29 große Transporte umfassend
137 Waggons mit
4174 Kisten mit Kunstwerken.

Diese Transporte wurden in 6 Bergungsorte im Reich verbracht, ausgepackt und unter Beachtung aller konservatorischen, luftschutz- und feuersicherungsmäßigen Gesichtspunkte eingelagert. In den Bergungsorten wurden die zunächst in Paris nur der Identifizierung dienende Inventarisierung nach wissenschaftlichen Gesichtspunkten ergänzt und die

Ergebnisse der kunstwissenschaftlichen Zuschreibung in Inventarlisten und einer jeden Kunstgegenstand erfassenden Kartei niedergelegt. Bei dieser wissenschaftlichen Inventarisierung eines in seinem Umfang und seiner Bedeutung einmaligen Materials bisher der Kunstforschung unbekannter Werte wurde von dem Sonderstab Bildende Kunst eine für die gesamte Kunstwissenschaft wichtige Arbeit geleistet. Diese Inventarisierungsarbeiten werden die Grundlage eines wissenschaftlichen Gesamtkatalogs bilden, in dem Hergang, Umfang, wissenschaftliche und politische Bedeutung dieser historisch einmaligen Kunsterfassungsaktion dokumentarisch niedergelegt werden sollen. Es wurde vom Sonderstab eine mit allen technischen Hilfsmitteln ausgerüstete Restaurierungswerkstätte an einem der Bergungsorte eingerichtet, die sich mit der Pflege und Wiederherstellung der erfaßten Kunstwerke sowie ihrer ständigen Beobachtung in den Bergungsorten beschäftigt. Einige hundert von den jüdischen Besitzern vernachlässigte oder früher unsachgemäß wiederhergestellte Kunstwerke konnten in dieser Werkstätte wiederhergestellt und in ihrem Bestand gesichert werden.

Außerdem wurden alle erfaßten Kunstwerke durch die Fotowerkstätte des Einsatzstabes fotografiert und in einer Fotothek erfaßt. Hierdurch wurde nicht nur die Identität jedes einzelnen Kunstwerkes dokumentarisch belegt, sondern auch ein kunstwissenschaftliches Studien- und Veröffentlichungsmaterial von bleibendem Wert geschaffen.

Es wurden bis zum 15. 7. 1944 wissenschaftlich inventarisiert:

21 903 Kunstgegenstände
5281 Gemälde, Pastelle, Aquarelle, Zeichnungen
684 Miniaturen, Glas- und Emailmalereien, Buch- und Handschriften
583 Plastiken, Terrakotten, Medaillen und Plaketten
2477 Möbel mit kunstgeschichtlichem Wert
583 Textilien (Gobelins, Teppiche, Stickereien, koptische Stoffe)
5825 kunsthandwerkliche Gegenstände (Porzellan, Bronzen, Fayencen, Majoliken, Keramik, Schmuck, Münzen, Gegenstände aus Edelsteinen)
1286 ost-asiatische Kunstwerke (Bronzen, Plastiken, Porzellan, Gemälde, Wandschirme, Waffen)
259 Antike Kunstwerke (Skulpturen, Bronzen, Vasen, Schmuck, Schalen, geschnittene Steine, Terrakotten).

Diese Zahlen werden sich noch dadurch erhöhen, daß die Erfassungsaktion im Westen noch nicht beendet ist und aus Mangel an Fachkräften ein Teil der erfaßten Bestände noch nicht wissenschaftlich inventarisiert werden konnte.

Der außergewöhnliche künstlerische und materielle Wert der erfaßten Kunstwerke ist in Zahlen nicht erfaßbar. Bei den Gemälden, Stilmöbeln des 17. und 18. Jahrhunderts, den Gobelins, bei den Antiken und Renaissanceschmuck der Rothschilds handelt es sich um Objekte eines so einmaligen Charakters, daß eine Taxierung deshalb unmöglich ist, weil auf dem Kunstmarkt keine vergleichbaren Werte erschienen sind.

Auch der künstlerische Wert der Sammlungen kann im Rahmen eines kurzen Berichts nur angedeutet werden. Unter den erfaßten Gemälden, Pastellen und Zeichnungen befinden sich einige hundert Werke allererster Qualität, Spitzenwerte der europäischen Kunst, die an die erste Stelle jeden Museums gestellt werden können. Es befinden sich darunter einwandfrei nachgewiesene und signierte Werke von Rembrandt van Rijn, Rubens, Frans Hals, Vermeer van Delft, Velasquez, Murillo, Goya, Sebastiano del Piombo, Palma Vecchio etc.

Bedeutungsmäßig an erster Stelle stehen unter den erfaßten Werten der Malerei die Gemälde der berühmten französischen Maler des 18. Jahrhunderts mit Spitzenwerken von Boucher, Watteau, Rigaud, Largielliere, Nattier, Fragonard, Pater, Danloux und de Troy. Diese Sammlung kann sich mit dem Bestand auch der größten europäischen Museen messen. Sie enthält in einem großen Umfang Werke der ersten französischen Meister, die bisher auch in den besten deutschen Museen nur unzulänglich vertreten waren. Sehr bedeutend ist auch der Anteil an Meisterwerken der holländischen Malerei des 17. und 18. Jahrhunderts. Zu nennen sind hier an erster Stelle bedeutende Werke von van Dyck, Salomon und Jacob Ruisdael, Wouvermann, Terborch, Jan Weenix, Gabriel Metsu, Adrian van Ostade, David Teniers, Pieter de Hooch, Willem van de Velde u. a.

Höchsten Rang hat auch der Bestand an Werken der englischen Malerei des 18. und frühen 19. Jahrhunderts mit Spitzenwerken von Reynold, Romney und Gainsborough. Von deutschen Meistern sind Cranach und Amberger hervorzuheben.

Wertmäßig vielleicht noch höher einzuschätzen ist die Sammlung der französischen Möbel des 17. und 18. Jahrhunderts. Es handelt sich um hunderte best erhaltener und meist signierter Werke der bekanntesten Kunsttischler aus der Zeit Ludwig XIV. bis Ludwig XVI. Für den erst jetzt in der Kunstwissenschaft erkannten Anteil der deutschen Kunsttischler an dieser Hochblüte französischer Möbelkunst ist diese Sammlung von einmaliger Bedeutung.

Die Sammlung der Gobelins und persischen Wandteppiche enthält unzählige weltberühmte Objekte. Die Sammlung des Kunsthandwerks, die Renaissanceschmuck-Sammlung der Rothschilds ist wertmäßig ohne Gegenbeispiel.

Außer in den besetzten Gebieten Frankreichs wurden auch in Belgien und aus dem Umzugsgut jüdischer Emigranten in Holland erhebliche Kunstwerte durch den Einsatzstab erfaßt.

Arbeit in den Ostgebieten.

In den besetzten Ostgebieten beschränkte sich die Tätigkeit des Sonderstabes Bildende Kunst auf eine wissenschaftliche und fotografische Erfassung der öffentlichen Sammlungen und ihre Sicherung und Betreuung in Zusammenarbeit mit den militärischen und zivilen Dienststellen. Im Zuge der Räumung der Gebiete wurden einige hundert Gemälde der russischen Malerei des 18. und 19. Jahrhunderts, Einzelmöbel und Einrichtungsgegenstände aus Schlössern in Zusammenarbeit mit einzelnen Heeresgruppen geborgen und in ein Bergungslager ins Reich gebracht.

Auch eine Sammlung entarteter bolschewistischer Kunst sowie eine Sammlung entarteter westlicher Kunst wurde für politische Studienzwecke angelegt. Außerdem wurde durch den Sonderstab Bildende Kunst eine umfangreiche Materialsammlung der sowjetischen Kunstpflege, Museumspolitik, Kunstpublizistik und Bildmaterial über sowjetische Architektur geschaffen.

25 Bildmappen mit den wertvollsten Werken der im Westen erfaßten Kunstsammlungen sind dem Führer am 20. April 1943 zusammen mit 3 Bänden eines vorläufigen Gemäldekatalogs und einem Zwischenarbeitsbericht überreicht. Es werden diesem Bericht 10 weitere Bildmappen angefügt. Weitere Bildmappen sind in Vorbereitung.

Robert Scholz
Bereichsleiter
Leiter des Sonderstabes Bildende Kunst

Im Westen

Aufzeichnungen für Botschafter Abetz

David Rousset: *Le pitre ne rit pas*, Paris 1948, S. 97–100.

Otto Abetz, 1903–1958; 1927 Zeichenlehrer; 1933 Frankreichreferent der Reichsjugendführung; 1934 Frankreichreferent der Dienststelle Ribbentrop, 1938 SS-Obersturmführer; 1940 Bevollmächtigter des Auswärtigen Amtes beim Militärbefehlshaber Frankreich; seit August 1940 deutscher Botschafter mit dem Sitz in Paris.

Geheim

Heute besuchte mich wiederum Comte de Lestang, der in der Angelegenheit der in Bordeaux beschlagnahmten Bilder seinerzeit die Vermittlung übernommen hatte.

Bei einer Besprechung vor einigen Tagen hatten wir vereinbart, daß von den wilden Expressionistenbildern, die angeblich für die Franzosen einen erheblichen Wert darstellen, der größte Teil für uns ohne jegliches Interesse ist. Diese Bilder sollten abgeschätzt werden ebenso wie die Bilder dieser Sammlung, die wir zurückbehalten wollten, und dann der versprochene zehnprozentige Anteil dem Comte de Lestang und seinem Vertrauensmann Ives Perdoux in Form dieser Expressionistenbilder ausgezahlt werden.

Nun erscheint plötzlich heute Comte de Lestang und erklärt, es sei ihm peinlich, mir mitteilen zu müssen, daß die Bordeaux-Angelegenheit schnellstens erledigt werden müsse, und zwar aus folgendem Grund: Wie er mir schon vor etwa 14 Tagen mitgeteilt habe, wisse sein Vertrauensmann Perdoux noch ein Lager jüdischer Bilder von wesentlich größerem Wert als das in Bordeaux. Die Adresse dieses Lagers würde er aber erst herausgeben, wenn die Bordeaux-Sache finanziell erledigt sei. Inzwischen habe eine sehr hochgestellte deutsche Persönlichkeit von dieser Sammlung erfahren und verlange die Herausgabe der Adresse. Nach längerem Befragen gab er zu, daß es sich um Reichsmarschall Göring handele.

Geheim

Unter Bezug auf meine Aufzeichnungen vom 15. und 27. November, teile ich mit, daß heute Comte de Lestang und sein Vertrauensmann Ives

Perdoux bei mir zu einer Rücksprache erschienen sind. Auf Grund der in der Aufzeichnung vom 27. November beigefügten Schätzungsliste, habe ich den Herren erklärt, daß ihre Schätzung, die ja annähernd das Tausendfache des von uns geschätzten Wertes beträgt, doch wohl über jegliche vernünftige Zusammenarbeit ginge und daß unter solchen Umständen eine Einigung kaum zu erzielen sei. Unter dem Eindruck der sehr genauen Schätzung erklärten sich daraufhin Comte de Lestang und sein Vertrauensmann Perdoux bereit, doch eventuell Bilder als Gegenwert in Zahlung anzunehmen. Ich führte daraufhin die beiden Herren nochmals in die inzwischen aufgehängte Sammlung und empfahl ihnen, von den wilden Expressionisten in Sonderheit von den zahllosen Bildern von Braque und Picasso sich im Wert von 10 Prozent Gemälde auszusuchen. Die Herren lehnten jedoch diese modernen Bilder ab, da zur Zeit überhaupt kein Markt dafür bestünde, und erklärten sich bereit, gegen Aushändigung der zwei Gemälde:

Pissarro: «Winterlandschaft» (Schätzungswert 150 000 fr.)

«Tuileriengarten» (Schätzungswert 70 000 fr.)

sowie des

Renoir: «Junger weiblicher Akt im Freien» (Schätzungswert 200 000 fr.)

sich endgültig zufriedenzustellen. Ich schlug als Gegenleistung vor, eventuell an Stelle des Renoir, der immerhin auch für Deutschland einen gewissen Wert darstellt, den doppelt so wertvollen

Pissarro: «Garten und Pontoise» (Schätzungswert 400 000 fr.)

ihnen eventuell zu überlassen. Der letzte Pissarro stammt aus der Sammlung Rothschild und nicht wie die anderen aus der Sammlung Rosenberg. Da Pissarro Jude ist, nehme ich an, daß in Deutschland für diese Bilder kein Interesse besteht und daß man eher einen doppelt so wertvollen Pissarro ausliefern kann als einen Renoir.

Damit die Aktion Bordeaux mit dieser Lösung endgültig abgeschlossen sei, bitte ich nach Möglichkeit um umgehende Entscheidung, welche Bilder heute de Lestang und seinem Vertrauensmann ausgeliefert werden können.

Paris, den 28. November 1940

Die erforderliche Fühlungnahme mit den zuständigen Stellen

An das
Reichswirtschaftsministerium
z. Hd. v. Oberregierungsrat
Dr. Klesper
Berlin
Statistisches Reichsamt

Reichsministerium für
Volksaufklärung und Propaganda
H ORR. Dr. Hopf
4. Februar 1944

Betrifft: Ankauf von Kunstwerken in Frankreich.
Unter Bezugnahme auf die persönliche Rücksprache zwischen Ihnen und der Kunsthistorikerin Frau Dr. Rosso-Koska mit dem Unterzeichneten wird folgendes vorgetragen:

Der Herr Reichsminister Dr. Goebbels beabsichtigt, aus Reichsmitteln in Frankreich Kunstwerke, insbesondere Bilder im Gegenwert von etwa 250 000,– RM einzukaufen. Die Auswahl der in Frage kommenden Kunstwerke soll durch Frau Dr. Rosso in Paris erfolgen. Es wird gebeten, die Reichsstelle für Holz anzuweisen, eine Devisenbescheinigung in vorstehender Höhe zur Einzahlung auf das deutsch-französische Verrechnungskonto zu erteilen. Frau Dr. Rosso wird sich nach Überweisung des Betrags nach Paris begeben, um die Einkäufe dort selbst vorzunehmen.

Die erforderliche Fühlungnahme mit den zuständigen Stellen beim Militärbefehlshaber wird von hier aus hergestellt.

Möglichste Beschleunigung wäre erwünscht.

Im Auftrag
L 4/2

Im Osten

Innerhalb von sechs Monaten

Sichergestellte Kunstwerke im Generalgouvernement, Breslau o. J., S. 3; Herausgeber: Der Generalgouverneur und der Sonderbeauftragte für die Sicherstellung der Kunst- und Kulturgüter; siehe auch *Bulletin der Hauptkommission zur Erforschung der Hitler-Verbrechen in Polen,* Warschau 1948, Band 4, S. 175–226.

Auf Grund der Verordnung des Generalgouverneurs für die besetzten polnischen Gebiete vom 16. 12. 1939 konnte der Sonderbeauftragte für die Sicherung der Kunst- und Kulturgüter innerhalb von sechs Monaten fast den gesamten Kunstbesitz des Landes erfassen, mit einer einzigen Ausnahme: der vlämischen Gobelinfolge aus der Krakauer Burg. Den letzten Nachrichten zufolge befindet sich diese in Frankreich, so daß eine nachträgliche Sicherstellung möglich sein wird.

Der Altar der Krakauer Marienkirche

Aus dem Tagebuch des Generalgouverneurs im besetzten Polen, Dr. Hans Frank, Dokument PS – 2233 sowie PS – 3465 und D – 970; die zitierten Auszüge aus den Blättern 98, 99 und 207; Veit Stoß, Bildhauer und Schnitzer, kam 1477 nach Krakau und schuf dort bis 1484 den Hochaltar der Marienkirche; im Mittelschrein ist Tod und Himmelfahrt der Maria, auf den Seitenflügeln Szenen aus dem Leben Christi und Marias. Dieser Hochaltar gehört zu den erhabensten und großartigsten Sehenswürdigkeiten der alten Stadt Krakau. Weitere Plünderungen von Kunstwerken aus der Marienkirche siehe Joseph Wulf: *Das Dritte Reich und seine Vollstrecker – Die Liquidation von 500 000 Juden im Ghetto Warschau,* Berlin 1961, S. 340 f.

Krakau – Burg
Dienstag, den 20. Februar 1940
11.00 Uhr

Besprechung mit Gesandten von Wühlisch[1] und Dr. Albrecht[2]. Gesandter von Wühlisch berichtet, daß beabsichtigt sei, den Rahmen des Veit-Stoß-Altarbildes nach Nürnberg zu bringen.

Der inzwischen erschienene Dr. Albrecht von der Kulturabteilung teilt mit, daß eine Nürnberger Kommission unter Leitung eines Baurats Streicher den Rahmen der Altarbilder von Veit Stoß in der Marienkirche nach Nürnberg bringen wolle. Er habe darüber ein Protokoll aufgenommen.

1 Gesandter von Wühlisch vom Auswärtigen Amt Berlin.

2 Dr. Albrecht von der «Kultur»-Abteilung der Generalgouvernementsregierung.

Der Herr Generalgouverneur ordnet an, daß angesichts der Gesamtlage in Polen die Wegnahme des Altars um ein Vierteljahr vertagt wird. Auch für die Einschmelzung der Glocken solle eine Anweisung abgewartet werden.

Samstag, den 16. März 1940, 18.30

Besprechung mit Gesandten von Wühlisch.

Gesandter von Wühlisch berichtet, daß die Arbeiten für die Abtransportierung des Veit-Stoß-Altars nach Nürnberg nunmehr abgeschlossen seien. Die Kirche habe eigentlich räumlich dadurch ein besseres Aussehen erhalten.

Ein Vorschlag

Archiv der *Hauptkommission zur Erforschung der Hitler-Verbrechen in Polen;* der Sachverständige der HTO (Haupttreuhandstelle-Ost) A. Kraut an Himmlers Verbindungsmann in der HTO, Galke.

Lodsch, 8. Juli 1940

Bei meinem kürzlich erfolgten Besuch in Kattowitz habe ich festgestellt, daß Bilder in so großer Anzahl anfallen, daß unbedingt ein großer Teil ausgeschieden werden und sofort verwertet werden muß. Bisweilen ist es jedoch schwierig festzustellen, was noch als Kulturgut im Sinne des Eilrunderlasses des Reichsführers SS und Chefs der Deutschen Polizei vom 16.12.1939 – SIV 1 Nr. 844 III/39–151–Sdb. P – anzusehen ist, und was nicht mehr dahin gehört. Die Prüfung und Abgrenzung hat bisher mein Treuhänder in Kattowitz – Professor Dr. Haertel, der selbst Maler ist – vorgenommen. Ich möchte nun nach Rücksprache mit Prof. Haertel und Stadtrat Guhr, der für die Dauer seiner Erkrankung für Prof. Haertel die Vertretung übernommen hat, folgenden Vorschlag machen:

Bilder:

Als Kulturgut werden folgende Gemälde angesehen:

1) Gemälde von Künstlern ohne Rücksicht auf ihren Schätzwert.
2) Alle Bilder, die als geschichtliche Dokumente anzusehen sind, ohne Rücksicht auf ihren Schätzwert.
3) Alle Bilder, die mit mehr als RM 500,– geschätzt werden, ohne Rücksicht auf den Namen des Autors, um sie später in Berlin zu verwerten, da man hier voraussichtlich einen höheren Preis erzielen kann als in Kattowitz oder einer anderen Stadt in den Ostgebieten.
4) Bilder jüdischer Autoren oder solche, die von uns als entartete Kunst angesehen werden, werden zunächst aufbewahrt, damit man sie später – falls dagegen keine anderweitigen Bedenken bestehen – im Ausland gegen Devisen verkaufen kann.
5) Alle übrigen Bilder werden von der Haupttreuhandstelle Ost, Treuhandstelle Kattowitz, an Ort und Stelle verkauft, sofern es der Zu-

stand oder Inhalt der Bilder nicht nötig macht, sie zu vernichten und allenfalls nur den Rahmen zu verwerten.

Ich bitte um Ihre Stellungnahme zu meinen heutigen Vorschlägen.

Kraut

«Es handelt sich dabei um Millionenwerte»

Dokument PS – 076, gekürzt.

Der Generalkommissar
für Weißruthenien
Minsk, den 29. September 1941

Herrn
Reichsminister für die besetzten
Ostgebiete
Reichsleiter Alfred Rosenberg
Berlin W 35
Rauchstr. 17/18

Persönlich!

Sehr verehrter Parteigenosse Reichsleiter Rosenberg!

Heute habe ich endlich nach langem Suchen die Reste der Kunstschätze in Minsk feststellen und sicherstellen können. Minsk besaß eine große – zum Teil sehr wertvolle – Kunst- und Gemäldesammlung, die fast restlos aus Minsk entfernt worden ist. Auf Befehl des Reichsführers SS, Reichsleiter Heinrich Himmler, ist die Mehrzahl der Gemälde – zum Teil noch unter meiner Amtsführung – von der SS verpackt und ins Reich verschickt worden. Es handelt sich hierbei um Millionenwerte, die dem Generalbezirk Weißruthenien entzogen worden sind. Die Gemälde sollen nach Linz und nach Königsberg in Ostpreußen verschickt worden sein. Ich bitte, diese wertvollen Sammlungen – soweit sie nicht im Reich benötigt werden – für den Generalbezirk Weißruthenien wieder zur Verfügung zu stellen, auf jeden Fall aber den materiellen Wert für das Ministerium für die besetzten Ostgebiete sicherzustellen.

Nach Aussage eines Majors der 707. Division, der mir heute die Restbestände übergab, hat die SS die übrigen Bilder und Kunstgegenstände – darunter wertvollste Bilder und Möbel aus dem 18. und 19. Jahrhundert, Vasen, Marmor-Gegenstände, Uhren usw. – der Wehrmacht zur weiteren Ausplünderung überlassen. Der General Stubenrauch hat einen wertvollen Teil aus Minsk mit nach vorn ins Operationsgebiet genommen. Sonderführer, die mir noch nicht gemeldet werden konnten, haben 3 Lastkraftwagen (ohne Quittung) mit Möbeln, Bildern und Kunstgegenständen verschleppt. Ich lasse die Formationen feststellen, um die Bestrafung der Schuldigen, die sich der Plünderung strafbar gemacht haben, durchzusetzen. Von den Überresten haben hiesige Wehrmachts- und SS-Stellen – ohne meine Genehmigung – weitere Gegenstände und Bilder entnommen, die aber in Minsk noch nachgewiesen werden können.

Ich bitte, zur Restaurierung der zum Teil sinnlos durch Messerstiche beschädigten Gemälde den nationalsozialistischen Kunstmaler Willi Springer, Berlin SW 29, Hasenheide 94, herzuschicken, damit unter seiner Aufsicht gerettet werden kann, was noch zu retten ist. Leider sind auch zahlreiche wertvolle Vasen, Porzellan, Schränke und Stilmöbel aus dem 18. Jahrhundert schwer beschädigt oder zerstört worden. Im ganzen handelt es sich um unersetzliche Werte von Millionen von Mark. Für die Zukunft bitte ich um Schritte des Ostministeriums bei den verantwortlichen Wehrmachtstellen, daß derartige Zerstörungen abgestellt und daß die Schuldigen mit schwersten Strafen bedroht und belegt werden.

Heil Hitler!
Ihr sehr ergebener
Wilhelm Kube
Generalkommissar für Weißruthenien

Der kluge Geschäftsführer des «Ahnenerbes»

Die SS-*Forschungs- und Lehrgemeinschaft Ahnenerbe* hoffte, eine neue SS-Religion zu schaffen, ein Konglomerat, das auf altgermanischen und vorchristlichen sowie verschiedenen anderen Kulten basierte; für solche oft recht grotesken Ideen stellte Himmler unzählige Wissenschaftler an. Siehe auch Joseph Wulf: *Heinrich Himmler*, Berlin 1960, S. 18 f.

An den
Präsidenten der Forschungs- und
Lehrgemeinschaft «Das Ahnenerbe»
Reichsführer-SS Heinrich Himmler
Berlin SW 11
Prinz Albrecht Str. 8

Das Ahnenerbe
– Der Reichsgeschäftsführer –
Berlin, den 17. Nov. 1942
8/41/r 22 S 1/Sb.

Betr.: Untersuchung der gotischen Fundplätze auf der Krim
Bezug: ohne
Anlage: 1
Bei den Arbeiten des Sonderkommandos Jankuhn [1] auf der Halbinsel Krim konnte festgestellt werden, daß die Gotensiedlungen samt den dazugehörigen Museen fast alle vom Einsatzstab des Reichsleiters Rosenberg beschlagnahmt wurden. Der Einsatzstab des Reichsleiters Rosenberg stützt sich dabei anscheinend auf den als Anlage abschriftlich beigefügten Erlaß des Chefs der Reichskanzlei. Ich bitte, dazu folgende Gedankengänge vortragen zu dürfen:
1.) Der betreffende Erlaß besagt, daß der Einsatzstab des Reichsleiters

1 Dr. Herbert Jankuhn, Professor an der Universität Kiel; 1938–40 überwachte er für *Das Ahnenerbe* die Höhlenforschungen in Schleswig-Holstein.

Rosenberg berechtigt ist, «Bibliotheken, Archive, Logen und sonstige weltanschauliche und kulturelle Einrichtungen aller Art nach geeignetem Material zu durchforschen.» Diese Aufgabe besteht in der «geistigen Bekämpfung der Juden und Freimaurer sowie der mit ihnen verbündeten weltanschaulichen Gegner des Nationalsozialismus».

Es ist nun nicht ohne weiteres einzusehen, in welcher Weise die vor- und frühgeschichtlichen Fundplätze, insbesondere auf der Krim, mit ihren Museen Material für die Bekämpfung der Juden und Freimaurer liefern sollten. M. E. kann eine Auslegung, die aus dem obengenannten Erlaß des Chefs der Reichskanzlei ein Verfügungsrecht über vor- und frühgeschichtliche Sammlungen und Fundplätze ableitet, nur mit äußerster Anstrengung an den Haaren herbeigezogen werden.

2.) Für die Frage nach der Geschichte des deutschen Volkstums in der Krim, die ja zum Aufgabenbereich des Reichskommissars für die Festigung deutschen Volkstums gehört, ist es von ausschlaggebender Bedeutung, festzustellen, ob und in welchem Umfange sich die früheste deusche Siedlung auf der Krim mit den gotischen Resten berührt hat und ob gegebenenfalls eine Anknüpfung an gotische Tradition erfolgt ist. Denn es ist erwiesen, daß sich die Goten bis in das 17. Jhrht. hinein unter Bewahrung ihrer Sprache und ihrer Stammeserinnerungen auf der Krim gehalten haben. Sie haben sich also mit den ältesten deutschen Siedlern in Südrußland wahrscheinlich zeitlich noch berührt.

Eine Entscheidung über dieses Problem ist nur möglich, wenn man erforscht, wie stark die gotische Siedlung war. Dazu müssen aber größere archäologische Untersuchungen vorgenommen werden.

Das Recht, auf der Krim Ausgrabungen durchzuführen, müßte also für den Reichsführer-SS in seiner Eigenschaft als Reichskommissar für die Festigung deutschen Volkstums sichergestellt werden. Es ist deshalb eine grundsätzliche Aussprache mit Reichsleiter Rosenberg bezw. Fühlungnahme mit dem Chef der Reichskanzlei notwendig.

Unsere Vorbereitungen sind inzwischen durch die Arbeit des Sonderkommandos Jankuhn soweit gediehen, daß wir spätestens im Frühjahr nächsten Jahres mit den Ausgrabungen beginnen können. Als organisatorischen Mittelpunkt für die Arbeiten schlage ich vor, in Simferopol eine Außenstelle des «Ahnenerbe» mit dem Ziel der Erforschung gotischer Denkmäler auf der Krim zu begründen.

Ich bitte gehorsamst um Weisungen, wie wir uns verhalten sollen.

Unterschrift
SS-Standartenführer

Aktion Linz

Hitler wollte in Linz ein großes Museum einrichten

Die Tätigkeit des Dr. Posse

Die beiden folgenden Dokumente PS – 1600

Der Hauptanlaß

Staatliche Gemäldegalerie Dresden
Der Direktor
Dresden-A 1, den 16. Mai 1941

Herrn
Reichsleiter Martin Bormann
Berlin W 8
Wilhelmstr. 64

Persönlich!

Sehr geehrter Herr Reichsleiter!
Ich melde, daß ich heute von einer 8tägigen Reise nach Oberdonau und Wien zurückgekehrt bin.

Außer der Durchsicht der beschlagnahmten Stifte und Klöster war der Hauptanlaß meiner Reise nach Linz und Oberdonau der Auftrag, festzustellen, ob eines der beschlagnahmten Stifte für die vorläufige Deponierung der vom Führer erworbenen Sammlungen geeignet sei.

Nach Besichtigung der Stifte Hohenfurth, St. Florian, Kremsmünster, Schloegel, Wilhering usw. und nach Rücksprache mit Herrn Gauleiter Eigruber und den von ihm Beauftragten ergab sich, daß sich das Stift Kremsmünster in hervorragender Weise für diesen Zweck eignet. Das Stift bietet mehr als 50–60 trockene und verschließbare Räume, in denen bis auf weiteres die Neuerwerbungen aller Art untergebracht werden könnten. Außerdem stehen der 25 m lange Kaisersaal und eine Flucht von 7 architektonisch anständigen Räumen zur Verfügung, in denen zurzeit noch die ziemlich wertlose «Gemäldegalerie» des Stiftes untergebracht ist, in denen aber dem Führer jeweils die neuerworbenen Kollektionen in guter Aufstellung vorgeführt werden könnten.

Da Kremsmünster in einem Waldtal liegt, entfernt von den Industriezentren, kann eine Luftgefahr kaum angenommen werden.

Sollte sich der Führer mit dieser Verwendung von Kremsmünster als Depot für Linz einverstanden erklären, so wäre es allerdings dringend erwünscht, daß die zurzeit im Stifte untergebrachten Bessarabiendeutschen um der Sicherheit der Bestände willen (vor allem Feuersgefahr) in ein anderes Stift umgesiedelt würden.

Ich bitte darum, die Meinung des Führers zu diesem Vorschlage, der auch von Seiten des Herrn Gauleiters Eigruber unterstützt werden wird, erkunden zu wollen, da nicht nur die unterdes verpackte Sammlung Lanz in Amsterdam auf Abruf wartet, sondern auch mehrere Bilderkollektionen, für die in München kaum noch Platz sein dürfte, sowie die in der Schweiz gekaufte Bibliothek Dr. Töpfer untergebracht werden müssen. Dorthin könnten auch die zurzeit noch in Wien aufbewahrten (bereits verpackten) reichen Bestände aus beschlagnahmten jüdischem Besitz und viele Neuerwerbungen aus Wien gebracht werden, damit für eine weitere Verwendung der Wiener Räume Platz wird und die noch nicht verteilten Restbestände des beschlagnahmten Kunstbesitzes ausgebreitet werden können.

Heil Hitler!
Ihr sehr ergebener
H. Posse

Über die Verteilung

Dieser Bericht, gekürzt, ist nicht datiert, aber wohl 1940–41 verfaßt worden.

Bericht über die auftragsweise unternommene Reise nach Krakau und Warschau zur Unterrichtung über die Art und den Umfang der beschlagnahmten Kunstwerte.

Eine Durchführung des Auftrags, besonders auch hinsichtlich eines Vorschlags über die Verwendungsmöglichkeit der beschlagnahmten Kunstwerte, ist zurzeit unmöglich, da die Gegenstände zum allergrößten Teil noch in Kisten verpackt waren und sich in diesem Zustand entweder bereits in Krakau befanden oder auswärts (vor allem in Warschau) zum Abtransport nach Krakau bereitstanden. Seit dem 6. Oktober ist unter Leitung des Unterstaatssekretärs Dr. Mühlmann als Sonderbeauftragten des Generalfeldmarschalls Göring und als des Leiters der Abteilung Wissenschaft und Erziehung unter Bestellung geeigneter Fachleute aus Berlin, Wien und Breslau die Bergung alles wertvolleren Kunstbesitzes in vollem Gang und, soweit ich feststellen konnte, bereits ziemlich restlos erfolgt.

Bevor eine Übersicht über das gesamte beschlagnahmte Material möglich ist, vermag ich wie gesagt keine Vorschläge über seine Verteilung im Einzelnen zu machen. Doch möchte ich schon jetzt vorschlagen, die drei Hauptbilder der Sammlung Czartoryski von Raphael, Leonardo und

Rembrandt, die sich zurzeit im Kaiser-Friedrich-Museum in Berlin befinden, für das Kunstmuseum in Linz zu reservieren. Ferner wäre es bei dem besonderen Interesse, das Dresden an dem geretteten Inventar des Warschauer Königsschlosses haben muß, da sächsische Architekten und Künstler es ausgebaut haben, erwünscht, wenn die geretteten Teile der Innenausstattung (Wandverkleidungen, Türen, eingelegte Fußböden, Plastiken, Spiegel, Glaslüster, Möbel, Porzellane usw.) für den Innenausbau der Pavillons des Dresdner Zwingers zur Verfügung gestellt werden könnten.

Hans Posse

Die Sachbearbeiter

Herrn Reichsführer-SS
Heinrich Himmler
Feldkommandostelle RFSS

Der Sekretär des Führers
Reichsleiter Martin Bormann
Führerhauptquartier
31. 12. 1944

Persönlich!

Lieber Parteigenosse Himmler!
Auf Grund der Erlasse und Anordnungen des Führers sind alle im Großdeutschen Reich und in den besetzten Gebieten beschlagnahmten Kunstwerke, insbesondere alle Gemälde, kunstgewerblichen Gegenstände sowie Waffen von künstlerischer Bedeutung, den für diese Aufgabe eingesetzten Sachbearbeitern des Führers zu melden, die nach eingehender Vorprüfung des Einzelfalles dem Führer über mich einen Bericht vorlegen, damit der Führer über die Verwertung der erworbenen Bestände selbst entscheiden kann.

Wie Ihnen bekannt ist, werden diese Kunstwerke später zum Teil der Neuen Galerie in Linz, dem Linzer Waffenmuseum und dem Linzer Münzkabinett, zum Teil anderen öffentlichen Galerien vom Führer zugewiesen.

Als Sachbearbeiter sind im einzelnen folgende Herren eingesetzt:

1.) Für Gemälde und Plastiken: Professor Dr. Voss, Dresden-A, Staatliche Gemäldegalerie,
2.) Für Waffen von künstlerischer Bedeutung: Prof. Dr. Ruprecht, Wien I, Neue Burg,
3.) Für Münzen und Medaillen: Direktor Dr. Dworschak, Wien, Kunsthistorisches Museum,
4.) Für Bücher und Schrifttum: Dr. Friedrich Wolffhardt, Grundlsee/Oberdonau.

In den letzten Monaten wurden vom Sicherheitsdienst, insbesondere in der Steiermark, verschiedene Kunstsammlungen beschlagnahmt und unmittelbar verwertet. Ich bitte Sie daher, Ihre zuständigen Dienststellen noch einmal ausdrücklich auf die vorstehenden Vorschriften aufmerksam zu machen und sie ausdrücklich anzuweisen, alle Sammlungen dieser Art unverzüglich den oben angegebenen Sachbearbeitern anzuzeigen.

Heil Hitler!
Ihr
M. B.
(Martin Bormann)

Geschenke

«Ein Strahl von Schönheit und Freude»

Dokument PS – 015. Vgl. Abb. 7.

673/R/Ma.
Den 16. März 1943

Mein Führer!
In dem Wunsche, Ihnen, mein Führer, zu Ihrem Geburtstage eine Freude zu bereiten, gestatte ich mir, Ihnen eine Mappe mit Fotos einiger der wertvollsten Bilder zu überreichen, die mein Einsatzstab im Vollzuge Ihres Befehls in den besetzten westlichen Gebieten aus herrenlosem, jüdischem Kunstbesitz sichergestellt hat. Diese Bildermappe stellt eine Ergänzung zu den aus dieser Aktion Ihrer Sammlung bereits seinerzeit zugeführten 53 wertvollsten Kunstwerken dar. Auch diese Mappe vermittelt nur einen schwachen Eindruck von dem außerordentlichen Wert und Umfang der von meiner Dienststelle in Frankreich erfaßten und im Reich sicher geborgenen Kunstwerte.

Ich bitte Sie, mein Führer, mir bei meinem nächsten Vortrag Gelegenheit zu geben, Ihnen über den gesamten Umfang und den Stand dieser Kunsterfassungsaktion mündlich Bericht erstatten zu dürfen. Ich bitte Sie, als Grundlage dieses späteren mündlichen Berichts einen kurzen schriftlichen Zwischenbericht über Verlauf und Umfang der Kunsterfassungsaktion sowie drei Bände des vorläufigen Bilderkatalogs, der auch erst einen Teil der zu Ihrer Verfügung stehenden Sammlungen umfaßt, entgegenzunehmen. Die weiteren Kataloge, die sich in Bearbeitung befinden, werde ich in entsprechenden Zeitabständen überreichen. Ich werde mir erlauben, bei dem erbetenen Vortrag weitere 20 Bildermappen Ihnen, mein Führer, zu übergeben in der Hoffnung, daß durch diese kurze Beschäftigung mit den schönen Dingen der Ihnen so am Herzen liegenden Kunst ein Strahl von Schönheit und Freude in die Schwere und Größe Ihres gegenwärtigen Lebens fallen möge.

Heil, mein Führer!
Alfred Rosenberg

Ein Freund der bildenden Künste

Jean Cassou: a. a. O., S. 115. Vgl. Abb. 5.

An den
Herrn Reichsmarschall
des Großdeutschen Reiches
Ministerpräsident Hermann Göring
Berlin W 9
Leipziger Platz 7

11. 1. 1943
Berlin-Charlottenburg 2
Bismarckstraße 1

Sehr verehrter lieber Parteigenosse Göring!
Zu Ihrem 50. Geburtstag spreche ich Ihnen meine allerherzlichsten Glückwünsche aus.

Ich denke dabei zurück an die ersten Kampfjahre unserer Bewegung, da ich Sie als deutscher Offizier bei Adolf Hitler kennenlernte. Ich denke an Ihren unbedingten Einsatz für den Führer und die langen Jahre des Kampfes, die unsere Bewegung schließlich zum Siege führte. Ich bitte Sie, versichert zu sein, wie sehr ich das, was Sie für Volk und Führer geleistet haben, zu verstehen glaube, und ich wünsche Ihnen für die kommenden Jahre eine weitere unbeirrbare ungebrochene Kraft, um diesen entscheidenden Kampf um das Reich siegreich durchzustehen.

Ich gestatte mir, Ihnen als Freund der bildenden Kunst ein holländisches Gemälde als kleine Erinnerung für Ihr Museum zu übergeben. Es ist gemalt von Jacob Adriaens Bellevois, stammt aus dem 17. Jahrhundert und benennt sich: «Seestück».

Ich darf Ihnen noch morgen meine persönlichen Glückwünsche zu Ihrem Ehrentage aussprechen.

Heil Hitler!
Ihr sehr ergebener
Rosenberg

Diversa

Die grundsätzliche Bedeutung

Rohrpost	Reichskammer der bildenden Künste
An die	– Der Landesleiter – Berlin
Landesstelle des	Berlin W 62, den 1. 3. 1937
Reichsministeriums für	Ahornstr. 2
Volksaufklärung und Propaganda	*Aktenzeichen: IV M*
z. Hd. des Pg. Lucht	Stempel:
Berlin SW 19	Tagebuch No. 499
Leipziger Str. 81	2. Sept. 1937
	Abtlg. Kultur

Lieber Pg. Lucht!
Gemäß unserer Besprechung übersende ich Ihnen nachstenende Abschrift meines Schreibens an die Stadt Berlin in der Angelegenheit der Bilder des jüdischen Malers Mopp [1].

Heil Hitler!
Lederer
Stempel: Reichskulturkammer RKdbK
Beglaubigt: Marowsky

An den
Herrn Oberbürgermeister
der Stadt Berlin
– Kunst 2 –
Berlin C 2, Klosterstr. 72

Am 20. 8. 37 fragte mich Herr Baurat Garbe, ob es opportun sei, die noch im Besitz der Stadt Berlin befindlichen Bilder des Juden Max Oppenheimer (Mopp) einer Wiener Kunsthandlung zu verkaufen, die deshalb angefragt hatte. Da eine diesbezügliche Entscheidung über meine

1 Mopp war das Pseudonym von Max Oppenheimer, Maler und Graphiker, 1885–1954; ab 1939 in New York. Er war lediglich im Sinne der Nürnberger Gesetze Jude.

Zuständigkeit hinausgegangen wäre, erbat ich genaue schriftliche Darlegung der Angelegenheit, um sie der maßgeblichen Stelle zuzuleiten; das Schreiben wurde mir in Aussicht gestellt, ist aber bis heute nicht eingegangen. Angesichts der grundsätzlichen Bedeutung bitte ich um beschleunigte Erledigung; außerdem verweise ich darauf, daß mir eine entsprechende Anfrage des Landeskulturwalters vorliegt.

gez. Lederer
(Siegel) Beglaubigt:
Thamm

Juden ist es verboten

Auszug aus der Verordnung über den Einsatz des jüdischen Vermögens vom 3. 2. 1938, in: *RGBl.* I, S. 1709.

§ 14
(1) Juden ist es verboten, Gegenstände aus Gold, Platin oder Silber sowie Edelsteine und Perlen zu erwerben, zu verpfänden oder freihändig zu veräußern. Solche Gegenstände dürfen, abgesehen von der Verwertung eines bei Inkrafttreten dieser Verordnung zu Gunsten eines nichtjüdischen Pfandgläubigers bereits bestehenden Pfandrechts, aus jüdischem Besitz nur von den vom Reich eingerichteten öffentlichen Ankaufsstellen erworben werden. Das gleiche gilt für sonstige Schmuck- und Kunstgegenstände, soweit der Preis für den einzelnen Gegenstand 1000 RM übersteigt.

Die Ankaufsstelle

Verfahrensordnung der RKdbK als Ankaufsstelle für Kulturgut vom 2. 5. 1941; in: *Mitteilungsblatt der RKdbK* vom 1. 5. 1941; S. 1–2, gekürzt.

Auf Grund des § 4 der Fünften Verordnung zur Durchführung der Verordnung über den Einsatz des jüdischen Vermögens vom 25. April 1941 (Reichsgesetzbl. I, S. 218) erlasse ich nachfolgende Verfahrensordnung:
§ 1
Die Reichskammer der bildenden Künste als Ankaufsstelle für Kulturgut entscheidet über die Veräußerung von jüdischen Schmuck- und Kunstgegenständen im Sinne des § 3 der Fünften Verordnung zur Durchführung der Verordnung über den Einsatz des jüdischen Vermögens vom 25. April 1941.
§ 3
Die Reichskammer der bildenden Künste kann die Vorlage des Gegen-

standes im Original verlangen. Die Kosten des Hin- und Rücktransportes, der Verpackung und der Aufbewahrung sowie die Gefahr des zufälligen Unterganges oder einer zufälligen Verschlechterung des Gegenstandes trägt der Veräußerer.

§ 8

Die Reichskammer der bildenden Künste ist berechtigt, zur Deckung der ihr in Durchführung dieser Verordnung entstehenden Verwaltungskosten 10 v. H. des Veräußerungspreises zu verlangen. Sie kann ihre Entscheidung von der Einzahlung des Betrages abhängig machen.

Berlin, den 2. Mai 1941

Der Reichsminister für Volksaufklärung und Propaganda
In Vertretung des Staatssekretärs
Dr. Greiner

Die gesetzliche Anordnung fehlt

An den
Herrn Landeskulturwalter
des Gaues Berlin
im Hause

Der Landesleiter der Reichskammer
der bildenden Künste beim
Landeskulturwalter Gau Berlin
Berlin-Nikolassee, den 1. 8. 41
Kirchenweg 33
Aktenzeichen: BK/VII KA-S/HO
Betrifft: Kulturgut

Nach der fünften Anordnung zur Durchführung der Verordnung über den Einsatz des jüdischen Vermögens vom 25. 4. 1941 muß auch das dem Versteigerer von Nichtariern übergebene Kulturgut dem Herrn Präsidenten der Reichskammer der bildenden Künste gemeldet werden. Ausgenommen sind hier wieder die Versteigerungen im Auftrage der Finanzämter, bei denen immer noch jüdisches Kulturgut an Privatpersonen zugeschlagen wird. So wurden z. B. in der Versteigerung im Auftrage des Finanzamtes von Leo Spik in Berlin-Dahlem, Wildpfad 3, am 30. 6. 1941 zwei Bilder des Juden Lesser-Ury [1] an einen Privatkäufer abgegeben.

Während die Reichsschrifttumskammer und die Reichsfilmkammer alle jüdischen Erzeugnisse im Handel ausgemerzt haben, bleiben diese in der bildenden Kunst weiter im Handel, weil eine diesbezgl. gesetzliche Anordnung noch nicht besteht.

Auch diverse Verlage vertreiben noch weiterhin Reproduktion etc. von Juden.

1 Lesser-Ury, Maler und Graphiker, * 1861; siehe auch Adolf Donath: *Lesser Ury*, Berlin 1921, und Karl Schwarz: *Lesser Ury*, Berlin 1920.

Mir ist bekannt, daß der Herr Präsident der Reichskammer der bildenden Künste sich an den Herrn Präsidenten der Reichskulturkammer mit der Bitte um Abhilfe gewandt hat.

Ich bitte nun, auch Ihrerseits Schritte zu unternehmen und auf diesen unerträglichen Zustand hinzuweisen, für den das große Publikum kein Verständnis aufbringen kann, wie ich in vielen Rücksprachen mit Kunsthändlern und Kommissionären feststellen konnte.

i. A. gez. Schmidt
Beglaubigt: Holzner
Stempel:
Reichskulturkammer
Der Landeskulturwalter Gau Berlin

Der Anziehungspunkt

Hans Fritzsche, Abteilungsleiter IV (Presse) im Reichsministerium für Volksaufklärung und Propaganda; stellvertretender Reichspressechef; Hauptkommentator des Deutschen Rundfunks; ausführlich über ihn in: *Presse und Funk im Dritten Reich* (Ullstein Buch 33028).

Herrn
Ministerialdirektor Hans Fritzsche
Berlin W 8
Wilhelmplatz 8/9

I. Mich. Mahr, Bamberg
Die Betriebsführung:
Frau Maria Horn
Bamberg, den 4. Jan. 1943
Fernruf 298/300

Sehr geehrter Herr Fritzsche!
Für Ihre so aufmerksamen Glückwünsche zu den Weihnachtsfesttagen und zum Jahreswechsel danke ich Ihnen auch im Namen meines Mannes von ganzem Herzen.

Nachdem ich diesmal in Rom doch nicht alles erreicht habe, was ich erreichen wollte, wird es möglich sein, daß mir Ihre Empfehlungen für eine spätere Reise noch sehr wertvoll sein können. Ich weiß natürlich heute noch nicht, wann ich wieder eine Einreise-Erlaubnis nach Rom erhalte.

Besonders habe ich mich gefreut, Ihrem Brief die Mitteilung entnehmen zu können, daß Sie sich für wenige Tage in den bayerischen Bergen erholen wollen, was sicher sehr von Nöten sein wird. Ich hoffe, Sie jedoch diesmal ganz bestimmt in Bamberg begrüßen zu dürfen.

Sicher wird Ihnen unser schönes Bamberg in seinem Wintermäntelchen sehr gut gefallen und der Aufenthalt hier Ihnen ebenfalls Ruhe und Entspannung bieten. Nicht unerwähnt möchte ich aber lassen, daß ich erst heute morgen in Erfahrung brachte, daß nämlich hier aus Judenbesitz noch eine Menge herrlicher Kunstgegenstände vorhanden sind, die nicht vom Finanzministerium beschlagnahmt wurden, sondern für das Propagandaministerium (R. M. Dr. G.) zur Verfügung gehalten werden. Wäre das nicht auch ein Anziehungspunkt?

Wäre es nicht schön, wenn wir zusammen etwas in diesen Schätzen Umschau halten könnten? Vielleicht wäre es auch möglich, daß dann das eine oder andere Stück doch in Bamberg im Besitz einer alten ehrwürdigen Familie zurückgehalten werden könnte. (bei der ehrwürdigen Bürgersfamilie denke ich natürlich an die meinige!)

Zum großen Teil wurden dergleichen Kunstschätze von den Juden meistens aus Privatbesitz erworben.

Sehr dankbar wäre ich Ihnen, wenn Sie mir den Zeitpunkt Ihres voraussichtlichen Hierseins recht bald mitteilen würden, damit ich mich für diese Zeit ganz frei machen kann.

Ich bitte, auch meinerseits nochmals alles Gute zum Neuen Jahr übermitteln zu dürfen und freue mich ebenfalls auf ein baldiges Wiedersehen und bin inzwischen mit den besten Grüßen

Ihre
Maria Horn

Anhang: Hermann Göring

Edith Stargardt-Wolff: *Wegbereiter großer Musiker*, Berlin/Wiesbaden 1954, S. 284. «In den Ausstellungsräumen eines mir befreundeten Kunsthändlers erschien eines Tages Hermann Göring mit seiner Gattin Emmy. Der Geschäftsinhaber war verreist, und seine tüchtige Sekretärin zeigte dem Paar die Kunstschätze. Göring interessierte sich lebhaft für sehr wertvolle Deckengemälde, die er für sein Schloß Karinhall zu erwerben wünschte. Nach dem Preis befragt, nannte die Vertreterin eine angemessene, nicht unbeträchtliche Summe. Göring erklärte sich einverstanden, das Geschäft wurde abgeschlossen, die Gemälde ihm übersandt. Als später die Rechnung nicht beglichen wurde, erlaubte sich die Firma, nach einiger Zeit zu mahnen. Daraufhin erklärte Göring, der Preis sei viel zu teuer, er bezahle nur die Hälfte. Als der Kunsthändler erwiderte, der Preis sei vereinbart worden, stritt der Herr Preußische Ministerpräsident dies ab. Die unerschrockene Sekretärin aber, die die Verhandlungen geführt hatte, blieb unbeirrt dabei, der Preis sei genau so abgemacht worden, wie in der Rechnung angegeben. Sie lasse es sich nicht vorwerfen, die Unwahrheit gesagt zu haben. Einige Zeit darauf brachte Frau Göring, der die Angelegenheit offenbar peinlich war, die Sache ihrerseits in Ordnung, indem sie die Differenz heimlich bezahlte.»

Vergleiche zu diesem Anhang Abb. 5–6.

«Ich besitze heute vielleicht die bedeutendste Privatsammlung»

Dokument PS – 1651, gekürzt.

Der Reichsmarschall
des Großdeutschen Reiches
Rominten, den 21. November 1940

Lieber Parteigenosse Rosenberg!
Haben Sie herzlichen Dank für Ihr Schreiben und vor allen Dingen für das wundervolle Buch «Deutsche Größe». Ich habe über die Ausstellung schon vieles gehört und manches gelesen. Ich brauche Ihnen wohl nicht zu versichern, wie außerordentlich ich meinerseits diese Ausstellung begrüße. Es ist ganz selbstverständlich, daß ich die nächste Gelegenheit zu einer Besichtigung wahrnehmen werde.

Bezüglich der beschlagnahmten Kulturgüter in Frankreich möchte ich Ihnen noch kurz folgendes mitteilen. Ich habe nach dem vielen Hin- und

Her es außerordentlich begrüßt, daß eine Stelle zur Sammlung der Dinge endlich berufen wurde, obgleich ich darauf hinweisen muß, daß auch noch andere Stellen sich hier auf Vollmachten des Führers berufen, so vor allen Dingen der Reichsaußenminister, der schon vor mehreren Monaten ein Rundschreiben an alle Stellen schickte, in denen er unter anderen Befugnisse für das besetzte Gebiet hat und die Sicherstellung der Kulturgüter als ihm übertragen mitteilte.

Außerdem ist, glaube ich, auch noch der Reichspropagandaminister beauftragt, die Unterlagen festzustellen für jene Kulturgüter, die einst aus Deutschland geraubt, nunmehr wieder zurückgeführt werden sollen. Hierbei handelt es sich aber in der Hauptsache um Dinge, die sich im Besitz der feindlichen Museen befinden.

Ich habe versprochen, die Arbeit Ihrer Herren tatkräftigst zu unterstützen und ihnen das bereitzustellen, was sie bisher praktisch nicht erreichen konnten, nämlich Transportmittel und Bewachungspersonal, und die Luftwaffe ist hier angewiesen, das Äußerste an Hilfsstellung zu leisten.

Darüber hinaus möchte ich Sie darauf aufmerksam machen, daß besonders wertvolle Kulturgüter aus jüdischem Besitz durch mich aus ihren Verstecken geholt werden konnten, da ich schon von langer Hand durch Einsatz von Bestechungsgeldern und Engagieren französischer Detektive und Kriminalbeamter ganz schwer zu findende Verstecke herausgefunden habe. Diese Aktion läuft weiter, desgl. die Aktion meiner Devisenfahndungsbehörden bei Durchsicht der Bankschließfächer. In beiden Fällen wird das Ergebnis Ihrem Einsatzstab mitgeteilt werden, dem es dann obliegt, die Dinge zu erfassen und heranzuschaffen. Ich halte die Zusammenarbeit, wie sie jetzt zwischen Ihrem Einsatzstab und der Behörde des Herrn Thurner in Paris gehandhabt wird, für vorbildlich und außerordentlich zweckentsprechend.

Damit nun keine falsche Vorstellung aufkommt bezüglich der Dinge, die ich für mich beanspruchen wollte, und die ich durch Kauf teils erworben habe und teils erwerben möchte, will ich Ihnen hierzu folgendes mitteilen:

1.) Ich besitze heute bereits durch Kauf und Tausch vielleicht die bedeutendste Privatsammlung zumindest in Deutschland, wenn nicht in Europa. Es handelt sich hier vor allem um die Werke, die ich unter dem Begriff früh-nordische Meister zusammenfasse, d. h. also, die frühdeutschen, die frühen Niederländer und Flamen, die Werke aus der französischen Gotik, und zwar sowohl um Bilder wie um Skulpturen.

2.) Eine sehr umfangreiche und hochwertige Sammlung der Holländer aus dem 17. Jahrhundert.

3.) Eine verhältnismäßig kleine, aber sehr gute Sammlung Franzosen aus dem 18. Jahrhundert

und schließlich eine Sammlung italienischer Meister.

Diese ganze Sammlung soll würdig in Karinhall untergebracht werden und später einmal in den Besitz des Staates übergehen als mein Vermächtnis mit der Bestimmung, daß die Galerie in Karinhall verbleiben muß.

Der Führer hat meinen Plan ebenso sehr begrüßt, wie er ihn unterstützt.

Zur Ergänzung dieser Sammlung habe ich nun einige wenige zum Kauf auch aus den beschlagnahmten jüdischen Kulturgütern vorgesehen. Es handelt sich vor allen Dingen um Meister, von denen ich bisher kein Werk besessen habe, oder was notwendig war, an Ergänzung stattfinden zu lassen. Ich lege diese Sachen jeweils dem Führer vor. Der Kauf geschieht derart, daß die Gegenstände durch einen französischen Sachverständigen, den von der Regierung eingesetzten Präsidenten (den Namen habe ich zurzeit nicht gegenwärtig) geprüft werden. Die Kaufsumme wird dem Treuhänder, den der deutsche Staat eingesetzt hat, ausbezahlt. Über die Verwendung dieser sowie anderer auf dem Treuhänderfonds anlaufender Summen, wird später noch zu befinden bezw. zu reden sein. Bei den hunderten und tausenden von Bildern ist dies ein ganz bescheidener Prozentsatz. Bis jetzt sind es etwa 15 Bilder. Ich halte diesen Prozentsatz nebenbei schon deshalb für berechtigt, da ich nachweisbar durch meine Bemühungen einen sehr großen Teil der Kunstgüter aus ihrem Versteck herausgeholt habe. Über den wertvollsten Teil der Sammlungen hat sich der Führer das Bestimmungsrecht selbstverständlich vorbehalten. Es verbleibt aber dann immer noch eine außerordentlich große Zahl von Gegenständen, die voraussichtlich in die Tausende gehen wird, die zur Ausschmückung von Bauten für Partei und Staat sowie zur Auffüllung von Museen verwendet werden können.

Dies in Kürze zu Ihrer persönlichen Aufklärung, damit keine falschen Vorstellungen entstehen können.

Ich werde mich freuen, Sie baldigst wiedersehen zu können.

Zurzeit hat mir der Führer einen mehrwöchigen Erholungsurlaub gegeben, den ich dringend notwendig hatte, da ich mich zum ersten Male am Ende meiner Kraft befand. Ich bin zunächst auf mein Jagdhaus nach Rominten gegangen, um einmal ganz abgesetzt von allen Sorgen mich erholen zu können. Ich werde um den 18. Dezember herum auf einige Tage in Berlin sein und werde nicht verfehlen, rechtzeitig auf Ihrem Büro anzufragen, wann Ihnen ein Zeitpunkt zu einer Besprechung paßt.

Mit nochmaligem Dank für das Buch bin ich mit

Heil Hitler
Ihr Göring

Görings eigenhändige Notizen

Dokument NG – 2426.

1. Alle H gezeichneten Bilder für Führer
   (1 Kiste A H für mich)
2. Alle G gezeichneten für mich, außerdem was nicht gezeichnet ist und die Kiste A H
3. Alle schwarzen Sonderkisten (Rothschild) sind für den Führer bestimmt (dazu Schlüssel schwarze Kisten!!)

Meine Sachen – Bilder, Möbel, Silber, Gobelins – kommen in meine Räume. Versuchen, für 8 Tage einen Raum zu bekommen, wo die Führersachen aufbewahrt werden können, bis Abruf erfolgt.

11. Ber. 1941

«Maßgeblich sind meine Befehle»

Dokument PS – 2523, gekürzt. Brief des Kunsthistorikers Dr. Bunjes an Staatsrat Dr. Harald Turner.

Privat
Streng vertraulich!

Hochverehrter Herr Staatsrat!
Fräulein Preuß sagte mir, daß Sie sie gebeten hätten, ich möchte Ihnen eine kurze Darstellung meiner verschiedenen Unterredungen mit Herrn Reichsmarschall Göring geben.

Ich wurde am Dienstag, den 4. 2. 1941 zum ersten Male um 18.30 Uhr zum Vortrag bei Herrn Reichsmarschall im Quai d'Orsay befohlen.

Herr Reichsmarschall ließ sich berichten über den gegenwärtigen Stand der Erfassungen jüdischen Kunstbesitzes in den westlichen besetzten Gebieten. Bei dieser Gelegenheit übergab er Herrn von Behr die Photografien derjenigen Kunstgegenstände, die der Führer in seinen Besitz bringen möchte. Weiter übergab er Herrn von Behr die Fotos derjenigen Kunstgegenstände, die Herr Reichsmarschall selbst erwerben will.

Anschließend forderte Herr Reichsmarschall Göring Bericht über den Stand der Angelegenheit «Abguß der Diana von Fontainebleau». Ich übergab Herrn Reichsmarschall den mit der Gießerfirma Rudier abgeschlossenen Vertrag über die Anfertigung des Abgusses. Herr Reichsmarschall war mit dem Vertrag voll und ganz einverstanden und erwartet die baldige Fertigstellung. Er bat mich, Ihnen, Herr Staatsrat, für die Bemühung in dieser Angelegenheit seinen persönlichen Dank zu übermitteln.

Am Mittwoch, den 5. 2. 1941, wurde ich von Herrn Reichsmarschall in das Jeu de Paume beordert.[1] Um 15 Uhr besuchte Herr Reichsmarschall in Begleitung von General Hanesse, Herrn Angerer und Herrn Hofer[2] die dort neuerdings ausgestellten jüdischen Kunstschätze. Am Eingang des Jeu de Paume meldeten sich Kriegsverwaltungs-Abteilungschef Dr. Graf Wolff Metternich[3] und Kriegsverwaltungsrat Dr. von Tieschowitz[4] als Beauftragte des Militärbefehlshabers in Frankreich. Herr Reichsmarschall war sichtlich verärgert über das Erscheinen dieser Herren und betonte, daß er in der ganzen Angelegenheit keine Einmischung einer neuen Behörde wünsche, daß die Anwesenheit der Herren bei der Besichtigung überflüssig sei und daß er allein mit Staatsrat Turner und in dessen Abwesenheit mit mir die Angelegenheit zu erledigen wünsche.

Anschließend besichtigte Herr Reichsmarschall die aufgestellten Kunstschätze unter meiner Führung und traf eine Auswahl derjenigen Kunstwerke, die dem Führer zugeführt werden sollen und derjenigen, die in seine eigene Sammlung gebracht werden sollen.

Ich machte bei dieser Besprechung unter vier Augen Herrn Reichsmarschall noch einmal darauf aufmerksam, daß eine Protestnote der französischen Regierung gegen die Tätigkeit des Einsatzstabes Rosenberg vorliege unter Bezugnahme auf die von Deutschland im Waffenstillstand von Compiègne anerkannte Haager Landkriegsordnung und wies darauf hin, daß bei Herrn General von Stülpnagel[5] über die Behandlung der sichergestellten jüdischen Kunstschätze anscheinend eine Auffassung herrsche, die der von Herrn Reichsmarschall vertretenen zuwiderliefe.

Herr Reichsmarschall ließ sich daraufhin eingehend informieren und traf folgende Anordnung:

1. «Maßgeblich sind meine Befehle. Sie handeln unmittelbar nach meinen Befehlen.» Die im Jeu de Paume zusammengetragenen Kunstgegenstände werden auf Befehl des Reichsmarschalls sofort in einen Son-

1 Der *Einsatzstab Rosenberg* lagerte die geraubten Kunstgegenstände zuerst im Louvre, siedelte später aber in die Ausstellungsräume des Jeu de Paume über.

2 Josef Angerer von der Berliner Teppichfabrik Quantmeyer & Eicke war Görings «Kunstagent»; Walter Andreas Hofer, früher kleiner Kunsthändler, inzwischen Direktor von Görings Kunstsammlung in Karinhall.

3 Franz Graf Wolff Metternich war 1940–42 vom Oberkommando des Heeres mit dem Schutz von Werken bildender Kunst beauftragt, nahm scharf Stellung gegen Görings und Rosenbergs Plünderungen und wurde im Juni 1942 «beurlaubt», im Oktober 1943 entlassen. Ausführlich siehe Léon Poliakov – Joseph Wulf: *Das Dritte Reich und seine Diener*, Berlin 1956, S. 323–331.

4 Dr. von Tieschowitz wurde Graf Wolff Metternichs Nachfolger.

5 General der Infanterie Karl-Heinrich von Stülpnagel, Militärbefehlshaber in Frankreich.

derzug verladen und nach Deutschland gebracht. Diejenigen Kunstgegenstände, die in den Besitz des Führers übergehen sollen und diejenigen Kunstgegenstände, die der Reichsmarschall für sich beansprucht, werden in zwei Eisenbahnwagen verladen, die dem Sonderzug des Reichsmarschalls angehängt und bei dessen Abreise nach Deutschland – Anfang nächster Woche – nach Berlin mitgenommen werden. Herr Feldführer von Behr wird Herrn Reichsmarschall in seinem Sonderzug auf der Fahrt nach Berlin begleiten.

Auf meinen Einwand, daß die Juristen wahrscheinlich anderer Meinung sein würden und von seiten des Militärbefehlshabers in Frankreich wahrscheinlich Einwendungen erheben würden, antwortete Herr Reichsmarschall wörtlich: «Lieber Bunjes, das lassen Sie meine Sorge sein, der höchste Jurist im Staate bin ich.»[1]

1 Laut Aussage von Hans Fritzsche, Chefkommentator des Deutschen Rundfunks, hat Göring sogar gestohlene Bilder verkauft. Siehe G. M. Gilbert: *Nürnberger Tagebuch*, Frankfurt a. M. 1962, S. 137.

Ein Porträt: Robert Scholz

Über Robert Scholz siehe auch Seite 51 f.

«Neuordnung im Kronprinzenpalast»

Robert Scholz in: *Steglitzer Anzeiger* vom 15. 2. 1933.

Heute wird die gänzlich umgestaltete moderne Abteilung der Nationalgalerie im ehemaligen Kronprinzenpalais neu eröffnet. Das wesenlichste dieser Neuordnung ist die Überführung der Gemälde Liebermanns und der französischen Impressionisten in das alte Gebäude der Nationalgalerie und die Einordnung der durch Tausch erworbenen 15 modernen italienischen Maler, die einen eigenen Raum im Erdgeschoß erhalten haben. Man hat Geheimrat Justi [1] wegen dieser beiden Maßnahmen in der Öffentlichkeit bereits heftig angegriffen. Während die Umplazierung Liebermanns und der französischen Impressionisten aber eine längst notwendige, historisch richtige Einordnung darstellt, kann man in Bezug auf die Erwerbung der Italiener und die Neuordnung der modernen Galerie grundsätzliche Bedenken tatsächlich nicht unterdrücken.

Justi glaubt mit dem Tausch des großen Bildes «Figlia di Jorio» von Michetti, eines sehr berühmten Genremalers des 19. Jahrhunderts, das einen Wert von 30 000 RM repräsentierte, gegen 15 moderne Italiener einen sehr vorteilhaften Handel gemacht zu haben. Rein geschäftlich betrachtet, hat aber Justi einen sicheren Wert, wie ihn der Michetti darstellte, gegen moderne Bilder mit höchst unsicherem Marktwert eingetauscht. Und so interessant es auch sein mag, einen Einblick in das Gegenwartsschaffen der italienischen Kunst zu erhalten, künstlerisch ist diese Neuerwerbung jedenfalls eine Enttäuschung.

Einen Teil der Italiener, wie Chirico, Carlo Carra, Severini und Funi kennt man bereits aus der Ausstellung jener Gruppe moderner italienischer Künstler des Jahres 1921, die sich damals «Valori plastici» nannten. Damals hatte der betonte Formalismus der Gruppe einen stark französisch-kubistischen Unterton. Inzwischen kam aber der Faschismus in Italien und unter diesem Einfluß hat sich eine starke Wandlung zum

1 Prof. Dr. Ludwig Justi, 1876–1957, 1909 – 1. 7. 1933 Direktor der Berliner Nationalgalerie.

Klassizismus vollzogen. Wenn auch Severini in einem Stilleben mit kubistisch-abstrakten Reizen arbeitet, und Sironi in dem Industriebild im Hintergrunde Kuben auftürmt, so wirkt das für die Gesamthaltung der heutigen italienischen Malergeneration weniger programmatisch, als die von Renaissance-Reminiscenzen erfüllte Kreuzigung von Montanari und der Neu-Klassizismus Funis in dem großen Bilde «Horatius tötet seine Schwester». Dieser sowohl im inhaltlichen, als auch im Stilistischen sich hier manifestierende Wille, aus der Tradition zu schöpfen, bleibt stark im Äußeren stecken. Die Malerei Funis bleibt literarisches Theater mit alten Requisiten und ist viel zu grob, um mit dem Vorbild Ingres konkurrieren zu können. Dasselbe gilt für die Staffage der lyrischen Landschaft Chiricos; das Bild «Mutter» von Casorati ist ein Dix mit der Umkehrung ins Süßliche. Schön ist nur die stark romantische Landschaft von Carlo Carra und der linear sehr expressive Mädchenkopf des frühverstorbenen Modigliani.

In den oberen Räumen hat Justi einen *Beckmann- und Barlach-Saal* neu geschaffen und um Neuerwerbungen vermehrt. Neu eingegliedert wurden Werke von Schmidt-Rottluff, Heckel, Nolde, Kaus, Herbig, Bartning, Georg Schrimpf, Scholz und Nägele.

Auch die Dilettantenmalerei hat mit Arbeiten von Ringelnatz und Dietrich Einzug in die Nationalgalerie gehalten. Zu dieser Kategorie gehören auch die leihweise ausgestellten, riesigen Landschaften des Autodidakten Pilartz, der, ein deutscher Rousseau, in sehr sentimental gestimmten Bildern, Pedanterie der Ausführung für Gesinnung anbietet. Das mag originell sein, gehört aber, wie so vieles andere, nicht in die Nationalgalerie.

Es ist einer der Grundfehler der modernen Galerie, daß sie jeder Modeerscheinung nachläuft und daß sie ihre Aufgabe darin sieht, mehr Modejournal, als wirkliche Bildungsstätte, nämlich eine leitende und führende Instanz im Strudel der Richtungen zu sein. Auch ist es grundfalsch, daß die Galerie ihre heute so beschränkten Mittel dazu verwendet, Werke von Künstlern zu kaufen, die schon mit einem Dutzend von Arbeiten erschöpfend vertreten sind, während andere Künstler von Bedeutung überhaupt nicht berücksichtigt werden. Ein weiterer Mißstand ist auch das im Kronprinzenpalais hoch in Blüte stehende Leihgabenwesen. Sagt man etwas dagegen, dann hört man immer, daß die Nationalgalerie dankbar sein muß, wenn sie da, wo sie nicht ankaufen kann, Leihgaben erhält. Das mag seine Berechtigung in solchen Fällen haben, wo es sich um wirklich wertvolle Werke und um eine langfristige Hergabe dieser Leihgaben handelt. Tatsächlich ist es aber in der Nationalgalerie so, daß unter dieser Flagge für internationales Modezeug zu Gunsten des interessierten Kunsthandels Reklame gemacht wird.

Die ewige Umräumerei beweist nur, daß der Galerie der wirkliche Kern fehlt. Sicher muß eine moderne Galerie in gewisser Bewegung bleiben, wenn sie der Entwicklung Rechnung tragen will, aber diese Bewegung dürfte sich nur an der Peripherie vollziehen, während der Kern fest bleiben müßte. Und deshalb kann diese Umordnung nicht befriedigen.

Lautes Geschrei

Herrn
Direktor Fischer
Steglitzer Anzeiger
Berlin

National-Galerie
Berlin C 2, den 25. Februar 1933

Sehr geehrter Herr Direktor!
Im Auftrag Geheimrat Justis soll ich Ihnen als sein derzeitiger Vertreter mitteilen, daß er mit größtem Befremden den Aufsatz über die Neue italienische Kunst im Steglitzer Anzeiger vom 15. ds. Mts. gelesen habe, der sich von dem sonstigen Urteil der Presse nach Ton und Inhalt bedauerlich unterscheidet.

Das Bild von Michetti repräsentiert nicht einen Wert von 30 000 RM, sondern 0,00. Italien hat soviel Geld dafür (davon 10 000 Mark in bar) gezahlt, damit er dafür moderne italienische Kunst kaufen konnte.

Die «Kreuzigung» von Montanari als von Renaissance-Reminiscenzen erfüllt zu bezeichnen und die Malerei Funis als literarisches Theater, Casorati als Dix mit Umkehrung ins Süßliche, ist albern und böswillig.

Ringelnatz und Dietrich haben nicht ihren Einzug in die National-Galerie gehalten, sondern hängen dort schon seit Jahren. Das Urteil über Pilartz ist in jedem Wort falsch.

Zu behaupten, daß die Galerie jeder Modeerscheinung nachliefe, ist eine Verleumdung.

Die Mittel der Galerie werden nicht dazu verwendet, Werke von Künstlern zu kaufen, die schon mit einem Dutzend von Arbeiten erschöpfend vertreten sind; das Bild von Heckel, das vielleicht gemeint sein könnte, ist vom Ministerium angekauft worden. Es sind eine große Reihe von Künstlern gekauft worden, die bisher noch nicht vertreten waren. Welches sind die Künstler von Bedeutung, die überhaupt nicht berücksichtigt werden? Scholz soll sie nennen. Daß für internationales Modezeug zu gunsten des interessierten Kunsthandels Reklame gemacht wird, ist wiederum eine unverschämte Behauptung. Endlich: die Bewegung der Galerie müsse zwar sein, aber es fehle der wirkliche Kern. Auch dies eine Behauptung, von der man nicht weiß, ob sie auf Urteilslosigkeit oder Böswilligkeit beruht.

Das Ganze hat den Ton, durch lautes Geschrei sich bei politischen Parteien bekannt machen zu wollen, entspricht nicht der Würde der Sache und nicht der ernsten Verpflichtung der Presse, ihre Leser sachlich zu unterrichten.

In vorzüglicher Hochachtung
Der Direktor der National-Galerie
i. V.
Thormaehlen [1]

Der Brief könnte bei der Säuberungsaktion von Nutzen sein

Herrn
Hans Hinkel M. d. R.
Berlin

Robert Scholz
Bln-Südende, Denkstr. 8
Berlin-Südende, den 7. März 1933
handschriftlich: Rust

Sehr geehrter Herr Hinkel,
Da ich Sie am Freitag zur verabredeten Zeit in Ihrem Büro nicht angetroffen habe, gestatte ich mir, Ihnen anbei die Abschrift eines Briefes zu übersenden, den Herr Thormaehlen im Auftrage Justis an die Direktion des Steglitzer Anzeiger gerichtet hat, für den ich neben der Deutschen Tageszeitung gleichfalls als Kunstreferent tätig bin. Der Artikel, über den sich Herr Thormaehlen in so unverschämter Weise beschwert, liegt zu Ihrer Information diesem Briefe bei.

Wenn ich auch weiß, daß Sie über die Herren Thormaehlen und Justi hinlänglich unterrichtet sind, so nehme ich an, daß es Sie doch interessieren dürfte, in welcher Form und mit welchen Mitteln diese Herren jetzt noch versuchen, unter Mißbrauch ihrer amtlichen Stellung einem ihnen unangenehmen Kritiker den Mund zu stopfen. Selbstverständlich hat Herr Thormaehlen von meinen beiden Verlegern die entsprechende Antwort auf diese gemeine Denunziation erhalten. Ich bin der Ansicht, daß ein solcher Brief und die sich darin äußernde Gesinnung sich nicht mit der Stellung eines leitenden Beamten verträgt und daß dieses Schreiben daher zum Anlaß eines disziplinarischen Vorgehens gegen die Herren Justi und Thormaehlen genommen werden könnte. Ich nehme an, daß Ihnen die Kenntnis dieses Briefes bei der Säuberungsaktion in der National-Galerie vielleicht von Nutzen sein kann. Das Original steht Ihnen auf Wunsch jederzeit zur Verfügung.

Bei dieser Gelegenheit möchte ich mir noch die bescheidene Anfrage erlauben, ob Sie bereits Zeit gefunden haben, einen Blick in die Ihnen überreichte Denkschrift «Reform der staatlichen Kunstpflege» zu wer-

1 Prof. Dr. Ludwig Thormaehlen, Museumskustos; im Juli 1933 «beurlaubt».

fen[1], da mir Ihre Kenntnisnahme der darin enthaltenen Vorschläge sehr wertvoll wäre.

Mit dem Ausdruck vorzüglichster Hochachtung
Ihr sehr ergebener
Robert Scholz

Robert Scholz ist etwas beunruhigt

Herrn
Hans Hinkel M. d. R.
Berlin

Robert Scholz
Berlin-Südende, Denkstr. 8
Tel: Südring 75 83
Berlin-Südende, den 23. März 1933

Sehr geehrter Herr Hinkel!
Ich habe es außerordentlich bedauert, daß Sie gestern verhindert waren, die mir zugesagte Unterredung zu gewähren. Da Ihr Vertreter Herr von Kursell über meine bisherigen Verhandlungen mit Ihnen nicht unterrichtet war, mußte ich leider darauf verzichten, die Fragen zur Sprache zu bringen, die Sie sicher sehr interessiert hätten. Da ich sehe, wie sehr Sie im Augenblick überlastet sind, würde ich es kaum noch gewagt haben, mich nochmals auf diesem Wege an Sie zu wenden, wenn mir Herr von Kursell nicht mitgeteilt hätte, daß er beauftragt sei, mir zu sagen, daß Ihnen und Herrn Minister Rust jede Einmischung von unbefugter Seite in die schwebenden kunstpolitischen Fragen unerwünscht wäre. Dieser Bescheid würde mir in seiner Eindeutigkeit durchaus genügen, mein Verhalten künftig danach einzurichten, wenn er nicht in einem so großen Widerspruch zu dem stände, was Sie mir selbst gesagt, und zu dem freundlichen Interesse stände, das Sie bisher meinen Anregungen entgegengebracht haben.

Ich war bei meinen Bemühungen nur von der Absicht geleitet, der deutschen Kunst uneigennützig zu dienen. Da ich jahrelang für die Geltung der deutschen Kunst und Säuberung des Kunstlebens gekämpft habe, und dabei einen besonderen Einblick in die bestehenden Mißstände gewonnen habe, hielt ich es als Mitglied des Kampfbundes für deutsche Kultur für meine Pflicht, Ihnen meine Kenntnisse zur Verfügung zu stellen. Der Umstand, daß man immer noch nichts gegen die Marxisten-

1 Die Denkschrift umfaßt dreizehn Maschinenschriftseiten, im Besitz des Herausgebers, und behandelt das Problem der «nationalen» Kunst. Darin wimmelt es von NS-Schlagworten wie «Rasse», «Blut und Boden», «dekadentes Kunstsurrogat», «Krüppel- und Irrenkunst», und – darauf achte man! – schon im Februar–März 1933 gab es Ratschläge für eine «Säuberungsaktion», «neuen Geist», «den ganzen Menschen erfassen» etc. Schließlich forderte Scholz sogar, auch den Orden *Pour le Mérite* von einem Liebermann und einer Käthe Kollwitz zu «säubern».

herrschaft und die übrigen Mißstände auf dem Gebiet der bildenden Kunst bisher unternommen hat, bestärkte mich in dem Glauben, daß – wie auch oft genug gesagt wurde – alle Kräfte auf diesem Gebiet erwünscht sind. Nur die Absicht, an diesem großen Werk des Ausbaues der deutschen Kunst selbstlos nach Kräften mitzuwirken, veranlaßte mich, meine Reserve aufzugeben, und ich dachte, daß mein Ruf und meine Stellung als Kritiker mich vor jedem falschen Verdacht schützen würde. Die Erkenntnis, daß ich in meinen Absichten scheinbar völlig mißverstanden wurde, veranlaßt mich, Ihnen diese Richtigstellung zu geben.

In vorzüglicher Hochachtung
Ihr ergebener
Robert Scholz [1]

1 In jedem Kapitel des Buches finden sich hinreichend Dokumente über die weitere Betätigung dieses Robert Scholz im Dritten Reich. Hier sollte nur der Beginn gezeigt werden, nämlich wie er und andere kleine Opportunisten im Dritten Reich oder in jedem anderen totalitären Staat dazu kamen, das Wort zu führen.

NAMENREGISTER

Die kursiv gesetzten Zahlen verweisen auf die jeweils vorangestellten Anmerkungen, die hochgestellten Ziffern bezeichnen die Fußnoten

Bitte beachten Sie
die folgenden Seiten:

Joseph Wulf

Presse und Funk
im Dritten Reich
Ullstein Buch 33028

Literatur
und Dichtung
im Dritten Reich
Ullstein Buch 33029

Theater und Film
im Dritten Reich
Ullstein Buch 33031

Musik
im Dritten Reich
Ullstein Buch 33032

Ullstein
Zeitgeschichte